B. Ackermann: Wettbewerbsrecht

Springer-Verlag Berlin Heidelberg GmbH

Brunhilde Ackermann

Wettbewerbsrecht

Unter Berücksichtigung
europarechtlicher Bezüge

Springer

Dr. jur. Brunhilde Ackermann
Slevogtstr. 6
69126 Heidelberg

ISBN 978-3-540-62955-9

Die Deutsche Bibliothek – CIP-Einheitsaufnahme
Ackermann, Brunhilde: Wettbewerbsrecht: unter Berücksichtigung europarechtlicher Bezüge / Brunhilde Ackermann. – Berlin, Heidelberg; New York; Barcelona; Budapest; Hongkong; London; Mailand; Paris; Santa Clara; Singapur; Tokio: Springer, 1997
   ISBN 978-3-540-62955-9   ISBN 978-3-642-59061-0 (eBook)
   DOI 10.1007/978-3-642-59061-0

Dieses Werk ist urheberrechtlich geschützt. Die dadurch begründeten Rechte, insbesondere die der Übersetzung, des Nachdrucks, des Vortrags, der Entnahme von Abbildungen und Tabellen, der Funksendung, der Mikroverfilmung oder der Vervielfältigung auf anderen Wegen und der Speicherung in Datenverarbeitungsanlagen, bleiben, auch bei nur auszugsweiser Verwertung, vorbehalten. Eine Vervielfältigung dieses Werkes oder von Teilen dieses Werkes ist auch im Einzelfall nur in den Grenzen der gesetzlichen Bestimmungen des Urheberrechtsgesetzes der Bundesrepublik Deutschland vom 9. September 1965 in der jeweils geltenden Fassung zulässig. Sie ist grundsätzlich vergütungspflichtig. Zuwiderhandlungen unterliegen den Strafbestimmungen des Urheberrechtsgesetzes.

© Springer-Verlag Berlin Heidelberg 1997
Ursprünglich erschienen bei Springer-Verlag Berlin Heidelberg New York 1997

Die Wiedergabe von Gebrauchsnamen, Handelsnamen, Warenbezeichnungen usw. in diesem Werk berechtigt auch ohne besondere Kennzeichnung nicht zu der Annahme, daß solche Namen im Sinne der Warenzeichen- und Markenschutz-Gesetzgebung als frei zu betrachten wären und daher von jedermann benutzt werden dürften.

Umschlaggestaltung: Erich Kirchner, Heidelberg
Herstellung: Renate Münzenmayer

SPIN 10573990   64/2202-5 4 3 2 1 0 – Gedruckt auf säurefreiem Papier

Vorwort

Es entspricht einer weitverbreiteten Auffassung vieler Studenten und Rechtsanwender, die sich der Materie deshalb mit einer gewissen Skepsis und Zurückhaltung nähern, daß das Recht gegen den unlauteren Wettbewerb (positiv ausgedrückt: das Lauterkeitsrecht) gekennzeichnet sei durch eine Fülle von unorthodoxen Einzelfallentscheidungen, die ein systematisches Erfassen bzw. eine prognostische Beurteilung in der Beratungstätigkeit in nahezu unerreichbare Ferne rücke. Auf den Prüfstand gestellt, erweist sich diese Auffassung als nicht tragfähig. Das UWG ist zwar durch Generalklauseln geprägt. Diese ermöglichen es jedoch, die Vielfalt des (Wettbewerbs-)Lebens unter die „Einfalt" des Gesetzes zu subsumieren und die Dynamik werblicher und werbender Maßnahmen mit Hilfe unverändert gebliebener Normen einer adäquaten Beurteilung zuzuführen. Richtig ist ferner, daß die Generalklauseln durch Rechtsprechung und Lehre mit Leben und Strukturen erfüllt werden. Auf unzutreffenden Ausgangsprämissen beruht jedoch die Annahme, daß es sich um eine Rechtsmaterie handele, die - strukturlos - von Einzelfallentscheidungen geprägt werde. Vielmehr existieren der Rechtssicherheit dienliche Strukturkriterien. Entwicklungstendenzen zeichnen sich ab. Aus der Systematik kaum erklärbare Entscheidungen sind in aller Regel auf Besonderheiten des Sachverhaltes zurückzuführen.

Ziel dieses Buches ist, die das UWG in seiner Überlagerung durch das Gemeinschaftsrecht beherrschenden Strukturkriterien darzustellen. Es ist gerichtet an den interessierten Studenten sowie den Rechtsanwender, der sich zu einzelnen Fragen oder generell einen vertiefteren Überblick über das Wettbewerbsrecht verschaffen möchte.

Ich habe dieses Buch gerne geschrieben, befaßt es sich doch mit einer sehr lebendigen und spannenden Rechtsmaterie, die ich mit viel Engagement praktiziere und deren Inhalte ich gerne vermittle.

Ich danke von Herzen: Für die verdienstvolle und unermüdliche Unterstützung bei der Herstellung des druckfertigen Manuskripts meinen Mitarbeiterinnen, insbesondere Frau Petra Puschmann für ihren engagierten Einsatz und der wertvollen, höchst qualifizierten Umsetzung des Textes in Manuskriptform; für ihre tatkräftige Unterstützung bei redaktionellen Tätigkeiten Frau Ass. Julia Bartels und Herrn Rechtsreferendar Götz Philipp; für ihr Verständnis und ihre (moralische) Unterstützung meinen Kollegen und Sozien, den Mandanten und insbesondere den mir nahestehenden Personen, die in der während der Erstellung dieses Buches enger werdenden Zeit eine „équipe du soutien psychologique, moral et amical" gebildet haben.

Heidelberg, im Sommer 1997   Dr. Brunhilde Ackermann

Inhaltsverzeichnis

VORWORT V

ABKÜRZUNGSVERZEICHNIS XV

LITERATUR XIX

A. EINLEITUNG 1
   I. VORBEMERKUNGEN 1
   II. AUFGABE DES WETTBEWERBSRECHTS 4
   III. DAS RECHT GEGEN UNLAUTEREN WETTBEWERB
      (LAUTERKEITSRECHT) 4
   IV. RECHT GEGEN WETTBEWERBSBESCHRÄNKUNGEN
      (KARTELLRECHT) 6
   V. WESEN DES WETTBEWERBSRECHTS 7
   VI. DIE ANWENDBARKEIT VON GWB UND UWG -
      ABGRENZUNG ZWISCHEN PRIVATRECHTLICH
      GEORDNETEN UND ÖFFENTLICH-RECHTLICHEN
      BEZIEHUNGEN 10
   ZUSAMMENFASSUNG 13

B. DIE WETTBEWERBSHANDLUNG 15
   I. TATBESTANDLICHE VORAUSSETZUNGEN DER
      WETTBEWERBSHANDLUNG 15
      1. Handeln zu Zwecken des Wettbewerbs 16
      2. Das Wettbewerbsverhältnis 17
         a) „BMW" 20
         b) Markenverunglimpfung 22
      3. Förderungsabsicht 25
   II. PRODUKTWERBUNG, AUFMERKSAMKEITSWERBUNG,
      IMAGEWERBUNG, HANDELN ZU ZWECKEN DES
      WETTBEWERBS ? 32
   ZUSAMMENFASSUNG 37

C. § 1 UWG 41
   I. „GUTE SITTEN", LAUTERER UND UNLAUTERER
      WETTBEWERB 41
      1. Grundsätze 41
      2. Normativer Begriff 44

3. *Handeln der öffentlichen Hand - Beeinflussung des Begriffes der "guten Sitten" durch öffentlich-rechtliche Vorgaben?* 44
4. *Systematik der Darstellung* 48
Zusammenfassung 49
II. KUNDENFANG 49
   1. *Täuschung, inbesondere Tarnung von Werbemaßnahmen* 50
     a) Wissenschaftliche oder publizistische Tarnung 51
     b) Redaktionelle Werbung 52
     c) Schleichwerbung in Rundfunk, Fernsehen und im Kinofilm 57
     Zusammenfassung 64
   2. *Nötigung* 67
     a) Androhen von Nachteilen 68
     b) Autoritärer Druck, Werbung mit Vertrauen 68
     c) Psychischer Druck, psychologischer (moralischer) Kaufzwang 69
     Zusammenfassung 70
   3. *Belästigung* 71
     a) Anreißen, Straßenwerbung 71
     b) Werbung im privaten Bereich 72
        aa) Vertreterbesuche.. 72
        bb) Telefonwerbung bei Privatleuten 73
        cc) Haustürgeschäfte und Haustürwiderrufsgesetz... 76
     c) Werbung im geschäftlichen Bereich 76
        aa) Telefonwerbung im geschäftlichen Bereich 76
        bb) Telex-, Telefax-, Bildschirmtextwerbung 77
     d) Briefkastenwerbung 78
     e) Zusendung unbestellter Waren 79
     Zusammenfassung 80
   4. *Verlockung durch Wertreklame* 81
     a) Zugabeverordnung und Rabattgesetz 82
        aa) Zugabeverordnung 82
        bb) Rabattgesetz 89
     b) Wertreklame nach § 1 UWG 96
        aa) Rechtlicher Kaufzwang 96
        bb) Psychologischer Kaufzwang 98
        cc) Übertriebenes Anlocken 99
     c) Erscheinungsformen 101
        aa) Unentgeltliche Zuwendungen (Werbegeschenke). 101
        bb) Kundenbeförderung/Fahrtkostenerstattung 101
        cc) Kostenlose Abgabe von Zeitungen 103
        dd) Werbeveranstaltungen 104
        ee) Werbegaben 105
        ff) Probegaben 106
        gg) Kopplungsgeschäfte 107
        hh) Gekoppelte Vorspannangebote 108
     Zusammenfassung 110

5. *Aleatorische (vom Zufall abhängige) Anreize (Appell an Spiel- und Sammeltrieb)* 112
   a) Ausnutzung der Spiellust 112
   b) Preisausschreiben, Gratisverlosung, Gewinnspiele 113
Zusammenfassung 116
6. *Gefühls- und Vertrauensausnutzung* 116
   a) Ausnutzung der Angst 118
   b) Gesundheitswerbung 119
   c) Umweltbezogene Werbung 121
   d) Die Ansprache altruistischer Gefühle 123
   e) Ansprache von Gefühlen bei Werbung ohne Produktbezug - der Einfluß der Kommunikationsgrundrechte 128
   f) Die Anwendung dieser Grundsätze auf die Benetton-Entscheidungen 132
   g) Ein Beispiel diskriminierender Werbung 136
Zusammenfassung 137
Gefühlsbetonte Werbung mit Produktbezug 137
Gefühlsbetonte Werbung ohne Produktbezug 138
III. BEHINDERUNG 138
1. *Absatz- und Bezugsbehinderung* 140
2. *Werbebehinderung* 143
Zusammenfassung 144
3. *Betriebsstörung* 144
   a) Entfernung von Kontrollnummern oder -zeichen 144
   b) Störung des Arbeits- oder Betriebsfriedens 146
   c) Sperre durch Zeichenerwerb 147
Zusammenfassung 151
4. *Preisunterbietung* 152
Zusammenfassung 154
5. *Boykott und Diskriminierung* 154
   a) Der Boykott 154
Zusammenfassung 157
   b) Die Diskriminierung 157
Zusammenfassung 159
6. *Geschäftsehrverletzung und Anschwärzung* 159
Zusammenfassung 160
7. *Vergleichende Werbung* 160
   a) EG-Richtlinie 160
   b) Derzeitige Ausgangssituation 164
   c) Werbung mit Warentests 169
Zusammenfassung 172
IV. AUSBEUTUNG 174
1. *Wettbewerblicher Leistungsschutz* 174
Zusammenfassung 183

2. *Schutz gegen Anlehnung und Rufausbeutung und Schutz gegen Verwässerung - Überlagerung durch Markenrecht?* 184
Zusammenfassung... 187
3. *Schutz gegen Anlehnung und Rufausbeutung* 187
Zusammenfassung... 196
4. *Schutz gegen Verwässerung*................................. 196
Zusammenfassung... 198
5. *Ausspannen von Beschäftigten und Kunden* 198
   a) Das Ausspannen von Beschäftigten...................... 199
   b) Ausspannen von Kunden..................................... 201
Zusammenfassung... 202
V. RECHTSBRUCH.. 203
   1. *Die Verletzung außervertraglicher Bindungen*....... 203
      a) Wertbezogene Normen 204
      b) Wertneutrale Vorschriften 210
      c) Berufs- und Standesordnungen......................... 212
         aa) Werbeverbote für Ärzte, Zahnärzte 213
         bb) Werbeverbote für rechtsberatende Berufe.... 216
      d) Regeln 217
Zusammenfassung... 219
   2. *Verletzung vertraglicher Bindungen*...................... 220
Zusammenfassung... 232
VI. MARKTSTÖRUNG (ALLGEMEINE BEHINDERUNG)......... 233
Zusammenfassung... 238

D. § 3 UWG **241**

I. GRUNDLAGEN, „ANGABEN" IM SINNE DES § 3 UWG .. 241
Zusammenfassung... 245
II. IRREFÜHRENDE ANGABEN 246
   1. *Verkehrsauffassung, das Verbraucherleitbild des deutschen Rechts* 246
Zusammenfassung... 249
   2. *Ermittlung der Verkehrsauffassung* 250
Zusammenfassung... 253
   3. *Irreführungsquote*.. 254
Zusammenfassung... 255
   4. *Wettbewerbsrechtliche Relevanz*........................... 255
Zusammenfassung... 256
   5. *Interessenabwägung* 257
Zusammenfassung... 260
III. BEISPIELE IRREFÜHRENDER WERBUNG 260
   1. *Umweltbezogene Werbung* 261
Zusammenfassung... 271
   2. *Die Alleinstellungswerbung*.................................. 272
Zusammenfassung... 276
   3. *Jubiläums- und Alterswerbung*............................. 276

Zusammenfassung 277
4. *Irreführung über Doktor-Titel, Professoren-Titel,*
   Berufsbezeichnungen 278
Zusammenfassung 280
5. *Schutzrechtsanmaßung* 280
Zusammenfassung 281
6. *Preis- und Qualitätsgarantien* 281
Zusammenfassung 283
7. *Irreführung über Vorratsmenge und Lieferbarkeit* . 283
Zusammenfassung 286
8. *Irreführung über die geographische Herkunft* 286
Zusammenfassung 290

E. **SONSTIGE WETTBEWERBSRECHTLICHE**
   TATBESTÄNDE **293**
   I. § 6 UWG 293
      1. § 6 UWG (Konkurswarenverkauf) 293
      2. § 6 a UWG (Hersteller-und Großhändlerwerbung) 293
      3. § 6 b UWG (Kaufscheinhandel) 294
      4. § 6 c UWG (Schneeballsystem und andere
         progressive Kundenwerbung) 295
   II. § 7 UWG 296
   III. § 8 UWG 298
   IV. §§ 12, 14, 15 UWG 300
      1. § 12 UWG (Bestechung von Angestellten) 300
      2. § 14 UWG (Anschwärzung), § 15 UWG
         (Geschäftliche Verleumdung) 302
      Zusammenfassung 305
   V. §§ 5, 15 MARKENG (§ 16 UWG A.F.) 306
      Zusammenfassung 310
   VI. §§ 17 BIS 20A UWG (AUSSPIELUNG UND VERRAT
       VON GESCHÄFTS- UND BETRIEBSGEHEIMNISSEN) 311
      1. § 17 UWG 312
      2. § 18 UWG (Vorlagenfreibeuterei) 315
      3. §§ 19, 20, 20a UWG 316
      Zusammenfassung 316

F. **EUROPÄISIERUNG DES**
   WETTBEWERBSRECHTS   **317**
   I. ÜBERBLICK ÜBER DAS WETTBEWERBSRECHT,
      INSBESONDERE DAS VERBRAUCHERLEITBILD
      IN ANDEREN EG-MITGLIEDSSTAATEN 317
      1. Schweden, Finnland 317
      2. Großbritannien, Irland 319
      3. Dänemark 321
      4. Niederlande 322

5. Belgien...323
6. Luxemburg...324
7. Frankreich...325
8. Italien..326
9. Spanien..328
10. Portugal...329
11. Griechenland...330
12. Österreich..331
II. VORRANG DES GEMEINSCHAFTSRECHTS....................333
   1. *Richtlinie über irreführende Werbung und vergleichende Werbung*...335
      a) Richtlinie über irreführende Werbung.................335
      b) Richtlinie über vergleichende Werbung..............336
   2. *Art. 30 - 36 EGV*..337
      a) Regelungsbereich..337
      b) Die Entwicklung der Rechtsprechung des Europäischen Gerichtshofs und die Einwirkung des Warenverkehrsrechts der EU auf das nationale Recht des unlauteren Wettbewerbs der Mitgliedsstaaten........339
         aa) Begriff der Maßnahme gleicher Wirkung nach der „Dassonville-Formel".................................339
         bb) Einschränkung der „Dassonville-Formel" durch die „Cassis de Dijon-Doktrin"............................341
         cc) Die Rechtfertigungsgründe des Art. 36 EGV........344
         dd) Die Keck-Restriktion..346
         ee) Die Mars-Entscheidung des Europäischen Gerichtshofes..347
   Zusammenfassung..349
III. AUSWIRKUNGEN AUF DAS DEUTSCHE RECHT............351
   1. *Mittelbare Inländerdiskriminierung*.....................351
      a) Problemstellung..351
      b) Lösungswege...353
      c) Ansatzpunkte in der Rechtsprechung des BGH:...........358
   2. *Die Vereinbarkeit des "verständigen Verbrauchers" mit dem dem deutschen Wettbewerbsrecht zugrunde liegenden Verbraucherschutzgedanken*..362
   Zusammenfassung..364

G. WETTBEWERBLICHES ANSPRUCHS- UND VERFAHRENSRECHT...367

I. DER UNTERLASSUNGSANSPRUCH..................................367
   1. *Die Aktivlegitimation*...367
      a) Mitbewerber im Sinne des § 13 Abs. 2 Nr. 1 UWG....368
      b) Verbände zur Förderung gewerblicher Interessen (§ 13 Abs. 2 Nr. 2 UWG)...369

  c) Verbraucherverbände im Sinne des § 13 Abs. 2 Nr. 3
   UWG 373
  d) Industrie- und Handelskammern, Handwerkskammern,
   § 13 Abs. 2 Nr. 4 UWG 374
  e) Das Problem der Altunterwerfung 374
 2. *Passivlegitimation* *376*
 Zusammenfassung *378*
 3. *Zurechnung des Handelns nach § 13 Abs. 4 UWG* . *381*
 Zusammenfassung *383*
 4. *Die Wiederholungsgefahr und ihre Beseitigung*
  durch eine strafbewehrte Unterlassungsver-
  pflichtungserklärung *383*
 Zusammenfassung *389*
 5. *Erstbegehungsgefahr* *389*
 Zusammenfassung *392*
 6. *Maßnahmen vor Prozeßbeginn* *393*
  a) Abmahnung 393
  b) Schutzschrift 397
  c) Anrufung der Einigungsstelle nach § 27a UWG 398
 Zusammenfassung *399*
 7. *Einstweiliges Verfügungsverfahren* *399*
 Zusammenfassung *401*
II. SCHADENSERSATZANSPRUCH 402
 Zusammenfassung *405*
III. BESEITIGUNGS- UND WIDERRUFSANSPRUCH 405
 1. *Beseitigungsanspruch* *405*
 2. *Widerrufsanspruch* *406*
 Zusammenfassung *407*
IV. VERJÄHRUNG, VERWIRKUNG, RECHTSMIßBRAUCH ... 407
 1. *Verjährung* *407*
 2. *Verwirkung* *409*
 3. *Rechtsmißbrauch* *411*
 Zusammenfassung *413*
V. ÖRTLICHE ZUSTÄNDIGKEIT (§ 24 UWG),
 INTERNATIONALE ZUSTÄNDIGKEIT (EuGVÜ),
 VORLAGE AN DEN EuGH (ART. 177 EGV) 413
 1. *Örtliche Zuständigkeit nach § 24 UWG* *413*
 2. *Internationale Zuständigkeit nach den Vor-*
  schriften des EuGVÜ *416*
 3. *Vorlage an den EuGH (Art. 177 EGV)* *418*
 Zusammenfassung *419*

STICHWORTVERZEICHNIS 421

Abkürzungsverzeichnis

a.A.	anderer Ansicht
a.a.O.	am angegebenen Ort
Abs.	Absatz
a.F.	alte Fassung
AfP	Archiv für Presserecht
AG	Aktiengesellschaft
Art.	Artikel
Aufl.	Auflage
Az.	Aktenzeichen
BGB	Bürgerliches Gesetzbuch
BGBl	Bundesgesetzblatt
BGH	Bundesgerichtshof
BNotO	Bundesnotarordnung
BR-Drucks.	Bundesrats-Drucksache
BVerfG	Bundesverfassungsgericht
BVerfGE	Bundesverfassungsgerichtsentscheidung
DBGM	Deutsches Bundesgebrauchsmuster
DBP	Deutsches Bundespatent
DiätVO	Diätverordnung
DPA	Deutsches Patentamt
DVO	Durchführungsverordnung
EG	Europäische Gemeinschaft
EGV	Vertrag zur Gründung der Europäischen Gemeinschaft v. 25.3.1957
Einl	Einleitung
EU	Europäische Union
EuGH	Gerichtshof der Europäischen Gemeinschaften
EuGVÜ	Übereinkommen der Europäischen Gemeinschaft über die gerichtliche Zuständigkeit und die Vollstreckung gerichtlicher Entscheidung in Zivil- und Handelssachen v. 27.9.1968, ratifiziert durch G.v. 24.7.1972
EuR	Zeitschrift für Europarecht
EuZW	Europäische Zeitschrift für Wirtschaftsrecht

EWG	Europäische Wirtschaftsgemeinschaft, jetzt EG
EWiR	Entscheidungen zum Wirtschaftsrecht
GBl	Gesetzblatt
GG	Grundgesetz der Bundesrepublik Deutschland
ggf.	gegebenenfalls
GmbH	Gesellschaft mit beschränkter Haftung
GRUR	Gewerblicher Rechtsschutz und Urheberrecht, Zeitschrift der Deutschen Vereinigung für gewerblichen Rechtsschutz und Urheberrecht
GRUR Int.	Gewerblicher Rechtsschutz und Urheberrecht, Zeitschrift der Deutschen Vereinigung für gewerblichen Rechtsschutz und Urheberrecht - Internationaler Teil
GWB	Gesetz gegen Wettbewerbsbeschränkungen
HWG	Gesetz über die Werbung auf dem Gebiet des Heilwesens v. 18.10.78, idF v. 19.10.1994 - Heimittelwerbegesetz
idF	in der Fassung
i.V.m	in Verbindung mit
jew.	jeweils
JZ	Juristenzeitung
KG	Kammergericht
LG	Landgericht
lit.	Litera
LMBG	Gesetz über den Verkehr mit Lebensmitteln und Bedarfsgegenständen (Lebensmittelgesetz) v. 15.8.74
MarkenG	Gesetz über den Schutz von Marken und sonstigen Kennzeichen v. 25.10.1994
m.w.N.	mit weiteren Nachweisen
m.z.w.N.	mit zahlreichen weiteren Nachweisen
nF	neue Fassung
NJW	Neue Juristische Wochenschrift
öUWG	Österreiches Gesetz gegen den unlauteren Wettbewerb
OLG	Oberlandesgericht
PostG	Postgesetz
RabattG	Rabattgesetz v. 25.11.33
Rdnr.	Randnummer
RfStV	Rundfunkstaatsvertrag vom 2.10.1990
RGBl	Reichsgesetzblatt
Rspr	Rechtsprechung

RWW	Rechtsfragen in Wettbewerb und Werbung, Kommentar zum Wettbewerbs- und Werberecht, herausgegeben v. J. Amann, 1982
S.	Seite
s.	siehe
SGB	Sozialgesetzbuch
sog.	sogenannt
StGB	Strafgesetzbuch
u.U.	unter Umständen
UWG	Gesetz gegen den unlauteren Wettbewerb
vgl.	vergleiche
VO	Verordnung
WRP	Wettbewerb in Recht und Praxis
WuW/E	Wirtschaft und Wettbewerb - Entscheidungssammlung zum Kartellrecht
z.B.	zum Beispiel
Ziff.	Ziffer
ZIP	Zeitschrift für Wirtschaftsrecht und Insolvenzpraxis
ZPO	Zivilprozeßordnung
ZugabeVO	Zugabeverordnung
ZUM	Zeitschrift für Urheber- und Medienrecht/Film und Recht

Bezüglich weiterer Abkürzungen siehe Kirchner, Hildebert, Abkürzungsverzeichnis der Rechtssprache, 4. Aufl. 1993.

Literatur

Ackermann, Brunhilde: Krankentransporte in wettbewerbs- und kartellrechtlicher Hinsicht, in: Management Handbuch Krankenhaus, I, 1530, Heidelberg, Stand Juli 1997

dies.: Jubiläumsveranstaltung eines Fertighaus-Unternehmens - Verkaufsveranstaltung im Einzelhandel?, in: WRP 1987, 152 ff

dies.: Die deutsche Umweltrechtsprechung auf dem Weg zum Leitbild des verständigen Verbrauchers?, in: WRP 1996, 502 ff

Ahrens, Hans-Jürgen: Redaktionelle Werbung - Korruption im Journalismus, in: GRUR 1995, 307 ff

Apel, Jürgen: Umfang und Grenzen von Auskunftsansprüchen unter Berücksichtigung der Spezialvorschriften infolge des Produktpirateriegesetzes, in: BRAK-Mitt. 6/1966, 253 ff

Baumbach, Adolf / Hefermehl, Wolfgang: Wettbewerbsrecht, Gesetz gegen den unlauteren Wettbewerb, Zugabeverordnung, Rabattgesetz und Nebengesetze, 19. Aufl. München 1996

Boyle, Martin: Das Recht des unlauteren Wettbewerbs in Großbritannien, in: WRP 1990, 159 ff

Borck, Hans-Günther: Wertreklame, Zusatzverordnung und Rabattgesetz, in: RWW 3.8, Kommentar zum Wettbewerbs- und Werberecht, hrsg. v. Joachim Amann u. Hans-Georg Graf Lambsdorff, Stuttgart u.a., Stand 1995

ders.: Die Erstbegehungsgefahr im Unterlassungsprozeß, in: WRP 1984, 583 ff

Bork, Reinhard: Product Placement und Wettbewerbsrecht - Zu den Grenzen „medialer" Fernsehwerbung, in: GRUR 1988, 264 ff

Bülow, Peter: Anmerkung zu BGH v. 6.7.1995, „ölverschmutzte Ente", in: ZIP 1995, 1286 ff

Dauses, Manfred A.: Handbuch des EG-Wirtschaftsrechts I, München, Stand 1996

Doepner, Ulf: Verbraucherleitbilder zur Auslegung des wettbewerbsrechtlichen Irreführungsverbotes - Anmerkungen zum Diskussionsstand, in: Festschrift für Otfried Lieberknecht, S. 165 ff

Erdmann, Willi: Schutz vor Werbeslogans, in: GRUR 1996, 550

Everling, Ulrich: Zur Bedeutung der Rechtsprechung des Europäischen Gerichtshofs für die Werbung in Europa, in: Irreführende Werbung in Europa; Maßstäbe und Perspektiven, hrsg. v. Zentralausschuß der Werbewirtschaft e.V., Bonn 1990

Federhoff-Rink, Gerlind: Social Sponsoring in der Werbung - Zur rechtlichen Akzessorietät der Werbung mit Umweltsponsoring -, in: GRUR 1992, 643 ff

Fezer, Karl-Heinz: Markenschutz durch Wettbewerbsrecht - Anmerkungen zum Schutzumfang des subjektiven Markenrechts -, in: GRUR 1986, 485 ff

ders.: Gesellschaftspolitisch und verfassungsnah zugleich: die Preisbindung, in: Börsenblatt 1987, 2658 ff

ders.: Vertriebsbindungssysteme als Unternehmensleistung; Zum Wettbewerbsschutz des selektiven Vertriebs im Grauen Markt, in: GRUR 1990, 551 ff

ders.: Umweltwerbung mit unternehmerischen Investitionen in den Nahverkehr, in: JZ 1992, 443 ff

ders.: Die Ausstrahlungswirkung berühmter und bekannter Marken im Wettbewerbsrecht, S. 247 ff, in: Festschrift für Rudolf Nirk, München 1992

ders.: Europäisierung des Wettbewerbsrechts, in: JZ 1994, 318 ff

ders.: Das wettbewerbsrechtliche Irreführungsverbot als ein normatives Modell des verständigen Verbrauchers im europäischen Unionsrecht, in: WRP 1995, 671 ff

ders.: Allgemeine Einführung in das Recht gegen den unlauteren Wettbewerb, in: RWW 3.0., Kommentar zum Wettbewerbs- und Werberecht, hrsg. v. Joachim Amann u. Hans-Georg Graf Lambsdorff, Stuttgart u.a., Stand 1995

ders.: Der zivilrechtliche Geheimnisschutz im Wettbewerbsrecht, in: Festschrift für Traub, S. 81 ff, Frankfurt a.M. 1994

ders.: Markenrecht: Kommentar zum Markengesetz, München 1997

v. Gamm, Otto Friedrich: Verfassungs- und wettbewerbsrechtliche Grenzen des Wettbewerbs der öffentlichen Hand, in: WRP 1984, 303 ff

Gaedertz, Alfred-Carl / Steinbeck, Anja Verena: Diskriminierende und obszöne Werbung, in: WRP 1966, 978 ff

Hartel, .: Werbung im Kinospielfilm, in: ZUM 1996, 129 ff

Heermann, Peter W.: Auswirkungen der Europäischen Rechtsentwicklung auf das deutsche Wettbewerbsrecht oder Wohin steuert das deutsche Werberecht nach der Entscheidung des EuGH vom 07.03.1990 in Sachen „GB-Inno-BM ./. Confédération du commerce Luxembourgeois ?, in: WRP 1993, 578 ff

Henning-Bodewig, Frauke: Product Placement und Sponsoring, in: GRUR 1988, 867 ff

dies.: Schockierende Werbung, in: WRP 1992, 533

dies.: „Werbung mit der Realität" oder wettbewerbswidrige Schockwerbung ?, in: GRUR 1993, 950 ff

dies.: Die Regelung der Werbung im belgischen Handelspraktikengesetz vom 14. Juli 1991, in: GRUR Int. 1994, 455 ff

dies.: Werbung in Kinospielfilmen - Die Situation nach Feuer, Eis & Dynamit, in: GRUR 1996, 321 ff

dies.: Neue Aufgaben für die Generalklausel des UWG ? - Von „Benetton" zu „Busengrapschern", in: GRUR 1997, 180 ff

Kiethe, Kurt / Groeschke, Peer: Die sittenwidrige Markenanmeldung und die Rechtsschutzmöglichkeit des § 1 UWG, in: WRP 1997, 269 ff

Kisseler, Marcel: Das deutsche Wettbewerbsrecht im Binnenmarkt, in: WRP 1994, 1 ff

Kleier, Ulrich F.: Freier Warenverkehr (Art. 30 EGV) und die Diskriminierung inländischer Erzeugnisse, in: RIW 1988, 623 ff

Koblitz, Axel: Alte Versprechen, neue Probleme: Vom hoffentlich vorletzten Wort des BGH zur „Altunterwerfung", in: WRP 1997, 382 ff

Köhler, Helmut / Piper, Henning: Gesetz gegen den unlauteren Wettbewerb, München 1995

Kordes: Wettbewerbsrechtliche Grenzen der Werbung mit Umweltschutzargumenten, in: Schriftreihe zum gewerblichen Rechtsschutz, Bd. 92, S. 199 ff

Kort, Michael: Zur wettbewerbsrechtlichen Beurteilung gefühlsbetonter Werbung, in: GRUR 1997, 526 ff

Krüger, Timothy: Die Zulässigkeit vergleichender Werbung aufgrund gemeinschaftlicher Vorgaben. Das Leitbild des mündigen Verbrauchers und die Öffnung der nationalen Märkte, Berlin 1996

Kur, Anette: Dokumentation der „Besonderheiten" des Wettbewerbs in Europa: Das Recht des unlauteren Wettbewerbs in Finnland, Norwegen und Schweden, in: GRUR Int. 1996, 38 ff

Langer, Jörg: Dokumentation der „Besonderheiten" des Wettbewerbs in Europa: Das französische Wettbewerbsrecht, in: WRP 1991, 11 ff

Laufs, Adolf: Arzt und Recht im Umbruch der Zeit, in: NJW 1995, 1590 ff

Leible, Stefan: Lebensmittelwerbung mit naturbezogenen Angaben, zugleich eine besprechung von BGH WRP 1997, 302 - Naturkind, in: WRP 1997, 403 ff

ders.: Bedeutung und Bestimmung der Verkehrsauffassung im spanischen Recht des unlauteren Wettbewerbs, in: WRP 1992, 1 ff

Leisner, Walter: Der mündige Verbraucher in der Rechtsprechung des EuGH; Zur europarechtlichen Zulässigkeit abstrakter Gefährdungstatbestände (§§ 6a, 6b UWG), in: EUZW 1991, 498 ff

Löffler, Martin: Verstößt die Benetton-Werbung gegen die guten Sitten im Sinne des § 1 UWG ?, in: AfP 1993, 536 ff

Mehring, E.W.: Dokumentation der „Besonderheiten" des Wettbewerbs in Europa: Das Recht des unlauteren Wettbewerbs in den Niederlanden, in: WRP 1990, 477 ff

Melullis, Klaus-Jürgen: Handbuch des Wettbewerbsprozesses unter besonderer Berücksichtigung der Rechtsprechung, 2. Aufl., Köln 1995

Möllering, Jürgen: Dokumentation der „Besonderheiten" des Wettbewerbs in Europa: Das Recht des unlauteren Wettbewerbs in Protugal, in: WRP 1991, 634 ff

ders.: Anmerkungen zum Urteil des Kammergerichts vom 28.11.1990 „Naschen erlaubt", in: WRP 1991, 312 ff

Münker, Reiner: Harmonisierung des Rechtsschutzes gegen unlauteren Wettbewerb in der Europäischen Union, in: WRP 1996, 990 ff

Narr, Helmut: Ärztliches Berufsrecht, 1988

Nicolaysen, Gert: Inländerdiskriminierung im Warenrecht, in: EuR 1991, 95 ff

Oechsler, Jürgen: Anmerkung zu OLG Frankfurt vom 3.3.1994, in: EWiR § 1 UWG 20/94

Papier, Hans-Jürgen / Petz, Helmut: Rechtliche Grenzen des ärztlichen Werbeverbots, in: NJW 1994, 1553 ff

Pauly, Holger / Roth, Marwin H.: Ist die Lückenlosigkeit noch zu halten ? - Zugleich eine Rechtsprechungsübersicht nach der „Cartier"-Entscheidung, in: GRUR 1997, 431 ff

Piper, Henning: Fahrpreiserstattung und Kundenbeförderung als Werbemittel, in: GRUR 1993, 276 ff ders.: Zu den Auswirkungen des EG-Binnenmarktes auf das deutsche Recht gegen den unlauteren Wettbewerb, in: WRP 1992, 685 ff

ders.: Neuere Rechtsprechung des BGH zum Wettbewerbsrecht, in: GRUR 1996, 147 ff

ders.: Der Schutz der bekannten Marken, in: GRUR 1996, 429 ff

ders.: Aktuelle Rechtsprechung des Bundesgerichtshofs zum Wettbewerbsrecht, 2. Aufl. Köln 1996

Räpple, Thilo: Zuwendungen und Rabatte im Gesundheitswesen, in: Management-Handbuch Krankenhaus I, 2900, Heidelberg, Stand 1997

Reichold, Hermann: Unlautere Werbung mit der „Realität" ? Unlauterkeitsmaßstäbe bei produktunabhängiger Imagewerbung., in: WRP 1994, 219 ff

Reinel, Stefan: Dokumentation der „Besonderheiten" des Wettbewerbs in Europa: Dänemark, in: WRP 1990, 92 ff

Rüggeberg, Jörg: Product Placement und Sponsorship - Neue Formen der Werbung im Rundfunk ? -, in: GRUR 1988, 873 ff

Schlosser, Peter F.: Europäisches Gerichtsstand- und Vollstreckungsübereinkommen mit Luganer Übereinkommen und den Haager Übereinkommen über Zustellung und Beweisaufnahme, München 1996

Schmidt, Siegfried J. / Spiess, Brigitte: Die Kommerzialisierung der Kommunikation: Fernsehwerbung und sozialer Wandel 1956-1989, Frankfurt a.M. 1997

Schricker, Gerhard: Bemerkungen zum Rechtsschutz selektiver Vertriebsbindungen, in: GRUR 1976, 528 ff

ders.: Die Bekämpfung der irreführenden Werbung in den EG-Mitgliedsstaaten, in: Irreführende Werbung in Europa; Maßstäbe und Perspektiven, hrsg. v. Zentralausschuß der Werbewirtschaft e.V., Bonn 1990

ders.: Anmerkung zu BGH v. 6.7.1995, „ölverschmutzte Ente", in: EWiR § 1 UWG 18/95

Schulte, Knut: Das standesrechtliche Werbeverbot für Ärzte unter Berücksichtigung wettbewerbs- und kartellrechtlicher Bestimmungen, Frankfurt a.M. u.a. 1992

Sevecke, Torsten: Die Benetton-Werbung als Problem der Kommunikationsfreiheiten, in: AfP 1994, 196 ff

Sosnitza, Olaf: Werbung mit der Realität - Anmerkungen zum Benetton-Beschluß des OLG Frankfurt a.M., in: GRUR 1993, 540 ff

Spätgens, Klaus: Zum Problem der sogenannten Inländerdiskriminierung nach dem EWG-Vertrag, in: Festschrift für Freiherr von Gamm, S. 201 ff, Köln u.a. 1990

Steindorff, Ernst: Unlauterer Wettbewerb im System des EG-Rechts, in: WRP 1993, 139 ff

Teplitzky, Otto: Die jüngste Rechtsprechung des BGH zum wettbewerblichen Anspruchs- und Verfahrensrecht VI, in: GRUR 1994, 765 ff

ders.: Die jüngste Rechtsprechung des Bundesgerichtshofs zum wettbewerblichen Anspruchs- und Verfahrensrecht, VII, in: GRUR 1995, 627 ff

Tilmann, Winfried: Irreführende Werbung in Europa - Möglichkeiten und Grenzen der Rechtsentwicklung, in: GRUR 1990, 87 ff

Thesen, R.: Bezugs-, Werbe- und Absatzbehinderung, in: RWW 3.2., Kommentar zum Wettbewerbs- und Werberecht, hrsg. v. Joachim Amann u. Hans-Georg Graf Lambsdorff, Stuttgart u.a., Stand 1995

Traub, Fritz: Verbandsautonomie und Diskriminierung, in: WRP 1985, 591 ff

Trägner: Das Verbot irreführender Werbung nach § 3 UWG im Europäischen Binnenmarkt, in: Konstanzer Schriften zur Rechtswissenschaft Bd. 59, S. 51 ff

Ubber, Thomas: Rechtsschutz bei Mißbrauch von Internet-Domains, in: WRP 1997, 497 ff

Ullmann, Eike: Einige Bemerkungen zur Meinungsfreiheit in der Wirtschaftswerbung, in: GRUR 1996, 948 ff

ders.: Erstbegehungsgefahr durch Vorbringen im Prozeß ?, In: WRP 1996, 1007 ff

A. Einleitung

I. Vorbemerkungen

Als der Gesetzgeber sich in der zweiten gesetzlichen Regelung des unlauteren Wettbewerbs durch das zweite Gesetz vom 07.06.1909[1], das noch heute die gesetzliche Grundlage des Lauterkeitsrechts bildet, dazu entschloß, an die Spitze des Gesetzes eine Generalklausel zu stellen, geschah dies in der Einsicht, daß jeder Versuch einer abschließenden Regelung an der raschen Entwicklung des Wettbewerbslebens scheitern müsse. Die Entwicklung der rechtstatsächlichen Sachverhalte, insbesondere im Werberecht, hat dem Gesetzgeber Recht gegeben. Seine Einsicht hat sich als weise herausgestellt. Die Generalklausel ermöglicht es, mit Hilfe eines unverändert gebliebenen Gesetzeswortlautes Sachverhalte zu erfassen, die das Vorstellungsvermögen eines Juristen der Jahrhundertwende bei weitem überstiegen hätte. Der Bereich der Werbung reagiert durch neue Trends sensibel auf gesellschaftliche Strömungen und Veränderungen. Die Aussage „Recht ist Kultur und ereignet sich als Geschichte"[2] bewahrheitet sich. Werbespots schöpfen aus einem Fundus kultureller Tradition und sind Ausdruck kollektiven Lebensgefühls. Bis Mitte des Jahrhunderts war Werbung vor allem Plakatkunst in den Metropolen. Anzeigen, die nicht mehr sagten als: Persil ! oder: Es gibt wieder Sunlicht Seife etc. warben um die Gunst potentieller Käuferschichten. In der Folgezeit wurde der Tchibo-Kaffee-Experte geboren, Esso packte den Tiger in den Tank, der Gilb, der Weiße Riese fielen über die Hausfrauen her, später der General und Klementine. In den späten 60er Jahren begann die Werbung, Leitbilder zu verkaufen und glückliche Menschen um die Waren zu gruppieren. Produkte wurden als Ausdruck von

---

[1] RGBl 499; die erste gesetzliche Regelung des unlauteren Wettbewerbs datiert vom 12.5.1894

[2] vgl. Fezer, Gesellschaftspolitisch und verfassungsnah zugleich; die Preisbindung, Börsenblatt 1987, 2658, 2659

Persönlichkeit dargestellt, die Marken mit Images aufgeladen. Stuyvesant hatte fortan den Duft der großen weiten Welt, Puschkin den Charme des harten Mannes, Coca Cola den Geschmack von ewiger Jugend. Fotos, Filme und Geschichten aus dem Leben von vorbildlichen Konsumenten, die das Zähneputzen lieben, am Pool träumen und das Wäschewaschen genießen, standen im Vordergrund. Der Lebensstandard hieß nun Lifestyle, Produktinformation ging in Imagepflege über. Nachdem die Saubermänner und -frauen von Klementine über Meister Proper schon 1968 der vordergründigen Erfüllung scheinbarer Bedürfnisse verdächtigt wurden, löste die linke Kritik in den 70er Jahren einen Kreativitätsschub aus: Bananen legten Striptease tanzend ihre Schalen ab, in Milkas Alpendramaturgie säuselte die „zarteste Versuchung" aus dem Off. In den 80ern hatte sich die Werbung als kreative Kraft in Deutschland endgültig etabliert. Schleichwerbung nannte sich Product Placement, Sponsoring gehörte zum guten Ton. Die sprunghafte Zunahme von Werbung in allen Medien führte zu einer Übersättigung der Zielgruppe und dazu, daß die Werbung eine neue Dimension der Botschaftsübermittlung schaffen mußte: die der Unterhaltung. Plakate, Spots und Anzeigen, die für sich selbst werben, transferieren die Botschaft: „Wer tolle Werbung macht, macht auch gute Produkte". Kamele, die das Lied vom Tod pfeifen; Affen, die Toyota flöten, Nashörner, die über Autos fachsimpeln, sollen Aufmerksamkeit und Begeisterung hervorrufen und diese auf das Produkt übertragen. Ein weiteres altbekanntes Mittel der Aufmerksamkeitserregung ist der Einsatz von Erotik in allen Formen, aber auch Werbemotive, die der Verbraucher nicht oder jedenfalls so nicht in der Werbung erwartet, sind geeignet, ihn zur Aufmerksamkeit zu zwingen. War bis dato die heile Welt das Heiligtum der Werbung, deren Menschen an Kaffeetafeln saßen, an denen nur der Kaffee Sorgen machte (das bißchen Unglück, das ihnen zustoßen kann, heilt der Allianz-Vertreter), ist mit den Werbekampagnen des italienischen Bekleidungsherstellers Benetton die häßliche Wirklichkeit in die schöne Warenwelt eingebrochen. In einer internationalen Werbekampagne werden aufrüttelnde Fotos mit künstlerischem Wert gezeigt, die das Elend dieser Erde anprangern: schwerarbeitende Kinder der Dritten Welt, eine ölverschmutzte Ente, ein Flüchtlingsschiff, von dem verzweifelte Menschen ins Meer springen, ein Aids-Toter, der von seinen Angehörigen betrauert wird, nackte Körperteile mit dem Stempel HIV-positiv, verblutende Mafia-Opfer. Ein direkter Produktbezug ist diesen Botschaften des gesellschaftspolitischen Bereiches nicht zu entnehmen; lediglich der Schriftzug United Colours of Benetton weist auf das Unternehmen hin, das Not, Elend, Mißstände anprangert - als gesellschaftspolitische Aussage oder als Erkennungszeichen für den Trendsetter der 90er Jahre ?

Kauf in den 90er Jahren ist Ausdruck von Weltanschauung geworden: Kaufe ich Spülmittel von Frosch, bin ich ökologisch; trinke ich Kaffee aus Nicaragua, bin ich Antiimperialist; rauche ich Marlboro, verbirgt sich in mir ein Abenteurer und Individualist etc.; Moschino Jeans verbreiten ökologische Appelle ("Laß meinen Wald in Ruhe"). Und kaum ein deutsches Unternehmen, das nicht seit Hoyerswerda seine Ausländerfreundlichkeit unter Beweis gestellt hätte. Beobachter konstatieren eine Entwicklung vom kommerziellen über das öffentliche zum sozialen Marketing, eine Verquikkung von unternehmensbezogenen mit sozialen Zielen[3].

Ob die Entwicklung der Werbung weitere (innovative) Überraschungen aufzuweisen haben wird oder ob Ariels Klementine als Öko-Oma aus dem Ruhestand in die Werbung zurückkehrt - das UWG ist dank seiner Generalklauseln und dank der sie ausfüllenden und ihr Strukturen verleihenden Rechtsprechung und Literatur in der Lage, diese und weitere rechtstatsächliche Phänomene zu erfassen und sie einer adäquaten Beurteilung zuzuführen.

Ziel dieses Buches ist es, diese Strukturen darzustellen und Sensibilität für sie zu wecken. Im Zuge der fortschreitenden Europäisierung unserer (Rechts-)Welt kann und soll dabei ein Blick über die (nationalen) Grenzen und die Darstellung der das nationale Recht überlagernden europarechtlichen Maßstäbe nicht ausbleiben. Desgleichen kann und soll das Gesetz gegen Wettbewerbsbeschränkungen wegen seiner Komplementärfunktion nicht ganz ausgeklammert werden, sondern da, wo sich Überschneidungen und parallele Wertungen zeigen, in die Darstellung mit aufgenommen werden.

---

[3] Siegfried J. Schmidt; Brigitte Spiess, Die Kommerzialisierung der Kommunikation: Fernsehwerbung und sozialer Wandel 1956-1989, S. 23 f. m.z.w.N.

II. Aufgabe des Wettbewerbsrechts

Doppelaufgabe des Wettbewerbsrechts: Qualitätsschutz des Wettbewerbs durch UWG, Existenzschutz durch GWB

Das Wettbewerbsrecht hat eine Doppelaufgabe: Die Bekämpfung unlauterer Wettbewerbshandlungen und die Sicherung des freien Wettbewerbs. Der Wettbewerb bedarf zum einen der Zügelung durch das Recht, damit er nicht ausartet (Qualitätsschutz). Die Erhaltung der wirtschaftlichen Freiheit aller Wettbewerber setzt voraus, daß im Wettbewerb gewisse Mindestregeln eingehalten werden. Mit anderen Worten: Einen schrankenlosen Wettbewerb, bei dem jedes Kampfmittel erlaubt ist, darf es nicht geben. Außer der Lauterkeit wettbewerblichen Verhaltens muß zum anderen die Freiheit des Wettbewerbs geschützt sein, damit das Marktgeschehen durch den Wettbewerb gesteuert wird (Existenzschutz). Das Recht muß die Funktionsfähigkeit des Wettbewerbs sichern, insbesondere verhindern, daß die Wettbewerbsfreiheit künstlich ausgestaltet und der Markt durch kollektive oder individuelle Monopole vermachtet wird. Nur wenn überhaupt Wettbewerb auf einem bestimmten Markt besteht, ergibt sich die Frage, ob eine Wettbewerbshandlung als lauter oder unlauter anzusehen ist.

Gegensatz zwischen lauteren und unlauteren Wettbewerbshandlungen, unbeschränktem und beschränktem Wettbewerb

Der doppelten Zielsetzung des Wettbewerbsrecht entsprechen zwei als komplementär zu betrachtende Rechtskreise: zum einen das Recht gegen unlauteren Wettbewerb, das Auswüchse des Wettbewerbs bekämpft. Hier geht es um den Gegensatz zwischen lauteren und unlauteren, erlaubten und unerlaubten Wettbewerbshandlungen. Zum anderen das Recht gegen Wettbewerbsbeschränkungen, das den freien, den funktionsfähigen Wettbewerb in seinem Bestand erhalten und fördern soll. Hier geht es um den Gegensatz zwischen unbeschränktem und beschränktem Wettbewerb.[4]

III. Das Recht gegen unlauteren Wettbewerb (Lauterkeitsrecht)

Bekämpfung unlauterer Wettbewerbsmethoden

Zum klassischen Wettbewerbsrecht gehören nach deutscher Rechtsauffassung diejenigen Vorschriften, die der Ordnung des Wettbewerbs durch Bekämpfung unlauterer Wettbewerbsmethoden dienen. Grundlegend ist das UWG vom 07.06.1909, das im Laufe der Zeit mehrfach geändert und

---

[4] Vgl. Baumbach/Hefermehl, Wettbewerbsrecht, 19. Aufl. 1996, Allg. Rdnr. 76 ff; Köhler/Piper, UWG, 1995, Einf. Rdnr. 6 ff

ergänzt wurde, zuletzt durch das UWG-Änderungsgesetz vom August 1994, auf das im späteren Verlauf noch zurückzukommen sein wird. Es gewährt vor allem durch die Generalklausel des § 1 UWG einen Mindestschutz gegen unlautere Wettbewerbshandlungen (franz.: concurrence déloyale; engl.: unfair competition).

Schutzobjekt des UWG-Rechts sind nicht nur die Wettbewerber untereinander, sondern auch die übrigen Marktbeteiligten, insbesondere der Verbraucher. Schutzobjekt ist auch die Allgemeinheit, die vor Auswüchsen des Wettbewerbs bewahrt werden soll. Die Allgemeinheit hat ein starkes Interesse am Bestand und Funktionieren eines leistungsfähigen freien Wettbewerbs. Auch das UWG-Recht hat im Rahmen seines Anwendungsbereichs die Aufgabe, die freie wirtschaftliche Betätigung der Marktteilnehmer zu schützen und die Marktfreiheiten der einzelnen Teilnehmer untereinander sinnvoll abzugrenzen. Zu beachten ist ferner die soziale Funktion des Wettbewerbsrechts, die die Rechtsprechung seit langem betont und aus der sie in zunehmendem Maße rechtliche Folgerungen für die Beurteilung von Wettbewerbshandlungen gezogen hat.

Schutzobjekt: Wettbewerber und übrige Marktbeteiligte, insbesondere der Verbraucher

Kennzeichnend für das deutsche Wettbewerbsrecht ist seine wirtschaftspolitische Neutralität. Es ist bei der Beurteilung von Wettbewerbshandlungen davon auszugehen, daß jedermann sich wirtschaftlich frei betätigen darf, daß Gewerbe- und Vertragsfreiheit besteht und daß die Institution des Wettbewerbs als solche geschützt ist. Wirtschaftspolitische Neutralität bedeutet zwar nicht, daß im Rahmen der sittlich-rechtlichen Wertung eines wettbewerblichen Verhaltens die Grundsätze der Wirtschaftsverfassung und damit auch wirtschaftspolitische Gesichtspunkte unbeachtet zu bleiben haben. Aus der wirtschaftpolitischen Neutralität folgt jedoch, daß eine Wettbewerbshandlung nicht schon deshalb sittenwidrig ist, weil sie wirtschaftspolitisch zu missbilligen ist.[5]

Wirtschaftspolitische Neutralität des deutschen Wettbewerbsrechts

---

[5] vgl. Baumbach/Hefermehl, a.a.O., Allg. Rdnr. 79 ff.; zum Schutzzweck des UWG vgl. auch Fezer, Allgemeine Einführung in das Recht gegen den unlauteren Wettbewerb in: RWW 3.0. Rdnr. 109-118

IV. Recht gegen Wettbewerbsbeschränkungen (Kartellrecht)

Schutz der Freiheit des Wettbewerbs und Bekämpfung wirtschaftlicher Auswüchse

Dieses Rechtsgebiet, das neben das Recht der Bekämpfung unlauterer Wettbewerbshandlungen getreten ist, soll die Freiheit des Wettbewerbs schützen und wirtschaftliche Auswüchse dort beseitigen, wo sie die Wirksamkeit des Wettbewerbsrechts und die ihm innewohnenden Tendenzen zur Leistungssteigerung beeinträchtigt und die bestmögliche Versorgung des Verbrauchers in Frage stellt.

Konkurrenzwirtschaft und Schaffung einer freiheitlichen Ordnung für alle Marktteilnehmer als gesetzlich geschützte Postulate

Die Zielsetzung des Rechts gegen Wettbewerbsbeschränkungen ist einmal wirtschaftspolitischer Natur: die Schaffung bzw. Aufrechterhaltung eines marktwirtschaftlich-wettbewerblichen Wirtschaftssystems (Konkurrenzwirtschaft). Der "freie Wettbewerb" wird deshalb nicht nur ermöglicht, sondern zu einem staatlich geschützten Postulat erhoben. Zum einen wendet sich das GWB gegen Beschränkungen der Wettbewerbsfreiheit. Zum anderen soll neben der ökonomischen zugleich eine gesellschaftspolitische Zielsetzung verwirklicht werden: die Schaffung einer freiheitlichen Ordnung für alle Marktteilnehmer. Das GWB entspricht damit der Wertmaxime des Grundgesetzes, die Entfaltung der freien menschlichen Persönlichkeit (Art. 1, 2 GG) auch auf wirtschaftlichem Gebiet zu ermöglichen. Der Wettbewerb garantiert allen Marktteilnehmern ein Mindestmaß an wirtschaftlicher Freiheit, so daß sie unter mehreren Entscheidungsmöglichkeiten wählen können. Ohne Wettbewerb besteht die Gefahr, daß der Markt der Ausbeutung der einen Marktseite durch die andere dient. Daher wird die Möglichkeit, am Wettbewerb teilzunehmen, für jedes Wirtschaftssubjekt als zwingendes Rechtsprinzip statuiert.[6]

Rechtsgrundlage ist das GWB vom 27.07.1957, geändert durch zahlreiche Novellen, eine erneute Novelle steht bevor.

---

[6] vgl. Baumbach/Hefermehl, a.a.O., Allg. Rdnr. 84 ff

V. Wesen des Wettbewerbsrechts

Das Recht gegen unlauteren Wettbewerb und das Recht gegen Wettbewerbsbeschränkungen bilden somit eine Gesamtordnung des wirtschaftlichen Wettbewerbs. Es geht hierbei um die beiden Fragen, in welchem Umfang (quantitativ) Wettbewerb besteht und wie er ausgeübt werden soll (qualitativ). Das GWB schützt die Freiheit des Wettbewerbs gegen Beschränkungen, das UWG die Lauterkeit des Wettbewerbs vor unlauteren Wettbewerbsmethoden. Freiheit und Lauterkeit des Wettbewerbs sind in einer marktwirtschaftlichen Ordnung keine Gegensätze, sondern korrelativ zu verstehen. Die Freiheit wirtschaftlicher Betätigung kann nur insoweit bestehen, als die Lauterkeit gewahrt ist. Umgekehrt müssen die Anforderungen an die Lauterkeit von Wettbewerbshandlungen mit dem Grundziel des GWB, den freien Wettbewerb und dessen Funktionsfähigkeit zu gewährleisten, im Einklang stehen. Es darf deshalb die Wettbewerbsfreiheit zum einen nicht durch eine Verschärfung der wettbewerblichen Verhaltensregeln eingeengt, zum anderen nicht mit unlauteren Mitteln beeinträchtigt werden. Freiheits- und Lauterkeitsschutz sind im Rahmen einer einheitlichen Wettbewerbsordnung einander bedingende Schutzformen.

Freiheit und Lauterkeit des Wettbewerbs als Korrelative einer marktwirtschaftlichen Ordnung

Das UWG ist nicht als eine "Beschränkung" der Wettbewerbsfreiheit zu werten. Eine Wettbewerbsbeschränkung liegt vielmehr erst vor, wenn für das einzelne Unternehmen die Möglichkeit zu freier, wettbewerbskonformer wirtschaftlicher Betätigung eingeschränkt wird. Hieraus folgt, daß Abreden, die lediglich bezwecken, unlautere Wettbewerbshandlungen zu verhindern, nicht gegen das Kartellverbot des § 1 GWB verstoßen. Darüber hinaus lassen die §§ 28 f. GWB Vereinbarungen zu, in denen sich die Beteiligten zur Einhaltung von eingetragenen Wettbewerbsregeln verpflichten, die, von Wirtschafts- und Berufsvereinigungen aufgestellt, das Verhalten von Unternehmen im Wettbewerb regeln, um einem den Grundsätzen des lauteren Wettbewerbs oder der Wirksamkeit eines leistungsgerechten Wettbewerbs zuwiderlaufenden Verhalten im Wettbewerb entgegenzuwirken. Die Aufgabe beider als Gesamtordnung zu verstehenden Rechtskreise liegt darin, einmal den Wettbewerb in Gang zu halten, damit er seine ökonomische und gesellschaftliche Funktion in einer freien Marktwirtschaft erfüllen kann, zum anderen, ihn zu zügeln. Die Wettbewerbsfreiheit allein ist nicht in der Lage, unlautere Praktiken zu verhindern. Da

Freiheit und Lauterkeit: gegenseitige Ergänzung und wechselseitige Begrenzung

dern. Da sich der Einzelne nur mit und neben anderen wirtschaftlich betätigen kann, ist ein wirksamer Schutz gegen unlautere wettbewerbliche Betätigung unerläßlich. Einerseits braucht die Wettbewerbsfreiheit den notwendigen Spielraum und darf nicht durch eine isolierte Erfassung und Überspannung des Unlauterkeitsbegriffs über Gebühr eingeengt werden, andererseits gibt die Wettbewerbsfreiheit keinen Freibrief für unlautere Verhaltensweisen. Die Verbote des UWG-Rechts sind nicht als einseitige Beschränkung der durch das GWG garantierten Wettbewerbsfreiheit aufzufassen, sondern ihrerseits im Kontakt mit den Grundwerten dieses Gesetzes auszulegen. Werden die Anforderungen an die Lauterkeit gesteigert und dadurch der Bereich unlauteren Wettbewerbs ausgedehnt, so wird der Bereich freier wirtschaftlicher Betätigung eingeschränkt; wird umgekehrt die wirtschaftliche Betätigung ungehemmt zugelassen, so werden die Anforderungen an die Lauterkeit herabgesetzt und der Verbotsbereich unlauteren Wettbewerbs eingeengt. Ein Zusammenhang der beiden Rechtsgebiete, der fast schon als check and balance bezeichnet werden kann, ist somit evident.

Im Hinblick auf das gemeinsame Grundziel stehen beide Rechtsgebiete in einem Funktionszusammenhang. Freiheit und Lauterkeit sind nicht in Gegensätzlichkeit, sondern in ihrer Zusammengehörigkeit zu begreifen und aufeinander abzustimmen.[7]

Für die „Sittenwidrigkeit" nach § 1 UWG und die „unbillige Behinderung" nach § 26 (2) GWB sind dieselben Kriterien maßgebend

Die Zusammenhänge zwischen GWB und UWG und ihre gegenseitigen Ergänzungen aus unterschiedlicher Sicht sind in der neueren Rechtsprechung wiederholt betont worden. Besonders prägnant sind die beiden Entscheidungen des Bundesgerichtshofs Abwehrblatt I und II[8]. Während der erste Zivilsenat in seinem Verweisungsbeschluss vom 28.02.1985[9] noch darauf hingewiesen hat, daß der Bundesgerichtshof bisher die Frage noch nicht entschieden habe, ob die insoweit maßgeblichen Begriffe der "guten Sitten" in § 1 UWG und der "unbilligen Behinderung" in § 26 Abs. 2 GWB deckungsgleich sind, hat der Kartellsenat, der mit demselben

---

[7] zum Ganzen: vgl. Baumbach/Hefermehl, a.a.O., Allg. Rdnr. 86 ff mit zahlreichen w.N.

[8] BGH v. 28.2.1985, GRUR 1985, 883 ff "Abwehrblatt I"; BGH v. 10.12.1985, GRUR 1986, 397 ff "Abwehrblatt II"

[9] GRUR 1985, 883, "Abwehrblatt I"

Sachverhalt dann in der Entscheidung Abwehrblatt II[10] befaßt war, folgendes ausgeführt:

"... in den Fällen der Preisunterbietung steht sowohl für das Merkmal der Unbilligkeit nach § 26 Abs. 2 GWB als auch für die Frage der Sittenwidrigkeit nach § 1 UWG die Abgrenzung zum Leistungswettbewerb im Vordergrund. Denn das Unterbieten des Konkurrenzpreises stellt (...) für sich genommen keine unbillige Behinderung dar, sondern ist im Gegenteil ein wesentliches Element gesunden Wettbewerbs (...) selbst das Bestreben eines marktbeherrschenden Unternehmens, durch die Preisgestaltung einen Konkurrenten aus dem Markt zu drängen, läßt für sich genommen noch nicht ohne weiteres ein Unwerturteil zu, wenn das Unternehmen sich dabei der Mittel des Leistungswettbewerbs bedient und etwa als Folge der Kostendegression günstiger kalkulieren und niedrigere (wenngleich immer noch auskömmliche) Preise vorsehen kann als der - möglicherweise weniger erfolgreiche - Konkurrent. Ein solches, dem Leistungswettbewerb zuzuordnendes Verhalten, kann nicht allein wegen seiner Auswirkungen auf den Konkurrenten ohne weiteres als unbillig im Sinne des § 26 Abs. 2 GWB angesehen werden. Auch für die Interessenabwägung nach § 26 Abs. 2 GWB ist davon auszugehen, daß im Leistungswettbewerb begründete Behinderungen vom GWB hingenommen werden. Für die Frage, ob eine objektiv vorliegende Behinderung unbillig ist, kommt es daher darauf an, ob - unter missbräuchlicher Ausnutzung der Wettbewerbsfreiheit - die Handlungsfreiheit des betroffenen Unternehmens unangemessen eingeschränkt und dadurch eigene Interessen in rechtlich zu missbilligender Weise auf Kosten des betroffenen Unternehmens verwirklicht werden sollen (...) unbillig im Sinne des § 26 Abs. 2 GWB wird danach eine gegen einen bestimmten Mitbewerber gerichtete gezielte Preisunterbietung, wenn sie unter Einsatz nicht leistungsgerechter Kampfpreise Verdrängung und Vernichtung des Mitbewerbers bezweckt. Wie bei

---

[10] GRUR 1986, 397

der wettbewerbsrechtlichen Beurteilung nach § 1 UWG findet danach der an sich im Rahmen des Leistungswettbewerbs liegende Preiswettbewerb seine Grenze in der betriebswirtschaftlich vernünftigen, jedenfalls nach kaufmännischen Grundsätzen vertretbaren Kalkulation ...".

Die "Sittenwidrigkeit" nach § 1 UWG und die "unbillige Behinderung" nach § 26 II GWB beurteilt sich somit nach den gleichen Kriterien. Hier wie dort sind die "Mittel des Leistungswettbewerbs" Maßstab der Beurteilung.

VI. Die Anwendbarkeit von GWB und UWG - Abgrenzung zwischen privatrechtlich geordneten und öffentlich-rechtlichen Beziehungen

Entscheidende Voraussetzung für die Anwendbarkeit von GWB und UWG auf Handlungen der öffentlichen Hand: Auftreten auf dem Boden der Gleichordnung im Wettbewerb mit privaten Mitbewerbern

Die Vorschriften des GWB und des UWG setzen im Hinblick auf ihre Anwendbarkeit zunächst voraus, daß es um privatrechtlich geordnete Beziehungen geht. Das Wettbewerbsrecht (GWB und UWG) ist Privatrecht, so daß es nur anwendbar ist, wenn es um privatrechtlich geordnete Beziehungen geht. Bei der Frage, ob GWB und UWG auf die öffentliche Hand anwendbar sind, ist zu unterscheiden zwischen hoheitlichem und fiskalischem Verhalten. Das fiskalische Verhalten unterfällt unproblematisch dem GWB und dem UWG. Auch wenn und soweit die öffentliche Hand im eigentlichen hoheitlichen Bereich tätig ist, kommt jedoch die Anwendbarkeit von GWB und UWG in Betracht. Auch soweit der Staat im Rahmen seiner aus dem Sozialstaatsprinzip und aus der Verantwortung des Staates für das gesamtwirtschaftliche Gleichgewicht resultierenden Verpflichtung, im Rahmen der Daseinsvorsorge tätig zu werden, handelt, wird er nicht gehindert, privatrechtliche Mittel und Formen einzusetzen. In diesem Bereich kann daher eine echte Konkurrenz zwischen der Berufs- und Gewerbefreiheit Privater einerseits und der sozialstaatlichen Verantwortung andererseits entstehen[11]. Maßnahmen der öffentlichen Hand können eine Doppelnatur insofern aufweisen, als sie je nach der Beziehung, in

---

[11] v. Gamm, Verfassungs- und wettbewerbsrechtliche Grenzen des Wettbewerbs der öffentlichen Hand, WRP 1984, 303, 304 m.w.N,

der sie Wirkungen äußern, zum einen öffentlich-rechtlich - z. B. bei der Beitragsgestaltung eines Sozialversicherungsträgers gegenüber seinen Mitgliedern - zum anderen privatrechtlich - hinsichtlich der Bedeutung solcher Maßnahmen für die privaten Mitbewerber - zu qualifizieren sind. Maßgebend für die Rechtsanwendung ist allein die tatsächliche Natur des Rechtsverhältnisses, aus dem der konkrete Klageanspruch folgt. Ist das Handeln der öffentlichen Hand privatrechtlich zu qualifizieren, führt dies prozessual zur Eröffnung des ordentlichen Rechtswegs und materiellrechtlich zur Anwendbarkeit von UWG/GWB. In solchen Fällen kann das ordentliche Gericht auch solche Entscheidungen treffen, die im Ergebnis nicht nur auf das Verbot von Wettbewerbshandlungen hinauslaufen, sondern - wegen der Doppelnatur des Vorgehens der öffentlichen Hand - auch den öffentlich-rechtlichen Tätigkeitsbereich des Verwaltungsträgers berühren[12]. Entscheidend für das Vorliegen einer nach UWG und GWB zu beurteilenden Handlung ist daher, ob das öffentliche Unternehmen auf dem Boden der Gleichordnung im Wettbewerb mit privaten Wettbewerbern Leistungen auf dem Markt anbietet, zwischen denen die Nachfragenden frei wählen können[13] oder - anders ausgedrückt - entscheidend für die Anwendung des Wettbewerbsrechts zugunsten wie auch zu Lasten der öffentlichen Hand ist ihre - in welcher Form auch immer - erwerbswirtschaftliche Betätigung oder ihr sonstwie geartetes, wettbewerbsrechtlich relevantes Handeln, durch das sich die öffentliche Hand insoweit mit Mitbewerbern auf die gleiche Ebene stellt.

Die rein erwerbswirtschaftliche Betätigung der öffentlichen Hand vollzieht sich stets mit Mitteln des Privatrechts. Ein sonstiges wettbewerblich relevantes Handeln unmittelbar durch die Hoheitsverwaltung bedient sich ebenfalls häufig privatrechtlicher Mittel; die öffentliche Hand stellt sich insoweit im Geschäftsverkehr auf die gleiche Ebene wie private Mitbewerber[14]. Selbst dann, wenn sich die Hoheitsverwaltung bei der Verfolgung gewerblicher Zwecke öffentlich-rechtlicher Maßnahmen bedient, verschließt dies nicht den Anwendungsbereich des Wettbewerbsrechts. Auch hier ist

Die Verfolgung öffentlicher Zwecke gibt der öffentlichen Hand keine Sonderstellung

---

[12] Piper in Köhler/Piper, UWG 1995, Einführung UWG, Rdnr. 148 m.w.N.

[13] Baumbach/Hefermehl, a.a.O., Rdnr. 91 ff zu § 1 UWG

[14] v. Gamm, Fn. 11, S. 306

ist entscheidend darauf abzustellen, ob sich die öffentliche Hand mit ihrem Vorgehen der Sache nach in ein Wettbewerbsverhältnis mit privaten Mitbewerbern begibt. Ist dies der Fall, so ist das Vorgehen der öffentlichen Hand im Blick auf die Auswirkungen auf den Wettbewerb von privaten Wettbewerbern als privatrechtlich - und damit dem Wettbewerbsrecht unterliegend - zu qualifizieren und zwar ungeachtet des Umstandes, daß es sich mit Blick auf die Abnehmer, Mitglieder, Benutzer, um eine öffentlich-rechtliche Maßnahme handelt[15]. Nimmt die öffentliche Hand im Privatrechtsverkehr am Wirtschaftsleben teil, indem sie sich mit anderen Wettbewerbern auf dem Boden der Gleichordnung um die Nachfrage auf einem bestimmten Markt bewirbt, so unterliegt ihr Handeln grundsätzlich den für alle privaten Wettbewerber geltenden Verhaltensregeln des UWG. Die Verfolgung öffentlicher Zwecke gibt ihr grundsätzlich keine Sonderstellung. Wäre es anders, müsste von vornherein jeder private Mitbewerber als der schwächere unterliegen. Die öffentliche Hand kann keine Bevorzugung im Wettbewerb verlangen, wenn sie selbst als Wettbewerber am Markt auftritt. Die Verhaltenspflichten der öffentlichen Hand, die zum einen meist den Vorteil der Kapitalkraft und Steuerfreiheit hat, zum anderen eine Vertrauensstellung in der Öffentlichkeit einnimmt, dürfen deshalb nicht geringer als die ihrer Mitbewerber sein[16].

Wirkt das Verwaltungshandeln daher auf den privaten Wettbewerb Dritter ein, so ist das Verhalten der öffentlichen Hand privatrechtlich zu qualifizieren und führt demgemäß prozessual zur Eröffnung des ordentlichen Rechtsweges und materiellrechtlich zur Anwendung des UWG[17].

Identische Abgrenzung im Anwendungsbereich des GWB

Die Notwendigkeit, privatrechtliches von hoheitlichem Handeln im Wettbewerbsrecht zu unterscheiden, stellt sich im Anwendungsbereich des GWB in gleicher Weise wie in dem des UWG. Die Entwicklung der Praxis ist im Anwendungsbereich des GWB ähnlich wie bei § 1 UWG verlaufen. Auch für das GWB hat sich inzwischen die Meinung durchgesetzt, daß die Rechtsnatur der Leistungsbeziehungen der öffentli-

---

[15] v. Gamm, Fn. 11, S. 306

[16] vgl. Baumbach/Hefermehl, a.a.O., Rdnr. 928 zu § 1 UWG

[17] Piper, Aktuelle Rechtsprechung des Bundesgerichtshofs zum Wettbewerbsrecht, Rdnr. 567

chen Hand zu ihren Vertragspartnern nichts über die Rechtsnatur der davon zu trennenden Wettbewerbsbeziehungen der öffentlichen Hand zu ihren Konkurrenten aussagt. Selbst wenn die Leistungsbeziehungen öffentlich-rechtlich geordnet sind, können deshalb doch echte Wettbewerbsbeziehungen zu anderen Anbietern und Nachfragern entstehen. In diesen Beziehungen muß dann das GWB zum Schutz des Wettbewerbs eingreifen. Voraussetzung ist lediglich - wie im UWG -, daß die öffentliche Hand Leistungen neben anderen auf dem Markt anbietet oder nachfragt, zwischen denen sich die Anbieter frei entscheiden können.[18]

Zusammenfassung

Das Wettbewerbsrecht hat eine Doppelaufgabe: die Bekämpfung unlauterer Wettbewerbshandlungen und die Sicherung des freien Wettbewerbs durch das Recht gegen unlauteren Wettbewerb (UWG), das Auswüchse des Wettbewerbs bekämpft und durch das Recht gegen Wettbewerbsbeschränkungen (GWB), das den freien, funktionsfähigen Wettbewerb in seinem Bestand erhält und fördert. Das GWB schützt die Freiheit des Wettbewerbs gegen Beschränkungen, das UWG die Lauterkeit des Wettbewerbs vor unlauteren Wettbewerbsmethoden. Werden die Anforderungen an die Lauterkeit gesteigert und dadurch der Bereich unlauteren Wettbewerbs ausgedehnt, so wird der Bereich freier wirtschaftlicher Betätigung eingeschränkt; wird umgekehrt die wirtschaftliche Betätigung ungehemmt zugelassen, so werden die Anforderungen an die Lauterkeit herabgesetzt und der Verbotsbereich des unlauteren Wettbewerbs eingeengt.

Die Aufgabe beider als Gesamtordnung zu verstehender Rechtskreise liegt darin, einmal den Wettbewerb in Gang zu halten, damit er seine ökonomische und gesellschaftliche Funktion in einer freien Marktwirtschaft erfüllen kann, zum anderen, ihn zu zügeln. Im Hinblick auf das gemeinsame Grundziel stehen beide Rechtsgebiete in einem Funktionszusammenhang. Freiheit und Lauterkeit sind nicht in Gegensätzlichkeit, sondern in ihrer Zusammengehörigkeit zu begreifen und aufeinander abzustimmen.

Dementsprechend ist in der neueren Rechtsprechung auch anerkannt, daß sich die „Sittenwidrigkeit" nach § 1 UWG

---

[18] zum Ganzen vgl. auch Ackermann, Krankentransporte in wettbewerbs- und kartellrechtlicher Hinsicht in: Managementhandbuch Krankenhaus, Rdnr. 51-70

und die unbillige Behinderung nach § 26 Abs. 2 GWB nach den gleichen Kriterien beurteilen.

Wettbewerbsrecht (GWB und UWG) ist Privatrecht, so daß es nur anwendbar ist, wenn es um privatrechtlich geordnete Beziehungen geht. Das fiskalische Verhalten der öffentlichen Hand unterfällt unproblematisch dem GWB und dem UWG. Auch soweit die öffentliche Hand im eigentlich hoheitlichen Bereich tätig wird, kommt jedoch die Anwendbarkeit von GWB und UWG in Betracht. Entscheidend für das Vorliegen einer nach UWG und GWB zu beurteilenden Handlung ist, ob das öffentliche Unternehmen / die öffentliche Hand auf dem Boden der Gleichordnung im Wettbewerb mit privaten Wettbewerbern Leistungen auf dem Markt anbietet, zwischen denen die Nachfragenden frei wählen können oder - anders ausgedrückt - entscheidend für die Anwendung des Wettbewerbsrechts zugunsten wie auch zu Lasten der öffentlichen Hand ist ihre - in welcher Form auch immer - erwerbswirtschaftliche Betätigung oder ihr sonstwie geartetes, wettbewerbsrechtlich relevantes Handeln, durch das sich die öffentliche Hand insoweit mit Mitbewerbern auf die gleiche Ebene stellt. Die Verfolgung öffentlicher Zwecke gibt der öffentlichen Hand grundsätzlich keine Sonderstellung.

B. Die Wettbewerbshandlung

I. Tatbestandliche Voraussetzungen der Wettbewerbshandlung

Beide Grundnormen des Gesetzes gegen den unlauteren Wettbewerb, § 1 und § 3 UWG, sowie eine Reihe anderer Vorschriften des UWG-Rechts (u.a. §§ 6 b, 12, 14, 17, 18, 20) setzen ein Handeln im geschäftlichen Verkehr voraus. Der Begriff der Wettbewerbshandlung ist daher und insbesondere unter Berücksichtigung der grundlegenden Bedeutung der Generalklauseln ein Zentralbegriff des UWG-Rechts. Die Frage, ob eine Wettbewerbshandlung vorliegt, ist logisch vorrangig und unabhängig davon zu beurteilen, ob sie lauter oder unlauter ist. Der Wettbewerber wird nicht schlechthin gegen sittenwidriges Verhalten geschützt, das ihn in seiner Wettbewerbsfähigkeit beeinträchtigt oder bedroht. Er genießt Rechtsschutz nach §1 UWG und nach allen weiteren Normen, die ein Handeln im geschäftlichen Verkehr voraussetzen, nur gegen unlautere Wettbewerbshandlungen seiner Mitbewerber. Wettbewerbshandlung ist das Verhalten, durch das der Wettbewerber auf den tatsächlichen oder möglichen Kundenkreis Einfluß zu nehmen sucht. Wettbewerbszwecken dient eine Handlung jedoch nicht nur, wenn sie den eigenen Wettbewerb des Handelnden, sondern auch dann, wenn sie den Wettbewerb eines Dritten fördern soll. Ein geschäftliches Verhalten eines Gewerbetreibenden ist erst dann ein wettbewerbsrechtlich relevantes Verhalten, wenn es sich auf gegenwärtige oder mögliche (potentielle) Mitbewerber auswirken kann[19].

---

[19] vgl. dazu Baumbach/Hefermehl, a.a.O., Einl. UWG Rdnr. 214

1. Handeln zu Zwecken des Wettbewerbs

Zweckbestimmtes Marktverhalten, ausgerichtet auf Förderung oder Erhaltung eigenen oder fremden Wettbewerbs

Diese objektive Voraussetzung der Wettbewerbshandlung ist in jedem Verhalten zu sehen, das äußerlich geeignet ist, den Absatz oder Bezug einer Person zum Nachteil einer anderen Person zu fördern. Handeln zu Zwecken des Wettbewerbs ist demnach ein zweckbestimmtes Marktverhalten, ein Handeln, das auf die Förderung oder jedenfalls Erhaltung eigenen oder fremden Wettbewerbs ausgerichtet ist. Für das Vorliegen einer Wettbewerbshandlung genügt es, daß die Stellung eines Gewerbetreibenden im Wettbewerb irgendwie gefördert wird.

Anspruchsdurchsetzung nur Folge aus der Abwicklung eines Vertragsabschlusses oder Maßnahme zur Erhaltung des Kundenstammes

Wird ein etwaiger Wettbewerbsvorteil schon durch den Abschluß der Verträge bewirkt, stellt sich die Frage, ob eine Beitreibung von Entgelten aus Verträgen, die auf Täuschung beruhen, ohne dabei den anfechtbaren Grund zu offenbaren, nur mittelbare Folge eines ausschließlich gegen den Vertragspartner und nicht auf Außenwirkung im Wettbewerb bezogenen Verhaltens ist, oder ob es als Maßnahme zur Erhaltung des Kundenstammes eine wettbewerbsrelevante Handlung darstellt. An der auf Außenwirkung abzielenden Förderung (Erhaltung) eigenen oder fremden Wettbewerbs, die maßgeblich für die Annahme des Handelns zu Zwecken des Wettbewerbes ist, fehlt es im allgemeinen, wenn es nach vorangegangenem Vertragsabschluß allein noch um die Durchsetzung des vertraglichen Erfüllungsanspruchs gegenüber dem fraglichen Kunden oder umgekehrt um die Schlecht- oder Nichterfüllung der vertraglichen Lieferverpflichtung geht. Insoweit handelt es sich lediglich um die Folgen aus der Abwicklung eines konkreten Vertragsverhältnisses, die als solche keinen Bezug auf die Mitbewerber und keine Außenwirkungen auf den Wettbewerb haben und deshalb für sich allein auch keinen Rückschluß auf ein Handeln zur Förderung des eigenen Wettbewerbs zulassen. Anders ist es dagegen, wenn die Anspruchsdurchsetzung Teil und zwar regelmäßig letztes Glied in der Kette eines auf Vortäuschung wirksamer Vertragsabschlüsse (mit entsprechenden Zahlungsverpflichtungen) gerichteten planmäßigen Geschäftsgebarens ist, so etwa Zusendung von Zahlungsforderungen oder Auftragsbestätigungen für angebliche Bestellungen[20].

---

[20] vgl. BGH v. 7.10.1993, WRP 1994, 28; GRUR 1994, 126 „Folgeverträge"

Dies gilt ebenso in dem Fall der Minderung und Schlechtlieferung, wenn etwa der Gewerbebetreibende von vornherein auf eine Übervorteilung seiner Kunden abzielt und nicht gewillt ist, sich an seine Ankündigungen zu halten, also die darin liegende Kundentäuschung zum Mittel seines Wettbewerbs macht. Das ist bei einem von vornherein einkalkulierten Bier-Minderausschank in einem Biergarten angenommen worden, bei dem festgestellt worden war, daß es sich bei dem Minderausschank nicht um Einzelfälle gehandelt hatte, sondern ein zur Vorteilserlangung gezieltes Vorgehen mit planmäßig wiederholter Kundentäuschung zugrunde lag[21].

Auch Handlungen zur Vorbereitung künftigen Wettbewerbs sind Wettbewerbshandlungen.

2. Das Wettbewerbsverhältnis

Zwischen dem geförderten und dem benachteiligten Unternehmen muß ein Wettbewerbsverhältnis bestehen. Aus dem Erfordernis eines Handelns, das auf die Förderung oder jedenfalls Erhaltung eigenen oder fremden Wettbewerbs abzielt, ergibt sich eine Wechselbeziehung zum Marktverhalten anderer und weiterhin, daß ein Wettbewerbsverhältnis vorausgesetzt wird. Im Wettbewerb stehen nur die nach gleichem oder ähnlichem Ziel strebenden Unternehmen. Ein Wettbewerbsverhältnis liegt demnach vor, wenn zwischen den Vorteilen, die jemand durch eine Maßnahme für sein Unternehmen oder das eines Dritten zu erreichen sucht, und den Nachteilen, die ein anderer dadurch erleidet, eine Wechselbeziehung in dem Sinne besteht, dass der eigene Wettbewerb gefördert oder der fremde Wettbewerb beeinträchtigt werden kann.[22] Das Marktverhalten des Wettbewerbers muß objektiv geeignet sein, den erstrebten wirtschaftlichen Erfolg auf Kosten eines anderen Wettbewerbers irgendwie zu fördern; die Wettbewerbshandlung kann die eigene oder eine fremde wirtschaftliche Betätigung fördern.

Bei einem auf die Förderung fremden Wettbewerbs gerichteten Verhalten muß das Wettbewerbsverhältnis zwischen

Wechselbeziehung zwischen den Vorteilen, die jemand für sein eigenes Unternehmen oder das eines Dritten zu erreichen sucht und den Nachteilen, die ein anderer dadurch erleidet

---

[21] vgl. BGH v. 10.12.1986, GRUR 1987, 180 „Ausschank unter Eichstrich"

[22] st. Rspr. des RG und des BGH, vgl. die Nachw. bei Baumbach/Hefermehl, a.a.O., Einl. UWG, Rdnr. 216

dem geförderten und dem benachteiligten Unternehmen bestehen.

Gleichheit oder Gleichartigkeit der Waren und Dienstleistungen und (künftige) Gleichheit des Kundenkreises

Gewerbetreibende stehen miteinander im Wettbewerb, wenn sie den gleichen Abnehmerkreis/Lieferantenkreis haben. Die Abnehmerkreise brauchen nicht völlig übereinzustimmen. Umgekehrt gilt: Je größer die Übereinstimmung, desto eher ist die Wettbewerbsbeziehung zu bejahen. Auch Gewerbetreibende, die der gleichen oder verwandten Branche angehören, sind allerdings nicht zwangsläufig echte Konkurrenten in diesem Sinne. So kann die räumliche Entfernung ein Wettbewerbsverhältnis ausschließen. Ein Bäcker oder Gastwirt in München ist schwerlich Konkurrent eines Bäckers oder Gastwirts in Berlin. Anders liegt es bei Unternehmen, die ihre Erzeugnisse im ganzen Bundesgebiet vertreiben. Die Gleichheit oder Gleichartigkeit der Waren oder Leistungen begründet allein noch kein konkretes Wettbewerbsverhältnis; die Gleichheit des Kundenkreises muß hinzukommen. Für die Annahme eines Wettbewerbsverhältnisses genügt es, daß Gewerbetreibende künftig den gleichen Kundenkreis haben. Daher ist nicht nur auf den gerade bestehenden, sondern auch auf den Kundenkreis abzustellen, der sich bei einer nach den Umständen zu erwartenden Ausdehnung des Unternehmens, einer Erweiterung der Produktion oder einer Änderung der Nachfrage möglicherweise ergeben kann.

Aus der Prämisse, daß das UWG-Recht nach heutiger Sichtweise nicht nur die jeweiligen Mitbewerber, sondern auch die übrigen Marktbeteiligten, insbesondere die Verbraucher schützt und letztlich auch dem Allgemeininteresse zu dienen bestimmt ist, folgt, daß es für das Erfordernis „Handeln zu Zwecken des Wettbewerbs" ausreichend ist, daß ein Gewerbetreibender seine Stellung im Wettbewerb irgendwie fördert und subjektiv diese Wirkung, wenn auch nicht ausschließlich, so doch nebenbei verfolgt. Dagegen kommt es nicht darauf an, daß der unlauter Handelnde mit einem oder mehreren bestimmten Gewerbetreibenden in einem konkreten Wettbewerbsverhältnis steht. Es genügt, daß überhaupt eine wettbewerbliche Beziehung vorhanden ist. In einer derartigen gegenwärtigen oder zu erwartenden künftigen Wettbewerbsbeziehung steht aber üblicherweise jeder Gewerbetreibende, der sich um den Abschluß von Geschäften mit Dritten bemüht. Hiervon zu trennen ist die materiellrechtliche Frage, ob die Unlauterkeit einer Wettbewerbshandlung ein konkretes Wettbewerbsverhältnis einschließt, was z.B. beim Tatbestand der individuellen Behinderung der Fall ist[23].

Auch nach der Rechtsprechung werden die Voraussetzungen im Interesse eines wirksamen wettbewerbsrechtlichen Individualschutzes nicht zu eng gesehen; es genügt, daß sich der Verletzer im konkreten Fall durch seine Verletzungshandlung in Wettbewerb zu den betroffenen Gewerbetreibenden stellt. So kann ein konkretes Wettbewerbsverhältnis auch ad hoc durch eine Handlung gegenüber dem Betroffenen begründet werden, etwa durch die Werbung mit einem Substitutionshinweis.[24] Ein Wettbewerbsverhältnis kann auch in der wirtschaftlichen Ausnutzung des fremden Rufs und Ansehens durch Übernahme der fremden Kennzeichnung[25] oder durch ausdrückliche oder bildliche Gleichstellungsbehauptung in Ruf und Ansehen unter Anhängen an die Bekanntheit der fremden Ware[26] begründet werden. In diesen Fällen, die neben weiteren einschlägigen Sachverhalten unter dem Aspekt "Schutz der berühmten Marke gegenüber Beeinträchtigung ihrer Werbekraft" behandelt werden[27], stellt sich der Werbende - trotz fehlender Substituierbarkeit der Waren - gezielt mit seiner konkreten Werbemaßnahme in Wettbewerb zur fremden Ware und zwar hinsichtlich der wirtschaftlichen Ausnutzung ihres Ansehens und Rufs.

Begründung eines Wettbewerbsverhältnisses durch wirtschaftliche Ausnutzung des fremden Rufs und Ansehens durch Übernahme der fremden Kennzeich- nung oder durch Gleichstellungs- behauptung

Voraussetzung ist, daß eine wirtschaftliche Verwertung dieses Rufs, weil so überragend und trotz Ungleichartigkeit der Waren gleichwohl hierauf ausstrahlend - überhaupt möglich ist. Die berühmt gewordenen Fälle Rolls-Royce, Dimple, SL, Salomon u.a. werden unter dem Gliederungspunkt Ausbeutung, konkret Ausbeutung fremden Rufs[28] erörtert werden. In

Wirtschaftliche Verwertung des Rufes möglich, weil dieser so überragend ist, daß er auf ungleichartige Waren/Dienstleistungen ausstrahlt

---

[23] vgl. dazu Baumbach/Hefermehl, a.a.O., Einl. UWG, Rdnr. 219; Fezer, RWW, 3.0. Rdnr. 138, 140

[24] vgl. BGH v. 12.1.1972, GRUR 1972, 553 „Statt Blumen Onko-Kaffee"

[25] etwa der Whiskeymarke „Dimple" für Herrenkosmetika, BGH v. 29.11.1984, GRUR 1985, 550 „Dimple"

[26] etwa durch besondere Bilddarstellung mit der bekannten Rolls-Royce-Kühleransicht, BGH v. 9.12.1982, WRP 1983, 268; GRUR 1983, 247 „Rolls-Royce"

[27] vgl. C. IV.3. und 4.

[28] vgl. C. IV.3.

diesem Zusammenhang wird auch darzustellen sein, daß der wettbewerbliche Schutz der bekannten oder berühmten Marke, der - unter Respektierung der abschließenden Regelung des Kennzeichenrechts - nur bei Vorliegen besonderer wettbewerblicher Umstände gewährt werden konnte und kann, durch die Neueinführung der Regelungen über die bekannte Marke (§ 9 Abs. 1 Nr. 3 und 14 Abs. 2 Nr. 3 MarkenG) nicht überflüssig geworden ist. Nach der Neuregelung des am 01.01.1995 in Kraft getretenen Markengesetzes genießt die bekannte Marke und die bekannte geschäftliche Bezeichnung nicht nur Schutz gegen Verwechslungsgefahr im (Waren-/Dienstleistungs-)Identitäts- oder Ähnlichkeitsbereich, sondern ist wegen ihrer Bekanntheit nunmehr auch außerhalb des (Waren-/ Dienstleistungs-) Identitäts- oder Ähnlichkeitsbereichs und ohne Bestehen einer Verwechslungsgefahr gegen eine Ausnutzung oder Beeinträchtigung ihrer Unterscheidungskraft oder Wertschätzung unter bestimmten weiteren Voraussetzungen markenrechtlich geschützt. Dem Warenzeichengesetz alter Provenienz war ein derartiger Schutz fremd, so daß die Entwicklung eines wettbewerbsrechtlichen Leistungsschutzes nach § 1 UWG und §§ 823, 1004 BGB sich als erforderlich herausstellte. Wie unter C.IV. darzulegen sein wird, ist wettbewerbsrechtlicher Leistungsschutz auch nach Inkrafttreten des MarkenG noch erforderlich und/oder geboten.

Ausnutzung des wirtschaftlichen Rufs durch Kontrasteffekt, der sich aus der Verbindung mit einer gänzlich unpassenden Ware ergibt

Der wirtschaftliche Ruf kann auch durch einen Kontrasteffekt ausgenutzt werden, der sich aus dem besonderen Ruf in seiner Verbindung mit einer gänzlich unpassenden Ware ergibt. Hierzu zwei Entscheidungen des Bundesgerichtshofes, die eine bekannte fremde Marke und deren unerlaubte Anbringung auf sog. Scherzartikel zum Gegenstand hatten. In beiden Fällen fehlte es an der Warengleichartigkeit bzw. einem gleichen Kundenkreis. In beiden Fällen stellte sich die Frage, ob ein Wettbewerbsverhältnis vorliegt.

a) „BMW"

Die Klägerin des Verfahrens, das der „BMW"-Entscheidung des 6. Zivilsenats[29] zugrunde lag, stellt Kraftfahrzeuge her, die sie unter der Firmenabkürzung „BMW" vertreibt. BMW versieht ihre Produkte mit einem kreisrunden Firmenemblem:

---

[29] BGH v. 3.6.1986, GRUR 1986, 759

Ein breiter, schwarzer Ring, in dessen oberer Hälfte sich die Firmenabkürzung befindet, schließt blauweiße Karos ein. Die Klägerin verwendet dieses Emblem auch in ihrer Werbung und im Geschäftsverkehr. Ein entsprechendes Warenzeichen ist seit 1917 in der Warenzeichenrolle eingetragen. Im Warenzeichenblatt (jetzt Markenblatt) vom 31.07.1984 ist die Eintragung des Firmenemblems auch für Abziehbilder, Aufkleber und Plaketten veröffentlicht worden; die Klägerin vertreibt auch Aufkleber mit diesem Emblem. Die Beklagte stellt Geschenk- und Scherzartikel her. Sie vertreibt u.a. einen Aufkleber, der das Firmenemblem der Klägerin identisch wiedergibt und in der unteren Hälfte des schwarzen Ringes den zusätzlichen Aufdruck "Bums mal wieder" aufweist.

Der Senat befand, daß ein Wettbewerbsverhältnis in diesem Sinne zwischen den Parteien nicht bestand. Die Parteien sind unstreitig keine Konkurrenten am Markt. Die Beklagte habe sich mit der Herstellung und dem Vertrieb des Aufklebers auch nicht in dem Sinne an Ruf und Ansehen der Klägerin angehängt, daß insoweit von einer Handlung zu Wettbewerbszwecken gesprochen werden könne. Durch den Zusatz "Bums mal wieder" erhalte der Aufkleber eine andere Qualität als die eines bloßen Trägers des Emblems. Er lebe allein von der Verzerrung des Emblems, die von der Beklagten als "Gag" verstanden und von den Käufern als Scherzartikel erworben werde. Bei dieser Betrachtung habe sich die Beklagte nicht in Wettbewerb zur Klägerin gestellt. Zwar treffe es zu, daß der Aufkleber nur wegen der Berühmtheit der Marke der Klägerin eine Absatzchance habe. Allerdings habe die Beklagte nicht die Werbekraft des Rufes der Klägerin und ihrer Produkte zur Förderung des Absatzes ihrer eigenen Erzeugnisse eingesetzt. Der Aufkleber der Beklagten habe mit seiner parodisierenden Verfremdung des Emblems der Klägerin deren Marktgeltung selbst zur Zielscheibe des Gag und nutze in dieser Stoßrichtung die Bekanntheit des Emblems der Klägerin geschäftlich aus. In Fällen dieser Art liege der Schwerpunkt des Konflikts nicht in einem Konkurrenzverhalten, das allein von § 1 UWG erfaßt werde, vielmehr gehe es allein um den Schutz der Klägerin und seiner Reichweite für ihre unternehmerische Stellung, insbesondere für ihren Ruf. Dieser Schutz beurteile sich nach den allgemeinen Regeln und den Grundsätzen, die die Rechtsprechung für die Verletzung des allgemeinen Persönlichkeitsrechts entwickelt habe.

Diese Ausführungen sind insbesondere unter Berücksichtigung der Rechtsprechung des 1. Senates, die vom 6. Senat zitiert wird, schwer nachvollziehbar und nicht widerspruchsfrei. Wenn der Bundesgerichtshof ausführt, daß der Aufkleber nur wegen der Berühmtheit der Marke der Klägerin eine Absatzchance hat, wenn ferner berücksichtigt wird, daß der Tatbestand des Urteils die Feststellung enthält, auch BMW vertreibe Aufkleber des Firmenemblems, so stellt es einen nicht leicht auflösbaren Widerspruch dar, wenn gleichzeitig ausgeführt wird, daß die Beklagte sich durch den Aufkleber nicht an das Ansehen der Klägerin angehängt habe und deren Marktgeltung nicht zur Unterstützung ihrer eigenen Produkte in Anspruch genommen habe.

b) Markenverunglimpfung[30]

Der Sachverhalt, mit dem sich der Bundesgerichtshof (1.Senat) in seiner Entscheidung vom 10.02.1994 zu befassen hatte, ist verbunden mit dem bekannten Werbespruch, der zugunsten der Klägerin, die Schokolade und andere Süßwaren produziert und vertreibt, auch als Marke eingetragen ist:

"Mars macht mobil bei Arbeit, Sport und Spiel".

Mit diesem Werbespruch betreibt die Klägerin seit Beginn der achtziger Jahre eine aufwendige Werbekampagne für ihre Produkte. Der damit beworbene besonders erfolgreiche Schokoriegel, wird seit über 40 Jahren unter der Marke und der Firmenkennzeichnung der Klägerin "Mars" angeboten. Die Beklagte auch dieses Verfahrens stellt Scherzartikel her und vertreibt diese bundesweit. Als einen solchen Artikel bot sie - bis zum Verbot durch einstweilige Verfügung - ein einzeln verpacktes Kondom an, das in einer Faltschachtel nach Art einer Streichholzbriefes verpackt ist, wobei auf der Vorderseite der Schachtel die Abbildung eines Mars-Schokoriegel mit dem für diesen kennzeichnenden originalgetreuen Mars-Schriftzug sowie darunter die Worte "macht mobil" aufgedruckt sind. Die Fortsetzung dieses in Anspielung auf den bekannten Werbespruch der Klägerin gebildeten Textes wird beim Öffnen der Schachtel auf deren

---

[30] WRP 1994, 495; GRUR 1994, 495

Innenseite sichtbar und lautet "Bei Sex - Sport und Spiel".
Das optische Erscheinungsbild entspricht dem einer flachen
Streichholzschachtel, wie sie mit Firmen- oder Zeichenaufdruck als Werbegeschenk vielfach gebräuchlich sind.
Als Vorfrage der Prüfung von § 1 UWG als Anspruchsgrundlage war die Frage eines Wettbewerbsverhältnisses zu prüfen. Der Senat hat zunächst die Grundsätze der Dimple- und Salomonentscheidungen[31] zusammengefaßt, wonach ein Wettbewerbsverhältnis im Sinne des § 1 UWG bereits dann angenommen werden kann, wenn die Parteien - obgleich unterschiedlichen Branchen angehörig - bei der wirtschaftlichen Verwertung einer Kennzeichnung auch nur in der Weise in Wettbewerb treten, daß der Verletzter durch den Gebrauch der fremden Kennzeichnung deren wirtschaftlich verwertbaren besonderen Ruf für sich auszunutzen sucht. Erforderlich ist allerdings - wie der Senat hervorhebt - daß der Kennzeichnung, um die es dabei geht, ein so überragender Ruf zuzuerkennen ist, daß ihr Inhaber diesen selbst seinerseits auch außerhalb seiner eigentlichen Warenbereiche wirtschaftlich nutzen könnte, wofür es entscheidend auf die Art der unter der Kennzeichnung vertriebenen Waren, auf deren Qualität und Ansehen, auf einen etwa damit verbundenen Prestigewert, vor allem auf das Verhältnis dieser Waren zu denjenigen ankommt, für die der Ruf der Kennzeichnung genutzt werden soll. Der Senat führt sodann aus, daß der vorliegende Fall einer Nutzung des Namens und der Zeichen der Klägerin für einen Scherzartikel nicht in jeder Hinsicht mit den bisher entschiedenen Fällen vergleichbar ist. Anders als in jenen Fällen, in denen es auf eine Beziehung der in Frage stehenden Waren zu denjenigen (oder zum Unternehmen) des Inhabers einer bekannten Bezeichnung ankam, die eine Übertragung von Qualitäts- und Prestigevorstellungen durch den Verkehr erlaubte, kann es bei Scherzartikeln für die Frage einer rufausnutzenden Anlehnung auf eine solche unmittelbare Übertragbarkeit nicht ankommen, weil sich der angestrebte Effekt, der den Absatzerfolg bewirken soll, hier gerade aus dem Kontrast der Waren ergeben soll und der Ruf der bekannten Bezeichnungen nur dazu dienen soll, die Überraschung möglichst effektiv und den vermeintlichen "Scherz" besonders deutlich und verkaufsfördernd werden zu lassen.

---

[31] C.IV.3.

Anlehnung durch Ausnutzung des Kontrasteffektes	Zu der Voraussetzung, daß der Inhaber der Kennzeichnung diesen selbst seinerseits auch außerhalb seiner eigentlichen Warenbereiche wirtschaftlich nutzen könnte, führt der Bundesgerichtshof aus:
Objektive Eignung zur und hypothetische Möglichkeit der Lizenzvergabe genügt	Es genüge eine objektive Eignung zur Lizenzvergabe, d.h. ein Interesse auf der Seite potentieller Lizenznehmer und eine nur hypothetische Möglichkeit, daß eine Lizenzvergabe überhaupt - unter bestimmten, allein vom Inhaber zu bestimmenden Umständen - auf Seiten des Kennzeicheninhabers in Betracht kommen könnte. Nach der allgemeinen Lebenserfahrung seien eine Vielzahl von Fallgestaltungen denkbar, bei denen auch Unternehmen von Ruf ihren Namen oder ihre Marke zur Scherzvermarktung gegen Entgelt und unter Vorbehalt von Mitspracherechten zur Verfügung stellen könnten, etwa weil sie von guten und geschmackvollen Scherzen nicht nur keinen Schaden, sondern u.U. sogar eine gewisse Reklamewirkung erwarten. Damit stand der Annahme eines Wettbewerbsverhältnisses nichts mehr entgegen.
Vulgarität schließt jeden Gedanken an eine auch nur hypothetisch denkbare Lizenzierung der Marke für einen solchen Zweck aus	Mit einer durchaus eleganten Begründung vermeidet es der 1. Zivilsenat, zu der Entscheidung des 6. Zivilsenats Stellung beziehen zu müssen, in dem folgendes ausgeführt wird: Die Ablehnung eines über den Lizenzgedanken zu konstruierenden Wettbewerbsverhältnisses seitens des 6. Senats habe ersichtlich nur auf der von ihm, dem 6. Zivilsenat, in den Vordergrund gerückten besonderen Gestaltung des BMW- Aufklebers gelegen, die im Hinblick auf die Vulgarität des aus den Buchstaben gebildeten Spruchs "Bums mal wieder" nicht nur jede Zuordnung zum KFZ-Hersteller, sondern auch jeden Gedanken an eine auch nur hypothetische Lizenzierung der Marke für einen solchen Zweck ausschließen konnte, während in dem Sachverhalt, der der Entscheidung Markenverunglimpfung zugrunde lag, eine solche wenigstens hypothetische Eignung, zumal im Blick auf gewisse Wandlungen der Einstellung eines Teils des Verkehrs zu Kondomen (etwa als Aids-Verhütungsmittel) nicht als ausgeschlossen angesehen werden könne.

Derzeit ist jedenfalls von den Grundsätzen der Entscheidung „Markenverunglimpfung" auszugehen: Die Anlehnung durch Ausnutzung des Kontrasteffektes ist ausreichend, die objektive Eignung und hypothetische Möglichkeit der Lizenzvergabe genügt.

3. Förderungsabsicht

Eine Wettbewerbshandlung erfordert als subjektive Voraussetzung die Absicht, eigenen oder fremden Wettbewerb zum Nachteil eines anderen Mitbewerbers zu fördern.

Nach ständiger Rechtsprechung ist das Vorliegen von Förderungsabsicht nötig, das bloße Bewußtsein der Förderung genügt nicht. Das Bewußtsein, eigenen oder fremden Wettbewerb zu fördern, deutet zwar meist auf eine Förderungsabsicht hin, schließt aber nicht aus, daß vorrangig aus anderen Gründen gehandelt wird. Dabei braucht die auf Förderung eigenen oder fremden Wettbewerbs gerichtete Absicht nicht der alleinige oder wesentliche Beweggrund der Handlung zu sein. Es genügt, daß sie hinter anderen Beweggründen nicht völlig zurücktritt.

Absicht darf hinter anderen Beweggründen nicht völlig zurücktreten

Wenn miteinander im Wettbewerb stehende Gewerbetreibende im geschäftlichen Verkehr Äußerungen machen, die objektiv geeignet sind, eigenen oder fremden Wettbewerb zu fördern, so spricht nach der Lebenserfahrung eine tatsächliche Vermutung für das Vorliegen von Wettbewerbsabsicht. In derartigen Fällen muß der Handelnde die Vermutung widerlegen. Allerdings ist die Schlußfolgerung, daß eine objektiv den Wettbewerb eines anderen fördernde Handlung auch in Wettbewerbsabsicht geschieht, nicht immer gerechtfertigt, insbesondere dann nicht, wenn der Handelnde kein Wettbewerber ist. Fördert z.B. ein Rechtsanwalt im Rahmen seiner beruflichen Beratungstätigkeit die wettbewerblichen Interessen seines Auftraggebers, so besteht keine tatsächliche Vermutung für das Vorliegen einer auf diese Förderung gerichteten Absicht. Die Förderung ergibt sich aus seiner beruflichen Aufgabe. Daher braucht das Bewußtsein des Anwalts, den Wettbewerb seines Mandanten zu fördern, nicht die Wettbewerbsabsicht zu indizieren.

Nach der Lebenserfahrung spricht eine tatsächliche Vermutung für die Wettbewerbsabsicht

Verneint wurde die Frage der Wettbewerbsförderungsabsicht auch bei einem Altenheim, das - ohne Anordnungen der Hinterbliebenen abzuwarten - verstorbene Heimbewohner unverzüglich von dem Bestattungsunternehmen G. abholen und in dessen Leichenhalle überführen ließ. In mehreren Fällen, in denen die Klägerin, die ein Bestattungsinstitut betreibt, von den Angehörigen mit der Bestattung beauftragt war, mußte sie sich daher an die Fa. G. wenden, um ihren Auftrag ausführen zu können. Die Klägerin sieht in dem Vorgehen der Beklagten u.a. einen unlauteren Behinderungswettbewerb nach näherer Maßgabe von § 1 UWG. Die Beklagte hat Klageabweisung beantragt und geltend gemacht, sie sei lediglich ihrer Verpflichtung aus § 9 Abs. 1 Berliner Bestattungsgesetz nachgekommen, jede Leiche innerhalb von 36 Stunden nach Eintritt des Todes in eine Leichenhalle zu überführen. Diese Frist wäre häufig nicht einzuhalten gewesen, wenn zunächst eine Klärung hätte abgewartet werden müssen, wer als Bestattungspflichtiger in Betracht komme und wem ein entsprechender Auftrag zu erteilen sei. Da ihr langwierige telefonische Ermittlungen nicht zuzumuten gewesen seien, sei sie dazu übergegangen, ihren betrieblichen Ablauf zu formalisieren und im Zweifel zunächst die Überführung in eine Leichenhalle durch die Fa. G. zu veranlassen; es sei ihr dabei nur darauf angekommen, die genannte 36-Stundenfrist einzuhalten.

Absicht ist zu verneinen, wenn vorrangig aus anderen Gründen gehandelt wird und die Wettbewerbsförderung lediglich notwendige Folge dieses - anders motivierten - Handelns ist

Der Bundesgerichtshof[32] führt folgendes zur Wettbewerbsabsicht aus: Das Bewußtsein, fremden oder eigenen Wettbewerb zu fördern, sei zwar regelmäßig als ein Beweisanzeichen für ein Handeln in Wettbewerbsabsicht zu sehen, stehe einer Verneinung dieser Absicht aber nicht notwendig entgegen, wenn vorrangig aus anderen Gründen gehandelt wird und die Wettbewerbsförderung lediglich notwendige Folge dieses - anders motivierten - Handelns sei. In dem zu entscheidenden Sachverhalt habe die Beklagte in erster Linie die verstorbenen Heimbewohner möglichst rasch und komplikationslos in eine behördlich anerkannte Leichenhalle verbringen wollen, um selbst nicht von Schwierigkeiten und Verzögerungen bei der Durchführung der Bestattung betroffen und belastet zu sein. Das Eigeninteresse der Beklagten daran, auch in Todesfällen ihren Heimbetrieb möglichst reibungslos zu gestalten, sei danach mitbestimmend für das angegriffene Vorgehen der Beklagten gewesen. Der Unterlassungsanspruch konnte somit nicht auf § 1 UWG gestützt werden.

Wettbewerbsförderungsabsicht bei Verbänden gem. § 13 (2) Ziff. 3

Auch bei einer Verbraucherzentrale, die nach ihrer Satzung neben anderem die Aufgabe verfolgt, die Öffentlichkeit über Verbraucher interessierende Fragen zu informieren, steht das Bewußtsein, durch erteilte Informationen fremden Wettbewerb zu fördern, einer Verneinung der Förderungsabsicht nicht notwendigerweise entgegen, wenn die in Rede stehen-

---

[32] BGH v. 7.7.1987, WRP 1988, 99, GRUR 1988, 38 „Leichenaufbewahrung"

den Aussagen in den Kreis der satzungsmäßigen Aufgaben fällt und diese nicht der Erfüllung der erwerbswirtschaftlichen Zielsetzung einzelner Unternehmen oder Unternehmensgruppen dienen, sondern im Interesse der Verbraucher und dem volkswirtschaftlichen Gesamtinteresse auf die Erreichung allgemeiner wettbewerbspolitischer Zwecke gerichtet sind[33].

Demgegenüber ist bei einem Wettbewerbsverein, der zwar in erster Linie im Interesse der Allgemeinheit und insbesondere aller Gewerbetreibender tätig wird, zu dessen Mitgliedern jedoch auch Mitbewerber des mutmaßlichen Verletzers zählen, davon auszugehen, daß die Absicht nicht völlig in den Hintergrund tritt, den Wettbewerb dieser Mitgliedsunternehmen zum Nachteil des Inanspruchgenommenen zu fördern. Auch die Tatsache, daß die Struktur des Vereins darauf ausgerichtet ist, den lauteren Wettbewerb im Interesse der Allgemeinheit und insbesondere im Interesse aller Gewerbetreibenden zu bekämpfen, besagt nicht, daß der Verein bei der Verfolgung eines Wettbewerbsverstoßes nicht auch die Interessen seiner Mitglieder im Auge hätte, die auf demselben Markt wie der (mutmaßliche) Verletzer tätig und von dem Verstoß u. U. auch unmittelbar betroffen sind. Das Interesse der Allgemeinheit deckt sich insofern mit dem wettbewerblichen Interesse ihrer Mitglieder. Es kann daher auch nicht als die bloß notwendige Folge eines anders motivierten Handelns angesehen werden[34].

Wettbewerbsförderungsabsicht bei Verbänden gem. § 13 (2) Ziff. 2

Eine besondere Problematik stellt sich bei Presseäußerungen. Die Presse hat die besondere Aufgabe, die Öffentlichkeit über Vorgänge von allgemeiner Bedeutung zu unterrichten und zur öffentlichen Meinungsbildung beizutragen (Art. 5 Abs. 1 GG). Bei im Rahmen dieses Aufgabenbereichs liegenden Presseäußerungen ist daher im Gegensatz zu Äußerungen außerhalb des geschützten Bereichs der Meinungs- und Pressefreiheit keine Wettbewerbsabsicht zu vermuten. Grund für die Äußerung kann auch dann, wenn ein Wettbewerbsverhältnis besteht, das besondere Anliegen der Presse sein, die Öffentlichkeit über Vorgänge von allgemeiner Bedeutung zu unterrichten oder zur öffentlichen Meinungsbildung beizu-

Presseprivileg

---

[33] BGH v. 17.2.1983, WRP 1983, 395; GRUR 1983, 379 „Geld Mafiosi"

[34] BGH v. 23.5.1996, WRP 1996, 1099 „Testphotos II"; BGH v. 25.6.1992, WRP 1992, 770; GRUR 1992, 707 "Erdgassteuer"

tragen[35]. Allein die objektive Eignung von Presseäußerungen, auch zur Förderung des Wettbewerbs beizutragen, läßt noch nicht den Schluß zu, der Journalist handele in der Absicht, fremden Wettbewerb zu unterstützen. Die Freiheit der journalistischen Berichterstattung entzieht diese weitgehend einem wettbewerbsrechtlich begründeten Verbot[36].

Eine Schädigungsabsicht zum Nachteil des betroffenen Wettbewerbers reicht für die Anwendung des Wettbewerbsrechts nicht aus[37]. Entscheidend ist allein die Absicht, ein oder bestimmte mehrere Unternehmen im Wettbewerb zu fördern. Problematisch bleibt dabei, daß diese Unterscheidung auf die subjektive Willensrichtung des Begünstigers abstellt.

Kein Presseprivileg bei Verknüpfung von redaktionellem Beitrag und Anzeigenwerbung

Auch in der Entscheidung „Kosmetikstudio"[38] hat der Bundesgerichtshof den Grundsatz betont, daß bei Äußerungen der Presse, die sich im Rahmen ihres Aufgabenbereiches halten, die Öffentlichkeit über Vorgänge von allgemeiner Bedeutung zu unterrichten und zur öffentlichen Meinungsbildung beizutragen, eine Wettbewerbsförderungsabsicht nicht zu vermuten sei. Allerdings waren in diesem Falle besondere Umstände festgestellt worden, die erkennen ließen, daß neben der Absicht, den Leser über das Tagesgeschehen zu unterrichten, auch die Absicht fremden Wettbewerb zu fördern, eine größere als nur eine notwendigerweise begleitende Rolle gespielt hat: Der beanstandete Beitrag beruhte auf einem Textvorschlag der Inhaberin des Kosmetikstudios. Auf deren Vorschlag wurde deren Anzeige unmittelbar neben dem redaktionell gestalteten Beitrag veröffentlicht. Schon diese Verknüpfung von redaktionellem Beitrag und Anzeigenwerbung belegte nach Auffassung des Bundesgerichtshofs ein Verhalten, das die Feststellung trägt, der beanstandete Beitrag sei zum Zwecke der Förderung fremden Wettbewerbs verfaßt worden[39].

---

[35] BGH v. 20.3.1986, GRUR 1986, 812 „Gastrokritiker"; BGH v. 22.5.1986, GRUR 1986, 898 „Frank der Tat"

[36] BGH v. 28.11.1996, WRP 1997, 434, GRUR 1997, 473 "Versierter Ansprechpartner"

[37] BGH v. 22.5.1986, GRUR 1986, 898 „Frank der Tat"

[38] BGH v. 3.2.1994, GRUR 1994, 441

[39] vgl. zum Ganzen auch Baumbach/Hefermehl, Einl. Rdnr. 232-244

Auch die Duldung der Verbreitung eines unzutreffenden Berichts kann die Annahme nahelegen, daß dem die Absicht zugrunde lag, den Absatz der Erzeugnisse eines Unternehmens zu fördern. Die Vermutung ist nicht bereits deshalb entkräftet, weil das Unternehmen den Beitrag nicht selbst veröffentlicht hat[40].

Wie aus der Darstellung dieser Entscheidungen erkennbar wird, rechtfertigt die Teilnahme von Kaufleuten und Wirtschaftsunternehmen am Marktgeschehen mit objektiv wettbewerbsgeeigneten Handlungen nach der Lebenserfahrung in subjektiver Hinsicht die Vermutung eines Handelns zu Zwecken des Wettbewerbes. Die Vermutung greift allerdings nicht, wenn in Betracht kommt, daß andere als wettbewerbliche Gründe das Vorgehen des Handelnden bestimmen. Diese Einschränkung ist insbesondere bei Presseunternehmen angebracht. Pressepublikationen und Fernsehberichte, Stellungnahmen von Verbraucherorganisationen etc. können den Wettbewerb zwar massiv beeinflussen, lassen aber, weil die Motivation des Handelnden eine andere als eine wettbewerbliche sein kann, den Rückschluß auf das Vorliegen einer Wettbewerbsabsicht nicht ohne weiteres zu. In solchen Fällen bedarf es der konkreten Feststellung, daß neben der Wahrnehmung der publizistischen, verbraucherschützenden, wissenschaftlichen usw. Aufgabe die wettbewerbsfördernde Absicht eine größere als eine nur notwendigerweise begleitende Rolle gespielt hat. Insoweit spielt auch der Schutz der Meinungsäußerungs- und Pressefreiheit aus Art. 5 Abs. 1 Satz 1 und 2 GG eine wesentliche Rolle, die nicht durch ein zu weit gestecktes Verhältnis des Begriffs der Wettbewerbsabsicht beeinträchtigt werden darf. Auf Wettbewerbsabsicht kann aber bei pauschal lobender oder abwertender Kritik ohne erkennbaren sachlichen Bezug geschlossen werden, ebenso bei bewußt falschen Angaben, die bei vernünftiger Betrachtung ihren Grund nur in der Absicht finden können, den Wettbewerb des Herstellers oder Vertreibers oder den eigenen Wettbewerb im Interesse der Erlangung von Anzeigenaufträgen oder der Steigerung der Auflagenhöhe zu fördern, ferner bei aufreißerischen, auflagesteigernden Artikeln oder bei Werbeanzeigen, die ihren werbenden Charakter verbergen. In den Benetton-Werbefällen, auf die unter B.II. und C.II.6. zurückzukommen sein wird, versagte

---

[40] BGH v. 7.3.1996, WRP 1996, 894 „Lohnentwesungen"

die Berufung des „Stern" auf Art. 5 Abs. 1 Satz 3 GG, weil es sich bei der Veröffentlichung der Benetton-Anzeigen „Kinderarbeit"[41] und „HIV positiv"[42] nach Auffassung des BGH um eine typisch wettbewerbsfördernde Maßnahme des Verlages im Rahmen des Anzeigengeschäfts gehandelt hat, die die Vermutung der Wettbewerbsabsicht begründe.

Vermutung der Wettbewerbsförderungsabsicht bei Handeln der öffentlichen Hand?

Auch bei einem Handeln der öffentlichen Hand können Einschränkungen der grundsätzlich geltenden Vermutung angebracht sein. Auch wenn die öffentliche Hand gleichzeitig gemeinnützige und soziale Zwecke, insbesondere der Daseinsvorsorge, mitverfolgt, so wird hierdurch jedoch ein Handeln zu Zwecken des Wettbewerbs nicht ausgeschlossen. Es genügt die konkrete Zielsetzung, sich am Wettbewerb zu beteiligen; auf ein Gewinnstreben kommt es nicht an. Selbst ein Unternehmen, das nach seinem Gesellschaftszweck ausschließlich und unmittelbar gemeinnützige Zwecke im steuerrechtlichen Sinne verfolgt und von den (kirchlich-diakonisch-karitativen) Einrichtungen, für die es tätig wird, keine Bezahlung verlangt, handelt zu Zwecken des Wettbewerbes, wenn es in Konkurrenz mit anderen Unternehmen seine Leistungen auf dem Markt anbietet[43]. Begibt sich die Hoheitsverwaltung im Geschäftsverkehr mit privaten Mitbewerbern auf die gleiche Ebene und bedient sich rein privatrechtlicher Mittel, die objektiv zur Förderung des eigenen oder fremden Wettbewerbs geeignet sind, so kann gleichwohl nicht ohne weiteres vom Bestehen der erforderlichen subjektiven Wettbewerbsabsicht (Förderungsabsicht) ausgegangen werden. Die Vermutung der Förderungsabsicht greift nicht, wenn in Betracht kommt, daß andere als wettbewerbliche Gründe das Vorgehen des Handelnden bestimmen.

---

[41] GRUR 1995, 595

[42] GRUR 1995, 600, 601

[43] BGH v. 19.6.1981, GRUR 1981, 823, 825 „Ecclesia-Versicherung"

Ist daher die Zielsetzung des Handelns der öffentlichen Hand auf eine Teilnahme am Wettbewerb gerichtet, so ist bei ihr wie bei jedem anderen Wettbewerber Wettbewerbsabsicht zu vermuten. Dies gilt zumindest dann, wenn die Teilnahme am allgemeinen Wirtschaftsleben erfolgt, ohne dabei öffentliche Gewalt auszuüben oder ohne auch nur schlicht hoheitlich tätig zu sein. Demgegenüber läßt hoheitliches Tätigwerden die Vermutung der Wettbewerbsabsicht entfallen[44].

Differenzierung: Vermutung greift bei Teilnahme am allgemeinen Wirtschaftsleben ohne Ausübung öffentlicher Gewalt, nicht bei hoheitlichem Tätigwerden

Bejaht wurde die Wettbewerbsförderungsabsicht - trotz eines Handelns der öffentlichen Hand - in einem Sachverhalt, in dem der Freistaat Bayern Kliniken, deren Träger er ist, angewiesen hat, sämtliche Krankentransporte über die Rettungsleitstelle abzuwickeln, insbesondere private Krankentransportunternehmen nicht zu beauftragen. Mit dieser Anweisung sollte eine entsprechende Maßnahme der Stadt und des Landkreises M. unterstützt werden, die ebenfalls die von ihnen getragenen Krankenhäuser aufgefordert hatten, alle Aufträge an die Rettungsleitstelle weiterzuleiten.

Die gemeinnützigen Organisationen, auf die die Durchführung des Rettungsdienstes übertragen wurde, stehen mit den Unternehmen der Kläger als private Krankentransportunternehmen im Wettbewerb. Das in Rede stehende Verhalten des Klinikpersonals des Beklagten - Beauftragung der gemeinnützigen Unternehmen anstelle des Klägers - ist objektiv geeignet, den Absatz der Transportleistungen dieser Wettbewerber zum Nachteil des klagenden privaten Krankentransportunternehmens zu fördern und erfolgt auch in entsprechender Absicht des Freistaates Bayern. Der beklagte Freistaat hat selbst diesen Gesichtspunkt als maßgebliches Motiv seines Verhaltens herausgestellt. Daß der beklagte Freistaat selbst nicht in einem konkreten Wettbewerbsverhältnis zu den Wettbewerbern steht, ist bei einem auf die Förderung fremden Wettbewerbs gerichteten Verhaltens unerheblich; ausreichend ist das Wettbewerbsverhältnis zwischen dem geförderten und dem benachteiligten Unternehmen, d. h. hier zwischen den Klägern und den privaten gemeinnützigen Organisationen[45].

---

[44] BGH v. 8.10.1992, GRUR 1993, 125, 126 „EWG Baumusterprüfung"; Piper, Neuere Rechtsprechung des BGH zum Wettbewerbsrecht, GRUR 1996, 147, 153 ff

[45] BGH v. 21.2.1989, WRP 1989, 493, GRUR 1989, 430 "Krankentransportbestellung"

II. Produktwerbung, Aufmerksamkeitswerbung, Imagewerbung, Handeln zu Zwecken des Wettbewerbs?

Aufmerksamkeitserregung ist der Werbung immanent

Produktbezogen ist eine Werbung, die den Nachfrager auf bestimmte, konkret benannte oder feststellbare Waren oder Leistungen hinweist. Bei der Imagewerbung geht es entweder um die Produkte selbst mit bestimmten, von den objektiven Eigenschaften ablösbaren Aspekten oder um die Verbindung des Unternehmens mit positiven Aspekten, z.B. mit: Förderer der Kunst, Förderer der Ökologie oder - wie bei der Benetton-Werbung - mit: Kämpfer gegen Not und Elend und Mißstände auf der Welt. Dabei ist davon auszugehen, daß das solchermaßen werbende Unternehmen durchaus mit einer Übertragung dieser als positiv empfundenen Unternehmensphilosophie auf seine Produkte rechnet. Der Wunsch, Aufmerksamkeit zu erregen, ist jeder Werbung immanent; vorrangiges Ziel jeder Werbung muß die Aufmerksamkeitserregung für die Marke / das Produkt sein. Diese gilt es durch ständige Wiederholung oder möglichst plakative Erscheinungsformen bekannt zu machen[46]. Aufmerksamkeits-/Imagewerbung sind daher auch nicht per se dem Anwendungsbereich des UWG entzogen.

Anders verhält es sich insoweit im Anwendungsbereich des Heilmittelwerbegesetzes. Im Anwendungsbereich des Heilmittelwerbegesetzes ist kraft gesetzlicher Anordnung (§ 4 Abs. 6 HWG) die Erinnerungswerbung zulässig. In den Geltungsbereich des Heilmittelwerbegesetzes ist nur die produktbezogene Werbung, nicht dagegen die Aufmerksamkeitswerbung/Erinnerungswerbung einbezogen, die ohne Bezug auf bestimmte Produkte allgemein für Ansehen und Leistungsvielfalt des Unternehmens wirbt. Im Anwendungsbereich des Heilmittelwerbegesetzes ist daher Voraussetzung des Gesetzes, daß ein Produktbezug vorliegt.

Eine Erinnerungswerbung liegt nach § 4 Abs. 6 Satz 2 HWG dann vor, wenn ausschließlich mit der Bezeichnung eines

---

[46] vgl. dazu Frauke Henning-Bodewig, Neue Aufgaben für die Generalkausel des UWG ? - Von „Benetton" zu „Busengrapscher" -, GRUR 1997, 180, 182 f.

Arzneimittels oder zusätzlich mit dem Namen, der Firma oder der Marke des pharmazeutischen Unternehmens geworben wird. In der Rechtsprechung des Bundesgerichtshofs ist anerkannt, daß eine Erinnerungswerbung stets dann vorliegt, wenn die Werbung keinerlei Sachangaben in medizinisch-gesundheitlicher Hinsicht enthält und es allein um die Ankündigung eines Arzneimittels ausschließlich unter seiner Bezeichnung geht oder zusätzlich unter dem Namen, der Firma oder der Marke des pharmazeutischen Unternehmens, ohne daß damit Hinweise auf Eigenschaften und Verwendungsmöglichkeiten oder ähnliche wichtige Angaben verbunden werden.

Sinn der Vorschrift über die Erinnerungswerbung ist es nach Auffassung des Bundesgerichtshofs, die Pflichtangaben dann entbehrlich zu machen, wenn es sich um einen von jeglichen Hinweisen auf die medizinisch-gesundheitliche Bedeutung des Präparates freie Werbung handelt, die allein von der Erinnerung beim Publikum ausgeht und bei der die Gefahr einer unzutreffenden oder irreführenden Einschätzung des Arzneimittels durch den Verbraucher aufgrund unvollständiger oder lückenhafter Informationen regelmäßig ausgeschlossen erscheint. Damit stehen z.B. Preis- und Mengenangaben, denen insoweit keine Bedeutung zukommt, nicht in Widerspruch[47].

Die Werbung muß von jeglichen Hinweisen auf die medizinisch-gesundheitliche Bedeutung frei sein

Berücksichtigt man, daß die Freiheit der Meinungsäußerung (Art. 5 Abs. 1 Satz 1 GG; Art. 10 Abs. 1 EMRK) auch Gewerbetreibenden zusteht und daß Werbung in den Schutzbereich der Meinungsfreiheit[48] einbezogen ist, kann die Frage gestellt werden, ob ähnlich wie bei Presseäußerungen[49] bei Aussagen im Rahmen der Meinungsäußerungsfreiheit die Vermutung der Wettbewerbsförderungsabsicht entfällt und die Argumentation zulässig ist, daß die Wettbewerbsförderung lediglich notwendige Folge eines - ganz anders moti-

Einwirkung des Rechts der Meinungsäußerung Art. 5 (1) GG

---

[47] BGH v. 19.6.1982, WRP 1982, 645 „Arzneimittelpreisangaben"; vgl. auch BGH v. 17.2.1983, WRP 1983, 393, GRUR 1983, 393 „Novodigal/Temagin"; BGH v. 17.6.1992, GRUR 1992, 873 „Pharmawerbespot"

[48] Ullmann, Einige Bemerkungen zur Meinungsfreiheit in der Wirtschaftswerbung, GRUR 1986, 948 m.w.N.; Baumbach/Hefermehl, a.a.O., Allg. Rdnr. 62a-63c m.w.N.

[49] vgl. vorstehend unter B.I.3.

vierten - Handelns ist. Dementsprechend hat der Bundesgerichtshof bereits in seiner Entscheidung vom 25.6.1992[50] ausgeführt, daß eine schematische Betrachtungsweise nicht am Platze sei. Ist die Meinungskundgabe das Mittel zum geistigen Meinungskampf in einer die Öffentlichkeit wesentlich berührenden, auch wirtschaftspolitischen Frage, so kann die an die Öffentlichkeit gerichtete Äußerung trotz ihrer wettbewerblichen Auswirkungen vom Grundrecht der freien Meinungsäußerung (Art. 5 Abs. 1 Satz 1 GG) gedeckt und einer Beurteilung nach dem Gesetz gegen den unlauteren Wettbewerb entzogen sein. Es kann sein, daß bei der Wahrnehmung allgemein interessierender öffentlicher Belange ein daneben verfolgtes Handeln zu Zwecken des Wettbewerbs als vernachlässigenswert zurücktrete. Der verfassungsrechtliche Schutz der Meinungsäußerungsfreiheit und das Interesse der Öffentlichkeit in den Meinungsbildungsprozeß wichtiger öffentlicher und wirtschaftlicher Fragen eingebunden zu werden, lassen es nicht zu, hinter jeder im Meinungskampf getroffenen Äußerung mit wettbewerbsrechtlichem Bezug ein entsprechendes zielgerichtetes absichtliches Handeln zu Wettbewerbszwecken zu sehen[51]. Im konkreten Fall wurde allerdings die Betonung der Vorzüge des Erdgases gegenüber Heizöl und Atomenergie nicht als zwangsläufige Nebenfolge bei der Diskussion über die Einführung einer Ertragsteuer erachtet.

Grundsätzlich ist die Aufmerksamkeitswerbung (Imagewerbung) wettbewerbsrechtlich zulässig, ja sogar notwendig, um das erwünschte Ansehen des Unternehmens im Wettbewerb zu erlangen. Die namentliche Bekanntheit im Verkehr darf dabei auch in der Weise gesteigert werden, daß sich das Unternehmen, dem es um diese Bekanntheitssteigerung geht, solcher Werbemethoden oder Werbegags bedient, die keinerlei Bezug zum Gegenstand des Unternehmens oder dessen Leistungsfähigkeit haben (produktfremde Werbung). Diesen Grundsatz hat der BGH als Ausgangsbasis auch in den Benetton-Entscheidungen betont und festgehalten, daß einem Gewerbetreibenden wie jedermann das Recht zustehe, sich zum Elend der Welt frei zu äußern und darüber zu informieren. Auch soweit solche Äußerungen in der Öffentlichkeit zur Steigerung der Bekanntheit des Unternehmens und

---

[50]WRP 1992, 770, 771, GRUR 1992, 707 „Erdgassteuer"

[51]vgl. Fn. 50

seines Ansehens bei den Verbrauchern beitrage, seien die Grenzen der zulässigen Imagewerbung noch nicht überschritten. Anders falle die Beurteilung allerdings aus, wenn die öffentliche Äußerung zur Auseinandersetzung über das aufgezeigte Elend nichts Wesentliches beitrage, vielmehr darauf abziele, beim Verbraucher eine mit dem werbenden Unternehmen solidarisierende Gefühlslage zu schaffen, die der Steigerung des Ansehens des solchermaßen werbenden Unternehmens diene und damit letztendlich zu kommerziellen Zwecken eingesetzt werde, wie im Streitfall. Eine gefühlsbetonte Werbung, die mit der Darstellung schweren Leids von Menschen und der Tierwelt Gefühle des Mitleids ohne sachliche Veranlassung zu Wettbewerbszwecken ausnutze, sei nicht nur dann wettbewerbswidrig im Sinne des § 1 UWG, wenn sie unmittelbar oder mittelbar im Zusammenhang mit dem Waren- oder Dienstleistungsangebot des werbenden Unternehmens stehe, sondern auch dann, wenn sie im wesentlichen nur zur Steigerung des Ansehens des Unternehmens bei den Verbrauchern eingesetzt werde[52]. Diese Argumentation läßt erkennen, daß der Bundesgerichtshof die Prüfung der Wettbewerbsförderungsabsicht nicht isoliert vorgenommen hat, sondern sie mit Argumenten der Sittenwidrigkeit verwoben hat[53].

Unter Berücksichtigung der Grundsätze, die in den Entscheidungen „Leichenaufbewahrung"[54], „Gastrokritiker"[55], „Frank der Tat", „Geldmafiosi"[56] u.a. geprägt worden sind, bedarf die Wettbewerbshandlung jedoch vertiefterer Überlegungen, als sie in den schriftlichen Darlegungen des Bundesgerichtshofes zum Ausdruck kommen. Die objektive Eignung des fraglichen Verhaltens zur Förderung des eigenen oder fremden Wettbewerbs dürfte unproblematisch sein, da sowohl die imagebildende als auch die aufmerksamkeitserre-

---

[52] BGH v. 6.7.1995, WRP 1995, 682, GRUR 1995, 595 „Kinderarbeit"; WRP 1995, 679, GRUR 1995, 598 „Ölverschmutzte Ente"; WRP 1995, 686, GRUR 1995, 600 „HIV-positiv"

[53] vgl. dazu C.II.6.

[54] BGH v. 2.7.1987, WRP 1988, 99, GRUR 1988, 38

[55] BGH v. 20.3.1986, GRUR 1986, 812

[56] BGH v. 22.5.1986, GRUR 1986, 898 „Frank der Tat"; BGH v. 17.2.1983, WRP 1983, 398, GRUR 1983, 379 „Geldmafiosi"

gende Werbung über eine Steigerung des Bekanntheitsgrades des Unternehmens zu Absatzsteigerungen zu führen vermag. Bei der subjektiven Seite ist zu differenzieren zwischen dem Werbungstreibenden und der Presse, wenn die Frage aufgeworfen wird, ob die Wettbewerbsabsicht hier vermutet werden kann.

Werbendes Wirtschaftsunternehmen

Beim werbenden Wirtschaftsunternehmen stellt sich die Frage, ob die Stellungnahme zu gesellschaftspolitischen Themen sich in einer reinen Darstellung der Unternehmensphilosophie erschöpft oder ob die Teilnahme am wirtschaftlichen Leben vordergründig, zumindest gleichgewichtig mit bezweckt wird. Hierfür könnte die Art und Weise der Werbung in den Benetton-Fällen sprechen (großflächige Anzeigen und Plakate, die durch den Schriftzug „United Colours of Benetton" eindeutig auf ein bestimmtes Wirtschaftsunternehmen bezogen sind)[57].

Presseunternehmen

Auch bei der Presse wurde bereits dargelegt[58], daß das Presseprivileg bei einer Verknüpfung zwischen redaktionellem Teil und Anzeigenteil nicht gilt, so daß zu differenzieren ist: Erscheinen die Werbemotive im redaktionellen Teil, z.B. im Rahmen eines Berichtes über eine Werbekampagne, so gilt das Presseprivileg, da - wie der Bundesgerichtshof in der Entscheidung „Kinderarbeit" ausführt - erfahrungsgemäß nicht davon ausgegangen werden kann, daß der Herausgeber einer Zeitschrift sich die gesellschaftskritische oder politische Botschaft, die in einer Werbeanzeige enthalten sein könne, zu eigen macht und zu dem maßgeblichen Beweggrund seines geschäftlichen Handelns bei der Veröffentlichung der Anzeige mache[59]. Anders ist es, wenn die fraglichen Motive im Rahmen einer Werbeanzeige erfolgen. Hier ist prima vista von der Absicht des Verlegers, fremden Wettbewerb zu fördern, auszugehen.

Will man den Zusatz "sofern diese Absicht nicht völlig hinter anderen Beweggründen zurücktritt" nicht als reine Absichtserklärung sehen, sondern so ernst nehmen, wie er es verdient, bleibt jedoch sowohl beim werbenden Wirtschafts-

---

[57] vgl. dazu Frauke Henning-Bodewig, Fn. 46, 184

[58] vgl. dazu bei Fn. 38

[59] vgl. BGH v. 6.7.1995, WRP 1995, 682, GRUR 1995, 595 „Kinderarbeit"

unternehmen als auch beim Presseunternehmen im konkreten Fall jeweils zu würdigen, welche Motive im Vordergrund stehen: Stehen die kommerziellen Probleme zumindest nicht nur dergestalt im Vordergrund, daß sie als „unvermeidbare Nebenfolge" in Kauf genommen werden, ist Wettbewerbsförderungsabsicht gegeben. Stehen gesellschaftspolitische, journalistische oder künstlerische Aspekte in einem Ausmaße im Vordergrund, daß kommerzielle Zwecke allenfalls eine marginale Rolle spielen und (nur) als zwangsläufige Nebenfolge erscheinen, kann im Einzelfall die Wettbewerbsförderungsabsicht verneint werden[60].

Zusammenfassung

Handeln zu Zwecken des Wettbewerbs ist ein zweckbestimmtes Marktverhalten, ein Handeln, das auf die Förderung oder jedenfalls Erhaltung eigenen oder fremden Wettbewerbs ausgerichtet ist. Erforderlich ist die auf Außenwirkung abzielende Förderung (Erhaltung) eigenen oder fremden Wettbewerbs. Hieran fehlt es im allgemeinen, wenn es nach vorangegangenem Vertragsabschluß allein noch um die Durchsetzung des vertraglichen Erfüllungsanspruches gegenüber dem fraglichen Kunden oder umgekehrt um die Schlecht- oder Nichterfüllung der vertraglichen Lieferverpflichtung geht. Insoweit handelt es sich lediglich um die Folgen aus der Abwicklung eines konkreten Vertragsverhältnisses, die als solche keinen Bezug auf die Mitbewerber und keine Auswirkung auf den Wettbewerb haben und deshalb für sich allein auch keinen Rückschluß auf ein Handeln zur Förderung des eigenen Wettbewerbs zulassen. Anders ist es dagegen, wenn die Anspruchsdurchsetzung Teil und zwar regelmäßig letztes Glied in der Kette eines auf Vortäuschung wirksamer Vertragsabschlüsse gerichteten planmäßigen Geschäftsgebarens ist.

Das Wettbewerbsverhältnis liegt vor, wenn zwischen den Vorteilen, die jemand durch eine Maßnahme für sein Unternehmen oder das eines Dritten zu erreichen sucht, und den Nachteilen, die ein anderer dadurch erleidet, eine Wechselbeziehung in dem Sinne besteht, daß der eigene Wettbewerb gefördert oder der fremde Wettbewerb beeinträchtigt wird.

---

[60] zum Ganzen vgl. auch Baumbach/Hefermehl, a.a.O., Rdnr. 187 a ff zu § 1 UWG; Ullmann, Fn. 48, S. 952

Die Gleichheit oder Gleichartigkeit der Waren oder Leistungen allein braucht noch kein konkretes Wettbewerbsverhältnis zu begründen; die Gleichheit des Kundenkreises muß hinzukommen. Dabei genügt es, daß Gewerbetreibende künftig den gleichen Kundenkreis haben. Ein Wettbewerbsverhältnis kann auch in der wirtschaftlichen Ausnutzung des fremden Rufs und Ansehens durch Übernahme der fremden Kennzeichnung oder durch ausdrückliche oder bildliche Gleichstellungsbehauptungen in Ruf und Ansehen unter Anhängen an die Bekanntheit der fremden Ware begründet werden. In diesen Fällen stellt sich der Werbende - trotz fehlender Substituierbarkeit der Waren - gezielt mit seiner konkreten Werbemaßnahme in Wettbewerb zur fremden Ware und zwar hinsichtlich der wirtschaftlichen Ausnutzung ihres Ansehens und Rufs. Voraussetzung ist, daß eine wirtschaftliche Verwertung dieses Rufs, weil so überragend und trotz Ungleichartigkeit der Waren gleichwohl hierauf ausstrahlend, überhaupt möglich ist.

Förderungsabsicht (die Absicht, eigenen oder fremden Wettbewerb zum Nachteil eines anderen Mitbewerbers zu fördern):

Die objektive Eignung, eigenen oder fremden Wettbewerb zu fördern, begründet nach der Lebenserfahrung eine tatsächliche Vermutung für die Wettbewerbsabsicht. In derartigen Fällen muß der Handelnde die Vermutung widerlegen. Dies gilt dann nicht, wenn vorrangig aus anderen Gründen gehandelt wird und die Wettbewerbsförderung lediglich notwendige Folge dieses - anders motivierten - Handelns ist.

Bei Presseäußerungen besteht allein aufgrund der objektiven Eignung zur Wettbewerbsförderung und auch des Bewußtseins des Verfassers, daß eine solche Wirkung eintreten könne, noch keine Vermutung für das Bestehen einer subjektiven Wettbewerbsabsicht.

Bei Verbänden im Sinne des § 13 Abs. 2 Ziff. 2 gilt: Selbst wenn der Verband nach Satzungszweck und Struktur eher darauf ausgerichtet ist, den lauteren Wettbewerb im Interesse der Allgemeinheit, insbesondere im Interesse aller Gewerbetreibenden zu bekämpfen, besagt dies nicht, daß er bei der Verfolgung eines Wettbewerbsverstoßes nicht auch die Interessen seiner Mitglieder im Auge hätte, die auf demselben Markt wie der mutmaßliche Verletzer tätig und von dem Verstoß u. U. auch unmittelbar betroffen sind. Das Interesse der Allgemeinheit deckt sich insofern mit den wettbewerblichen Interessen seiner Mitglieder. Das Handeln des Verbandes kann daher auch nicht bloß notwendige Folge eines anders motivierten Handelns angesehen werden.

Auch bei einem Handeln der öffentlichen Hand können Einschränkungen der grundsätzlich gültigen Vermutung angebracht sein. Ist die Zielsetzung des Handelns der öffentlichen Hand auf eine Teilnahme am Wettbewerb gerichtet, so ist bei ihr wie bei jedem anderen Wettbewerber Wettbewerbsabsicht zu vermuten. Dies gilt zumindest dann, wenn die Teilnahme am allgemeinen Wirtschaftsleben erfolgt, ohne dabei öffentliche Gewalt auszuüben oder ohne auch nur schlicht hoheitlich tätig zu sein. Demgegenüber läßt hoheitliches Tätigwerden die Vermutung der Wettbewerbsabsicht entfallen.

Die (bloße) Erinnerungswerbung ist kraft gesetzlicher Anordnung im Anwendungsbereich des HWG grundsätzlich zulässig. Im übrigen gilt: Der Wunsch, Aufmerksamkeit zu erregen, ist jeder Werbemaßnahme immanent. Aufmerksamkeitswerbung ist daher nicht per se dem Anwendungsbereich des UWG entzogen. An der Wettbewerbsförderungsabsicht kann es fehlen, wenn gesellschaftspolitische, journalistische oder künstlerische Zwecke (Art. 5 GG, Art. 10 EMRK) in einem Ausmaße im Vordergrund stehen, daß die kommerziellen Nebenwirkungen nur als Reflex der ganz anders motivierten Maßnahme, gleichsam als zwangsläufige Nebenfolge erscheinen.

C. § 1 UWG

I. „Gute Sitten", lauterer und unlauterer Wettbewerb

1. Grundsätze

Die Generalklausel des § 1 UWG verweist für die Beurteilung einer Wettbewerbshandlung auf den Wertmaßstab der "guten Sitten". Dieser Maßstab ist seinem Wortsinn nach mehrdeutig. Nicht zuletzt die Diskussion um Entscheidungen des Bundesgerichtshofs, die "geschmacklose" Werbung zum Gegenstand hatten, zeigt, wie hochgradig ideologisch besetzt der Begriff verstanden werden kann[61].

Die guten Sitten können nach ihrem Wortsinn sowohl eine Verweisung auf die tatsächlich bestehenden Sitten - die Bräuche und Gewohnheiten des geschäftlichen Verkehrs - oder auf die Sittlichkeit - das sittliche Empfinden, "die Moral" - meinen. Der Schutzzweck des Lauterkeitsrechts bestimmt jedoch die Reichweite seiner Verbotstatbestände; bei den "Guten Sitten" handelt es sich somit um einen funktionsbestimmten Rechtsbegriff.

Begriff der „guten Sitten" = funktionsbestimmter Rechtsbegriff

Der unbestimmte Rechtsbegriff der guten Sitten, den das BGB in §§ 138, 826 und das UWG in § 1 verwendet, kann nicht überall denselben Inhalt haben, da der Gegenstand der Beurteilung, der mit dem Bewertungsmaßstab verfolgte Zweck und die Sanktionen unterschiedlich sind. Nach § 138 BGB ist ein konkretes Rechtsgeschäft, nach § 826 BGB eine vorsätzliche Schadenszufügung außerhalb des vertraglichen Bereichs, nach § 1 UWG eine Wettbewerbshandlung zu beurteilen. Rechtsfolge eines Verstoßes gegen § 138 BGB ist die Nichtigkeit des Rechtsgeschäfts, des Verstoßes gegen § 826 BGB eine Schadensersatzpflicht, des Verstoßes gegen

Begriff der „guten Sitten" auf den Wettbewerb im Wirtschaftsverkehr bezogen

---

[61] vgl. dazu unter C.II.6.

§ 1 UWG eine Verpflichtung zur Unterlassung und - bei Verschulden - zum Schadensersatz. Eine Wertung nach dem Maßstab der guten Sitten darf daher nicht losgelöst vom Gegenstand der Beurteilung geschehen; dieser beeinflußt seinerseits den Beurteilungsmaßstab, so daß ein funktioneller Zusammenhang besteht. In der Generalklausel des § 1 UWG ist der Begriff der "guten Sitten" auf den Wettbewerb im Wirtschaftsverkehr bezogen. Damit scheidet von vornherein eine Orientierung an allgemeinen ethischen Moralvorstellungen aus. Der Maßstab der guten Sitten muß im Einklang mit dem Sinngehalt des Wettbewerbs stehen, der Wettbewerbsfreiheit voraussetzt und manifestiert. Wettbewerbseigen ist eine Wettbewerbshandlung, wenn sie dem Sinn des Wettbewerbs entspricht, wettbewerbsfremd ist sie, wenn sie ihm widerspricht[62].

Schutzzweck des UWG-Rechts

Die Beurteilung einer Wettbewerbshandlung an dem Maßstab der "guten Sitten" muß daher mit dem Schutzzweck des UWG-Rechts im Einklang stehen. Wie dargelegt[63], schützt das UWG-Recht den Wettbewerb unter dem Gesichtspunkt der Lauterkeit, das GWB-Recht unter dem Aspekt der Freiheit. Beide Normbereiche ergänzen sich im Rahmen der Wettbewerbsordnung gegenseitig. Der Schutz des Wettbewerbs schließt den Schutz der durch ihn berührten Interessen ein. Außer den Rechten und Interessen einzelner Wettbewerber und der Wettbewerbergesamtheit schützt das UWG-Recht auch die Rechte und Interessen der übrigen Marktbeteiligten, insbesondere der Verbraucher, aber auch der Abnehmer und Lieferanten in den Marktstufen, sowie die Interessen der Allgemeinheit an der Lauterkeit des Wettbewerbs[64].

Entscheidend ist der Gesamtcharakter der Wettbewerbshandlung

Für die Beurteilung des Wertes oder Unwertes einer Wettbewerbshandlung ist ihr Gesamtcharakter entscheidend. Er läßt sich nur unter Beachtung der Funktionen des Wettbewerbs, des Schutzzwecks der Generalklausel des § 1 UWG und der Interessenlage bestimmen. Zu berücksichtigen sind die gesamten Umstände, unter denen eine Wettbewerbshandlung sich im Einzelfall vollzieht.

---

[62] vgl. zum Ganzen: Baumbach/Hefermehl, a.a.O., Einl. UWG Rdnr. 66 ff, insbes. 69 f.

[63] vgl. A.III., IV.

[64] vgl. Baumbach/Hefermehl, a.a.O., Einl. UWG, Rdnr. 76 ff

Im Leistungswettbewerb steht die gewerbliche Leistungsfähigkeit der Mitbewerber zum Vergleich. Es soll sich die Leistung auf dem Markt durchsetzen, die aus der Sicht des vergleichenden Kunden nach Preis, Qualität und Kundendienst die bessere ist. Ein solcher Leistungsvergleich setzt voraus, daß jeder Wettbewerber seine Leistung auf dem Markt frei anbieten und jeder Nachfrager die ihm zusagende Leistung frei wählen kann. Orientierungspunkt einer wettbewerblich funktionalen Prüfung ist die Frage, ob zu Zwecken des Wettbewerbs Mittel verwendet werden, die geeignet sind, den Leistungsvergleich zu verfälschen.

Leistungswettbewerb als Maßstab

Der Unwert eines wettbewerblichen Verhaltens läßt sich nicht aus den möglichen Folgen herleiten, die der Wettbewerb seiner Natur nach mit sich bringen kann. So kann eine Beeinträchtigung, die ein Wettbewerber dadurch erleidet, daß er von einem Mitbewerber mit leistungsgerechten Mitteln überflügelt wird, die Unlauterkeit einer Wettbewerbshandlung nicht begründen, und zwar auch dann nicht, wenn Mitbewerber vom Markt verdrängt oder vernichtet werden oder sogar der Bestand des Wettbewerbs auf dem Markt gefährdet oder aufgehoben wird. Die Unlauterkeit einer Wettbewerbshandlung läßt sich grundsätzlich nur aus der Art der Mittel herleiten, die ein Wettbewerber einsetzt. Die dadurch für die Mitbewerber oder den Wettbewerbsbestand eintretenden nachteiligen Folgen fallen bei der Gesamtwürdigung aber dann ins Gewicht, wenn sie auf dem Einsatz nicht leistungsgerechter, den Leistungsvergleich verfälschender Mittel beruhen. In gleicher Weise wie die Unlauterkeit aus den wesenseigenen Folgen des Wettbewerbs nicht hergeleitet werden kann, macht auch der Beweggrund allein eine Wettbewerbshandlung nicht unlauter. Zweck und Beweggrund werden nur bei der Beurteilung des Gesamtverhaltens erheblich. Will z.B. der Anpreisende den Kunden durch Angabe einer falschen Herkunftsangabe irreführen und erwirbt dieser die Ware auch aufgrund der Angabe, stellt sich jedoch heraus, daß die Angabe zwar subjektiv falsch, objektiv jedoch richtig war, weil der Anpreisende sich irrte, liegt kein Wettbewerbsverstoß vor. Ein verwerflicher Beweggrund allein begründet ebenso wenig wie der "untaugliche Versuch" die Sittenwidrigkeit einer Handlung.

Maßgeblich: Art der eingesetzten Mittel

Subjektive Erfordernisse: Der Verstoß gegen die guten Sitten setzt kein Verschulden voraus, er ist vielmehr objektiv zu erfassen. Der Handelnde muß lediglich alle Tatumstände gekannt haben, die bei objektiver Würdigung die Sittenwidrig-

Kein Verschulden erforderlich, aber: Kenntnis aller Tatumstände

keit einer Wettbewerbshandlung begründen. Wer sich der Kenntnis einer erheblichen Tatsache bewußt verschließt oder entzieht, steht dem Kennenden gleich.

2. Normativer Begriff

Das normative Element des Begriffs der guten Sitten im Wettbewerb läßt es nicht zu, ihn dem Ergebnis einer Verkehrsbefragung zu überlassen

Wie der Bundesgerichtshof in letzter Zeit vermehrt hervorgehoben hat, ist der Begriff der guten Sitten im Sinne des § 1 UWG ein normativer; einer Beweiserhebung ist er nicht zugänglich. Das normative Element des Begriffs der guten Sitten im Wettbewerb, sich so zu verhalten, wie es sein soll, nicht wie es (mehrheitlich) geschieht oder geduldet wird, läßt es nicht zu, den Begriff der guten Sitten im Wettbewerb, ebenso wie die diesen determinierende Werteordnung der Verfassung, dem Ergebnis einer Verkehrsbefragung zu überlassen. Soweit der Richter bei der Anwendung des Begriffs der guten Sitten auf das Anstandsgefühl der verständigen Durchschnittsgewerbetreibenden abstelle, verwendet er dieses symbolhaft als Ausdruck seiner rechtlichen Wertung, die er unter Berücksichtigung vorhandener sozialer Normen aufgrund der Rechtsordnung, insbesondere der Wertprinzipien der Verfassung, unter Abwägung der schutzwürdigen Interessen und Güter der Verkehrsbeteiligten vorzunehmen hat[65].

Keine Geschmackszensur

In den Benetton-Entscheidungen ist allerdings auch ausdrücklich festgestellt worden, dass eine Geschmackszensur nach allgemeinen ethischen Moralvorstellungen mit diesem Maßstab der Sittenwidrigkeit nicht gemeint ist. Der Begriff der Sittenwidrigkeit ist wettbewerbsbezogen, nicht gesinnungsethisch zu verstehen[66].

3. Handeln der öffentlichen Hand - Beeinflussung des Begriffes der "guten Sitten" durch öffentlich-rechtliche Vorgaben ?

Kommt es bei der Prüfung, ob ein Handeln zu Zwecken des Wettbewerbes vorliegt, auf die von der öffentlichen Hand regelmäßig mitverfolgten öffentlichen Interessen, insbesondere

---

[65] vgl. BGH v. 6.7.1995, GRUR 1995, 595 "Kinderarbeit"

[66] vgl. BGH, GRUR 1995, 592, 593 f., „Busengrapscher", BGH, GRUR 1995, 595, 596, „Kinderarbeit"; BGH GRUR 1995, 600, 601 „HIV-positiv"

soziale, karitative, wirtschaftspolitische und sonstige gemeinnützige Zwecke, vornehmlich im Bereich der Daseinsvorsorge, zumindest insoweit an, als sie mitzuberücksichtigen sind, ist dies bei der Beurteilung der Wettbewerbswidrigkeit nicht mehr zusätzlich zu würdigen. Für die sachliche Beurteilung der Sittenwidrigkeit des Wettbewerbsverhaltens der öffentlichen Hand kommt es nicht mehr auf die hinter dem konkreten Wettbewerbszweck stehenden gemeinnützigen und wirtschaftspolitischen Motivationen an. Entscheidend ist insoweit allein die konkrete Zweckverfolgung und Zielsetzung[67]. Das hoheitliche Element der Handlung kann sich allerdings auf die wettbewerbsrechtliche Beurteilung auswirken. Eine nach öffentlichem Recht zulässige, wenn auch nicht vorgeschriebene Wettbewerbshandlung kann nach § 1 UWG unter dem Gesichtspunkt der Gefährdung des Wettbewerbsbestandes unzulässig sein.

Wettbewerbswidrigkeit kann auch dadurch begründet werden, daß die öffentliche Hand außerhalb des ihr gesetzlich zugewiesenen Aufgabenbereiches tätig wird. So hat der Bundesgerichtshof in seiner Entscheidung vom 18.12.1981[68] eine Selbstabgabenstelle für Brillen der beklagten AOK, in der diese in gleicher Weise wie Optiker Brillen an ihre Versicherten ausgibt und zwar sowohl Kassenbrillen als auch Feinbrillen für unzulässig gehalten. Aus dem Gesamtzusammenhang der die Leistungserbringung regelnden Vorschriften der RVO (jetzt SGB V) ergebe sich, daß es dem Regelfall des Gesetzes entspreche, wenn die Kasse die entsprechenden Leistungen den Versicherten durch Dritte, d.h. durch Einschaltung der bestehenden freien Berufe, verschaffe, und daß es ihr nur ausnahmsweise obliege, solche Leistungen selbst zu erbringen. Damit war die Tätigkeit der Krankenkassen aus sozialversicherungsrechtlicher Sicht nicht als geboten zu erachten und als wettbewerbswidrig im Sinne des § 1 UWG zu qualifizieren. Als entscheidende Begleitumstände hat der Senat erachtet, daß die Beklagte als Trägerin der gesetzlichen Krankenversicherung, wenn sie mit selbständigen Augenoptikern in Wettbewerb tritt, nicht der gleichen wettbewerblichen Ausgangslage und den gleichen Wettbewerbsbedingungen unterworfen sei wie die Augenoptiker und daß für diese bei einer solchen ungleichen

Wettbewerbswidrigkeit durch Handeln außerhalb des der öffentlichen Hand zugewiesenen Aufgabenbereichs

---

[67] v. Gamm, Verfassungs- und wettbewerbsrechtliche Grenzen des Wettbewerbs der öffentlichen Hand, WRP 1984, 303, 308

[68] NJW 1982, 2117 „Brillenselbstabgabestellen"

Wettbewerbslage die Gefahr eines ruinösen Wettbewerbs mit der Möglichkeit ihrer Ausschaltung als selbständige Gewerbetreibende aus dem Wirtschaftsleben bestehe. Anders als die Augenoptiker sei die beklagte Krankenkasse nicht auf die Erzielung von Gewinnen angewiesen, sondern finanziere sich aus den ihr zufließenden Beiträgen. Ein unternehmerisches Risiko treffe sie nicht. Auch steuerlich sei sie bevorzugt. Ein Wettbewerb, der in dieser Weise an die Grundlagen der Existenz eines vorhandenen und nach Herkommen und Gesetz anerkannten selbständigen Berufsstandes rühre, führe in einem nicht unerheblichen Umfang zu einer Ausschaltung des Leistungswettbewerbs und damit zu einer ernstlichen Gefahr für dessen Bestand. Das sei aber mit § 1 UWG nicht zu vereinbaren.[69] Auch in seiner Entscheidung vom 19.1.1995[70] hat der Senat eine Überschreitung des den Ersatzkassen nach näherer Maßgabe von § 30 Abs. 1 SGB IV zugewiesenen Aufgabenbereichs im Sinne einer Erweiterung des gesetzlichen Aufgabenbereiches der Träger der gesetzlichen Krankenversicherung als unzulässig erachtet. Da es sich bei § 30 Abs. 1 SGB IV um eine im Sinne des § 1 UWG wertbezogene Norm handelt[71], die die Aufgaben der Träger der Sozialversicherung eingrenzt, bedeutet die Verletzung bzw. die Überschreitung des Rahmens des § 30 Abs. 1 SGB IV zugleich einen Verstoß gegen § 1 UWG.

Im Lichte dieser Entscheidungen ist bei der Beurteilung der Frage der Zulässigkeit des Handelns der öffentlichen Hand die Frage von hoher Bedeutung, ob die öffentliche Hand sich bei ihren Tätigkeiten im privatrechtlichen Bereich bzw. mit Auswirkungen im privatrechtlichen Bereich im Rahmen des ihr gesetzlich zugewiesenen Aufgabenkreises hält.

Unlauterkeitskriterien, die typischerweise auf die Machtstellung der öffentlichen Hand bezogen sind

Handelt die öffentliche Hand im Rahmen des ihr gesetzlich zugewiesenen Aufgabenbereiches, sind weitere Unlauterkeitskriterien zu bedenken, die typischerweise auf die Machtstellung der öffentlichen Hand bezogen sind[72]. So darf die öffentliche Hand nicht ihre amtliche Autorität und die mit ihr verbundene Vertrauensstellung zur Erreichung von Vorteilen

---

[69] vgl. auch BGH v. 8.7.1993, WRP 1993, 741, GRUR 1993, 917 „Abrechnungssoftware für Ärzte"

[70] GRUR 1996, 213 „Sterbegeldversicherung"

[71] vgl. dazu C.V.1.a)

[72] Baumbach/Hefermehl, a.a.O., Rdnr. 930, 937 ff zu § 1 UWG

im Wettbewerb mißbräuchlich ausnutzen. Das kann durch Täuschung, psychologischen Druck und sachwidrige Beeinflussung, aber auch dadurch geschehen, daß sie einen bestimmten Wettbewerber kraft ihrer Autorität fördert und ihm dadurch einen Vorsprung gegenüber den Mitbewerbern verschafft[73].

Im Rahmen der Gesamtbetrachtung ist ferner zu berücksichtigen, daß das hoheitliche Handeln, um dessen privatrechtliche Auswirkungen es geht, den Grundsätzen des öffentlichen Rechts unterliegt und diese Grundsätze des öffentlichen Rechts auch als Maßstab für nicht öffentliches Handeln der öffentlichen Hand in Erfüllung der dieser obliegenden öffentlichen Aufgabe herangezogen werden. Dabei handelt es sich insbesondere um den Gleichheitssatz, der für jede Betätigung im Bereich der Daseinsvorsorge gilt, ferner um das Willkürverbot, den Grundsatz der Verhältnismäßigkeit und um die Verpflichtung zur objektiven und neutralen Wahrnehmung der öffentlichen Aufgaben, auch soweit dies mit Mitteln des Privatrechts erfolgt[74].

Grundsätze des öffentlichen Rechts im Rahmen der Gesamtbetrachtung zu berücksichtigen

Bereits das Reichsgericht hat in seiner Entscheidung vom 4.11.1932[75] ausgeführt: "..... Dagegen kann die Art der Betätigung im Wettbewerb gegen die guten Sitten verstoßen mit Rücksicht auf die Eigenschaft des Verbandes als öffentlichrechtliche Einrichtung, auf sein Verhältnis zu seinen Mitgliedern und auf die Mittel, deren er sich im Wettbewerb bedient. So würde es den guten Sitten zuwiderlaufen, wenn ein Kommunalverband seine amtliche Eigenschaft und den damit auf seine Angehörigen bestehenden Einfluß zur Förderung eigenen oder fremden Wettbewerbs mißbraucht....". Diese Überlegungen finden auch in der neueren Rechtsprechung des Bundesgerichtshofs ihren Niederschlag. Sie können dazu führen, daß ein an sich bei Privatunternehmen nicht zu beanstandendes Verhalten bei der öffentlichen Hand als wettbewerbswidrig zu erachten ist. Hierher gehören vornehmlich auch solche Fälle, in denen das natürliche Übergewicht, das öffentlichen Körperschaften in ihrem sachlichen

---

[73] vgl. BGH v. 19.6.1986, GRUR 1987, 116 „Kommunaler Bestattungswirtschaftsbetrieb I"; GRUR 1987, 119 „Kommunaler Bestattungswirtschaftsbetrieb II"; vgl. auch Baumbach/Hefermehl, a.a.O., Rdnr. 937 ff zu § 1 UWG

[74] v. Gamm, Fn. 67, 304

[75] RGZ 138, 174, 177 „Haus der Jugend"

und räumlichen Bereich zukommt, wettbewerbsrechtlich von Bedeutung wird, ohne daß bereits von einem Mißbrauch der öffentlich-rechtlichen Stellung oder öffentlich-rechtlicher Machtbefugnisse gesprochen werden müßte[76].

4. Systematik der Darstellung

Auch wenn die Bedeutung von Fallgruppen nicht überschätzt werden und das Bewußtsein verbleiben sollte, daß die Bildung von Fallgruppen primär zur Gewinnung von Wertungsgesichtspunkten dienen soll, knüpft die nachfolgende Darstellung an etablierte Fallgruppen an. Diese Art von Darstellung soll an Bewährtes anknüpfen und dabei jeden Eindruck vermeiden, daß es sich dabei um Vorgaben handelt, die in der Weise exklusiv sind, daß Sachverhalte außerhalb dieser Untergliederung wettbewerbsrechtlicher Beurteilung entzogen seien. Sie soll und darf auch den Blick dafür nicht verstellen, daß Wettbewerbswidrigkeit auch durch die Kumulation von Kriterien entstehen kann, die bei einer isolierten Subsumtion unter Fallgruppen noch zulässig wären, ihr wettbewerbswidriges Gepräge jedoch durch die Addition der "synergetischen" Einzelaspekte erhalten. Die folgende Untergliederung in Fallgruppen folgt im wesentlichen der Einteilung von Hefermehl in seinem grundlegenden Kommentar zum Wettbewerbsrecht, der im Einklang mit den Funktionen des Wettbewerbs die Wettbewerbsverstöße nach der Art und Richtung der eingesetzten Wettbewerbsmittel und der durch sie betroffenen Interessen der Mitbewerber, der Marktpartner (Abnehmer und Lieferanten) und der Allgemeinheit in fünf Fallgruppen einteilt: Kundenfang, Behinderung, Ausbeutung, Rechtsbruch, Marktstörung. Dabei werden einige Fallgruppen bzw. Untergruppen aufgrund ihrer besonderen Aktualität oder weil sich an ihnen die Funktion des Leistungswettbewerbs und wettbewerbseigener bzw. wettbewerbswidriger Handlungen besonders gut darstellen läßt, schwerpunktmäßig hervorgehoben[77].

---

[76] BGH v. 4.10.1970, GRUR 1971, 168, 169 „Ärztekammer"

[77] zu Systemen und Fallgruppen des Rechts gegen den unlauteren Wettbewerb vgl. auch Fezer, RWW, 3.0. Rdnr. 120-129, der eine Einteilung der Wettbewerbsverstöße nach dem Schwergewicht des wettbewerblichen Unrechts einer Wettbewerbshandlung befürwortet. Danach ist zu unterscheiden zwischen unternehmensbezogenem, verbraucherbezogenem und marktbezogenem Unrecht im Wettbewerb.

Zusammenfassung

Der Begriff der guten Sitten ist funktionsbestimmt in dem Sinne, daß er sich auf den Wettbewerb im Wirtschaftsverkehr bezieht. Wettbewerbseigen ("sittlich") ist eine Wettbewerbshandlung, wenn sie dem Sinn des Wettbewerbs entspricht, wettbewerbsfremd ("gegen die guten Sitten im Wettbewerb verstoßend") ist sie, wenn sie ihm widerspricht. Orientierungspunkt einer wettbewerblich funktionalen Prüfung ist die Frage, ob zu Zwecken des Wettbewerbs Mittel verwendet werden, die geeignet sind, den Leistungsvergleich zu verfälschen.

Die Unlauterkeit einer Wettbewerbshandlung läßt sich grundsätzlich nur aus der Art der Mittel herleiten, die ein Wettbewerber einsetzt (Einsatz nicht leistungsgerechter, den Leistungsvergleich verfälschender Mittel).

Der Begriff der guten Sitten im Sinne des § 3 UWG ist ein normativer Begriff, der einer Beweiserhebung nicht zugänglich ist.

Beim Handeln der öffentlichen Hand gilt: Das hoheitliche Element der Handlung kann sich auf die wettbewerbsrechtliche Beurteilung auswirken. Es gibt Unlauterkeitskriterien, die typischerweise auf die Machtstellung der öffentlichen Hand bezogen sind. Im Rahmen der Gesamtbetrachtung ist zu berücksichtigen, daß das hoheitliche Handeln, um dessen privatrechtliche Auswirkungen es geht, den Grundsätzen des öffentlichen Rechts unterliegt und diese Grundsätze des öffentlichen Rechts auch als Maßstab für nicht öffentliches Handeln der öffentlichen Hand in Erfüllung der dieser obliegenden öffentlichen Aufgabe herangezogen werden (Gleichheitssatz, Willkürverbot, Grundsatz der Verhältnismäßigkeit, ...).

II. Kundenfang

Die Beeinflussung des Kunden ist grundsätzlich wettbewerbseigen. Wettbewerbswidrig werden Kundenbeeinflussungsmaßnahmen erst dann, wenn Mittel gewählt werden, die die freie Willensentschließung des Kunden beeinträchtigen oder sogar ausschließen. Dann wird die wettbewerbseigene Kundenbeeinflussung zum wettbewerbsfremden Kundenfang. Die häufigsten Methoden sind: Irreführung, die Ausübung eines physischen oder psychischen Zwangs, die Belästigung durch Anreißen, die Verlockung durch besondere Vorteile oder aleatorische Reizmittel oder die Ausnutzung von Gefühlen. Das Kennzeichnende dieser Methoden liegt darin, daß der Absatz weniger durch die Güte und Preiswürdigkeit der Ware oder Leistung als vielmehr durch sachfremde Momente erreicht werden soll, die die selbständige Entschließung des Kunden beeinträchtigen.

Einsatz von Mitteln, die dem Leitbild des Leistungswettbewerbs widersprechen

Es werden Mittel eingesetzt, die dem Leitbild des Leistungswettbewerbs widersprechen. Die Entscheidung des Kunden wird erschlichen, verfälscht oder erkauft. Darin liegt das Anstößige, das die Unlauterkeit der Wettbewerbshandlung begründet.

1. Täuschung, inbesondere Tarnung von Werbemaßnahmen

Verhältnis § 1 - § 3 bei irreführenden Angaben

Die meisten Fälle der irreführenden Werbung fallen unter § 3 UWG. Unter die große Generalklausel des § 1 UWG fällt eine Wettbewerbshandlung, die den einzelnen Kunden oder das Publikum zum Nachteil eines Mitbewerbers irreführt, erst dann, wenn der Wettbewerber sittenwidrig handelt. Soweit irreführende Angaben bereits unter dem Aspekt des § 3 UWG verboten sind, die irreführende Werbeäußerung jedoch auch sittenwidrig ist, besteht Anspruchskonkurrenz. In derartigen Fällen kommt der Generalklausel des § 1 UWG vor allem ergänzende Funktion zu. Sie reicht weiter als § 3 UWG. Erfaßt werden auch irreführende Praktiken, die nicht auf Angaben beruhen oder sich nicht auf geschäftliche Verhältnisse beziehen, aber Kunden zur Anbahnung von Geschäftsbeziehungen verleiten sollen. Nur nach § 1 UWG lassen sich suggestive Beeinflussungen erfassen, die den Umworbenen zu Fehleinschätzungen verleiten und in relevanter Weise irreführen.

Ist die Werbemaßnahme als solche nicht zu erkennen, wird die Persönlichkeitsphäre des Umworbenen in unzulässiger Weise angetastet.

Unter dem Aspekt der Täuschung wird auch und insbesondere die Tarnung von Werbemaßnahmen (Schleichwerbung) erfaßt. Ausgangspunkt der Beurteilung ist dabei folgendes: Jede Werbemaßnahme schließt emotionale Elemente ein. Informations- und Suggestivwerbung lassen sich nicht klar trennen, ohne die Werbung überhaupt in Frage zu stellen. Solange der Umworbene erkennen kann, daß es sich um eine Werbemaßnahme handelt und er infolgedessen eine eigene Entscheidung treffen kann, wird seine Persönlichkeitssphäre nicht in unzulässiger Weise angetastet[78]. Wettbewerbswidrig ist es aber, eine Werbemaßnahme so zu tarnen, daß sie als solche dem Umworbenen nicht erkennbar ist, insbesondere eine Werbemaßnahme als eine objektive Unterrichtung durch eine unabhängige Person oder Stelle erscheinen zu lassen. Hauptfälle sind die wissenschaftlich, publizistisch oder redaktionell getarnte Werbung sowie vornehmlich in Rundfunk- und Fernsehsendungen und nunmehr auch in (Kino)-Spielfilmen das "product placement".

a) Wissenschaftliche oder publizistische Tarnung

Die Verwendung eines Gutachtens ist grundsätzlich nach § 1 UWG wettbewerbswidrig, wenn der falsche Anschein eines unabhängig zustande gekommenen Urteils eines unbeteiligten Dritten hervorgehoben wird, da der Verkehr an eine objektive fachkundige oder wissenschaftliche Empfehlung glaubt, der er unbedenklich folgen kann, während es sich in Wahrheit um eine Werbezwecken dienende Veröffentlichung handelt. Wer im Wettbewerb von einem ihm günstigen Gutachten Gebrauch macht, muß daher stets auf eine etwaige Abhängigkeit des Gutachters, auf ein etwa zugrundeliegendes Auftragsverhältnis oder sonstige Umstände hinweisen, um den irrigen Eindruck beim Publikum auszuschließen, es handele sich um eine unabhängige und unbeeinflußte Stellungnahme, der man sich unbedenklich anschließen könne[79]. Wird der wissenschaftliche Beitrag in der Werbung verwandt, muß der Werbende die Angaben des Gutachters ebenso vertreten wie seine eigenen.

<small>Bei Verwendung von Gutachten muß dieses unabhängig und unbeeinflußt zustande gekommen sein</small>

Ebenso handelt unlauter, wer unter dem Deckmantel einer angeblich objektiven, von neutraler Seite veranlaßten Presseveröffentlichung in Wahrheit eine nach wettbewerbsrechtlichen Grundsätzen unzulässige Eigenwerbung betreibt. Wird eine fachlich umstrittene Frage in die Werbung übernommen und dort als objektiv richtig oder wissenschaftlich gesichert hingestellt, so übernimmt der Werbende dadurch, daß er sich für eine bestimmte Auffassung entscheidet, die Verantwortung für deren Richtigkeit. Das gilt in erhöhtem

<small>Fachlich umstrittene Fragen dürfen in der Werbung nicht als objektiv richtig oder wissenschaftlich gesichert dargestellt werden</small>

---

[78] vgl. BGH v. 6.7.1995, WRP 1995, 923, GRUR 1995, 744 „Feuer, Eis und Dynamit I"

[79] vgl. Baumbach/Hefermehl, a.a.O., Rdnr. 18 zu § 1 UWG

Maße bei Mitteln der Gesundheitspflege, bei denen die Gefahr von Schäden, die dadurch entstehen, daß die Mittel mit Werbeangaben angepriesen werden, die nicht als gesicherte wissenschaftliche Erkenntnis angesehen werden können, besonders groß ist. Es liegt im Interesse der Allgemeinheit, Angaben auf dem Gebiet des Gesundheitswesens nur zuzulassen, wenn sie gesicherter wissenschaftlicher Erkenntnis entsprechen[80].

b) Redaktionelle Werbung

Gebot der Trennung von Werbung und redaktionellem Teil

Das Gebot der Trennung von Werbung und redaktionellem Text gründet sich auf eine gefestigte Standesauffassung der Zeitungsverleger, Journalisten und Werbungtreibenden. Sie hat in den Richtlinien des Zentralverbandes der Deutschen Werbewirtschaft für redaktionell gestaltete Anzeigen und für die Werbung mit Zeitungs- und Zeitschriftenanalysen sowie der Verlegerorganisation für redaktionelle Hinweise in Zeitungen und Zeitschriften ihren Niederschlag gefunden. Der Leser einer Zeitung oder Zeitschrift geht davon aus, im redaktionellen Teil die objektive Meinung der Redaktion und nicht die subjektive Meinung eines seine Waren oder Leistungen anpreisenden Gewerbetreibenden zu erfahren. Im übrigen gilt der allgemeine Grundsatz, daß eine Werbung, die als solche nicht erkennbar ist, gegen §§ 1 und 3 UWG verstößt.

Anzeigen sind deutlich erkennbar zu gestalten

Der Leser einer Zeitung oder Zeitschrift muß klar erkennen können, was redaktioneller Text und was Werbung ist. Anzeigen, die in irgendeiner Form gegen Entgelt veröffentlicht werden, sind daher so zu gestalten und vom redaktionellen Teil abzuheben, daß ihr Werbecharakter auch dem erfahrungsgemäß flüchtigen Durchschnittsleser ohne weiteres erkennbar ist. Unzulässig ist es, Anzeigen in Stil und Aufmachung von Reportagen, redaktionell gestalteten Anzeigen oder wissenschaftlichen Aufsätzen zu bringen. Läßt sich eine Veröffentlichung nicht schon durch ihre Anordnung und Gestaltung allgemein als Anzeige erkennen, so muß sie deutlich mit dem Wort "Anzeige" gekennzeichnet sein. Die Kennzeichnung redaktioneller Werbung mit "PR-Anzeige" ist un-

---

[80] vgl. Baumbach/Hefermehl, a.a.O., Rdnr. 28 zu § 1 UWG mit zahlr. w. N.

zureichend. Auch bei Anzeigenblättern mit einem redaktionellen Teil reichen die für den Leser erkennbare unentgeltliche Verbreitung, eine bloße Balkenumrandung oder die Nennung des Namens des werbenden Unternehmens zur Kennzeichnung des Werbecharakters eines Textes nicht aus.

Auch bei Kundenzeitschriften, die in der Regel nicht nur Werbung, sondern auch interessante und belehrende Beiträge für ihre Leser bringen, darf nicht in redaktionell aufgezogenen Beiträgen für bestimmte einzelne Gewerbetreibende geworben werden. Gleiches gilt für die Werbeschrift eines einzelnen Unternehmens, das wie eine Zeitung aufgemacht ist, ohne daß sie hinreichend deutlich als eigenes Werbeblatt gekennzeichnet ist[81].

Um ihre Informationsaufgabe zu erfüllen, berichtet die Presse im redaktionellen Teil auch häufig über bestimmte Unternehmen und ihre Erzeugnisse und nennt die Bezugsquellen und Bezugsmöglichkeiten. Eine solche Berichterstattung, die unentgeltlich erfolgt, verläßt nicht das Gebot der Trennung von redaktionellem Text und Werbung, solange die sachliche Unterrichtung der Leser im Vordergrund steht und die unvermeidlich damit verbundene Werbewirkung nur als eine in Kauf zu nehmende Nebenfolge erscheint. Wo die sachliche Information aufhört und die Werbung beginnt, ist nur aufgrund einer Gesamtwürdigung von Anlaß und Inhalt des einzelnen Berichts feststellbar. Ein sachlicher Anlaß besteht nicht mehr, wenn eine sachgerechte Unterrichtung der Leser auch ohne Nennung bestimmter Firmen- oder Markennamen geschehen kann oder die Hinweise über das durch eine Information bedingte Maß hinausgehen, indem Unternehmen oder ihre Erzeugnisse durch ein nicht mehr begründetes pauschales Lob oder durch optische Hervorhebung von Firmennamen oder -marken übermäßig herausgestellt werden[82].

Bei Berichterstattung über bestimmte Unternehmen und ihre Erzeugnisse muß die sachliche Unterrichtung der Leser im Vordergrund stehen.

Ein im übrigen redaktionell aufgemachter Beitrag, der Werbung enthält, verliert den Charakter einer wettbewerbswidrigen Tarnung, wenn er deutlich sichtbar mit dem Wort

---

[81] vgl. Baumbach/Hefermehl, a.a.O., Rdnr. 30 ff zu § 1 UWG m.z.w.N.

[82] vgl. Baumbach/Hefermehl, a.a.O., Rdnr. 34 f. zu § 1 UWG m.z.w.N.

"Anzeige" oder (konkret) mit dem Hinweis "eine Werbeinformation aus Ihrer Apotheke" gekennzeichnet ist[83].

Preisrätsel sind dem redaktionellen Bereich zuzuordnen

Auch Preisrätsel sind dem redaktionell gestalteten und zu verantwortenden Bereich einer Zeitschrift im weiteren Sinne zuzuordnen. Es gelten für sie jedoch andere Maßstäbe als für den der Unterrichtung des Leserkreises und der Meinungsbildung dienenden engeren redaktionellen Bereich. Anders als bei den dem engeren redaktionellen Bereich zugehörigen Meldungen, Berichten, Leitartikeln u.ä. erwartet der Leser bei Preisrätseln in erster Linie spielerische Unterhaltung und Gewinnchancen. Preisrätsel stellen für den Verkehr auch eine Form der Werbung für die Zeitschrift dar und werden als solche regelmäßig mit anderen Augen gesehen und in ihrem Aussagegehalt anders beurteilt als ein redaktioneller Beitrag zu Tagesthemen. Der Leser einer Zeitschrift, der sich mit der Lösung eines Preisrätsels befaßt, um an der Auslobung der Gewinne teilzunehmen, erwartet, daß ihm die Gewinne attraktiv präsentiert werden. Eine positiv gehaltene Vorstellung der ausgelobten Preise gehört zur Natur des Preisrätsels. Sie stellt deshalb noch keine verdeckte redaktionelle Werbung dar. Es kann nicht ohne weiteres jede positiv gehaltene Vorstellung der ausgelobten Preise als verdeckte redaktionelle Werbung für den namentlich genannten Hersteller bevorteilt und als solche untersagt werden. In den Grenzen des Normalen und seriöserweise Üblichen gehört der Werbeeffekt für den Hersteller der ausgelobten Preise zum Anreiz für die Beteiligung am Rätselspiel und der davon erhofften Werbewirkung für den Absatz der Zeitschrift[84].

Wettbewerbswidrigkeit bei unangemessener Herausstellung des Produkts

Eine wettbewerbsrechtlich zu beanstandende Darstellung der Gewinne eines Preisrätsels in einer Zeitschrift ist in der Regel allerdings dann anzunehmen, wenn die Präsentation des Produkts in einer Weise geschieht, bei der dessen werbliche Herausstellung deutlich im Vordergrund steht und dabei dem Verkehr der Eindruck vermittelt wird, hier habe die Rätsel-

---

[83] vgl. BGH v. 14.3.1996, WRP 1996, 892, GRUR 1996, 711 „Editorial II"

[84] vgl. BGH v. 7.7.1994, WRP 1994, 814, GRUR 1994, 821 „Preisrätselgewinnauslobung I"; BGH v. 7.7.1994, WRP 1994, 816 ff, GRUR 1994, 823 „Preisrätselgewinnauslobung II; BGH v. 11.7.1996, WRP 1996, 1034 „Preisrätselgewinnauslobung III"; BGH v. 11.7.1996, GRUR 1997, 145 „Preisrätselgewinnauslobung IV"

redaktion - in einem vermeintlich objektiven Auswahlverfahren - ein nicht nur als Preis attraktives, sondern seiner Eigenschaften wegen auch sonst besonders empfehlenswertes Produkt ausgesucht[85].

Aber auch dann, wenn die ausgelobten Preise dem eigentlichen Rätselteil in hinreichend unaufdringlicher Weise zugeordnet und weder die Anordnung noch die Größenverhältnisse unangemessen sind, sowie die Fassung des Textes in unauffällig klein gehaltenem Druck sachlich ist und sich auf eine Inhalts- und Wirkungsbeschreibung ohne hervorhebende Anpreisung beschränkt, kann Wettbewerbswidrigkeit gegeben sein, wenn die ausgelobten Preise von dem (namentlich genannten) Hersteller unentgeltlich zur Verfügung gestellt worden sind. Ein nicht unbeachtlicher Teil des Verkehrs begegnet Preisrätseln einer Zeitschrift mit der Vorstellung, die ausgelobten Preise würden von der verantwortlichen Redaktion nach ihrem Belieben und ihrer Wertschätzung ausgesucht und beschafft. Diesem Leserkreis stellt sich der ausgelobte Gewinnartikel als von der Redaktion in unabhängiger, überlegter Auswahlentscheidung bestimmt und dementsprechend qualitätsvoll dar. Derartigen Verkehrserwartungen wird ein Preisrätsel nicht gerecht, bei dem die Preise nicht aufgrund einer Auswahlentscheidung des Veranstalters, sondern allein deshalb ausgesetzt worden sind, weil der Hersteller sie unentgeltlich zur Verfügung gestellt hat. Das Verschweigen eines solchen für die richtige Einschätzung des Charakters und des Wertes sowohl des Rätselspieles als solchem als auch der ausgelobten Preise wesentlichen Umstandes ist mit den Anforderungen an einen lauteren Wettbewerb unvereinbar[86]. Wird dagegen in einem Preisrätsel das ausgelobte Produkt sachlich und ohne Übertreibung beschrieben, gehört die Benennung des Produktes und die Angabe seines Herstellers notwendigerweise zur Beschreibung des ausgelobten Gewinns, und wird ferner in dem Text wiedergegeben, daß die als Gewinn ausgelobten Pflegeserien von der Fa. X „zur Verfügung gestellt" wurden, so wird dem Leser in hinreichendem Maße verdeutlicht, daß es sich bei dem Preisrätsel um eine von der Fa. X gesponsorte Unter-

Wettbewerbswidrigkeit bei nicht offenbarter unentgeltlicher Zurverfügungstellung der ausgelobten Preise

---

[85] BGH v. 7.7.1994, WRP 1994, 814, GRUR 1994, 821 „Preisrätselgewinnauslobung I"

[86] BGH v. 7.7.1994, WRP 1994, 816 „Preisrätselgewinnauslobung II"; BGH v. 11.7.1996, GRUR 1997, 145, „Preisrätselgewinnauslobung IV"

haltung handelt. Damit weiß der Leser auch, daß die Zeitschriftenredaktion den ausgelobten Preis nicht nach objektiven Qualitätskriterien ausgewählt haben kann. Eine derartige Gestaltung eines Preisrätsels ist zulässig[87].

Einseitiges preisendes Herausstellen auch i.ü. wettbewerbswidrig

Ein einseitiges Herausstellen der Produkte eines einzelnen Herstellers in einem redaktionellen Beitrag ist auch außerhalb des Bereiches der Preisrätselgewinnauslobung getarnte Werbung, wenn es daneben zahlreiche Mittel gleicher Art und Indikation auch von anderen Herstellern gibt, die nicht erwähnt werden. Wird der werbende, über eine sachliche Information hinausreichende Charakter des streitigen Beitrages über eine Produktserie durch eine ins Auge springende Darstellung und dadurch charakterisiert, daß die Produkte als einzige Mittel zur Abhilfe gegen unreine Haut genannt werden, obwohl daneben zahlreiche vergleichbare Erzeugnisse anderer Hersteller am Markt sind, zwischen denen der Leser hätte wählen können, begründet dies die Beurteilung dieses Beitrages als wettbewerbswidrig[88]. Dasselbe gilt für einen Bericht, in dem der werbende Charakter vor allem in der preisenden Angabe zum Ausdruck kommt, daß mit den Produkten der Beklagten gezielt individuelle Figurprobleme angegangen werden können und darin, daß mit der Übernahme eines vom informierenden Unternehmen stammenden und als solchen auch gekennzeichneten Fotos einer jungen Frau mit guter Figur der Bericht den Charakter einer attraktiv aufgemachten Werbeanzeige erhält[89].

Die inhaltliche Gestaltung eines redaktionellen Beitrages liegt im Verantwortungsbereich des Presseunternehmens, so daß der Informant nicht ohne weiteres haftbar ist. Unter welchen Voraussetzungen eine Störerhaftung des informierenden Unternehmens in Betracht kommt, wird im Bereich der Störerhaftung[90] vertieft dargestellt werden.

---

[87] BGH v. 11.7.1996, WRP 1996, 1034
„Preisrätselgewinnauslobung III"

[88] vgl. BGH v. 18.10.1995, WRP 1996, 194, GRUR 1996, 292
„Aknemittel"

[89] BGH v. 19.9.1996, WRP 1997, 24, GRUR 1997, 139
„Orangenhaut"

[90] vgl. G.I.2.

c) Schleichwerbung in Rundfunk, Fernsehen und im Kinofilm

Nach dem Staatsvertrag über den Rundfunk im vereinten Deutschland vom 02.10.1990[91] haben die öffentlich-rechtlichen und die privaten Anbieter die Wirtschaftswerbung vom übrigen Rundfunkprogramm deutlich zu trennen und als solche zu kennzeichnen; ferner darf die Werbung das übrige Rundfunkprogramm inhaltlich nicht beeinflussen[92]. Dadurch soll die Unabhängigkeit der Programmgestaltung und die Einhaltung der Neutralität gegenüber dem Wettbewerb im freien Markt gewährleistet bleiben. Auf der anderen Seite soll nach § 20 RfStV des Staatsvertrages den Fernsehteilnehmern ein objektiver Überblick über das Weltgeschehen und ein umfassendes Bild der Wirklichkeit vermittelt werden. Dem entspricht bei der gebotenen verfassungsrechtlichen Auslegung eine Interpretation, die Werbung im Programm, weil Werbung als Bestandteil der realen Umwelt bei Berichten und Darstellungen aus dieser Umwelt nicht künstlich ausgespart werden kann, im Rahmen des Unvermeidbaren für zulässig erachtet[93].

Trennungsgebot, Beeinflussungsverbot - Vermittlung eines objektiven Überblicks über das Weltgeschehen und ein umfassendes Bild der Wirklichkeit

Es ist andererseits nicht zu verkennen, daß der Einsatz von Marken und Produkten in Filmen und Rundfunkprogrammen eine mehr oder weniger starke sublimale Beeinflussung des Betrachters der Sendung, des Films bewirkt. Die Identifikationsfigur, der Filmheld / die Filmheldin, der/die Champagner oder Whiskey einer bestimmten Marke trinkt, Jeans einer bestimmten Sorte bevorzugt, Zigaretten einer bestimmten Marke raucht, eine bestimmte Kraftfahrzeugmarke bevorzugt fährt, Uhren eines bestimmten Herstellers trägt, Parfums eines bestimmten Herstellers verwendet, etc. initiert das Bedürfnis, diese Produkte zu erwerben, um von derselben Aura umgeben zu sein, wie der Filmheld / die Filmheldin etc.

Zwischen den Spannungsfeldern der Akzeptanz der Werbung als Bestandteil der realen Umwelt und der Tatsache, daß sie deshalb aus dieser Umwelt nicht künstlich ausgespart werden kann, einerseits, und einer (unsachlichen) Beeinflussung des Betrachters andererseits, gilt es einen Aus-

Spannungsfeld zwischen Werbung als Bestandteil der realen Umwelt und (sublimaler) Beeinflussung des Betrachters

---

[91] GBl Baden-Württemberg 1991, S. 747 ff

[92] § 6 Abs. 2, Abs. 3 und § 13 RfStV

[93] vgl. BGH v. 22.2.1990, GRUR 1990, 611 „Werbung im Programm"

gleich zu finden.

Trennungsgebot und Beeinflussungsverbot einerseits

Im Rahmen der Abwägung ist die eine Waagschale zu befüllen mit dem im Staatsvertrag über den Rundfunk und in den Richtlinien der ARD und des ZDF enthaltenen Trennungsgebot und dem Beeinflussungsverbot. Verstöße gegen das Trennungsgebot und das Beeinflussungsverbot sind, wenn in der Absicht, fremden Wettbewerb zu fördern, gehandelt wurde, unter dem Gesichtspunkt des Vorsprungs durch Rechtsbruch wettbewerbswidrig[94]. Sinn des Trennungsgebotes ist, wie der Bundesgerichtshof in seiner Grundsatzentscheidung vom 22.2.1990[95] ausführt, die Unabhängigkeit der Programmgestaltung und die Einhaltung der Neutralität gegenüber dem Wettbewerb im Markt zu wahren und sachfremde Einflüsse Dritter auf die Sendungen zu verhindern. Damit stünde es nicht im Einklang, das Trennungsgebot der Staatsverträge hinsichtlich der sogenannten medialen Werbung für unanwendbar zu halten. Die Werbung im Programm kann danach - sei sie entgeltlich oder unentgeltlich - im Hinblick auf das Beeinflussungsverbot des § 22 Abs. 3 Satz 4 ZDF-Staatsvertrag und des Artikel 3 Abs. 2 Satz 2 Rundfunkstaatsvertrag, vor allem aber bei bezahlter Werbung grundsätzlich nicht für zulässig erachtet werden.

Product Placement

Dieses Verbot betrifft einmal jene vielfältigen Formen der zu Werbezwecken abgesprochenen Produktplazierung (Product Placement), die im Zusammenhang mit der Übertragung des Programms gezielt und planmäßig auf die Beeinflussung der Kaufentscheidung des Fernsehzuschauers gerichtet ist und als Schleichwerbung bezeichnet werden kann, darüber hinaus aber auch die Übertragung von Sendungen, die von dritter Seite finanziell gefördert wird (Sponsoring) und ebenso den wirtschaftlichen Interessen des Sponsors oder einem Dritten dient. Weiter führt der Bundesgerichtshof aus, daß es verfehlt wäre, aus dem Grundsatz der Trennung von Werbung und Programm herzuleiten, daß jede werbliche Auswirkung einer Fernsehsendung das Trennungsgebot der Staatsverträge verletze.

Art. 5 Abs. 1 GG andererseits

Die Grenzen zwischen dem, was vom Programmauftrag gedeckt und dem, was nach den Bestimmungen der Staats-

---

[94] vgl. BGH v. 22.2.1990, GRUR 1990, 611, 613 „Werbung im Programm"

[95] GRUR 1990, 611 „Werbung im Programm"

verträge unzulässige Werbung ist, sind fließend. Bei ihrer Bestimmung ist zu beachten, daß die verfassungsrechtlich geschützte Rundfunkfreiheit (Art. 5 Abs. 1 Satz 2 GG) nicht durch ein zu weit gestecktes Verständnis des Begriffs des Trennungsgebotes beeinträchtigt und die Erfüllung des Programmauftrages nicht über Gebühr eingeschränkt wird[96]. Mit Art. 5 GG ist im Rahmen der Abwägung die andere Waagschale zu befüllen.

Ein Auspendeln der Waage ergibt folgendes: Werbung im Programm ist, weil Werbung als Bestandteil der realen Umwelt aus Berichten und Darstellungen aus dieser Umwelt nicht künstlich ausgespart werden kann, im Rahmen des Unvermeidbaren für zulässig zu erachten, soweit die beworbenen Produkte nicht nur deshalb gewählt wurden, weil hierfür Geld oder geldwerte Vergünstigungen gewährt wurden. Soweit Werbung nur in Form der Einbeziehung sog. realer Requisition erfolgt, dürfte es bei den Medien in aller Regel an dem Vorliegen der Wettbewerbsförderungsabsicht fehlen, der werbliche Effekt vielmehr lediglich Folge eines ganz anders motivierten Handelns sein. Anders als bei direkten Wettbewerbern spricht - wie dargelegt[97] - bei den Medien eher eine Vermutung für das Fehlen der Wettbewerbsförderungsabsicht als für ihr Vorliegen. Den Medien muß es freistehen, aus dramaturgischen und journalistischen Gründen auch deutlich werbliche Effekte hervorrufen zu dürfen, z.B. dadurch, daß namentlich genannte Produkte besprochen oder aber in Spielfilmen sogenannte reale Requisiten verwendet werden.

Werbung in Form der Einbeziehung realer Requisiten aus dramaturgischen und journalistischen Gründen: zulässig

Anders ist es, wenn objektive Indizien für eine Wettbewerbsförderungsabsicht vorliegen, z.B. die Annahme von Geld oder geldwerten Leistungen, die den Begünstigten regelmäßig zum Vollzieher der Wettbewerbsinteressen seines Gönners machen, aber auch das Eingehen einer vertraglichen Verpflichtung, bestimmte Requisiten aufzunehmen oder in werbewirksamer Weise darzustellen. Liegt Wettbewerbsförderungabsicht vor und geht die Einbindung und Einbeziehung von Produkten über dramaturgische Gründe und Notwendigkeiten hinaus, ergibt sich gerade aus der emotionalen Einbindung in die Filmhandlung eine gesteigerte Gefährlichkeit gegenüber der normalen Werbung, die unter dem

Unzulässig, wenn die Aufnahme gerade dieser Requisiten beeinflußt ist (z.B. durch Gewährung von Geld und geldwerten Leistungen)

---

[96] vgl. BGH, a.a.O.

[97] vgl. B.I.3.

Aspekt der Irreführung der Verbraucher bzw. ihrer unsachlichen Beeinflussung Wettbewerbswidrigkeit begründen kann. Wird den Zuschauern im Bereich des Product Placement vorgegaukelt, daß es sich bei der fraglichen Einblendung nicht etwa um eine Wettbewerbsmaßnahme handele, sondern um eine aus journalistischen oder künstlerischen Gründen gebotene Darstellung, ist die Ausnutzung dieser (Fehl-)Vorstellung für Wettbewerbszwecke wettbewerbswidrig.

Sponsoring

Das für das redaktionelle Programm aller Sendeanstalten geltende Verbot der Wirtschaftswerbung gilt auch für das Sponsoring. Hierunter ist die Finanzierung einer Sendung im öffentlichen Rundfunk durch den Beitrag eines Dritten zu verstehen. Die Einblendung des Namens oder des Firmenzeichens desjenigen, der eine Sendung oder ein Ereignis sponsort, ist Werbung, da sie in ihrer objektiven Wirkung einer reinen Werbeeinblendung gleichkommt; sie dient wie diese dazu, das Bild des Förderers in der angesprochenen Öffentlichkeit zu heben und dadurch mittelbar auch die wirtschaftlichen Interessen des Beworbenen zu fördern[98].

Sendungssponsoring kraft ausdrücklicher Regelung zulässig

Nach näherer Maßgabe von § 7 des Staatsvertrages ist eine Ausnahmeregelung für das Sendungssponsoring erfolgt. Hierunter ist ein Beitrag zur direkten oder indirekten Finanzierung einer Sendung zu verstehen. Bei ganz oder teilweise gesponsorten Sendungen muß zur Information der Zuschauer auf die Finanzierung durch den Sponsor zu Beginn und am Ende in vertretbarer Kürze deutlich hingewiesen werden. Anstelle oder neben dem Namen des Sponsors darf auch dessen Firmenemblem oder die Marke (z.B. auch ein Produktname) eingeblendet werden, jedoch nur, wenn dem Zuschauer der Name des Sponsors nicht so geläufig ist wie sein Emblem oder seine Marke[99].

Ereignissponsoring unzulässig

Wie der Bundesgerichtshof in seiner Entscheidung vom 19.3.1992[100] festgehalten hat, handelt es sich dabei allerdings um eine Regelung mit Ausnahmecharakter, die auf den Fall des Ereignissponsorings nicht entsprechend angewandt werden kann. Die Förderung lediglich des zugrunde liegenden

---

[98] vgl. BGH v. 19.3.1992, GRUR 1992, 518, 520 „Ereignissponsorwerbung"

[99] vgl. § 7 Abs. 2 Satz 2 RfStV

[100] GRUR 1992, 518, 519 f.

Ereignisses werde von der Regelung des § 7 Abs. 1 des Staatsvertrages, die die ausnahmsweise Zulässigkeit des Sendungssponsorings begründe, nicht erfaßt, da die Finanzierung eines bestimmten Ereignisses kein Beitrag zur „Finanzierung" einer Sendung sei. Auch eine entsprechende Anwendung der für das Sendungssponsoring getroffenen Regelung auf das Ereignissponsoring komme nicht in Betracht. Die Regelung stelle eine Ausnahme vom grundsätzlichen Verbot der Werbung im Programm dar, die bereits als solche nach Sinn und Zweck der rundfunkrechtlichen Regelungen über Werbung im Fernsehen eng auszulegen und auf ihren Regelungsgegenstand zu beschränken sei[101].

Für die Werbung im Kinofilm existieren keine Staatsverträge, deren Verletzung unter dem Aspekt Vorsprung durch Rechtsbruch Wettbewerbswidrigkeit begründet, wohl aber kann auch hier das Verbot getarnter Wirtschaftswerbung eingreifen, dem wiederum - wenn und soweit dem Film Kunstcharakter zukommt - im Lichte des Art. 5 Abs. 3 GG Schranken gesetzt sind. Der Bundesgerichtshof hatte sich in zwei Entscheidungen vom 06.07.1995[102] mit folgendem Ausgangssachverhalt zu befassen:

Werbung im Kinofilm - getarnte Wirtschaftswerbung?

Die Beklagte zu 1 ist Produzentin des Kinospielfilms „Feuer, Eis & Dynamit", der von der Beklagten zu 2 vertrieben wird. Der Film erzählt die Geschichte eines exzentrischen Millionärs „Sir George", der sein angeschlagenes Finanzimperium durch einen vorgetäuschten Selbstmord sanieren will. Alleinerbe solle der Gewinner eines dreitägigen Wettkampfes in verschiedenen Sportarten sein. An diesem , den Filmablauf ganz überwiegend bestimmenden sogenannten „Megathon", nehmen die drei Kinder von Sir George als eine Mannschaft, aber auch seine Gläubiger teil. Die Gläubiger sind bekannte Markenartikelhersteller. Das „Megathon" muß von Mannschaften bewältigt werden; jeweils drei Teilnehmer bilden eine Staffel. Die Firmenteams sind ihrem Unterneh-

---

[101] Zum Product Placemant und Sponsorship vgl. auch Rüggeberg, GRUR 1988, 873 ff; Henning-Bodewig, Product Placement und Sponsoring, GRUR 1988, 867 ff; Bork, Product Placement und Wettbewerbsrecht - zu den Grenzen der Media- oder Fernsehwerbung, GRUR 1988, 264; Federhoff-Rink, Social Sponsoring in der Werbung, Zur rechtlichen Accessorietät der Werbung mit Umweltsponsoring, GRUR 1992, 643 ff; Ahrens, Redaktionelle Werbung - Korruption im Journalismus, GRUR 1995, 307 ff

[102] Feuer, Eis & Dynamit I, WRP 1995, 923, GRUR 1995, 744; Feuer, Eis & Dynamit II, WRP 1995, 930, GRUR 1995, 750

men entsprechend ausgerüstet und als solche an der Ausstattung mit ihren Produkten und Werbesymbolen eindeutig erkennbar. So nimmt z.B. die Milka-Kuh, ein Chiquita Bananenboot und ein Paulaner Bierfaß am Rennen teil. Außerdem werden während des „Megathons" und in der Rahmenhandlung Markenartikel (beispielsweise Ski, Getränke) deutlich als solche erkennbar von den Darstellern benutzt bzw. gebraucht. Unstreitig haben die Markenartikelunternehmen für ihre Megathonteilnahme im Film ein Entgelt bezahlt und sich damit an den Produktionskosten beteiligt. Außerdem wurden verschiedenen Produktionsunternehmen Nutzungsrechte an dem Film für Zwecke der Absatzförderung eingeräumt.

Der Respekt vor der Persönlichkeitssphäre des Umworbenen gebietet, daß die Werbemaßnahme als solche kenntlich gemacht werden muß	Der Bundesgerichtshof hat im Spannungsfeld des Art. 5 III GG folgende Kriterien der Wettbewerbswidrigkeit einer getarnten Wirtschaftswerbung im Kinofilm festgehalten. Die Persönlichkeitssphäre des Umworbenen wird nur dann nicht in unzulässiger Weise angetastet, wenn der Umworbene erkennt, daß es sich um eine Werbemaßnahme handelt und seine Entscheidung bewußt auf der Grundlage dieser Kenntnis treffen kann. Dieser Gedanke, der auch den im Bereich von Presse und Rundfunk geltenden besonderen Geboten der Trennung von Werbung und redaktionellem Teil zugrunde liegt, gilt allgemein, auch außerhalb dieses Bereichs, für alle Fallgestaltungen, bei denen Werbung als Äußerung eines scheinbar objektiven Dritten dargestellt und damit getarnt wird. Jedoch erfordert dieser Gedanke Differenzierungen bei der Beurteilung nach dem jeweiligen Maß der Beachtung und Bedeutung, die der Verkehr der Angabe eines Dritten beimißt, und damit insbesondere auch nach dem Grad der - vermeintlichen - Objektivität und Kompetenz dieses Dritten; danach können sich für die wettbewerbsrechtliche Bewertung durchaus unterschiedliche Gewichtungen je nach Art des Mediums - oder auch seiner verschiedenen Sparten - ergeben, in denen eine Werbung "getarnt" vermittelt wird.
Gebot der medienspezifischen Differenzierung	Bei Werbung in Spielfilmen sind zwar nicht die gleichen strengen Maßstäbe anzuwenden wie bei verdeckten Werbeaussagen in redaktionellen Beiträgen der Presse oder des Rundfunks und im Fernsehen, da letzteren der Verkehr regelmäßig einen höheren Grad an Objektivität und ein größeres Gewicht beimessen wird als Aussagen oder Angaben, denen man im Rahmen eines privat hergestellten Spielfilmes begegnet. Dies hat zur Folge, daß das Gewicht etwaiger Irreführungen oder unbewußter Beeinflussungen von Willens-

entscheidungen gemindert erscheint. Die Erwartungshaltung
des Publikums pflegt gegenüber privaten Spielfilmen wegen
ihres bekanntermaßen meist kommerziell bestimmten Charakters eine andere zu sein als gegenüber den primär auf Information und Meinungsbildung ausgerichteten Medien.

Anders als bei letzteren wird das Publikum es bei vernünftiger Betrachtungsweise regelmäßig nicht schon als eine als verwerflich zu beurteilende Täuschung oder Beeinflussung seiner Willensfreiheit ansehen, wenn ihm in Spielfilmen in nicht besonders herausgestellter Form Requisiten begegnen, die dem Hersteller von einem Unternehmen für eine sinnvolle Integrierung in die Spielfilmhandlung gratis (um des damit verbundenen Werbeeffekteswillen) zur Verfügung gestellt sind. Mit entsprechenden Erscheinungen in einem kommerziellen Unterhaltungsmedium kann und muß heute gerechnet werden.

<small>Nicht besonders herausgestellte Requisiten dürfen unentgeltlich zur Verfügung gestellt werden.</small>

Jedoch stößt eine solche Toleranz auch bei Spielfilmen dort an ihre Grenze, wo über eine solche - nicht unerwartete und erträgliche - Verquickung von Hersteller- und Werbeinteressen hinaus Zahlungen oder andere geldwerte Leistungen von einigem Gewicht von Unternehmen dafür erbracht werden, daß diese selbst oder ihre Erzeugnisse in irgendeiner Weise im Film in Erscheinung treten.

<small>Zahlungen oder nennenswerte andere geldwerte Leistungen dürfen nicht gewährt werden</small>

Bleibt die Frage zu klären, welchen Einfluß die Tatsache, daß die werblichen Aussagen ihrerseits künstlerisch gestaltet sind und somit unter Art. 5 Abs. 3 GG fallen, auf den Verbotsumfang hat. Wird ein Verbot der Vorführung und des Vertriebes schlechthin verlangt, steht jedenfalls Art. 5 (3) GG entgegen. Art. 5 (3) GG enthält keinen Gesetzesvorbehalt und erfährt daher auch keine Schranken durch § 1 UWG[103].

Auch die Vertriebshandlungen fallen unter Art. 5 (3) GG. Geht es jedoch nicht um ein Verbot schlechthin, sondern um die Erfüllung einer bestimmten Auflage beim Vertrieb, durch die der Wesensgehalt des Kunstwerkes als solcher ebensowenig berührt wird wie die freie Gestaltungsmöglichkeit des Künstlers, der bei der hier getroffenen Beurteilung bei der künstlerischen Integration freier Werbung in sein Kunstwerk auch künftig freibleibt, so kommt - so der Senat - einer so

<small>Auflagen beim Vertrieb (Aufklärung über die Aufnahme bezahlter Werbung) tangieren den Kernbereich des Art. 5 Abs. 3 GG nicht.</small>

---

[103] Feuer, Eis & Dynamit II, WRP 1995, 930, GRUR 1995, 750

umschriebenen, den Kernbereich des künstlerischen Gestaltungsrecht nicht berührenden und am äußersten Rande des sogenannten Wirkbereiches angesiedelten Modalität des Vertriebs im Rahmen der gebotenen Abwägung ein anderes, geringeres Gewicht zu als bei stärkerem, unmittelbarem Kunstbezug. Gegenüber dem Gebot der Hinzufügung eines aufklärenden Hinweises gebührt dem ebenfalls verfassungsrechtlich (Art. 2 GG) geschützten Recht des Einzelnen auf freie, d.h. auch von Manipulationen unbeeinflußte Entfaltung der eigenen Persönlichkeit der Vorrang. So wie der Schutz freier Kunstausübung sich nicht darauf erstreckt, ein Musikstück für Trompete nachts in einer Wohngegend zu spielen oder ein Gemälde auf einer belebten Straßenkreuzung malen zu dürfen, kann er auch nicht zur Rechtfertigung dafür herangezogen werden, daß bei der Veröffentlichung eines Kunstwerkes das für den Vermittlungsakt bezahlende Publikum über einen für die freie Willensentschließung maßgeblichen Umstand (hier die Aufnahme bezahlter Werbung in den Film) getäuscht wird[104].

Ungeklärt ist die Frage, wann und in welchem Ausmaß die Aufklärung, die der Bundesgerichtshof verlangt, zu erfolgen hat[105].

Zusammenfassung

Jede Werbemaßnahme schließt emotionale Elemente ein. Informations- und Suggestivwerbung lassen sich nicht klar trennen, ohne die Werbung überhaupt in Frage zu stellen. Solange der Umworbene erkennen kann, daß es sich um eine Werbemaßnahme handelt und er infolgedessen eine eigene Entscheidung treffen kann, wird seine Persönlichkeitssphäre nicht in unzulässiger Weise angetastet. Wettbewerbswidrig ist es aber, eine Werbemaßnahme so zu tarnen, daß sie als solche dem Umworbenen nicht erkennbar ist, insbesondere eine Werbemaßnahme als eine objektive Unterrichtung durch eine unabhängige Person oder Stelle erscheinen zu lassen.

---

[104] Feuer, Eis & Dynamit I, WRP 1995, 923, GRUR 1995, 744

[105] vgl. dazu Henning-Bodewig, Werbung im Kinospielfilm - Die Situation nach Feuer, Eis & Dynamit, GRUR 1996, 321, 328 ff; zur Kritik an den Entscheidungen des BGH vgl. Hartel, Werbung im Kinofilm, ZUM 1996, 129 ff

- Die Verwendung eines Gutachtens ist dann nach § 1 UWG wettbewerbswidrig, wenn der falsche Anschein eines unabhängig zustandegekommenen Urteils eines unbeteiligten Dritten hervorgerufen wird, da der Verkehr an eine objektive, fachkundige oder wissenschaftliche Empfehlung glaubt, der er unbedenklich folgen kann, während es sich in Wahrheit um eine Werbezwecken dienende Veröffentlichung handelt.
- Im Bereich der redaktionellen Werbung existiert eine gefestigte Standesauffassung der Zeitungsverleger, Journalisten und Werbungstreibenden, auf die sich das Gebot der Trennung von Werbung und redaktionellem Text begründet. Im übrigen gilt der allgemeine Grundsatz, daß eine Werbung, die als solche nicht erkennbar ist, gegen §§ 1 und 3 UWG verstößt. Der Leser einer Zeitung oder Zeitschrift muß klar erkennen können, was redaktioneller Teil und was Werbung ist.
- Auch ein einseitiges Herausstellen der Produkte eines einzelnen Herstellers in einem redaktionellen Beitrag ist getarnte Werbung, wenn es daneben zahlreiche Mittel gleicher Art und Indikation auch von anderen Herstellern gibt, die nicht erwähnt werden (Aknemittel).
- Preisrätsel gehören nach Auffassung des BGH dem redaktionell gestalteten und zu verantwortenden Bereich einer Zeitschrift im weiteren Sinne an, wenngleich für Preisrätsel andere Maßstäbe zu gelten haben als für den der Unterrichtung des Lesers und der Meinungsbildung dienenden engeren redaktionellen Bereich. Getarnte Wirtschaftswerbung liegt vor, wenn das ausgelobte Erzeugnis sowohl optisch als auch nach dem Inhalt der begleitenden Aussagen in einer Weise in den Mittelpunkt der Aufmerksamkeit gerückt und somit herausgestellt wird, daß sich beim Leser der Eindruck einstellen muß, hier sei von der Redaktion - in einem vermeintlich objektiven Auswahlverfahren - ein Erzeugnis als Preis ausgelobt worden, das so außergewöhnliche Qualitäten aufweise, daß es jedenfalls ein lohnendes, vergleichbaren Produkten überlegenes Objekt für einen käuflichen Erwerb darstelle. Wettbewerbswidrig ist es auch, wenn zwar über das ausgelobte Produkt nur unaufdringlich und sachlich informiert wird, die ausgelobten Preise jedoch unentgeltlich zur Verfügung gestellt worden sind und diese Tatsache verschwiegen wird. Allerdings sind Aussagen, wonach die als Gewinn ausgelobten Preise von der Fa. X "zur Verfügung gestellt" wurden, als hinreichende Verdeutlichung angesehen worden, daß es sich bei

den Preisrätseln um eine von der Fa. X gesponsorte Unterhaltung handelt.
- Das Trennungsgebot der Staatsverträge ist auch auf die sog. mediale Werbung anwendbar. Die Werbung im Programm kann danach (vor allem bei bezahlter Werbung) grundsätzlich nicht für zulässig erachtet werden. Dieses Verbot betrifft zum einen die vielfältigen Formen der zu Werbezwecken abgesprochenen Produktplazierung (Product Placement), die im Zusammenhang mit der Übertragung des Programms gezielt und planmäßig auf die Beeinflussung der Kaufentscheidung des Fernsehzuschauers gerichtet sind (Schleichwerbung), darüber hinaus aber auch die Übertragung der Sendungen, die von dritter Seite finanziell gefördert werden (Sponsoring) und ebenso den wirtschaftlichen Interessen des Sponsors oder einem Dritten dienen. Allerdings soll den Fernsehteilnehmern ein objektiver Überblick über das Weltgeschehen und ein umfassendes Bild der Wirklichkeit vermittelt werden. Dem entspricht bei der gebotenen verfassungsrechtlichen Auslegung eine Interpretation, die Werbung im Programm, weil Werbung als Bestandteil der realen Umwelt bei Berichten und Darstellungen aus dieser Umwelt nicht künstlich ausgesperrt werden kann, im Rahmen des Unvermeidbaren für zulässig erachtet. Das Sendungssponsoring ist kraft ausdrücklicher Regelung zulässig, die jedoch als Ausnahmeregelung zu verstehen ist und daher die Zulässigkeit des Ereignissponsoring nicht zu begründen vermag.
- Das Gebot der Trennung von Werbung und redaktionellem Teil gilt allgemein für alle Fallgestaltungen, bei denen Werbung als Äußerung eines scheinbar objektiven Dritten dargestellt und damit getarnt wird. Es sind jedoch Differenzierungen bei der Beurteilung nach dem jeweiligen Maß der Beachtung und Bedeutung, die der Verkehr der Angabe eines Dritten beimißt und nach dem Grad der (vermeintlichen) Objektivität und Kompetenz dieses Dritten erforderlich. Bei Werbung in Spielfilmen sind nicht die gleich strengen Maßstäbe anzuwenden wie bei verdeckten Werbeaussagen in redaktionellen Beiträgen der Presse oder des Rundfunks und im Fernsehen, da letzteren der Verkehr regelmäßig einen höheren Grad an Objektivität und ein größeres Gewicht beimessen wird als Aussagen oder Angaben, die ihm im Rahmen eines privat hergestellten Spielfilmes begegnen. Wenn dem Publikum in Spielfilmen in nicht besonders herausgestellter Form Requisiten begegnen, die dem Hersteller von einem Unternehmen für eine sinnvolle Integrierung in die Spielfilmhandlung gratis zur

Verfügung gestellt wurde, ist dies noch nicht als eine verwerflich zu beurteilende Täuschung oder Beeinflussung der Willensfreiheit anzusehen. Anders verhält es sich dort, wo über eine erträgliche Verquickung von Hersteller- und Werbeinteressen hinaus Zahlungen oder andere geldwerte Leistungen von einigem Gewicht von Unternehmen dafür erbracht werden, daß dieses selbst oder ihre Erzeugnisse in irgendeiner Weise im Film in Erscheinung treten.
Wenn und soweit es sich bei dem Film um ein künstlerisch gestaltetes Werk im Sinne des Art. 5 Abs. 3 GG handelt, kann jedoch kein Verbot der Vorführung insgesamt ausgesprochen werden. Vielmehr ergibt sich aus dem Zusammenspiel von Art. 5 Abs. 3 und Art. 2 GG im Rahmen der gebotenen Interessenabwägung, daß Unterlassung lediglich insoweit beantragt werden kann, als der Film und die jeweilige Einblendung nicht durch die verbale oder bildliche Einblendung des Wortes „Werbung" als Werbung gekennzeichnet wird.

2. Nötigung

Wird auf den Kunden physisch oder psychisch in einer Weise eingewirkt, daß er die Ware nicht aufgrund freier Entschließung, sondern wegen des auf ihn ausgeübten Druckes erwirbt, widerspricht dies dem Grundsatz des Leistungswettbewerbes und kann Wettbewerbswidrigkeit begründen. Dabei ist die Ausübung physischen Zwanges auf den Kunden, mit dem Ziel, ihn zum Vertragsabschluß zu bewegen, stets unlauter. Bei dem Einsatz psychologischer Druckmittel gestaltet sich die Beurteilung differenzierter, da die psychologische Beeinflussung des Kunden als solche der Werbung immanent ist und nicht per se als wettbewerbswidrig qualifiziert werden kann. Unlauter wird die psychologische Beeinflussung erst dann, aber auch stets dann, wenn der Umworbene in einem Ausmaße in seiner Entscheidungsfreiheit beeinflußt wird, daß er seine Entscheidung nicht mehr auf der Grundlage der den Leistungswettbewerb bestimmenden Kriterien Güte und Preiswürdigkeit der Ware/Dienstleistung trifft, sondern sich aus sachfremden Gründen zum Abschluß des Geschäftes entschließt.

a) Androhen von Nachteilen

Wettbewerbswidrig ist es, den Kunden durch Androhung von Nachteilen oder unter Ausnutzung einer Situation, die den Kunden bei Ablehnung des Angebots Nachteile befürchten läßt, zum Abschluß eines Geschäftes zu veranlassen[106].

b) Autoritärer Druck, Werbung mit Vertrauen

Vertrauensmißbrauch begründet Wettbewerbsabsicht

Der Einsatz von Autorität kann unter dem Gesichtspunkt des Vertrauensmißbrauchs unlauter sein. Gewisse Personen oder Stellen genießen in der öffentlichen Meinung besonderes Vertrauen (öffentliche Amtsträger, Vorgesetzte, Betriebsräte, Wissenschaftler, wissenschaftliche Institute etc.). Ihre tatsächliche oder vermeintliche Objektivität ist geeignet, (Kauf)Entscheidungen zu beeinflussen. Wird dieses Vertrauen mißbraucht und ein sachlich nicht gerechtfertigtes Vertrauen in Anspruch genommen, so begründet dies Unlauterkeit im Sinne des § 1 UWG. Insbesondere darf die öffentliche Hand bei ihrer erwerbswirtschaftlichen Betätigung ihre Vertrauensstellung nicht dazu ausnutzen, Vorteile im Wettbewerb zu erlangen[107].

Standortvorteile

Standortvorteile, die dadurch entstehen, daß die öffentliche Hand privatwirtschaftliche Aufgaben im selben Gebäude, in dem auch die entsprechende Hoheitsverwaltung ausgeübt wird, wahrnimmt, sind zwar nicht per se wettbewerbsrechtlich gerechtfertigt. Es ist einerseits nicht zu übersehen, daß aus der engen räumlichen Verbindung von Hoheitsverwaltung und Wirtschaftsbetrieb sich Wettbewerbsvorteile ergeben können, da das Publikum sich aus Gründen der Bequemlichkeit veranlaßt sehen kann, Güte und Preiswürdigkeit des Angebotes nicht zu prüfen. Auf der anderen Seite ist zu berücksichtigen, daß die Verlegung der Räumlichkeiten des Wirtschaftsbetriebes in weiter entfernt liegende Gebäude, Teile oder sogar nach außerhalb den Verwaltungsablauf und den Gang der Auftragserteilung erschwert, verlangsamt und verteuert und daß dem Publikum zugemutet wird, besondere Aufwendungen an Zeit und Mühe, die dadurch erforderlich

---

[106] vgl. Baumbach/Hefermehl, a.a.O., Rdnr. 47 zu § 1 UWG

[107] vgl. auch C.I.3.; vgl. Baumbach/Hefermehl, a.a.O., Rdnr. 48, 189, 928 ff zu § 1 UWG

würden, auf sich zu nehmen. Solange somit keine Anhaltspunkte dafür vorliegen, daß die öffentliche Hand die zu erteilenden Auskünfte dazu ausnutzt, ihre privatwirtschaftlichen Wettbewerbsinteressen gegenüber den privaten Unternehmen zu verbessern, liegt eine nach § 1 UWG zu mißbilligende Ausnutzung der hoheitlichen Aufgaben nicht vor, es sei denn, es treten andere Unlauterkeitskriterien hinzu[108].

Vertrauen kann jedoch nicht nur ausgenutzt und mißbraucht werden, wenn dies unter Einsatz öffentlicher Autorität geschieht. Ein Mißbrauch kommt auch beim Einsatz sonstiger Autoritätspersonen mit Einflußmacht auf ihre jeweilige Zielgruppe (Lehrer bei Schülern, Betriebsräte oder Gewerkschaften bei Belegschaftsangehörigen, etc.) in Betracht. Ist der Einsatz derartiger Autoritätspersonen geeignet, die Wahl und Entscheidungsfreiheit der Umworbenen so zu beeinflussen, daß an die Stelle sachlicher Leistungsvergleiche sachfremde Erwägungen treten, so ist dies unlauter im Sinne des § 1 UWG. Ist die Werbung dagegen inhaltlich zutreffend und ermöglicht sie dem Publikum eine sachgerechte Prüfung des Angebotes, ist mangels wettbewerbswidriger Umstände eine wettbewerbsrechtlich zu beanstandende Einflußnahme auf die Kaufentscheidung der umworbenen Verbraucher zu verneinen[109].

Einsatz sonstiger Autoritätspersonen mit Einflußmacht

c) Psychischer Druck, psychologischer (moralischer) Kaufzwang

Ein psychischer Druck kann zum einen durch Belästigung entstehen, wenn der Kunde durch eine aufdringliche Werbung so unter Druck gesetzt wird, daß er sich nicht aus sachlichen Gründen, sondern vorwiegend deswegen zum Kauf entschließt, um der Belästigung und der mit ihr verbundenen Zwangslage zu entgehen[110]. Ein psychischer Druck kann auch durch Überrumpelung entstehen, für die das Überraschungsmoment typisch ist, das dem Kunden die Möglich-

Psychischer Druck durch Belästigung

---

[108] vgl. BGH v. 19.6.1986, GRUR 1987, 116 „Kommunaler Bestattungswirtschaftsbetrieb I"; BGH v. 19.6.1986, GRUR 1987, 119 „Kommunaler Bestattungswirtschaftsbetrieb II"

[109] vgl. Baumbach/Hefermehl, a.a.O., Rdnr. 190 zu § 1 UWG; Piper, Aktuelle Rechtsprechung des Bundesgerichtshofs zum Wettbewerbsrecht, Rdnr. 120, 121 ff

[110] vgl. unter C.II.3.

keit ruhiger Überlegung nimmt und ihn unter Entscheidungsdruck setzt, so daß er in seiner freien Entschließung beeinträchtigt ist. Befindet sich eine Person in einem Zustand, der sie in starkem Maße hindert, sich unter Abwägung des Für und Wider frei zu entschließen, z.B. infolge eines seelischen Schocks, so widerspricht es guter kaufmännischer Sitte, wenn ein Wettbewerber diese Situation zu eigenem Vorteil auszunutzen sucht. Die ohnehin vorhandene Zwangslage, die er nutzt, fördert den Überraschungseffekt[111].

Rechtlicher Kaufzwang

Nötigung kann auch unter dem Aspekt des rechtlichen Kaufzwanges vorliegen. Das Gewähren einer Vergünstigung wird derart mit dem Absatz verkoppelt, daß der Kunde, um die Vergünstigung zu erlangen, eine Hauptware kaufen muß. Der Kaufzwang ist rechtlicher Natur. Hier wird der Kunde in seinem Kaufentschluß durch ein Lockmittel motiviert, handelt aber nicht gegen seinen Willen, sondern weil ihm der Kauf wegen der Vergünstigung vorteilhaft erscheint.

Psychologischer Kaufzwang

Ein psychologischer Kaufzwang liegt dagegen vor, wenn einem Kunden unentgeltliche Zuwendungen gemacht oder sonstige Vergünstigungen eingeräumt werden und er dadurch nach Lage des Falles sich entweder aus Dankbarkeit zum Kauf verpflichtet fühlt oder doch, z.B. wenn er zum Erhalt der Vergünstigung das Geschäft aufsuchen muß, es als unanständig oder peinlich findet, nichts zu kaufen. Ein solcher psychologischer oder moralischer Kaufzwang kann insbesondere durch Werbegeschenke, Werbefahrten, kostenlosen Beförderungen, Preiswettbewerbe und Gratisverlosungen hervorgerufen werden[112].

Zusammenfassung

Die Ausübung physischen Zwangs auf den Kunden mit dem Ziel, ihn zum Vertragsabschluß zu bewegen, ist stets unlauter, desgleichen die Androhung von Nachteilen mit demselben Ziel. Der Einsatz öffentlicher Autorität oder von sonstigen Autoritätspersonen mit Einflußmacht ist dann unlauter, wenn dies u.U. geschieht, die in hohem Maße geeignet sind, an die Stelle sachlicher Leistungsvergleiche sachfremde Erwägungen treten zu lassen. Auch der Einsatz psychischen

---

[111] vgl. Baumbach/Hefermehl, a.a.O., Rdnr. 51 zu § 1 UWG

[112] vgl. nachfolgend im Bereich der Wertreklame unter C.II.4.

Drucks durch Belästigung oder durch Überrumpelung oder
die Schaffung von Situationen, die einen moralischen
(psychologischen) Kaufzwang begründen, ist unlauter.

3. Belästigung

Verschiedene Erscheinungsformen sind unter diesem Aspekt
zu würdigen:

a) Anreißen, Straßenwerbung

Die Vielfalt möglicher Sachverhalte kann unter dem Überbegriff des „Anreißens" verklammert werden, worunter das Belästigen von Kunden durch aufdringliche Werbung verstanden wird. Allerdings ist dabei zu berücksichtigen, daß jede Werbung, auch eine solche, die dem Leitbild des Leistungswettbewerbes entspricht, darauf gerichtet ist, auf den Kunden einzuwirken, ihn anzulocken und zu Gunsten des Werbenden zu beeinflussen. Damit ist unvermeidbar ein gewisses Maß an Belästigung verbunden. Die Grenze ist überschritten, wenn die Aufdringlichkeit einen solchen Grad angenommen hat, daß dem Umworbenen eine ruhige, sachliche Prüfung unmöglich gemacht wird. Es droht dann die Gefahr, daß der Umworbene sich nur deshalb zum Vertragsschluß bereit findet, weil er der Belästigung ein Ende machen will.

Der Kunde kauft, um der aufdringlichen Belästigung zu entgehen.

Der handgreiflichste Fall des Anreißens ist das gewaltsame Hineinzerren des Kunden in den Laden; ein Sachverhalt, der allerdings eher der Rechtshistorie angehören dürfte. Demgegenüber sind auch heute noch Sachverhalte festzustellen, deren Charakteristikum darin besteht, daß Passanten auf öffentlichen Straßen und Plätzen gezielt und individuell angesprochen werden. Die Angesprochenen werden dadurch ohne ihren Willen einer intensiven persönlichen Einwirkung ausgesetzt und in die Zwangslage gebracht, sich plötzlich mit einem bestimmten Angebot befassen zu müssen. Die Angesprochenen haben meist Hemmungen, einen unbequemen Werber einfach abzuweisen und finden sich häufig nur deshalb zum Vertragsschluß bereit, um weiteren Belästigungen zu entgehen. Das individuelle Ansprechen von Passanten auf öffentlichen Straßen wird daher seit jeher als wettbewerbswidrig angesehen.

Gezielte, individuelle Ansprache begründet Zwangslage.

Ungezielte Werbeappelle an ein größeres Publikum begründen in der Regel keine Zwangslage

Werden mündliche Kaufaufforderungen zum Betreten eines Geschäftslokals oder Werbewagens dagegen nicht an einzelne Passanten, sondern ungezielt an das Publikum gerichtet, so ist der Einzelne nur als anonymer Teil der Menge angesprochen und gerät nicht in die Zwangslage, auf eine persönliche Ansprache reagieren zu müssen. Solche ungezielten, an das Passantenpublikum gerichteten mündlichen Werbeappelle sind nur dann als wettbewerbswidrig anzusehen, wenn sich anhand der Umstände des jeweiligen Falles eine unzumutbare Belästigung des Publikums ergibt.

Auch das Ansprechen auf Jahrmärkten und Messen wird in der Regel milder beurteilt, weil der Besucher von vornherein damit rechnet, zum Mitmachen oder Kaufen aufgefordert zu werden und in der Regel darauf eingestellt ist, individuell angesprochen zu werden. Er fühlt sich daher durch eine persönliche Ansprache nicht überrumpelt oder in eine unzumutbare Entscheidungssituation versetzt oder belästigt.
Nicht zu beanstanden ist die bloße Verteilung von Werbezetteln, die der Passant entgegennehmen, einstecken oder wegwerfen kann.[113]

b) Werbung im privaten Bereich

aa) Vertreterbesuche

Vertreterbesuche genießen traditionell wettbewerbsrechtlichen Bestandsschutz

Vertreterbesuche, bei denen Verbraucher/Kunden ohne vorherige Kontaktaufnahme im häuslichen Bereich angesprochen werden, genießen, solange der Zugang zum häuslichen Bereich nicht durch Täuschung z.B. über den Zweck des Besuches erschlichen wird und keine über den Besuch als solchen hinausgehenden unlauteren Praktiken eingesetzt werden, wettbewerbsrechtlich traditionell eine Art Bestandsschutz. Sie werden als zulässig erachtet, es sei denn, es besteht aufgrund besonderer Umstände die Gefahr einer untragbaren oder in sonstiger Weise wettbewerbswidrigen Belästigung und Beunruhigung des privaten Lebensbereichs. Vertreterbesuche liegen im Rahmen einer traditionell zulässigen gewerblichen Betätigung. Nichts anderes gelte - so der Bundesgerichtshof in seiner Entscheidung "Schriftliche Voranmeldung" - für Vertreterbesuche zum Zwecke des Abschlusses von Versicherungsverträgen. Die Auffassung, ohne

---

[113] vgl. Baumbach/Hefermehl, a.a.O., Rdnr. 60-66 zu § 1 UWG

ausdrückliche oder stillschweigende Aufforderung seitens des Wohnungsinhabers sei regelmäßig eine wettbewerbswidrige Belästigung gegeben, würde letztlich einem Verbot dieser gewerblichen Betätigung gleichkommen und damit einen erheblichen Eingriff in die Berufsausübung darstellen. Ein solcher Eingriff in die nach Art. 12 GG geschützte Berufsausübungsfreiheit wäre nur gerechtfertigt, wenn dafür ausreichende Gründe des Gemeinwohls bestünden und der Grundsatz der Verhältnismäßigkeit beachtet wäre, wenn also das Mittel eines Verbotes dieser Werbung zur Erreichung des verfolgten Zwecks, eine Belästigung der Umworbenen als Kriterium für die Sittenwidrigkeit solchen Wettbewerbsverhaltens zu vermeiden, geeignet und erforderlich wäre und wenn bei einer Gesamtabwägung zwischen der Schwere des Eingriffs und dem Gewicht der ihn rechtfertigenden Gründe ein Verbot die Grenze der Zumutbarkeit noch wahren würde. Die mit jedem Besuch im Privatbereich notwendigerweise verbundene Störung oder Belästigung reicht nach Auffassung des Bundesgerichtshofs dafür allein noch nicht aus.[114]

bb) Telefonwerbung bei Privatleuten

Eine andere Relevanz erhält die werbliche Ansprache im Privatbereich bei der Telefonwerbung. Diese wird nach ständiger Rechtsprechung grundsätzlich als unzulässig erachtet, um den Schutz der Privatsphäre zu gewährleisten. Ein Eindringen in den verfassungsrechtlich geschützten privaten Bereich durch einen telefonischen Anruf zu Werbezwecken ist nur dann zulässig, wenn der Angerufene zuvor ausdrücklich oder konkludent sein Einverständnis mit einem solchen Anruf erklärt hat. Dem liegt die Vorstellung zugrunde, daß der Schutz der Individualsphäre vorrangig gegenüber dem wirtschaftlichen Gewinnstreben von Wettbewerbern ist und daß die berechtigten Interessen der gewerblichen Wirtschaft, ihre Produkte werbemäßig anzupreisen, es angesichts der Vielfalt der Werbemethoden nicht erfordern, mit der Werbung auch in den privaten Bereich einzudringen[115].

Bei der Telefonwerbung wird der Schutz der Individualsphäre als vorrangig erachtet.

---

[114] vgl. nur BGH v. 5.5.1994, WRP 1994, 597, GRUR 1994, 1050 „Schriftliche Voranmeldung" m.z.w.N.; BGH v. 16.12.1993, WRP 1994, 262, GRUR 1994, 380 „Lexikothek"

[115] BGH v. 19.6.1970, BGHZ 54, 188 „Telefonwerbung I"

Erforderlich: ausdrückliches oder stillschweigendes Einverständnis	Zulässig sind Telefonanrufe zu Werbezwecken nur, wenn der zuvor Angerufene ausdrücklich oder stillschweigend sein Einverständnis erklärt hat, zu Werbezwecken angerufen zu werden. Ein derartiges Einverständnis kann nicht allein deshalb angenommen werden, weil der Vertreterbesuch schriftlich angekündigt ist[116].
Der Angabe der Telefonnummer ist kein Einverständnis mit Anrufen zur Erweiterung des Versicherungsschutzes zu entnehmen.	Auch im Rahmen eines bestehenden Vertragsverhältnisses ist die telefonische Anfrage, ob zu einem versicherten Risiko ein weiteres versichert werden soll, unzulässig, wenn ein ausdrückliches Einverständnis in Versicherungsangelegenheiten auch zur Erweiterung oder Ergänzung des Versicherungsschutzes telefonisch angesprochen zu werden, aus dem bereits bestehenden Vertragsverhältnis nicht abgeleitet werden kann. Auch die Tatsache, daß eine Telefonnummer der Kundin in den Versicherungsunterlagen angegeben war, kann nicht im Sinne eines konkludenten Einverständnisses mit Telefonanrufen zwecks Erweiterung oder Ergänzung des Versicherungsschutzes, sei es auch im Interesse eines Familienangehörigen oder Angerufenen, interpretiert werden. Der Angabe der Telefonnummer in den Unterlagen könne nur das Einverständnis entnommen werden, im Rahmen des schon bestehenden Vertrages und des durch ihn begründeten Bereichs des Versicherungsschutzes angerufen zu werden.[117]
	Auch Telefonanrufe bei Endverbrauchern, die von ihrem Recht nach dem Haustürwiderrufsgesetz Gebrauch gemacht hatten, mit dem Ziel, sie nach den Gründen für ihre Widerrufserklärung zu befragen, sind unzulässig. Die Fortwirkungen der widerrufenen Bestellung reichten in keinem Fall soweit, daß der Werbende noch mit einem Einverständnis des Kunden mit dem Telefonat rechnen könne[118].
Dagegen darf der Kunde zum Zwecke der Nachbearbeitung aufgesucht werden	Demgegenüber hält es der Bundesgerichtshof nicht für wettbewerbswidrig, wenn der Kunde zum Zwecke der Nachbearbeitung aufgesucht wird. Der Umstand, daß auch Vertreterbesuche, die, wie vorstehend gezeigt, in aller Regel zulässig sind, ebenso belästigend sein können wie Telefonanrufe, rechtfertigt es nach Auffassung des Bundesgerichtshofs

---

[116] BGH v. 16.12.1993, GRUR 1994, 262 „Lexikothek"; BGH v. 8.6.1989, GRUR 1989, 753 „Telefonwerbung II"

[117] BGH v. 8.12.1994, GRUR 1995, 220 „Telefonwerbung V"

[118] BGH v. 16.12.1993, WRP 1994, 262, GRUR 1994, 380 „Lexikothek"

nicht, letztere für zulässig zu halten. Anders als bei Hausbesuchen, die im allgemeinen tagsüber stattfinden und sich auf Werktage beschränken, sind telefonische Besuchsankündigungen zeitlich unbeschränkter möglich. Darüber hinaus kann nicht unbeachtet bleiben, daß ein Vertreterbesuch an der Haustür als solcher alsbald erkannt und abgelehnt werden kann, während der telefonisch Angerufene gehalten ist, den Anruf zunächst in Empfang zu nehmen und sich auf das Gespräch einzulassen, um zu erfahren, wer der Anrufer ist und aus welchem Grund er anruft. Zwar sei nicht von der Hand zu weisen, daß ein solches „Nachbearbeitungs"-Gespräch insofern einen Rechtfertigungsdruck auf den Kunden ausüben könne, als dieser veranlaßt werde, sich anläßlich der durch die Widerrufserklärung ausgelösten "Nachbearbeitung" zu den Widerrufsgründen zu erklären, wozu auch beitragen könne, daß der Vertreter durch den Widerruf einen Provisionsanspruch verloren hat. Dies reiche für ein generelles wettbewerbsrechtliches Verbot der Nachbearbeitung nicht aus. Auch dem Haustürwiderrufsgesetz und dem ihm zugrunde liegenden gesetzgeberischen Anliegen sei nicht zu entnehmen, daß Kunden eines stornierten Geschäfts generell nicht mehr durch Vertreter besucht werden dürfen.[119]

Es erscheint zweifelhaft, ob die Zwangssituation, in die der privat durch einen unerbetenen Anruf Überraschte gerät, der das Gespräch durch bloßes Auflegen des Telefonhörers beenden kann, ohne mit seinem Gegenüber und dessen Umwerbungskünsten direkt konfrontiert zu sein, größer ist als die Zwangssituation, in die er durch einen unerbetenen Hausbesuch versetzt wird oder ob es sich nicht eher umgekehrt verhält. Die unterschiedliche Behandlung der Marketing- und Vertriebssysteme Telefonwerbung/Hausbesuche, die ihre Wurzel in historischen Gründen und in dem Bestreben hat, die Besitzstände derjenigen Unternehmen, die seriös arbeiten, zu wahren und deren Mitarbeiter vor Arbeitslosigkeit zu bewahren, ist unter dem Gesichtspunkt der Belästigung des Endverbrauchers, die in beiden Fällen festzustellen ist, nicht hinnehmbar.

Nicht hinnehmbare Friktionen

---

[119] BGH v. 16.12.1993, WRP 1994, 262, GRUR 1994, 380 „Lexikothek"

cc) Haustürgeschäfte und Haustürwiderrufsgesetz

Nach § 1 Abs. 1 des am 01.05.1986 in Kraft getretenen Gesetzes über den Widerruf von Haustürgeschäften und ähnlichen Geschäften vom 16.01.1986 wird eine auf den Abschluß eines Vertrages über eine entgeltliche Leistung gerichtete Willenserklärung des Kunden, zu deren Abgabe er durch mündliche Verhandlungen an seinem Arbeitsplatz oder im Bereich einer Privatwohnung, anläßlich einer von der anderen Vertragspartei oder zumindest auch in ihrem Interesse von einem Dritten durchgeführten Freizeitveranstaltung oder im Anschluß an ein überraschendes Ansprechen in Verkehrsmitteln oder im Bereich öffentlich zugänglicher Verkehrswege bestimmt worden ist, erst wirksam, sofern der Kunde sie nicht binnen einer Frist von einer Woche schriftlich widerruft.

Gemeinsames Ziel: Schutz der Entschliessungsfreiheit des Kunden; das UWG erfaßt aber auch Verhaltensweisen, die nicht zum Vertrags- schluß führen.

Haustürwiderrufsgesetz und § 1 UWG haben als gemeinsames Ziel den Schutz der Entschließungsfreiheit des Kunden. Die wettbewerbsrechtliche Beurteilung geht allerdings weiter als das Haustürwiderrufsgesetz. Sie bezieht sich auf das den Kunden belästigende und ihn u.U. überrumpelnde Verhalten eines ihn Umwerbenden, gleichgültig, ob dieses Verhalten zum Vertragsabschluß geführt hat oder nicht. Zivilrechtliche und wettbewerbsrechtliche Beurteilung bestehen nebeneinander und richten sich nach unterschiedlichen Kriterien. Die Belästigung führt zur Wettbewerbswidrigkeit, unabhängig davon, ob es zu einem Vertragsschluß kommt oder ob der Kunde seine Vertragserklärung widerruft oder nicht.

c) Werbung im geschäftlichen Bereich

aa) Telefonwerbung im geschäftlichen Bereich

Der Aspekt der Behinderung im geschäftlichen Verkehr begründet das Erfordernis des tatsächlichen oder mutmaßlichen Einverständnisses

Bei Geschäftstelefonanschlüssen scheidet der Gesichtspunkt eines Schutzes der Privatsphäre aus; hier geht es um eine Behinderung im eigenen geschäftlichen Verkehr, um eine Blockierung der Anlage, um ein wettbewerbswidriges Anreißen, das die Konkurrenz zur Nachahmung reizt und damit zu einer erheblichen Beeinträchtigung des geschäftlichen Verkehrs führen kann. Zur Rechtfertigung des Anrufs reicht die bloße Sachbezogenheit zum Geschäftsbetrieb des Angerufenen nicht aus. Es kommt vielmehr darauf an, ob der Anruf im konkreten Interessenbereich des Angerufenen liegt. Das ist der Fall, wenn der Angerufene ausdrücklich oder konkludent sein Einverständnis mit derartigen Anrufen erklärt hat oder wenn der Werbende aufgrund konkreter tatsächlicher Umstände ein sachliches Interesse des Angerufenen vermuten könnte, so daß der Anruf dem mutmaßlichen Willen des Angerufenen entspricht. Dafür, daß der Anruf dem mutmaßlichen Willen des Angerufenen entspricht, müssen jedoch konkrete Gründe, die aus dem Interessenbereich des Anzurufenden stammen, vorhanden sein. Ein bloß allgemeiner Sachbezug des Anrufs zum Gewerbe des Anzurufenden reicht dafür nicht aus[120].

Ein Sonderproblem liegt in der verstärkt zu beobachtenden Benutzung von Geschäftstelefonanschlüssen zur Umwerbung des Angesprochenen in seiner privaten Sphäre, z.B. um ein Verkaufsgespräch über Immobilien einzuleiten. Wird dabei z.B. unter der unzutreffenden Vorspiegelung, ein privater Freund des zu Umwerbenden zu sein, die filternde Instanz der Sekretärin überwunden, so liegt Wettbewerbswidrigkeit bereits unter dem Aspekt der Täuschung vor. Selbst wenn derartige zusätzliche Unlauterkeitskriterien nicht vorliegen, sind derartige Marketingmaßnahmen unzulässig. Es liegt hier in gleicher Weise wie im Privatbereich eine Belästigung der Individualsphäre vor, es sei denn, der Angerufene hat sein Einverständnis mit derartigen Anrufen erklärt.

Der Geschäftsmann wird in seiner Eigenschaft als Privatperson geschäftlich angerufen

bb) Telex-, Telefax-, Bildschirmtextwerbung

Neue technische Entwicklungen haben es mit sich gebracht, daß die Ansprache im geschäftlichen Bereich nicht beim Telefon endet. So konnte es nicht ausbleiben, daß die Rechtsprechung sich mit Telexwerbung, Telefaxwerbung und Bildschirmtextwerbung zu befassen hatte.

Wer einen Telexanschluß besitzt, um jederzeit schnell und zuverlässig schriftlich erreichbar zu sein, hat sich nicht damit einverstanden erklärt, daß ihm Werbeschreiben jeder Art über den Fernschreiber übermittelt werden und dadurch seine Anlage zeitweilig blockiert wird, sowie zusätzliche Arbeit und Kosten entstehen. Auch wenn es sich um ein sachbezogenes Angebot handelt, reicht dies allein nicht aus, eine Te-

Werbung blockiert die Anlage und läßt Arbeit und Kosten entstehen

---

[120] vgl. BGH v. 24.1.1991, GRUR 1991, 764 „Telefonwerbung IV"; Piper, Aktuelle Rechtsprechung des Bundesgerichtshofs zum Wettbewerbsrecht, Rdnr. 87

lexwerbung für zulässig anzusehen. Es kommt zusätzlich darauf an, ob es auch im vermuteten Interesse des Empfängers liegt, das Angebot über Fernschreiben statt auf dem Postwege zu erhalten[121].

Bei einer Werbung über Teletex werden Werbeschreiben über Leitungen der Deutschen Bundespost vom Absender an den Empfänger elektronisch übertragen. Das kann diesen wegen der begrenzten Speicherkapazität der Teletex-Geräte und der entstehenden Kosten stärker belasten als eine Mitteilung über Telex. Rechtlich ist eine Teletex-Werbung daher grundsätzlich wie eine Telexwerbung zu beurteilen.[122]

Zulässigkeit nur bei im Rahmen einer bestehenden Geschäftsbeziehung zu vermutendem Einverständnis

Der Vorteil des Telefaxes gegenüber Telex und Teletex liegt demgegenüber in der originalgetreuen Übertragung von Fernkopien. Die für die Werbung über Telex und Teletex geltenden Grundsätze gelten auch für eine originalgetreue Übermittlung von Texten, Zeichnungen und Bildern über Telefax. Schon im Hinblick auf die kostenmäßige Belastung für den Adressaten und die Sperre für andere eingehende Faxe in der Zwischenzeit wird eine unaufgeforderte Werbung über Telefax in der Regel unzulässig sein, es sei denn, daß sie im Rahmen einer bestehenden Geschäftsbeziehung erfolgt und daher Einverständnis erwartet werden konnte[123].

d) Briefkastenwerbung

Briefkastenwerbung ist grundsätzlich zulässig

Bei der Briefkastenwerbung ist die Interessenlage abweichend. Die Gefahr einer unzumutbaren Belästigung ist erheblich geringer und kann - abgesehen von Wettbewerbsauswüchsen - gegenüber den Interessen der werbenden Wirtschaft an einer gezielten Individualwerbung und in Anbetracht der Tatsache, daß viele Umworbene an entsprechenden Informationen ein berechtigtes Interesse haben, vernachlässigt werden. Der Bundesgerichtshof hat daher eine solche Briefpostwerbung grundsätzlich für zulässig erachtet und nur bei ausdrücklichem Widerspruch (auch durch Auf-

---

[121]BGH v. 6.10.1972, GRUR 1973, 210, 211, 212; BGHZ 59, 317, 320 f. „Telexwerbung"

[122]vgl. auch BGH v. 3.2.1988, WRP 1988, 522, GRUR 1988, 614 „Btx-Werbung"

[123]vgl. BGH v. 25.10.1995, GRUR 1996, 208 „Telefaxwerbung"

kleber am Briefkasten) eine Mißachtung der Persönlichkeitssphäre angenommen. Trotz Widerspruchs werden die Fälle für zulässig erachtet, in denen die Beachtung des Widerspruchs nur mit unverhältnismäßigem Aufwand möglich ist[124]

Auch eine lediglich vereinzelt gebliebene Nichtbeachtung des Willens des Adressaten, keine Werbung erhalten zu wollen, ist nicht zu beanstanden. Die Abwägung zwischen dem Interesse des Einzelnen, unerwünschte Werbung nicht zu erhalten und dem der Werbung treibenden Wirtschaft, Leistungsangebote publik zu machen, rechtfertigen unter Berücksichtigung einerseits des nur geringen Grades der tatsächlichen Beeinträchtigung des Umworbenen, andererseits der Unvermeidbarkeit einzelner Ausreißer bei der Verteilung vieler Tausender von Werbezetteln das Urteil sittenwidrigen Vorgehens nicht[125].

e) Zusendung unbestellter Waren

Als grobe Belästigung wird gewöhnlich auch die Zusendung unbestellter Waren empfunden. Der Empfänger wird sich regelmäßig außerstande sehen, die Annahme zu verweigern. Neugier und das Bestreben, sich zu vergewissern, wird ihn dazu veranlassen, die Sendung zu öffnen. Ihm wird somit der Besitz einer nicht verlangten Ware aufgedrängt. Er wird auf diese Weise genötigt, sich zu entschließen, ob er die Ware behalten will. Vielfach wird der Empfänger, aus einer gewissen Trägheit heraus, das Behalten der Ware der Umständlichkeit der Rücksendung vorziehen, sich also in seinem Entschluß durch unsachliche Erwägungen bestimmen lassen. Rechtsunkundige können zudem leicht eine Abnahmepflicht annehmen; ein Irrtum, den der Zusender für sich ausnutzt. Die Zusendung unbestellter Waren ist deshalb grundsätzlich als unlauter anzusehen. Das Moment, das die Zusendung unbestellter Ware anstößig macht, liegt vorwiegend in der Unannehmlichkeit und der damit verbundenen psychologischen Zwangslage, in die der Empfänger gegen seinen Willen gebracht wurde. Ausnahmen können allenfalls dann bestehen,

Die Zusendung unbestellter Ware ist grundsätzlich als unlauter anzusehen

---

[124] vgl. BGH v. 16.2.1973, BGHZ 60, 296, 300 = GRUR 1973, 552 „Briefwerbung"

[125] vgl. BGH v. 30.4.1992, ZIP 1992, 452; Piper, Aktuelle Rechtsprechung des Bundesgerichtshofs zum Wettbewerbsrecht, Rdnr. 93

wenn der Empfänger bei Erhalt der Sendung eindeutig darauf hingewiesen wird, daß ihn weder eine Zahlungs- noch eine Aufbewahrungspflicht trifft und er sich daher nicht zu scheuen braucht, die Ware auch ohne Bezahlung zu vernichten oder zu verbrauchen. Voraussetzung einer derartigen ausnahmsweisen Zulässigkeit ist, daß es sich um geringwertige Waren des täglichen Bedarfs handelt[126].

Zusammenfassung

Anreißen, Straßenwerbung: Die Grenze des Zulässigen ist überschritten, wenn die Aufdringlichkeit einen solchen Grad angenommen hat, daß dem Umworbenen eine ruhige, sachliche Prüfung unmöglich gemacht wird.
Die gezielte und individuelle Ansprache ist unzulässig. Zulässig ist es dagegen, wenn der Einzelne nur als anonymer Teil der Menge angesprochen wird und nicht in die Zwangslage gerät, auf eine persönliche Ansprache reagieren zu müssen.
Vertreterbesuche: Vertreterbesuche sind traditionell wettbewerbsrechtlich als zulässig angesehen worden, es sei denn, daß aufgrund besonderer Umstände die Gefahr einer untragbaren oder in sonstiger Weise wettbewerbswidrigen Belästigung und Beunruhigung des privaten Lebensbereiches gegeben wäre. Unangekündigte Hausbesuche von Vertretern sind nach Auffassung der Rechtsprechung üblich und auch wettbewerbsrechtlich grundsätzlich zulässig.
Telefonwerbung bei Privatleuten: Diese ist demgegenüber grundsätzlich als unzulässig anzusehen, um den Schutz der Privatsphäre zu gewährleisten. Anders als bei Hausbesuchen, die im allgemeinen tagsüber stattfinden und sich auf Werktage beschränken, sind telefonische Besuchsankündigungen zeitlich unbeschränkt möglich. Darüber hinaus kann nach der Rechtsprechung nicht unbeachtet bleiben, daß ein Vertreterbesuch an der Haustür als solcher alsbald erkannt und abgelehnt werden kann, während der telefonisch Angerufene gehalten ist, den Anruf zunächst in Empfang zu nehmen und sich auf das Gespräch einzulassen, um zu erfahren, wer der Anrufer ist und aus welchem Grund er anruft.
Für die Zulässigkeit der Telefonwerbung ist ein ausdrückliches oder konkludent erklärtes Einverständnis mit dem Anruf erforderlich. Die Angabe der Telefonnummer in Versi-

---

[126] zum Ganzen vgl. Baumbach/Hefermehl, a.a.O., Rdnr. 72 ff zu § 1 UWG

cherungsunterlagen kann nicht das Einverständnis entnommen werden, über den bereits bestehenden Versicherungsschutz hinaus auf andere Versicherungen angesprochen zu werden.
Erklärt eine Privatperson den Rücktritt nach dem Haustürwiderrufsgesetz, so ist ein Anruf mit dem Ziel, die Gründe für die Widerrufserklärung zu erfahren, unzulässig. Die Fortwirkungen der widerrufenen Bestellung reichen in keinem Fall soweit, daß der Werbende noch mit einem Einverständnis des Kunden mit dem Telefonat rechnen kann. Demgegenüber hält es der Bundesgerichtshof nicht für wettbewerbswidrig, wenn der Kunde zum Zwecke der Nachbearbeitung aufgesucht wird.
Die Tragfähigkeit der Begründung, mit der die unterschiedliche Behandlung der Marketing- und Vertriebssysteme (Telefonwerbung/Hausbesuche) gerechtfertigt wird, erscheint sehr fraglich.
Telefonwerbung im geschäftlichen Bereich: Hier geht es weniger um den Schutz der Privatsphäre als vielmehr um eine Behinderung im eigenen geschäftlichen Verkehr, um eine Blockierung der Anlage. Zur Rechtfertigung des Anrufs reicht die bloße Sachbezogenheit zum Geschäftsbetrieb des Angerufenen nicht aus. Es kommt vielmehr darauf an, ob der Anruf im konkreten Interessenbereich des Angerufenen liegt.
Werbung über Telefax: Die Unzulässigkeit ergibt sich insbesondere daraus, daß das Faxgerät zwischenzeitlich für andere eingehende Faxe gesperrt ist, es sei denn, daß die Werbung im Rahmen einer bestehenden Geschäftsbeziehung erfolgt und daher Einverständnis erwartet werden kann.
Briefkastenwerbung: Die Briefkastenwerbung ist bei ausdrücklichem Widerspruch als Mißachtung der Persönlichkeitssphäre unzulässig.
Zusendung unbestellter Waren: Die Zusendung unbestellter Waren ist grundsätzlich als unlauter anzusehen. Das Moment, das die Zusendung unbestellter Waren anstößig macht, liegt vorwiegend in der Unannehmlichkeit und der damit verbundenen psychologischen Zwangslage, in die der Empfänger gegen seinen Willen gebracht wurde.

4. Verlockung durch Wertreklame

Allen Arten und Formen der Wertreklame ist gemeinsam, daß der Werbende nicht durch die Güte und Preiswürdigkeit seiner Ware oder gewerblichen Leistung, sondern zugleich oder vor allem durch ein unsachliches Mittel, das Gewähren einer besonderen Vergünstigung, Kunden zu gewinnen sucht. Mit dem Leitbild eines an Güte und Preiswürdigkeit orientierten Leistungswettbewerbs ist eine Wertreklame nur schwer zu vereinbaren. Ihre starke werbliche Wirkung beruht im Gegensatz zur Wort- und Anschauungsreklame darauf, daß dem Kunden ein besonderer Vorteil in Aussicht gestellt wird, der geeignet ist, ihn zu sachfremden Überlegungen und Entschlüssen zu verleiten, ihn gleichsam zu „bestechen"[127]. Der Gesetzgeber ist der Wertreklame für einen Teilbereich dadurch begegnet, daß er Zugaben durch die Zugabenverordnung grundsätzlich verboten und lediglich für eng begrenzte Fälle Ausnahmen zugelassen hat. Die Einräumung von Preisnachlässen wird über das Rabattgesetz beschränkt. Durch die Vorschriften der Zugabeverordnung und des Rabattgesetzes wird § 1 UWG allerdings nicht verdrängt. Auch solche Formen der Wertreklame, die weder unter das Zugabe- noch unter das Rabattverbot fallen, können als Verstoß gegen die guten Sitten unzulässig sein. Dementsprechend bestimmt § 2 Abs. 3 der Zugabeverordnung ausdrücklich, daß Ansprüche, die wegen der Gewährung von Zugaben aufgrund anderer Vorschriften, insbesondere des Gesetzes gegen den unlauteren Wettbewerb, begründet sind, unberührt bleiben.

a) Zugabeverordnung und Rabattgesetz

aa) Zugabeverordnung

Die Zugabe ist Vorspann für den Absatz der Hauptware

Die Zugabeverordnung soll verhindern, daß der Käufer über die wirtschaftlichen Vorteile eines Geschäftes durch eine kostenlose Zugabe getäuscht wird. Der Gesetzgeber versteht unter einer Zugabe eine neben einer Hauptsache zusätzlich gewährte Nebenware oder Nebenleistung, die ohne besondere Berechnung seitens des Verkäufers freiwillig gewährt wird, um den Absatz der Ware zu fördern. Die Zugabe ist also ein Vorspann für den Absatz der Hauptware. Die Zugabeverordnung erklärt Zugaben generell für unzulässig. Das gilt auch dann, wenn zum Schein ein Entgelt gefordert oder der Charakter der Zugabe dadurch verschleiert wird, daß eine Ware oder Leistung mit einer anderen Ware oder Leistung „zur Verschleierung der Zugabe" zu einem Gesamtpreis angebo-

---

[127] vgl. Baumbach/Hefermehl, a.a.O., Rdnr. 85 zu § 1 UWG

ten, angekündigt oder gewährt wird (§ 1 (1) S. 2 und 3 ZugabeVO).

Ein Verstoß gegen das Zugabeverbot hat - wenn nicht Ausnahmen vom Zugabeverbot nach § 1 Abs. 2 ZugabeVO vorliegen - zur Folge, daß Unterlassungs- und Schadensersatzansprüche bestehen (§ 2 ZugabeVO) und eine Ordnungswidrigkeit begründet wird, die mit einer Geldbuße bis zu DM 10.000,-- geahndet werden kann (§ 3 ZugabeVO).

Sanktionen

Die Zugabeverordnung setzt den Begriff der Zugabe als bekannt voraus; weder die Zugabeverordnung noch eine andere gesetzliche Vorschrift definiert den Begriff. Drei Kriterien sind für den Zugabecharakter maßgeblich:
- Es muß sich bei der Zugabe um eine von der Hauptware (-leistung) verschiedene Nebenware (-leistung) handeln, wobei es sich nicht um eine Ware oder Leistung anderer Art als die der Hauptware (-leistung) zu handeln braucht;
- die Abgabe der Nebenware(-leistung) muß vom entgeltlichen Bezug der Hauptware (-leistung) abhängig sein;
- die Nebenware (-leistung) darf nicht besonders berechnet sein; der unberechneten Abgabe steht das Verlangen eines Scheinentgeltes oder der Ansatz eines Gesamtpreises zur Verschleierung gleich[128]

Drei Begriffsmerkmale, die kumulativ vorliegen müssen

Alle drei Merkmale müssen kumulativ vorliegen.

Alles, was Teil der Hauptware (-leistung) im wirtschaftlichen Sinne ist, kann keine Zugabe sein. Die Zugabeverordnung verbietet insbesondere nicht die sachliche Verbesserung einer Ware oder die Steigerung einer Leistung, die im Rahmen eines einheitlichen Hauptgeschäftes geschuldet wird. In diesem Falle können zwar mehrere Leistungen vorliegen und erbracht werden, es aber gleichwohl am ersten Merkmal der Zugabe - der Unterscheidbarkeit der Zugabe von der Hauptsache - fehlen[129]. Ob es sich um eine von der Hauptleistung verschiedene Zuwendung handelt, also um eine besondere Zusatzleistung oder nur um eine kundenfreundliche Ausge-

Keine Zugabe: sachliche Verbesserung einer Ware oder Steigerung einer Leistung im Rahmen eines einheitlichen Hauptgeschäfts

---

[128] vgl. Baumbach/Hefermehl, a.a.O., Rdnr. 1 zu § 1 ZugabeVO; Borck in: Amann; RWW, Wortreklame, Rdnr. 7

[129] Borck, RWW, 3.8., Rdnr. 7; Baumbach/Hefermehl, a.a.O., Rdnr. 2 zu § 1 ZugabeVO

staltung des Hauptgeschäftes, beurteilt sich aus der Sicht des Verkehrs nach dem Inhalt des Hauptgeschäftes.[130].

Zugabegegenstände können sein: Waren, Leistungen, Rechte beliebiger Art, auch die Verlängerung einer Garatiefrist

Zugabegegenstände können Waren, Leistungen und auch Rechte beliebiger Art sein. eben der unentgeltlichen Zuwendung von Aufmerksamkeiten, wie etwa Spirituosen, Fachliteratur und z.B. medizinischen Ge- und Verbrauchsartikeln können z.B. auch der Ersatz von Reisekosten zu Kongressen, Wartungsleistungen, das Überlassen von Computersoftware oder die Leihe von Geräten Zugabe darstellen[131]. Auch der Verlängerung einer Garantiefrist kann ein Zugabecharakter zukommen, wenn die Frist so übermäßig lang ist, daß neben den Mängeln, die zur Zeit der Lieferung bestanden, auch die normalen Abnutzungen oder sonstigen Schäden beseitigt werden sollen[132]. Maßgeblich ist, ob der Verkehr das Garantieversprechen dahin auffaßt, daß auch für solche Mängel gehaftet werden soll, die entweder durch normale Abnutzung oder durch andere Ursachen eingetreten sind. In einem derartigen Falle handelt es sich um eine selbständige Garantie und damit um eine unzulässige Zugabe im Sinne der Zugabenverordnung. Soll sich die (verlängerte) Gewährleistung dagegen auf die Haltbarkeit eines Materials oder Wertes beziehen, das bei normaler Abnutzung eine entsprechend lange Lebensdauer besitzt und ist die Garantiezusage für den Besteller auch nicht praktisch bedeutungslos, kann ferner der Werbeaussage nicht die Aussage entnommen werden, die Garantie beziehe sich auch auf vom Verbraucher selbst verschuldete Mängel, etwa unsachgemäßes Heizen, ist eine selbständige Garantie nicht anzunehmen und damit auch kein Verstoß gegen die Zugabeverordnung[133]. Zu beachten ist jedoch, daß wettbewerbsrechtliche Bedenken dann bestehen können, wenn die Garantie der realen Grundlage entbehrt, für den Auftraggeber wertlos ist, lediglich als Anlockmittel dient und zur Verfälschung des Wettbewerbs führen würde. Werden jedoch Gewährleistungsfristen versprochen, die län-

---

[130] Piper, Aktuelle Rechtsprechung des Bundesgerichtshofs zum Wettbewerbsrecht, Rdnr. 471

[131] vgl. Räpple, Zuwendungen und Rabatte im Gesundheitswesen, Management-Handbuch Krankenhaus, 2900, Rdnr. 6

[132] BGH v. 31.1.1958, GRUR 1958, 455 „Federkernmatratzen"

[133] BGH v. 26.9.1975, GRUR 1976, 146 „Kaminsiolierung"

ger als 30 Jahre sind, liegt darin ein Verstoß gegen § 3 UWG[134].

Handelt es sich um mehrere selbständige Sachen, die nach der Verkehrsanschauung unter dem Gesichtspunkt zweckverbundener Zusammengehörigkeit eine Wareneinheit im wirtschaftlichen Sinne bilden, fehlt es an der für die Zugabe wesentlichen Beziehung zwischen Haupt- und Nebenware[135]. Sind bei einem aus mehreren Einzelwaren bestehenden Gesamtangebot die Einzelwaren lediglich unselbständige Teile des Gesamtangebotes und ist die eine von geringerem Wert als die andere, führt das regelmäßig nicht dazu, daß der Verkehr die geringerwertigere als Zugabe zur höherwertigeren auffaßt. Vielmehr erblickt er unter ersterer eine weitere, bei der Entrichtung des Gesamtpreises mitzubezahlende Ware[136].

Keine Zugabe sind mehrere selbständige Sachen, die nach der Verkehrsauffassung infolge Zweckverbundenheit eine Wareneinheit im wirtschaftlichen Sinn bilden.

Demgegenüber ist nach der Auffassung der angesprochenen Verkehrskreise in dem Werbesystem „Zweimal essen - einmal zahlen" die Ankündigung enthalten, daß zum bezahlten Essen ein Gratisessen gewährt wird und somit eine Nebenleistung zu einer Hauptleistung[137]. Gegen eine Gesamtleistung spricht, daß die angebotenen Gerichte üblicherweise getrennt berechnet werden und kein Gesamtpreis angesetzt wird, sondern die Abgabe des kostenlosen Essens zum entgeltlichen Erwerb eines Essens abhängig ist. Als Nebenleistung zur Hauptleistung liegt eine unzulässige Zugabe vor[138]. Zulässig wäre demgegenüber ein Essen für zwei Personen zu einem Einheitspreis („Dinner for two").

Erforderlich ist ferner eine Akzessorietät zwischen dem Erwerb der Hauptware/-leistung und der Zuwendung, mit der Maßgabe, daß ohne Abschluß des Hauptgeschäftes die Nebenware/-leistung nicht erlangt werden kann und diese Verknüpfung bestimmt und geeignet ist, den Empfänger in seiner Entschließung zum Erwerb der Hauptware zu beeinflus-

Abhängigkeit zwischen entgeltlichem Hauptgeschäft und unentgeltlicher Zuwendung aus der Sicht des Verkehrs

---

[134] vgl. dazu D.III.6.

[135] vgl. Baumbach/Hefermehl, a.a.O., Rdnr. 3b zu § 1 ZugabeVO

[136] vgl. BGH v. 30.11.1995, WRP 1996, 286, GRUR 1996, 363 „Saustarke Angebote"

[137] vgl. BGH v. 23.5.1991, GRUR 1991, 933 „One for two"

[138] vgl. auch BGH v. 11.7.1991, GRUR 1992, 116 „Topfgucker-Scheck"

sen[139]. Besteht zwischen einem Angebot der entgeltlichen Leistung des Verzehrs und einem Angebot zur unentgeltlichen Hotelübernachtung zwar ein Zusammenhang, betrachtet der Verkehr sie jedoch nicht als zusammengehörende Leistungen derselben Person, fehlt es an einem sachlichen Zusammenhang zwischen der Bewirtung im Restaurant als (entgeltlicher) Hauptleistung und der kostenlosen Übernachtungsmöglichkeit als (unentgeltlicher) Nebenleistung[140].

Ein zeitliches oder räumliches Zusammenfallen ist nicht erforderlich

Der für eine Zugabe erforderliche innere Zweckzusammenhang erfordert demgegenüber nicht, daß das entgeltliche Hauptgeschäft und die unentgeltliche Zuwendung zeitlich oder räumlich zusammenfallen. Eine Zugabe kann vielmehr eine Zuwendung sein, die vor oder nach dem Geschäftsabschluß abgegeben wird. Sie muß nur in äußerlich erkennbarer Weise mit Rücksicht auf den Erwerb der Hauptware erfolgen. Unschädlich ist es indes, wenn die Zuwendung lediglich zum Kauf anregen soll, also eine Zuwendung in der bloßen Erwartung eines künftigen Geschäftsabschlusses erfolgt. In diesem Fall ist eine Abhängigkeit der Zuwendung vom Absatz der Hauptware nicht vorhanden[141].

Ohne besondere Berechnung

Ob das Kriterium „ohne besondere Berechnung" vorliegt, bestimmt sich ebenfalls nach der Auffassung der angesprochenen Verkehrskreise. Entscheidend ist das formale Kriterium der mangelnden besonderen Berechnung, nicht das materielle Moment, ob der Kunde tatsächlich den (Mitgeh-)Artikel bezahlen muß, weil er im Preis der Hauptware (-leistung) kalkulatorisch enthalten ist.

Geringfügiges Scheinentgelt

Auch ein sehr niedriges Entgelt ist ein Entgelt, es sei denn, es handelt sich um ein geringfügiges Scheinentgelt nach § 1 Abs. 1 Satz 2 der Zugabeverordnung. „Geringfügig" bedeutet dabei nicht dasselbe wie „gering". Der Verkehrswert muß vielmehr erheblich unterschritten werden. Die Geringfügigkeit ist ein wichtiges Indiz dafür, daß es sich um ein Scheinentgelt handelt, das umso stärker wirkt, je krasser das Mißverhältnis ist. Die Tatsache, daß das Entgelt „nur zum Schein" verlangt wird, muß deshalb „offenbar" sein, weil ei-

---

[139] ständige Rechtsprechung, vgl. nur BGH v. 23.2.1989, WRP 1990, 28, GRUR 1989, 366 „Wirtschaftsmagazin"

[140] BGH v. 29.4.1993, WRP 1993, 758, GRUR 1993, 774 „Hotelgutschein"

[141] vgl. Räpple, vgl. Fn. 131, Rdnr. 8

ne Zuwendung, die als Zugabe werben soll, auch vom Verkehr als Zugabe erkannt werden muß. Der Verkehr muß den Scheincharakter des Entgeltes also durchschauen[142].

Bei der Tarnung durch den Gesamtpreis (§ 1 Abs.1 Satz 3 ZugabeVO) ist zugaberechtlich ebenso wie wettbewerbsrechtlich[143] zu differenzieren zwischen verdeckten und offenen Kopplungsgeschäften. Bei verdeckten Kopplungsgeschäften müssen die gekoppelten Waren oder Leistungen zueinander im Verhältnis von Hauptware (-leistung) und Nebenware (-leistung) stehen und der Gesamtpreis muß zur Verschleierung der Zugabe dienen. Ob eine derartige Beziehung zwischen Haupt- und Nebenware /-leistung besteht, hängt davon ab, wie das Gesamtangebot von den umworbenen Kunden aufgefaßt wird. So können zusammen angebotene Waren wegen ihrer zweckgebundenen Zusammengehörigkeit als eine Wareneinheit im wirtschaftlichen Sinne erscheinen. Nur dann, wenn es sich um eine Warenkombination handelt, bei der für den Kunden eine Ware als die an sich gewünschte und erwartete Hauptware im Vordergrund steht, während die andere als eine lediglich zusätzlich gebotene, ihrer Bedeutung nach untergeordnete Nebenware erscheint, können die begrifflichen Voraussetzungen einer durch einen Gesamtpreis verschleierten Zugabe vorliegen. Der Gesamtpreis muß ferner zur Verschleierung der Zugabe dienen.

Verdeckte Kopplungsgeschäfte

Handelt es sich um zweckmäßige Warenverbindungen, die auf das Bedürfnis des Verbrauchers zugeschnitten sind, insbesondere um Waren, die organisch zusammengehören und daher eine gemeinsame Funktion erfüllen, wird gewöhnlich keine verschleierte Zugabe vorliegen. Eher wird eine zugabemäßige Beziehung vorliegen bei willkürlichen Warenverbindungen. In diesem Falle muß hinzukommen, daß der Gesamtpreis kein vollwertiges Entgelt darstellt, d.h. er muß dem Einzelpreis der Hauptware (-leistung) entweder gleichkommen oder ihm doch so stark angenähert sein, daß der Aufschlag nur ein geringfügiges Scheinentgelt darstellt. Hierfür sind objektive Kriterien maßgeblich. Wird ein dem Verkehrswert der zusammen angebotenen Waren entsprechender Gesamtpreis verlangt, so wird keine Zugabe verschleiert. Besteht für die Hauptware ein handelsüblicher Preis und liegt der Gesamtpreis für die gekoppelte Haupt-

Bei zweckmäßigen Warenverbindungen wird der Gesamtpreis in der Regel nicht zur Verschleierung einer Zugabe dienen; anders: bei willkürlichen Warenverbindungen

---

[142]vgl. Borck, RWW, 3.8., Rdnr. 11 ff m.w.N.

[143]vgl. nachstehend C.II.4.c) gg), hh)

oder Nebenware nicht wesentlich höher, so ist das ein widerlegbares Indiz für eine verschleierte Zugabe. Der Verkäufer kann dann den Anschein dadurch entkräften, daß er seine Kalkulation offen legt.

Offene Koppelungsangebote

Bei offenen Kopplungsangeboten gilt zugaberechtlich: Werden die gekoppelten Waren, für die die Einzelbezugspreise angegeben sind, auch zu diesen Preisen getrennt abgegeben, so liegt keine verbotene Zugabe vor, da für den Begriff der Zugabe wesentlich ist, daß für den Kunden kein Wahlverhältnis besteht, sondern die Abgabe der Nebenware (-leistung) vom Bezug der Hauptware (-leistung) abhängig ist. An dieser Grundvoraussetzung fehlt es, wenn die zusammen angebotenen Waren (Leistungen) getrennt berechnet und auch einzeln abgegeben werden. Werden die gekoppelten Waren nicht getrennt abgegeben, so kann ein Verstoß gegen das Zugabeverbot vorliegen, vorausgesetzt, daß die zusammen angebotenen Waren im Verhältnis von Haupt- und Nebenware stehen und daß der für die Nebenware (-leistung) ausgeworfene oder sich durch Substraktion ergebende alte Preis ein geringfügiges Scheinentgelt darstellt[144].

Restriktive Auslegung der Ausnahmetatbestände des § 1 (2) ZugabeVO

Liegt nach dem Vorstehenden eine Zugabe im Sinne des § 1 ZugabeVO vor, ist anhand des in § 1 Abs. 2 ZugabeVO enthaltenen Katalogs von Zugaben, für die „die Vorschriften im Abs. 1" nicht gelten sollen, zu prüfen, ob eine Ausnahme gegeben ist.

Da es sich um echte Ausnahmetatbestände handelt, ist eine enge Auslegung geboten[145]. Liegt ein zugaberechtlicher Tatbestand nach § 1 Abs. 2 ZugabeVO vor, so schließt dies die Unzulässigkeit der Zugabe aus anderen Gründen allerdings nicht aus (z.B. nach § 1 Abs. 3 ZugabeVO, wenn die Zugabe als Geschenk bezeichnet oder vom Zufall abhängig gemacht wird oder aus besonderen Gründen nach §§ 1 und 3 UWG). Nicht als Zugabe verboten sind danach Reklamegegenstände von geringem Wert (§ 1 Abs. 2 lit. a) ZugabeVO und geringwertige Kleinigkeiten (§ 1 Abs. 2 lit. a), Geldrabatt und Warenrabatt (§ 1 Abs. 2 lit. b, c), handelsübliches Zubehör (§ 1 Abs. 2 lit. d), Kundenzeitschriften (§ 1 Abs. 2 lit. e), Auskünfte und Ratschläge (§ 1 Abs. 2 lit. f), Bezieherversi-

---

[144] zum Ganzen vgl. Baumbach/Hefermehl, a.a.O., Rdnr. 51 ff m.z.N. und Beispielen

[145] vgl. Baumbach/Hefermehl, a.a.O., Rdnr. 62 zu § 1 ZugabeVO

cherungen (§ 1 Abs. 2 lit. g). Der besonderen Erwähnung verdient, daß durch das Gesetz zur Änderung der Zugabeverordnung vom 25. Juli 1994[146] § 1 Abs. 2 lit. d ZugabeVO eingehend ergänzt worden ist, daß eine im Hinblick auf den Wert der Ware oder Leistung angemessene teilweise oder vollständige Erstattung oder Übernahme von Fahrtkosten für Verkehrsmittel des öffentlichen Personennahverkehrs, die im Zusammenhang mit dem Besuch des Geschäftslokals oder des Orts der Erbringung der Leistung aufgewendet werden, als handelsüblich gilt. Die Rechtsprechung des Bundesgerichtshofs zur Fahrtkostenerstattung[147], die in der Literatur zu vielfacher Kritik geführt hat[148], ist daher insoweit überholt, als nunmehr kraft Gesetzes eine im Hinblick auf den Wert der Ware angemessene Erstattung oder Übernahme von Fahrtkosten für den öffentlichen Personennahverkehr möglich ist[149]. Diese Rechtslage ist grundsätzlich auch im Bereich des § 1 UWG zu beachten. Was zugaberechtlich erlaubt ist, kann wettbewerbsrechtlich grundsätzlich nicht beanstandet werden, es sei denn, es treten zusätzliche Unlauterkeitskriterien hinzu[150].

bb) Rabattgesetz

Rabatt ist ein Nachlaß auf den vom Unternehmer angekündigten oder allgemein geforderten Preis. Hauptaufgabe des Rabattgesetzes, das einen Unterfall der Wertreklame regelt, ist es, den Preisnachlaß als Mittel des Wettbewerbs in wirtschaftlichen Grenzen zu halten. Verhindert werden soll vor

Der Preisnachlaß soll in wirtschaftlichen Grenzen gehalten werden

---

[146]BGBl. I, 1688

[147]BGH v. 18.10.1990, GRUR 1991, 542 „Biowerbung mit Fahrpreiserstattung"

[148]vgl. nur Fezer, Umweltwerbung mit unternehmerischen Investitionen in den Nachverkehr, JZ 1992, 443

[149]vgl. BGH v. 3.11.1994, GRUR 1995, 163 „Fahrtkostenerstattung I": Erstattung von DM 1,-- bei Einkauf ab DM 35,-- angemessen; BGH v. 27.4.1995, GRUR 1995, 616 „Fahrtkostenerstattung II": Erstattung von DM 1,50 auf Fahrtkosten von DM 16,-- bei Einkauf ab DM 20,-- angemessen

[150]vgl. BGH v. 13.6.1973, GRUR 1974, 345 „Geballtes Bunt"; BGH v. 30.11.1995, WRP 1996, 286, 288, GRUR 1996, 363 „Saustarke Angebote"

allem die Verschleierung künstlich überhöhter Preisgestaltungen und die sich daraus ergebende Eignung zur Irreführung des Verkehrs, ferner die Verlockung des Kunden zum Kauf durch wirtschaftlich nicht vertretbare Preisnachlässe, zugleich aber auch die Verzerrung des Wettbewerbs zum Nachteil der Mitbewerber[151].

Bestrebungen aus jüngerer Zeit, das Rabattgesetz aufzuheben, sind am Widerstand des Bundesrates[152] gescheitert, so daß das Rabattgesetz, seine Zielsetzung, seine Auslegung, nach wie vor Beachtung finden muß.

Auch bei einem Preisnachlaß braucht der Wettbewerbszweck nicht ausschließlich oder vorherrschend vorzuliegen. Werden jedoch in erster Linie soziale und karitative Zwecke verfolgt, ohne daß mit den Rabatten eine nennenswerte Wettbewerbsförderungsabsicht verbunden ist, scheidet ein Verstoß gegen das Rabattgesetz aus. An das Überwiegen der ideellen Gründe strenge Voraussetzungen zu stellen sind.

Der Tatbestand des § 1 RabattG setzt über das Erfordernis eines Handelns im geschäftlichen Verkehrs[153] hinaus voraus, daß Waren des täglichen Bedarfs im Einzelverkauf an den letzten Verbraucher veräußert oder gewerbliche Leistungen des täglichen Bedarfs für den letzten Verbraucher ausgeführt werden.

Täglicher Bedarf ist alles, was dem normalen, angemessenen Lebensstandard relevanter Teile der Bevölkerung dient

Damit stellt sich zunächst die Frage nach dem „täglichen Bedarf". Hierzu gehören alle Waren/Dienstleistungen, an denen in der Bevölkerung jederzeit ein Bedarf auftreten kann[154] oder mit anderen Worten ausgedrückt umfaßt der Begriff des täglichen Bedarfs nach dem Sinn und Zweck des Gesetzes alles, was dem normalen, angemessenen Lebensstandard relevanter Teile der Bevölkerung dient[155]. Täglicher Bedarf bedeutet dabei nicht, daß er „täglich" entsteht. Täglicher Bedarf ist auch nicht auf den notwendigen und unent-

---

[151] vgl. Piper in Köhler/Piper, Rdnr. 4, Einführung Rabattgesetz; Piper, Fahrpreiserstattung und Kundenbeförderung als Werbemittel, GRUR 1993, 276, 277

[152] BRat-Drucks. 116/1/94

[153] vgl. dazu B.I.

[154] vgl. Baumbach/Hefermehl, a.a.O., Rdnr. 3 zu § 1 RabattG

[155] vgl. Köhler/Piper, Rdnr. 3 ff zu § 3 RabattG

behrlichen Lebensbedarf oder auf den hauswirtschaftlichen Verbrauch beschränkt. Entscheidend ist, ob er bei relevanten Teilen der Abnehmerschaft ständig besteht. Nicht zum täglichen Bedarf gehört der nur vereinzelt auftretende Bedarf, etwa der an Luxusgütern, ferner der Bedarf an langlebigen Wirtschaftsgütern, deren Abnehmerkreis sehr klein und bei denen ein Anschaffungsbedürfnis gering ist. Die Abgrenzung bestimmt sich nach der Verkehrsauffassung, die sich wandeln kann[156].

Die Waren müssen ferner im Einzelverkauf an den Letztverbraucher veräußert, gewerbliche Leistungen für den Letztverbraucher ausgeführt sein. Durch den Begriff des „Einzelverkaufs" kommt zum Ausdruck, daß das Rabattgesetz nicht auf die Verkäufe eines berufsmäßigen Einzelhändlers beschränkt ist. Einzelverkauf ist vielmehr jeder gewerbsmäßige Verkauf an den letzten Verbraucher. Ohne Belang ist die Vertriebsform, so daß auch der Versandhandel dem Rabattgesetz unterliegt. Vor allem werden Direktverkäufe erfaßt, die Großhändler oder Hersteller an den letzten Verbraucher vornehmen[157]. Nötig ist jedoch stets ein entgeltliches Geschäft. Der Preiserlaß (die Umsonstlieferung, die Schenkung) ist kein Preisnachlaß[158]. Damit erhält der Begriff des letzten Verbrauchers grundlegende Bedeutung für den Anwendungsbereich des Rabattgesetzes. Maßgeblich für den Begriff des letzten Verbrauchers ist, daß dieser ein Abnehmer ist, der die Waren nicht mehr umsetzt. Demgegenüber kommt es nicht darauf an, ob der Erwerber einer Ware sie verbraucht oder gebraucht. Auch ein Käufer, der die Ware privat verschenken will, ist letzter Verbraucher, da ein Umsatz der Ware nicht mehr stattfindet. Anders liegt es bei einem Gewerbetreibenden, der Waren erwirbt, um sie gewerbsmäßig als Werbegeschenke für seine Kunden zu verwenden[159].

Erforderlich: Einzelverkauf an den letzten Verbraucher, d.h. an einen Abnehmer, der die Waren nicht mehr umsetzt

---

[156]Baumbach/Hefermehl, a.a.O., Rdnr. 4 ff; Köhler/Piper, a.a.O., Rdnr. 3 ff zu § 3 RabattG

[157]Baumbach/Hefermehl, a.a.O., Rdnr. 8 zu § 1 RabattG

[158]vgl. BGH v. 29.4.1993, WRP 1993, 758, GRUR 1993, 774 „Hotelgutschein"

[159]vgl. Baumbach/Hefermehl, a.a.O., Rdnr. 10 ff zu § 1 RabattG m.z.w.N.

Rabattgesetz setzt den Verkehr mit dem letzten Verbraucher voraus	Anders als die Zugabeverordnung, die für den geschäftlichen Verkehr schlechthin gilt, betrifft das Rabattgesetz somit nur den Verkehr mit dem letzten Verbraucher, wenn und soweit Waren oder gewerbliche Leistungen des täglichen Bedarfs zugrunde liegen und setzt bei Waren ferner voraus, daß es sich um Einzelverkauf handelt.
Legaldefinition des § 1 (2) RabattG	Sind diese Grundvoraussetzungen gegeben, so enthält § 1 Abs. 2 RabattG eine Legaldefinition dessen, was das Gesetz als Preisnachlaß ansieht. Als Preisnachlässe gelten somit Nachlässe von den Preisen, die der Unternehmer ankündigt oder allgemein fordert, oder Sonderpreise, die wegen der Zugehörigkeit zu bestimmten Verbraucherkreisen, Berufen, Vereinen oder Gesellschaften eingeräumt werden.
Allgemeinpreis und Ausnahmepreis oder allgemeine Preisherabsetzung? Maßgeblich ist die Verkehrsauffassung	Rabatt ist ein besonderer Nachlaß auf den vom Unternehmer angekündigten und allgemein geforderten Preis. Er liegt deshalb nicht vor, wenn der Unternehmer den allgemein angekündigten und geforderten Preis senkt, so daß sich früherer und jetziger Allgemeinpreis, nicht aber Allgemeinpreis und Ausnahmepreis gegenüber stehen. Ob eine Herabsetzung des Allgemeinpreises vorliegt oder ein Nachlaß angekündigt oder gewährt wird, entscheidet sich nach der Auffassung der Verkehrskreise, an die der Unternehmer sich wendet[160]. Ob die beteiligten Verkehrskreise von einem Preisnachlaß ausgehen oder von einer sonstigen nicht als Preisnachlaß anzusehenden Zuwendung, beurteilt sich unter Zugrundelegung einer wirtschaftlichen Betrachtungsweise, bei deren Zugrundelegung die angesprochenen Verkehrskreise von einem Preisnachlaß regelmäßig dann ausgehen, wenn in der Werbung dem Normalpreis ein niedrigerer Preis gegenübergestellt oder ein Prozentsatz oder ein Betrag genannt wird, um den der reguläre Preis ermäßigt wird. Anders verhält es sich, wenn ersichtlich eine Preisgegenüberstellung in der Form vorliegt, daß neben dem neuen Preis auch der alte Preis aufgeführt wird, allerdings entweder in durchgestrichener Form oder in sonstiger Weise als gegenstandslos gekennzeichnet („statt DM 199,-- jetzt DM 180,--").
Einführungspreise	Die Verkehrsauffassung, die danach maßgeblich ist für die Beurteilung, ob ein Preisnachlaß oder eine sonstige Zuwendung vorliegt und in gleicher Weise dafür, ob ein Ausnahmepreis und ein Normalpreis oder zwei Normalpreise vorlie-

---

[160] vgl. Baumbach/Hefermehl, a.a.O., Rdnr. 18 zu § 1 RabattG

gen, gewinnt bei Einführungspreisen den Eindruck eines befristeten (Einführungs-)Preises, nicht den einer verschleierten Rabattgewährung. An die Einführungswerbung für neu auf den Markt tretende Unternehmen oder für erstmals angebotene Waren ist der Verkehr gewöhnt und versteht Preise, die aus diesem Grund niedriger festgesetzt sind und jedermann berechnet werden, nicht als Ausnahmepreise[161].

Nach näherer Maßgabe von § 1 Abs. 2 RabattG sind Sonderpreise, die wegen der Zugehörigkeit zu bestimmten Verbraucherkreisen, Berufen, Vereinen oder Gesellschaften eingeräumt werden, den Preisnachlässen gleichgestellt. Durch die Gleichstellung soll eine diskriminierende Behandlung anderer Verbraucherkreise verhindert werden. Die Verbraucherkreise brauchen nicht rechtlich zu einer Gemeinschaft zusammengefaßt zu sein; es genügt, daß die Begünstigten irgend etwas Gemeinsames aufzuweisen haben. Dementsprechend ist auch die Abgabe an Erwerbslose, Kriegsverletzte, Schüler, Studenten, Stammkunden eine Abgabe zum Sonderpreis im Sinne des § 1 Abs. 2 RabattG unter der weiteren Voraussetzung, daß sie zu einer unterschiedlichen Behandlung der Kunden führt. Dementsprechend verstößt eine Werbung mit Gutscheinen nicht gegen § 1 Abs. 2 RabattG, wenn der im Gutschein genannte Preis nicht lediglich für Gutscheininhaber, sondern für jeden Kunden gilt und der Preis erkennbar der während eines bestimmten Zeitraumes geltende Normalpreis sein soll. Echte Sonderpreise oder Sondernachlässe sind verboten. Das gilt auch dann, wenn sich der Nachlaß im Rahmen eines zulässigen Barzahlungs- und Mengennachlasses hält (§§ 2 ff RabattG). Das Rabattgesetz will eine unterschiedliche Behandlung einzelner Kunden oder Kundengruppen verhindern. § 9 RabattG enthält die einzige Ausnahme hiervon. Während sich die Frage, ob ein vom Unternehmer angekündigter oder allgemein geforderter Preis als sein Normalpreis anzusehen ist oder ob ein Ausnahmepreis vorliegt, nach der Verkehrsauffassung beantwortet, ist die Beurteilung, ob ein Preis, der wegen der Zugehörigkeit zu einer bestimmten Personengruppe eingeräumt wird, ein Sonderpreis ist, eine Rechtsfrage[162].

Unzulässig: Sonderpreise (Ausnahme § 9 RabattG) - Beurteilung ist nicht der Verkehrsauffassung zu überlassen, sondern ist eine Rechtsfrage

---

[161] vgl. BGH v. 20.1.1994, GRUR 1994, 390 Anzeigeneinführungspreis"

[162] vgl. Baumbach/Hefermehl, a.a.O., Rdnr. 24 ff zu § 1 RabattG

Zulässig: die Preisspaltung: verschiedene Normalpreise für unterschiedliche Leistungen - maßgeblich ist die Verkehrsausffassung

Die Preisspaltung, die auf sachbezogenen Angebotsdifferenzierungen beruht, ist dagegen zulässig, wenn nach der Verkehrsanschauung zwei verschiedene Normalpreise für unterschiedliche Leistungen mit wesentlichen Besonderheiten vorliegen. Die Verkehrsauffassung ist maßgeblich dafür, ob es sich um zwei Normalpreise oder um einen Normalpreis und einen Sonderpreis bzw. Sondernachlaß handelt (z.B. ein Preis für Vorführapparate und ein Preis für neue und ungebrauchte Apparate). Dasselbe gilt auch für unterschiedliche Leistungseinheiten (z.B. unterschiedliche Preisfestsetzung für Versandpreise und Verladepreise), verschiedene Normalpreise für unterschiedliche Warenmengen, wenn und soweit der günstigere Mengenpreis jedermann, nicht nur einzelnen Kunden oder Kundengruppen berechnet wird und nicht durch die Form der Ankündigung oder Gewährung im Verkehr der Eindruck eines Rabatts, d.h. eines Abschlags von dem angekündigten oder allgemein geforderten Preis erweckt wird.

Unternehmerbegriff

Das Rabattverbot gilt nur für den Verkehr des Unternehmers mit dem letzten Verbraucher. Ein Rabattverstoß setzt daher notwendig einen Unternehmer voraus, worunter derjenige zu verstehen ist, der dem letzten Verbraucher als der für den angekündigten oder allgemein geförderten Preis Verantwortliche gegenübertritt. Rabattverstöße, die in einem geschäftlichen Betrieb ein Angestellter oder Beauftragter begeht, werden dem Unternehmer nach näherer Maßgabe von § 12 Satz 2 RabattG zugerechnet. Für den Begriff des Unternehmers im Sinne von § 1 RabattG ist zu verlangen, daß er auf eigene Rechnung handelt. Grundsätzlich muß der Verkäufer der Ware oder der die gewerbliche Leistung Ausführende mit dem Rabattgeber identisch sein, wobei das Identitätserfordernis gewahrt ist, wenn der Rabatt von einem Dritten im Auftrag des Verkäufers oder für ihn gewährt wird[163].

Barzahlungsrabatt

Rabatte können grundsätzlich gewährt werden als Barzahlungsrabatte (§ 2 RabattG), Mengennachlässe (§§ 7 f. RabattG), Sonderrabatte (§ 9 RabattG). Nach §§ 2 f. RabattG kann der Rabatt bei Barzahlung sofort vom Kaufpreis abgezogen werden, wenn der Kunde den Gesamtkaufpreis unver-

---

[163]Zum Anwendungsbereich des Rabattgesetzes vgl. auch Piper, Aktuelle Rechtsprechung des Bundesgerichtshofs zum Wettbewerbsrecht, Rdnr. 440-468 m.z.N. der höchstrichterlichen Rechtsprechung

züglich nach der Lieferung bezahlt (Barzahlungsrabatt). Die Bezahlung kann sowohl bar als auch per Scheck oder durch Überweisung erfolgen. Der Barzahlungsrabatt beträgt maximal 3 %. Ein Barzahlungsrabatt kann auch gewährt werden, wenn während eines bestimmten Zeitabschnitts Waren geliefert werden, die der Kunde erst am Ende dieses Zeitabschnittes bezahlt. Allerdings darf der Zeitabschnitt, für den bezahlt wird, nicht länger als einen Monat zurückliegen (z.B. zulässig bei täglicher Brötchenlieferung mit monatlicher Bezahlung).

Mengenrabatt (§§ 7 f. RabattG) kann gewährt werden, wenn mehrere Stücke oder eine größere Menge von Waren in einer Lieferung verkauft werden. Dabei braucht es sich nicht um Waren derselben oder verwandten Art zu handeln. Der Mengennachlaß wird gewährt, weil bei der Abnahme größerer Mengen in der Regel die Kosten geringer sind. Der Mengenrabatt muß jedoch nach Art, Umfang, Menge (Stückzahl) als handelsüblich anzusehen sein. Handelsüblichkeit liegt dann vor, wenn der überwiegende Teil der Gewerbetreibenden desselben Wirtschaftszweiges gleich verfährt (nicht zu verwechseln mit Ortsüblichkeit). So ist es z.B. handelsüblich, bei einem Verkauf von 12 Flaschen Wein eine Flasche weniger zu berechnen, nicht jedoch schon bei 6 Flaschen.

<small>Der Mengenrabatt muß handelsüblich sein</small>

Sondernachlässe (§ 9 RabattG), die als Ausnahme von dem Prinzip der Gleichbehandlung aller Kundenkreise gewährt werden dürfen, existieren in Form des Verarbeiterrabattes (§ 9 Ziff. 1 RabattG): Personen, die die Ware bzw. Leistungen in ihrer beruflichen oder gewerblichen Tätigkeit verwerten, kann ein Sondernachlaß als sogenannter Verarbeiterrabatt gewährt werden. Der Verarbeitungsnachlaß muß allerdings nach Art und Höhe orts- oder handelsüblich sein. Ein Sondernachlaß kann auch in Form des Großverbraucherrabattes gewährt werden (§ 9 Ziff. 2 RabattG). In diesem Falle muß ein besonderer Liefervertrag vorliegen, in dem sich der Abnehmer zur Abnahme von Waren oder Leistungen in großen Mengen verpflichtet (z.B. Gaststätten, Krankenhäuser, Betriebe, nicht: private Haushalte). Eine weitere Variante des zulässigen Sondernachlasses ist bei der Gewährung eines Personalrabattes für Mitarbeiter des eigenen Unternehmens gegeben (§ 9 Ziff. 3 RabattG). Er wird auf Waren gewährt, die im Unternehmen hergestellt oder vertrieben werden. Allerdings darf der Nachlaß nur auf solche Waren gewährt werden, die für den Eigenbedarf bestimmt sind, d.h. für den persönlichen Bedarf der Angestellten, deren Ehegatten, Kin-

<small>Der ausnahmsweise zulässige Sondernachlaß</small>

der oder der mit ihnen in häuslicher Gemeinschaft lebenden Personen.

b) Wertreklame nach § 1 UWG

Auch unabhängig von diesen Sonderregelungen kann die Wertreklame nach § 1 UWG unzulässig sein, wenn besondere Umstände hinzutreten, die die Werbung mit dem nach der Zugabeverordnung und dem Rabattgesetz zulässigen Verhalten als wettbewerbswidrig erscheinen lassen. So ist das Ankündigen und Gewähren abhängiger Vergünstigungen, insbesondere die Ausübung eines rechtlichen Kaufzwanges in aller Regel wettbewerbswidrig, während Vergünstigungen zu Werbezwecken, bei denen es zu keiner Kontaktaufnahme mit dem Kunden kommt, in der Regel unbedenklich sind, es sei denn, der Kunde muß das Geschäft des Werbenden aufsuchen. Dann kann u.U. ein psychologischer Kaufzwang den Kunden veranlassen, eine Ware zu kaufen, die er ohne Vergünstigung nicht gekauft hätte. Das kann auf einem Gefühl der Dankbarkeit beruhen oder darauf, daß es ihm in der Situation, in der er sich befindet, peinlich ist, nicht auch eine Ware zu kaufen. Wettbewerbswidrigkeit der Wertreklame kommt auch unter dem Aspekt übertriebenen Anlockens in Betracht. Auch der Einsatz aleatorischer Mittel, auf die zurückzukommen sein wird[164], kann eine Rolle spielen. Dabei handelt es sich um solche Mittel, die den Spiel- oder Sammeltrieb des Kunden anreizen. Daß die Wertreklame dann, wenn sie mit irreführenden Aussagen behaftet ist, unlauter ist, versteht sich von selbst. Rechtlicher Kaufzwang, psychologischer Kaufzwang, übertriebenes Anlocken sind die bedeutungsvollsten Unlauterkeitskriterien, die deshalb besondere Hervorhebung verdienen.

aa) Rechtlicher Kaufzwang

Beim rechtlichen Kaufzwang wird dem Kunden eine geldwerte Vergünstigung für den Fall in Aussicht gestellt, daß er eine Ware oder eine bestimmte Warenmenge kauft. Es kann sich um ein Geschenk, die Beteiligung an einer Gratisverlo-

---

[164] vgl. C.II.5.

sung, eine Reise, aber auch eine besonders preisgünstige Vorspannware handeln. Wird die Vergünstigung nicht gesondert oder nur zu einem Scheinpreis berechnet, wird es sich in der Regel um eine (unzulässige) Zugabe handeln[165]. Wird sie (zu einem geringen Preis) berechnet, kann die Vergünstigung einen Kaufreiz ausüben, der geeignet ist, die (Kauf)Entscheidung in einer Weise zu beeinflussen, daß die Prüfung einer Ware oder Leistung auf ihre Güte und Preiswürdigkeit im Vergleich zu Konkurrenzprodukten keine oder nur noch eine untergeordnete Rolle spielt.

Die besondere Gefährlichkeit einer Wertreklame mit rechtlichem Kaufzwang liegt darin, daß der Kunde die Hauptware zunächst kaufen muß. Der Werbende geht aufgrund der Koppelung sicher, daß die Vergünstigung nicht vergeblich gewährt wird. Ein rechtlicher Kaufzwang im Sinne des Lauterkeitsrechts liegt auch vor, wenn der Werbende die Zuwendung zwar nicht ausdrücklich von einem Einkauf abhängig gemacht hat, jedoch durch die Aufmachung der Werbeaktion bei einem nicht unerheblichen Teil der Umworbenen die irrige Vorstellung hervorruft, ein vorheriger Warenkauf sei Voraussetzung für den Erhalt der Vergünstigung. Der oft gemachte Zusatz „kein Kaufzwang" ist nicht geeignet, den Eindruck der Abhängigkeit der Vergünstigung vom Abschluß des Kaufgeschäftes auszuschließen. Wettbewerbswidrig ist es, wenn der Kunde seine Teilnahme an einer Gratisverlosung auf einem Bestellschein erklären muß, selbst wenn er darauf hingewiesen wird, eine Teilnahme sei auch ohne Bestellung möglich. Ein nicht unerheblicher Teil der Umworbenen wird es dann trotz des Hinweises als vorteilhaft ansehen, die Hauptware zu bestellen.[166]

Die Hauptware muß gekauft werden, um in den Genuß der Vergünstigung zu kommen.

---

[165] vgl. dazu C.II.4.a) aa)

[166] vgl. Baumbach/Hefermehl, a.a.O., Rdnr. 88 zu § 1 UWG

bb) *Psychologischer Kaufzwang*

Typisch: Der "normal empfindende Durchschnittskunde" wird durch die Vergünstigung so unter Druck gesetzt, daß er anstandshalber eine Ware zum regulären Preis erwirbt

Demgegenüber unterscheidet sich der psychologische Kaufzwang vom rechtlichen Kaufzwang dadurch, daß der Erhalt der Vergünstigungen nicht vom Kauf einer Ware abhängig ist und die Teilnehmer dies auch durchweg wissen. Typisch für den psychologischen Kaufzwang ist jedoch, daß die Umworbenen durch die Vergünstigung in eine psychologische Zwangslage gebracht werden, in der sie es als unanständig oder jedenfalls peinlich empfinden, nichts zu kaufen. Sie haben das Gefühl, sich wegen der ihnen gemachten Zuwendung erkenntlich zeigen zu müssen und haben daher Hemmungen, nichts zu kaufen. Die Ware wird daher nicht wegen ihrer Güte und Preiswürdigkeit, sondern „anstandshalber" gekauft. Allerdings entspricht es auch gutem kaufmännischen Brauch, die Kunden so zu bedienen und zu behandeln, daß sie sich dem Kaufmann gegenüber verpflichtet fühlen, Kunde zu bleiben. Eine derartige Beeinflussung ist wettbewerbsimmanent. Anstößig wird der psychologische oder moralische Kaufzwang erst durch Umstände, die zu den (psychologischen) Beeinflussungsinstrumentarien, die der „ordentliche Kaufmann" einsetzt, um durch Güte, Preiswürdigkeit der Ware, des Services etc. zu überzeugen, hinzukommen bzw. an ihre Stelle treten und die damit außerhalb des Leistungsvergleichs liegen. Der Kunde muß durch die Vergünstigungen in solchem Maße unter Druck gesetzt worden sein, daß sich ihm das Gefühl aufdrängt, er müsse anstandshalber eine Ware zum regulären Preis erwerben. Dabei kommt es auf den „normal empfindenden Durchschnittskunden" an[167].

Die emotionale Zwangslage ist besonders ausgeprägt, wenn das Ladenlokal zum Erwerb der Vergünstigung betreten werden muß.

Eine derartige emotionale Zwangslage, anstandshalber eine Ware erwerben zu müssen oder zu sollen, stellt sich insbesondere dann ein, wenn der solchermaßen Umworbene zum Erwerb der Vergünstigung das Ladengeschäft betreten muß. Die Entscheidung zu kaufen, wird in diesem Falle noch begünstigt, wenn sich in dem Geschäft eine Fülle von (Marken)-Artikeln befindet, für die ohnehin ständig ein Bedarf entstehen kann. Demgegenüber dürfte die Bereitschaft, dem emotionalen Druck der Peinlichkeit nachzugeben, nachlassen, wenn der Wert der Vergünstigung gering und das potentielle Kaufobjekt teuer ist. Es kommt somit stets auf die Würdigung der Umstände des Einzelfalles an.

---

[167] vgl. Baumbach/Hefermehl, a.a.O., Rdnr. 89 zu § 1 UWG

Eine psychologische Beeinflussung, die nicht mit den Regeln des Leistungswettbewerbs im Einklang steht, kann auch aus Situationen resultieren, die einen Kontakt mit Verkaufspersonal etc. nicht beinhalten. Wettbewerbswidrig ist, wenn z.B. Eltern in eine Lage gebracht werden, in der sie, um dem Vorwurf mangelnder Hilfsbereitschaft und mangelnder Solidarität mit der Gemeinschaft des Kindergartens zu entgehen, ihre Kinder, auch wenn sie dies an sich nicht wollen, mit den Produkten eines bestimmten Herstellers befassen müssen und dadurch den Wettbewerb dieses Herstellers fördern, weil die intensive Beschäftigung der Kinder mit den Figuren dieses Herstellers Begehrensvorstellungen hervorruft, die - über an die Eltern herangetragene Wünsche - nachhaltig zum Kauf gerade dieser Figuren anregen. Die Eltern werden nicht mehr durch Sachargumente überzeugt, Produkte dieses Herstellers zu kaufen, sondern lassen sich ausschließlich durch das Gefühl der Peinlichkeit oder hier insbesondere der Solidarität zum Kauf verleiten. Diese Motivation des Verbrauchers steht jedoch im Gegensatz zu den Regeln des lauteren Wettbewerbs. Sie hervorzurufen und als Mittel der Absatzförderung einzusetzen, ist daher unzulässig[168].

Gefühl der Peinlichkeit oder der Solidarität verleitet zum Kauf

cc) Übertriebenes Anlocken

Übertriebenes Anlocken, das eine Werbeaktion unzulässig machen kann, liegt vor, wenn Vorteile solcher Art als Anreiz in Aussicht gestellt werden, die ihrem Wert und ihrer Art nach geeignet sind, die Entscheidungsfreiheit des Kunden in einem derartigen Maße unsachlich zu beeinflussen, daß er seine Entscheidung nicht mehr nach dem Leitbild des Leistungswettbewerbs im Hinblick auf die Preiswürdigkeit und Qualität der Ware, sondern im Hinblick auf den ihm gewährten oder in Aussicht gestellten Vorteil trifft. Bei Geschenken kommt es darauf an, ob sie nach Zweck und Wirkung das Publikum im Rahmen einer bloßen Aufmerksamkeitswerbung lediglich auf das eigene Angebot hinweisen oder ob sie geeignet sind, den Kunden zu veranlassen, seine Wahl nicht in erster Linie nach Preiswürdigkeit und Qualität zu treffen, sondern danach, wie er in den Genuß der fraglichen Zuwendung kommen kann. Maßgeblich sind die Um-

---

[168] BGH v. 3.11.1978, WRP 1979, 117, DB 1979, 493 "Kindergartenmalwettbewerb"

stände des Einzelfalles, insbesondere Anlaß und Zweck der Zuwendung und der Wert, die Person des Gebers und Empfängers und die Art und Weise der Gewährung[169].

Geldgeschenke üben einen besonders starken Anreiz aus

Wegen übertriebenen Anlockens kann das Hineinlocken von Kunden in das Geschäft des Werbenden wettbewerbswidrig sein[170]. Ein wesentliches Indiz für übertriebenes Anlocken kann ferner dann vorliegen, wenn ein Geldgeschenk zugewendet wird, da Geldzuwendungen regelmäßig einen starken Kaufanreiz hervorrufen und deshalb in besonderer Weise geeignet sind, von einem sachgerechten Kaufverhalten abzulenken. Der Rahmen der Aufmerksamkeitswerbung wird in besonders starkem Maße verlassen, wenn die ohnehin schon besonders starke und bedenkliche Anreizwirkung eines Geldgeschenkes noch dazu genutzt wird, denjenigen zum Kauf der Ware zu veranlassen, der das Geschenk erlangen will[171].

Lockwaren

Auch außerhalb von Geldgeschenken und ohne Hineinlocken in das Geschäft des Werbenden kann der Kunde durch Anlockmittel "verstrickt" werden. So kann wettbewerbswidrig sein, den Kunden durch eine unentgeltliche Zuwendung derart anzulocken, daß er typischerweise zugleich für ein weiteres Geschäft eingefangen ist, auf dessen Abschluß es dem Werbenden allein oder überwiegend ankommt. Ob die Lockware unentgeltlich oder besonders preisgünstig gewährt wird, ist in diesem Zusammenhang irrelevant[172].

---

[169]BGH v. 23.2.1989, WRP 1990, 28, GRUR 1989, 366 „Wirtschaftsmagazin"

[170]BGH v. 25.5.1973, GRUR 1974, 156 „Geldgewinnspiel"

[171]BGH v. 13.6.1973, GRUR 1974, 345 „Geballtes Bunt"

[172]Zur Frage des übertriebenen Anlockens vgl. auch BGH v. 23.2.1989, WRP 1990, 28, GRUR 1989, 366 „Wirtschaftsmagazin"; BGH v. 9.2.1995, WRP 1995, 485, GRUR 1995, 353 „Super-Spar-Fahrkarten"

c) Erscheinungsformen

aa) Unentgeltliche Zuwendungen (Werbegeschenke)

Das Verschenken von Waren oder Leistungen zu Zwecken des Wettbewerbs ist nicht ohne weiteres wettbewerbswidrig. Unter dem Gesichtspunkt des Kundenfangs kommt es darauf an, ob durch den Einsatz leistungsfremder Mittel die freie Entschließung des Kunden in einer den Grundsätzen des Leistungswettbewerbs widersprechenden Weise derart beeinträchtigt wird, daß die unsachliche Beeinflussung als anstößig erscheint. Das ist bei täuschenden, nötigenden, anreißerischen Mitteln der Fall. In Betracht kommen kann auch der Aspekt des übertriebenen Anlockens bzw. psychologischer Kaufzwang. Bei der Beurteilung von Werbeschenkungen kann ferner das Interesse der Allgemeinheit besondere Beachtung verdienen, wenn die Gefahr besteht, daß eine Werbemaßnahme von den Mitbewerbern nachgeahmt und durch die damit eintretende Übersteigerung die Wettbewerbssitten verwildert werden oder weil der Bestand des Wettbewerbs im Rahmen der marktwirtschaftlichen Ordnung gefährdet wird.

Unzulässigkeit von Werbegeschenken bei anstößiger unsachlicher Beeinflussung

Werbegeschenke aus besonderem Anlaß, die Kunden anläßlich eines Festes, (Weihnachten, Ostern, Pfingsten), des Jahreswechsels, eines Jubiläums oder eines besonderen Geschehens (Heirat, Geburt) erhalten, sind wettbewerbsrechtlich zulässig, wenn sie nach ihrem Wert und der Art der bestehenden Geschäftsbeziehungen nicht geeignet sind, den Kunden unsachlich zu beeinflussen. Ein besonderer Anlaß kann auch wertvollere Geschenke rechtfertigen. Die Gabe muß jedoch stets so maßvoll sein, daß sie ihren Charakter als Erinnerungsgabe behält. Wird dieser Rahmen überschritten, kann Unlauterkeit unter dem Aspekt des psychologischen Kaufzwangs bestehen.

Zulässig: maßvolle Geschenke aus besonderem Anlaß

bb) Kundenbeförderung/Fahrtkostenerstattung

Ein Geschenk kann auch in der kostenlosen Beförderung von Kaufinteressenten liegen (Kundenbeförderung, Schleppen). Es kommt jedoch stets auf die Umstände des konkreten Falles an. Auch wenn kein Kaufzwang besteht, kann nach Lage des Falles ein übertriebenes Anlocken von Kunden mit attraktiven Freifahrten wettbewerbswidrig sein, wenn der Wer-

Der Verführungseffekt der Ankündigung steigert die Verkaufschancen in ungerechtfertigter Weise

bende durch den Verführungseffekt der Ankündigung seine Verkaufschancen gegenüber denen der Mitbewerber in ungerechtfertigter Weise steigert, die diese zur Nachahmung zwingt, wodurch der Leistungswettbewerb verfällt, die Werbung übersteigert und die Wettbewerbssitten in einer für die Allgemeinheit nicht mehr tragbaren Weise verwildert werden[173].

Kostenlose Einzelbeförderung unzulässig - Kundenbeförderung zum Ausgleich von Standortnachteilen zulässig

Während eine kostenlose Einzelbeförderung zum Geschäftslokal unter dem Gesichtspunkt des psychologischen Kaufzwangs grundsätzlich wettbewerbswidrig ist, ist eine kostenlose Kundenbeförderung im allgemeinen zulässig, wenn durch sie eine weit abseits gelegene, mit öffentlichen Verkehrsmitteln nicht erreichbare Verkaufsstelle erst für die Allgemeinheit zugänglich gemacht wird (Ausgleich von Standortnachteilen).

Voraussetzung: Wahrung der Anonymität, keine Einkaufskontrolle

Voraussetzung ist, daß die Teilnehmer unter Wahrung ihrer Anonymität auf der Hin- und Rückfahrt und ohne jede Einkaufskontrolle zur Verkaufsstelle gebracht werden, so daß bei ihnen nicht das Gefühl einer Verpflichtung zum Einkauf aufkommen kann.

Die kostenlose Beförderung muß mit dem Opfer des Zeitaufwandes korrelieren

Die kostenlose Beförderung muß dem normalen Fahrteilnehmer als eine Gegenleistung für den Zeitverlust und die Mühe erscheinen, ein außerhalb der Stadt gelegenes Warenhaus oder Einkaufszentrum aufzusuchen, soll sie nicht als attraktives wettbewerbswidriges Lockmittel erscheinen. Zu beachten ist jedoch stets, daß die kostenlose Beförderung mit dem Opfer des Zeitaufwandes korrelieren muß und die Kostenersparnis nicht über den angemessenen Ausgleich standortbedingter Nachteile hinausgehen darf, soll sie nicht als unsachliche Kundenbeeinflussung wettbewerbswidrig sein.

Die gesetzgeberische Wertung als „handelsüblich" nach § 1 Abs. 2d n.F. Zugabe-VO ist auch bei § 1 UWG zu berücksichtigen

Bei der Fahrtkostenerstattung gilt ähnliches. Bei einer Gesamtwürdigung der betroffenen Interessenbereiche fällt auch das öffentliche Verkehrsinteresse und der Umweltschutz zugunsten des erstattenden Unternehmens ins Gewicht. Sie ist dem Grundsatz nach nicht unter dem Aspekt des übertriebenen Anlockens oder des psychologischen Kaufzwangs zu werten[174]. Auch die wettbewerbsrechtliche Beurteilung hat dabei zu beachten, daß auf der Grundlage der Änderung der

---

[173] vgl. Baumbach/Hefermehl, a.a.O., Rdnr. 100 zu § 1 UWG

[174] vgl. Baumbach/Hefermehl, a.a.O., Rdnr. 105 zu § 1 UWG

Zugabeverordnung durch Gesetz vom 25.07.1994 nach § 1 Abs. 2 d eine verbotene Zugabe dann nicht vorliegt, wenn die Zugabe nur in handelsüblichem Zubehör zur Ware oder in handelsüblichen Nebenleistungen besteht. Kraft gesetzlicher Fiktion gilt als handelsüblich insbesondere eine im Hinblick auf den Wert der Ware oder Leistung angemessene teilweise oder vollständige Erstattung oder Übernahme von Fahrtkosten für Verkehrsmittel des öffentlichen Personennahverkehrs, die im Zusammenhang mit dem Besuch des Geschäftslokals oder des Ortes der Erbringung der Leistung aufgewendet werden. Was zugaberechtlich erlaubt ist, kann wettbewerbsrechtlich grundsätzlich nicht beanstandet werden. Anders kann es dann liegen, wenn Umstände, die zugaberechtlich nicht gewertet sind, das Unwerturteil der Sittenwidrigkeit begründen[175]. Es liegt im Rahmen des Angemessenen im Sinne von § 1 Abs. 2 d ZugabeVO n.F., wenn bei einem Einkaufswert ab DM 35,-- Fahrtkosten für Verkehrsmittel des öffentlichen Personennahverkehrs, die im Zusammenhang mit dem Besuch des Geschäftes aufgewendet werden, in Höhe von DM 1,-- erstattet werden[176].
Angemessen ist z.B. auch die Erstattung von DM 1,50 auf Fahrtkosten von DM 16,-- bei Einkauf ab DM 20,--[177]. Wenn und soweit die Fahrtkostenerstattung somit im Rahmen der Angemessenheit verbleibt und keine sonstigen Unlauterkeitskriterien vorliegen, ist sie unter dem Aspekt der ZugabeVO und des § 1 UWG zulässig.

cc) Kostenlose Abgabe von Zeitungen

Die kostenlose Abgabe von Zeitungen führt in erheblichem Umfang dazu, daß Kaufinteressenten zwischen verschiedenen Zeitungsangeboten nicht mehr nach Sachkriterien auswählen, sondern sich dort bedienen, wo sich ihnen eine kostenlose Erwerbsmöglichkeit bietet. Dies ist mit einer zulässigen Wertreklame nicht mehr vereinbar. Außerdem führt eine derartige Gratisverteilung zu einer Gefahr für den Fortbestand des Leistungswettbewerbs in diesem Bereich. Wegen

Gratisverteilung von Zeitungen ist unzulässig

---

[175] vgl. nur BGH v. 27.4.1995, WRP 1995, 699, GRUR 1995, 616 „Fahrtkostenerstattung II"

[176] BGH v. 3.11.1994, WRP 1995, 102, GRUR 1995, 163 „Fahrtkostenerstattung I"

[177] BGH v. 27.4.1995, WRP 1995, 699, GRUR 1995, 616 „Fahrtkostenerstattung II"

der Anlockwirkung, die die Gratisabgabe auf die Kunden ausübt und wegen des unsachlichen Gewöhnungseffekts, den eine solche Abgabe auf die Kunden auslöst sowie wegen der Gefahr der Nachahmung durch Wettbewerber ist Wettbewerbswidrigkeit im Sinne des § 1 UWG begründet. Dies gilt auch für eine Vertriebsmethode, die durch die verwandten ungesicherten Verkaufshilfen die massenhafte Entnahme unbezahlter Zeitungen in einem Ausmaß ermöglicht, das einer Gratisverteilung der Zeitungen gleichkommt[178].

dd) Werbeveranstaltungen

Zulässig, wenn: keine Täuschung über den Charakter der Veranstaltung, keine Inaussichtstellung übermäßiger Vorteile, kein rechtlicher oder psychologischer Kaufzwang vorliegt.

Bei Werbeveranstaltungen (Kaffeefahrten etc.) ist wesentlich, daß das Publikum nicht durch Täuschung zur Teilnahme angelockt wird und so unerwartet einer Verkaufswerbung für bestimmte Erzeugnisse ausgesetzt wird. Wettbewerbswidrig ist es daher, wenn beispielsweise zu einer Filmvorführung eingeladen wird, auf der kein Unterhaltungsfilm, sondern ein Werbefilm für Kochgeräte vorgeführt wird, ohne in der Einladung deutlich zum Ausdruck zu bringen, daß es sich um eine Werbeveranstaltung handelt. Gleiches gilt für Werbefahrten. Ist klar erkennbar, daß es sich um eine Werbeveranstaltung handelt, so braucht nicht darauf hingewiesen werden, wofür im einzelnen geworben wird. Nur darf durch das Verschweigen des Gegenstandes der Werbung nicht bei den Besuchern eine falsche Erwartung hervorgerufen werden. Die Besucher dürfen auch nicht durch Inaussichtstellen übermäßiger Vorteile angelockt werden. Wettbewerbswidrig ist es auch, die Teilnahme an einer Veranstaltung vom Kauf einer Ware abhängig zu machen. Bei sogenannten Werbe- und Verkaufsfahrten, bei denen zu einer Tagesfahrt zu sehenswerten Landschaften oder Städten gegen einen Fahrpreis, der weit unter dem Preis normaler Ausflugsfahrten liegt und zudem eine Reihe weiterer Vergünstigungen (Mittagessen, Kaffeetafel mit Kuchen, Weinprobe, Geschenke u.a.) einschließt, eingeladen wird, jedoch in die Fahrt auch eine Werbe- oder Verkaufsveranstaltung eingebaut ist, gelten im wesentlichen dieselben Grundsätze. Das Publikum darf nicht über den Charakter der Fahrt getäuscht werden. Der flüchtige Leser muß unmißverständlich und unübersehbar aus den Einladungskarten und Werbeprospekten ersehen

---

[178]BGH v. 15.2.1996, WRP 1996, 889, GRUR 1996, 778 „Stumme Verkäufer"

können, daß mit der Fahrt eine Werbe- oder Verkaufsveranstaltung verbunden ist. Unauffällige Hinweise reichen nicht aus. Es darf nicht der Eindruck einer Ausflugsfahrt erweckt werden, wenn es um eine Fahrt zu einer Verkaufsveranstaltung geht. Erforderlich ist ein eindeutiger, unmißverständlicher und auch für den flüchtigen Betrachter unübersehbarer Hinweis, daß es sich um eine Verkaufsfahrt handelt und die Teilnahme an der Verkaufsveranstaltung freiwillig ist. Werden die Vorteile der Fahrt für den flüchtigen Leser blickfangmäßig herausgestellt, so muß grundsätzlich auch deren Charakter als Verkaufsfahrt blickfangmäßig verdeutlicht werden. Ein leicht zu übersehender Hinweis „Werbefahrt" ist wegen seines mehrdeutigen Sinns zur hinreichenden Verdeutlichung einer Verkaufsfahrt ungeeignet[179]. Die Veranstaltung kann auch wegen Anlockens mit leistungsfremden, übertriebenen Vorteilen unzulässig sein (z.B. eine Omnibuswerbefahrt ins Blaue zu einem Preis von DM 6,--, wenn dabei eine Tagesausflugsfahrt von ca. 100 km in modernen Omnibussen sowie Mittagessen und Kaffeetafel angeboten werden)[180].

ee) Werbegaben

Grundsätzlich zulässig sind Werbegaben. Sie sind ebenso wie die Zugaben eine Form der Wertreklame, unterscheiden sich aber von ihr dadurch, daß sie unabhängig vom Bezug einer Ware gegeben werden. Werbegaben, die keine Zugabeeigenschaft haben, sind deshalb nur dann wettbewerbswidrig, wenn ihre Ankündigung oder Gewährung nach allgemeinen wettbewerbsrechtlichen Grundsätzen gegen § 1 UWG verstößt.

---

[179] BGH v. 10.10.1985, GRUR 1986, 318 „Verkaufsfahrten I"; BGH v. 8.10.1987, GRUR 1988, 130 „Verkaufsreisen", BGH v. 7.7.1988, GRUR 1988, 829 „Verkaufsfahrten II"

[180] zum Ganzen vgl. auch Baumbach/Hefermehl, a.a.O., Rdnr. 108-116 zu § 1 UWG

ff) Probegaben

Keine unzulässige Beeinflussung, wenn der Erprobungszweck und nicht die Unentgeltlichkeit im Vordergrund steht

Auch Probegaben, d.h. Probepackungen mit einer auf den Probezweck begrenzten Warenmenge, bei denen der Erprobungszweck im Vordergrund steht, sind grundsätzlich zulässig. Die unentgeltliche Abgabe von Waren zu Probezwecken, ist ein Werbemittel, das gerade dem Sinn des Leistungswettbewerbs entspricht. Der Kaufmann sucht den Kunden nicht mit dem Geschenk einer betriebsfremden Ware einzufangen, sondern ihn unmittelbar von der Güte und Preiswürdigkeit der angebotenen Ware selbst zu überzeugen, indem er sie ihm zur Erprobung überläßt. Wenn der Erprobungszweck im Vordergrund steht, der Kunde also das Bewußtsein hat, die Mühe und das Risiko der Erprobung auf sich zu nehmen, wird er in der Regel keine oder nur geringe Dankbarkeitsgefühle entwickeln, so daß die Gefahr eines psychologischen Kaufzwangs in der Regel nicht besteht. Eine unzulässige Beeinflussung der Entschließungsfreiheit der Umworbenen liegt aber dann vor, wenn nicht der Erprobungszweck, sondern die Unentgeltlichkeit der Zuwendung im Vordergrund steht[181]. Die Beurteilung, ob der Erprobungszweck dominierend ist oder nur als Vorwand dient, hängt jeweils von den Umständen des Einzelfalls, insbesondere der wettbewerblichen Gesamtwirkung ab.

Strengere Maßstäbe gelten bei der Abgabe von Originalwaren - Gefahr der Gefährdung des Wettbewerbs der fraglichen Warenart in seinem Bestand

Werden dagegen keine echten Warenproben, sondern Originalwaren der handelsüblichen Form unmittelbar oder durch Ausgabe von Gutscheinen kostenlos verteilt, so gelten strengere Grundsätze. Ist zu befürchten, daß die Aktion nach den Gesamtumständen - sei es für sich allein, sei es wegen der zu erwartenden Nachahmung durch die Mitbewerber - in einer die Interessen der Allgemeinheit erheblich schädigenden Weise den Wettbewerb der fraglichen Warenart in seinem Bestand, wenn auch nur für eine begrenzte Zeit, aufhebt, so ist die unentgeltliche Verteilung von Originalware wettbewerbswidrig, mag auch der Erprobungszweck noch vorliegen. Die Werbeaktion dient dann nicht mehr im Rahmen des Leistungswettbewerbs dem Erprobungszweck, sondern dieser Zweck ist nur das Mittel zur Ausschaltung des Leistungswettbewerbs. Wird dagegen eine der Gattung nach völlig neuartige Ware unentgeltlich verteilt, um Käuferschichten zu gewinnen, denen die Warenart bisher weitgehend unbekannt war, so kann nicht nur die Gefahr einer

---

[181] BGH v. 15.5.1986, GRUR 1986, 820 „Probejahrbuch"

Behinderung der Mitbewerber entfallen, sondern im Gegenteil eine Aufschließung des Marktes zugunsten der Mitbewerber eintreten, die den Leistungswettbewerb fördert[182].

gg) Kopplungsgeschäfte

Warenkopplungsangebote fassen mehrere (gleiche, gebrauchsnahe oder auch verschiedenartige) Waren zu einem Gesamtangebot und zu einem Gesamtpreis zusammen. In der Rechtsprechung wird unterschieden zwischen offenen und verdeckten Kopplungsangeboten. Offene Kopplungsangebote liegen vor, wenn der angesprochene Verkehr aufgrund der auf der Packung angegebenen Preisdarstellung die Einzelpreise der verbundenen Waren erkennen kann. Das Kopplungsangebot ist hingegen verdeckt, wenn der Händler ausschließlich einen Gesamtpreis ausweist. Bei verdeckter Kopplung werden die Waren ohne Nennung von Einzelpreisen nur zusammen und zwar zu einem Gesamtpreis abgegeben; bei offener Kopplung sind dagegen die Einzelpreise ebenfalls genannt. Die Waren werden entweder nur zusammen oder auch getrennt zu den dafür angesetzten Einzelpreisen abgegeben. Die rechtliche Beurteilung erfolgt, wenn die Kopplungsgeschäfte zur Verschleierung einer Zugabe vorgenommen werden, nach der ZugabeVO[183], im übrigen nach Wettbewerbsrecht, insbesondere § 1 UWG. Grundsätzlich sind Kopplungsgeschäfte erlaubt, da es dem Kaufmann unbenommen bleiben muß, zu entscheiden, ob er seine Waren einzeln oder nur zusammen abgeben will.

Im Bereich der verdeckten Kopplungsgeschäfte wird die Kopplung in der Regel als unlauter angesehen, wenn branchenverschiedene Waren oder Leistungen von unterschiedlicher Art und Beschaffenheit gekoppelt zu einem Gesamtpreis angeboten werden und es dem Publikum ohne Kenntnis der Einzelpreise nicht möglich ist, den Wert der zusammen angebotenen Waren oder Leistungen auch nur annähernd zu schätzen. Sind die Einzelpreise nicht bekannt und kann der Käufer sie - mit einem zumutbaren Aufwand - nicht in Erfahrung bringen, weil er keinerlei Anhaltspunkte für deren Berechnung hat und er deshalb die Preisgestaltung des An-

Kopplung branchenverschiedener Waren/Dienstleistungen und mangelnde Möglichkeit, den Wert zu schätzen, macht verdeckte Kopplungsgeschäfte unzulässig.

---

[182]BGHZ 43, 278 „Kleenex"; zum Ganzen vgl. auch Baumbach/Hefermehl, a.a.O., Rdnr. 119-126 zu § 1 UWG

[183]vgl. C.II.4. a) aa)

gebotes nicht mit Konkurrenzprodukten vergleichen kann, kann Wettbewerbswidrigkeit begründet sein[184]. Außerdem verleitet ihn der Gesamtpreis zu der irrigen Annahme, das Angebot sei besonders preisgünstig. Ob dem Käufer allerdings bei einem Gesamtangebot „Gefriertruhe incl. ein halbes Schwein" tiefschürfende Überlegungen dahingehend, daß es bei Schweinehälften Durchschnittsgewichte gibt und detektivische Feinarbeit im Sinne des Einholens von Auskünften bei Schlachtern zur Ermittlung der Einzelpreise zugemutet werden kann[185], mag bezweifelt werden.

Offene Kopplungs- geschäfte sind bei Gebrauchsnähe und richtig kalkulierten Preisen in der Regel zulässig

Bei offenen Kopplungsangeboten gilt: Werden mehrere Waren, die zwar branchenfremd sind, jedoch zueinander eine gewisse Gebrauchsnähe aufweisen, unter Angabe richtig kalkulierter Einzelpreise zu einem Gesamtpreis angeboten, der gleich der Summe der Einzelpreise ist, so wird ein solches Kopplungsangebot in der Regel nicht nach §§ 1, 3 UWG zu beanstanden sein, auch wenn die Kunden irrig annehmen sollten, sie erhielten die eine Ware wegen der Kopplung mit der anderen Ware besonders preisgünstig. Auch offene Kopplungsangebote sind jedoch wettbewerbswidrig, wenn im Einzelfall besondere negative Momente hinzukommen. Das kann insbesondere der Fall sein, wenn die aus verschiedenen Branchen stammenden, gekoppelt unter Angabe der Einzelpreise angebotenen Waren keine oder nur eine schwache Gebrauchsnähe aufweisen. Dann kann ein Vorspannangebot vorliegen.

hh) Gekoppelte Vorspannangebote

Die Vorspannware ist akzessorisch zur Hauptware, wird aber - anders als die Zugabe - nicht ohne Berechnung abgegeben

Vorspannangebote sind Lockangebote besonderer Art. Sie sollen den Absatz einer angebotenen marktüblichen Hauptware, z.B. Kaffee oder Tee, dadurch fördern, daß dem Kunden eine sehr preisgünstig erscheinende Nebenware angeboten wird, die er jedoch nur erwerben kann, wenn er auch die Hauptware kauft. Der vorgespannte Artikel ist meist branchen- oder betriebsfremd. Ob ein Vorspannangebot vorliegt, beurteilt sich danach, ob eine der gekoppelten Waren für eine andere zur Förderung ihres Absatzes Vorspanndienste leistet. Die werbliche Wirkung von Vorspannangeboten

---

[184]BGH v. 30.11.1995, WRP 1996, 286, GRUR 1996, 363 „Saustarke Angebote"

[185]so BGH v. 30.11.1995, Fn. 184

und gleichzeitig der Grund für ihre Beurteilung als wettbewerbsfremd, liegt in dem starken Lockeffekt, der durch die Vorspannware auf den Kunden ausgeübt wird und der geeignet ist, ihn ohne sachliche Prüfung zum Kauf der regulären Hauptware zu bewegen, um die besonders günstig erscheinende Vorspannware zu erwerben. Die Akzessorietät zwischen Hauptware und Vorspannware verleiht dem Vorspannangebot einen typisch zugabeähnlichen Charakter, ohne daß die Vorspannware Zugabe im Sinne der Zugabenverordnung wäre, da sie nicht ohne Berechnung neben der Hauptware abgegeben wird. Einerseits wird die Zuwendung der Vorspannware wie eine Zugabe vom Kauf der Hauptware abhängig gemacht, andererseits wird aber ein Entgelt für sie verlangt, das zwar kein offenbares Scheinentgelt im Sinne des § 1 Abs. 2 Satz 2 ZugabeVO ist, jedoch so niedrig ist, daß es den Kunden zum Kauf der Hauptware verlockt.

Da der Lockeffekt einer Vorspannware im Zusammenhang mit der rechtlichen Abhängigkeit ihres Erwerbs vom Kauf der Hauptware gezielt darauf gerichtet ist, den Kunden von der Hauptware und ihren Eigenschaften abzulenken und ihn aus sachfremden Gründen zum Kauf der Hauptware zu bestimmen, werden gekoppelte Vorspannangebote in der Regel gegen § 1 UWG verstoßen, ohne daß es auf weitere negative Momente, wie die Gefahr der Nachahmung, Übersteigerung und Gefährdung des Wettbewerbs in seinem Bestand, ein übertriebenes Anlocken oder das Vorliegen einer verbotenen Sonderveranstaltung (§ 7 UWG) ankommt[186].

Der Lockeffekt der Vorspannware soll den Kunden aus sachfremden Gründen zum Erwerb der Hauptware bestimmen

Neben den gekoppelten Vorspannangeboten existieren auch die ungekoppelten Angebote branchenfremder Waren, die ebenfalls die Aufmerksamkeit des Publikums wecken und den Umsatz der eigenen Waren fördern. Grundsätzlich ist es zulässig, eine branchenfremde Ware als Vorspann für eine andere Ware besonders preisgünstig anzubieten, wenn es ohne Kopplung geschieht. Anders liegt es bei einem Scheinpreis. So ist eine fortlaufende Werbeaktion mit wiederholten Zeitungsinseraten, in denen jeweils wechselnde Gebrauchsartikel zu einem nur einen Bruchteil des üblichen Entgelts darstellenden Scheinentgelt von einem Groschen oder einem Glückspfennig angeboten werden, als übersteigerte Wertreklame wettbewerbswidrig. Anders fällt die Beurteilung auch

Ungekoppelte Angebote branchenfremder Waren sind grundsätzlich zulässig

---

[186] vgl. die Rechtsprechungsnachweise bei Baumbach/Hefermehl, a.a.O., Rdnr. 138 zu § 1 UWG

aus, wenn sonstige Unlauterkeitskriterien vorliegen, z.B. wenn eine Lockware ständig unter dem Einstandspreis verkauft und dadurch der Wettbewerb auf dem betreffenden Markt völlig oder nahezu aufgehoben würde. In einem derartigen Fall wäre die Preisstellung unter dem Aspekt der Behinderung oder der Marktstörung wettbewerbswidrig[187].

Zusammenfassung

Die Wertreklame ist mit dem Leitbild eines an Güte und Preiswürdigkeit orientierten Leistungswettbewerbs schwer zu vereinbaren. Ihre starke werbliche Wirkung beruht im Gegensatz zur Wort- und Anschauungsreklame darauf, daß dem Kunden ein besonderer Vorteil in Aussicht gestellt wird, der geeignet ist, ihn zu sachfremden Überlegungen und Entschlüssen zu verleiten, ihn gleichsam zu bestechen. Der Gesetzgeber ist der Wertreklame für einen Teilbereich dadurch begegnet, daß er Zugaben durch die Zugabenverordnung grundsätzlich verboten und lediglich für eng begrenzte Fälle Ausnahmen zugelassen hat. Die Einräumung von Preisnachlässen wird über das Rabattgesetz beschränkt.

Zugabe ist eine neben einer Hauptsache zusätzlich gewährte Nebenware oder Nebenleistung, die ohne besondere Berechnung seitens des Verkäufers freiwillig gewährt wird, um den Absatz der Ware zu fördern. Ausnahmen zum Zugabeverbot: vgl. § 1 Abs. 2 ZugabeVO.

Rabatt ist ein Nachlaß auf den vom Unternehmer angekündigten oder allgemein geforderten Preis. Ob im Einzelfall der tatsächlich gewährte Vorteil als Preisnachlaß zu beurteilen ist, wird durch die von einer wirtschaftlichen Betrachtungsweise geprägten Auffassung des Verkehrs bestimmt. Von der Verkehrsauffassung hängt es auch ab, ob zwei Normalpreise anzunehmen sind oder ein Normalpreis und ein Ausnahmepreis. Das Rabattgesetz gilt nur für den geschäftlichen Verkehr mit dem Endverbraucher. Es ist auf Warenlieferungen und gewerbliche Leistungen des täglichen Bedarfs beschränkt. Entscheidend für den "täglichen Bedarf" ist, ob er bei relevanten Teilen der Abnehmerschaft ständig besteht. Maßgeblich ist Verkehrsauffassung. Ist ein Preisnachlaß gegeben, so darf er nur nach den Vorschriften der §§ 2 ff. RabattG gewährt werden (als Barzahlungsrabatt, Mengennachlaß, Sonderrabatt).

---

[187] vgl. Baumbach/Hefermehl, a.a.O., Rdnr. 140 f. zu § 1 UWG

Auch unabhängig von diesen Sonderregelungen kann die Wertreklame nach § 1 UWG unzulässig sein, wenn besondere Umstände hinzutreten, die die Werbung und das nach der Zugabeverordnung und im Rabattgesetz zulässige Verhalten als wettbewerbswidrig erscheinen lassen (insbesondere unter den Aspekten des rechtlichen Kaufzwanges, des psychologischen Kaufzwanges, eines übertriebenen Anlockens).
Auch beim Verschenken von Waren oder Leistungen kommt es unter dem Gesichtspunkt des Kundenfangs darauf an, ob durch den Einsatz sachfremder Mittel die freie Entschließung des Kunden in einer den Grundsätzen des Leistungswettbewerbs widersprechenden Weise derartig beeinträchtigt wird, daß die unsachliche Beeinflussung als anstößig erscheint.
Bei Werbeveranstaltungen (Kaffeefahrten etc.) ist wesentlich, daß das Publikum nicht durch Täuschung zur Teilnahme angelockt wird und so unerwartet einer Verkaufswerbung für bestimmte Erzeugnisse ausgesetzt wird. Wettbewerbswidrig ist es daher, wenn beispielsweise zu einer Filmvorführung eingeladen wird, auf der kein Unterhaltungsfilm, sondern ein Werbefilm für Kochgeräte vorgeführt wird, ohne in der Einladung deutlich zum Ausdruck zu bringen, daß es sich um eine Werbeveranstaltung handelt. Gleiches gilt für Werbefahrten.
Werbegaben sind zwar ebenso wie Zugaben eine Form der Wertreklame, unterscheiden sich aber von ihr dadurch, daß sie unabhängig vom Bezug einer Ware gegeben werden. Werbegaben, die keine Zugabeeigenschaft haben, sind deshalb nur dann wettbewerbswidrig, wenn ihre Ankündigung oder Gewährung nach allgemeinen wettbewerbsrechtlichen Grundsätzen gegen § 1 UWG verstößt.
Auch Probegaben/Warenproben sind grundsätzlich zulässig: durch die Überlassung zur Probe soll der Kunde sich unmittelbar von der Güte und Preiswürdigkeit der angebotenen Ware selbst überzeugen. Anders, wenn Originalwaren der handelsüblichen Form kostenlos verteilt werden und zu befürchten ist, daß die Aktion nach den Gesamtumständen den Wettbewerb der fraglichen Warenart in seinem Bestand, wenn auch nur für begrenzte Zeit, aufhebt. Anders, wenn eine der Gattung nach völlig neuartige Ware unentgeltlich verteilt wird, um eine Aufschließung des Marktes zu erreichen, die dann auch zugunsten der Mitbewerber wirkt und den Leistungswettbewerb fördert.
Bei Kopplungsangeboten gilt: Offene Kopplungsangebote: Werden mehrere Waren, die zwar branchenfremd sind, jedoch zueinander eine gewisse Gebrauchsnähe aufweisen,

unter Angabe richtig kalkulierter Einzelpreise zu einem Gesamtpreis angeboten, der gleich der Summe der Einzelpreise ist, wird ein solches Kopplungsangebot in der Regel nicht nach §§ 1, 3 UWG zu beanstanden sein.

Im Bereich der verdeckten Kopplungsgeschäfte wird die Kopplung in der Regel als unlauter angesehen, wenn branchenverschiedene Waren oder Leistungen von unterschiedlicher Art und Beschaffenheit gekoppelt zu einem Gesamtpreis angeboten werden und es dem Publikum ohne Kenntnis der Einzelpreise nicht möglich ist, den Wert der zusammen angebotenen Waren oder Leistungen auch nur annähernd zu schätzen. Außerdem verleitet ihn der Gesamtpreis zu der irrigen Annahme, das Angebot sei besonderes preisgünstig.

5. Aleatorische (vom Zufall abhängige) Anreize (Appell an Spiel- und Sammeltrieb)

Die sog. aleatorischen Werbemittel, bei denen der Gewinn vom Zufall abhängt, wie Preisausschreiben, Preisrätsel, Gewinnspiele, Gratisverlosungen aller Art erfreuen sich nicht nur hoher Beliebtheit, sondern sind auch sehr werbewirksam.

a) Ausnutzung der Spiellust

Die Ausnutzung der Spiellust durch Verkopplung mit dem Warenabsatz ist unzulässig; zulässig der Appell an Spiel- und Gewinnsucht als Mittel der Aufmerksamkeits- erregung

Öffentliche Lotterien und Ausspielungen, bei denen die Teilnahme von einem Einsatz abhängig ist, sind strafrechtlich relevant, wenn sie nicht genehmigt sind (§ 286 StGB). Bürgerlich-rechtlich ist zu beachten, daß durch Spiel und Wette eine Verbindlichkeit nicht begründet wird (§ 762 BGB). Wettbewerbsrechtlich ist die Ausnutzung der Spiellust des Kunden dann beachtlich, d.h. wettbewerbswidrig, wenn der Gewerbetreibende die Spiellust des Kunden dadurch für sich oder andere ausnutzt, daß er sie mit dem Absatz seiner Waren oder der marktlichen Verwendung seiner sonstigen Leistungen verkoppelt. Die Spielsucht kann den Kunden in der Freiheit des Kaufentschlusses spürbar beeinflussen, so daß er die Ware weniger wegen ihrer Güte und Preiswürdigkeit kauft, als um die Gewinnchance zu erlangen. An die Stelle des Warenvergleichs tritt die Gewinnsucht. Eine solche Verkopplung des Warenabsatzes mit der Ausnutzung der Spiellust ist sittenwidrig. Lenkt dagegen der Wettbewerber durch aleatorische Werbemittel nur die Aufmerksamkeit des Publikums auf die Ware oder Leistung hin, so ist die an Spiel- und

Gewinnsucht appellierende Werbung zwar nicht wettbewerbseigen, aber auch nicht wettbewerbsfremd. Es ist nicht schlechthin verwerflich, wenn der Werbende sich die Spielfreude des Publikums zunutze macht, vorausgesetzt, er verlangt keinen offenen oder versteckten Einsatz. Erst das Hinzutreten bestimmter Unlauterkeitskriterien kann nach Lage des Falles dazu führen, daß solche Veranstaltungen als wettbewerbsrechtlich anstößig anzusehen sind (Irreführung, psychologischer Kaufzwang, Anlocken durch übermäßige Vorteile, anreißerische Belästigung).

b) Preisausschreiben, Gratisverlosung, Gewinnspiele

Unter den Begriff aleatorische Reize fallen auch Preisausschreiben, Gratisverlosungen und Gewinnspiele. Preisausschreiben und Gratisverlosungen, die zu Zwecken des Wettbewerbs gratis veranstaltet werden, um dem Publikum ein Unternehmen und seine Ware bekanntzumachen und die Aufmerksamkeit des Publikums auf das Angebot zu lenken, halten sich in den Grenzen des lauteren Wettbewerbs und sind daher erlaubt, zumal dem Durchschnittspublikum bekannt ist, daß die Gewinnchancen bei Preisausschreiben und Gratisverlosungen ungewiß sind; ein Umstand, der den Anlockeffekt mindert. Sie sind wettbewerbswidrig, wenn Unlauterkeitsmomente hinzukommen, die den ihnen ohnehin anhaftenden Anlockeffekt noch verstärken. So darf das Publikum z.B. nicht über die Gewinnchancen und deren Höhe getäuscht werden, insbesondere auch nicht über den Zweck der Veranstaltung durch unklare Teilnahmebedingungen, falsche Lösungshinweise o.a. irregeführt werden. Wettbewerbswidrig ist es, die Verlosung wertvoller Geschenke vorzutäuschen, die in Wahrheit nicht verteilt werden oder geringwertig sind. Wettbewerbswidrig ist es auch, wenn bei Gewinnspielen im Versandhandel gegenüber der Ankündigung, Gewinne von nicht unerheblichem Wert auszuspielen, nicht deutlich darauf hingewiesen wird, daß zu den Gewinnen auch eine Vielzahl von Warengutscheinen geringeren Wertes gehören[188]. Wird auf der Einladung zu einer Werbeveranstaltung durch Worte wie "Originallos", "Freilos", "Gewinnerliste" oder

Grundsätzliche Zulässigkeit, es sei denn: Täuschung über die Gewinnchancen und deren Höhe

---

[188]BGH v. 16.3.1989, WRP 1989, 504, GRUR 1989, 434 „Gewinnspiel I"; BGH v. 2.2.1995, WRP 1995, 591, „Gewinnspiel II"

willkürlich hohe Nummern auf den Einladungskarten der Eindruck einer Verlosung vorgetäuscht, bei der man erwartet, daß der Gewinn vom Zufall abhängt und dadurch zum Besuch der Veranstaltung verlockt wird, während in Wahrheit an die Empfänger Werbegeschenke verteilt werden, begründet dies die Unlauterkeit.

Kopplung mit dem Warenabsatz

Zu beachten ist ferner, daß die Teilnahme an einem Preisausschreiben oder sonstigen Gewinnspiel nicht irgendwie mit dem Warenabsatz verkoppelt sein darf. In einem derartigen Fall beschränkt sich die Werbemaßnahme nicht darauf, die Aufmerksamkeit des Verbrauchers zu erregen oder auf das Warenangebot hinzulenken, sondern zielt darauf, die Spiellust und das Streben nach Gewinn auszunutzen. Der Kunde kauft die Ware nicht im Hinblick auf ihre Güte und Preiswürdigkeit und aufgrund sachgemäßen Warenvergleichs, sondern kauft sie mehr oder weniger unbesehen aus Dankbarkeit oder um den zugesagten Gewinn realisieren zu können[189], bzw. um den als Köder ausgesetzten Preis zu gewinnen.

Ausübung eines psychologischen Kaufzwangs

Durch die Kopplung mit dem Warenabsatz wird auf den Kunden ein besonders starker psychologischer Kaufdruck ausgeübt, der die Veranstaltung wettbewerbswidrig macht. Unzulässig ist daher ein Preisausschreiben, bei dem ein Etikett, eine Warenquittung oder ein Teil der Warenverpackung beizufügen ist. Die Spiellust wird auch in anstößiger Weise ausgenutzt, wenn nicht die Beteiligung, wohl aber die Lösung des Preisausschreibens den Kauf der Ware voraussetzt. Es genügt schon, daß ein nicht unerheblicher Teil der angesprochenen Verkehrskreise meint, es sei günstiger, die Ware zu kaufen, z.B. wegen einer höheren Gewinnchance oder leichteren Lösung[190]. Auch wenn die Teilnahme oder die Lösung des Gewinnspieles den Kunden in einen psychologischen Kaufzwang versetzt, ist Wettbewerbswidrigkeit anzunehmen[191]. Besonders naheliegend ist ein psychologischer Kaufzwang z.B., wenn die Teilnehmer das Geschäft nicht nur betreten müssen, um Lose, Teilnahmebedingungen und Gewinne abzuholen, sondern zur Lösung der Aufgabe das Geschäft gründlich durchsuchen müssen. In einem derarti-

---

[189]BGH v. 16.3.1989, WRP 1989, 504, 506, GRUR 1989, 434 „Gewinnspiel I"

[190]BGH v. 22.2.1990, GRUR 1990, 611 „Werbung im Programm"

[191]zum psychologischen Kaufzwang vgl. C.II.4.b) bb)

gen Falle werden sie sich erfahrungsgemäß, wenn die Verkäufsräume einerseits nicht übermäßig groß sind, andererseits eine größere Zahl von Verkäufern präsent ist, nicht mehr unbeachtet fühlen und in eine Lage geraten, die sie psychologisch unter Druck setzt und ihre freie Entschließung beeinträchtigt[192].

Auch unter dem Aspekt eines übertriebenen Anlockens kann der Anreizeffekt eines Preisausschreibens - unabhängig davon, ob ein psychologischer Kaufzwang ausgeübt wird - so stark sein, daß die Umworbenen von einer sachgerechten Prüfung der Konkurrenzangebote auf Preiswürdigkeit und Qualität abgelenkt und gewissermaßen magnetisch zu dem Geschäft oder der Werbeveranstaltung des Werbenden hingezogen werden. Das kann der Fall sein, wenn übermäßig hohe und wertvolle Preise ausgesetzt werden, um das Publikum unter gleichzeitiger Ausnutzung der Spiellust zu bewegen, das Geschäft des Werbenden oder eine Werbeveranstaltung aufzusuchen. Wer zur Teilnahme an einer Gratisverlosung oder einem Gewinnspiel das Geschäft des Werbenden aufsuchen muß, ist zunächst einmal eingefangen. Die Kenntnisnahme von dem Warenangebot des Werbenden wird bei manchen Besuchern bewirken, dass sie Gelegenheitskäufe tätigen, weil ihnen die eine oder andere Ware zusagt. Insbesondere bei abgepackten Markenwaren, bei denen es dem Verbraucher meist gleichgültig ist, wo er sie kauft, werden die Besucher erfahrungsgemäß aus reiner Bequemlichkeit die Gelegenheit ergreifen und ihren Bedarf in dem Geschäft decken, das sie nun einmal aufgesucht haben. Auf diese Weise erzielt der Werbende eine Umsatzsteigerung, die er ohne das übertriebene Anlocken nicht erzielt hätte. Das anstößige Moment liegt darin, daß die Umworbenen zum Aufsuchen des Geschäfts oder einer Werbeveranstaltung verlockt werden, ohne zuvor die Konkurrenzangebote sachgerecht zu prüfen. Es besteht ferner die Gefahr, daß die Mitbewerber solche Lockmethoden nachahmen und der Wettbewerb entartet. Ein übermäßiges Anlocken, das den Teilnehmer in enge Berührung mit dem Geschäft des Veranstalters bringt, ist daher auch ohne Ausübung eines psychologischen Kaufzwanges als wettbewerbswidrig anzusehen[193].

Übertriebenes Anlocken

---

[192] BGH v. 4.12.1986, GRUR 1987, 243, 244 „Alles frisch"

[193] zum Ganzen vgl. Baumbach/Hefermehl, a.a.O., Rdnr. 142-167 zu § 1 UWG; Köhler/Piper, a.a.O., Rdnr. 55-59 zu § 1 UWG; Piper,

Zusammenfassung

Lenkt der Wettbewerber durch aleatorische Werbemittel die Aufmerksamkeit des Publikums auf die Ware oder Leistung hin, so ist die an Spiel und Gewinnsucht appellierende Werbung zwar nicht wettbewerbseigen, aber auch nicht wettbewerbsfremd. Erst das Hinzutreten bestimmter Unlauterkeitskriterien kann nach Lage des Falles dazu führen, daß solche Veranstaltungen als wettbewerbsrechtlich anstößig anzusehen sind (Irreführung, psychologischer Kaufzwang, Anlocken durch übermäßige Vorteile, anreißerische Belästigung). Dasselbe gilt für Preisausschreiben, Gratisverlosungen und Gewinnspiele. Sie sind wettbewerbswidrig, wenn Unlauterkeitsmomente hinzukommen, die den ohnehin bestehenden Anlockeffekt noch verstärken. So darf das Publikum z. B. nicht über die Gewinnchancen und deren Höhe getäuscht werden, insbesondere auch nicht über den Zweck der Veranstaltung durch unklare Teilnahmebestimmungen, falsche Lösungshinweise u. a. irregeführt werden. Wettbewerbswidrig ist es, die Verlosung wertvoller Geschenke vorzutäuschen, die in Wahrheit nicht verteilt werden oder geringwertig sind. Zu beachten ist ferner, daß die Teilnahme an einem Preisausschreiben oder einem Gewinnspiel nicht mit dem Warenabsatz verkoppelt sein darf. Auch wenn die Teilnahme oder die Lösung des Gewinnspiels den Kunden in einen psychologischen Kaufzwang versetzt, ist Wettbewerbswidrigkeit anzunehmen. Unter dem Aspekt eines übertriebenen Anlockens kann der Anreizeffekt eines Preisausschreibens so stark sein, daß die Umworbenen von einer sachgerechten Prüfung der Konkurrenzangebote auf Preiswürdigkeit und Qualität abgelenkt werden.

6. Gefühls- und Vertrauensausnutzung

Kennzeichnend für Sachverhalte, deren wettbewerbsrechtliche Beurteilung unter diesem Oberbegriff zusammengefaßt werden, ist, daß der Kunde durch den Appell an das Gefühl von den für den Kauf einer Ware wesentlichen Umständen, wie Preis und Güte, abgelenkt und unter Ausnutzung seiner Gefühle bestimmt werden soll, sich aus sachfremden Gesichtspunkten zum Kauf zu entschließen. Außer dem direk-

---

Aktuelle Rechtsprechung des Bundesgerichtshofs zum Wettbewerbsrecht, Rdnr. 108-111; Gerstenberger, RWW 3.1

ten Appell an bestimmte Gefühle wie Angst oder Mitleid, wird dem Publikum durch Manipulation des Unbewußten der Kauf bestimmter Waren suggeriert. Solche Praktiken sind meist irreführend und schon aus diesem Grunde unzulässig, können jedoch, auch ohne daß der Umworbene irregeführt wird, wettbewerbswidrig sein.

Das Kriterium, das die Wettbewerbswidrigkeit begründet, kann dabei allerdings nicht bereits darin liegen, daß Gefühle des Umworbenen angesprochen werden. Jeder Werbung ist ein Ansprechen von Gefühlen immanent, die von dem Wunsch nach Wohlbefinden bis zu dem nach Luxus, Eleganz, Schönheit, Kraft, Anerkennung etc. reichen. Werbung weckt (positive) Assoziationen und damit Gefühle und sei es nur dadurch, daß der Tiger, den Esso in den Tank packt, ein Gefühl der Kraft und Ausdauer assoziieren soll. Die Ansprache von Gefühlen als solche kann somit die Wettbewerbswidrigkeit nicht begründen. Dementsprechend wird in inzwischen ständiger Rechtsprechung auch ausgeführt, daß die Ansprache durch richtige Angaben noch nicht ohne weiteres Wettbewerbswidrigkeit begründet. Wettbewerbswidrigkeit liegt erst bei einer dem Leitbild des Leistungswettbewerbs widersprechenden Ausnutzung der Gefühle zur unsachlichen Beeinflussung der Kaufentscheidung vor[194]. Zu prüfen sind damit die Prämissen:

- Wann liegt ein Widerspruch zum Leistungswettbewerb vor ?
- In welchen Fällen werden Gefühle ausgenutzt ?
- Wann ist die Eignung zur unsachlichen Beeinflussung der Kaufentscheidung gegeben ?

Da die Kriterien, die Wettbewerbswidrigkeit begründen können, vielfältig sind, bietet sich die Einordnung in Fallgruppen ebenso an wie die Differenzierung zwischen produktbezogener Werbung und Werbemaßnahmen ohne Produktbezug (Imagewerbung). Bei letzteren steht die Beziehung zu dem umworbenen Produkt, für die häufig ein sachlicher Zusammenhang gefordert wird, zumindest nicht im Vordergrund. Entziehen sie sich nicht im Einzelfall bereits deshalb wettbewerbsrechtlicher Beurteilung, weil es an der Wettbe-

Das Ansprechen von Gefühlen ist für sich gesehen nicht wettbewerbswidrig

---

[194]vgl. nur BGH v. 14.12.1995, WRP 1996, 290 „Umweltfreundliches Bauen"; BGH v. 23.5.1996, WRP 1996, 1156, GRUR 1996, 367 „PVC-frei"; BGH v. 5.12.1996, WRP 1997, 724 „Umweltfreundliche Reinigungsmittel m.w.N.

werbsförderungsabsicht fehlt[195], bedingen die festzustellenden Besonderheiten eine differenzierte Betrachtungsweise.

a) Ausnutzung der Angst

Besondere, ernsthafte Angstgefühle werden geschürt und ausgenutzt.

Auch wenn durch werbliche Aussagen Gefühle der Angst hervorgerufen werden, ist dies nicht als solches bereits wettbewerbswidrig, solange es sich um sachliche Informationen handelt, die dem Interesse des Kunden dienen. Ein Schüren der Angst und eine unzulässige Ausnutzung der Angst, die Wettbewerbswidrigkeit begründen, liegt jedoch vor, wenn durch die Art der Schilderung beim Kunden besondere Angstgefühle hervorgerufen oder bereits bestehende noch verstärkt werden, um dadurch den Warenabsatz zu steigern. Die Angst kann dann ein so dominierendes Gefühl werden, daß sie den Umworbenen in eine Art psychologischen Kaufzwang versetzt, und ihn dadurch in seiner Entscheidungsfreiheit in wettbewerbswidriger Weise behindert. Ein derartiger Sachverhalt ist insbesondere leicht gegeben, wenn Angst im Zusammenhang mit der Sorge um die Gesundheit angesprochen wird. Stets muß es sich jedoch um besondere, ernsthafte Angstgefühle handeln.

Eine Werbung für das Mittel „Klosterfrau Melissengeist" mit folgenden Angaben: „Erkältung und grippale Infekte überrollen Berlin. Sofort besorgen! Klosterfrau Melissengeist, die sechsfache Hilfe bei Erkältung:" usw., ist z.B. nicht geeignet, erhebliche Angstgefühle hervorzurufen. Die Unterscheidung zwischen der eigentlichen Grippe einerseits und banaleren grippalen Infekten andererseits ist inzwischen auch im allgemeinen Sprachgebrauch weithin üblich. Es ist nach der allgemeinen Lebenserfahrung nicht anzunehmen, der Verkehr werde den in der Werbung verwendeten Begriff der grippalen Infekte auf die mitunter gefährlichere Form der Grippe oder Influenza beziehen. Der Verkehr hält Krankheiten, für deren Bekämpfung eine - weithin einem alten Hausmittel ähnlich erachtete - Kräuteressenz empfohlen wird, nicht für bedrohlich und besonders angsterregend. Der Hinweis auf die Gefahr „Erkältung und grippale Infekte" erscheint daher zur Erzeugung ernsthafter, besonderer Angstgefühle ungeeignet. Die Angabe, die Stadt Berlin werde von solchen Erkrankungen "überrollt", ist nicht geeignet, erhebliche Ängste

---

[195] vgl. dazu B.II.

zu erzeugen, wenn für die Bekämpfung der Erkrankungen zugleich eine weithin einem alten Hausmittel ähnlich erachtete Kräuteressenz wie Klosterfrau Melissengeist empfohlen wird[196]. Auch der Slogan „Damit Mensch und Natur eine Chance haben", kann nicht als unzulässige Angstwerbung gewertet werden[197].

b) Gesundheitswerbung

Die menschliche Gesundheit ist nach allgemeiner Auffassung ein besonders wertvolles und schutzwürdiges Gut. Wegen der hervorragenden Bedeutung dieses Gutes können Erzeugnisse, die zu seiner Erhaltung beitragen, erfahrungsgemäß mit einer gesteigerten Wertschätzung rechnen, so daß sich Werbemaßnahmen, die an die Gesundheit anknüpfen, als besonders werbewirksam erweisen. Derartige Maßnahmen sind in hohem Maße geeignet, Kaufentscheidungen zu beeinflussen. Sowohl die besondere Bedeutung der Gesundheit für den einzelnen und die Gesellschaft als auch die große Zugkraft einer Gesundheitswerbung rechtfertigen es, deren Zulässigkeit nach strengen Maßstäben zu beurteilen[198]. Auf dem Gebiet des Heilwesens wird die Gesundheitswerbung bereits durch das Gesetz vom 18.10.1978 über die Werbung auf dem Gebiete des Heilwesens[199] eingeschränkt. Weitere Einschränkungen enthalten das Lebensmittel- und Bedarfsgegenständegesetz (LMBG), die NährwertkennzeichnungsVO, die DiätVO, das WeinG etc. Unabhängig von dieser Sonderregelung können die §§ 1, 3 UWG eingreifen. Entsprechen Werbeangaben auf dem Gebiet des Gesundheitswesens nicht gesicherter wissenschaftlicher Erkenntnis, so ist dies bereits unter dem Aspekt des § 1 UWG relevant. Enthalten sie darüber hinaus unrichtige Angaben oder verbinden die umworbenen Verkehrskreise mit einer objektiv richtigen Angabe eine unrichtige Vorstellung, so kommt

Die hohe Wertschätzung und Bedeutung der Gesundheit bedingt die besondere Eignung ihres werblichen Einsatzes zur Beeinflussung der Kaufentscheidung

---

[196] BGH v. 12.6.1986, GRUR 1986, 902 „Angstwerbung"

[197] BGH v. 5.12.1996, WRP 1997, 724 „Umweltfreundliche Reinigungsmittel"

[198] ständige Rechtsprechung vgl. BGH v. 22.2.1967, BGHZ 67, 259 ff. „Gesunder Genuß"; BGH v. 27.2.1980, WRP 1980, 541, GRUR 1980, 797 „Top fit Boonekamp"

[199] HWG, BGBl I, 1677 ff

darüber hinaus eine Wettbewerbswidrigkeit nach § 3 UWG in Betracht[200].

Die Rechtsprechung, die im Bereich der Gesundheitswerbung ergangen ist, befaßt sich im wesentlichen mit der Gesundheitswerbung im Zusammenhang mit Alkoholika und Lebensmitteln[201]. Die Quintessenz einer Beurteilung, die zu der Bewertung als wettbewerbswidrig führt, läßt sich wie folgt zusammenfassen: „... überall dort, wo die Gesundheit ins Spiel gebracht wird, müssen daher besonders strenge Anforderungen an die Richtigkeit, Eindeutigkeit und Klarheit der Aussagen gestellt werden; dies gilt im besonderen Maße bei Genußmitteln. Deshalb verstößt eine werbende Aussage, die pauschal auf gesundheitsfördernde oder gesundheitlich unbedenkliche Wirkungen hindeutet, sowohl als Warenkennzeichnung wie als Vorspann für den Vertrieb einer Spirituose, die als alkoholisches Genußmittel angeboten wird, grundsätzlich gegen die guten Sitten im Wettbewerb im Sinne des § 1 UWG..."[202]. Hiervon ausgehend besteht auch kein Anlaß, eine Gesundheitswerbung zuzulassen, die sich nicht auf nachprüfbare, unmißverständliche Informationen über bestimmte Vorteile der Beimischung beschränkt, sondern nach Art des beanstandeten Werbespruchs ("gesunder Genuß") ganz allgemein die gesundheitsfördernde oder gesundheitlich unbedenkliche Wirkung der Spirituose anpreist, obwohl mit einem solchen Getränk verschiedene, auch bedenkliche und nicht leicht feststellbare Wirkungen für die einzelnen Verbraucher verbunden sein können. Selbst wenn Anpreisungen dieser Art wegen ihrer allgemein gehaltenen Fassung keine nachweisbar unrichtigen Behauptungen tatsächlicher Art enthalten, besteht mindestens die Gefahr, daß sie den Verbraucher zur Minderung seiner Vorsicht gegenüber Alkoholgenuß verleiten[203].

Es ist allerdings nicht Sache des Wettbewerbsrechts, einen vom Gesetzgeber zugelassenen Freiraum durch ein eigenes Verbot zu beschneiden. Auch der Umstand, daß dem Erwerber einer fertig verglasten Lesebrille reale und konkrete Ge-

---

[200] vgl. Baumbach/Hefermehl, a.a.O., Rdnr. 178 zu § 1 UWG

[201] vgl. die Nachweise in der Entscheidung des BGH v. 27.2.1980, WRP 1980, 541, 543, GRUR 1980, 797 „Top fit Boonekamp"

[202] BGH, vgl. Fn. 201

[203] BGH v. 22.2.1967, BGHZ 67, 259 ff „Gesunder Genuß"

sundheitsgefahren drohen können, kann ein generelles Verbot des Handels mit Fertiglesebrillen nicht rechtfertigen. Ein Anspruch aus § 1 UWG käme nur dann in Betracht, wenn es einer sittlichen Pflicht entspräche, ungeachtet einer möglichen Irreführung auf die bei der Benutzung von Fertigbrillen denkbaren gesundheitlichen Beeinträchtigungen warnend hinzuweisen[204].

c) Umweltbezogene Werbung

Mit der Anerkennung der Umwelt als wertvolles, schutzbedürftiges und erhaltungswürdiges Gut hat sich in jüngerer Zeit zunehmend ein verstärktes Umweltbewußtsein entwickelt. Von der Erhaltung der Umwelt hängen Leben und Überleben der Menschheit ab. Das führt dazu, daß der Verkehr vielfach Waren und Leistungen bevorzugt, auf deren besondere Umweltverträglichkeit hingewiesen wird. Werbemaßnahmen, die an den Umweltschutz anknüpfen, können geeignet sein, emotionale Bereiche im Menschen anzusprechen, die von einer Besorgnis um die eigene Gesundheit bis zum Verantwortungsgefühl für spätere Generationen reichen.

Umwelt als wertvolles Gut spricht emotionale Bereiche an.

Da Bedeutung und Inhalt der verwendeten Begriffe vielfach noch unklar sind, wird das Postulat eines gesteigerten Aufklärungsbedürfnisses der angesprochenen Verkehrskreise aufgestellt, soll eine Irreführung vermieden werden. Die Anforderungen richten sich dabei im Einzelfall nach der Art des Produktes und dem Grad und Ausmaß seiner „Umweltfreundlichkeit"[205]. Dabei ist davon auszugehen, daß es - wie den angesprochenen Verkehrskreisen bekannt ist - eine absolute Umweltverträglichkeit grundsätzlich nicht gibt,

Wegen der Unklarheit der verwendeten Begriffe wird das Postulat eines Aufklärungsbedürfnisses aufgestellt.

---

[204]BGH v. 20.7.1996, WRP 1996, 1027, GRUR 1996, 793 „Fertiglesebrillen"; zur gesundheitsbezogenen Werbung über Baustoffe vgl. OLG Frankfurt v. 18.10.1984, WRP 1985, 271 ff „Baubiologisch hervorragender Baustoff"; zu der Bezeichnung eines Solariums als „Biolarium" vgl. OLG München v. 27.7.1989, WRP 1990, 59 ff; OLG München v. 21.9.1989, GRUR 1990, 290 „Bioclean"; mit der gesundheitsfördernden Wirkung von ungesättigten Fettsäuren, etc. vgl. OLG Köln v. 4.7.1980, WRP 1980, 504 ff

[205]BGH v. 20.10.1988, WRP 1989, 163, 165, GRUR 1991, 546 „......aus Altpapier"; BGH v. 20.10.1988, WRP 1989, 160, 162, GRUR 1991, 548 „Umweltengel"

vielmehr auch bei weitgehender Berücksichtigung von Umweltschutzgesichtspunkten Restbelastungen der Umwelt verbleiben, sei es bei der Herstellung, der Verwendung oder der Entsorgung[206]. Der Schwerpunkt der wettbewerbsrechtlichen Beurteilung der umweltbezogenen Werbung liegt dabei bei der Beurteilung der Irreführung im Sinne des § 3 UWG[207].

Richtige Angaben sind nicht ohne weiteres als unsachliche Beeinflussung zu werten.

Ist in der Vergangenheit angenommen worden, daß umweltbezogene Werbung wegen ihres emotionalen Bezuges bereits dem Grundsatz nach geeignet ist, die Kaufentscheidung des Verbrauchers in einer den Grundsätzen des Leistungswettbewerbs widersprechenden Weise zu beeinflussen, wird dies von der höchstrichterlichen Rechtsprechung in jüngster Zeit differenzierter gesehen. Obwohl durch umweltschutzbezogene Werbung emotionale Bereiche des Menschen angesprochen werden, weil durch sie sowohl die für den Menschen bedeutsame Besorgnis um die eigene Gesundheit als auch das soziale Verantwortungsgefühl des Menschen für die eigene und spätere Generation geweckt wird, liegt in einer derartigen Werbung nicht schon allein deshalb ein Verstoß gegen § 1 UWG. Ist die Richtigkeit der Angaben nicht in Zweifel zu ziehen, können sie nicht ohne weiteres als unsachliche, wettbewerbswidrige Beeinflussung des Käuferpublikums gewertet werden[208].

Wettbewerbswidrigkeit nur, wenn zusätzliche Elemente hinzu kommen

Dieser differenzierten Betrachtung kann nur zugestimmt werden: Investiert ein Unternehmen Zeit, Geld, Energie in erheblichem Ausmaß mit dem Ziel, seine Produkte, seine Produktionsverfahren umweltfreundlicher/umweltgerechter zu gestalten oder engagiert sich ein Unternehmen durch Sponsoring von Umweltprojekten, darf es ihm im Rahmen

---

[206] BGH v. 9.6.1994, GRUR 1994, 828, 829 „Uniporziegel"; BGH v. 14.12.1995, WRP 1996, 290, GRUR 1996, 367 „Umweltfreundliches Bauen"; BGH v. 23.5.1996, WRP 1996, 1156 „PVC-frei"; vgl. auch Baumbach/Hefermehl, a.a.O., Rdnr. 180 ff zu § 1 UWG; Köhler/Piper, UWG, Rdnr. 72 zu § 1 UWG; Piper, Aktuelle Rechtsprechung des Bundesgerichtshofs zum Wettbewerbsrecht, Rdnr. 115 f.

[207] vgl. dazu unter D.III.1.

[208] BGH v. 14.12.1995, WRP 1996, 290, GRUR 1996, 367 „Umweltfreundliches Bauen"; BGH v. 23.5.1996, WRP 1996, 1156, GRUR 1996, 985 „PVC-frei"; BGH v. 5.12.1996, WRP 1997, 724 „Umweltfreundliche Reinigungsmittel"

seiner Kommunikationsgrundrechte[209] nicht verwehrt sein, in sachlicher Weise darauf auch in der Werbung hinzuweisen. Wollte man ihm dies versagen, wäre der Umwelt, die zu Recht als hohes Gut gesehen wird, ein Bärendienst geleistet, da positiv zu erachtende Investitionen und Innovationen mit hoher Wahrscheinlichkeit unterblieben. Der Impetus für den "ordentlichen Kaufmann", der Maßstab des Leistungswettbewerbs ist, wäre - dürfte er über seine guten Taten nicht reden - weitgehend beseitigt. Umweltwerbung ist, wenn sie auf wahren Gegebenheiten beruht, im Kern positiv zu beurteilen[210]. Es müssen daher über die reine Information über Anstrengungen/Bemühungen/Erfolge zur Erziehung höherer Umweltgerechtigkeit hinaus, zusätzliche Elemente hinzukommen, um Wettbewerbswidrigkeit zu begründen, sei es ein übermäßiger suggestiver Appell, der eine hohe psychologische Anlockwirkung begründet, sei es, daß zusätzliche Kriterien hinzukommen, die auch bei anderen Formen der Werbung deren Unzulässigkeit begründen (Belästigung, Täuschung etc.).

d) Die Ansprache altruistischer Gefühle

Eine Werbung, die an Gefühle des Umworbenen wie Mitleid, Hilfsbereitschaft, Mildtätigkeit, Spendenfreudigkeit, soziale Verantwortung etc. appelliert, ist unter der Voraussetzung, daß sie nicht geeignet ist, den Kunden irrezuführen, nicht bereits als solche wettbewerbswidrig. Anders fällt die Beurteilung aus, wenn die Werbung in einem Ausmaße gefühlsbetont ist, daß die Entschließungsfreiheit des Kunden in unsachlicher Weise beeinflußt wird. Ob eine derartige Beeinträchtigung der Entschließungsfreiheit vorliegt, wird häufig danach beurteilt, ob ein sachlicher Zusammenhang zwischen der gefühlsbetonten Werbung und der angebotenen Ware oder Leistung besteht[211]. Allerdings begründet der fehlende Sachzusammenhang für sich allein nicht die Unlauterkeit einer Werbung. Wollte man den Sachzusammenhang als Voraussetzung einer lauteren Werbung postulieren, müßte z.B.

Werbung, die an altruistische Bereiche im Menschen appelliert, wird erst dadurch wettbewerbswidrig, daß die soziale Hilfsbereitschaft etc. als Angriff auf die Entschließungsfreiheit eingesetzt wird.

---

[209] vgl. dazu C.II.6.e)

[210] vgl. dazu auch Fezer, Umweltwerbung mit unternehmerischen Investitionen im Nahverkehr, JZ 1992, 443, 448

[211] ständige Rechtsprechung, vgl. die Nachweise bei Baumbach/Hefermehl, a.a.O., Rdnr. 186a ff zu § 1 UWG

die Wettbewerbswidrigkeit der Toyota-Affenwerbung angenommen werden. Ein Sachzusammenhang zwischen den Toyota-flötenden Affen und dem solchermaßen beworbenen Produkt ist kaum herzustellen. Die Sachbezogenheit der Werbung ist jedoch keine Lauterkeitsvoraussetzung, sondern eher ein die Rechtmäßigkeit begründender Umstand. Daß die nicht sachbezogene Werbung weder per se unlauter noch die sachliche Werbung per se lauter ist, zeigt deutlich die Entscheidung des Bundesgerichtshofs vom 18.5.1995[212]. Die Werbung, um die es dort geht, ist sachbezogen, da sie auf tatsächlich vorhandene Produkteigenschaften (enthemmende Wirkung) Bezug nimmt. Dennoch ist sie unlauter. Eine Werbung für Reifen mit einem attraktiven Model ist demgegenüber nicht sachbezogen, jedoch wettbewerbsrechtlich unbedenklich[213]. Besteht allerdings überhaupt kein sachlicher Zusammenhang mit der Leistung und macht sich ein Unternehmen das Mitgefühl oder die soziale Hilfsbereitschaft der Umworbenen für eigennützige Zwecke planmäßig zunutze, handelt es in der Regel wettbewerbswidrig[214]. Zielt die Werbung allein auf Gefühlsausnutzung und hat sie mit der angebotenen Ware oder Leistung nichts zu tun, so dient sie lediglich dem eigennützigen Gewinnstreben und ist damit wettbewerbswidrig.

Ein Schnellimbißrestaurant, das in einer Zeitschrift für eine Spendenaktion zugunsten des Deutschen Kinderhilfswerks e.V. mit der folgenden Anzeige wirbt:
„McHappy Day ist Spendentag - jeder Big Mäc nur DM 2,--! Spendenaktion zugunsten des Deutschen Kinderhilfswerks e.V.",
handelt selbst dann wettbewerbswidrig, wenn die angekündigte Spende tatsächlich gewährt wird. Dadurch verliert die Aktion nicht ihren Charakter als Werbemittel. Werbemaßnahmen sind vielfach Aufwendungen, die sich erst später auszahlen sollen. Werden sie eingesetzt, um zielbewußt und planmäßig die Gefühle der Hilfsbereitschaft, Spendenfreudigkeit etc. auszunutzen, begründet dies die Wettbewerbswidrigkeit, zumal, wenn kein sachlicher Zusammenhang zwischen der Veranlassung zu dem Restaurantbesuch und dem Wohltätigkeitszweck besteht. Die Auswahl unter

---

[212] WRP 1995, 688, GRUR 1995, 592 „Busengrapscher"

[213] vgl. Henning-Bodewig, Neue Aufgaben für die Generalklausel des UWG ?, GRUR 1997, 180, 189

[214] vgl. Baumbach/Hefermehl, a.a.O., Rdnr. 186a zu § 1 UWG

den konkurrierenden Restaurants wird nicht mehr nach den sachlichen Gesichtspunkten des Leistungswettbewerbs, wie Bedarf, Preis und Qualität, sondern nach unsachlichen Erwägungen getroffen[215].

Anders wäre die Situation zu beurteilen, wenn das aus der Sicht der Verbraucher angestrebte gute Werk nicht vom Erwerb eines Big Mäc etc. abhängig gemacht würde, sondern das Unternehmen lediglich - ohne Produktbezug - darauf hinweisen würde, daß es Spendenbeträge an das Deutsche Kinderhilfswerk etc. geleistet hat oder leisten wird. In einem derartigen Falle mag zwar auch die Steigerung des Ansehens des Unternehmens im Vordergrund stehen. Erfolgt sie jedoch ohne Produktbezug, darf die Wohltätigkeit im Rahmen der Kommunikationsrechte[216] zum Ausdruck gebracht werden, wenn und soweit nicht gegen sonstige Unlauterkeitskriterien verstoßen wird.

Wohltätigkeit ohne Produktbezug darf im Rahmen der Kommunikationsrechte zum Ausdruck gebracht werden.

Auch eine Werbung, die an die Gefühle des Umworbenen appelliert und die produktbezogen ist, kann dennoch, wenn der Appell unauffällig gestaltet ist, so daß die soziale Hilfsbereitschaft nicht im Sinne eines Angriffs auf die Entschließungsfreiheit ausgenutzt wird, zulässig sein[217]. Auch der vorhandene Sachzusammenhang kann die Zulässigkeit bewirken. Werden Postkarten von körperbehinderten Malern mit dem Mund oder mit den Füßen hergestellt, so darf hierauf hingewiesen werden[218].

Unauffälliger Appell ist zulässig

Das Erwecken sozialen Mitleids durch den Hinweis, die Ware sei von körperlich Versehrten hergestellt, macht daher eine Werbung nicht grundsätzlich wettbewerbswidrig. Für in anerkannten Blindenwerkstätten hergestellte Blindenware hat das Blindenwarenvertriebsgesetz (BliWVG) vom 9.4.1965[219] nebst DVO vom 11.8.1965[220] besondere Regelun-

Einsatz von (Schwerst)Behinderten

---

[215] vgl. BGH v. 12.3.1987, GRUR 1987, 534 „McHappy Day"; aA Kort, Zur wettbewerbsrechtlichen Beurteilung gefühlsbetonter Werbung, WRP 1997, 526, 531

[216] vgl. dazu C.II.6.e)

[217] BGH v. 9.2.1995, GRUR 1995, 742, 743 f. „Arbeitsplätze bei uns"

[218] BGH v. 11.11.1958, GRUR 1959, 277, 279 „Künstlerpostkarten"

[219] BGBl I 311

[220] BGBl I 807

gen getroffen, durch die eine gefühlsbetonte Werbung durch Hinweis auf die Beschäftigung von Blinden oder die Fürsorge für sie in begrenztem Umfang erlaubt wird. Aus dem Katalog der DVO zum Blindenwarenvertriebsgesetz ergibt sich, welche Waren echte Blindenwaren sind. Nur bei ihnen ist eine gefühlsbetonte Werbung zugelassen[221]. Nutzt jedoch ein Unternehmen Schwerstbehinderte zielgericht und planmäßig aus, um mit Hilfe eines auf ihren Einsatz gegründeten Absatzsystems seinen Umsatz zu steigern, handelt es wettbewerbswidrig. Es verschafft sich vor anderen Unternehmen, die nicht in gleicher Weise vorgehen, einen unlauteren Vorsprung. Es erreicht damit, daß z.B. Zeitschriftenabonnements allein wegen der besonderen Eigenschaften der Werber, also aufgrund einer überstarken gefühlsmäßigen Ansprache der Verbraucher erworben werden. Der angesprochene Verbraucher erkennt, daß er die Möglichkeit hat, einem durch seine Behinderung schwer geschlagenen Menschen Hilfe zukommen zu lassen. Dies steht für ihn im Vordergrund und nicht die Frage der Auswahl der Zeitschriften oder gar die Überlegung, das Presseerzeugnis anderweitig zu beziehen[222].

Die karitative Tätigkeit gemeinnütziger Organisationen folgt anderen Beurteilungskriterien.

Die karitative Tätigkeit von gemeinnützigen Organisationen ist demgegenüber nach anderen Kriterien als die Werbung eigennützig tätiger Erwerbsunternehmen zu behandeln. Der Bundesgerichtshof hat in seiner Entscheidung vom 16.01.1976[223] ausgeführt, daß die Grundsätze, die die Rechtsprechung zur Wettbewerbswidrigkeit einer sogenannten gefühlsbetonten Werbung von eigennützig tätigen Erwerbsunternehmen entwickelt habe, auf die karitative Tätigkeit von gemeinnützigen Organisationen keine Anwendung finde. In dem der Entscheidung zugrunde liegenden Sachverhalt hatte das Deutsche Kommitee der Unicef e.V. für den Verkauf seiner Grußkarten mit Plakaten und Prospekten geworben und dort u.a. darauf hingewiesen, daß der Kauf einer Weihnachtskarte einem Kind hilft. Diese Werbung hat der Bundesgerichtshof zu Recht nicht beanstandet, da es sich nicht um ein eigenem Gewinnstreben dienendes Unternehmen der gewerblichen Wirtschaft handelt, sondern um eine Organisation, die ohne eigenes Gewinnstreben zugunsten hilfsbedürftiger Kinder in aller Welt karitativ tätig ist. Der

---

[221] vgl. Baumbach/Hefermehl, a.a.O., Rdnr. 186 e zu § 1 UWG

[222] vgl. OLG Hamburg v. 3.10.1985, GRUR 1986, 261 „Schwer Sprachbehinderte"

[223] NJW 1976, 735 f. „Unicef Grußkarten"

Kartenvertrieb wird lediglich als ein Hilfsgeschäft betrieben, um mit dem daraus erzielten Gewinn die karitative Aufgabe durchzuführen. Die sachlich richtigen Hinweise auf die allgemein bekannte karitative Aufgabe und auf den Verwendungszweck der aus dem Kartenverkauf eingehenden Mittel können nicht den Makel der Sittenwidrigkeit im Wettbewerb begründen. Der Verkehr sieht sich beim Erwerb der Karten, auch wenn diese zu an sich marktgerechten Preisen, also ohne zusätzlichen Spendenaufschlag vertrieben werden, als Teil einer weltweiten Unterstützungsaktion, die ihren besonderen Akzent dadurch erhält, daß bereits bei der Herstellung der Karten besonders qualifizierte Grafiker und Werbefachleute kostenlos mitarbeiten und der Kartenvertrieb durch eine Unzahl ehrenamtlicher und freiwilliger Helfer erfolgt[224].

Es kann somit festgehalten werden, daß bei Angst-, Gesundheits-, Umweltschutz- und altruistische Gefühle ansprechender Werbung nicht bereits das Ansprechen von Emotionen und das Erwecken von Emotionen zu einer Wertung als unsachliche, wettbewerbswidrige Beeinflussung der Kaufentscheidung führt. Bei der Angstwerbung sind es besondere, ernsthafte Angstgefühle, die geschürt und ausgenutzt werden und die zu einer Beeinträchtigung der Entscheidungsfreiheit in einer Art von psychologischem Kaufzwang führen. Bei der Gesundheitswerbung sind die strengen Maßstäbe deshalb anzulegen, weil die Gesundheit, ob der hohen Wertschätzung und Bedeutung dieses Gutes sich bei ihrem Einsatz in der Werbung besonders zur Beeinflussung der Kaufentscheidung eignet. Hinzu kommt, daß der Gesetzgeber den hohen Rang der Gesundheit und das Erfordernis ihres Schutzes in mehreren Gesetzen (Heilmittelwerbegesetz, Lebensmittel- und Bedarfsständegesetz etc.) zum Ausdruck gebracht hat. Angaben im Bereich des Umweltschutzes sind, wenn sie wahr sind, nicht ohne weiteres wettbewerbswidrig im Sinne des § 1 UWG. Hinzu kommen müssen zusätzliche Elemente, die über die Information hinausreichen und die z.B. in einer besonderen Suggestivität bestehen können. Auch im übrigen ist gefühlsbetonte Werbung nur dann wettbewerbswidrig, wenn Gefühle planmäßig und zielgerichtet ausgenutzt werden und kein sachlicher Zusammenhang zu der beworbenen Leistung besteht.

---

[224] Zur Werbung mit karitativen Zwecken / durch gemeinnützige Organisationen vgl. auch BGH v. 19.5.1976, GRUR 1976, 699 „Die zehn Gebote heute" und BVerfG v. 16.10.1968, NJW 1969, 31 ff; Baumbach/Hefermehl, a.a.O., Rdnr. 186a zu § 1 UWG

e) *Ansprache von Gefühlen bei Werbung ohne Produktbezug - der Einfluß der Kommunikationsgrundrechte*

Gefühle werden auch angesprochen, wenn ein Unternehmen ohne - zumindest ohne direkten - Produkt-/Leistungsbezug seine Unternehmensphilosophie darstellt (Anstrengungen zur Erzielung höherer Umweltgerechtigkeit / sozialer Gerechtigkeit, Beiträge zur Integrierung der Kunst etc.) oder sich in Publikationen / auf Plakatwänden / in Anzeigen mit Themen auseinandersetzt, die gesellschaftliche und gesellschaftspolitische Dimensionen haben oder wenn Werbung als Kommunikationsmittel benutzt wird, um Menschen anzusprechen. So nimmt Toscani, Initiator der spektakulären Benetton-Kampagnen, für sich in Anspruch, eine Brücke zwischen Werbung, sozialer Verantwortung und Kunst zu schlagen[225] und damit seine Medienprodukte und Kampagnen als Kommunikationsangebote zu präsentieren[226]. Ein (zugegebenermaßen geringer) Teil derartiger "Öffentlichkeitsarbeit", bei dem gesellschaftspolitische, journalistische und künstlerische Aspekte in einem Ausmaß im Vordergrund stehen, daß kommerzielle Zwecke lediglich als unvermeidliche Nebenfolge erscheinen, entzieht sich der Überprüfung der hierdurch ausgelösten Gefühle am Maßstab des Wettbewerbsrechts bereits deshalb, weil Wettbewerbsförderungabsicht fehlt[227]. Das Fehlen der Wettbewerbsförderungsabsicht dürfte allerdings nur in seltenen Fällen angenommen werden. Selbst Toscani gesteht ehrlicherweise zugleich das wahre Motiv des Konzepts Werbung als Kommunikation ein, wenn er ausführt: „Wenn über eine Firma nachgedacht wird, dann werden auch deren Produkte vielleicht nicht für intelligenter, aber auf jeden Fall für interessanter gehalten als die der Konkurrenz"[228]. In den Fällen, in denen die Förderungsabsicht zu bejahen ist, reicht jedoch die Ansprache von Gefühlen als solches ebenso wenig wie bei der Werbung mit Produktbezug aus, um Wettbewerbswidrig-

---

[225] vgl. Schmidt/Spiess, vgl. Fn. 3, S. 24

[226] vgl. Schmidt/Spiess, vgl. Fn. 3, S. 357

[227] vgl. dazu B.II.

[228] zitiert nach Schmidt/Spiess, vgl. Fn. 3, S. 34; vgl. dazu auch Henning-Bodewig, Fn. 213, GRUR 1997, 180, 184 f.

keit zu begründen. Vielmehr müssen weitere Unlauterkeitskriterien hinzukommen.

Der Begriff der guten Sitten ist ein normativer Begriff. Er ist Ausdruck der rechtlichen Wertung des Richters, die unter Berücksichtigung vorhandener sozialer Normen aufgrund der Rechtsordnung, insbesondere der Wertprinzipien der Verfassung, unter Abwägung der schutzwürdigen Interessen und Güter der Verkehrsbeteiligten vorzunehmen ist[229]. Sind somit die Wertprinzipien der Verfassung zu beachten, sind zugunsten der Werbung treibenden Unternehmen, gerade im Bereich der Werbung ohne Produktbezug, die Kommunikationsgrundrechte des Art. 5 Abs. 1 GG zu berücksichtigen und es ist eine subtile Abwägung zwischen der Freiheit der Meinungsäußerung und den Grenzen der Wettbewerbsfreiheit vorzunehmen[230]. Das UWG ist zwar ein allgemeines Gesetz im Sinne des Art. 5 Abs. 2 GG, es ist jedoch seinerseits im Lichte der Kommunikationsgrundrechte auszulegen, die - wie das Bundesverfassungsgericht vermehrt zum Ausdruck gebracht hat - für die freiheitlich demokratische Grundordnung eine schlechthin konstituierende Bedeutung haben[231]. Der Einfluß der Kommunikationsgrundrechte auf zivilrechtliche Vorschriften hat sich in der Grundrechtsdogmatik zu Art. 5 GG über die Rechtsfigur der „mittelbaren Drittwirkung von Grundrechten" manifestiert. Eröffnet der Gesetzgeber dem Richter im Wettbewerbsrecht Wertungsspielräume über unbestimmte Rechtsbegriffe oder Generalklauseln, so ist der Richter bei der Ausfüllung der Wertungsspielräume an die Grundrechte gebunden. Die Grundrechte beeinflussen als objektive Werteordnung, als ein Wertesystem, das Privatrecht, geben ihm Impulse und Richtlinien für Gesetzgebung und Rechtsprechung. Keine Norm des Privatrechts darf im Widerspruch zur Grundrechtsordnung stehen, sie muß stets in ihrem Sinne ausgelegt werden[232]. Die Grundrechtsbestimmungen entfalten sich durch das Medium der das jeweilige Rechtsgebiet unmittelbar beherrschenden Vorschriften[233]. Ihr Hauptanwendungsgebiet finden die Grundrechte insbeson-

> Die Drittwirkung der Grundrechte

---

[229] vgl. dazu C.I.2.

[230] vgl. Baumbach/Hefermehl, a.a.O., Rdnr. 188 zu § 1 UWG

[231] vgl. BVerfGE 7, 198, 208 "Lüth"; 27, 71, 78 "Leipziger Volkszeitung"

[232] BVerfGE 7, 198, 208 "Lüth"

[233] BVerfGE 42, 143, 148 "Deutschlandmagazin"

re in den auslegungsbedürftigen Generalklauseln des Privatrechts. Dem Einfluß der mittelbaren Drittwirkung der Grundrechte zugänglich sind demnach alle Vorschriften, die eine wertende Entscheidung voraussetzen. Die Drittwirkung läßt somit den Wertgehalt der Grundrechtsgewährleistungen über die wertungsoffenen Normen in das Wettbewerbsrecht ausstrahlen[234].

Die Reichweite der Kommunikationsgrundrechte

Art. 5 Abs. 1 Satz 1 GG gewährleistet jedermann das Recht, seine Meinung in Wort, Schrift und Bild frei zu äußern und zu verbreiten. Meinungen sind durch das Element des Stellungnehmens, des Dafürhaltens oder Meinens geprägt. Alle kundgebenden Meinungen genießen den Schutz des Grundrechts ohne Rücksicht auf den Wert der Äußerung oder ihre Richtigkeit, die Begründetheit oder ihre Emotionalität. Auch übersteigerte Äußerungen fallen in den Schutzbereich des Art. 5 Abs. 1 Satz 1 GG. Unerheblich ist, welche Themen mit einer Meinungskundgabe berührt werden, ob der Gegenstand politischer oder privater Natur ist oder welche Zwecke mit ihr verfolgt werden. Auch wenn mit einer Meinungsäußerung wirtschaftliche Zwecke verfolgt werden oder die Äußerung im wirtschaftlichen Kontext erfolgt, endet der umfassende Schutz des Art. 5 Abs. 1 Satz 1 GG nicht[235]. Erfolgt der Abdruck einer Anzeige in einem Druckerzeugnis, kommt darüber hinaus die Pressefreiheit des Verlegers nach Art. 5 Abs. 1 Satz 2 GG als ein in die Interessenabwägung aufzunehmendes Grundrecht in Betracht sowie - wenn der Anzeige ein künstlerischer Wert nicht abzusprechen ist - die Kunstfreiheit nach Art. 5 Abs. 3 GG, die ebenfalls ein Kommunikationsgrundrecht ist. Die Freiheitsgarantie des Art. 5 Abs. 3 GG umfaßt sowohl den Wirkbereich wie den Werkbereich künstlerischen Schaffens[236]. Geschützt ist damit nicht nur der Schaffensprozeß des Künstlers, sondern auch sein Kommunikationsprozeß mit der gesellschaflichen Außenwelt. Die wirtschaftliche Verwertung des Kunstwerkes, also die Einnahmeerzielung des Künstlers, wird nicht ge-

---

[234] vgl. BVerfGE 34, 269, 280, vgl. auch Sevecke, Die Benetton-Werbung als Problem der Kommunikationsfreiheiten, AfP 1994, 196, 198; vgl. auch Ullmann, Einige Bemerkungen zur Meinungsfreiheit in der Wirtschaftswerbung, GRUR 1996, 948, 951 f.

[235] vgl. BVerfGE 30, 336, 352; Sevecke, Fn. 234, 196, 200

[236] BVerfGE 30, 173, 189, „Mephisto"

schützt, weil sie nicht kommunikativ ist[237]. Diesen Grundrechten können Grenzen gesetzt sein einerseits durch andere grundrechtliche Wertungen, insbesondere Art. 1, 2, 3, 4 GG sowie durch das UWG selbst, das allerdings in seiner beschränkenden Wirkung seinerseits im Lichte der Kommunikationsgrundrechte eingeschränkt ist. In diesem Zusammenhang sind die Schutzobjekte des Wettbewerbs[238], seine wirtschaftspolitische Neutralität, die Wettbewerbsfreiheit zu würdigen[239]. Werden die Anforderungen an die Lauterkeit gesteigert und dadurch der Bereich unlauteren Wettbewerbs ausgedehnt, so wird der Bereich freier wirtschaftlicher Betätigung eingeschränkt[240].

Bei den Überlegungen im Zusammenhang mit der Ansprache des Gefühls steht im Vordergrund der Verbraucher und die Frage der Einwirkung auf dessen (Kauf-) Entschließungsfreiheit. Für den Schutz des Kunden/Verbrauchers ist es ausreichend, wenn seine konkurrierenden Grundrechte in die Waagschale fallen. Ein ergänzender Schutz durch das UWG, der über den starken grundrechtlichen Schutz hinausgeht, ist nicht erforderlich. Der Schutz der Allgemeinheit, die ein starkes Interesse am Bestand und Funktionieren des leistungsfähigen Wettbewerbs hat, erfordert ebenfalls keine weitergehenden Einschränkungen. Wettbewerbswidrigkeit liegt somit bei der Ansprache von Gefühlen durch im Schutzbereich der Kommunikationsgrundrechte liegende Äußerungen eines Werbung treibenden Unternehmens - unterstellt, es liegen keine weiteren Unlauterkeitskriterien vor - immer, aber auch erst dann, vor, wenn die Würde des Menschen mißachtet wird (Art. 1 GG), wenn der Inhalt der Meinungs-, Presseberichterstattung sich nicht auf eine argumentative Auseinandersetzung, z.B. gegen eine Diskriminierung wegen des Geschlechts, Abstammung, Rasse, Sprache, Glaubens etc. erschöpft, sondern sich aus der Anzeige ein Aufruf zur Diskriminierung oder eine Befürwortung der Diskriminierung ergibt. Erschöpft sich die werbliche Aussage nicht in einer Stellungnahme/Thematisierung, sondern liegt eine Stigmatisierung von Menschen im Sinne von Ausländerdiskriminierung, Religionendiskriminierung, Behinder-

Wettbewerbswidrigkeit bei konkurrierenden Grundrechten

---

[237] vgl. Sevecke, a.a.O., 196, 204

[238] vgl. dazu A.III.

[239] vgl. dazu A.III.

[240] vgl. dazu A.V.

tendiskriminierung, Geschlechterdiskriminierung, Rassendiskriminierung etc. vor, oder kollidiert sie in anderer Weise mit Grundrechten, so ist sie unlauter und damit nicht mehr zulässig. Demgegenüber ist die Art der Motive, die Frage, ob durch sie Tabu-Themen (z.B. Tod) berührt werden, ob hierdurch möglicherweise ein Schock erzeugt wird, nicht entscheidend. Es kann kein rechtliches Differenzierungskriterium sein, anhand dessen Imagewerbung für zulässig oder unzulässig erachtet wird, ob die gezeigten Motive positive (Schönheit, Reichtum usw.) oder aber negative Assoziationen (Not, Umweltprobleme etc.) auslösen[241].

f) Die Anwendung dieser Grundsätze auf die Benetton-Entscheidungen

Die Benetton-Entscheidungen vom 06. Juli 1995 tragen die Namen „Kinderarbeit"[242], „ölverschmutzte Ente"[243] und „HIV-positiv"[244]. Die Benetton Werbekampagne hatte ihren Beginn darin, daß ohne Darstellung einzelner Produkte Kinder und Jugendliche aller Hautfarbebn gezeigt wurden und sich darunter der Schriftzug befand „United Colours of Benetton". Diesen Anzeigen ließ sich die Aussage entnehmen, „alle Menschen sind gleich". In der Folgezeit hat Benetton zunehmend - zum Teil mit regionalen Unterschieden (in Frankreich, Italien, USA jeweils anders als in der Bundesrepublik) - statt Abbildungen von Kindern und Jugendlichen aller Hautfarben Fotos verwandt, die plakativ Mißstände, Not, Elend, Leiden zeigten. In den drei Entscheidungen des Bundesgerichtshof ging es - wie die Namen, die für die Entscheidungen gewählt wurden, bereits zum Ausdruck bringen - um schwerarbeitende Kleinkinder in der dritten Welt, um

---

[241] vgl. dazu Löffler, Verstößt die Benetton-Werbung gegen die guten Sitten im Sinne des § 1 UWG ?, AfP 1993, 536, 539; zur Wettbewerbswidrigkeit unter dem Aspekt der Diskriminierung einer Bevölkerungsgruppe vgl. auch BGH v. 15.5.1995, I ZR 10/95 „Politikerschelte"

[242] BGH v. 6.7.1995, I ZR 110/93, WRP 1995, 682, GRUR 1995, 595

[243] BGH v. 6.7.1995, I ZR 239/93, WRP 1995, 679, GRUR 1995, 598

[244] BGH v. 6.7.1995, I ZR 180/94, WRP 1995, 686, GRUR 1995, 600

eine ölverschmutzte Ente, die auf einem Ölteppich schwimmt und um die Abbildung eines nackten menschlichen Körperteils mit dem Stempelaufdruck „HIV-positiv". Am rechten unteren Bildrand befindet sich jeweils auf grünem Feld der Hinweis „United Colours of Benetton".

Der Bundesgerichtshof hat in allen drei Fällen die Verwendung der Werbemotive als unlauter gewertet. In den Fällen „Kinderarbeit"[245], „ölverschmutzte Ente"[246] wird der Kern der Unlauterkeit in der „gefühlsbetonten Werbung" gesehen: Wer im geschäftlichen Verkehr mit der Darstellung schweren Leids von Menschen und der Tierwelt Gefühle des Mitleids ohne sachliche Veranlassung zu Wettbewerbszwecken ausnutze, verlasse die Guten Sitten im Wettbewerb. Eine derart gefühlsbetonte Werbung sei nicht nur wettbewerbswidrig im Sinne des § 1 UWG, wenn sie unmittelbar oder mittelbar im Zusammenhang mit dem Waren- oder Dienstleistungsangebot des werbenden Unternehmens stehe, sondern auch dann, wenn sie im wesentlichen nur zur Steigerung des Ansehens des Unternehmens bei den Verbrauchern eingesetzt werde. Wenn die öffentliche Äußerung zur Auseinandersetzung über das aufgezeigte Elend nichts Wesentliches beitrage, vielmehr darauf abziele, beim Verbraucher eine mit dem werbenden Unternehmen solidarisierende Gefühlslage zu schaffen, die der Steigerung des Ansehens des solchermaßen werbenden Unternehmens diene und damit letztendlich zu kommerziellen Zwecken eingesetzt werde, wie in den Streitfällen, seien die Grenzen der zulässigen Imagewerbung überschritten. Die Anzeigenaktion der Fa. Benetton mit den Fotos eines ölverschmutzten Vogels und schwerarbeitender Kleinkinder erschöpfe sich in einem Anprangern des Elends der Welt und werde dazu benutzt, beim Verbraucher über dessen Gefühle des Mitleids und der Ohnmacht eine Solidarisierung mit dem Namen des werbenden Unternehmens zu bewirken, welches dieses Elend aufspürt.

Kern der Unlauterkeit: Gefühlsbetonung schafft eine mit dem werbenden Unternehmen solidarisierende Gefühlslage

Verfassungsrechtliche Bedenken hat der Senat nicht durchgreifen lassen. Die durch Art. 5 Abs. 3 GG gewährte Kunstfreiheit werde nicht unzulässig eingeschränkt. Gleiches gelte für Art. 5 Abs. 1 GG, da zur Auseinandersetzung über das aufgezeigte Elend nichts Wesentliches beigetragen werde, man vielmehr darauf abziele, zu kommerziellen Zwecken

---

[245] WRP 1995, 682; GRUR 1995, 595

[246] WRP 1995, 679; GRUR 1995, 598

beim Verbraucher eine solidarisierende Gefühlslage zu schaffen.

Abbildung eines menschlichen Körperteils mit dem Stempelaufdruck HIV-positiv verstößt gegen die Grundsätze der Wahrung der Menschenrechte

In der Entscheidung „HIV-positiv"[247] wird zwar ebenfalls der Aspekt der gefühlsbetonten Werbung betont, da die Werbeanzeige mit der Abbildung eines menschlichen Körperteils mit dem Stempelaufdruck HIV-positiv das Gefühl des Mitleids in starkem Maße anspreche. Die Wettbewerbswidrigkeit wird jedoch vor allem damit begründet, daß die Werbeanzeige in grober Weise gegen die Grundsätze der Wahrung der Menschenwürde verstoße, indem sie den Aidskranken als abgestempelt und damit als aus der menschlichen Gesellschaft ausgegrenzt darstelle. Die vom Kläger vorgelegte, in einer französischen Tageszeitung als Reaktion auf die Benettonwerbung erschienene Anzeige eines Aidskranken, welche dessen von der Krankheit gezeichnetes Gesicht zeige und den Untertitel trägt „Pendant l'agonie, la vente continue" (während des Todeskampfes geht der Verkauf weiter) sei ein deutliches Zeichen dafür, wie zynisch und menschenverachtend die Darstellung menschlichen Leids in der Werbung der Fa. Benetton von Betroffenen empfunden werden müsse.

In den Sachverhalten, die der Entscheidung „HIV-positiv" und „Kinderarbeit" zugrundeliegen, war das die Anzeige veröffentlichende Presseunternehmen mitverklagt. Nach Auffassung des Bundesgerichtshofs konnte die Beklagte trotz Presseprivileg wettbewerbsrechtlich zur Verantwortung gezogen werden, da die Werbung grob rechtswidrig sei und der Wettbewerbsverstoß den Verantwortlichen des Presseunternehmens auch ohne eingehende wettbewerbsrechtliche Prüfung erkennbar gewesen wäre[248]. Anders stellte es sich in der Entscheidung „Kinderarbeit" dar. Unter Berücksichtigung dessen, daß sich die Abbildung der schwerarbeitenden Kleinkinder auf die Darstellung (mitleiderregenden) Elends der Welt beschränkten und keine zusätzlichen, z.B. die Menschenwürde verachteten Elemente aufwies und die Zulässigkeit einer derartigen Werbung kontrovers diskutiert wurde, ging der Bundesgerichtshof davon aus, daß die Wettbewerbswidrigkeit der in Streit befindlichen Anzeigen der Fa. Benetton nicht ohne weiteres erkennbar waren. Da sich der Be-

---

[247] WRP 1995, 686; GRUR 1995, 600

[248] „HIV-positiv", GRUR 1995, 600

klagte jedoch auf die Zulässigkeit des weiteren Abdrucks berufen hatte, wurde Erstbegehungsgefahr angenommen[249].

Unter Berücksichtigung der vorstehend dargelegten Grundsätze ist die Verurteilung in den Fällen „Kinderarbeit" und „ölverschmutzte Ente" in Zweifel zu ziehen. Ist die Prämisse richtig, daß die Gefühlsbetonung als solche nicht ausreicht, vielmehr zusätzliche Unlauterkeitskriterien hinzukommen müssen, ist allein der Hinweis auf das Hervorrufen von starken Gefühlen und der Bewirkung eines Soldiarisierungseffektes nicht ausreichend, zumal unter Berücksichtigung der in Rede stehenden Kommunikationsgrundrechte. Die Frage, ob Pressefreiheit und Kunstfreiheit hinreichend gewürdigt worden sind, kann mit guten Gründen aufgeworfen werden. Die Darstellung der ölverschmutzten Ente in der Öllache und auch der Hinweis darauf, daß in der Dritten Welt auch heute noch Kleinkinder Kinderarbeit verrichten müssen, ist ein die Gesellschaft allgemein berührendes Ereignis, auf das ein Unternehmen hinweisen darf, auch wenn der Hinweis mit der Nennung des Namens des Unternehmens verbunden ist. Anders mag es bei dem konkreten Werbemotiv des HIV-positiv Stempels auf einem nackten Körperteil sein, wenn eine Wertung ergibt, daß hier zusätzlich die Menschenwürde verachtende Elemente in der Gestalt einer Stigmatisierung, Diskriminierung von HIV-Infizierten vorliegt. Allerdings könnte der Anzeige auch eine Aussage gegen Stigmatisierung insofern entnommen werden, als die Menschen darauf hingewiesen werden, daß es gegen die Menschenwürde der HIV-Infizierten verstößt, wenn sie stigmatisiert werden. Die Stigmatisierung und negative Ausgrenzung war zumindest in der Vergangenheit, als nach Auftreten der ersten Fälle von Aids und nach Bekanntwerden der Gefährlichkeit der Viruserkrankung vereinzelt auch von Zwangstest und Zwangskasernierung von HIV-Infizierten gesprochen wurde, ein die Gesellschaft allgemein berührendes Ereignis[250].

Die Kommunikationsgrundrechte haben keine hinreichende Würdigung erfahren.

---

[249]BGH, GRUR 1995, 595, 598

[250]Zur Benetton-Werbung vgl. auch Henning-Bodewig, Schockierende Werbung, WRP 1992, 533; Werbung mit der Realität oder wettbewerbswidrige Schockwerbung ?, GRUR 1993, 950; Neue Aufgaben für die Generalklausel des UWG ? - Von „Benetton" zu „Busengrapschern", GRUR 1997, 180; Oechsler, Anmerkung zu OLG Frankfurt vom 3.3.1994, EWiR § 1 UWG 20/94; Schrikker, Anmerkung zu BGH v. 6.7.1995 „ölverschmutzte Ente", EWiR, § 1 UWG 18/95; Sosnitza, Werbung mit der Realität, Anmerkungen zum Benetton-Beschluß des OLG Frankfurt,

g) Ein Beispiel diskriminierender Werbung

Herabsetzung und Diskriminierung der Frau durch Darstellungen, die ihre freie sexuelle Verfüg- barkeit suggerieren, ist durch Art. 5 I GG nicht gerechtfertigt
Der hohe Wert der menschlichen Würde erfordert ihre Achtung und Wahrung auch im Wettbewerbsgeschehen. Mit Werbemitteln, die als diskriminierend und die Menschenwürde verletzend zu erachten sind, befaßte sich der Bundesgerichtshof in seiner Entscheidung vom 18.05.1995[251]. Die Beklagte dieses Verfahrens stellt Spirituosen her und vertreibt diese, darunter jeweils in Miniaturflaschen einen Brombeerlikör und einen Schlehen-mit-Rum-Likör. Die relativ groß gestalteten Etiketten sind beim Brombeerlikör mit der Bezeichnung „Busengrapscher" und beim Schlehen-mit-Rum-Likör mit der Bezeichnung „Schlüpferstürmer" versehen und zwar in hervorgehobener Schrift und jeweils mit Abbildungen. Das Berufungsgericht hatte einen Verstoß gegen § 1 UWG nicht zu erkennen vermocht. Der Bundesgerichtshof hat demgegenüber ausgeführt:

„Mit seiner Einordnung der Flaschenetiketten in die allgemeinen Kategorien sexueller Anspielungen, drastischer Schlagwörter, frivoler Texte und sexbetonter Bilder, an die das Publikum durch die moderne Werbung gewöhnt sei, ist das Berufungsgericht dem Charakter der hier in Rede stehenden Warenbezeichnung und zugleich Werbeaussage ebensowenig gerecht geworden, wie mit seiner Einschätzung, es handele sich um eine scherzhaft gemeinte und verstandene Bezeichnung "wundersamer sexueller Wirkkraft" bzw.

GRUR 1993, 540; Reichold, Unlautere Werbung mit der „Realität" ? Unlauterkeitsmaßstäbe bei produktunabhängiger Imagewerbung, WRP 1994, 219; Bülow, Anmerkung zu BGH v. 6.7.1995 „ölverschmutzte Ente", ZIP 1995, 1286; Sevecke, Die Benetton-Werbung als Problem der Kommunikationsfreiheiten, AfP 1994, 196; Löffler, Verstößt die „Benetton-Werbung" gegen die guten Sitten im Sinne des § 1 UWG ?, AfP 1993, 378; Kort, Zur wettbewerbsrechtlichen Beurteilung gefühlsbetonter Werbung, WRP 1997, 526; Gaedertz; Steinbeck, Diskriminierende und obszöne Werbung, WRP 1996, 978; Ullmann, a.a.O., Fn 234, 952

[251]WRP 1995, 688, GRUR 1995, 592 „Busengrapscher"

um einen "Scherz mit sexuellen Fantasievorstellungen". Bei dieser Beurteilung hat das Berufungsgericht wesentliche Gesichtspunkte nicht hinreichend berücksichtigt, bei deren Beachtung die Werbung den Betrachtern gerade nicht mehr als reiner Scherz erscheinen kann, sondern einen Charakter gewinnt, der von dem verbreiteten Einsatz erotischer Anreize und sexueller Anspielungen in der Werbung deutlich ins Negative abweicht. Beide Etiketten werden durch Wort- und Bilddarstellungen geprägt, die in obszöner Weise den Eindruck der freien Verfügbarkeit der Frau in sexueller Hinsicht vermitteln und sogleich die Vorstellung fördern sollen, daß die so bezeichneten alkoholischen Getränke geeignet seien, solcher Verfügbarkeit für die angesprochenen sexuellen Handlungen Vorschub zu leisten... ."

Die Werbeaussage beinhaltet eine Herabsetzung und Diskriminierung der Frau, die, wenn sie öffentlich zur Förderung des eigenen Warenabsatzes erfolgt, gegen § 1 UWG verstößt. Der hohe Rang der hier betroffenen menschlichen Würde, die durch Art. 1 GG geschützt ist, erfordert ihre Achtung und Wahrung auch im Wettbewerbsgeschehen. Art. 5 Abs. 1 GG kann die Werbemaßnahme hier schon deshalb nicht rechtfertigen, weil kollidierende Grundrechte (Art. 1, 3 GG) in Rede stehen.

Zusammenfassung

Gefühlsbetonte Werbung mit Produktbezug

Das Ansprechen von Gefühlen ist für sich gesehen nicht wettbewerbswidrig. Vielmehr muß es sich um ein Ausnutzen der Gefühle handeln, die zur unsachlichen Beeinflussung der Kaufentscheidung führen kann. Dabei sind die Kommunikationsgrundrechte des Art. 5 GG zu berücksichtigen. Bei der Angstwerbung sind es besondere, ernsthafte Angstgefühle, die geschürt und ausgenutzt werden und die zu einer Beeinträchtigung der Entscheidungsfreiheit in einer Art psychologischen Kaufzwang führen. Bei der Gesundheitswerbung sind die strengen Maßstäbe deshalb anzulegen, weil die Gesundheit, ob der hohen Wertschätzung und Bedeutung dieses Gutes bei ihrem Einsatz in der Werbung, sich besonders zur Beeinflussung der Kaufentscheidung eignet und der Gesetzgeber den hohen Rang der Gesundheit und das Erfordernis ihres Schutzes in mehreren Gesetzen zum Ausdruck gebracht hat. Angaben im Bereich des Umweltschutzes sind, wenn sie wahr sind, nicht ohne weiteres wettbewerbswidrig im Sinne des § 1 UWG. Hinzu kommen müssen zusätzliche Elemente, die über die Information hinaus reichen und die z.B. in einer besonderen Suggestivität bestehen können. Auch altruistische Gefühle ansprechende Werbung ist (nur) wettbewerbswidrig, wenn Gefühle planmäßig und gezielt ausgenutzt werden und kein sachlicher Zusammenhang zu der beworbenen Leistung besteht. Die Sachbezogenheit ist kein konstitutives Element der Lauterkeit, sondern eher ein die Rechtmäßigkeit begründender Umstand. Die karitative Tätigkeit gemeinnütziger Organisationen folgt anderen Beurteilungskriterien.

Gefühlsbetonte Werbung ohne Produktbezug

Im Bereich der Werbung ohne Produktbezug erhalten die Kommunikationsgrundrechte des Art. 5 GG ein stärkeres Gewicht. Wettbewerbswidrigkeit liegt hier, sofern nicht sonstige Unlauterkeitskriterien die Wettbewerbswidrigkeit der Maßnahme bedingen, nur dann vor, wenn kollidierende Grundrechte in Rede stehen. Soweit sich die Aussage in einer Stellungnahme und einer Thematisierung von Problemstellungen erschöpft (z.B. die Weckung von Sensibilität gegen Rassendiskriminierung, gegen Stigmatisierung, gegen Umweltverschmutzung, gegen schwerarbeitende Kinder in der Dritten Welt) ist Wettbewerbswidrigkeit nicht gegeben. Unlauterkeitskriterien liegen jedoch vor, wenn kollidierende Grundrechte berührt sind, insbesondere die der Art. 1, 2, 3, 4 GG, wenn der werblichen Maßnahme eine Befürwortung oder ein Aufruf zur Ausländerdiskriminierung, Religionendiskriminierung, Behindertendiskriminierung, Geschlechterdiskriminierung, Rassendiskriminierung etc. zu entnehmen ist.

III. Behinderung

Behinderung des Mitbewerbers als Folge des geschäftlichen Erfolges oder als Voraussetzung des geschäftlichen Erfolges

Während bei den Sachverhalten, die im Bereich des Kundenfangs zu würdigen sind, Zielrichtung der werblichen Maßnahmen der Kunde ist, ist Zielrichtung des wettbewerbswidrigen Verhaltens, das unter dem Stichwort der Behinderung zusammengefaßt ist, der/die Mitbewerber. Dabei ist nicht jede Beeinträchtigung des Mitbewerbers wettbewerbsfremd, nicht jede Wettbewerbshandlung, die den Mitbewerber schädigt oder verdrängt, ist eine Maßnahme des

Behinderungswettbewerbs, da es dem Sinn und Zweck des wirtschaftlichen Wettbewerbs entspricht, den Mitbewerber durch die Güte und Preiswürdigkeit der eigenen Leistung zu überflügeln und ihm Kunden abzunehmen. Selbst wenn dadurch der Mitbewerber endgültig vom Markt verdrängt wird, ist ein derartiges Verhalten in einer Wettbewerbsordnung als Folge des freien Wettbewerbs erlaubt und wettbewerbseigen. Eine wettbewerbswidrige Behinderung liegt erst dann vor, wenn ein Wettbewerber durch eine Maßnahme zu erreichen sucht, daß der Mitbewerber seine Leistung auf dem Markt nicht oder nicht mehr rein zur Geltung bringen kann und infolgedessen die Marktpartner auf der Marktgegenseite einen echten, auf ihrem freien Willen beruhenden Leistungsvergleich nicht vornehmen können. In diesem Falle ist die Beeinträchtigung oder die Verdrängung des Mitbewerbers vom Markt nicht eine wesenseigene Folge des Wettbewerbs, sondern die Folge der Ausschaltung des Mitbewerbers vom Leistungsvergleich[252].

Von der Behinderung des Mitbewerbers als Folge des geschäftlichen Erfolgs ist die Behinderung des Mitbewerbers als Voraussetzung geschäftlichen Erfolgs zu trennen[253]. Der Mitbewerber fördert sein Unternehmen nicht durch die bessere Leistung, sondern durch Beseitigung des Mitbewerbers. Eine derartige Behinderung kann sich gezielt gegen einen oder mehrere bestimmte Mitbewerber richten, die durch Verfälschung des Leistungsvergleichs vom Markt verdrängt werden, oder gegen die Gesamtheit der Mitbewerber, so daß durch deren Ausschaltung vom Leistungsvergleich der Bestand des Wettbewerbs auf einem bestimmten Markt gefährdet wird.

Behinderung als Folge des geschäftlichen Erfolgs oder als Voraussetzung des geschäftlichen Erfolgs?

Anders als die allgemeine Marktbehinderung, bei der es um die Gefährdung des Bestandes des Wettbewerbs in einem nicht unerheblichen, die Interessen der Allgemeinheit berührenden, Ausmaß geht, richtet sich die individuelle Behinderung gezielt gegen bestimmte Mitbewerber, so durch Werbung vor dem Geschäft des Konkurrenten, durch Preisunter-

Individuelle Marktbehinderung - allgemeine Marktbehinderung

---

[252] vgl. Baumbach/Hefermehl, a.a.O., Rdnr. 208 zu § 1 UWG

[253] vgl. Thesen, Bezugs-, Werbe- und Absatzbehinderung in Amann, RWW, 3.2., Rdnr. 1

bietung, durch Aufkaufen von Konkurrenzware, durch Testkäufe, durch Entfernen von Kontrollnummern etc.[254].

Komplementärfunktion von UWG und GWB

Das Wettbewerbswidrige liegt darin, daß der Wettbewerber ohne eine echte eigene Leistung aus der wettbewerbswidrigen Behinderung des Mitbewerbers, durch die der Leistungsvergleich verfälscht oder ausgeschlossen wird, Vorteile auf dem Markt zu erzielen sucht. Im Bereich der Behinderung zeigt sich auch wieder die Komplementärfunktion von UWG und GWB. § 1 UWG wendet sich gegen ein wettbewerbswidriges Verhalten, das bestimmte Mitbewerber daran hindert, ihre Leistungen auf dem Markt zur Geltung zu bringen (Individualbehinderung) oder den Bestand des Wettbewerbs auf einem bestimmten Markt gefährdet (allgemeine Marktbehinderung). Das GWB befaßt sich in § 26 Abs. 2 und 4 mit absolut und relativ marktmächtigen Unternehmen sowie solchen Unternehmen, die eine überlegene Marktmacht besitzen und verbietet ihnen die unbillige Behinderung von Wettbewerbern. Im Hinblick auf die Funktionszusammenhänge zwischen UWG und GWB sind bei der Beurteilung der Wettbewerbswidrigkeit (§ 1 UWG) und der Unbilligkeit (§ 26 II GWB) einer Behinderung weitgehend parallele Wertungen geboten. Nach § 22 Abs. 4 und 5 GWB kann die Kartellbehörde einem marktbeherrschenden Unternehmen ein mißbräuchliches Verhalten untersagen, wenn dadurch die Wettbewerbsmöglichkeiten anderer Unternehmen in einer für den Wettbewerb auf dem Markt erheblichen Weise ohne sachlichen Grund beeinträchtigt werden.

1. Absatz- und Bezugsbehinderung

Ausschluß eines sachlichen Leistungs- vergleichs durch Dazwischenschieben

Die Werbung vor dem Geschäft des Mitbewerbers oder in dessen unmittelbarer Nähe, z.B. durch Ansprechen, Verteilen von Werbezetteln oder Aufstellen von Verkaufswagen kann wettbewerbswidrig sein, wenn es dem Mitbewerber unmöglich gemacht wird, seine Leistung dem Kunden anzubieten und durch das Dazwischenschieben ein sachlicher Leistungsvergleich für den Kunden ausgeschlossen wird[255].

---

[254] vgl. die Nachweise bei Piper, Neuere Rechtsprechung des BGH zum Wettbewerbsrecht, GRUR 1996, 147, 159

[255] BGH v. 8.4.1960, GRUR 1960, 431, 433 „Kfz-Nummernschilder"

Neue technologische Möglichkeiten bedingen neue Möglichkeiten, die sich je nach den Umständen des Sachverhaltes als wettbewerbswidrige Behinderung, als wettbewerbswidriges Abfangen von Kunden darstellen können. Um Informationen, Werbung und Angebote leicht auffindbar zu präsentieren, kann es von Bedeutung sein, eine Internet-Adresse zu wählen, die die Marke, den Firmennamen oder ein sonstiges Kennzeichen des Teilnehmers enthält. Ebenso lohnenswert kann es für Unternehmen sein, sich im Internet unter einem Gattungsbegriff oder einer beschreibenden Angabe zu präsentieren, da mancher Internet-Teilnehmer versuchen wird, ein Angebot dadurch zu finden, daß er die Branchenbezeichnung direkt als Anschrift eingibt. Eine bekannte Adresse im Internet kann innerhalb kurzer Zeit einen beträchtlichen wirtschaftlichen Wert darstellen. Die Domain-Adressen werden nach dem Prioritätsprinzip vergeben („first come, first served"). Bei der Registrierung neuer Namen prüft die jeweils vergebende Stelle nicht, ob hierdurch Rechte Dritter verletzt werden[256]. Nach der Registrierung bei der zuständigen Stelle kann dieselbe Kennung allerdings nicht noch einmal vergeben werden. Das bedeutet, daß jedes weitere Unternehmen, das dasselbe Leistungsspektrum anbietet, den Begriff nur noch dann verwenden kann, wenn Zusätze aufgenommen werden, wobei zumindest nach dem derzeitigen Stand der Technik die Anzahl der Buchstaben, die für On-Line-Adressen gewählt werden können, beschränkt ist. Dies gilt auch bei der Verwendung von Gattungsbegriffen oder einer beschreibenden Angabe als Domain-Adresse. Durch die Wahl von Gattungsbegriffen oder beschreibenden Angaben als Domain-Adresse (z.B. „Software.de", „Reise.de", „Messe.de", Wirtschaft-Online.de") wird Internet-Nutzern der Zugang zu den (Word-Wide-)Web-Seiten erleichtert und deren Werbewirksamkeit erhöht. Zugleich werden nachfolgende Internet-Anbieter, die in der gleichen Branche tätig sind, auf die die Beschreibung hinweist, daran gehindert, auf den gleichen Begriff zuzugreifen. Jenseits von Überlegungen, die in die Richtung gehen, ob eine Argumentation mit § 8 Abs. 2 Nr. 1, 2 MarkenG analog erfolgversprechend ist[257], ist zu prüfen, ob Sachverhalte der beschriebenen Art einen Behinderungstatbestand begründen.

Behinderung im Internet

---

[256] vgl. Ubber, Rechtsschutz bei Mißbrauch von Internet-Domains, WRP 1997, 497, 498

[257] verneinend OLG Frankfurt vom 13.2.1997, WRP 1997, 341

Leitung von Abnehmerströmen	Sind derartige Kennungen geeignet, zu einer Leitung von Abnehmerströmen zu führen, weil die Online-Teilnehmer angesichts des vielfältigen und kaum überblickbaren Angebotes in den Datennetzen dazu neigen, sich unter mehreren ihnen zur Auswahl vorliegenden vergleichbaren Online-Angeboten der Einfachheit halber für dasjenige mit der umfassendsten Adreßbezeichnung zu entscheiden, ist Behinderung gegeben. Befinden sich die Teilnehmer erst einmal in diesem Angebot, besteht die Gefahr, daß sie anderen Angeboten keine Beachtung mehr schenken[258].
Unzulässige Gegenwerbung	Eine unzulässige Gegenwerbung als agressive Maßnahme des Behinderungswettbewerbs liegt vor, wenn z.B. mit einem Inserat im Fernsprechbuch auf der Seite eines Mitbewerbers geworben wird, obwohl die Firma des Werbenden mit einem anderen Buchstaben anfängt, da der Kunde aus Bequemlichkeit oft beim Inserenten anrufen und nicht erst den im Kleindruck mitverzeichneten Mitbewerber heraussuchen wird. Wettbewerbswidrig ist ferner das Anbringen von Werbeanschlägen gerade am Geschäft eines Mitbewerbers.
Erwerb von Konkurrenzware	Der Erwerb von Konkurrenzware ist differenziert zu betrachten. Einem Wettbewerber ist es nicht grundsätzlich verwehrt, Konkurrenzware zu kaufen oder zu übernehmen. Die Grenzen werden aber überschritten, wenn ein Mitbewerber die Ware eines Konkurrenten aufkauft, um ihn als lieferunfähig hinzustellen oder um durch Herausziehen der Konkurrenzware aus dem Verkehr freie Bahn für den Absatz der eigenen Ware zu gewinnen. Wettbewerbswidrig ist es, Gewerberäume nur deswegen anzumieten, um die Ansiedlung eines Mitbewerbers zu verhindern oder Rohstoffe nur deshalb aufzukaufen, um den Mitbewerber daran zu hindern, diese zu beziehen. Erfolgt jedoch eine tatsächliche Nutzung der angemieteten Räume in einer Weise, die über eine reine Alibinutzung hinausgeht und können die aufgekauften Rohstoffe in dem Ausmaß des Erwerbes auch vom Aufkäufer verwandt werden, ist Wettbewerbswidrigkeit nicht gegeben.
Ausnutzung öffentlicher Machtstellung	Wettbewerbswidrig kann auch das Ausnutzen einer öffentlichen Machtstellung sein. Leitet z.B. ein öffentlicher Krankenhausträger einen im Bereich seiner Krankenhäuser anfallenden Krankentransportauftrag in Wettbewerbsabsicht an die örtliche Rettungsleitstelle zur Abwicklung durch die ihr

---

[258]OLG Frankfurt, vgl. Fn 257; Ubber, vgl. Fn. 256, S. 510

angeschlossenen Organisationen weiter, so liegt darin eine wettbewerbswidrige Behinderung der privaten Krankentransportunternehmen, wenn der Patient ausdrücklich seinen Transport durch ein bestimmtes privates Krankentransportunternehmen wünscht. Nur wenn die Patienten dem Krankenhauspersonal die Transportfahrt überlassen, darf der Krankenhausträger im Interesse eines funktionsfähigen Rettungsdienstes und damit auch im eigenen Interesse an sachgerechter Abwicklung die Beförderungsaufträge über die Rettungsleitstelle abwickeln[259].

2. Werbebehinderung

Grundsätzlich wettbewerbswidrig ist es, die Werbung eines Mitbewerbers dadurch zu vereiteln, daß man seine Werbeplakate oder Aufdrucke zerstört, überklebt oder überdeckt. Wettbewerbswidrig ist es auch, in einem Branchenfernsprechbuch in der Form zu werben, daß ein Gutschein, der zur kostenlosen Teilnahme an zwei Gratisprobestunden berechtigt, auszuschneiden ist, wodurch die sich auf der Rückseite befindliche Werbung eines Mitbewerbers, der ebenfalls Sportunterricht gibt, wertlos gemacht wird.

Auch die Beseitigung geschäftlicher Kennzeichen kann wettbewerbswidrig sein. Ein Händler, der im geschäftlichen Verkehr zu Wettbewerbszwecken ein mit der Ware selbst fest verbundenes, etwa aufgedrucktes Zeichen oder eine andere geschäftliche Bezeichnung, etwa die Firma oder ein Typenschild entfernt und die so veränderte Ware weiterverkauft, handelt wettbewerbswidrig. Durch die Entfernung des Zeichens wird der Händler in der Werbung und im Absatz behindert, denn seine Ware wird als anonyme Ware oder als Ware eines anderen angeboten. Ein Mitbewerber, der Maschinen eines fremden Herstellers repariert, behindert diesen in unlauterer Weise in der Werbung, wenn er dessen Firmenkennzeichen entfernt und täuscht den Verkehr über die Warenherkunft, wenn er an den Maschinen eigene Firmenschilder ohne Hinweis auf seine bloße Reparaturtätigkeit anbringt. Solange es sich nach Durchführung der Reparatur noch um die Maschine des Herstellers handelt, ist die Entfernung des Kennzeichens unzulässig. Nur wenn durch eine

Beseitigung geschäftlicher Kennzeichen

---

[259] BGH v. 21.2.1989, GRUR 1989, 430 „Krankentransportbestellung"; vgl. auch Ackermann, Krankentransporte in wettbewerbs- und kartellrechtlicher Hinsicht, Managementhandbuch Krankenhaus, 1530

Umarbeitung eine völlig veränderte Maschine entstanden ist, ist die Entfernung des fremden Kennzeichens zulässig und zur Verhinderung einer Irreführung nötig[260].

Zusammenfassung

Behinderung kann durch Ausschluß eines sachlichen Leistungsvergleiches durch Dazwischenschieben gegeben sein. Bei der Verwendung von Gattungsbegriffen oder einer beschreibenden Angabe als Domain-Adresse im Internet kann Behinderung gegeben sein, wenn die Kennungen geeignet sind, zu einer Leitung von Abnehmerströmen zu führen, weil die Online-Teilnehmer angesichts des vielfältigen und kaum überblickbaren Angebotes in den Datennetzen dazu neigen, sich unter mehreren ihnen zur Auswahl vorliegenden vergleichbaren Online-Angeboten der Einfachheit halber für dasjenige mit der umfassendsten Adreßbezeichnung zu entscheiden. Behinderung kann in dem Erwerb von Konkurrenzware liegen, ebenso wie in der Ausnutzung öffentlicher Machtstellung. Die Beseitigung geschäftlicher Kennzeichen kann unter dem Aspekt der Behinderung Wettbewerbswidrigkeit begründen.

3. Betriebsstörung

Diese Untergruppe der Behinderung wird exemplarisch anhand der Fallgruppen Entfernung von Kontrollnummern oder -zeichen, Störung des Arbeits- oder Betriebsfriedens und Sperre durch Zeichenerwerb dargestellt.

a) Entfernung von Kontrollnummern oder -zeichen

Unzulässig, wenn das Vertriebssystem wettbewerbsrechtlich schutzwürdig ist

Die wettbewerbsrechtliche Problematik der Entfernung von Kontrollnummern basiert auf folgendem Sachverhalt: Um ihr selektives Vertriebssystem zu überwachen[261], bringen Hersteller vielfach Kontrollnummern an der Ware oder Verpackung an. Auf diese Weise lassen sich die Händler ermitteln und gegebenenfalls vom Bezug ausschließen, die ihre Ware auf dem „grauen" Markt absetzen. Das wiederum kann die am „grauen" Vertrieb interessierten Händler veranlassen, die

---

[260] vgl. Baumbach/Hefermehl, a.a.O., Rdnr. 231 m.z.w.N.

[261] vgl. dazu C.V.2.

Kontrollnummern zu entfernen. Bei Fehlen einer rechtswirksamen vertraglichen Vertriebsbindung (§ 18 Abs. 1 Nr. 3 GWB; Art. 85 Abs. 3 EGV)[262] ist die Beseitigung von Kontrollnummern wie auch der Weitervertrieb solcher Waren grundsätzlich nicht wettbewerbswidrig. Der Hersteller wird dadurch zwar in der Verwirklichung seines Vertriebskonzeptes behindert. Diese Behinderung ist aber nicht wettbewerbswidrig, weil das Vertriebssystem seinerseits wettbewerbsrechtlich nicht schutzwürdig ist. Anderenfalls könnte ein Hersteller mit Hilfe eines Kontrollnummernsystems die kartellrechtlichen Schranken für ein Vertriebssystem unterlaufen und bräuchte die für die Abwehr von Außenseitern erforderliche theoretische und praktische Lückenlosigkeit des Systems nicht zu praktizieren[263]. Ist dagegen ein Kontrollnummernsystem schutzwürdig, weil es im allgemeinen Interesse liegt, daß dadurch die Überwachung der Funktionsfähigkeit und Betriebssicherheit von Geräten oder ihr Rückruf ermöglicht werden soll, kann die Entfernung gegen § 1 UWG verstoßen oder - bei Fehlen eines Wettbewerbsverhältnisses - einen Eingriff in das Recht am eingerichteten und ausgeübten Gewerbebetrieb (§ 823 Abs. 1 BGB) darstellen. Allerdings sind nur ernstliche Gefahren zu berücksichtigen und es darf für ihre Abwehr keine anderen zumutbaren Möglichkeiten geben als die Praktizierung eines kundenspezifischen Kontrollnummernsystems[264]. Liegt jedoch ein zulässiges Vertriebsbindungssystem vor und ist die Vertriebsbindung theoretisch und praktisch lückenlos, ist die Codierung ein Mittel, um die praktische Lückenlosigkeit nachzuweisen. Wenn der Hersteller die praktische Lückenlosigkeit auf diese Weise überwacht und verteidigt, ist die Entfernung von Kontrollnummern als wettbewerbswidrig anzusehen[265].

---

[262] vgl. dazu C.V.2.

[263] vgl. BGH v. 21.4.1988, GRUR 1988, 823 „Entfernung von Kontrollnummern I"; BGH v. 26.5.1988, WRP 1989, 366 „Entfernung von Kontrollnummern IV"

[264] BGH v. 29.9.1988, GRUR 1989, 110 „Synthesizer"

[265] vgl. dazu Köhler/Piper, a.a.O., Rdnr. 98 ff zu § 1; Piper, Aktuelle Rechtsprechung des Bundesgerichtshofs zum Wettbewerbsrecht, Rdnr. 145 ; Baumbach/Hefermehl, a.a.O., Rdnr. 241 ff zu § 1 UWG; vgl. dazu auch C.V.2.

b) Störung des Arbeits- oder Betriebsfriedens

Eine gewaltsame Einwirkung auf die persönlichen oder sächlichen Betriebsmittel ist stets wettbewerbswidrig, dasselbe gilt für Drohungen, die den Betrieb stören. Wettbewerbswidrig ist es, Arbeiter und Angestellte des Mitbewerbers zur Illoyalität, Verweigerung der Treuepflicht, Leistung schlechterer Dienste oder Stellung höherer Ansprüche aufzufordern, um durch eine solche versteckte Behinderung des Mitbewerbers den eigenen Wettbewerb zu fördern.

Auskundschaften von Betriebsvorgängen

Selbst wenn es an der Qualifikation "Geschäfts- und Betriebsgeheimnisse" im Sinne der §§ 17-20a UWG fehlt, ist das Auskundschaften von Betriebsvorgängen, die keine Geheimnisse zu sein brauchen, grundsätzlich wettbewerbswidrig.

Fotografieren in einem Geschäft zu Testzwecken

Auch das Fotografieren in einem Geschäft zu Testzwecken kann wettbewerbswidrig sein. Begibt sich eine Testperson in das Ladengeschäft der Klägerin, um die Einhaltung der von der Klägerin übernommenen Unterlassungsverpflichtung zu überprüfen und macht diese Testperson in der Annahme, es liege ein Verstoß gegen die übernommene Unterlassungsverpflichtungserklärung vor, mit einer mitgeführten Sofortbildkamera eine Aufnahme von der Örtlichkeit, ist dieses Verhalten wettbewerbswidrig. Der Kaufmann als Inhaber des Hausrechts verbindet mit der Öffnung seines Verkaufsgeschäfts für das Publikum nicht die Erlaubnis, innerhalb des Ladenlokales zu fotografieren. Ohne daß dies eines ausdrücklichen Hinweises bedürfte, beschränkt sich das dem Publikum eingeräumte Recht, das Geschäft zu betreten, auf ein Verhalten, wie es von einem Kaufinteressenten üblicherweise erwartet werden kann. Das Fotografieren eines bestimmten Wettbewerbsverhaltens zählt hierzu nicht. Der Anbieter von Waren oder Leistungen muß zwar Testkäufe oder die testweise Inanspruchnahme von Leistungen hinnehmen, sofern die den Test durchführenden Personen sich wie normale Nachfrager verhalten. Zu einem solchen normalen Kundenverhalten gehört das Fotografieren indes nicht. Ein derartiges Verhalten einer Testperson bringt vielmehr die Gefahr einer Störung des Betriebs, die der betroffene Kaufmann nicht hinnehmen muß. Fällt dem Verkaufspersonal ein solches Verhalten auf, ist eine unerfreuliche und möglicherweise lautstarke Auseinandersetzung regelmäßig zu befürchten. Dem Kaufmann kann auch nicht zugemutet werden, das Fotografieren durch einen oder mehrere Testkäufer zu dulden; es bleibt die Gefahr der Beeinträchtigung des guten Rufs des Kaufmanns in den Augen der das Geschehen beobachtenden Kunden. Dies gilt erst recht, wenn eine herkömmliche Beweisführung mit Hilfe einer Beobachtungsperson und einer Gedächtnisskizze zwar umständlicher, aber nicht unmöglich wäre[266].

c) Sperre durch Zeichenerwerb

Die Verkehrsfähigkeit einer Marke ist wesentlich gesteigert worden durch § 27 MarkenG. Danach kann das durch die Eintragung, die Benutzung oder die notorische Bekanntheit einer Marke begründete Recht für alle oder für einen Teil der Waren oder Dienstleistungen, für die die Marke Schutz genießt, auf andere übertragen werden. Denkbar ist insoweit ein schwungvoller Handel mit Marken, allerdings mit der Grenze der Bösgläubigkeit des § 50 Abs. 1 Nr. 4 MarkenG. Die bösgläubige Anmeldung einer Marke zur Eintragung stellt eine Behinderung im Kennzeichenwettbewerb dar. Schon im Geltungsbereich des alten Warenzeichengesetzes, ist derartigen Sachverhalten mit der Argumentation wettbewerbswidriger Behinderung entgegengetreten worden, mit der Maßgabe, daß hier das Instrument des Wettbewerbsrechts gegen durch Eintragung begründete markenrechtliche Ausgangspositionen eingesetzt wird. Maßgeblich für die Entwicklung der Fallgruppe „Sperre durch Zeichenerwerb" waren folgende Überlegungen:

Gegenüber einer eingetragenen Marke hat der Vorbenutzer einer verwechslungsfähigen, jedoch weder als Marke noch als Ausstattung geschützten Bezeichnung, kein Vorbenutzungsrecht. Das bedeutet, daß es zu seinen Lasten geht, wenn er zwar eine besonders phantasievolle und einprägsame Bezeichnung für seine Waren gefunden hat, diese auch benutzt, jedoch die Eintragung ins Markenregister beim Deutschen Patentamt unterläßt. Findet nun ein anderer Gefallen an dieser Bezeichnung und läßt sie für sich eintragen, hat der Vorbenutzer grundsätzlich keine Rechte gegenüber dem nunmehrigen Inhaber der Marke, muß vielmehr, wenn dieser Unterlassungsansprüche geltend macht, seinerseits die Benutzung unterlassen. Bei Vorliegen besonderer Umstände

kein Vorbenutzungsrecht

---

[266] BGH v. 23.5.1996, WRP 1996, 1099 „Testphotos II"

auf Seiten des Zeicheninhabers kann jedoch die Berufung auf das formale Recht gegenüber dem Vorbenutzer unter dem Gesichtspunkt der Behinderung wettbewerbswidrig, insbesondere rechtsmißbräuchlich sein. Dem Vorbenutzer wird in derartigen Fällen die Befugnis eingeräumt, mit den Mitteln des Wettbewerbsrechts und auf der Basis der Generalklausel des § 1 UWG gegen formale Zeichenrechte, gegen absolut wirkende Schutzrechte vorzugehen. Als hierzu legitimierende Sachverhalte sind bisher angesehen worden:

Schutzwürdiger Bestand

- Der Anmelder weiß, daß der Vorbenutzer für die gleiche oder eine verwechselbare, aber nicht eingetragene Bezeichnung einen schutzwürdigen wertvollen Besitzstand im Inland erworben hat und ohne hinreichenden Grund die Anmeldung vornimmt[267].

Weltgeltung

- Bei einer ausländischen Marke, die im Inland zum Zeitpunkt der Anmeldung des neuen Zeichens noch keine konkreten Ausstrahlungen hat, kann eine wettbewerbswidrige Behinderung vorliegen, wenn die ausländische Marke Weltgeltung besitzt, wenn sie zwar im Inland bisher noch nicht oder kaum benutzt worden ist, außerhalb Deutschlands jedoch eine überragende, auch in inländischen Fachkreisen bekannte Verkehrsgeltung besitzt. Die Weltgeltung begründet für die Marke einen wettbewerblichen Besitzstand, der nicht mehr an die Grenzen einen bestimmten Staates gebunden und daher auch in einem Wirtschaftsgebiet schutzwürdig ist, in dem die mit der Marke versehenen Erzeugnisse zwar noch nicht vertrieben worden sind, aber nach der erkennbaren Absicht des Zeicheninhabers in absehbarer Zeit gleichfalls auf den Markt gebracht werden sollen. Nach Auffassung des Bundesgerichtshofs muß dem Zeicheninhaber in diesem Falle ein wettbewerbsrechtlich schutzwürdiges Interesse daran zuerkannt werden, auch dort die sonst überall in der Welt geschützten Kennzeichnungen gebrauchen und den darin verkörperten Werbewert ausnutzen zu können. Dieses Interesse wird in wettbewerbswidriger Weise verletzt, wenn der Gebrauch der Marke in dem betreffenden Gebiet aufgrund eines formalen Zeichenrechts verhindert wird, für das der Inhaber dieses Rechts seinerseits kein schutzwürdiges Interesse in Anspruch nehmen kann[268].

---

[267] vgl. BGH v. 8.7.1964, GRUR 1967, 490 „Pudelzeichen"

[268] vgl. BGH v. 23.3.1966, GRUR 1967, 298 „Modess"

- Für die Zubilligung eines wettbewerblichen Schutzes eines im Ausland tätigen Unternehmens ist die Absicht, unter seiner bekannten ausländischen Marke künftig auch Ware auf den deutschen Markt zu liefern, nicht ausreichend. Sie ist rechtlich nicht anders zu bewerten, als die Absicht eines im Inland tätigen Gewerbebetreibenden, seine Waren demnächst unter einer bestimmten Marke zu vertreiben. Um das eherne Prinzip, daß das deutsche Markenrecht kein Vorbenutzungsrecht kennt, nicht zu konterkarieren, ist es erforderlich, daß die Weltgeltung nicht nur behauptet, sondern zur Überzeugung des Gerichtes dargetan und bewiesen ist. Nur dann läßt sich damit argumentieren, daß ein wettbewerblicher Besitzstand im Hinblick auf den steigenden Weltverkehr nicht an die Grenzen eines bestimmten Staates gebunden und deshalb auch in einem Wirtschaftsgebiet schutzwürdig ist, in dem die mit der Weltmarke versehenen Waren erst künftig vertrieben werden sollen.

Die Absicht allein ist nicht ausreichend

- Auch andere Umstände können die Wettbewerbswidrigkeit der Anmeldung einer Marke unter dem Aspekt der Betriebsstörung begründen, so z.B., wenn auf diese Art und Weise ein ausländisches Unternehmen dazu gezwungen werden soll, dem Anmelder ein Alleinvertriebsrecht einzuräumen[269].

Druckausübung mit dem Ziel, Alleinvertriebsrechte zu erhalten

- Wer ein wegen Nichtbenutzung löschungsreifes Zeichen allein zu dem Zweck erwirbt, durch die einmalige Benutzung des Zeichens die zeichenrechtliche Stellung eines Wettbewerbers zu schwächen, begegnet dem Vorwurf, das Zeichen zweckfremd als Mittel des Wettbewerbskampfes einzusetzen. Ein solches Vorgehen ist vom Sinn und Zweck des Markenschutzes nicht gedeckt. In der Rechtsprechung ist es wiederholt als verwerflich beurteilt und dem formell Berechtigten der Schutz aus dem Warenzeichen versagt worden, wenn dieser den zeichenrechtlichen Schutz zweckfremd als Mittel des Wettbewerbskampfes eingesetzt habe. Ebenso wie ein zwischen dem Inhaber einer eingetragenen Marke und dem Vorbenutzer durch Benutzung als Warenbezeichnung geschaffener tatsächlicher Zustand Anspruch auf Schutz vor dem aus der eingetragenen Marke hergeleiteten Verbietungsrecht haben kann, wenn dieses lediglich zur Behinderung erworben worden sei, ist gem. § 1 UWG, § 826 BGB ein

Erwerb eines löschungsreifen Zeichens

---

[269] vgl. BGH v. 28.9.1979, GRUR 1980, 110 „Torch"

Verhalten zu mißbilligen, mittels dessen ein zeichenrechtlicher Schutz aus einer Marke durch die „Wiederbelebung" eines fremden, löschungsreifen Zeichens unterlaufen werden soll[270].

Wenn und soweit die Voraussetzungen der wettbewerbsrechtlichen Behinderung vorliegen, kann ein Anmelder dazu gezwungen werden, seine Anmeldung zurückzunehmen; gegenüber einer bereits eingetragenen Marke besteht bei Vorliegen der Behinderungsabsicht[271] sogar ein Löschungsanspruch.

Soll der Grundsatz, daß das deutsche Markenrecht kein Vorbenutzungsrecht kennt, nicht aufgegeben werden, müssen jedoch stets zusätzliche Unlauterkeitskriterien hinzukommen. Als solche sind in der höchstrichterlichen Rechtsprechung anerkannt, daß der Anmelder weiß, daß der Vorbenutzer für die gleiche oder eine verwechslungsfähige, aber nicht eingetragene Bezeichnung einen schutzwürdigen wertvollen Besitzstand im Inland erworben hat, wenn er ohne hinreichenden Grund die Anmeldung vornimmt. Bei einer ausländischen Marke, die im Inland zum Zeitpunkt der Anmeldung des neuen Zeichens noch keine konkreten Ausstrahlungen hat, kann eine wettbewerbswidrige Behinderung vorliegen, wenn die ausländische Marke Weltgeltung besitzt, d.h. wenn sie im Inland zwar bisher noch nicht oder kaum benutzt worden ist, außerhalb Deutschlands jedoch eine überragende, auch in inländischen Fachkreisen bekannte Verkehrsgeltung besitzt. Rechtsmißbrauch kann vorliegen, wenn durch die Anmeldung einer Marke ein ausländisches Unternehmen dazu gezwungen werden soll, dem Anmelder ein Alleinvertriebsrecht einzuräumen. Rechtsmißbräuchlich ist es, ein fremdes, wegen Nichtbenutzung löschungsreifes Zeichen allein zu dem Zweck zu erwerben, durch die einmalige Benutzung des Zeichens die zeichenrechtliche Stellung eines anderen zu schwächen.

---

[270] BGH v. 3.11.1994, WRP 1995, 96, GRUR 1995, 117 „Neutrex"; zum Ganzen vgl. auch Baumbach/Hefermehl, a.a.O., Rdnr. 240 zu § 1 UWG

[271] vgl. dazu BGH v. 10.10.1985, GRUR 1986, „Shamrock III"

Mit dem Einsatz des wettbewerbsrechtlichen Instrumentariums gegen ein gewerbliches Schutzrecht, das Markenrecht, ist jedoch Zurückhaltung geboten, soll der Satz, daß das deutsche Markenrecht kein Vorbenutzungsrecht kennt, weiterhin Gültigkeit besitzen. Zu weit geht es, ein Unternehmen zu schützen, das mit deutschen Eintragungen identische oder ähnliche Bezeichnungen in den USA benutzt und nach Jahren der Untätigkeit auf dem europäischen, insbesondere dem deutschen Markt sich dazu entschließt, den US-amerikanischen Marken nunmehr auch auf dem deutschen Markt Geltung zu verschaffen, wenn die Anmelder der beanstandeten Marken hinreichende Gründe für die Anmeldung gerade dieser Marken vortragen (besondere Einprägsamkeit für die in Frage stehenden Waren und Dienstleistungen etc.)[272]. Zu weit geht es auch, die Vermutung einer Markenanmeldung in Behinderungsabsicht aufzustellen, wenn der Verletzer nach einer außergerichtlichen Abmahnung von der Beanstandung der Kennzeichnungsnähe in Kenntnis gesetzt worden ist und dennoch eine hinreichende Abstandswahrung verweigert[273]. Die Verweigerung der hinreichenden Abstandswahrung ist nur dann ein Unlauterkeitskriterium, wenn wertvoller Besitzstand, Weltgeltung etc. hinzukommen. Das (spätere) Inkenntnissetzen reicht jedenfalls nicht aus.

Soll der Satz, daß das deutsche Markenrecht kein Vorbenutzungsrecht kennt, nicht in sein Gegenteil verkehrt werden, ist ein zurückhaltender Einsatz des Wettbewerbsrechts geboten.

Zusammenfassung

Bei der Entfernung von Kontrollnummern und/oder -zeichen ist als Vorfrage zu prüfen, ob ein wettbewerbsrechtlich schutzwürdiges Vertriebssystem vorliegt. Ist dies der Fall und ist die Codierung ein Mittel, die praktische Lückenlosigkeit zu überwachen und zu verteidigen, ist die Entfernung von Kontrollnummern als wettbewerbswidrig anzusehen. Wettbewerbswidrig kann das Auskundschaften von Betriebsvorgängen sein sowie das Fotografieren in einem Geschäft zu Testzwecken. Die Eintragung von Marken mit dem Ziel, den Wettbewerber zu behindern, kann unter dem Aspekt "Sperre durch Zeichenerwerb" Wettbewerbswidrigkeit begründen. Soll der Grundsatz, daß das deutsche Markenrecht kein Vor-

---

[272] vgl. OLG Karlsruhe v. 18.12.1996, Az. 6 U 154/95

[273] Kiethe-Groeschke, Die sittenwidrige Markenanmeldung und die Rechtsschutzmöglichkeiten des § 1 UWG, WRP 1997, 269 (unter Berufung auf die Entscheidung des OLG München v. 23.5.1996, WRP 1996, 1056 f. „Sittenwidrige Markenanmeldung")

benutzungsrecht kennt, nicht aufgegeben werden, müssen stets zusätzliche Unlauterkeitskriterien hinzu kommen (schutzwürdiger wertvoller Besitzstand im Inland, Weltgeltung, Zwang zur Einräumung eines Alleinvertriebsrechts, etc.). Soll der Satz, daß das deutsche Markenrecht kein Vorbenutzungsrecht kennt, nicht in sein Gegenteil verkehrt werden, ist ein zurückhaltender Einsatz des Wettbewerbsrechts geboten.

4. Preisunterbietung

Preisgestaltungsfreiheit als Ausfluß der Wettbewerbsfreiheit

Weitere Sachverhalte lassen sich unter dem Aspekt der Behinderung, konkret der Preisunterbietung, zusammenfassen. Die Preisunterbietung zu Wettbwerbszwecken ist grundsätzlich erlaubt. Preisgestaltungsfreiheit ist Ausfluß der Wettbewerbsfreiheit. Es entspricht dem Sinn und Zweck des Leistungswettbewerbs, daß die bessere Leistung den Ausschlag gibt. Eines der wichtigsten Merkmale der Leistung ist der Preis, zu dem eine Ware im Verkehr angeboten wird. Die Freiheit der Preisbildung ist der Ansporn für den tüchtigen Kaufmann und macht den freien Wettbewerb für den Verbraucher und die Allgemeinheit nützlich. Der Gewerbetreibende hat die Freiheit, seine Preise herabzusetzen, wie es ihm beliebt und hierbei die Mitbewerber zu unterbieten. Das ist grundsätzlich wettbewerbseigen. Bei der Bestimmung der Schranken der Preisunterbietung ist zwischen preisgebundenen und nicht preisgebundenen Waren oder Leistungen zu unterscheiden. Ist ein Wettbewerber durch Gesetz oder Vertrag zur Einhaltung bestimmter Preise verpflichtet, liegt die Unlauterkeit des Unterbietens darin, daß er sich durch Ausnutzung der Gesetzes- oder Vertragstreue seiner Mitbewerber einen Vorsprung verschafft[274]. Ist der Wettbewerber dagegen in der Preisbestimmung frei, ergeben sich die Grenzen einer Preisunterbietung zum einen für marktbeherrschende und marktstarke Unternehmen aus §§ 22 Abs. 4, 5; 26 Abs. 2 u. 3 GWB, zum anderen aus der Generalklausel des § 1 UWG, wenn es sich um ein unzulässiges Mittel des Leistungswettbewerbs handelt. Hauptsächlich geht es um Handeln in ruinöser Unterbietungs-, Schädigungs-, Verdrängungs- oder Vernichtungsabsicht, das sich gegen einen oder mehrere bestimmte Mitbewerber richtet (individuelle Behinderung) oder das den Bestand des Wettbewerbs auf einem be-

---

[274] vgl. dazu C.V.2.

stimmten Markt aufhebt oder gefährdet (allgemeine Behinderung, Marktstörung)[275].

Wettbewerbswidrig ist die gezielte Preisunterbietung zur Ausschaltung eines Mitbewerbers im Markt[276]. Verdrängungs- oder Vernichtungsunterbietung kann auch beim Verkauf unter dem Selbstkosten- oder Einstandspreis vorliegen, wobei ein bloß zeitweiliges oder gelegentliches Unterbieten in aller Regel nicht zu beanstanden ist.
Auch Verkäufe unter Selbstkosten- oder unter Einstands- bzw. Einkaufspreis sind grundsätzlich zulässig. Für eine solche Kalkulation können kaufmännisch vernünftige Gründe sprechen[277]. Wird jedoch eine bestimmte Ware ständig oder wiederholt unter dem Einstandspreis verkauft, ohne daß hierfür ein sachlich gerechtfertigter Grund besteht, kann ein derartiges Preisverhalten ein starkes Indiz für eine Verdrängungs- oder Vernichtungsunterbietung gegenüber einem oder mehreren bestimmten Mitbewerbern sein. Wer ohne jeden sachlichen Grund unter seinem Einstandspreis und gleichzeitig erheblich unter dem üblichen Verkaufspreis seine Ware abgibt, will gewöhnlich nicht den Kunden in wettbewerbseigener Weise beeinflussen, sondern ohne Rücksicht auf eigene Verluste bestimmte Mitbewerber gezielt verdrängen oder vernichten.

Gezielte Preisunterbietung zur Ausschaltung eines Mitbewerbers ist wettbewerbswidrig

Verkauf unter Selbstkostenpreis

Die auf Dauer angelegte, nicht kostendeckende Preiskalkulation in Verdrängungsabsicht ist mißbräuchliche Ausnutzung von Marktmacht und Wettbewerbsfreiheit und nach § 1 UWG als sittenwidrige Behinderung zu beanstanden[278]. Bei Preisunterbietungen kommen häufig sonstige Begleitumstände hinzu, wie z.B. Irreführung des Publikums, Herabwürdigung der Mitbewerber, Rechtsbruch. Irreführung des Publikums liegt bei einer vorgetäuschten Preissenkung vor, wenn der Wettbewerber z.B. seine Preise kurz vor der „Senkung" heraufgesetzt hat. Wettbewerbswidrigkeit ist auch gegeben, wenn die Ware zwar zu einem niedrigeren Preis verkauft wird, gleichzeitig aber ihre Qualität herabgesetzt wird, so daß der Kunde einer Täuschung unterliegt. Eine

---

[275] vgl. dazu C.VI.

[276] BGH v. 18.12.1931, RGZ 134, 342 „Benrather Tankstelle"

[277] BGH v. 26.4.1990, GRUR 1990, 685 „Anzeigenpreis I"

[278] BGH v. 31.1.1979, GRUR 1979, 321 „Verkauf unter Einstandspreis I"; BGH v. 10.12.1985, GRUR 1986, 397 „Abwehrblatt II"

Tiefstpreiswerbung kann nach § 1 UWG auch dann wettbewerbswidrig sein, wenn dadurch Ruf und Absatz einer Markenware gefährdet werden, z.B. weil der Verbraucher auf eine Qualitätsverschlechterung schließt. Eine Ruf- und Absatzgefährdung muß aber nachgewiesen werden[279].

Zusammenfassung

Die Preisgestaltungsfreiheit ist Ausfluß der Wettbewerbsfreiheit. Der Gewerbetreibende hat die Freiheit, seine Preise herabzusetzen, wie es ihm beliebt und hierbei die Mitbewerber zu unterbieten. Das ist grundsätzlich wettbewerbseigen. Wettbewerbswidrig wird die Preisunterbietung, wenn sie sich als Handeln in ruinöser Unterbietungs-, Schädigungs-, Verdrängungs- oder Vernichtungsabsicht darstellt. Wettbewerbswidrig ist die gezielte Preisunterbietung zur Ausschaltung eines Mitbewerbers im Markt. Bei Verkäufen unter Selbstkosten- oder unter Einstands- bzw. Einkaufspreis ist zu prüfen, ob für eine derartige Kalkulation kaufmännisch vernünftige Gründe sprechen. Ein starkes Indiz für eine Verdrängungs- oder Vernichtungsabsicht ist jedoch, wenn der Wettbewerber seine Ware ohne jeden sachlichen Grund unter seinem Einstandspreis und gleichzeitig erheblich unter dem üblichen Verkaufspreis abgibt. Eine auf Dauer angelegte, nicht kostendeckende Preiskalkulation in Verdrängungsabsicht ist mißbräuchliche Ausnutzung von Marktmacht und Wettbewerbsfreiheit und nach § 1 UWG als sittenwidrige Behinderung zu beanstanden.

5. Boykott und Diskriminierung

a) Der Boykott

Das Kampfmittel des Boykotts ist auf die organisierte Aussperrung eines bestimmten Gegners vom üblichen Geschäftsverkehr gerichtet, sei es, daß keine Beziehungen geschäftlicher oder sonstiger Art mit ihm angebahnt, sei es, daß schon bestehende Beziehungen abgebrochen werden sollen. Zum Boykott wird eine Absperrung erst dann, wenn derjenige, der die Sperrung durchführt, auf Veranlassung eines Dritten

---

[279] Zur Preisunterbietung vgl. auch Baumbach/Hefermehl, a.a.O., Rdnr. 251-275; Köhler/Piper, a.a.O., Rdnr.172-181 zu § 1 UWG

handelt. Dadurch erhält jeder Boykott ein kollektives Element.

Wesensmerkmale des Boykotts sind außer seiner Zielrichtung, die auf den Ausschluß vom üblichen Geschäftsverkehr fokussiert ist, die Beteiligung von mindestens drei Personen: Der Verrufer oder Boykottierer, der einen anderen zur Sperre auffordert; der Adressat, die die Sperre ausführt (Ausführer, Sperrer); der Boykottierte (Gesperrte, Verrufene). Der Adressat braucht allerdings nicht mit dem Ausführenden der Sperre identisch zu sein. Es genügt die Aufforderung an den Adressaten, auf andere Personen einzuwirken, die die Sperre vornehmen sollen[280]. Fehlt die 3-Parteien-Beziehung, setzt also ein Wettbewerber eine Absperrung durch, ohne dazu von dritter Seite veranlaßt zu sein, so liegt keine boykottmäßige Sperre, sondern eine einfache Liefer- oder Bezugssperre vor[281]. Weitere Voraussetzungen sind:
- Die Aufforderung zum Boykott muß geeignet sein, den freien Willen der Adressaten zu beeinflussen;
- der Adressat muß eine selbständige Stellung im Wettbewerb einnehmen, kraft derer er Entscheidungsfreiheit besitzt; er darf also keinem Weisungsrecht des Auffordernden unterliegen.

Erforderlich: Beteiligung von mindestens drei Personen

Die Aufforderung zum Boykott verstößt als Wettbewerbshandlung gegen § 1 UWG, wenn sie nicht durch die Kommunikationsgrundrechte des Art. 5 GG geschützt ist. Die Wettbewerbswidrigkeit des Boykotts folgt daraus, daß er nicht auf eine unmittelbare Förderung des eigenen Angebots, sondern auf eine dem Grundsatz des Leistungswettbewerbs widersprechende Behinderung des Mitbewerbers zielt, die es diesem unmöglich macht oder zumindest erschwert, seine Leistung auf dem Markt zur Geltung zu bringen. Es kommt im konkreten Fall auf die Reichweite des Grundrechts und des Gebots der Lauterkeit im Wettbewerb an, da § 1 UWG als Vorschrift eines allgemeinen Gesetzes im Sinne des Art. 5 Abs. 2 GG in seiner begrenzenden Wirkung im Lichte der wertsetzenden Bedeutung dieser Grundrechte seinerseits eingeschränkt ist, so daß es einer Güter- und Interessenabwägung bedarf. Erfolgt ein Boykottaufruf nicht in eigenwirtschaftlichem Interesse, sondern in der Sorge um politische, wirtschaftliche, soziale oder kulturelle Belange der Allge-

Schutz durch die Kommunikationsgrundrechte des Art. 5 GG ? Güter- und Interessenabwägung

---

[280] vgl. dazu Baumbach/Hefermehl, a.a.O., Rdnr. 277 zu § 1 UWG

[281] vgl. dazu Baumbach/Hefermehl, a.a.O., Rdnr. 277 zu § 1 UWG

meinheit, kann er durch Art. 5 Abs. 1 GG gedeckt sein, auch wenn dadurch private, insbesondere wirtschaftliche Interessen beeinträchtigt werden. Doch darf zum einen nicht das Maß der nach den Umständen notwendigen und angemessenen Beeinträchtigung überschritten werden, zum anderen muß sich der Verrufer auf Mittel beschränken, die den geistigen Kampf der Meinungen gewährleisten[282]. Ein Presseunternehmen handelt danach im Rahmen des Art. 5 Abs. 1 GG, wenn es in einem Brancheninformationsdienst nur seine eigene Meinung äußert, um dadurch auf die öffentliche Meinung einzuwirken, nicht aber, wenn es durch aktive Verhaltensvorschläge unmittelbar in die wirtschaftliche Auseinandersetzung bestimmter Wettbewerber eingreift, um ihre Interessen zu schützen, zum Beispiel dadurch, daß es den Fachhandel auffordert, die Wartung von Billiguhren eines Kaffeerösters abzulehnen[283]. Die Förderung der Fachhändler im Uhrengeschäft gegenüber den Kaffeeröstern durch aktive Verhaltensvorschläge und der dadurch bedingte unmittelbare Eingriff in die wirtschaftliche Auseinandersetzung bestimmter Wettbewerber führt zur Unzulässigkeit dieses Vorgehens.

Der Boykott kann als wettbewerbsbeschränkende Maßnahme gegen § 26 Abs. 1 GWB verstoßen. Das setzt voraus, daß ein Einzelunternehmen oder eine Unternehmensvereinigung, in der Absicht, bestimmte Unternehmen unbillig zu beeinträchtigen, ein anderes Unternehmen oder eine Unternehmensvereinigung zu Liefer- oder Bezugssperren auffordert. Ein gegen § 26 Abs. 1 GWB verstoßender Boykott ist, wenn eine Wettbewerbshandlung vorliegt, auch grundsätzlich sittenwidrig im Sinne des § 1 UWG, da der Mitbewerber in einer dem Sinn und Zweck des geschäftlichen Wettbewerbs widersprechenden Weise behindert wird.

Ein Boykottaufruf kann ausnahmsweise als Abwehrmaßnahme gerechtfertigt sein. Das setzt allerdings voraus, daß gerade ein Boykott zur Abwehr eines rechtswidrigen Angriffs erforderlich ist und keine für den anderen Angegriffenen noch zumutbaren Abwehrmöglichkeiten bestehen. Diese Voraussetzungen werden nur in außergewöhnlichen Situationen gegeben sein.

---

[282] vgl. BVerfGE 25, 256/266 „Blinkfür"

[283] BGH v. 2.2.1984, GRUR 1984, 461 „Kundenboykott"

Erfolgt eine Boykottaufforderung nicht zu Wettbewerbszwecken, sondern aus sittlichen, sozialen, religiösen oder politischen Gründen, bestimmt sich der Rechtsschutz des boykottierten gewerblichen Unternehmens nach §§ 1004, 823 Abs. 1 BGB, ggf. nach § 823 Abs. 2 und § 826 BGB[284].

Zusammenfassung

Der Boykott ist in seiner Zielrichtung auf die organisierte Aussperrung eines bestimmten Gegners vom üblichen Geschäftsverkehr gerichtet. Er setzt die Beteiligung von mindestens drei Personen voraus. Das Verdikt der Wettbewerbswidrigkeit setzt eine vorherige Güter- und Interessenabwägung im Lichte des Art. 5 GG voraus.

b) Die Diskriminierung

Unter einer Diskriminierung ist die sachlich nicht gerechtfertigte unterschiedliche Behandlung von Personen im geschäftlichen Verkehr zu verstehen. Diskriminiert werden kann durch den Preis, die Rabatte und Konditionen, durch die Ablehnung von Vertragsabschlüssen gegenüber Abnehmern (Liefersperren) oder Lieferanten (Bezugssperren). Eine Diskriminierung setzt im Gegensatz zum Boykott nur zwei Beteiligte voraus, den Diskriminierenden und den Diskriminierten. Wenn und soweit eine dritte Person eingeschaltet ist, die jedoch die Entscheidungsfreiheit, die für den Boykott erforderlich ist, nicht besitzt, sondern unselbständig und weisungsgebunden ist, wird das Verhalten der Mittelsperson dem Diskriminierenden zugerechnet. Obwohl die Diskriminierung sich als Behinderung auswirken kann, ist mit der Annahme von wettbewerbswidriger Behinderung Vorsicht geboten, da sonst das grundlegende Prinzip der Privatautonomie mißachtet würde. Die Annahme eines prinzipiellen Kontrahierungszwangs würde das Ende einer privatautonomen marktwirtschaftlichen Ordnung bedeuten. Wenn und soweit Diskriminierungssachverhalte somit nicht unter dem Aspekt der §§ 26 Abs. 2 und 3, 22 Abs. 4 GWB unzulässig sind, wird eine Diskriminierung im Sinne des § 1 UWG nur in den seltensten Fällen anzunehmen sein. Ein derartiger Fall kann - trotz grundsätzlicher Zulässigkeit der Preisdis-

Die Diskriminierung setzt nur zwei Beteiligte voraus

---

[284]Zum Boykott vgl. Baumbach/Hefermehl, a.a.O., Rdnr. 276-300; Köhler/Piper, a.a.O., Rdnr. 118-128 m.z.w.N.

kriminerung - vorliegen, wenn die Preisdiskriminierung gezielt vorgenommen wird, um bestimmte Mitbewerber vom Markt zu verdrängen (Kampfpreisunterbietung). Aus dem Sinn der Vertragsfreiheit folgt auch, daß sich ein Kaufmann seinen Kundenkreis nach eigenem Ermessen selbst aussuchen kann. Er ist frei, vertragliche Beziehungen mit einem anderen aufzunehmen oder bestehende zu kündigen; es besteht der Grundsatz freier Kundenwahl.

Anspruch auf Aufnahme in einen Verein oder Verband

Ein mittelbarer Abschlußzwang kann sich aus §§ 26 Abs. 2, 35 Abs. 1 GWB, § 249 Satz 1 BGB ergeben sowie aus § 826 BGB. Ein Aufnahmezwang in Berufs- und Wirtschaftsverbände kann sich aus § 27 GWB sowie den §§ 826, 249 BGB ergeben. Die Rechtsprechung hat aus § 826 BGB und § 27 GWB in ständiger Rechtsprechung die Voraussetzungen für das Vorliegen eines allgemeinen Anspruchs auf Aufnahme in einen Verein oder Verband entwickelt. Danach kann ein Verein oder Verband, der eine Monopolstellung oder ganz allgemein im wirtschaftlichen oder sozialen Bereich eine überragende Machtstellung inne hat[285], grundsätzlich zur Aufnahme eines Bewerbers verpflichtet sein, wenn ein wesentliches oder grundlegendes Interesse am Erwerb der Mitgliedschaft besteht[286]. Dies gilt jedoch mit Rücksicht auf den Schutz der Vereinigungsfreiheit und Verbandsautonomie in Art. 9 GG nicht uneingeschränkt[287]. Vielmehr ist nach der an die Vorschrift des § 826 BGB und die Tatbestandsmerkmale des § 27 GWB angelehnten Formel anschließend zu bestimmen, ob die Ablehnung der Aufnahme, auch wenn die Ablehnung vom Text der Satzung gedeckt würde, nicht zu einer - im Verhältnis zu bereits aufgenommenen Mitgliedern - sachlich nicht gerechtfertigten ungleichen Behandlung und

---

[285] Ob letzteres genügt, wurde in BGH v. 2.12.1974, BGHZ 63, 282, 284 f. "Rad- und Kraftfahrerbund" und BGH v. 26.6.1979, WuW/E 1625, 1626 "Anwaltsverein" noch offen gelassen, in BGH v. 10.12.1984, NJW 1985, 1216 f. "IG- Metall", aber bejaht.

[286] BGH v. 10.12.1985, NJW RR 1986, 583 "Aikidoverband; BGH v. 10.12.1984, NJW 1985, 1216 "IG-Metall"; ähnlich auch schon BGH v. 26.6.1979, WuW/E 1625, 1626 "Anwaltsverein"

[287] hierzu ausführlich Traub, Verbandsautonomie und Diskriminierung, WRP 1985, 591, 594 f.

unbilligen Benachteiligung eines die Aufnahme beantragenden Bewerbers führt[288].
Der allgemeine Aufnahmeanspruch hat demnach in der von der Rechtsprechung entwickelten Form folgende Voraussetzungen:
- Der Verband muß im wirtschaftlichen oder sozialen Bereich eine überragende Machtstellung innehaben.
- Es muß ein wesentliches oder grundlegendes Interesse an einer Mitgliedschaft in dem Verband bestehen.
- Die Nichtaufnahme eines Bewerbers darf nicht sachlich gerechtfertigt sein.
- Die Nichtaufnahme muß zu einer unbilligen Benachteiligung des abgelehnten Bewerbers führen.

Zusammenfassung

Die Diskriminierung setzt im Gegensatz zum Boykott nur zwei Beteiligte voraus, den Diskriminierenden und den Diskriminierten. Der Respekt vor dem Prinzip der Privatautonomie gebietet jedoch, mit der Annahme einer wettbewerbswidrigen Diskriminierung im Sinne des § 1 UWG nur sehr zurückhaltend umzugehen. Ein Aufnahmezwang in Berufs- und Wirtschaftsverbände kann sich aus § 826 BGB und § 27 GWB ergeben.

6. Geschäftsehrverletzung und Anschwärzung

Beleidigung, üble Nachrede und Verleumdung berühren das Wettbewerbsrecht nur, soweit sie Wettbewerbszwecken dienen, also den eigenen oder fremden Wettbewerb fördern sollen. Das UWG enthält insoweit in den §§ 14, 15 UWG Sondervorschriften, die ebenso wie § 1 UWG ein Handeln zu Zwecken des Wettbewerbs voraussetzen, sich jedoch nur auf den Fall beziehen, dass eine unwahre oder nicht erweislich wahre Tatsache über das Geschäft des Mitbewerbers behauptet wird (Anschwärzung).

Ergänzend greift § 1 UWG ein. Aus § 14 UWG darf deshalb nicht der Schluß gezogen werden, daß eine Herabsetzung des

Verhältnis: § 14 UWG zu § 1 UWG

---

[288]BGH v. 2.12.1974, BGHZ 63, 282, 285 "Rad- und Kraftfahrerbund"; BGH v. 10.12.1984, NJW 1985, 1216 "IG-Metall"; BGH v. 10.12.1985, NJW RR 1986, 583 "Aikidoverband"; KG v. 1.10.1986, WuW/E 4003, 4004 "Deutscher Pool-Billard-Club"; LG Heidelberg v. 12.1.1990, NJW 1991, 927 "Schwule Jugendgruppe"

Mitbewerbers durch Verbreitung einer erweislich wahren Behauptung stets zulässig wäre. Der Mitbewerber kann durch eine wahre ebenso wie durch eine unwahre Behauptung herabgesetzt werden, aber auch durch ein abfälliges Werturteil. Die Behauptung oder Verbreitung einer unwahren, die fremde Geschäftsehre und damit das fremde Unternehmen schädigenden Tatsache zu Wettbewerbszwecken, ist grundsätzlich wettbewerbswidrig. Wettbewerbswidrigkeit kann auch vorliegen, wenn die geschäftsschädigende Behauptung wahr ist. Das Hineinzerren der persönlichen Verhältnisse des Mitbewerbers in den Wettbewerbskampf widerspricht dem Sinn des Leistungswettbewerbs. So besteht z.B. auch für Verbreitung einer gerichtlichen Entscheidung, aus der Name und Anschrift der Prozeßparteien zu entnehmen sind, in der Regel kein schutzwürdiges Interesse des Verbreiters. Da jedoch § 14 UWG die Anschwärzung des Mitbewerbers durch wahre Behauptungen nicht erfaßt, kann die Anschwärzung nicht grundsätzlich nach § 1 UWG verboten sein. Eine wahrheitsgemäße geschäftsschädigende Behauptung ist vielmehr zulässig, wenn der Wettbewerber einen hinreichenden Anlass hat, den eigenen Wettbewerb mit der Herabsetzung des Mitbewerbers zu verbinden und sich die Kritik nach Art und Maß im Rahmen des Erforderlichen hält. Soll eine geschäftsschädigende, kränkende Äußerung die Entschließung des Kunden durch das Hineintragen persönlicher Umstände verfälschen oder verwirren, so ist auch eine wahre Behauptung wettbewerbswidrig. Bei Meinungsäußerungen ist zu differenzieren, ob in dem Werturteil zugleich die Behauptung einer Tatsache steckt. Ist dies der Fall, gelten die vorstehenden Grundsätze. Liegt der Schwerpunkt mehr auf dem wertenden Element, so gilt folgendes: Werturteile, die im Wettbewerb darauf zielen, den Mitbewerber, seine Waren oder sein Unternehmen herabzusetzen, widersprechen dem Sinn des Leistungswettbewerbs und geben dem Verbraucher keine zuverlässige Information[289].

Zusammenfassung

Da § 14 UWG die Anschwärzung des Wettbewerbs durch wahre Behauptungen nicht erfaßt, kann die Anschwärzung nicht grundsätzlich nach § 1 UWG verboten sein. Maßgeblich ist, ob ein hinreichender Anlaß besteht und sich die Kritik nach Art und Maß im Rahmen des Erforderlichen hält.

---

[289] vgl. Baumbach/Hefermehl, a.a.O., Rdnr. 317-328

7. Vergleichende Werbung

a) EG-Richtlinie

Die vergleichende Werbung, die ebenfalls zur Fallgruppe der Behinderung gehört, könnte in Zukunft einer differenzierteren Betrachtungsweise unterworfen werden, wenn die vom Ministerrat der EU beschlossene Richtlinie über vergleichende Werbung umgesetzt ist. Es ist zu erwarten, daß die Richtlinie, mit der sich Ende Juni 1997 der Vermittlungsausschuß von Europäischem Parlament und Rat auseinandergesetzt haben, in Kürze verabschiedet wird. Nach der Entwurfsfassung ist davon auszugehen, daß in ihr vergleichende Werbung, soweit der Vergleich in Rede steht, eher positiv als negativ gesehen wird. In Erwägungsgrund 2 wird festgehalten, daß vergleichende Werbung den Wettbewerb zwischen den Anbietern von Waren und Dienstleistungen im Interesse der Verbraucher fördern kann. In Erwägungsgrund 5 wird die Bedeutung der Information der Verbraucher bekräftigt. Vergleichende Werbung kann danach, wenn sie erhebliche (material), relevante, nachprüfbare und typische (representative) Eigenschaften vergleicht und nicht irreführend ist, ein zulässiges Mittel zur Unterrichtung der Verbraucher über ihre Vorteile darstellen. Erwägungsgrund 10 verleiht der Annahme Ausdruck, daß die Bedingungen für vergleichende Werbung kumulativ seien und uneingeschränkt eingehalten werden sollten. Lediglich die Bestimmung von Form und Methode der Umsetzung dieser Bedingungen bleibt den Mitgliedstaaten überlassen.

Dementsprechend ist in dem Richtlinienentwurf zur Änderung der Richtlinie 84/450/EWG, deren Titel die Fassung erhält: „Richtlinie des Rates vom 10.09.1984 über irreführende und vergleichende Werbung" in Art. 7.1 zwar festgehalten, daß die Richtlinie die Mitgliedstaaten nicht daran hindert, Bestimmungen aufrecht zu erhalten oder zu erlassen, die bei irreführender Werbung einen weiterreichenden Schutz der Verbraucher, der einen Handel, ein Gewerbe, ein Handwerk oder einen freien Beruf ausübenden Personen sowie der Allgemeinheit vorsehen. In Art. 7.2 ist jedoch festgehalten, daß dieser Abs. 1 nicht für vergleichende Werbung gilt, soweit es um den Vergleich geht. Art. 2.a erhält eine Definition dessen, was im Sinne der Richtlinie als vergleichende Werbung zu verstehen ist. Vergleichende Werbung ist danach jede Werbung, die unmittelbar oder mittelbar ei-

Die Richtlinie über vergleichende Werbung

nen Mitbewerber oder die Erzeugnisse oder Dienstleistungen, die von einem Mitbewerber angeboten werden, erkennbar macht. Art. 3.a definiert die Rahmenbedingungen, unter denen vergleichende Werbung als zulässig gilt. Danach gilt folgendes:

„Art. 3.a

(1) Vergleichende Werbung gilt, was den Vergleich anbelangt, als zulässig, sofern folgende Bedingungen erfüllt sind:

a) sie ist nicht irreführend im Sinne des Art. 2 Abs. 2, des Art. 3 und des Art. 7 Abs. 1;

b) sie vergleicht Waren oder Dienstleistungen für den gleichen Bedarf oder dieselbe Zweckbestimmung;

c) sie vergleicht objektiv eine oder mehrere erhebliche (material), relevante, nachprüfbare und typische (representative) Eigenschaften dieser Waren und Dienstleistungen, zu denen auch der Preis gehören kann;

d) sie verursacht auf dem Markt keine Verwechslung zwischen dem Werbenden und einem Mitbewerber oder zwischen den Marken, den Handelsnamen, anderen Unterscheidungskennzeichen, den Waren oder den Dienstleistungen des Werbenden oder denen eines Mitbewerbers;

e) durch sie werden weder die Marken, die Handelsnamen oder andere Unterscheidungszeichen noch die Waren, die Dienstleistungen, die Tätigkeiten oder die Verhältnisse eines Mitbewerbers herabgesetzt oder verunglimpft;

f) bei Waren mit Ursprungsbezeichnung bezieht sie sich in jedem Fall auf Waren mit der gleichen Bezeichnung;

g) sie zieht keinen unlauteren Vorteil aus dem Ruf einer Marke, des Handelsnamens oder anderer Unterscheidungszeichen eines Mitbewerbers oder der Ursprungsbezeichnung von Konkurrenzerzeugnissen;

............"[290]

Da die Richtlinie jedoch - anders als Verordnung - nicht unmittelbar in jedem Mitgliedstaat anwendbar ist, sondern in das nationale Recht transformiert werden muß, kann derzeit die Richtlinie bereits deshalb noch nicht als gültiger Maßstab für die Beurteilung vergleichender Werbung zugrunde gelegt werden. Die Richtlinie unterscheidet sich gemäß Art. 189 EGV von der Verordnung erstens dadurch, daß sie nicht unmittelbar in jedem Mitgliedsstaat anwendbar ist: Adressat der Richtlinie ist nur der einzelne Mitgliedstaat. Zweitens

---

[290] Zu der dieser Entwurfsfassung vorausgegangenen Fassung vgl. Piper, Aktuelle Rechtsprechung des Bundesgerichtshofs zum Wettbewerbsrecht, Rdnr. 160

bindet die Richtlinie den Mitgliedsstaat nur hinsichtlich der Ziele und nicht hinsichtlich der Form und der Mittel; sie ist im Gegensatz zur Verordnung also nicht in „allen Teilen verbindlich" (Art. 189 Abs. 2 Satz 2 EGV, Art. 189 Abs. 3 EGV).

Hieraus ergibt sich für die Richtlinie das Erfordernis der Transformation in das nationale Recht. Dieses zweistufige Gesetzgebungsverfahren beläßt den Mitgliedsstaaten einen Spielraum für eigene Entscheidungen und soll so ihre und die Souveränität ihrer Parlamente schützen. Allerdings dürfen die staatlichen Gerichte Richtlinien zur gemeinschaftskonformen Auslegung nationalen Rechts heranziehen und ihre Auslegung zum Gegenstand einer Vorlage zum EuGH machen. Sie sind auch schon vor ihrer Umsetzung in nationales Recht bei dessen Auslegung und Anwendung soweit wie möglich an Wortlaut und Zweck der Richtlinie auszurichten, wenn ihr Inhalt eindeutig und die dem nationalen Gesetzgeber gesetzte Frist zur Umsetzung abgelaufen ist. Eine solche Vorwirkung noch nicht umgesetzten Gemeinschaftsrechts bei der Anwendung innerstaatlicher Rechtsvorschriften kommt aber frühestens zum Zeitpunkt der in der Richtlinie vorgesehenen Umsetzungsfrist in Betracht. In dem Richtlinienvorschlag über irreführende und vergleichende Werbung ist insoweit in Art. 2 vorgesehen, daß die Mitgliedsstaaten die erforderlichen Rechts- und Verwaltungsvorschriften erlassen, um dieser Richtlinie bis spätestens 30 Monate nach ihrer Veröffentlichung im Amtsblatt der Europäischen Gemeinschaft nachzukommen. Nach Ablauf einer in der Richtlinie gesetzten Frist wirkt die Richtlinie unmittelbar. Abweichendes innerstaatliches Recht darf dann nicht zum Nachteil des Betroffenen angewendet werden. Begünstigt die Richtlinie den Einzelnen, ist sie ferner inhaltlich unbedingt und ausreichend genau, so kann sich der Einzelne unmittelbar darauf berufen. Belastet die Richtlinie dagegen den Einzelnen, so kann er daraus nicht in Anspruch genommen werden. Die nicht rechtzeitige Umsetzung einer Richtlinie begründet eine Schadensersatzpflicht gegenüber dem Einzelnen, unter den Voraussetzungen, daß die Rechtsnorm, gegen die verstoßen worden ist, bezweckt, dem Einzelnen Rechte zu verleihen, daß der Verstoß hinreichend qualifiziert ist und schließlich, daß zwischen dem Verstoß gegen die dem Staat obliegende Verpflichtung und dem den geschä-

Erfordernis der Transformation in das nationale Recht

digten Personen entstandenen Schaden ein unmittelbarer Kausalzusammenhang besteht[291].

b) Derzeitige Ausgangssituation

Eine Befassung mit den derzeit gültigen Grundsätzen zur vergleichenden Werbung ist daher bereits mangels noch nicht definitivem Wortlaut der Richtlinie bzw. jedenfalls mangelnder Transformation in das nationale Recht nicht entbehrlich.

Wesentliches Unlauterkeitsmerkmal: das Bestreben, die eigene Ware durch Herabsetzung der Ware des Mitbewerbers besonders herauszuheben.

Vergleiche können der Markttransparenz und Verbraucherinformation dienen, sind jedoch, wenn sie unsachlich sind und unzutreffend informieren, mit den Grundsätzen des Leistungswettbewerbs nur schwer bzw. nicht zu vereinbaren. Bereits im Dauerdosenurteil vom 13.11.1951[292] ist als unzulässige vergleichende Werbung angesehen worden: Kritik zu nehmen an der Leistungsfähigkeit des Mitbewerbers als Vorspann für die eigene Kundenwerbung. Im Betonzusatzmittelurteil vom 14.07.1961[293] hat der Bundesgerichtshof unter Bezugnahme auf die Dauerdosenentscheidung als wesentliches Unlauterkeitsmerkmal für den Warenvergleich das Bestreben bezeichnet, die eigene Ware durch Herabsetzung der Ware des Mitbewerbers besonders herauszuheben.

Erkennbare Bezugnahme; namentliche Nennung ist nicht erforderlich

Die Bezugnahme muß allerdings den Mitbewerber und dessen Leistungsangebot für den Verkehr erkennbar machen. Eine namentliche Nennung oder Bezeichnung ist nicht erforderlich[294]. Da der Marktanteil von Coca-Cola sich auf fast 75% beläuft, nimmt der Verkehr bei einem Vergleich nicht genannter Cola-Limonaden mit „Pepsi-Cola" an, daß eins der annonymen Vergleichsgetränke „Coca-Cola" ist. Allerdings ist eine lediglich bezugnehmende und nicht herabsetzende Werbung rechtlich nur unter dem Gesichtspunkt der unzulässigen Anlehnung an den Ruf eines Konkurrenzerzeugnisses zu beanstanden. Geht die Botschaft einer werblichen Maßnahme nach dem allgemeinen Sprachverständnis dahin, Pepsi-Cola habe einen viele Cola-Trinker

---

[291] vgl. EuGH v. 19.11.1991, NJW 1992, 165 "Francovich"

[292] BGH, GRUR 1951, 416 „Dauerdose"

[293] BGH, GRUR 1962, 45 „Betonzusatzmittel"

[294] BGH v. 22.5.1986, GRUR 1987, 49 „Cola-Test"

ansprechenden Geschmack und der von der Werbung angesprochene Verbraucher soll Pepsi-Cola auf dessen Geschmack hin probieren, d.h. den "Pepsi-Test" machen, liegt in dieser Aufforderung eines Werbenden an das Publikum, die eigene und die Konkurrenzware selbst zu vergleichen und zu erproben, in der Regel keine Wettbewerbswidrigkeit.

Als Grundsatz gilt, daß eine - selbst wahre - kritisierende vergleichende Bezugnahme auf die Ware oder Leistung des Mitbewerbers als Vorspann für die eigene Kundenwerbung wettbewerbswidrig ist. Der Bundesgerichtshof hat sich schon zu Beginn der 60er Jahre von der zunächst fortgeführten Rechtsprechung des Reichsgerichts gelöst, daß vergleichende Werbung nur unter ganz bestimmten Voraussetzungen gerechtfertigt sein könne (Auskunfts-, System-, Fortschritts- und Abwehrvergleich). Seither hat der Bundesgerichtshof angenommen, daß dem grundsätzlichen Verbot der vergleichenden Werbung eine ebenso generell geltende Ausnahmegenehmigung gegenübersteht.

Grundsatz: Die kritisierende vergleichende Werbung als Vorspann für die eigene Kundenwerbung ist wettbewerbswidrig.

Danach ist ein Vergleich der eigenen Ware oder Leistung mit derjenigen des Mitbewerbers im allgemeinen - und zwar als Ausnahme - nur dann als erlaubt anzusehen, wenn ein hinreichender Anlaß dazu besteht und wenn sich die Angaben nach Art und Maß in den Grenzen des Erforderlichen und der wahrheitsgemäßen Erörterung halten. Dabei ist die Frage nach dem hinreichenden Anlaß nicht allein danach zu beantworten, ob der Werbende selbst ein berechtigtes Interesse an der kritischen Auseinandersetzung mit der Ware des Mitbewerbers hat.
Vielmehr kann sich die Statthaftigkeit des Vergleichs im Einzelfalle auch aus einem schutzwürdigen Aufklärungsbedürfnis der Allgemeinheit oder der angesprochenen Verkehrskreise ergeben[295].

Erlaubt ist der Vergleich, wenn ein hinreichender Anlaß besteht und sich die Angaben nach Art und Maß in den Grenzen des Erforderlichen und der wahrheitsgemäßen Erörterung halten

Schutzwürdiges Aufklärungsinteresse

Der Verkehr weiß, daß es Sinn und Zweck einer jeden Werbung ist, die Vorzüge der eigenen Waren oder Leistungen herauszustellen, um deren Absatz oder Verwertung zu fördern. Er versteht aufklärende Hinweise des Werbenden nicht ohne weiteres als Vergleich mit der Leistung anderer Mitbewerber und zwar selbst dann nicht, wenn diese Hinweise in negativer Form darüber aufklären, daß die beworbene Ware

---

[295] vgl. die Hinweise bei Piper, Aktuelle Rechtsprechung des Bundesgerichtshofs zum Wettbewerbsrecht, Rdnr. 156

eine bestimmte Eigenschaft nicht habe. Ihm ist bekannt, daß die in einer Werbung besonders herausgestellten positiven Eigenschaften bzw. das behauptete Fehlen negativer Eigenschaften bei der Konkurrenz so nicht in gleicher Weise gegeben sein muß. Er sieht in einer solchen Hervorhebung daher nicht zwangsläufig einen Vergleich mit der Konkurrenz.

Die Anpreisung der eigenen Ware durch Hervorhebung ihrer Eigenschaften stellt keinen unzulässigen Vergleich dar

Solange sich ein Wettbewerber darauf beschränkt, seine eigene Ware oder Leistung anzupreisen, indem er ihre Eigenschaften hervorhebt, nimmt er noch keinen Vergleich mit einer fremden Ware oder Leistung vor. Es wäre daher verfehlt, aus einer Werbung für das eigene Angebot künstlich einen Vergleich mit Waren oder Leistungen der Mitbewerber herauszulesen[296]. Dementsprechend hat der Bundesgerichtshof in einer auf Werbetafeln an Autowaschanlagen befindlichen Werbeaussage „Ja zur Autowäsche mit weichem Textil - Nein zu Kratzern im Lack" einen erkennbaren Bezug auf einen Mitbewerber nicht zu erkennen vermocht, sondern der Werbung die Aussage entnommen, daß mit der Werbung die eigene Leistung der Beklagten angepriesen wird. Der Bezug zur eigenen Leistung wird gestützt dadurch, daß sich die angegriffene Werbung auf Werbetafeln, die in unmittelbarer Nähe von Waschanlagen aufgestellt sind, und nicht davon getrennt (z.B. in Zeitungsanzeigen oder auf Werbeblättern) befindet. Selbst auf der Basis der konkreten Ausgangssituation, die dadurch gekennzeichnet war, daß es lediglich zwei Systeme, nämlich das herkömmliche Bürstenwaschverfahren und das beworbene Autowaschverfahren mit weichem Textil gibt, ist in der beanstandeten Aussage somit kein unzulässiger Vergleich zu erkennen.

Ermittlung des Aussageinhalts

Inhalt des kritisierenden Vergleichs sind Tatsachenbehauptungen und/oder Werturteile; bloße Floskeln allgemeiner Art (etwa „vergleichen, prüfen, rechnen Sie nach") oder erkennbar nicht ernst gemeinte Übertreibungen („den und keinen anderen")[297] oder auch ein ersichtlich rein subjektiver Geschmacksvergleich von Cola-Getränken enthalten weder Tatsachenbehauptungen noch vom Publikum ernst genommene Werturteile. Dagegen enthält die Werbung „vergleichen Sie unseren Cognac mit anderen Cognacs, die durch großen

---

[296] vgl. BGH v. 5.12.1996, WRP 1997, 709, GRUR 1997, 539 „Kfz-Waschanlagen", vgl. auch Baumbach/Hefermehl, a.a.O., Rdnr. 338 zu § 1 UWG

[297] BGHZ 43, 140 „Lavamat II"

Werbeaufwand auffallen" im Zusammenhang mit dem übrigen Anzeigentext und der Aufforderung zu einer vergleichenden blinden Geschmacksprobe, die zeigen soll, daß „Qualität und guter Geschmack nicht mit großen Namen und hohen Preisen verbunden sein müssen", die Behauptung, der erheblich preiswerter angebotene Cognac sei ebenso gut wie die anderen teuren Marken, die zu unrecht als qualitativ besser erschienen, tatsächlich aber nur überteuert seien[298]. Der Werbung ist die Aussage zu entnehmen, daß die beworbene Leistung so nur bei dem werbenden Unternehmen und nicht bei den Wettbewerbern zu erhalten sei. In einem solchen Fall kann in der werbemäßigen Anpreisung der eigenen Leistung eine gemäß § 1 UWG sittenwidrige pauschale Herabsetzung der ungenannten Mitbewerber gesehen werden. Eine dahingehend herabsetzende Bezugnahme auf das Leistungsangebot konkurrierender Optiker kann einer Aussage „lieber besser aussehen als viel bezahlen", nicht entnommen werden. Das Wort „besser" bezieht sich auf das „Aussehen" (des Umworbenen). Damit wird nicht die Qualität der angebotenen Brille selbst bezeichnet, sondern lediglich der Verbraucher ermuntert, mit Brillen des Werbenden sein Aussehen zu verbessern[299].

Bei einem allgemeinen Warenvergleich, Warenartenvergleich oder auch Systemvergleich ist der Werbende grundsätzlich zur Aufklärung der Vor- und Nachteile der einander gegenübergestellten Warenarten verpflichtet. Nicht erforderlich ist jedoch eine vollständige Aufzählung aller Vor- und Nachteile der Warenarten mit einer umfassenden Erörterung aller nur denkbaren Gesichtspunkte. Durch die Auslassung einzelner Gesichtspunkte darf allerdings kein unrichtiger Eindruck entstehen. Der Warenartenvergleich findet die Grenze seiner Zulässigkeit dort, wo ein für die Beurteilung maßgebliches Merkmal einseitig zum Vorteil der eigenen oder zum Nachteil der zum Vergleich herangezogenen Warenart dargestellt wird. Ein Vergleich ist auch dann unrichtig, wenn er bei Erörterung eines maßgeblichen Merkmals einen in den selben Zusammenhang gehörenden wesentlichen Umstand verschweigt. Der unvollständige Ver-

Warenarten-Systemvergleich

---

[298] BGH v. 11.7.1985, GRUR 1985, 982 „Großer Werbeaufwand"

[299] vgl. BGH v. 7.11.1996, WRP 1997, 182, GRUR 1997, 227 „Aussehen mit Brille"

gleich darf nicht einen unrichtigen Gesamteindruck erwekken[300].

Grundsätzlich unzulässig: der Vergleich mit Preisen der Mitbewerber

Grundsätzlich als vergleichende Werbung verboten ist der Vergleich mit Preisen der Mitbewerber, mag es sich auch nur um vergleichbare Warengattungen wie z. B. Heizöl und Heizgas handeln. Obwohl die wahre und sachlich richtige vergleichende Werbung ausnahmsweise zulässig ist, wenn die in Vergleich gesetzten Leistungen, Waren oder Systeme sachlich vergleichbar sind, für den Vergleich in dieser Form ein sachlich gerechtfertigter Anlaß besteht und die Angaben sich nach Art und Maß in den Grenzen des Erforderlichen und der wahrheitsgemäßen, sachlich richtigen Erörterung halten[301], kann ein Preisvergleich in Ausnahmefällen auch ohne erkennbaren Bezug auf einen Mitbewerber als wettbewerbswidrig angesehen werden. Es handelt sich dabei um Fälle, in denen entweder die Hervorhebung der eigenen Leistung auf Kosten einer pauschalen Herabsetzung der (ungenannten) Mitbewerber erfolgt oder in denen sich der Vergleich generell nicht mehr im Rahmen des sachlich Gebotenen hält, weil er sich als lückenhaft oder gar unwahr erweist. Für einen Preisvergleich, dessen Vollständigkeit und Richtigkeit für den Verbraucher nicht nachprüfbar ist und der daher dem Leser eine nur scheinbare Objektivität und Marktübersicht vermittelt, kann im Grundsatz nichts anderes gelten als für einen lückenhaften Vergleich. Bei einem solchen Vergleich, der vom Leser auch mit einigen Mühen nicht nachvollzogen werden kann, besteht die offensichtliche Gefahr des Mißbrauchs, insbesondere die Gefahr einer ergebnisorientierten Auswahl der in den Vergleich einzubeziehenden Wettbewerber und Waren[302].

An dieser Ausgangssituation ändert auch die sich noch im Rechtsetzungsverfahren befindliche EG-Richtlinie[303] nichts. Auch ihr geht es allein um die Privilegierung des nachprüf-

---

[300] BGH v. 27.2.1986, GRUR 1986, 548 „Dachsteinwerbung"

[301] vgl. BGH v. 1.2.1996, WRP 1996, 721, 727, GRUR 1996, 502 „Energiekosten-Preisvergleich I"; BGH v. 19.9.1996, WRP 1997, 179, GRUR 1997, 304 „Energiekosten-Preisvergleich II"

[302] vgl. BGH v. 2.5.1996, WRP 1996, 109, GRUR 1996, 983 „Preisvergleich II"

[303] vgl. dazu bei Fn. 290

baren Vergleichs; der nicht nachprüfbare Vergleich soll nach Art. 3a Abs. 1 lit. c) untersagt sein[304].

Neben dem Vergleich, der auf die Ware oder Leistung des Mitbewerbers bezogen ist, existiert auch die persönlich vergleichende Werbung, d.h. Werbung, die auf die Person eines bestimmten Mitbewerbers Bezug nimmt, um durch dessen Herabsetzung den eigenen Absatz zu fördern. In der persönlichen Herabsetzung des Mitbewerbers liegt eine Behinderung seiner geschäftlichen Entfaltung. Eine persönliche, insbesondere eine mit pauschalen Ausdrücken beleidigende Werbung ist daher grundsätzlich wettbewerbswidrig, mögen auch die Angaben über die Person des Mitbewerbers und sein Unternehmen sachlich richtig sein[305]. Eine Rechtfertigung durch einen hinreichenden Anlaß kann gegeben sein, wenn ein ernsthaftes Interesse der Allgemeinheit besteht, über bestimmte wettbewerbliche Tatbestände aufgeklärt zu werden. Sachverhalte, die eine Heranziehung der Person des Mitbewerbers und seines Unternehmens in die wettbewerbliche Auseinandersetzung rechtfertigen könnten, werden allerdings selten anzunehmen sein. Die persönliche Sphäre des Mitbewerbers darf grundsätzlich auch durch wahre Angaben nicht angetastet werden.

Persönlich vergleichende Werbung

c) Werbung mit Warentests

Ein Sonderproblem stellt die Werbung mit Warentests dar. Fehlt - wie insbesondere in Fällen vergleichender Warentests durch unabhängige Institute und Verbraucherorganisationen - ein Handeln zu Zwecken des Wettbewerbs, so kommt eine Anwendung der §§ 824, 826 und 823 Abs. 1 BGB in Betracht. Dabei ist dem Testinstitut ein angemessener Beurtei-

Angemessener Beurteilungsspielraum, aber: hohe Anforderungen an die Sorgfaltspflicht

---

[304] vgl. BGH v. 2.5.1996, WRP 1997, 549, GRUR 1996, 983 „Preisvergleich II"; zur vergleichenden Werbung vgl. auch Baumbach/Hefermehl, a.a.O., Rdnr. 329-402; Köhler/Piper, a.a.O., Rdnr. 129-154; Piper, Aktuelle Rechtsprechung des Bundesgerichtshofs zum Wettbewerbsrecht, Rdnr. 154-160; Krüger, Die Zulässigkeit vergleichender Werbung aufgrund gemeinschaftlicher Vorgaben, S. 23-63 (die Entwicklung der Rechtsprechung zur kritisierenden bezugnehmenden Werbung in der Bundesrepublik).

[305] Ständige Rechtsprechung, vgl. die Nachweise bei Baumbach/Hefermehl, a.a.O., Rdnr. 431 zu § 1 UWG

lungsspielraum zuzubilligen: Bei einer neutral und objektiv (im Bemühen um Richtigkeit) vorgenommenen Untersuchung ist erst dann die Grenze des Zulässigen überschritten, wenn die Art des Vorgehens bei der Prüfung und die aus den durchgeführten Untersuchungen gezogenen Schlüsse als nicht mehr vertretbar, also nicht diskutabel erscheinen. Doch sind im einzelnen wegen der einschneidenden Folgen für die betroffenen Unternehmen - hohe - Anforderungen an die Sorgfaltspflicht zu stellen. Dies gilt nicht nur für die Veröffentlichung vergleichender Warentests, sondern auch für Preisvergleiche.

Testveranstalter muß unabhängig sein

Wer zur Wahrnehmung von Verbraucherinteressen einen öffentlichen Warentest veranstaltet, betont seine Neutralität. Der Testveranstalter muß daher die notwendige Unabhängigkeit besitzen, um ein unbeeinflußtes objektives Urteil über die von ihm getesteten Waren abgeben zu können. Fehlt die Neutralität, so ist der Test wegen Irreführung des Publikums unzulässig, und zwar auch dann, wenn er seinem Inhalt nach richtig sein sollte[306]. Unerläßlich ist eine gewissenhafte und verantwortungsbewußte Prüfung. Sie muß sich auf die Waren erstrecken, die die Leistung der Unternehmen zur Zeit der Testverbreitung auf dem Markt vertreten. Die Prüfer, Sachverständigen und Gutachter müssen unparteiisch sein und die erforderliche Sachkunde besitzen. Die Prüfung muß sich auf wesentliche Faktoren beziehen, die den Kaufentschluß des Durchschnittsverbrauchers bestimmen.

Vollständige Prüfung

Insoweit muß die Prüfung auch vollständig sein, damit im Ergebnis kein falscher Eindruck entsteht. Die Unrichtigkeit eines Tests kann sich auch aus der fehlerhaften, insbesondere unvollständigen Darstellung ergeben[307]. Überschreiten die in einem veröffentlichten Warentest enthaltenen wertenden Äußerungen den ihnen für die vorgenommenen Wertungen zustehenden Spielraum, so steht dem betroffenen Unternehmen gegen den Veranstalter oder Verbreiter nach §§ 823 Abs. 1, 1004 BGB analog ein Anspruch auf Unterlassung künftiger und Beseitigung fortwirkender Beeinträchtigungen zu[308]. Auch verkürzte Darstellungen in einem Testkompaß sind grundsätzlich zulässig, dürfen aber nicht durch Aus-

---

[306]Vgl. BGHZ 65, 325/334, „Warentest II"

[307]BGH v. 3.12.1985, GRUR 1986, 330 „Warentest III"

[308]vgl. auch Baumbach/Hefermehl, a.a.O., Rdnr. 403-419

lassungen, Verkürzungen oder sonstigen Unvollständigkeiten einen irreführenden Eindruck hervorrufen[309].

Wenn und soweit der Gewerbetreibende selbst mit Warentests wirbt, gilt folgendes: der bloße Hinweis auf einen veröffentlichten Warentest, ohne daß der Werbende die Testaussagen über die Waren der Mitbewerber in die eigene Werbung aufnimmt, ist unbedenklich, wenn es sich um einen Test handelt, der von einem anerkannten, neutralen Testinstitut in einem einwandfreien Verfahren ermittelt worden ist und dem Verbraucher mit genauen Entscheidungskriterien ein sachlich richtiges Gesamtbild vermittelt. Es fehlt an einer individuell gezielten Bezugnahme auf bestimmte Mitbewerber. Die beim Verbraucher hervorgerufene Vergleichswirkung ist eine Nebenwirkung eines bereits vorgenommenen Vergleichs, auf den er lediglich aufmerksam gemacht wird. Um eine vergleichende Werbung handelt es sich erst, wenn ein Gewerbetreibender den im Test enthaltenen Warenvergleich in die eigene Werbung einbezieht und dadurch die im Testbericht enthaltenen Angaben und Wertungen zu seinen eigenen macht. Eine Testwerbung, die den Tatbestand einer vergleichenden Werbung erfüllt, ist nicht wettbewerbswidrig, wenn für sie ein hinreichender Anlaß besteht, den Verbraucher aufzuklären. Das Aufklärungsinteresse des Verbrauchers rechtfertigt eine vergleichende Werbung jedoch nur, wenn der Werbende den vergleichenden Testbericht mit seinem vollen Inhalt in die Werbung mit aufnimmt. Dann kann sich der Werbende für den Nachweis der Richtigkeit der vergleichenden Werbeaussagen auf die Rechtmäßigkeit des Warentests berufen. Ihm kommt der einem neutralen, sachkundigen und objektiven Testveranstalter zuerkannte Beurteilungsspielraum zugute. Nur bei einer vollständig wiedergegebenen Testwerbung müssen die Mitbewerber die für sie nachteilige Vergleichswirkung hinnehmen, die dem Absatzinteresse des Werbenden zugute kommt. Zulässig ist grundsätzlich eine Werbung mit dem Warentestergebnis, z.B. dem Urteil „sehr gut" oder „gut", unter Angabe des Jahres und Monats der Testveröffentlichung. Erforderlich ist jedoch die Angabe der Fundstelle der Testveröffentlichung. Eine Werbung ohne Angabe der Fundstelle ist unzulässig, weil die Angaben über Testurteile, wenn diese ihren Sinn erfüllen sollen, für den Verbraucher leicht und eindeutig auffindbar und nachprüfbar sein müssen, wozu die Veri-

Werbung des Gewerbetreibenden selbst mit Warentest

---

[309] vgl. dazu BGH v. 10.3.1987, GRUR 1987, 468 „Warentest IV"

fizierung des Tests nach Monat und Jahr der Veröffentlichung gehört[310].

Zusammenfassung

Ebenfalls zur Fallgruppe der Behinderung gehört die vergleichende Werbung. Die Fallgruppe könnte in Zukunft einer differenzierteren Betrachtungsweise unterworfen werden müssen, wenn die im Rechtssetzungsverfahren befindliche Richtlinie über vergleichende Werbung in nationales Recht umgesetzt wird. Derzeit ist noch von folgenden Grundsätzen auszugehen:
Wesentliches Unlauterkeitsmerkmal für den Warenvergleich ist das Bestreben, die eigene Ware durch Herabsetzung der Ware des Mitbewerbers besonders herauszuheben. Eine lediglich bezugnehmende und nicht herabsetzende Werbung ist rechtlich nur unter dem Gesichtspunkt der unzulässigen Anlehnung an den Ruf eines Konkurrenzerzeugnisses zu beanstanden. In der Aufforderung eines Werbenden an das Publikum, die eigene und die Konkurrenzware selbst zu vergleichen und zu erproben, liegt in der Regel keine Herabsetzung (Cola-Testentscheidung).
Als Grundsatz gilt, daß eine - selbst wahre - kritisierende vergleichende Bezugnahme auf die Ware oder Leistung des Mitbewerbers als Vorspann für die eigene Kundenwerbung wettbewerbswidrig ist. Erlaubt ist sie nur dann, wenn ein hinreichender Anlaß dazu besteht und wenn sich die Angaben nach Art und Maß in den Grenzen des Erforderlichen und der wahrheitsgemäßen Erörterung halten. Die Frage nach dem hinreichenden Anlaß ist nicht allein danach zu beantworten, ob der Werbende selbst ein berechtigtes Interesse an der kritischen Auseinandersetzung mit der Ware des Mitbewerbers hat; vielmehr kann sich die Statthaftigkeit des Vergleichs im Einzelfall auch aus einem schutzwürdigen Aufklärungsbedürfnis der Allgemeinheit oder der angesprochenen Verkehrskreise ergeben.
Vorausgesetzt ist eine erkennbare Bezugnahme auf den Mitbewerber und/oder seine Ware. Namensnennung oder Warenangabe sind erforderlich, sofern sich die Bezugnahme für den Verkehr erkennbar aus anderen Umständen ergibt.
Inhalt des kritisierenden Vergleichs sind Tatsachenbehauptungen und/oder Werturteile; bloße Floskeln allgemeiner Art oder erkennbar nicht ernstgemeinte Übertreibungen oder

---

[310] BGH v. 21.3.1991, GRUR 1991, 678 „Fundstellenangabe"

auch ein ersichtlich rein subjektiver Geschmacksvergleich enthalten weder Tatsachenbehauptungen noch vom Publikum ernstgenommene Werturteile.

Bei einem Warenartenvergleich oder Systemvergleich ist der Werbende grundsätzlich zur Aufklärung der Vor- und Nachteile der einander gegenübergestellten Warenarten verpflichtet. Nicht erforderlich ist die vollständige Aufzählung aller Vor- und Nachteile der Warenarten mit einer umfassenden Erörterung aller nur denkbaren Gesichtspunkte. Durch die Auslassung einzelner Gesichtspunkte darf allerdings kein unrichtiger Eindruck entstehen. Der Warenartenvergleich findet seine Grenze dort, wo ein für die Beurteilung maßgebliches Merkmal einseitig zum Vorteil der eigenen oder zum Nachteil der zum Vergleich herangezogenen Warenart dargestellt wird. Ein Vergleich ist auch dann unrichtig, wenn er bei Erörterung eines maßgeblichen Merkmals einen in denselben Zusammenhang gehörenden wesentlichen Umstand verschweigt. Der unvollständige Vergleich darf nicht einen unrichtigen Gesamteindruck erwekken.

Ein Preisvergleich hält sich nicht mehr im Rahmen des sachlich Gebotenen, wenn er sich als lückenhaft oder gar als unwahr erweist oder wenn seine Vollständigkeit und Richtigkeit für den Verbraucher nicht nachprüfbar ist.

Werbung mit Warentests: Beim Testinstitut kommt - wenn ein Handeln zu Zwecken des Wettbewerbs fehlt - eine Anwendung der §§ 824, 826 und 823 Abs. 1 BGB in Betracht. Wegen der einschneidenden Folgen für die betroffenen Unternehmen sind hohe Anforderungen an die Sorgfaltspflicht zu stellen.

Für die Werbung des Gewerbetreibenden selbst mit Warentest gilt: Um eine vergleichende Werbung handelt es sich dann, wenn ein Gewerbetreibender den im Test enthaltenen Warenvergleich in die eigene Werbung einbezieht und dadurch die im Test enthaltenen Angaben und Wertungen zu seinen eigenen macht. Eine Testwerbung, die den Tatbestand einer vergleichenden Werbung erfüllt, ist nicht wettbewerbswidrig, wenn für sie ein hinreichender Anlaß besteht, den Verbraucher aufzuklären. Das Aufklärungsinteresse des Verbrauchers rechtfertigt eine vergleichende Werbung jedoch nur, wenn der Werbende den vergleichenden Testbericht mit seinem vollen Inhalt und unter Angabe der Fundstelle in die Werbung mit aufnimmt.

IV. Ausbeutung

Kennzeichnend für Sachverhalte, die unter diesem Oberbegriff erfaßt werden, ist folgendes: Wer seinen Wettbewerb auf fremde Leistung aufbaut, handelt damit noch nicht wettbewerbsfremd. Jeder Mensch, der auf einem Gebiet arbeitet, steht auf den Schultern seiner Vormänner, baut auf dem auf, was andere geschaffen haben oder mit anderen Worten: es gibt nichts, was nicht irgendwer irgendwann schon einmal gedacht hätte. Der nachahmende Wettbewerb ist grundsätzlich erlaubt, soweit nicht besondere Ausschlußrechte verletzt werden, die Dritten für eine geistige oder technische Schöpfung zustehen. Durch den nachahmenden Wettbewerb wird eine individuelle schöpferische Leistung zum Allgemeingut und der gesellschaftliche Fortschritt ermöglicht. Wettbewerbsfremd handelt erst, wer das Ergebnis fremder Tätigkeit und fremder Aufwendungen mit verwerflichen Mitteln ausnutzt, um sich einen Vorsprung vor seinen Mitbewerbern zu verschaffen, mit anderen Worten, wer einen anderen um das mit viel Mühe und Aufwand geschaffene Ergebnis seiner Tätigkeit bringt. In derartigen Fällen hat die Ausbeutung fremder Leistungen mit echtem Leistungswettbewerb nichts mehr zu tun.

1. Wettbewerblicher Leistungsschutz

Das Prinzip der Nachahmungsfreiheit

Ausgangsthese ist dabei folgendes: Die Übernahme eines mit Mühe und Kosten errungenen fremden Leistungsergebnisses ist frei, soweit nicht entweder Sondergesetze eingreifen oder besondere Umstände vorliegen, die die Handlungsweise als wettbewerbswidrig erscheinen lassen. Richtlinien lassen sich nur unter dem Vorbehalt der Umstände des Einzelfalles aufstellen. Dabei ist zu beachten, daß dem Schutz der schöpferischen Leistung als solcher die geistigen und technischen Schutzrechte dienen. Die besonderen Umstände, die die Unlauterkeit begründen, sind deshalb in der Regel Kriterien, die zu der Übernahme der fremden Leistungen hinzutreten, z.B. vermeidbare Herkunftstäuschung, Irreführung über die betriebliche Herkunft, Erschleichen und Vertrauensbruch, systematisches Nachahmen.

Schutzgut des wettbewerbsrechtlichen Leistungsschutzes aus § 1 UWG sind in erster Linie nicht allgemeine Interessen, sondern die Individualinteressen des durch die Nachahmung Verletzten. Bei der Übernahme einer Herstellerleistung kann daher Leistungsschutz regelmäßig nur vom Hersteller oder einem ausschließlich Vertriebsberechtigten, nicht aber vom Händler, soweit dieser nicht Alleinvertriebsberechtigter oder sonst Verletzter ist, desgleichen nicht von Mitbewerbern oder von Verbänden (§ 13 Abs. 2 UWG) beansprucht werden[311].

Schutzgut: in erster Linie - die Individualinteressen des durch die Nachahmung Verletzten.

Der Anspruch des Berechtigten richtet sich nicht nur gegen den nachahmenden Hersteller, sondern grundsätzlich auch gegen den Händler, der die nachgeahmten Erzeugnisse vertreibt. Dieser kann zwar Redlichkeit beim Erwerb hinsichtlich der Nachahmung einwenden, da die Kenntnis vom Nachahmungstatbestand zu den Merkmalen der Wettbewerbswidrigkeit gehört. Ab dem Zeitpunkt, zu dem der Verletzer nachträglich Kenntnis von den betreffenden Tatumständen erhält (z.B. der Abmahnung), kann der Händler mit einem derartigen Einwand jedoch nicht mehr gehört werden[312]. Vom Zeitpunkt der Kenntnis vom Nachahmungstatbestand ist der Weitervertrieb durch den Händler, selbst bei gutgläubigem Erwerb, unlauter.

Anspruch gegen den nachahmenden Hersteller und den vertreibenden Händler

Ein wettbewerblicher Leistungsschutz - gegen eine unmittelbare, (fast) identische oder nachschaffende Übernahme - wird allein wettbewerblich eigenartigen Erzeugnissen zugebilligt, d.h. Erzeugnissen, deren Ausgestaltung insgesamt oder jedenfalls bezogen auf einzelne Elemente geeignet sind, auf die betriebliche Herkunft oder auf Besonderheiten des Erzeugnisses hinzuweisen. Merkmale, die im Verkehr als kennzeichnend für die betriebliche Herkunft oder Besonderheiten einer Ware gewertet werden, können nach Lage des Falles psychologischer (attraktive Form), ästhetischer (geschmackvolle Gestaltung) oder technischer (besondere Konstruktion, Materialbeschaffenheit, Arbeitsweise) Art sein.

Nur wettbewerblich eigenartige Erzeugnisse genießen Schutz gegen Übernahme

---

[311] BGH v. 14.4.1988, GRUR 1988, 620 „Vespa-Roller"; BGH v. 24.3.1994, GRUR 1994, 630 "Cartier-Armreif"

[312] BGH v. 30.1.1992, GRUR 1992, 448 „Pullovermuster"

Technische Erzeugnisse: nur willkürlich wählbare Merkmale können wettbewerbliche Eigenart besitzen	Bei technischen Gestaltungselementen ist allerdings zu berücksichtigen, daß diese über das hinausgehen müssen, was sich aufgrund der Technik ohnehin aufdrängt. Bei technischen Erzeugnissen können wettbewerbliche Eigenart nur solche Leistungen beanspruchen, deren Merkmale nicht technisch notwendig, sondern willkürlich wählbar und austauschbar sind, vorausgesetzt, der Verkehr legt aufgrund dieser Merkmale Wert auf die Herkunft der Erzeugnisse aus einem bestimmten Betrieb oder verbindet damit zumindest, ohne sich über die Herkunft Gedanken zu machen, gewisse Qualitätserwartungen[313].
Wettbewerbliche Eigenart kann auch aus der Kombination mehrerer Merkmale bestehen	Die Merkmale, die die wettbewerbliche Eigenart begründen, brauchen nicht auf dem Erzeugnis selbst sichtbar sein, sondern können sich erst beim Gebrauch zeigen (z.B. die Klangfarbe eines Musikinstrumentes). Eine Kombination mehrerer Gestaltungsmerkmale kann Modellen eine eigenartige, einprägsame Gestalt verleihen. So hat der Bundesgerichtshof z.B. in der Entscheidung „Cartier Armreif"[314] der Schmucklinie „Pharao" von Cartier wettbewerbliche Eigenart zugebilligt. Konkret geht es um einen Armreif, der eine Reihe umlaufender gelbgoldener reliefartig hervorgehobener Panther auf weißgoldenem Hintergrund aufweist, wobei eine erhabene gelbgoldene Borte die Reliefreihe einfaßt. Der Bundesgerichtshof hat die Ausführungen des Berufungsgerichts bestätigt, wonach der streitige Armreif wettbewerblich eigenartig sei und ein Erinnerungsbild bestimmter Herkunft erzeuge. Er zeichne sich einerseits durch besondere Schwere und Gediegenheit aus, während er andererseits mit der leichtfüßigen Geschmeidigkeit der umlaufenden Wildkatze gepaart sei"[315].

Auch Warenkennzeichnungen, Typenbezeichnungen oder bestimmten, den Verkehr auf die betriebliche Herkunft hinweisende Farbgebungen kann wettbewerbliche Eigenart zukommen.

---

[313] Ständige Rechtsprechung, zuletzt BGH v. 14.12.1995, WRP 1996, 279, 281, GRUR 1996, 210 „Vakuumpumpen" m.z.w.N.

[314] BGH v. 24.3.1994, GRUR 1994, 630

[315] BGH, vgl. Fn. 314, 632

Ein Programm als Gesamtheit von Erzeugnissen mit Gemeinsamkeiten in der Zweckbestimmung und Formgestaltung kann wettbewerbsrechtlich geschützt sein, wenn die Eigenart des Programms sich aus Merkmalen einzelner Teile und aus der Kombination der Einzelteile ergibt, ohne daß es darauf ankommt, ob alle Teile wettbewerbliche Eigenart besitzen[316]. Ein Beschlagprogramm, das dazu dient, Türen, Schränken und Kommoden oder sonstigen Möbelstücken durch einheitliche Formgestaltung der Beschläge ein bestimmtes eigenes Gepräge zu geben, kann die für einen wettbewerbsrechtlichen Schutz erforderliche wettbewerbliche Eigenart haben, sofern die zum Programm gehörigen Beschläge wiederkehrende charakteristische Merkmale aufweisen, die sie von gleichartigen Waren für den Verkehr deutlich abheben[317]. Es kann genügen, daß sich die Eignung, auf die Herkunft von einem bestimmten Hersteller hinzuweisen, daraus ergibt, daß alle Beschläge die gleiche einheitliche Formgestaltung mit ihren charakteristischen Besonderheiten aufweisen.

Wettbewerbliche Eigenart einer Gesamtheit von Erzeugnissen mit Gemeinsamkeiten

Wettbewerbliche Eigenart verlangt nicht, daß das Erzeugnis neu ist. Erforderlich ist nur, daß seine Merkmale über allgemein übliche Gestaltungen hinaus durch die Individualität ihrer Ausgestaltung auf die betriebliche Herkunft oder auf Besonderheiten des Erzeugnisses hinzuweisen geeignet sind[318].

Erforderlich: Individuelle Merkmale, die geeignet sind, auf die betriebliche Herkunft oder auf Besonderheiten des Erzeugnisses hinzuweisen

Liegt wettbewerbliche Eigenart vor, wird ergänzender wettbewerbsrechtlicher Leistungsschutz sowohl gegen eine unmittelbare Leistungsübernahme als auch gegen eine nachschaffende Leistungsübernahme gewährt, wenn besondere außerhalb des sondergesetzlich geregelten Immaterialgüterschutzes liegende wettbewerbliche Umstände die Verwertung des fremden Leistungsergebnisses als wettbewerbswidrig erscheinen lassen, wobei bei der unmittelbaren bzw. fast identischen Übernahme eine strengere Beurteilung Platz greift.

Schutz sowohl gegen unmittelbare als auch gegen nachschaffende Leistungsübernahme

---

[316] BGH v. 14.12.1995, WRP 1996, 279, GRUR 1996, 210 „Vakuumpumpen"

[317] BGH v. 6.2.1986, GRUR 1986, 672 „Beschlagprogramm"

[318] BGH v. 14.4.1988, GRUR 1988, 690, 693 „Kristallfiguren"; zur wettbewerblichen Eigenart vgl. auch Baumbach/Hefermehl, a.a.O., Rdnr. 451-459 zu § 1 UWG; Köhler/Piper, a.a.O., Rdnr. 265-271 zu § 1 UWG; Piper, Aktuelle Rechtsprechung des Bundesgerichtshofs zum Wettbewerbsrecht, Rdnr. 193-204

Strengere Kriterien bei der unmittelbaren Leistungsübernahme

Bei der unmittelbaren Übernahme, der die identische oder fast identische Nachbildung gleichzusetzen ist, eignet sich der Verletzer zu Zwecken des Wettbewerbs das fremde Arbeitsergebnis eines anderen, das eine schutzwürdige Eigenart aufweist und nur unter Aufwand an Mühe und Kosten geschaffen werden konnte, mittels eines meist technischen Vervielfältigungsverfahrens unter Ersparung eigener Kosten an und bringt es ohne jede eigene Verbesserung oder Zutat in unveränderter Form auf den Markt, um den Vorgänger um die Früchte seiner Arbeit zu bringen[319].

Nachschaffende Übernahme erfordert das Vorliegen besonderer Unlauterkeitselemente.

Bei der nachschaffenden Übernahme bildet dagegen die fremde Leistung das Vorbild für eine mehr oder weniger angelehnte eigene Leistung. Der Nachahmer leitet seine Leistung von der eines anderen ab, indem er ein fremdes Arbeitsergebnis als Vorbild benutzt und es durch eigene Leistung nachschaffend wiederholt. Es genügt die Nachahmung wesentlicher Elemente, so daß die Abweichungen nicht ins Gewicht fallen, sondern das Vorbild in dem nachgeahmten Erzeugnis nach wie vor klar erkennbar bleibt[320]. Damit nicht über § 1 UWG quasi Ausschließlichkeitsrechte begründet werden, bedarf es für den Wettbewerbsschutz über die wettbewerbliche Eigenart hinaus des Vorliegens besonderer wettbewerblicher Umstände, die die an sich freie Übernahme der - zwar wettbewerblich eigenartigen, aber durch ein immaterielles Güterrecht nicht geschützten - Gestaltungsformen gleichwohl ausnahmsweise wettbewerbswidrig machen. Derartige Umstände können in der durch die Nachahmung hervorgerufenen Gefahr einer betrieblichen Herkunftsverwechslung (vermeidbare Herkunftstäuschung), in der Ausnutzung des Rufes der fremden Leistung, die im Verkehr bestimmte Gütevorstellungen hervorruft, in der Behinderung von Mitbewerbern liegen. Maßgeblich für die wettbewerbsrechtliche Rufausbeutung ist, daß Eigenarten und Besonderheiten des Erzeugnisses zu Qualitätserwartungen (Gütevorstellungen) führen, die der Originalware zugeschrieben und auf die nachgeahmte Ware übertragen werden, weil der Verkehr diese mit jener verwechselt[321].

---

[319] vgl. Baumbach/Hefermehl, a.a.O., Rdnr. 498 m.w.N.

[320] vgl. Baumbach/Hefermehl, a.a.O., Rdnr. 446 m.w.N.

[321] BGH v. 14.12.1995, WRP 1996, 279, GRUR 1996, 210 „Vakuumpumpen" m.w.N.

Zur Fallgruppe der Rufausbeutung zählen u.a. die Fälle des Einschiebens in eine fremde Serie. Ein auf Erweiterung angelegtes (Spielzeug-)Klemmbausteinesystem (Legobausteine) genießt ergänzenden Wettbewerbsschutz nach § 1 UWG gegen das Einschieben gleichartiger, beliebig austauschbarer fremder Ergänzungserzeugnisse. Die Wettbewerbswidrigkeit eines derartigen Einschiebens liegt in der Ausnutzung des Umstandes begründet, daß es sich bei dem genannten System um eine auf Ergänzung und Zukauf angelegte Produktionsserie handelt, die von vornherein auf eine fortgesetzte Bedarfsdeckung zugeschnitten ist und das Bedürfnis nach Erweiterung weckt, so daß sich der vom Hersteller des Ursprungserzeugnisses erstrebte wettbewerbliche Erfolg nicht schon in einem oder mehreren Einzelverkaufsfällen verwirklicht, sondern den Absatz des Ergänzungsbedarfes mit umfaßt[322]. Wettbewerbswidrigkeit liegt jedoch nicht nur im Falle des offenen Einschiebens in eine fremde Produktionsserie mit losen, dem Ursprungserzeugnis entsprechenden Bauteilen (Bausätzen) vor, sondern auch beim „verdeckten" Einschieben in Form des Vertriebs eines fertig zusammengesetzten, aber in seine Einzelteile zerlegbaren Spielzeugs[323].

Einschieben in eine fremde Serie

Wettbewerbswidrige Behinderung liegt auch im Falle des systematischen, zielbewußten Anhängens an eine Vielzahl von Produkten eines Mitbewerbers vor, bei denen Gestaltungselemente frei wählbar sind, das Anhängen jedoch eine kostspielige eigene Entwicklungszeit erspart und die Preisunterbietung des Konkurrenten mit entsprechenden Wettbewerbsvorteilen ermöglicht[324].

Systematisches zielbewußtes Anhängen an eine Vielzahl von Produkten

Dabei besteht eine Art Wechselwirkung zwischen der einen Leistungsschutz rechtfertigenden wettbewerblichen Eigenart und den die Wettbewerbswidrigkeit der Leistungsübernahme begründenden wettbewerblichen Begleitumstände. Je größer die wettbewerbliche Eigenart ist, um so geringere Anforderungen können an das Vorliegen besonderer wettbewerblicher Umstände gestellt werden. Umgekehrt bedarf es keiner großen Anforderungen an die wettbewerbliche Eigenart, wenn die Leistungsübernahme aus besonderen Gründen

Wechselwirkung zwischen wettbewerblicher Eigenart und wettbewerbswidrigen Begleitumständen

---

[322] BGH v. 6.11.1963, BGHZ 41, 55, 57 „Klemmbausteine I"

[323] BGH v. 7.5.1992, GRUR 1992, 619 „Klemmbausteine II"

[324] BGH v. 14.12.1995, WRP 1996, 279, GRUR 1996, 210 „Vakuumpumpen"; zum Einschieben in fremde Serien vgl. auch Baumbach/Hefermehl, a.a.O., Rdnr. 492-494 zu § 1 UWG

(etwa Erschleichung der fremden Vorlage) in hohem Maße anstößig erscheint.

Auf einer ähnlichen Wechselwirkung beruht, wenn bei der unmittelbaren und bei der fast identischen Übernahme, eine strengere Beurteilung Platz greift, als bei der nachschaffenden Übernahme, bei der das fremde Leistungsbild nur als Vorlage für eine mehr oder weniger angenäherten Nachbildung benutzt wird. Die Beurteilung erfordert eine umfassende Gesamtwürdigung aller in Betracht kommenden Umstände unter Einbeziehung der Wechselwirkung mit dem Grad der wettbewerblichen Eigenart und mit dem der Nachahmung[325].

Diese Wechselwirkung führt dazu, daß Einzelumstände je nach Fallgestaltung eine ganz unterschiedliche Bedeutung gewinnen können, je nachdem, ob es sich um eine unmittelbare Leistungsübernahme oder eine nachschaffende Übernahme handelt. Dies gilt auch für die Berücksichtigung des dem Verletzten zur Nutzung seines Leistungsergebnisses und Amortisation seiner Aufwendungen zur Verfügung stehenden Zeitraumes. Dementsprechend hat der Bundesgerichtshof einen Schutz für vor mehr als 50 Jahren hergestellten Notenstichbilder abgelehnt[326], ferner für ein 1890 bis 1902 erschienenes, 1962 gemeinfrei gewordenes Werk, das bei Erscheinen des Nachdrucks (1963) bereits seit 12 Jahren vergriffen war[327]. Weiterhin für Formulare, deren Entwurfkosten durch mehrjährigen Absatz in hoher Stückzahl längst hereingeholt worden waren[328].

Schutz von Werbesprüchen gegen Nachahmung

Auch ein Werbespruch kann unter dem Gesichtspunkt eines wettbewerbsrechtlichen Leistungsschutzes gegenüber Nachahmung geschützt sein[329]. Dabei gelten für die Frage, ob einem Werbespruch ein wettbewerbsrechtlicher Schutz vor

---

[325] BGH v. 14.12.1995, WRP 1996, 279, 281, GRUR 1996, 210 „Vakuumpumpen" m.w.N.; BGH v. 17.10.1996, WRP 1997, 306, GRUR 1997, 308 „Wärme für's Leben"

[326] BGH v. 6.2.1986, GRUR 1986, 895 „Notenstichbilder"

[327] BGHZ 51, 41 „Reprint"

[328] BGH v. 17.9.1971, GRUR 1972, 127, 128 „Formulare"

[329] BGH v. 17.10.1996, WRP 1997, 306, GRUR 1997, 308 „Wärme für's Leben"; vgl. dazu auch Erdmann, Schutz von Werbeslogans, GRUR 1996, 550, 555 ff

Nachahmung zukommt, dieselben Grundsätze, die für die Nachahmung anderer Leistungsergebnisse gelten. Voraussetzung ist daher zunächst - neben dem als zweite Voraussetzung zu fordernden besonderen Unlauterkeitsmerkmal - eine wettbewerbliche Eigenart, d.h. die Eignung des Werbeslogans als Hinweis auf die betriebliche Herkunft zu dienen oder besondere Gütevorstellungen zu wecken. Da insoweit die Eignung ausreicht, muß ein wettbewerblicher Besitzstand im Sinne einer bereits erreichten Verkehrsbekanntheit nicht notwendig vorliegen. Einem originellen, gleichzeitig einprägsamen und aussagekräftigen Werbeslogan kann vielmehr dank seiner Eignung, auf einen bestimmten Anbieter hinzuweisen, schon mit seiner Einführung ein wettbewerblicher Schutz vor Nachahmung zukommen, ohne daß es auf seine Bekanntheit im Verkehr ankäme. Selbst wenn die Überprüfung eine von Haus aus nur geringe wettbewerbliche Eigenart ergibt, darf nicht übersehen werden, daß sich der erfolgreiche Werbeslogan häufig durch eine gewisse Einfachheit, zuweilen durch eine nicht zu leugnende Banalität auszeichnet. Ein Slogan, der die an ihn gestellten vielfältigen Anforderungen erfüllt, ist nicht selten das Ergebnis aufwendiger Ermittlungen und Planungen, da er im Rahmen einer weitgefächerten Werbekampagne für verschiedene Ziele tauglich sein muß. Wesentlich ist daher, ob der Slogan sich dazu eignet, als Leitmotiv (positive) Assoziationen zu wecken und das Leistungsangebot der werbenden Unternehmen mit herauszustellenden (positiven) Eigenschaften zu verknüpfen. Seine Eignung, als Herkunftshinweis zu dienen, kann unter diesen Umständen nur verneint werden, wenn es sich um freizuhaltende Wortkombinationen handelt, an deren Verwendung die Mitbewerber zur Beschreibung der Eigenschaften ihrer Produkte ein schutzwürdiges Interesse haben. Auch bei Werbeslogans kommen in erster Linie als Unlauterkeitsmerkmale die vermeidbare Herkunftstäuschung und die Rufausnutzung in Betracht. Auch hier muß zwischen den beiden Tatbestandsmerkmalen Grad der wettbewerblichen Eigenart, Unlauterkeitsmerkmal sowie Grad der Nachahmung eine Wechselwirkung in der Weise bestehen, daß die Anforderungen an ein Merkmal davon abhängen, in welchem Maße und mit welcher Intensität die anderen beiden Merkmale verwirklicht sind[330].

---

[330] vgl. BGH Fn 329, S. 308.

Wettbewerbsrechtlicher Leistungsschutz von Modeschöpfungen

Wettbewerbsrechtlichen Leistungsschutz können auch Modeschöpfungen genießen. Modeschöpfungen kommen zwar grundsätzlich als Gegenstand eines Urheberrechtschutzes in Betracht, allerdings wird selten den Anforderungen einer eigenpersönlichen geistigen Schöpfung Genüge getan sein. Dies erfordert eine eigentümliche Gestaltung von so hohem ästhetischen Gehalt, daß es sich nach den im Leben herrschenden Anschauungen um eine künstlerische Schöpfung handelt. Eher in Betracht kommt ein Geschmacksmusterschutz, dessen Entstehung die Anmeldung und Eintragung in das Musterregister und die Niederlegung des schutzfähigen Musters erfordert, das eigentümlich und objektiv neu sein muß. Auch dieser Schutz wird wegen des temporären Schutzbedürfnisses, der Schwierigkeiten der Hinterlegung der Modelle etc. nicht oft gewählt. Angesichts des schwachen Schutzes modischer Erzeugnisse durch einen Sonderrechtsschutz kommt daher der Frage, ob einem kurzlebigen modischen Erzeugnis ein wettbewerbsrechtlicher Schutz gegen Nachahmung gewährt werden kann, besondere Bedeutung zu.

Voraussetzung ist zunächst, daß das Modeerzeugnis wettbewerbliche Eigenart besitzt. Diese kann in der Besonderheit des Erzeugnisses liegen. Das setzt voraus, daß es sich um eine über den Durchschnitt herausragende Neuerscheinung handelt, deren Gesamteindruck durch individuelle ästhetische Gestaltungsmerkmale geprägt ist, die vom allgemein üblichen Modetrend abweichen[331]. Da die Mode weitgehend von der Wiederkehr gleicher Elemente lebt, ist nach der Rechtsprechung auch solchen Mustern und Modellen eine schutzwürdige wettbewerbliche Eigenart zuzubilligen, die im wesentlichen auf Vorbekanntes zurückgreifen, falls dies in der fraglichen Modesaison erstmalig geschieht und dieser Rückgriff in dieser Saison als eine eigenartige Modeneuheit empfunden wird. Auf zusätzliche besondere Umstände wie sonst bei der wettbewerbswidrigen Nachahmung kommt es hier nicht an. Mit dieser Begründung wird ein das Musterrecht ergänzender Leistungsschutz anerkannt, der auf dem Entlohnungsgedanken beruht und dem kurzfristigen Schutzbedürfnis der Modeindustrie entspricht. Das Unlauterkeitskriterium liegt in der Behinderung des Modeschöpfers, der seine Leistung auf dem Modemarkt nicht rein zur Geltung

---

[331] vgl. BGH v. 19.1.1973, GRUR 1973, 478 „Modeneuheit"; BGH v. 10.11.1983, GRUR 1984, 453 „Hemdblusenkleid"

bringen kann, wenn Mitbewerber eine von ihm kreierte - wettbewerblich und ästhetisch eigenartige - Modeneuheit ohne einen sachlichen Rechtfertigungsgrund identisch oder nahezu identisch übernehmen. Sein wettbewerblicher Vorsprung wird von vornherein ausgeschaltet, so daß er um die Chance des Erfolgs seiner Arbeit gebracht wird. Kein Nachahmungsschutz besteht dagegen für Erzeugnisse, die keine besondere wettbewerbliche Eigenart aufweisen, sondern nur dem allgemeinen Modetrend folgen. Die Problematik eines wettbewerbsrechtlichen Schutzes kurzlebiger Modeschöpfungen gegen identische oder nahezu identische Übernahme liegt in der Bemessung der Schutzdauer. Bei saisongebundenen Erzeugnissen soll der Schutz in der Regel auf die Dauer der Saison begrenzt sein, falls nicht im Einzelfall Umstände vorliegen, die eine kurzfristige Ausdehnung des Schutzes rechtfertigen[332]. Bei nicht saisongebundenen Modeschöpfungen soll statt auf die Saison auf die handelsübliche Dauer der Angebote abgestellt werden. Damit wird für kurzlebige Modeerzeugnisse ein monopolartiger Schutz begründet; nach dem Wegfall der Eigenartigkeit wird nur noch selten für den Mitbewerber ein Grund zum Nachahmen bestehen[333].

Zusammenfassung

Die Übernahme eines mit Mühe und Kosten errungenen fremden Leistungsergebnisses ist frei, sofern nicht entweder Sondergesetze eingreifen oder besondere Umstände vorliegen, die die Handlungsweise als wettbewerbswidrig erscheinen lassen. Die besonderen Umstände sind in der Regel Kriterien, die zu der Übernahme der fremden Leistung hinzutreten, z.B. vermeidbare Herkunftstäuschung, Irreführung über die betriebliche Herkunft, Erschleichen und Vertragsbruch, systematisches Nachahmen.

Grundvoraussetzung für das Eingreifen wettbewerbsrechtlichen Leistungsschutzes ist, daß es sich bei den nachgeahmten Produkten um wettbewerblich eigenartige Erzeugnisse handelt, d.h. Erzeugnisse, deren Ausgestaltung oder jeden-

---

[332] vgl. BGH v. 10.11.1983, GRUR 1984, 453 "Hemdblusenkleid" mit Anmerkung Jakobs

[333] zum wettbewerbsrechtlichen Leistungsschutz für Modeneuheiten vgl. Baumbach/Hefermehl, a.a.O., Rdnr. 512-516 zu § 1 UWG m.w.N.

falls einzelne Elemente geeignet sind, auf die betriebliche Herkunft oder auf Besonderheiten des Erzeugnisses hinzuweisen. Bei technischen Erzeugnissen können nur willkürlich wählbare Merkmale wettbewerbliche Eigenart besitzen. Es besteht eine Art Wechselwirkung zwischen der einen Leistungsschutz rechtfertigenden wettbewerblichen Eigenart und den die Wettbewerbswidrigkeit der Leistungsübernahme begründenden wettbewerblichen Begleitumständen. Je größer die wettbewerbliche Eigenart ist, desto geringere Anforderungen können an das Vorliegen besonderer wettbewerblicher Umstände gestellt werden. Umgekehrt bedarf es keiner großen Anforderungen an die wettbewerbliche Eigenart, wenn die Leistungsübernahme aus besonderen Gründen (etwa Erschleichung der fremden Vorlage) in hohem Maße anstößig erscheint. Bei der unmittelbaren oder fast identischen Übernahme greift eine strengere Beurteilung Platz als bei der nachschaffenden Übernahme.

Auch ein Werbespruch kann unter dem Gesichtspunkt eines wettbewerbsrechtlichen Leistungsschutzes gegenüber Nachahmung geschützt sein. Desgleichen können Modeschöpfungen wettbewerbsrechtlichen Leistungsschutz genießen. Das Unlauterkeitskriterium liegt in der Behinderung des Modeschöpfers, der seine Leistung auf dem Modemarkt nicht rein zur Geltung bringen kann, wenn Mitbewerber eine von ihm kreierte Modeneuheit ohne einen sachlichen Rechtfertigungsgrund identisch oder nahezu identisch übernehmen. Sein wettbewerblicher Vorsprung wird von vornherein ausgeschaltet, so daß er um die Chance des Erfolgs seiner Arbeit gebracht wird.

2. Schutz gegen Anlehnung und Rufausbeutung und Schutz gegen Verwässerung - Überlagerung durch Markenrecht?

Schutz der bekannten Marke und bekannten geschäftlichen Bezeichnung durch Markenrecht

Das am 01.01.1995 in Umsetzung einer EG-Richtlinie in Kraft getretene Markengesetz hat nicht nur Neuerungen im Bereich der als Marke schutzfähigen Zeichen gebracht, sondern auch einen spezifischen Schutz der bekannten Marke (§ 9 Abs. 1 Nr. 3 und § 14 Abs. 2 Nr. 3 MarkenG) und der bekannten geschäftlichen Bezeichnung (§ 15 Abs. 3 MarkenG) eingeführt. Das Neue dieser Regelung liegt darin, daß die bekannte Marke und die bekannte geschäftliche Bezeichnung nicht nur - wie es bei Marken und geschäftlichen Bezeichnungen stets der Fall ist - Schutz gegen Verwechslungsgefahr im (Waren- und Dienstleistungs-)Identitäts- und Ähnlichkeitsbereich genießen, sondern wegen ihrer Bekanntheit nunmehr auch außerhalb des Ähnlichkeitsbereichs und ohne Bestehen einer Verwechslungsgefahr gegen eine Ausnutzung oder Beeinträchtigung ihrer Unterscheidungskraft oder Wertschätzung unter bestimmten weiteren Voraussetzungen markenrechtlich geschützt sind. Dem Warenzeichengesetz alter Fassung war dieser Schutz fremd.

Diese Lücke war in der Vergangenheit durch das Wettbewerbsrecht geschlossen worden. Wettbewerbsrechtlich genossen nach der Rechtsprechung des BGH bekannte Marken nach § 1 UWG - unabhängig von der Identität oder Gleichartigkeit der Waren, unabhängig von einer warenzeichenmäßigen Benutzung und unabhängig von einer Benutzung in verwechslungsfähiger Weise - Schutz vor unbefugter Rufausnutzung, Rufbehinderung oder Rufschädigung in einem vom Kennzeichenrecht nicht erfaßten Bereich. Dieser Schutz konnte - in dem Bestreben, die Wertung des Kennzeichenrechts und dessen abschließende Regelung zu respektieren - allerdings nur bei Vorliegen besonderer wettbewerblicher Umstände gewährt werden, die die Verwerflichkeit der Rufausnutzung oder Rufbeeinträchtigung der fremden Marke begründeten. Hatte die Marke oder geschäftliche Bezeichnung den höchsten Grad an Bekanntheit, nämlich Berühmtheit, erlangt, genoß sie des weiteren als berühmte Marke oder Firma Schutz gegen eine Schwächung („Verwässerung") ihrer überragenden Kennzeichnungs- und Werbekraft durch kennzeichenmäßige Drittbenutzung. Wenn und soweit es insoweit an einem für die Anwendung des § 1 UWG erforderlichen Wettbewerbsverhältnisses fehlte, wurde der Schutz der berühmten Marke gegen Verwässerung aus § 823 Abs. 1 i. V. m. § 1004 BGB unter dem Gesichtspunkt des Eingriffs in den eingerichteten und ausgeübten Gewerbebetrieb gewährt, als dessen wertvoller Bestandteil die berühmte Marke in ihrer allgemeinen Stellung, Wertschätzung und überragenden Verkehrsgeltung angesehen wurde.

Es stellt sich die Frage, ob durch die Regelungen in den §§ 9, 14 und 15 MarkenG sich ein ergänzender wettbewerbsrechtlicher Schutz erübrigt bzw. ob und in welchem Umfang dieser noch zulässig ist. In § 2 des MarkenG ist ausdrücklich vorgesehen, daß der Schutz von Marken, geschäftlichen Bezeichnungen und geographischen Herkunftsangaben nach dem MarkenG die Anwendung anderer Vorschriften zum Schutze dieser Kennzeichen nicht ausschließt. Die Gesetzesbegründung bezieht sich insoweit ausdrücklich auf die ergänzende Anwendung der §§ 1 und 3 UWG, des Namenschutzes nach dem BGB, des firmenrechtlichen Schutzes nach dem HGB und auf die Regelungen des Urheber- und Geschmacksmustergesetzes[334]. Greift der markenrechtliche Schutz nicht durch - beispielsweise bei einer nicht hinreichenden Bekanntheit der Marke in den Fällen des § 14 Abs. 2 Nr. 3 MarkenG - dürfte daher § 1 UWG neben den Bestimmungen des MarkenG grundsätzlich weiter anwendbar bleiben, zumal sowohl § 9 Abs. 1 Nr. 3 als auch § 14 Abs. 2 Nr. 3 auf ein Ausnutzen oder Beeinträchtigen „ohne rechtfertigenden Grund in unlauterer Weise" abheben.

Wettbewerbsrechtlich orientierter Schutz

Wie sich aus der Gesetzesbegründung (S. 72) ergibt, ist der durch die §§ 9 Abs. 1 Nr. 3 und 14 Abs. 2 Nr. 3 MarkenG gewährte Schutz seinem Wesen nach ein wettbewerbsrechtlich orientierter Schutz.

Subsidiäre Anwendung des Wettbewerbsrechts bleibt nach wie vor erforderlich.

Die bisherige Rechtsprechung zum Schutz gegen Anlehnung und Rufausbeutung ist aus zwei Gründen nicht obsolet: Der eine Grund liegt in der in Einzelfällen nach wie vor erforderlichen subsidiären Anwendung des Wettbewerbsrechts, der andere darin, daß der EuGH zumindest bisher verbindliche Interpretationen der in den Bestimmungen der Richtlinie genannten Begriffe der Marken-, Zeichen- und Warenidentität und -ähnlichkeit, der Verwechslungsgefahr und der bekannten Marke noch nicht vorgenommen hat. Dabei handelt es sich um autonome Rechtsbegriffe des Gemeinschaftsrechts, die ebenso wie die Kriterien der zeichenmäßigen Nutzung, der Unterscheidungskraft, der Wertschätzung und der unlauteren Beeinträchtigung eigenständiger Auslegung bedürfen. Solange es an einer verbindlichen Interpretation der Voraussetzungen und Begriffe der Richtlinie durch den EuGH fehlt, können der Entwicklungsstand und die Ergebnisse der deutschen Rechtsprechung zum ergänzenden wettbewerbs-, namens- und deliktsrechtlichen Schutz der bekannten und berühmten Kennzeichen bei der Anwendung der §§ 9 Abs. 1 Nr. 3 und 14 Abs. 1 Nr. 3 MarkenG aus Gründen einer hier wie da gleichgelagerten und unveränderten Sachproblematik Berücksichtigung finden[335].

---

[334] BT-Drucksache 12/6581

[335] vgl. dazu Piper, Der Schutz der bekannten Marken, GRUR 1996, 429, 430 m.w.N.; Fezer, Markenrecht, § 2 Rdnr. 6-8; Baumbach/Hefermehl, a.a.O., Rdnr. 559 b zu § 1 UWG

Die nachfolgende Darstellung ist daher (zumindest derzeit) nicht entbehrlich geworden, unabhängig davon, ob der konkrete Anspruch im Einzelfall auf die §§ 9, 14 MarkenG oder auf § 1 UWG gestützt wird. Der Schutz der bekannten und berühmten Marke im Wettbewerbsrecht, der sich plakativ als Markenschutz durch Wettbewerbsrecht[336] bezeichnen läßt, ist daher nach wie vor im Wettbewerbsrecht verankert.

Zusammenfassung

Der Schutz der bekannten Marke und der bekannten geschäftlichen Bezeichnung in seiner Ausprägung durch die §§ 9, 14, 15 MarkenG macht ergänzenden wettbewerbsrechtlichen Leistungsschutz nicht entbehrlich, zumal auch dieser markenrechtliche Schutz seinem Wesen nach ein wettbewerbsrechtlich orientierter Schutz ist.

3. Schutz gegen Anlehnung und Rufausbeutung

Der gute Ruf eines fremden Geschäftsinhabers oder Unternehmens, einer fremden Ware, Leistung oder Kennzeichnung wird häufig zu Wettbewerbszwecken auszubeuten versucht. Für einen guten Ruf ist wesentlich, daß das Publikum mit der Ware über ihren bloßen Bekanntheitsgrad hinaus eine besondere Wertvorstellung, insbesondere Gütevorstellung verbindet. Die Rufausnutzung vollzieht sich dadurch, daß der Verkehr die Wertvorstellung, die er mit einer bestimmten Ware verbindet, auf eine andere Ware überträgt. Ebenso wie die Nachahmung ist das Anhängen an fremden Ruf dem Grundsatz nach zulässig, es sei denn, daß besondere, die Wettbewerbswidrigkeit begründende Umstände, hinzutreten[337].

Es widerspricht nicht den Grundsätzen des freien Leistungswettbewerbs, wenn ein Gewerbetreibender zum Aufbau der eigenen geschäftlichen Tätigkeit sich an eine vorhandene unternehmerische Leistung anlehnt. Die Anlehnung an eine fremde Leistung, auch wenn sie in der Schaffung eines guten Rufs besteht, ist nicht ohne weiteres als wettbewerbswidrig

Die Anlehnung an den guten Ruf wird erst durch das Vorliegen besonderer Umstände wettbewerbswidrig.

---

[336] Fezer, Markenschutz durch Wettbewerbsrecht - Anmerkungen zum Schutzumfang des subjektiven Markenrechts, GRUR 1986, 485

[337] Baumbach/Hefermehl, a.a.O., Rdnr. 541 zu § 1 UWG

zu beurteilen. Vielmehr bedarf es jeweils besonderer Umstände, die die Verwerflichkeit einer solchen Anlehnung im Sinne des § 1 UWG begründen können[338]. Unlautere Verhaltensweisen sind Rufausbeutung durch Täuschung oder durch Anlehnung[339].

Die Bezugnahme auf Konkurrenzerzeugnisse zur Empfehlung der eigenen Ware, sei es durch Tatsachenbehauptungen, sei es durch Werturteile ist grundsätzlich wettbewerbsfremd.

Unzulässig ist es, durch Gleichstellungsbehauptungen (guter Ruf als Vorspann) den Wert der eigenen Leistung zu steigern

Wettbewerbswidrig ist nicht die Anlehnung als solche, sondern die Tatsache, daß Ruf und Ansehen fremder Ware oder Leistung als Vorspann für die Verfolgung eigener wirtschaftlicher Zwecke ausgenutzt werden, statt mit Güte und Preiswürdigkeit der eigenen Leistung zu werben. Anders als bei der kritisierenden vergleichenden Werbung, die die Leistung des Mitbewerbers herabsetzt, geht es bei der anlehnenden Werbung darum, durch Gleichstellungsbehauptungen den Wert der eigenen Leistung in den Augen des angesprochenen Verkehrs zu steigern. Eine anlehnende Bezugnahme auf der Grundlage sachlich unrichtiger Angaben ist stets unlauter.

Ausnahme: Einbeziehung eines Mitbewerbers und dessen Ware ist durch Informationsinteresse der beteiligten Verkehrskreise gedeckt

Aber auch sachlich zutreffende Behauptungen sind wettbewerbsrechtlich bedenklich, es sei denn, es besteht für die Bezugnahme im Einzelfall ein hinreichender Anlaß, und Art und Maß der Angaben liegen im Rahmen einer zutreffenden und erforderlichen Darstellung. Die Einbeziehung eines Mitbewerbers und dessen Ware in die eigene Werbung kann nach den Umständen durch das Informationsinteresse der beteiligten Verkehrskreise gedeckt sein, wenn dem in anderer Weise nicht oder nicht hinreichend genügt werden kann. Bleibt aber der Informationswert hinter der Werbewirkung zurück, die von der Inbezugnahme des Konkurrenzerzeugnisses ausgeht, ist die (erkennbare) Anlehnung an den Mitbewerber und dessen Ware unzulässig[340]. Keinesfalls darf aber dabei fremder Ruf in Anspruch genommen oder über die betriebliche Herkunft der Ware getäuscht werden.

---

[338]BGH v. 5.12.1996, WRP 1997, 310, 312, GRUR 1997, 311 "Yellow phone" m.z.w.N.

[339]Baumbach/Hefermehl, a.a.O., Rdnr. 542 zu § 1 UWG

[340]BGH v. 11.6.1992, GRUR 1992, 625 „Therapeutische Äquivalenz"; Köhler/Piper., a.a.O., Rdnr. 308-312

Auch ohne Hervorrufen einer Herkunftstäuschung oder einer Warenverwechslung kann die Ausnutzung des guten Rufes eines Mitbewerbers, seines Unternehmens oder seiner Waren wettbewerbswidrig sein. Das ist der Fall, wenn ein Wettbewerber die Qualität seiner Waren mit der Qualität geschätzter Konkurrenzerzeugnisse ohne rechtfertigenden Grund in Beziehung setzt, um den guten Ruf der Waren oder Leistungen eines Mitbewerbers als Vorspann für eigene wirtschaftliche Zwecke auszunutzen[341].

In dem „leading case" einer Rechtsprechungsentwicklung zum Wettbewerbsschutz der bekannten Marke vor der Ausbeutung ihres guten Rufs „Rolls Royce"[342] ist Wettbewerbswidrigkeit unter dem Gesichtspunkt der Rufausbeutung zur Empfehlung der eigenen Ware mit folgender Begründung, die in späteren Entscheidungen als prägende Überlegungen wiederkehren, dargelegt worden: Die Abbildung fremder Erzeugnisse im Zusammenhang mit Werbung für eigene Waren ist dem Grundsatz nach nicht unüblich, oft sogar kaum vermeidbar und vielfach unbedenklich, wenn die Abbildung nur beiläufig und ohne sich aufdrängende Beziehungen zur Werbeaussage verwendet wird. Anders liegt es in den besonderen Fällen der Verwendung der Abbildung eines wegen seiner anerkannten Qualität und seiner Exklusivität besonders geschätzten Erzeugnisses, wenn dadurch in den Augen des Verkehrs an den fremden Ruf angeknüpft wird. Die Ausnutzung fremden Rufs als Vorspann eigener Werbung ist als wettbewerbswidrig anzusehen.

Rufausbeutung zur Empfehlung der eigenen Ware

Nicht unwesentliche Voraussetzung für die danach zu fordernde wirtschaftliche Verwertbarkeit (Übertragbarkeit/Ausstrahlung) des Rufes einer Kennzeichnung ist, daß gerade der Teil des Verkehrs, der die den Schutz beanspruchende Marke kennt und damit besondere Gütevorstellungen verbindet, als Käuferkreis auch für die Waren in Betracht kommt, auf die der Ruf übertragen wurde. Das ist in einem weiteren Meilenstein in der Geschichte des Wettbewerbsschutzes der bekannten Marke vor der Ausbeutung ihres guten Rufs bejaht worden für die Warenbereiche Whiskey und Herrenkosmetik, verneint worden im Hinblick

Der Ruf muß - soll er wirtschaftlich verwertbar sein - Auswirkungen und Ausstrahlung für das in Frage stehende Warengebiet haben.

---

[341] zum Wettbewerbsverhältnis in derartigen Fällen, vgl. oben B.I.2.

[342] BGH v. 9.12.1982, WRP 1983, 268, GRUR 1983, 249 "Rolls-Royce"

auf die Waren Wasch- und Schleifmittel[343]. Gerade der Verkehrskreis, der die Marke „DIMPLE" kennt und deshalb nach den Feststellungen des Berufungsgerichts mit ihr besondere Gütevorstellungen verbindet, also insbesondere der Kreis derjenigen, die mit einiger Regelmäßigkeit Whiskey tatsächlich kaufen und trinken, kommt - so der Bundesgerichtshof - als Käuferkreis für gehobene Kosmetikartikel in Frage. Mit dem Versuch, diesen Ruf für sich auszubeuten, war die Beklagte in Wettbewerb zu der Klägerin getreten. Bei den in Frage kommenden Waren, wie sie für die Warenmarke der Beklagten maßgeblich waren, ist eine Übertragung des Rufs einer Whiskeymarke durch den Verkehr naheliegend; insoweit ist daher - so der Bundesgerichtshof - in der Inanspruchnahme der Kennzeichnung durch die Beklagte eine Rufausbeutung zur Empfehlung der eigenen Waren zu sehen, die als sittenwidrig zu beurteilen ist. Verneint wurde die Übertragbarkeit des guten Rufes im Hinblick auf die Waren Wasch- und Schleifmittel, da die Ausstrahlung des guten Rufes einer Whiskey-Marke auf diese Waren nicht naheliegend sei. Verneint wurde die Übertragbarkeit auch für die Warenbereiche Skisportartikel und Rauchartikel[344].

Übertragbarkeit des guten Rufes = wirtschaftliche Verwertbarkeit des Rufes. Erforderlich: eine weitgehende Deckung des Abnehmerkreises

In Ergänzung zur Entscheidung „DIMPLE" hat der Bundesgerichtshof in der Entscheidung „Salomon" nachdrücklich die Übertragbarkeit des guten Rufes der Marke als Voraussetzung der wettbewerbswidrigen Rufausbeutung aufgestellt und die Übertragbarkeit mit wirtschaftlicher Verwertbarkeit des Rufes einer Kennzeichnung beschrieben. Der Verkehr müsse die Marke mit besonderen Gütevorstellungen verbinden. Voraussetzung der Rufübertragung sei eine weitgehende Deckung der Abnehmerkreise. Nach der allgemeinen Lebenserfahrung sei davon im Fall „DIMPLE", so es um die Warenbereiche Whiskey und Herrenkosmetik gehe, auszugehen, nicht aber im Falle „Salomon". Konkret führt der Bundesgerichtshof dazu aus: „Denn ungeachtet des Umstandes, daß es auch unter Skisportlern, denen ein etwaiger Ruf der Marke Salomon am ehesten geläufig ist, Raucher gibt, setzt sich diese Zielgruppe im wesentlichen aus Bevölkerungskreisen zusammen, in denen Skisportler jedenfalls nicht einen wesentlichen Kern bilden oder gar - wie im DIMPLE-Fall - in weitem Umfang vertreten sind; bei der

---

[343]BGH v. 29.11.1984, GRUR 1985, 550 "Dimple"

[344]BGH v. 29.11.1990, WRP 1991, 228, GRUR 1991, 463 „Salomon"

somit anzunehmenden Überschneidung der angesprochenen Verkehrskreise lediglich in einem nicht besonders ins Gewicht fallenden Teilbereich liegt jedoch die Möglichkeit sowohl einer Rufausbeutung als auch einer Rufbeeinträchtigung fern."[345]

Es müssen demnach vorliegen:
- ein überragender Ruf/Bekanntheitsgrad, der allerdings nicht die Schwelle zur Berühmtheit überschritten haben muß;
- der Ruf muß Auswirkungen und Ausstrahlung für das in Frage stehende Warengebiet haben.

Eine weitere bedeutsame Entscheidung zur wettbewerbsrechtlichen Rufausbeutung ist die Entscheidung des Bundesgerichtshofs vom 4.06.1987[346]. In diesem Rechtsstreit ging es um die Ausnutzung des Rufes einer fremden geographischen Ursprungsbezeichnung. Der Rechtsstreit wurde geführt zwischen Organisationen bzw. Exportfirmen der französischen Champagnerwirtschaft und den deutschen Import- und Vertriebsfirmen des französischen Mineralwasserherstellers Perrier. Auf den Etiketten der von Perrier importierten und vertriebenen Mineralwasserflaschen befindet sich unter der Bezeichnung Perrier der Zusatz „champagne des eaux minerals". Die Beklagte wirbt ständig für das Mineralwasser mit den Sätzen „ein Champagner unter den Mineralwässern" und „Perrier aus Frankreich, so elegant wie Champagner". Die Bezugnahme bezieht sich somit lediglich auf eine vergleichbare Exklusivität, in dem Sinne, daß Perrier unter den Mineralwässern das sei, was Champagner unter den Schaumweinen ist. Dieser Gebrauch steht an sich im Einklang mit den Regeln der deutschen Sprache. Eine Verwendung des Begriffs Champagner in dem Umfang, wie er dem allgemeinen Sprachgebrauch entsprechen würde, im Zusammenhang mit Mineralwasser etwa ein gelegentlicher Hinweis aus gegebenem Anlaß, wäre daher zulässig. Demgegenüber stellt sich die ständige und systematische Verwendung des Slogans als Aufschrift auf jedem Etikett und als ständig wiederholte Werbeaussage als eine als unlauter zu beurteilende Rufausbeutung dar. Die millionenfache Nennung im Zusammenhang mit Mineralwasser ist geeignet, den

Beeinträchtigung des Werbewertes der Ursprungsbeziehung

---

[345] vgl. Fn. 344

[346] WRP 1988, 25, GRUR 1988, 453 „Ein Champagner unter den Mineralwässern"

Begriff Champagner auch in seiner Besonderheit zu entwerten. Der Werbewert der Ursprungsbezeichnung wird in unlauterer Weise beeinträchtigt.

Übertragung von Ruf und Ansehen des Herstellers der Hauptware auf Ersatzteile und Zubehör

Bei Anlehnungen im Rahmen des Ersatzteil- und Zubehörgeschäfts spielen der gute Ruf und das Ansehen des Herstellers der Hauptware eine wesentliche Rolle. An diesem Ruf nehmen in der Regel auch Originalersatzteile und Zubehör teil. Bei Originalersatzteilen wird nach der Lebenserfahrung erwartet, daß diese entweder auf Anweisung des Herstellers der Hauptware unter Verwendung seiner Aufmachungen von Zulieferanten hergestellt worden sind oder daß dieser zumindest mit seinem Namen und seinem Ruf für die Güte dieser Teile einsteht. Je enger ein Drittanbieter sein Produkt an das Originalprodukt anlehnt, desto erfolgreicher kann er sein Produkt veräußern, da das Originalprodukt beim Publikum Vertrauen genießt. Im Streitfall war daher von einer unzulässigen Anlehnung auszugehen. Dadurch, daß Verbrauchsmaterialien unter identischen Bezeichnungen wie die des Herstellers auf den Markt gebracht werden, werden die Produkte in unmittelbare Beziehung zu den am Markt eingeführten Produkten des Herstellers gesetzt. In einer solchen anlehnenden Bezugnahme liegt eine Gleichstellungsbehauptung mit der bekannten Ware des Originalherstellers, um sich an dessen Ruf anzuhängen und diesen als Vorspann für die eigene Ware und ihren Vertrieb zu nutzen. Der Hersteller der Originalware muß zwar eine Anlehnung an seinen Ruf und Verkaufserfolg hinnehmen, die durch Hinweise erfolgt, die zur Aufklärung des Publikums über den Verwendungszweck der Verbrauchsmaterielien sachlich geboten sind. Liegt eine derartige sachliche Notwendigkeit nicht vor und ist die Gegenüberstellung auch zur Aufklärung des Kunden nicht erforderlich, ist Wettbewerbswidrigkeit gegeben[347].

Bei gleichartigen Waren (Fahrzeuge), kann eine Rufübertragung durch den angesprochenen Verkehr besonders naheliegen. In derartigen Fällen können an den festzustellenden Bekanntheitsgrad einer Marke in den maßgeblichen Verkehrskreisen keine übersteigerten Anforderungen gestellt werden. Ein hoher Ruf- und Prestigewert, der für die Wagen der Luxusklasse geschaffenen Marke „SL" kann bei den insoweit maßgeblichen Kreisen der Käufer solcher Fahrzeuge allein

---

[347]BGH v. 28.3.1996, WRP 1996, 713, GRUR 1996, 781 „Verbrauchsmaterialien"

durch die markenmäßige Mitbenutzung der Bezeichnung „SL" für einen Kleinwagen mit niedrigerem Preis in einer möglicherweise ausreichenden Weise beeinträchtigt werden. Wettbewerbswidrigkeit ist umso eher anzunehmen, wenn ein zwingender Grund für das Verhalten des Verletzers fehlt: in Anbetracht der Vielzahl der als Typenbezeichnung verfügbaren Buchstabenfolgen hätte dieser von vornherein eine andere als die für die Klägerin als Marke geschützte Buchstabenfolge wählen können[348].

Werden Pullover vertrieben, welche auf der Vorderseite neben der Darstellung von zwei Uhren die Bezeichnungen aufwiesen „Cartier", „Rolex" etc. in der von diesen Unternehmen benutzten typischen Schreibweise, zum Teil in Verbindung mit den Firmensignets, und wird diese Kennzeichennutzung üblicherweise nur gegen Entgelt gewährt, soll dies den Vorwurf des wettbewerbswidrigen Verhaltens begründen, der sich darauf beschränke, zum eigenen geschäftlichen Vorteil den guten Ruf bestimmter berühmter Marken ausgebeutet zu haben[349].

Demgegenüber ist in der unauffälligen, geradezu nachlässigen Wiedergabe einer Luxus-Uhr (Cartier-Uhr-Modell Santos) auf einem T-Shirt (hier durch Applikation), welche in der Sicht des Verkehrs keinen erkennbaren Bezug zur Qualität der vertriebenen Ware aufweist, ein sittenwidriges Ausbeuten des fremden guten Rufs nicht zu sehen[350]. Eine solche Darstellung einer Markenuhr, insbesondere im Zusammenhang mit der entsprechenden Darstellung weiterer, keinem bestimmten Unternehmen zuzuordnenden Uhren, ist nicht geeignet, deren Prestigewert und guten Ruf auszubeuten, um dadurch den Verkauf der eigenen Ware in wettbewerbswidriger Weise zu fördern. Wer ein bekanntes Produkt lediglich zur Dekoration und ohne einen für den Verkehr erkennbaren Bezug zur Qualität der eigenen Ware verwendet, ist ohne Hinzutreten weiterer Umstände dem Vorwurf einer sittenwidrigen Rufausbeutung nicht ausgesetzt.

Beiläufige Wiedergabe beinhaltet keine Rufausbeutung

---

[348] BGH v. 6.10.1990, WRP 1991, 296, GRUR 1991, 609 „SL"

[349] vgl. BGH v. 24.3.1994, WRP 1994, 516, GRUR 1994, 635 „Pulloverbeschriftung"

[350] BGH v. 28.3.1996, WRP 1996, 710, GRUR 1996, 508 „Uhrenapplikation"

Das Kriterium der wirtschaftlichen Verwertbarkeit, das demnach eine hohe Rolle spielt, wurde verneint in der „BMW-Entscheidung"[351], die sich allerdings nicht widerspruchsfrei in die Reihe der Entscheidungen einfügt[352]. Demgegenüber war in der Entscheidung „Markenverunglimpfung"[353] die wirtschaftliche Verwertbarkeit unter dem Aspekt, daß Mars eine Lizenzierung durchaus in Betracht hätte ziehen können, bejaht worden, da Fallgestaltungen denkbar sind, in denen Name/Marke gegen Entgelt und Mitspracherechte zur Scherzvermarktung zur Verfügung gestellt werden. Die Anlehnung war bejaht worden, da sie gerade aus der Ausnutzung des Kontrasteffekts, der sich aus dem besonderen Ruf einer Marke und ihrer Verbindung mit der gänzlich unpassenden Ware ergibt, folgen sollte.

Geschmacklosigkeit kann den Werbewert der Marken beeinträchtigen

Wenn Kennzeichen, deren Ruf von der Klägerin ausschließlich im Zusammenhang mit Süßwaren, insbesondere einem Schokoriegel begründet worden ist und denen für diese Waren ein hoher Werbewert zukommt, zur Beschriftung von Präservativpackungen verwendet werden, so ist dieser Umstand allein schon geeignet, sie in ihrer Werbewirksamkeit für die eigentliche Ware zu beeinträchtigen und ihnen darüber hinaus zusätzlich wenigstens in Teilen des Verkehr ein negatives Image zu verschaffen. Die bewußte Inkaufnahme solcher Zuordnungen und ihrer negativen Auswirkungen auf den durch Leistung geschaffenen besonderen Ruf der Zeichen eines Dritten allein zu dem Zweck, mit der Verwendung der fremden Kennzeichnung den Absatz solcher eigenen Erzeugnisse zu fördern, die in der vorliegenden Form ohne den ausgebeuteten Ruf überhaupt nicht oder nur schwer absetzbar wären, verstößt gegen den Verhaltenskodex eines den Anforderungen des Leistungswettbewerbs gerecht werdenden Kaufmanns; sie verdient die Mißbilligung sowohl verständiger Verkehrskreise als auch der Allgemeinheit und unterfällt daher dem Verbot des § 1 UWG[354].

---

[351]BGH v. 3.6.1986, GRUR 1986, 759; vgl. dazu oben B.I.2.a)

[352]vgl. dazu oben B.I.2.

[353]BGH v. 10.2.1994, WRP 1994, 495, GRUR 1994, 808

[354]vgl. Fn. 353

Wettbewerbswidrig handelt, wer eine fremde bekannte und angesehene Marke dadurch verballhornt, daß er sie in eine unpassende und jedenfalls von Teilen des Verkehrs als anstößig oder zumindest als geschmacklos empfundene Beziehung zu bestimmten Erzeugnissen setzt oder sie in einen im übrigen schlüpfrigen Spruchzusammenhang bringt, sofern nur die Möglichkeit bestehe, daß wenigstens nicht ganz unerhebliche Teile des Verkehrs die darin von ihnen gesehene Geschmacklosigkeit als eine solche des Markeninhabers selbst auffassen und dadurch der Werbewert der Marke beeinträchtigt wird[355].

Es genügt, daß nicht ganz unerhebliche Teile des Verkehrs die darin von ihnen gesehene Geschmacklosigkeit als eine solche des Markeninhabers selbst auffassen.

In der Entscheidung „McLaren"[356] hat der Bundesgerichtshof klargestellt, daß das zusätzliche Element der Anstößigkeit, das zur objektiven Rufausbeutung hinzutreten müsse, regelmäßig erst dann angenommen werden könne, wenn eine Beziehung des eigenen Angebots zur gewerblichen Leistung eines anderen (nur) deshalb hergestellt wird, um von dem fremden Ruf zu profitieren. Letzteres konnte bei einem Sachverhalt, bei dem es für die Beklagte, die Spielzeugautos herstellt, nicht ohne weiteres vermeidbar war, sich durch entsprechende Gestaltung eines Spielzeugmodells auch an den Ruf der Klägerin anzulehnen, wenn sie - der bisherigen Übung folgend - ein der Rennsportwirklichkeit entsprechendes Rennspiel anbieten wollte, nicht angenommen werden. Ein Verhalten, das nicht zielgerichtet auf eine Rufausbeutung gerichtet gewesen ist, sondern darauf, mit dem Modell eine möglichst naturgetreue Rennbahn anzubieten, zu der der jeweilige Weltmeister eben auch gehört, ist als solches ein sittlich farbloses Ziel, das den Vorwurf der Unlauterkeit nicht trägt. Ebensowenig erscheint es als anstößig, daß dem Modellhersteller dabei die Wertschätzung zugutekommt, deren sich die Originale erfreuen. Solange jeglicher Zusammenhang sich allein aus der spielzeughaft verkleinerten Nachbildung des Originals gleichermaßen sowohl zwangsläufig wie beiläufig ergibt, kann in einer Nachbildung eines Objekts der Erwachsenenwelt als Spielzeugmodell kein sittlich anstößiges Verhalten i.S.d. § 1 UWG gesehen werden[357].

Das Element der Anstößigkeit kann regelmäßig erst dann angenommen werden, wenn eine Beziehung des eigenen Angebots zur gewerblichen Leistung eines anderen (nur) hergestellt wird, um vom fremden Ruf zu profitieren.

---

[355] BGH v. 19.10.1994, GRUR 1995, 57 „Markenverunglimpfung II"

[356] BGH v. 9.6.1994, WRP 1994, 599, GRUR 1994, 732 "McLaren"

[357] BGH, Fn. 356; BGH v. 5.12.1996, WRP 1997, 310, 312, GRUR 1997, 311 „Yellow Phone"

Zusammenfassung

Für den Schutz der bekannten Marke gegen Anlehnung und Rufausbeutung ist somit erforderlich zum einen ein überragender Ruf/Bekanntheitsgrad, der allerdings nicht die Schwelle zur Berühmtheit erreicht oder überschritten haben muß, zum anderen muß der Ruf Auswirkungen und Ausstrahlung für das in Frage stehende Warengebiet haben. Maßgeblich hierfür ist, daß gerade der Kreis des Verkehrs, der die den Schutz beanspruchende Marke kennt und damit besondere Gütevorstellungen verbindet, als Käuferkreis auch für die Waren in Betracht kommt, auf die der Ruf zu übertragen wäre. Während im Falle „Dimple" und „Salomon" die Markenlizenzmacht noch eine wesentliche Rolle spielte, genügte der Rechtsprechung bei „Perrier" zurecht die wirtschaftliche Verwertbarkeit des Werbewertes der Ursprungsbezeichnung. In Betracht kommt auch die Übertragung von Ruf und Ansehen des Herstellers der Hauptware auf Ersatzteile und Zubehör. Die ständige und systematische Verwendung kann eine unlautere Rufausbeutung begründen; die beiläufige Verwendung in der Regel nicht. Auch Geschmacklosigkeit kann den Werbewert der Marke beeinträchtigen, da nicht ganz unerhebliche Teile des Verkehrs sie als eine solche des Markeninhabers selbst auffassen. Das Element der Anstößigkeit, das zur objektiven Rufausbeutung hinzu kommen muß, kann regelmäßig erst dann angenommen werden, wenn eine Beziehung des eigenen Angebots zur gewerblichen Leistung eines anderen (nur) deshalb hergestellt wird, um von dem fremden Ruf zu profitieren.

Liegt eine sachliche Notwendigkeit für die Anlehnung an Ruf und Verkaufserfolg nicht vor und ist die Gegenüberstellung auch zur Aufklärung der Kunden nicht erforderlich, ist Wettbewerbswidrigkeit gegeben.

4. Schutz gegen Verwässerung

Beeinträchtigung der Werbekraft der berühmten Marke

Unter diesem Aspekt wird die berühmte Marke nicht gegen eine kennzeichnungsrechtliche Verwechslungsgefahr, sondern gegen eine Beeinträchtigung ihrer Werbekraft durch eine kennzeichnungsmäßige Benutzung einer identischen oder sehr ähnlichen (also nicht nur verwechslungsfähigen) Kennzeichnung außerhalb des Warengleichartigkeitsbereiches geschützt. Dem Schutz der §§ 9 Abs. 1 Nr. 3, 14 Abs. 1 Nr. 3 MarkenG unterfällt grundsätzlich auch die berühmte Marke.

Soweit die §§ 9 und 14 MarkenG bekannte Marken auch gegen die Beeinträchtigung der Unterscheidungskraft schützen, geht es dabei um den Schutz vor Verwässerungsgefahr, den die deutsche Rechtsprechung bislang - soweit ein Wettbewerbsverhältnis nicht besteht - aus § 823 Abs. 1 i. V. m. § 1004 BGB für berühmte Marken gewährt hat. In der Rechtsprechung des Reichsgerichts und des BGH ist der berühmten Marke zunächst aus § 1 UWG Schutz gegen Verwässerung gewährt worden, sodann - wenn und soweit bei Kollisionsfällen mit ungleichartigen Waren und Branchenverschiedenheiten das erforderliche Wettbewerbsverhältnis zu verneinen war - aus §§ 823 Abs. 1, 104 BGB, wenn bei weit überragender Verkehrsgeltung in die Alleinstellung der Marken durch die Benutzung gleicher oder ähnlicher Zeichen eingebrochen und dadurch die auf der Einmaligkeit der Marke beruhende starke Werbewirkung beeinträchtigt wurde.

Voraussetzung ist somit - neben der Alleinstellung (Einmaligkeit) und Priorität der Kennzeichnung und deren besonderer Wertschätzung beim Publikum, die auch auf den Bereich ausstrahlt, für den der Verwässerungsschutz beansprucht wird - eine weit überragende Verkehrsgeltung[358]. Das anerkannte Schutzbedürfnis hat seinen Grund in der Überlegung, daß der Inhaber einer berühmten Marke ein besonderes Interesse daran hat, daß seine unter großem Aufwand an Zeit und Geld erworbene Alleinstellung erhalten bleibt und alles vermieden wird, was Eigenart und Charakter der Marke verwässern und die auf deren Einmaligkeit beruhende starke Werbewirkung beeinträchtigen könnte. Seit der Camel-Tours-Entscheidung[359] hat der Bundesgerichtshof allerdings unter Anknüpfung an den in der vorausgegangenen Rechtsprechung betonten Ausnahmecharakter des Schutzes der berühmten Marke vor Verwässerung eine lediglich abstrakte/potentielle Bejahung der Beeinträchtigung von Alleinstellung und Werbewert nicht mehr ausreichen lassen, sondern hat dafür eine Berücksichtigung der jeweiligen Umstände des Einzelfalls im Hinblick auf Art und Ausmaß der Beeinträchtigungsgefahr für geboten gehalten. Seit der Entscheidung Camel-Tours bedarf es daher einer konkreten Beeinträchtigung des auf der Alleinstellung beruhenden Werbewertes und des daraus resultierenden wettbewerblichen Be-

Voraussetzung:
- Einmaligkeit der Kennzeichnung und ihre besondere Wertschätzung beim Publikum;
- überragende Verkehrsgeltung

---

[358] BGH v. 22.3.1990, GRUR 1990, 711 „Telefonnummer 4711"

[359] BGH v. 2.4.1987, GRUR 1987, 711

sitzstandes. Das entspricht sachlich dem Schutz, den auch die §§ 9 und 14 MarkenG gewähren[360].

Verwässerungsschutz der berühmten Marke und Wettbewerbsschutz der bekannten Marke sind einheitlich dem Wettbewerbsrecht zuzuordnen

Die Differenzierung zwischen dem Verwässerungsschutz der berühmten Marke und dem Wettbewerbsschutz der bekannten Marke vor einer Ausbeutung ihres guten Rufes dergestalt, daß letztere durch § 1 UWG erfolgt, während der Verwässerungsschutz über die § 823 Abs. 1 i.V.m. § 1004 BGB erfolgt, ist allerdings zu hinterfragen. Geht man davon aus, daß maßgeblich die Ausstrahlungswirkung der Marke ist, so ist sie sowohl für den Rechtsschutz der berühmten Marke als auch für den Rechtsschutz der bekannten Marke maßgeblich. Die Ausstrahlungswirkung der Marke kann als materiellrechtliches Verbindungsstück zwischen den beiden Fallgruppen des Kennzeichenschutzes gesehen werden, die sich außerhalb des Sonderrechtsschutzes des Markengesetzes entwickelt haben und den sonderrechtlichen Markenschutz ergänzen, mit der Maßgabe, daß sowohl der Rechtsschutz berühmter als auch der Rechtsschutz bekannter Marken einheitlich dem Wettbewerbsrecht zuzuordnen ist[361].

Zusammenfassung

Der Wettbewerbsschutz der bekannten Marke und der Schutz der berühmten Marke vor Verwässerung haben als Bindeglied die Ausstrahlungswirkung der Marke. Dies rechtfertigt, sie einheitlich wettbewerbsrechtlichen Beurteilungskriterien zu unterwerfen.

5. Ausspannen von Beschäftigten und Kunden

Sowohl das Abspenstigmachen von Beschäftigten als auch das von Kunden eines Mitbewerbers ist grundsätzlich erlaubt. Das Ausspannen von Kunden gehört geradezu zum Wesen des wirtschaftlichen Wettbewerbs. Auch das Ausspannen von Beschäftigten eines Mitbewerbers entspricht grundsätzlich - selbst dann, wenn ihnen vorteilhaftere Bedingungen geboten werden - dem Leistungswettbewerb. Jeder

---

[360] vgl. dazu Piper, Der Schutz der bekannten Marken, GRUR 1996, 429, 436

[361] vgl. dazu Fezer, Festschrift für Rudolf Nirk, Die Ausstrahlungswirkung berühmter und bekannter Marken im Wettbewerbsrecht, S. 247, 256 ff

Unternehmer und jeder Beschäftigte hat das Recht, seine wirtschaftliche Lage zu verbessern. Wettbewerbswidrig wird ein Ausspannen von Beschäftigten oder Kunden erst dann, wenn besondere Unlauterkeitselemente hinzukommen.

a) Das Ausspannen von Beschäftigten

Wettbewerbswidrigkeit kann hier gegeben sein, wenn der Abwerber zum Vertragsbruch verleitet oder zur (zur Täuschung erwirkte) Vertragslösung oder einen Vertragsbruch unter verwerflichen Begleitumständen für sich ausnutzt. Das Ausspannen fremder Beschäftigter mittels Verleitung zum Vertragsbruch ist grundsätzlich sittenwidrig. Hierin liegt ein unmittelbarer Angriff auf die wettbewerbliche Betätigung des Mitbewerbers, der zwar mit einer Kündigung, nicht aber mit einem Vertragsbruch seines Beschäftigten rechnen muß. Als Vertragsbruch ist jede Verletzung einer wesentlichen Vertragspflicht anzusehen. Ein Vertragsbruch liegt z. B. vor, wenn der Beschäftigte seine Arbeit grundlos einstellt oder sie überhaupt nicht aufnimmt oder eine Kündigung des Arbeitgebers provoziert. Liegt kein Verleiten zum Vertragsbruch vor, weil z.B. der Arbeitnehmer diesen von sich aus bereits begangen hat oder weil im maßgeblichen Zeitpunkt das Arbeitsverhältnis bereits als beendet anzusehen ist, so kann Wettbewerbswidrigkeit dennoch gegeben sein, wenn mit der Einstellung verwerfliche Zwecke verfolgt werden, z.B. um Fabrikations- oder Geschäftsgeheimnisse des Mitbewerbers zu erfahren. Wettbewerbswidrigkeit liegt zusammengefaßt dann vor, wenn der Anwerbende Vorteile erstrebt, die nicht auf eigener Leistung, sondern auf der Ausnutzung der Beziehungen zum fremden Unternehmen beruhen. Wettbewerbswidrig ist es z.B., wenn sich der neue Unternehmer an die Kunden des alten mit dem Hinweis wendet, daß die Beschäftigten nunmehr für ihn arbeiten.

Verleitung zum Vertragsbruch / Ausnutzung eines Vertragsbruches unter verwerflichen Umständen

Abweichend von der Verleitung zum Vertragsbruch ist eine Abwerbung mittels Verleitung zur ordnungsgemäßen Vertragsauflösung, also unter Einhaltung gesetzlicher oder vertraglicher Kündigungsfristen, grundsätzlich zulässig. Erst besondere Begleitumstände können eine solche Abwerbung als anstößig erscheinen lassen. Unlauter kann eine Abwerbung fremder Arbeitskräfte jedoch auch in diesem Falle sein, wenn der Abwerbende auf sie in verwerflicher Weise einwirkt, wenn er den Mitbewerber lediglich zu schädigen

Verleitung zur ordnungsgemäßen Vertragsauflösung in der Regel zulässig

trachtet, oder wenn er sich die Leistungen seines Mitbewerbers auf diese Weise nutzbar machen will.

Unzulässig dagegen: das planmäßige Ausspannen fremder Beschäftigter

Wettbewerbswidrig ist es, einen Beschäftigten durch irreführende Mitteilungen oder herabsetzende Äußerungen über Arbeitgeber oder dessen Unternehmen zur Kündigung zu veranlassen, wobei ein erfolgloser Versuch genügt. Wettbewerbswidrig ist auch das planmäßige Ausspannen fremder Beschäftigter zum Zwecke der Behinderung des Mitbewerbers, wenn und soweit der Abwerber eine ernsthafte Beeinträchtigung des Geschäftsbetriebs des Konkurenzunternehmens bezweckt oder in Kauf nimmt. Das Vorgehen muß sich als eine wettbewerbliche Kampfmaßnahme darstellen, die erkennen läßt, daß der Abwerber den Mitbewerber durch planmäßiges Ausspannen eingearbeiteter Arbeitskräfte schädigen will. Ein planmäßiges Ausspannen erschöpft sich meist nicht in gelegentlicher Abwerbung einiger Arbeitnehmer, sondern geschieht systematisch zu dem Zweck, die wettbewerbliche Betätigung des Mitbewerbers - sei es allmählich oder auf einen Schlag - zu beeinträchtigen. Das planmäßige Ausspannen fremder Beschäftigter kann auch unter dem Aspekt der Ausbeutung eines Mitbewerbers wettbewerbswidrig sein, wenn der Abwerbende darauf ausgeht, sich durch planmäßiges Herüberziehen wichtiger Arbeitskräfte die Erfahrungen und Leistungen des Mitbewerbers nutzbar zu machen oder ihm mit den abgeworbenen Kräften seine Kunden abzujagen.

Rechtsfolgen

Die Problematik dieser Sachverhaltskonstellationen liegt in der Frage der Beweisbarkeit der Unlauterkeitskriterien. Hinsichtlich der Rechtsfolgen ist über die grundsätzlich gegebenen Rechtsfolgen hinaus folgendes festzuhalten: Hat ein Wettbewerber einen fremden Arbeitnehmer in unlauterer Weise abgeworben, so ist der mit ihm geschlossene neue Arbeitsvertrag nach § 138 BGB nur dann nichtig, wenn der Arbeitnehmer sich an dem Wettbewerbsverstoß beteiligt hat, z.B. sich zum Vertragsbruch hat verleiten lassen. Dem Arbeitnehmer steht dann kein Anspruch auf Beschäftigung zu. Hat der Abgeworbene an der unlauteren Abwerbung dagegen nicht mitgewirkt, so ist der neue Arbeitsvertrag wirksam. Wohl aber ist der unlauter Abwerbende unter dem Gesichtspunkt des Schadensersatzes verpflichtet, den Verletzten so zu stellen, als ob die Abwerbung nicht geschehen wäre. Daher kann dem Abwerbenden, um den durch die Abwerbung erzielten Wettbewerbsvorsprung zu beseitigen, für eine begrenzte Zeit verboten werden, den Abgeworbenen zu beschäftigen. Ob und in welchem Umfang ein befristetes Beschäftigungsverbot schlechthin oder für bestimmte Arbeiten im Wege der Naturalrestitution ausgesprochen werden kann, bestimmt sich danach, ob und inwieweit im konkreten Fall noch ein Schadensausgleich erreichbar ist. Wenn Schadensausgleich durch die Naturalrestitution nicht mehr erreicht werden kann, geht der Schadensersatzanspruch auf Geld, um die im Wettbewerb erlittenen Nachteile auszugleichen[362].

b) Ausspannen von Kunden

Es liegt auf der Hand, daß die Kundschaft ein zum Wirkungsbereich des Unternehmens gehörender wirtschaftlicher Wert ist und daß im freien Wettbewerb kein Recht auf Erhaltung dieses in der Klientel und im Goodwill bestehenden wirtschaftlichen Wertes besteht. Ein Gewerbetreibender kann seinen Kundenkreis in aller Regel nur auf Kosten der Mitbewerber vergrößern und er darf das mit allen lauteren Mitteln tun. Das Ausspannen von Kunden gehört zum Wesen des Wettbewerbs und zwar auch, wenn es zielbewußt und systematisch geschieht. Wettbewerbswidrig wird das Ausspannen erst durch Hinzutreten besonderer Umstände, die den Wettbewerb verfälschen. Diese können - ebenso wie bei einem Ausspannen von Beschäftigten - in der Verleitung zum Vertragsbruch bestehen sowie in der Anschwärzung des Mitbewerbers bei einem Kunden oder in irreführenden Praktiken (irreführende Angaben über einen Mitbewerber). Wettbewerbswidrig ist auch die Verwendung auf unlautere Weise beschaffter Kundenlisten etc.

Das Ausspannen von Kunden ist als solches wettbewerbsimmanent

Ein besonderer Problemkreis besteht in dem Ausspannen von Kunden durch frühere Beschäftigte. Es kommt häufig vor, daß Personen, die früher für ein Unternehmen als Angestellte oder Handelsvertreter tätig waren und sich danach selbständig machten, dem früheren Beschäftigungsunternehmen Kunden ausspannen, salopp ausgedrückt Kunden mitnehmen. Auch das ist dem Grundsatz nach zulässig, da im freien Wettbewerb niemand Anspruch auf Erhaltung seines Kundenkreises hat. Soweit dem Beschäftigten kein vertragliches Wettbewerbsverbot auferlegt ist, darf er nach seinem Ausscheiden in den Kundenkreis seines früheren Geschäftsherrn eindringen und diesem Kunden abnehmen. Er

Ausspannen von Kunden durch ehemalige Beschäftigte

---

[362] vgl. Baumbach/Hefermehl, a.a.O., Rdnr. 583-596 m.z.w.N.

darf dem Kunden mitteilen, daß er ein eigenes Unternehmen eröffnet habe, vorausgesetzt, daß ihm die Kunden während seiner Beschäftigung nicht auf unredliche Weise bekannt geworden sind. Auch wenn er planmäßig, d.h. zielbewußt und systematisch, versucht die Kundschaft des alten Geschäfts allmählich zu sich herüberzuziehen, ist dies noch nicht verwerflich, denn auf diese Kundschaft hat sich seine frühere Arbeit erstreckt. Erst bei Hinzutreten besonderer Umstände handelt er wettbewerbswidrig. Das ist z.B. der Fall, wenn er die Vorteile seines Unternehmens gegenüber dem anderen Unternehmen herausstreicht. Auch wenn er sich ohne Not ausschließlich oder überwiegend nur an die Kundschaft seines früheren Geschäftsinhabers wendet, um ihn in den wirtschaftlichen Grundlagen zu treffen, handelt er wettbewerbswidrig. Sittenwidrig ist es auch, wenn der Angestellte das Ausspannen von Kunden schon während seines Arbeitsverhältnisses vorbereitet, wenn er sich auf unredliche Weise interne Geschäftsunterlagen, insbesondere die Kundenliste seines Arbeitgebers, beschafft hat, wenn er Kündigungshilfe leistet, Geschäftsgeheimnisse unnötig preisgibt usw. oder wenn er seine Treuepflicht gröblich verletzt, um daraus Wettbewerbsvorteile zu ziehen[363].

Zusammenfassung

Die Abwerbung von Beschäftigten mittels Verleitung zur ordnungsgemäßen Vertragsauflösung ist grundsätzlich zulässig und wird erst bei Vorliegen besonderer Begleitumstände anstößig. Wettbewerbswidrig ist es dagegen, wenn der Abwerber zum Vertragsbruch verleitet oder zur (durch Täuschung erwirkte) Vertragsauflösung oder einen Vertragsbruch unter verwerflichen Begleitumständen für sich ausnutzt. Der Arbeitsvertrag des in unlauterer Weise Abgeworbenen ist allerdings nur dann nichtig, wenn sich der Arbeitnehmer an dem Wettbewerbsverstoß beteiligt hat.
Das Ausspannen von Kunden ist als solches wettbewerbsimmanent. Das gilt dem Grundsatz nach auch dann, wenn Kunden durch ehemalige Beschäftigte abgeworben werden. Niemand hat Anspruch auf Erhaltung seines Kundenkreises. Anders verhält es sich dann, wenn dem ehemaligen Beschäftigten ein vertragliches Wettbewerbsverbot auferlegt ist

---

[363] Baumbach/Hefermehl, a.a.O., Rdnr. 597-602 m.z.w.N.; Piper, Aktuelle Rechtsprechung des Bundesgerichtshofs zum Wettbewerbsrecht, Rdnr. 164-178 m.z.w.N.

oder wenn er sich ohne Not ausschließlich und überwiegend an die Kundschaft seines früheren Geschäftsinhabers wendet, um ihn in den wirtschaftlichen Grundlagen zu treffen.

V. Rechtsbruch

1. Die Verletzung außervertraglicher Bindungen

Nach ständiger Rechtsprechung ist nicht jede Wettbewerbshandlung, die auf dem Verstoß gegen eine gesetzliche Vorschrift beruht, sittenwidrig im Sinne des § 1 UWG. § 1 UWG ist keine Sanktionsnorm für Gesetzesverstöße. Unter Gesetzesverstößen in diesem Sinne sind alle Rechtsnormen (formelle Gesetze, Verordnungen und Satzungen) zu verstehen. Die wettbewerbsrechtliche Anstößigkeit eines Verhaltens folgt eigenen - auf den Wettbewerb bezogenen - Kriterien.

Dementsprechend kann ein Verhalten, das im außerwettbewerblichen Bereich weder gesetzes- noch sittenwidrig ist, als Wettbewerbshandlung den guten Sitten im Wettbewerb zuwiderlaufen; ein gesetzeswidriges Verhalten braucht demgegenüber nicht per se wettbewerbswidrig zu sein, kann es aber sein, wenn sich der Verstoß gegen eine außerwettbewerbsrechtliche Vorschrift auf den Wettbewerb auswirkt und dadurch den Schutzbereich der Generalklausel tangiert. Wie stets muß bei der Anwendung von UWG-Normen vorab geprüft werden, ob überhaupt eine Wettbewerbshandlung vorliegt[364]. So wird ein Wettbewerber, der eine fremde Sache stiehlt, unterschlägt oder hehlt, nach §§ 242, 246, 259 StGB bestraft und ist dem Geschädigten deliktrechtlich verantwortlich (§ 823 Abs. 2, 826 BGB). Sein Verhalten ist sittenwidrig, jedoch liegt zunächst kein Verstoß gegen § 1 UWG vor. Es fehlt insoweit bereits an der Wettbewerbshandlung.

Ein gesetzeswidriges Verhalten braucht nicht per se wettbewerbswidrig zu sein.

Wettbewerbsrechtliche Interessen werden erst berührt, wenn ein Wettbewerber die von ihm gestohlenen, unterschlagenen oder gehehlten Waren zu Zwecken des Wettbewerbs vertreibt, d.h., wenn seine Handlung Marktbezogenheit aufweist. Bei der Beurteilung, ob ein solches Verhalten auch sittenwidrig im Sinne des § 1 UWG ist, fällt ins Gewicht, daß es sich bei diesen strafrechtlichen Vorschriften um Nor-

Die Handlung muß marktbezogen sein.

---

[364] vgl. dazu B.I.

men handelt, die Ausdruck eines sittlichen Gebotes sind. Die überwiegende Zahl der Rechtsnormen beruht dagegen nicht auf einer sittlichen Grundlage, sondern ist zum Schutz bestimmter Rechtsgüter oder nur aus Gründen ordnender Zweckmäßigkeit erlassen worden, wie z.B. rein gewerbepolizeiliche Vorschriften, und ist daher als solche wertneutral.

Wertneutrale - wertbezogene Normen

Verfolgt die verletzte Norm dagegen eine Zielsetzung, deren Mißachtung dem sittlich rechtlichen Empfinden der Allgemeinheit widerspricht, wie z.B. der Schutz der Volksgesundheit oder der Rechtspflege, handelt es sich um eine Vorschrift, die zwar als solche nicht sittlich fundiert, jedoch insoweit wertbezogen ist, als sie dem Schutz gewichtiger Güter und Interessen dient. Aus dem Schutzzweck der verletzten Norm kann sich die Sittenwidrigkeit einer Wettbewerbshandlung ergeben, ohne daß weitere Momente hinzuzutreten brauchen. Anders als bei diesen wertbezogenen Vorschriften kann ein Verstoß gegen eine wertneutrale Norm die Sittenwidrigkeit einer Wettbewerbshandlung nur bei Hinzutreten eines besonderen Unlauterkeitsmoments begründen, insbesondere dann, wenn sich der Wettbewerber durch den Gesetzesverstoß einen sachlich ungerechtfertigten Vorsprung vor seinen gesetzestreuen Mitbewerbern verschafft oder zu verschaffen sucht[365].

a) Wertbezogene Normen

Sittlich fundierte Gebote, unmittelbar wettbewerbsbezogene Regelungen, Vorschriften, die besonders wichtige Gemeinschaftsgüter schützen

Zu den Rechtsnormen, die eine eigene Wertbezogenheit aufweisen und deren Verletzung wettbewerbswidrig im Sinne des § 1 UWG ist, ohne daß es auf das Vorliegen besonderer wettbewerblicher Umstände oder die Möglichkeit einer Vorteilserlangung ankommt, zählen sittlich fundierte Gebote, unmittelbar wettbewerbsbezogene Regelungen und Vorschriften, die besonders wichtige Gemeinschaftsgüter schützen. Bei den sittlich fundierten Geboten beruht ihre Wertung als wettbewerbswidrig im Sinne des § 1 UWG weniger auf dem Gesetzesverstoß als solchem, als vielmehr darauf, daß das verbotene Verhalten nach dem Unwertgehalt der Norm dem sittlichen Empfinden der Allgemeinheit widerspricht und eine Freistellung des wettbewerblichen Verhaltens von diesem Unwerturteil mit der Einheit der Rechtsordnung

---

[365] vgl. Baumbach/Hefermehl, a.a.O., Rdnr. 609-612 zu § 1 UWG

nicht vereinbar ist[366]. Eine gegen eine wettbewerbsrelevante Vorschrift verstoßende Wettbewerbshandlung ist demgegenüber erst dann sittenwidrig, wenn ihre Einhaltung einem sittlich rechtlichen Gebot entspricht. Nur wenn es sich um eine wettbewerbsrelevante Vorschrift handelt, die dem Schutz eines für die Allgemeinheit besonders wichtigen Gutes dient, kann der Gesetzesverstoß zugleich einen Verstoß gegen die guten Sitten im Wettbewerb enthalten.

Die Mißachtung solcher wertbezogenen Normen widerspricht dem sittlich rechtlichen Empfinden der Allgemeinheit und kann daher ohne zusätzliche Unlauterkeitskriterien die Sittenwidrigkeit einer Wettbewerbshandlung begründen. Es bedarf keines bewußten und planmäßigen Vorgehens, vielmehr genügt die Kenntnis der Umstände, die das Verhalten zu einem unlauteren machen[367]. Auch Vorschriften des Sozialgesetzbuches können wertbezogene Vorschriften in diesem Sinne sein. So ist § 30 Abs. 1 SGB IV als wertbezogene Norm im Sinne des § 1 UWG zu erachten, die die Aufgaben der Träger der Sozialversicherung eingrenzt. Die Verletzung bzw. Überschreitung des Rahmens des § 30 Abs. 1 SGB IV beinhaltet zugleich einen Verstoß gegen § 1 UWG[368].

<small>Die Mißachtung wertbezogener Normen begründet ohne weiteres die Wettbewerbswidrigkeit</small>

Zu den wertbezogenen Normen, deren Übertretung zugleich Wettbewerbswidrigkeit begründet, zählen die Vorschriften zum Schutz der verfassungsrechtlich gewährleisteten Rechtsgüter, zum Schutz der Volksgesundheit, der Rechtspflege sowie zum Schutz des Wettbewerbs als Institution.

Unter dem Aspekt der verfassungsrechtlich geschützten Rechtsgüter ist die Rundfunkfreiheit ein besonders wichtiges Gemeinschaftsgut[369].

<small>Rundfunkfreiheit</small>

Ein weiteres wichtiges Gemeinschaftsgut ist der Schutz der Volksgesundheit. Vorschriften, die dem Schutz der Volksge-

<small>Volksgesundheit</small>

---

[366]vgl. Baumbach/Hefermehl, a.a.O., Rdnr. 613 zu § 1 UWG

[367]vgl. Baumbach/Hefermehl, a.a.O., Rdnr. 614 zu § 1 UWG m.z.w.N.

[368]BGH v. 19.1.1995, GRUR 1996, 213 „Sterbegeldversicherung"; vgl. dazu oben C.I.3.

[369]vgl. BGH v. 22.2.1990, GRUR 1990, 611, 615 „Werbung im Programm"

sundheit dienen, können als sittlich-rechtlich fundiert anzusehen sein; sie sind zwar nicht wettbewerbsbezogen, aber wegen ihrer gesundheitspolitischen Zwecksetzung nicht wertneutral[370]. Bei der Beurteilung kommt es dabei stets auf die Zielrichtung der einzelnen Vorschrift an, die verletzt wurde. Maßgeblich können sein Verstöße gegen das Arzneimittelgesetz[371], das Heilpraktikergesetz, gegen die Vorschriften des Heilmittelwerbegesetzes, des Gesetzes über das Apothekenwesen, des Gesetzes über die Ausübung der Zahnheilkunde, gegen Vorschriften des Lebensmittelrechts, gegen lebensmittelrechtliche Kennzeichnungsvorschriften, gegen Bezeichnungsvorschriften.

HeilmittelwerbeG

Bei der Prüfung von Verstößen gegen das Heilmittelwerbegesetz ist zu beachten, daß dem Geltungsbereich des HWG nur die produktbezogene Werbung (Produkt-, Absatzwerbung), aber nicht die allgemeine Firmenwerbung (Unternehmens-, Imagewerbung, Erinnerungswerbung) unterfällt[372]. Ist der Bereich der reinen Erinnerungswerbung verlassen, ist Arzneimittelwerbung zum Schutz kranker Menschen nach näherer Maßgabe der §§ 10-12 HWG verboten. Dieses Verbot erstreckt sich auch auf Grippemittel[373]; die Werbung außerhalb der Fachkreise mit Gutachten, fachlichen Veröffentlichungen, und fremd- oder fachsprachlichen Bezeichnungen, die von den Umworbenen nicht verstanden werden (§ 11 Nr. 1, 6 HWG)[374], mit der bildlichen Darstellung von Personen in der Berufskleidung (§ 11 Nr. 4 HWG)[375], auch wenn es erkennbar nicht Ärzte sind, etc. In all diesen Fällen begründet der Verstoß gegen die Vorschriften des Heilmittelwerbegesetzes gleichzeitig einen Verstoß gegen § 1 UWG. Auch eine Werbung für Arzneimittel, bei der nicht gleichzeitig darauf hingewiesen wird, daß für Leberkranke, Alkoholkranke, Epilep-

---

[370] vgl. Baumbach/Hefermehl, a.a.O., Rdnr. 615 zu § 1 UWG

[371] zur Unzulässigkeit des Vertriebs von Arzneimitteln ohne die nach § 21 AMG erforderliche Zulassung vgl. BGH v. 19.1.1995, GRUR 1995, 419, 421 f. „Knoblauchkapseln"

[372] vgl. dazu B.II.

[373] BGH v. 3.7.1981, GRUR 1981, 831/832; BGH v. 20.1.1983, GRUR 1983, 333; BGH v. 14.4.1983, GRUR 1983, 595 „Grippewerbung I-III"

[374] vgl. BGH v. 16.10.1981, GRUR 1982, 124 „Vegetative Dystonie"

[375] vgl. BGH v. 28.3.1985, GRUR 1985, 936 „Sanatorium II"

tiker, Hirngeschädigte, Schwangere und Kinder ein gesundheitliches Risiko besteht, verstößt gegen § 1 Abs. 1 Nr. 5 HWG, wonach jede Werbung für Arzneimittel auch Angaben zu Gegenanzeigen zu beinhalten hat und begründet gleichzeitig Wettbewerbswidrigkeit im Sinne des § 1 UWG, da die verletzte Gesetzesvorschrift die Gesundheit der Bevölkerung schützen will[376].

Auch die Mißachtung von Vorschriften des Lebensmittelrechts, die dem Schutz der menschlichen Gesundheit dienen oder den Verbraucher vor Irreführung schützen, ist nach § 1 UWG wettbewerbswidrig, ohne daß weitere Unlauterkeitskriterien hinzu kommen müssen, da es sich um wertbezogene Schutzvorschriften handelt.

Lebensmittelrecht

Hierher gehören die Verbote zum Schutz vor Täuschung nach § 17 des Lebensmittel- und Bedarfsgegenständegesetzes. So verbietet z.B. § 17 Abs. 1 Nr. 4 LMBG zum Schutz der Verbraucher vor Täuschungen, Lebensmittel mit Bezeichnungen oder sonstigen Angaben zu bewerben, die darauf hindeuten, daß diese Lebensmittel natürlich, naturrein oder frei von Rückständen oder Schadstoffen sind, obgleich sie zugelassene Zusatzstoffe oder Rückstände von Stoffen im Sinne der §§ 14, 15 LMBG (Pflanzenschutz- oder sonstige Mittel sowie Stoffe mit pharmakologischer Wirkung) enthalten oder einem zulässigen Bestrahlungsverfahren unterzogen worden sind. Das Verbot bezieht auch Angaben ein, die auf die Gesetzesbegriffe „natürlich", „naturrein" und „frei von Rückständen oder Schadstoffen" hindeuten. Damit wird das Verbot auch auf gleichsinnige Bezeichnungen erstreckt. Für die Frage, ob eine Bezeichnung als den Gesetzesbegriffen gleichsinnig anzusehen ist, kommt es maßgebend auf die Verkehrsauffassung an. Da dem Verkehr bekannt ist, daß trotz weitgehender Berücksichtigung von Umwelt- und Naturgesichtspunkten Restbelastungen der Umwelt verbleiben[377], vermittelt eine Aufschrift, die neben sonstigen Angaben in dekorativer Form auf den Verpackungen angebracht ist, dem Betrachter allenfalls den Eindruck einer all-

§ 17 LMBG

---

[376] BGH v. 28.4.1994, WRP 1994, 605 „Kontraindikationen" m.w.N.

[377] vgl. nur BGH v. 14.12.1995, WRP 1996, 290, GRUR 1996, 367 „Umweltfreundliches Bauen"

gemeinen Produktbeschreibung, nicht aber denjenigen einer besonderen Reinheitsangabe[378].

§ 18 LMBG

Wertbezogen ist auch das Verbot des § 18 LMBG, im Verkehr mit Lebensmitteln oder in der Werbung für Lebensmittel allgemein oder im Einzelfall Aussagen zu verwenden, die sich auf die Beseitigung, Linderung oder Verhütung von Krankheiten beziehen.

§ 22 LMBG
(Werbeverbote für Zigaretten)

Wertbezogen sind auch die Werbeverbote des § 22 LMBG. Die Vorschrift des § 22 LMBG enthält der Intensität nach abgestufte Werbeverbote. Im ersten Absatz der Vorschrift wird für Rundfunk und Fernsehen wegen der besonderen Breitenwirkung dieser Medien ein allgemeines Werbeverbot für Zigaretten, zigarettenähnliche Tabakerzeugnisse und Tabakerzeugnisse, die zur Herstellung von Zigaretten durch den Verbraucher bestimmt sind, ausgesprochen. Ob die Werbung in anderen Medien (wie eine Werbung in Zeitschriften oder auf Plakaten) zulässig ist, hängt dagegen davon ab, ob besondere Umstände vorliegen, die eines der Verbote des zweiten Absatzes der Vorschrift eingreifen lassen. Die Vorschrift des § 22 Abs. 2 Nr. 1 b LMBG verbietet es, in der Werbung für Tabakerzeugnisse allgemein oder im Einzelfall Bezeichnungen, Angaben, Aufmachungen, Darstellungen oder sonstige Aussagen zu verwenden, die ihrer Art nach besonders dazu geeignet sind, Jugendliche oder Heranwachsende zum Rauchen zu veranlassen. Als „sonstige Aussagen" im Sinne des § 22 Abs. 2 Nr. 1 b LMBG werden auch Aussagen über Tabakerzeugnisse erfaßt, die nicht durch ausdrückliche Angaben in der Werbung selbst gemacht werden, sondern durch die Wahl des Umfeldes. Die Auswahl des Werbeumfeldes kann selbst eine Aussage beinhalten, nämlich die Empfehlung gerade an Jugendliche, die umworbenen Zigaretten zu rauchen. Wird in einer Jugendzeitschrift eine Werbung für Zigaretten abgedruckt, erscheint sie als eine besonders an Jugendliche und Heranwachsende gerichtete Empfehlung. Durch ihre Auswahl als eigene Zielgruppe werden Jugendliche und Heranwachsende als Angehörige dieser Altersgruppe angesprochen. Anders als eine für die Allgemeinheit bestimmte Werbung können Anzeigen, die im Rahmen einer Jugendzeitschrift erscheinen, von der Jugend stärker auf sich bezogen werden. Eine solche Werbung für

---

[378] vgl. BGH v. 17.10.1996, GRUR 1997, 306; WRP 1997, 302; Leible, Lebensmittelwerbung mit naturbezogenen Angaben, WRP 1997, 403

Zigaretten kann vermitteln, daß das Rauchen gerade für jüngere Menschen geeignet und für diese Altersstufe nicht anders als bei Erwachsenen zu beurteilen ist[379].

Auch Verstöße gegen Bezeichnungsvorschriften können ohne Hinzutreten weiterer Umstände Wettbewerbswidrigkeit begründen, so etwa wenn dem Erfordernis des § 20 Abs. 2 Nr. 6 PflanzenschutzG, die Gebrauchsanleitung auf der Verpackung eines Pflanzenschutzmittels deutlich sichtbar anzubringen, nicht genügt wird[380]. {Verstöße gegen Bezeichnungsvorschriften}
Auch die in § 5 Abs. 1 Nr. 1 Kosmetikverordnung vorgesehene Hinweispflicht auf den Namen des Herstellers oder Vertreibers des Kosmetikums sowie dessen Firmensitz dient in weitestem Sinne dem Schutz der menschlichen Gesundheit. Verstöße gegen § 5 Abs. 1 Nr. 1 Kosmetikverordnung sind daher auch ohne Hinzutreten weiterer Umstände wettbewerbswidrig im Sinne von § 1 UWG[381].

Wertbezogen sind auch Verstöße gegen den Schutz der Rechtspflege. So dient der Erlaubniszwang, den Artikel 1 § 1 Rechtsberatungsgesetz für die rechtsbesorgende Tätigkeit vorsieht, nicht nur den berufständigen Interessen, sondern auch dem allgemeinen Interesse an einer zuverlässigen Rechtspflege. Wer daher ohne Erlaubnis eine derartige Tätigkeit ausübt, handelt wettbewerbswidrig, ohne daß weitere Unlauterkeitsmomente hinzuzutreten brauchen. Gleiches gilt für die Werbung für eine nicht erlaubte Rechtsbesorgung. {Schutz der Rechtspflege}

Gesetzliche Beschränkungen in der Wahl ihrer Berufsbezeichnung gelten auch für Steuerberater, Steuerbevollmächtigte und Wirtschaftsprüfer (§§ 43 Abs. 2 StBG, § 53 StBG, § 57 Abs. 3 StBG, § 18 Wirtschaftsprüferordnung). Ein Verstoß gegen diese Vorschriften, der die Wettbewerbsgleichheit in diesem Beruf gewährleisten und die Allgemeinheit vor Ir-

---

[379]BGH v. 9.12.1993, WRP 1994, 181, GRUR 1994, 304 „Zigarettenwerbung in Jugendzeitschriften"

[380]BGH v. 23.6.1994, GRUR 1994, 823, 834 f. „Zulassungsnummer I"

[381]BGH v. 3.2.1994, WRP 1994, 393, GRUR 1994, 456 „Prescriptives"

rührung schützen soll, begründet zugleich einen Verstoß gegen § 1 UWG[382].

Remailing

§ 2 PostG enthält einen zugunsten der Deutsche Post AG als Nachfolgeunternehmen der Deutschen Bundespost wirkenden Beförderungsvorbehalt, der noch gültig ist. Wird durch ein privates Remailing-Unternehmen, das im Inland Post sammelt und ins Ausland zur günstigen Weiterbeförderung transportiert, gegen das noch geltende Postgesetz verstoßen, erhebt sich die Frage, ob dies gleichzeitig einen Verstoß gegen § 1 UWG begründet. Der Zivilrechtsweg ist in derartigen Fällen eröffnet[383]. Das Oberlandesgericht Frankfurt zählt den Beförderungsvorbehalt aus § 2 PostG zu den Vorschriften, denen eine unmittelbar wettbewerbsbezogene, nämlich selbst auf den Schutz von Individualinteressen gerichtete, Zielsetzung innewohnt. Aufgabe des § 2 PostG sei es, die Klägerin schlechthin vor der Konkurrenz postähnlicher Unternehmen zu schützen[384].

b) Wertneutrale Vorschriften

Bei wertneutralen Vorschriften müssen besondere wettbewerbsrelevante Umstände zu dem Verstoß hinzukommen

Wertneutral sind Vorschriften, die nur aus Gründen ordnender Zweckmäßigkeit erlassen worden sind, jedoch weder einem sittlichen Gebot Geltung verschaffen noch dem Schutz besonders wichtiger Gemeinschaftsgüter oder allgemeiner Interessen dienen. Eine Wettbewerbshandlung, die gegen eine reine Ordnungsnorm verstößt, ist gesetzeswidrig, aber nicht nach § 1 UWG wettbewerbswidrig, es sei denn, es treten besondere, wettbewerbsrelevante Umstände hinzu, die den Gesetzesverstoß wettbewerbsrechtlich anstößig erscheinen lassen. Solche Umstände können vorliegen, wenn die Übertretung einer Norm bewußt und planmäßig vollzogen wird, um einen sachlich nicht gerechtfertigten Wettbewerbsvorteil vor Mitbewerbern zu erzielen (Vorsprung durch Rechtsbruch). Beispiele für wertneutrale Normen sind: Vorschriften der Gewerbeordnung, Vorschriften der Handwerksordnung, Vorschriften des Kreditwesengesetzes, Vorschrif-

---

[382] vgl. Baumbach/Hefermehl, a.a.O., Rdnr. 624 zu § 1 UWG m.z.w.N.

[383] BGH v. 18.5.1995, NJW 1995, 2295 „Remailing I"

[384] OLG Frankfurt v. 25.6.1996, WRP 1996, 916 „ABB- und ABC-Remailing"

ten der Preisangabenverordnung, Vorschriften des Ladenschlußgesetzes, des Personenbeförderungsgesetzes, des Straßenverkehrsgesetzes, des Gesetzes über Einheiten im Meßwesen, etc.[385].

Auch die Regelungen der Preisangabenverordnung sind Ausdruck ordnender Zweckmäßigkeit und verfolgen andere Ziele als das UWG. Ihr Zweck ist Verbraucherschutz und -information und Förderung des Wettbewerbs zur Sicherung des Funktionierens der marktwirtschaftlichen Ordnung. Zweck des UWG ist dagegen der Schutz des lauteren Wettbewerbs. Es bedarf daher zur Bejahung eines Verstoßes gegen § 1 UWG stets des Vorliegens besonderer wettbewerbsrelevanter Umstände[386]. Die Frage, welche Preisbestandteile in den Endpreis einzubeziehen sind, beurteilt sich nach der Verkehrsauffassung, d.h. maßgeblich ist der Letztverbraucher, an den sich Angebot und Werbung richten (§ 1 Abs. 6 Satz 1 Preisangabenverordnung)[387].

PreisangabenVO

Beim Vertrieb im Wege des Versandhandels fallen regelmäßig Preisaufschläge für Versandkosten an, die zumeist eine variable, mit wachsendem Umfang der Bestellung auf das einzelne Stück bezogene aufnehmende Belastung darstellen. Dies ist den Letztverbrauchern allgemein bekannt. Den Besonderheiten des Versandhandels trägt auch § 2 Abs. 4 Preisangabenverordnung Rechnung, wobei dem Verkehr geläufig ist, daß die Versandkosten als Drittkosten neben dem Warenpreis gesondert erhoben werden. Sie werden nicht auf die Ware, sondern auf die Sendung erhoben und sind daher in aller Regel kein in den Endpreis einzuberechnender Preisbestandteil[388].

Besonderheiten des Versandhandels

---

[385] vgl. die Nachweise der Rechtsprechung bei Piper, Aktuelle Rechtsprechung des Bundesgerichtshofs zum Wettbewerbsrecht, Rz. 241-257; Baumbach/Hefermehl, a.a.O., Rdnr. 631-645 zu § 1 UWG

[386] zu Verstößen gegen die Preisangabeverordnung vgl. die Nachweise bei Piper, Aktuelle Rechtsprechung des Bundesgerichtshofs zum Wettbewerbsrecht, Rz. 258-266

[387] BGH v. 14.11.1996, WRP 1997, 431, 432, GRUR 1997, 479 "Münzangebot" m.z.w.N.

[388] BGH v. 14.11.1996, WRP 1997, 431, 433, GRUR 1997, 479 „Münzangebot"

Bewußte und planmäßige Mißachtung

Unlauter handelt ein Wettbewerber, der bewußt und planmäßig eine wertneutrale, sich jedoch auf die Wettbewerbslage auswirkende Vorschrift mißachtet, obwohl für ihn erkennbar ist, daß er dadurch einen sachlich nicht berechtigten Vorsprung im Wettbewerb vor den gesetzestreuen Mitbewerbern erlangen kann. Es genügt als wettbewerbsrechtlicher Vorsprung, daß er seine wettbewerbliche Ausgangslage im Wettbewerb verbessert hat[389].

c) Berufs- und Standesordnungen

Zahlreiche freie und gewerbliche Berufe haben gesetzte oder allmählich gewachsene Ordnungen (Standes- und Ehrenordnungen, Richtlinien, Branchenübungen, Berufsanschauungen). Diese Ordnungen lassen - selbst wenn sie im Einzelfall nicht Gesetzesrang besitzen - erkennen, was nach der Auffassung der Berufsanhörigen dem Wesen und der Würde des Berufsstandes entspricht.

Beschränkungen durch das Berufsrecht sind im Lichte des Art. 12 GG zu würdigen

Gesetztes und gewachsenes Recht unterwerfen Angehörige bestimmter freier Berufe Beschränkungen in der Werbung, insbesondere in ihrer werblichen Selbstdarstellung und bei der Verwendung von Berufsbezeichnungen. Haben die dahingehenden Werbebeschränkungen ihre Grundlage in Gesetzen oder in öffentlich-rechtlichem Satzungsrecht, sind sie verfassungsrechtlich grundsätzlich zulässig, wenn sie durch hinreichende Gründe des Gemeinwohls gerechtfertigt sind und dem Grundsatz der Verhältnismäßigkeit genügen[390]. Ungeachtet ihrer prinzipiellen verfassungsrechtlichen Unbedenklichkeit können allerdings im Einzelfall berufliche Werbeverbote und ähnliche Beschränkungen den Betroffenen unzumutbar belasten. In die wettbewerbsrechtliche Beurteilung des Einzelfalls ist daher stets die wertsetzende Bedeutung des Grundrechts der Berufsfreiheit (Art. 12 GG) mit einzubeziehen, um nicht die Berufsfreiheit undifferenziert und unverhältnismäßig zu beschränken[391].

---

[389]Baumbach/Hefermehl, a.a.O., Rdnr. 662 zu § 1 UWG

[390]BVerfG v. 19.11.1985, BVerfGE 71, 162, 172, GRUR 1986, 382, 385 „Arztwerbung"

[391]BVerfG v. 19.11.1985, BVerfGE 71, 183, GRUR 1986, 387 „Sanatoriumswerbung"

Wettbewerbsrechtlich kommt es nicht auf das bloße Bestehen einer derartigen Ordnung an, sondern darauf, ob sie den Auffassungen entspricht, die tatsächlich bei den Berufsgenossen vorhanden sind, um einen redlichen Geschäftsverkehr zu gewährleisten. Das beanstandete Verhalten muß einer Standesauffassung widersprechen, die innerhalb des Berufsstandes einheitlich befolgt wird und gefestigt ist. Hält ein nicht unerheblicher Teil der beteiligten Berufskreise das Verhalten für unbedenklich, so scheidet ein Verstoß gegen § 1 UWG aus. Bei dem Hinwegsetzen über Standes- und Ehrenordnungen der Angehörigen freier Berufe, der sogenannten Berufsstandesvergessenheit, kommt es ebenso wie bei Gesetzesverletzungen darauf an, ob gegen eine wertbezogene oder wertneutrale Regelung des Standesrechts verstoßen wird.

Erforderlich: einheitliche und gefestigte Standesauffassung

Auch die Mißachtung von standesrechtlichen Werbeverboten kann wettbewerbsrechtlich relevant sein. Die neuere Rechtsprechung tendiert allerdings im Hinblick auf das Grundrecht der Berufsfreiheit und das Informationsinteresse der Öffentlichkeit zu einer restriktiven Auslegung der Werbeverbote.

Das Grundrecht der Berufsfreiheit und das Informationsinteresse der Öffentlichkeit bedingen eine restriktive Auslegung der Werbeverbote.

aa) Werbeverbote für Ärzte, Zahnärzte

Das Standesrecht enthält ein grundsätzliches Werbeverbot für Ärzte und Zahnärzte. Nach § 25 Abs. 1 Satz 1 der Musterberufsordnung ist dem Arzt jegliche Werbung für sich und andere Ärzte untersagt. Das Werbeverbot der ärztlichen Berufsordnung wirkt auch in das Gesetz gegen den unlauteren Wettbewerb hinein, mit der Maßgabe, daß ein Verstoß gegen das standesrechtliche Werbeverbot gleichzeitig einen Verstoß gegen § 1 UWG darstellt[392]. Mit Rücksicht auf den verfassungsrechtlich verankerten Schutz der Meinungsäußerungsfreiheit in Art. 5 GG und der Berufsfreiheit in Art. 12 GG hat das Bundesverfassungsgericht beginnend mit der Sanatoriumsentscheidung aus dem Jahre 1986[393] die Grenzen des allgemeinen Verbots „jeglicher Werbung" eingeschränkt.

---

[392] vgl. Narr, Ärztliches Berufsrecht, 1988, Rdnr. 1178; Baumbach/Hefermehl, a.a.O., Rdnr. 679-681 zu § 1 UWG

[393] BVerfGE 71, 183

Lediglich die berufswidrige, nicht jede Werbung schlechthin ist untersagt.	Die verfassungskonforme Auslegung der entsprechenden Bestimmungen der Berufsordnung für Ärzte bedingt eine Einschränkung ihres Wortlautes dahingehend, daß dem Arzt lediglich eine berufswidrige Werbung, nicht aber jegliche Werbung schlechthin, untersagt sein kann[394].
Das Informationsinteresse der Patienten ist zu berücksichtigen.	Die Judikatur des Bundesverfassungsgerichts und der Fachgerichte, insbesondere der Landesberufsgerichte für Heilkunde, war in jüngster Zeit vermehrt mit der Grenzziehung zwischen berufswidriger Werbung und dem Interesse der Ärzte an der Darstellung ihrer Leistungen im Wettbewerb um Patienten sowie dem Interesse der Patienten, denen das Wissen um spezifische medizinische Angebot fehlt, an Transparenz von Leistungsangeboten (Informationsinteresse der Patienten) beschäftigt[395]. Im Hinblick auf die Zulässigkeit der Verwendung von Briefbögen mit dem Zusatz "CT- und Nuklearmedizin nach telefonischer Voranmeldung" für die Korrespondenz mit anderen Ärzten in Arztbriefen hat das Bundesverfassungsgericht ausgeführt, daß „für interessengerechte und sachangemessene Informationen, die keinen Irrtum erregen, im geschäftlichen Verkehr Raum bleiben muß"[396]. Obwohl diese Entscheidung (nur) Mitteilungen zwischen Ärzten zum Gegenstand hatte, hat sie durchaus in ihrer Begründung, die die Grenzen des Werbeverbotes in Fortführung der Rechtsprechung des Gerichtes zunehmend enger zieht, auch Bedeutung für den werbenden Verkehr von Ärzten mit ihrem Publikum[397].

---

[394] BVerfGE, a.a.O., S. 198-200; Schulte, Das standesrechtliche Werbeverbot für Ärzte, 1992, S. 27-30; Narr, a.a.O., Rdnr. 1177; Papier/Petz, Rechtliche Grenzen des ärztlichen Werbeverbots, NJW 1994, 1553, 1555

[395] vgl. die Nachweise bei Laufs, Arzt und Recht im Umbruch der Zeit, NJW 1995, 1590, 1595 f.

[396] BVerfGE v. 21.4.1993, NJW 1993, 2988, 2989

[397] vgl. Laufs, Fn. 395, NJW 1995, 1590, 1596

Wenn die eigene Person nicht herausgestellt und in sachlicher Weise informiert wird, sind Werbeeffekte für den Arzt hinzunehmen. Werden diese Grenzen gewahrt, so ist auch ein an Patienten verschicktes Informationsblatt nicht zu beanstanden[398].

Wird die eigene Person nicht herausgestellt und wird in sachlicher Weise informiert, sind Werbeeffekte hinzunehmen

Die ärztliche Informationswerbung ist je nach dem „Empfängerhorizont" unterschiedlichen Maßstäben ausgesetzt. Beginnend mit Informationen unter Kollegen, darauffolgend gegenüber dem eigenen Patientenstamm und schließlich gegenüber der Öffentlichkeit wird dem Arzt zunehmend mehr Zurückhaltung auferlegt. Für Mitteilungen, die für die Öffentlichkeit bestimmt sind, gelten danach strengere Anforderungen als für Mitteilungen an Kollegen und den bereits bestehenden Patientenstamm.

Ärzte, die zulässigerweise Sanatorien und Kliniken betreiben, dürfen für diese Unternehmen werben und dabei neben ihrem Namen und ihrer Arztbezeichnung mehr als nur ein Hauptindikationsgebiet angeben[399]. Die (teilweise) Freistellung der ärztlichen Inhaber von Sanatorien und Kliniken von den für Ärzte geltenden berufsrechtlichen Werbeverboten gilt nicht für niedergelassene Ärzte mit ambulanter Praxis. Grund dafür sind die betriebswirtschaftlichen Unterschiede zwischen den beiden Formen ärztlicher Werbung[400].

Medienberichte, die sich mit Personen oder Tätigkeiten eines Arztes befassen, entfalten regelmäßig eine starke werbliche Wirkung. Gegebenenfalls muß der Arzt sich bei der Gewährung von Interviews oder der Erteilung von Informationen ein Prüfungsrecht vor Veröffentlichungen vorbehalten[401]. Dies gilt allerdings nicht ausnahmslos. Vielmehr treffen ihn Kontrollpflichten nur, aber auch stets dann, wenn konkreter

Ausnahmsweise: Prüfvorbehalte bei Medienberichten

---

[398] Landesberufsgericht für Ärzte, Stuttgart, Urteil vom 18.1.1995, MedR 1996, 387 f.

[399] BVerfGE 71, 183, 200, BVerfG v. 19.11.1985, GRUR 1986, 387, 391 „Sanatoriumswerbung"

[400] BVerfG, Fn. 399; BGH v. 14.4.1994, WRP 1994, 859, 861 „GmbH-Werbung für ambulante ärztliche Leistungen"

[401] BGH v. 20.11.1986, GRUR 1987, 241 „Arztinterview"

Anhalt für die Annahme besteht, daß das Interview auf eine werbende Berichterstattung für ihn hinauslaufen werde[402].

bb) Werbeverbote für rechtsberatende Berufe

Als unabhängiges Organ der Rechtspflege (§ 1 BRAO) übt der Rechtsanwalt kein Gewerbe, sondern einen freien Beruf aus. Mit dieser Stellung ist es nach ständiger Rechtsprechung nicht zu vereinbaren, daß der Rechtsanwalt für seine Aufträge wirbt. Die rechtliche Grundlage bildet § 43 BRAO, wonach der Rechtsanwalt seinen Beruf gewissenhaft ausüben und sich innerhalb und außerhalb des Berufs der Achtung und des Vertrauens, welche die Stellung des Rechtsanwalts erfordert, würdig zu erweisen hat.

Über die berufliche Tätigkeit darf in Form und Inhalt sachlich unterrichtet werden

Auf der Grundlage der Neuordnung des anwaltlichen Berufsrechts durch das Gesetz vom 24.06.1994[403] ist die Werbung dem Rechtsanwalt nur erlaubt, soweit sie über die berufliche Tätigkeit in Form und Inhalt sachlich unterrichtet und nicht auf die Erteilung eines Auftrags im Einzelfall gerichtet ist (§ 43b BRAO). Dem entspricht im wesentlichen die bisherige Rechtsprechung. Im Gegensatz zur gezielten Werbung durch unaufgefordertes Herantreten an potentielle Mandanten oder reklamehaftes Sich-Herausstellen ist die Angabe des bloßen Tätigkeitsbereichs, wodurch das rechtsuchende Publikum informiert werden soll, trotz seiner werbemäßigen Nebenwirkung grundsätzlich wettbewerbsrechtlich zulässig[404]. So ist die Angabe des Tätigkeitsbereichs im Branchentelefonbuch frei von einer reklamehaften Selbstanpreisung, ebenso die Angabe eines Tätigkeitsschwerpunkts im Namensverzeichnis einer Anwaltssuchservice GmbH, ferner der von einem Rechtsanwalt im Rahmen seiner beruflichen Tätigkeit neben seiner Berufsbezeichnung gegebene Hinweis, Strafverteidigungen durchzuführen etc.

---

[402] BVerfG v. 11.2.1982, BVerfGE 85, 248, 257, GRUR 1992, 866, 868 „Ärztliches Werbeverbot"

[403] BGBl I 1325

[404] BGH v. 18.1.1996, WRP 1996, 288, GRUR 1996, 365 „Tätigkeitsschwerpunkte"; vgl. auch BGH v. 13.3.1997, WRP 1997, 719 „Schwerpunktgebiete"

Die Abgrenzung zwischen zulässiger sachlicher Information, die werbende Wirkung hat und gezielter Werbung, ist dabei nach dem Gesamteindruck vorzunehmen, den das anwaltliche Verhalten auf das Publikum macht. Wettbewerbswidrig nach § 1 UWG ist eine Rechtsanwaltswerbung, wenn Rechtsanwälte Personen, zu denen kein mandatschaftliches Verhältnis besteht oder bestanden hat, zu einem Essen in ein Hotel einladen und hierbei durch ein berufsbezogenes Referat auf ihre Leistungsfähigkeit hinweisen, ferner dann, wenn werbemäßig nicht in einem förmlichen Verfahren bestätigte Spezialkenntnisse eines Rechtsanwalts herausgestellt und als Rechtsberatung (Chefberatung für den Mittelstand) angeboten werden[405]. Wettbewerbswidrig ist auch die Bewerbung einer „internationalen Sozietät von Rechtsanwälten und Attorneys-at-Law" auf dem Briefkopf einer aus sechs Anwälten bestehenden inländischen Kanzlei, wenn der (internationalen) Sozietät nur einer dieser Rechtsanwälte angehört[406].

<small>Abgrenzung zwischen zulässiger Information, die werbende Wirkung hat, und gezielter Werbung</small>

Bei Notaren folgt das Werbeverbot aus ihrer Amtspflicht (§§ 1, 14 BNotO). Auch Steuerberater und Steuerberatungsgesellschaften unterliegen gesetzlich geregelten Werbeverboten. Sie ergeben sich aus den §§ 8, 43 (2), 47 (1), 72 (1) Steuerberatungsgesetz und den Standesrichtlinien für die Berufsausübung. Zweck des Verbotes ist es, einer Verfälschung des Berufsbildes durch kommerzielle Werbemethoden zu begegnen. Untersagt ist nicht die Werbung schlechthin, sondern - ebenso wie bei Ärzten und Rechtsanwälten - die berufswidrige Werbung[407].

d) Regeln

Wettbewerbsregeln sind von Wirtschafts- und Berufsvereinigungen nach § 28 Abs. 1 GWB aufgestellte Bestimmungen,

---

[405] BGH v. 4.7.1991, GRUR 1991, 917 „Anwaltswerbung"

[406] BGH v. 25.4.1996, WRP 1996, 897, GRUR 1996, 917 „Internationale Sozietät"; weitere Rechtsprechungsnachweise zum anwaltlichen Werberecht bei Piper, Aktuelle Rechtsprechung des Bundesgerichtshofs zum Wettbewerbsrecht, Rz. 280-301; vgl. auch Baumbach/Hefermehl, a.a.O., Rdnr. 682a-682e zu § 1 UWG

[407] i.e. vgl. Baumbach/Hefermehl, a.a.O., Rdnr. 685-688 m.w.N.

die das Verhalten von Unternehmen im Wettbewerb regeln, um einem den Grundsätzen des lauteren oder der Wirksamkeit eines leistungsgerechten Wettbewerbs zuwiderlaufenden Verhalten im Wettbewerb entgegenzuwirken und ein diesen Grundsätzen entsprechendes Verhalten im Wettbewerb anzuregen (§ 28 Abs. 2 GWB). Solche Wettbewerbsregeln können auf Antrag von Wirtschafts- und Berufsvereinigungen in das Register für Wettbewerbsregeln eingetragen werden (§ 28 Abs. 3 GWB). Vereinbaren Gewerbetreibende, registrierte Wettbewerbsregeln einzuhalten, so sind solche Kollektivabsprachen nach § 29 GWB, auch wenn nur unerwünschte Verhaltensweisen eingetragen werden sollen, keine Kartelle im Sinne des § 1 GWB. Die Verletzung der Vereinbarung im Sinne des § 29 GWB, unter der Verträge und Beschlüsse zu verstehen sind, ist nur für die Beteiligten vertragliches Unrecht. Außenseiter sind nicht gebunden.

Einer Wettbewerbsregel kommt nur indizielle Bedeutung zu

Die von Wirtschafts- oder Berufsvereinigungen aufgestellten Verhaltensnormen legen, auch wenn sie registriert sind, nicht mit bindender Wirkung für die Gerichte die Unterlautkeit fest. Das Unwerturteil eines Verstoßes gegen die guten Sitten im Wettbewerb hängt von den Umständen des Einzelfalles ab. Es läßt sich nicht schematisieren. Einer Wettbewerbsregel kommt im Rahmen der Prüfung nach § 1 UWG lediglich Erkenntniswert zu als Indiz für das, was in einer Branche den guten Sitten des Wettbewerbs entspricht. Wettbewerbswidrig handelt z.B. ein Unternehmen der Zigarettenindustrie, wenn es für Zigaretten in einer Anzeige wirbt, ohne zugleich durch einen deutlich sichtbaren und leicht lesbaren Warnhinweis das Bewußtsein der Schädlichkeit des Rauchens wach zu halten.

Werberichtlinien des Verbandes der Zigarettenindustrie

Die Werberichtlinien des Verbandes der Zigarettenindustrie aus dem Jahre 1980, die auf vertraglicher Grundlage die Pflicht zum Abdruck eines Warnhinweises in der Anzeigenwerbung regeln, werden als Ausdruck einer allgemeinen sittlichen Verpflichtung gewertet[408].

Codex Medizinprodukte

Unterstellt, die in ihm enthaltenen Verhaltensregeln, die allen im Gesundheitsmarkt Beteiligten klare Regeln vorgeben sollen, unter welchen Bedingungen Sponsoring im Gesundheitswesen erlaubt ist, werden in Zukunft allgemein einge-

---

[408] BGH v. 25.11.1993, WRP 1994, 175, GRUR 1994, 219 „Warnhinweis"

halten, könnte auch der Codex Medizinprodukte Erkenntniswert als Indiz für das, was in der Branche den guten Sitten des Wettbewerbs entspricht, Bedeutung erlangen. Der Codex ist im Mai 1997 zwischen dem Bundesfachverband Medizinprodukte Industrie e.V. und den Spitzenverbänden der gesetzlichen Krankenkassen erarbeitet worden. Die Regeln stützen sich - wie sich aus der Präambel ergibt - u.a. auf das UWG, das Rabattgesetz, die ZugabeVO, das Heilmittelwerbegesetz, die Berufsordnung für die deutschen Ärzte[409].

Zusammenfassung

Ein gesetzeswidriges Verhalten braucht nicht per se wettbewerbswidrig zu sein. Erforderlich ist zunächst, daß die Handlung marktbezogen ist. Es ist ferner die Unterscheidung zwischen wertneutralen und wertbezogenen Normen vorzunehmen. Die Mißachtung wertbezogener Normen begründet ohne weiteres die Sittenwidrigkeit, während bei wertneutralen Normen Unlauterkeit nur bei Hinzutreten besonderer Umstände anzunehmen ist.

Wertbezogene Normen sind sittlich fundierte Gebote, unmittelbar wettbewerbsbezogene Regelungen, Vorschriften, die besonders wichtige Gemeinschaftsgüter schützen, zu denen die verfassungsrechtlich gewährleisteten Rechtsgüter, der Schutz der Volksgesundheit, der Rechtspflege und der Schutz des Wettbewerbs als Institution gehören.
Wertneutral sind Vorschriften, die nur aus Gründen ordnender Zweckmäßigkeit erlassen worden sind, jedoch weder einem sittlichen Gebot Geltung verschaffen noch dem Schutz besonders wichtiger Gemeinschaftsgüter oder allgemeiner Interessen dienen. Bei ihnen müssen zu dem Verstoß gegen die Norm besondere, wettbewerbsrelevante Umstände vorliegen, um die Wettbewerbswidrigkeit zu begründen. Unlauter handelt ein Wettbewerber, der bewußt und planmäßig eine wertneutrale, sich jedoch auf die Wettbewerbslage auswirkende Vorschrift, mit dem Ziel, sich dadurch einen sachlich nicht berechtigten Vorsprung im Wettbewerb vor den gesetzestreuen Mitbewerbern zu erlangen, mißachtet.

Beschränkungen in der Werbung, die für zahlreiche freie und gewerbliche Berufe existieren, sind im Lichte des Art.

---

[409]Management-Handbuch Krankenhaus, Ziff. 2900.1 Codex Medizinprodukt

12 GG zu würdigen. Das Grundrecht der Berufsfreiheit und das Informationsinteresse der Öffentlichkeit bedingen eine restriktive Auslegung der Werbeverbote. So bedingt die verfassungskonforme Auslegung der entsprechenden Bestimmungen der Berufsordnung für Ärzte eine Einschränkung ihres Wortlautes dahingehend, daß dem Arzt lediglich eine berufswidrige Werbung, nicht aber jegliche Werbung schlechthin, untersagt sein kann. Zu berücksichtigen ist das Interesse der Ärzte an der Darstellung ihrer Leistungen im Wettbewerb und bei Patienten sowie das Informationsinteresse der Patienten. Wird die eigene Person nicht herausgestellt und wird in sachlicher Weise informiert, sind Werbeeffekte hinzunehmen. Auch bei rechtsberatenden Berufen gilt: Über die berufliche Tätigkeit darf in Form und Inhalt sachlich unterrichtet werden. Es ist eine Abgrenzung vorzunehmen zwischen zusätzlicher Information, die werbende Wirkung hat, und gezielter Werbung.

Wettbewerbsregeln kommt nur indizielle Bedeutung zu. Das Unwerturteil eines Verstoßes gegen die guten Sitten im Wettbewerb hängt von den Umständen des Einzelfalles ab. Es läßt sich nicht schematisieren.

2. Verletzung vertraglicher Bindungen

Verträge binden grundsätzlich nur die an ihnen Beteiligten, ihre (obligatorischen) Wirkungen beschränken sich auf die Vertragspartner. Ein wettbewerbsrechtlicher Schutz nach § 1 UWG kann daher nur dann in Betracht kommen, wenn das fragliche Verhalten über die bloße Einflußnahme auf das fremde Vertragsverhältnis hinaus durch besondere Unlauterkeitskriterien geprägt ist. Der Verletzung vertraglicher Bindungen kommt eine besondere Bedeutung bei der Verletzung vertikaler Preisbindungen und Verletzung von Vertriebsbindungen zu.

Buchpreisbindung — Der Schutz des festen Ladenpreises ist eine auf dem Büchermarkt seit dem Ende des 19. Jahrhunderts bestehende Einrichtung. Struktur- und kulturpolitische Gründe gebieten die Fortsetzung dieser bewährten buchhändlerischen Tradition. Ohne die Preisbindung wäre die Angebotsseite auf dem Buchmarkt nicht mehr gewährleistet. Unternehmen dürfen deshalb nach § 16 GWB weiterhin die Abnehmer ihrer Verlagserzeugnisse[410] rechtlich oder wirtschaftlich binden, bei der Weiterveräußerung bestimmte Preise zu vereinbaren oder ihren Abnehmern die gleiche Bindung bis zur Weiterveräußerung an den letzten Verbraucher aufzuerlegen. Das Ziel, der feste Ladenpreis, läßt sich grundsätzlich nur durch eine vertragliche Verpflichtung sämtlicher Abnehmer erreichen. Grundlage für die Bindung des einzelnen Abnehmers ist der Preisbindungsvertrag, dessen Inhalt für alle Abnehmer derselben Handelsstufe der gleiche sein muß.

Vertriebsbindungen, die ein Hersteller seinen Großhändlern vertraglich auferlegt, beschränken diese in der Abgabe der gelieferten Waren an Dritte (§ 18 Abs. 1 Nr. 3 GWB). Der Vertrieb läßt sich auf bestimmte Absatzgebiete oder durch qualitative oder quantitative Selektion auf bestimmte Abnehmer oder Abnehmergruppen beschränken. Dadurch wird die Zahl der Anbieter verringert, wodurch der Wettbewerb in den Handelsstufen zum Nachteil der Verbraucher beeinträchtigt werden kann.

Vertriebsbindungen

Preis- und Vertriebsbindung sind somit eng verwandt: In rechtlicher Hinsicht beschränken beide Systeme den Gebundenen in seiner Entschließungsfreiheit bei der Weiterveräußerung der gelieferten Ware. Auch in der wirtschaftlichen Funktion haben sie ähnliche Zielsetzungen aufzuweisen: Schutz des festen Ladenpreises, Schutz des Kulturgutes Buch auf der einen Seite, Vertriebsbindung als Instrument einer effektiven Organisation der nationalen und internationalen Absatzwege für Markenware auf der anderen Seite. Dies rechtfertigt es, die für den Schutz von Preisbindungen geltenden Regeln auf den Schutz von Vertriebsbindungen analog anzuwenden[411].

Preis- und Vertriebsbindung sind eng verwandt

Preisbindungs- und Vertriebsbindungssysteme und ihre Relevanz im Lichte des § 1 UWG werden daher nachfolgend zusammenfassend behandelt. Wettbewerbsrechtliche Ansprüche gegen Verstöße des Vertragsgebundenen und Au-

Vertragliche Bindung muß nach kartellrechtlichen Kriterien zulässig sein

---

[410] Anders als das Bundeskartellamt und das Kammergericht in seiner Entscheidung vom 17.5.1995, WRP 1995, 938 ff hat der Bundesgerichtshof in seiner Entscheidung vom 11.3.1997, NJW 1997, 1911, WRP 1997, 771 „NJW auf CD Rom" erfreulicherweise die Auffassung vertreten, daß CD-Roms Verlagserzeugnisse in diesem Sinne sind

[411] Baumbach/Hefermehl, a.a.O., Rdnr. 796 zu § 1 UWG

ßenseiters setzen in beiden Fällen voraus, daß die vertragliche Bindung nach kartellrechtlichen Kriterien rechtswirksam ist.

Preisbindungsverträge müssen nach § 34 GWB schriftlich abgefaßt werden. Die Preisbindung muß den Voraussetzungen des § 16 GWB entsprechen und zum Inhalt eines zivilrechtlich gültigen Preisbindungsvertrages gemacht worden sein.

Vertriebsbindungen, die ein Hersteller zur Festlegung eines bestimmten Vertriebsweges einem Händler auferlegt (vertikale Vertriebsbindungen), beschränken diesen in der Freiheit, über die gelieferte Ware nach Belieben zu verfügen. Sie sind, solange nicht die aufsichtsführende Kartellbehörde eine Mißbrauchsverfügung nach § 18 GWB erlassen hat, kartellrechtlich wirksam. Auch hier ist die Schriftform des § 34 GWB zu wahren. Grundsätzlich anzuerkennen ist das Interesse des Herstellers, seine Vertriebsorganisation einschließlich des Kunden-, Ersatzteil- und Wartungsdienstes sowie der Markenpflege nach eigenem Interesse und Ermessen zu gestalten. Nach Art. 85 EGV, der maßgeblich für die gemeinschaftsrechtliche Beurteilung ist, sind selektive Vertriebsbindungssysteme grundsätzlich zulässig. Voraussetzung ist, daß die Auswahl der Wiederverkäufer aufgrund objektiver Gesichtspunkte qualitativer Art erfolgt, die sich auf die fachliche Eignung des Wiederverkäufers, seines Personals und seiner sachlichen Ausstattung beziehen, und daß diese Voraussetzungen einheitlich für alle in Betracht kommenden Wiederverkäufer festgelegt und ohne Diskriminierung angewendet werden[412]. Die positive Haltung zum selektiven Vertrieb kommt bereits in der amtlichen Begründung zum Gesetz gegen Wettbewerbsbeschränkungen zum Ausdruck; auch in späteren Stellungnahmen der Bundesregierung und des Bundeskartellamtes wird zum Ausdruck gebracht, daß die Vertriebsbindung ein legitimes Mittel der Absatzpolitik ist; in der freien Bestimmung des Herstellers über den für seine Waren günstigsten Vertriebsweg wird ein wesentlicher Grundsatz unserer Wirtschaftsordnung gesehen[413].

---

[412] vgl. die Nachweise bei Piper in Köhler/Piper, a.a.O., Rdnr. 386 zu § 1 UWG

[413] vgl. die Nachweise bei Fezer, Vertriebsbindungssysteme als Unternehmensleistung, GRUR 1990, 551, 554

Der wettbewerbsrechtliche Schutz von Preis- und Vertriebsbindungen setzt zunächst die Lückenlosigkeit des Bindungssystemes voraus: Das System muß nicht nur in seiner praktischen Durchführung von tatsächlich auftretenden Lücken im wesentlichen frei, sondern auch in seinem gedanklichen Aufbau lückenlos sein. Im gedanklichen Aufbau ist eine Vertriebs-/Preisbindung lückenlos, wenn der Bindende alle Abnehmer, die seine Erzeugnisse weiterveräußern wollen, in rechtlich wirksamer Weise verpflichtet hat, den von ihm vorgeschriebenen Preis / die von ihm vorgegebenen Anforderungen einzuhalten, so daß eine Belieferung nicht gebundener Abnehmer grundsätzlich nicht vorkommen kann. Erforderlich ist die Sicherung der Bindung durch Vertragsstrafenbewehrung und Androhung der Aufhebung der Lieferverpflichtung. Das System ist nur dann gedanklich lückenlos, wenn allein Wiederverkäufer beliefert werden, denen die Belieferung von Außenseitern wirksam untersagt worden ist.

<small>Lückenlosigkeit im gedanklichen Aufbau und in der praktischen Durchführung</small>

Die tatsächliche (praktische) Lückenlosigkeit ist für den Schutz eines Bindungssystems in gleicher Weise entscheidend. Allerdings ist absolute Lückenlosigkeit unmöglich und deshalb auch nicht zu verlangen. Für die Frage, ob unter den beteiligten Händlern noch eine konforme Wettbewerbslage besteht, die ihnen die Einhaltung der Preisbindung/Vertriebsbindung zumutbar macht, ist das Gesamtbild des Marktes maßgeblich, auf dem sie tätig werden, also u.U. schon ein räumlich begrenzter Markt. Auch vorübergehende Lücken, die der Händler in absehbarer Zeit wieder zu schließen vermag, sind für den Schutz des Bindungssystems unschädlich. Allerdings muß die Einhaltung der Bindung ständig überwacht werden. Das bindende Unternehmen ist verpflichtet, bei festgestelltem Vertragsbruch einzelner Händler und einer dadurch eingetretenen äußeren Lücke im Bindungssystem unverzüglich alle geeigneten Maßnahmen zu treffen, um eine vorübergehend entstandene Lücke binnen kürzester Zeit wieder zu schließen. Nur unter dieser Voraussetzung ist es den ver-tragstreuen Händlern zuzumuten, die Preis-/Vertriebsbindung weiterhin zu befolgen. Als geeignete Maßnahmen kommen außer einem gerichtlichen Vorgehen mit einstweiliger Verfügung und Unterlassungsklage vor allem Liefersperren und Verwarnungen in Betracht.

<small>Lückenlosigkeit im gedanklichen Aufbau und in der praktischen Durchführung</small>

Sind diese Voraussetzungen gegeben, so besteht eine tatsächliche Vermutung, daß der Außenseiter die gebundene

<small>Tatsächliche Vermutung</small>

Ware nur durch Schleichbezug oder fremden Vertragsbruch erlangt haben kann[414].

Entfernung von Kontrollnummern

Kundenspezifische Kontrollnummern (Codenummern) ermöglichen dem Hersteller die praktische Lückenlosigkeit eines selektiven Vertriebssystems durchzusetzen, die Vertriebswege zu überwachen und durch Vertragsbruch entstandene Lücken wieder zu schließen. Mit ihrer Hilfe kann der Hersteller feststellen, an wen der von ihm vertraglich gebundene Depositär die Ware geliefert hat und ob dieser wiederum vertraglich verpflichtet wurde, die Ware nur an Letztverbraucher oder an andere Depositäre in anderen Ländern zu liefern. Beseitigt ein vertraglich gebundener Händler die Codenummern, liegt darin eine positive Vertragsverletzung, die ihn zum Ersatz des dadurch dem Hersteller entstandenen Schadens verpflichtet. Ferner liegt ein typischer Fall des Behinderungswettbewerbs vor, da dem Hersteller durch die Beseitigung der Codierung und den Handel mit decodierter Ware der Nachweis eines tatsächlich lückenlos durchgeführten Vertriebssystems unmöglich gemacht wird. Ferner verschafft sich der Händler einen ungerechtfertigten Wettbewerbsvorsprung gegenüber den anderen gebundenen Händlern. Bei Bestehen einer rechtswirksamen Vertriebsbindung handelt unter dem Gesichtspunkt der Behinderung des Herstellers auch ein Außenseiter wettbewerbswidrig, der die Codierung entweder selbst beseitigt oder decodierte Ware in Kenntnis aller Umstände vom Vorlieferanten bezieht und weitervertreibt[415]. Besteht mangels Lückenlosigkeit des Vertriebsbindungssystems eine rechtlich wirksame Vertriebsbindung nicht, so verstoßen weder die Entfernung der Codenummern noch der Vertrieb der decodierten Ware gegen § 1 UWG[416]. Ausnahmsweise kann auch ein Kontrollsystem ohne rechtlich wirksame Vertriebsbindung schutzwürdig sein, wenn vorrangige Interessen der Allgemeinheit bestehen und diese nicht auf andere Weise gewahrt werden können. Dementsprechend wurde die Entfernung von Nummern- und Typen-

---

[414] vgl. BGH v. 9.5.1985, GRUR 1985, 1059, 1060 „Vertriebsbindung"; BGH v. 22.6.1986, GRUR 1989, 832, 833 f. „Schweizer Außenseiter"; Baumbach/Hefermehl, a.a.O., Rdnr. 718-735 zu § 1 UWG; Rdnr. 806-812

[415] vgl. Baumbach/Hefermehl, a.a.O., Rdnr. 814-816 zu § 1 UWG

[416] vgl. BGH v. 21.4.1988, WRP 1988, 722 „Entfernung von Kontrollnummern I"; BGH v. 5.5.1988, WRP 1988, 725, GRUR 1988, 826 „Entfernung von Kontrollnummern II"

schildern von importierten Golfrasenmähern als unrechtmäßig angesehen, weil die Schilder für die Abwehr der der Allgemeinheit durch den Betrieb solcher Geräte drohenden Gefahren wesentlich waren[417]. Auch in solchen Fällen muß der Gesichtspunkt der Freiheit des Marktes nur zurücktreten, wenn der möglichen Gefährdung allgemeiner Interessen nicht auf andere Weise als durch eine auch zur Kontrolle der Vertriebswege geeignete Codierung begegnet werden kann. Derartige Überlegungen sind auch dann maßgeblich, wenn bei mit hoher Netzspannung betriebenen HiFi-Geräten die Fabrikationsseriennummern entfernt werden, da bei Fehlern die Gesundheit durch elektrischen Schlag oder Brandgefahr wegen defekter Kabel gefährdet ist. Unter der Voraussetzung, daß sich die mögliche Gefährdung allgemeiner Interessen nicht auf andere Weise als durch eine auch zur Kontrolle der Vertriebswege geeignete Codierung vermeiden läßt, verstößt die Entfernung derartiger Fabrikationsseriennummern gegen § 1 UWG[418].

Ob die für den Schutz vertikaler Vertriebsbindungssysteme geltenden Grundsätze auf ein Eigenvertriebssystem entsprechend anzuwenden sind, läßt sich nur nach Lage des Falles beurteilen. Bei den durch Abschlußvertreter getätigten Verkäufen ist der Hersteller selbst Vertragspartei jedes Vertragsgeschäftes; er selbst oder seine unmittelbar Beauftragten können gegen ihr eigenes System verstoßen haben, so daß ein Außenseiter, der sich die Ware auf dem freien Markt unschwer beschaffen konnte, grundsätzlich nicht zum Vertragsbruch verleitet oder einen Vertragsbruch ausgenutzt hat[419]. *Eigenvertriebssystem*

Liegt ein rechtswirksamer Preis-/Vertriebsbindungsvertrag vor, so hat der Bindende gegen den Abnehmer, der die Vertriebsbindung nicht einhält, einen vertraglichen Unterlassungsanspruch. Zugleich verstößt der gebundene Händler aber auch gegen § 1 UWG, wenn er sich unter Mißachtung des lückenlosen Vertriebsbindungssystems, das eine konforme Wettbewerbslage geschaffen hat, einen ungerechtfertigten *Schutz gegen Abnehmer/gebundene Händler*

---

[417]BGH v. 10.2.1978, GRUR 1978, 364 „Golfrasenmäher"

[418]vgl. BGH v. 5.5.1988, WRP 1988, 725, 728, GRUR 1988, 826 „Entfernung von Kontrollnummern II"

[419]BGH v. 7.2.1991, GRUR 1991, 614, 615 „Eigenvertriebssystem"; Baumbach/Hefermehl, a.a.O., Rdnr. 805a zu § 1 UWG

Vorsprung vor den vertragstreuen gebundenen Mitbewerbern zu verschaffen versucht.

Schutz gegen Außenseiter

Bezogen auf den Schutz gegen Außenseiter gilt: Beschafft sich der Außenseiter die Ware durch Schleichbezug, insbesondere durch Vorschieben eines Mittelsmannes unter Verheimlichung des wahren Abnehmers, so ist diese Mißachtung einer Vertriebsbindung wettbewerbswidrig.

Bei Schleichbezug kommt es auf die tatsächliche Lückenlosigkeit des Bindungssystems nicht an.

Wegen des Handlungsunwertes des Schleichbezuges kommt es auf die tatsächliche Lückenlosigkeit des Bindungssystems nicht an. Diese Grundsätze gelten entsprechend, wenn es sich nicht um ein Vertriebssystem mit Händlerbindung, sondern um ein Eigenvertriebssystem des Herstellers handelt[420]. Kommt es wegen des Handlungsunwertes des Schleichbezuges auf die tatsächliche Lückenlosigkeit nicht an, so ist rechtliche und tatsächliche Lückenlosigkeit.

Anders bei Verleitung zum Vertragsbruch und Ausnutzung fremden Vertragsbruchs

Voraussetzung für die Ansprüche gegen Außenseiter bei Verleitung zum Vertragsbruch und Ausnutzung fremden Vertragsbruchs. Hat sich der vom Vertrieb ausgeschlossene Außenseiter nicht auf den Ankauf der Ware beschränkt, sondern hat er zu Wettbewerbszwecken bewußt darauf hingewirkt, daß ein gebundener Händler vertragsbrüchig wird, so ist sein Verhalten wettbewerbswidrig, wenn das mißachtete Bindungssystem lückenlos war. Es kommt weder auf die Planmäßigkeit seines Vorgehens noch darauf an, ob er bei späterer Verwertung einen geschäftlichen Vorsprung vor seinen Mitbewerbern erlangt. Verleitung kann auch vorliegen, wenn der gebundene Händler bereits zum Vertragsbruch entschlossen ist. Der Außenseiter muß nur wissen, daß eine wirksame Vertriebsbindung besteht, auf deren Verletzung er hinwirkt, wobei bedingter Vorsatz genügt[421]. Bei der Ausnutzung fremden Vertragsbruchs müssen bei der Vertriebsbindung ebenso wie bei der Preisbindung stets besondere Umstände hinzutreten, die die Ausnutzung des Vertragsbruchs durch einen Außenseiter als wettbewerbswidrig erscheinen lassen. Unter der Voraussetzung des Bestehens eines lückenlos eingerichteten und tatsächlich lückenlos durchge-

---

[420] BGH v. 14.7.1988, GRUR 1988, 916 „PKW-Schleichbezug"; Baumbach/Hefermehl, a.a.O., Rdnr. 811 zu § 1 UWG; Köhler/Piper, a.a.O., Rdnr. 387 zu § 1 UWG; Piper, Aktuelle Rechtsprechung des Bundesgerichtshofs zum Wettbewerbsrecht, Rz. 310 ff

[421] vgl. Baumbach/Hefermehl, a.a.O., Rdnr. 800 zu § 1 UWG

setzten Vertriebsbindungssystems, handelt der Außenseiter wettbewerbswidrig, wenn er durch den Verkauf der unter Ausnutzung fremden Vertragsbruchs verschafften Ware einen ungerechtfertigten Vorsprung vor denjenigen Mitbewerbern zu erzielen sucht, die die Vertriebsbindung befolgen oder respektieren[422].

In dieses System der Ansprüche gegen den vertragsgebundenen Insider und gegen den Außenseiter hat die Entscheidung des Bundesgerichtshofs vom 22.6.1989[423] eine empfindliche Lücke gerissen. Die Entscheidung ist vor dem Hintergrund zu sehen, daß die jüngere schweizerische Rechtsprechung vertikalen Vertriebsbindungssystemen Wettbewerbsschutz zur Außenseiterabwehr auf einem deutlich geringeren Schutzstandard gewährt, als er nach deutschem Wettbewerbsrecht besteht. Aus der Sicht eines vertriebsbindenden Unternehmens entsteht so in der Schweiz ein grauer Markt, auf dem vertriebsgebundene Waren von Außenseitern außerhalb der vertraglichen Vertriebswege und ohne Einhaltung der vertraglichen Vertriebsbedingungen auf dem Schweizer Markt vertrieben werden können und vertrieben werden. Die Entscheidung des Bundesgerichtshofs vom 22.6.1989 hat die wettbewerbsrechtliche Beurteilung des Außenseiterwettbewerbs in selektiven Vertriebssystemen der Bundesrepublik Deutschland mit vertriebsgebundenen Waren aus dem grauen Markt der Schweiz zum Gegenstand. Bei den vertriebsgebundenen Waren handelte es sich um hochwertige Kosmetikerzeugnisse, die unter der Bezeichnung „Jil Sander" im Rahmen von Depotverträgen (vertikales Vertriebsbindungssystem) weltweit in einer Vielzahl von europäischen und außereuropäischen Staaten vertrieben werden. Zur Kontrolle des Vertriebsweges ihrer Erzeugnisse bringt die Klägerin an den einzelnen Produktumhüllungen eine Lasercodierung an, aus technischen Gründen allerdings nicht lückenlos an allen Produkten. Sie verfolgt Verstöße gegen ihr Vertragsbindungssystem sowohl durch den Abbruch vertraglicher Beziehungen als auch durch gerichtliche Schritte im In- und Ausland. Zur Überwachung ihres Vertriebsbindungssystems in der Bundesrepublik Deutschland hat die Klägerin das Treuhandbüro XY, ferner ihre Außendienstmitarbeiter und Depositäre eingeschaltet. Die Klägerin hat die theoretische und praktische Lückenlosigkeit ihres

Schweizer Außenseiter - grauer Markt in der Schweiz

---

[422] vgl. Baumbach/Hefermehl, a.a.O., Rdnr. 802-804 zu § 1 UWG

[423] GRUR 1989, 832 „Schweizer Außenseiter"

Vertriebsbindungssystems behauptet. Sie hat vorgetragen, verschiedene Staaten des Nahen Ostens sowie einen Abnehmer in Istanbul und auf Zypern nicht mehr beliefert zu haben, nachdem sich Zweifel an der Durchsetzbarkeit der Vertriebsbindung insoweit ergeben hätte. Die Beklagte ist Inhaberin einer Parfümerie. Sie vertreibt einen Teil der Produktpalette der Klägerin, ohne deren Vertriebsbindungssystem anzugehören. Woher die Beklagte die von ihr vertriebenen Erzeugnisse der Klägerin bezieht, ist ungeklärt. Die Klägerin hat vorgetragen: In Anbetracht der Lückenlosigkeit des Systems könne sich die Beklagte die Jil Sander Produkte nur durch Schleichbezug, Verleitung zum Vertragsbruch oder Ausnutzung fremden Vertragsbruchs verschafft haben. Sie verschaffe sich dadurch einen ungerechtfertigten Vorsprung vor ihren Mitbewerbern, die die Vertriebsbindung der Klägerin respektierten. Die Beklagte hat die theoretische und praktische Lückenlosigkeit des Vertriebsbindungssystems bestritten und insbesondere geltend gemacht, daß nach den Rechtsordnungen verschiedener Staaten, in die die Klägerin liefere, die Durchsetzung des Vertriebsbindungssystems nicht möglich sei; namentlich ein Vorgehen gegen Außenseiter, die sich Waren lediglich unter Ausnutzung des Vertragsbruches eines gebundenen Händlers beschafft hätten, sei in einer Reihe von Staaten, insbesondere in der Schweiz rechtlich ausgeschlossen. Der Bundesgerichtshof geht zunächst von seiner ständigen Rechtsprechung aus, wonach bei Vorliegen der theoretischen und praktischen Lückenlosigkeit eines vertikalen Vertriebsbindungssystems eine tatsächliche Vermutung besteht, daß der Außenseiter die vertriebsgebundene Ware nur auf unlautere Weise erlangt haben könne, sei es im Wege des Schleichbezugs, sei es unter Verleiten zum Vertragsbruch oder Ausnutzung eines fremden Vertragsbruchs. Die Lückenlosigkeit in gedanklicher Hinsicht setzt nur voraus, daß nicht nur innerstaatlich, sondern auch im Ausland nur solche Wiederverkäufer beliefert werden, denen durch wirksamen Vertrag die Belieferung von Außenseitern untersagt ist. Ist diese Voraussetzung erfüllt und werden die Verträge eingehalten, so ist ein Verkauf oder ein (Re-) Import in bzw. nach Deutschland gedanklich ausgeschlossen, das System also im gedanklichen Aufbau lückenlos, ohne daß es der rechtlichen Möglichkeit des Vorgehens gegen Außenseiter insoweit bedarf. Anders als bei der Frage der gedanklichen Lückenlosigkeit spielt es jedoch für die praktische Überwachung und Durchsetzung einer vertikalen Vertriebsbindung eine wesentliche Rolle, ob und in welchem Umfang ein unmittelbares Vorgehen gegen Außenseiter rechtlich möglich ist. Entscheidend kommt es darauf an, welche tatsächlichen Umstände vom Außenseiter zur Widerlegung der tatsächlichen Vermutung, daß er die vertriebsgebundene Ware nur auf unlautere Weise erlangt haben könne, nachgewiesen werden müssen.

Nach Auffassung des Bundesgerichtshofs soll es zur Widerlegung der vermuteten Lückenlosigkeit des selektiven Vertriebs auf den Nachweis ankommen, daß der Außenseiter die Ware ordnungsgemäß bezogen habe. In tatsächlicher Hinsicht war nach den Feststellungen des Berufungsgerichts davon auszugehen, daß die beklagte Parfümerie die vertriebsgebundenen Waren im wesentlichen von in der Schweiz ansässigen Unternehmen (den sogenannten Außenseitern) im Wege des Imports von der Schweiz in die Bundesrepublik Deutschland erworben habe. Damit sei - so der Bundesgerichtshof - auf die Rechtslage zum Außenseiterwettbewerb im selektiven Vertrieb in der Schweiz abzustellen. Nach den getroffenen Feststellungen ist nach Schweizer Recht ein Vorgehen gegen nicht vertriebsgebundene Außenseiter jedenfalls nicht ohne weiteres möglich. Dies beruht darauf, daß - wie das schweizerische Bundesgericht inzwischen in mehreren Urteilen, die der Bundesgerichtshof zitiert, ausgeführt hat - der Bezug vom gebundenen Händler nach Schweizer Recht auch dann nicht wettbewerbswidrig ist, wenn er unter Ausnutzung des Vertragsbruchs eines vertriebsgebundenen Händlers erfolgt; lediglich besondere, ihrerseits verwerfliche Umstände können das Verhalten des Außenseiters nach Schweizer Recht rechtswidrig erscheinen lassen. Der Bundesgerichtshof führt ferner aus:

Vermutung der Lückenlosigkeit kann widerlegt werden durch den Nachweis, die Ware (in der Schweiz) ordnungsgemäß erworben zu haben

„Ist demnach nach den Unterstellungen des Berufungsgerichtes und nach seinen bisherigen Feststellungen nicht auszuschließen, daß die Lieferanten der Beklagten ihre Waren in der Schweiz nach dortigem Recht rechtmäßig erworben haben, so ist bislang auch kein rechtlicher Gesichtspunkt ersichtlich, unter dem der Bezug dieser Waren durch die Beklagte als wettbewerbswidrig zu beurteilen wäre; denn der Kauf einer vertriebsgebundenen Ware von einem Dritten, der, ohne selbst gebunden zu sein, die Ware - nach der für den Erwerbsakt maßgeblichen Schweizer Rechtsordnung - rechtmäßig erworben hat, kann nicht nach deutschem Recht als wettbewerbswidrige Ausnutzung eines - irgendwann vorher ohne Mitwirkung der Beklagten erfolgten - Vertragsbruchs angesehen werden."

Aufhebung des Erfordernisses der Lückenlosigkeit durch die Cartier-Entscheidung des EuGH ?

Es ist die Auffassung vertreten worden, daß die Gefahr für den selektiven Vertrieb, die durch die solchermaßen zugelassene Einwirkung des „Grauen Marktes", inbesondere der Schweiz, auf Vertriebsbindungssysteme heraufbeschworen worden ist, durch die Entscheidung des Europäischen Gerichtshofs „Cartier" vom 13.1.1994[424] neutralisiert worden sei. Der Europäische Gerichtshof hat in dieser Entscheidung ausgeführt, daß die Lückenlosigkeit eines selektiven Vertriebssystems nach dem Gemeinschaftsrecht keine Voraussetzung für seine Rechtswirksamkeit sei. Wollte man die Rechtswirksamkeit eines selektiven Vertriebssystems nach Art. 85 Abs. 1 EGV von seiner Lückenlosigkeit abhängig machen, so hätte dies die paradoxe Folge, daß die starrsten und geschlossensten Vertriebssysteme nach Art. 85 EGV günstiger behandelt würden als die flexibleren und dem Parallelhandel stärker geöffneten Vertriebssysteme. Hootz mißt in seiner Besprechung in EWS 1994, 93 der Entscheidung die Bedeutung bei, „daß auch im Wettbewerbsprozeß gegen den Außenseiter es nicht mehr auf die Lückenlosigkeit ankommen könne und zwar weder aus materiell-rechtlichen Gründen noch beweisrechtlichen". Diese Auffassung findet allerdings in der Entscheidung des Europäischen Gerichtshofs keinen Anhaltspunkt und keinen Niederschlag. Vielmehr hat der Europäische Gerichtshof darauf abgestellt, daß die Lückenlosigkeit nach dem Gemeinschaftsrecht keine Voraussetzung für die Rechtswirksamkeit ist. Er hat in Erwägungsgrund 24 zum Ausdruck gebracht, daß die Frage der Wirksamkeit des selektiven Vertriebssystems gemessen am Maßstab des Art. 85 EGV zu trennen ist von der wettbewerbsrechtlichen Seite, indem er ausgeführt hat: „Dies bedeutet nicht, daß umgekehrt bei der Beurteilung der Rechtmäßigkeit einer Vereinbarung nach Art. 85 EGV zu prüfen wäre, ob die Voraussetzungen dafür erfüllt sind, daß diese Vereinbarung Außenseitern im Wege einer Klage wegen unlauteren Wettbewerbs entgegengehalten werden kann." Der Europäische Gerichtshof hat daher zu der Frage des Erfordernisses an das selektive Vertriebssystem im Hinblick auf seine wettbewerbsrechtliche Relevanz keine Stellung genommen[425].

---

[424] GRUR Int. 1994, 429; NJW 1994, 643; ZIP 1994, 226

[425] so auch Pauly/Roth, Ist die Lückenlosigkeit noch zu halten ? - Zugleich eine Rechtsprechungsübersicht nach der „Cartier"-Entscheidung, GRUR 1997, 431, 433 f.

Mit dieser Erkenntnis ist allerdings das Grab für selektive Vertriebsbindungssysteme noch nicht geschaufelt. Vielmehr kann ein Lösungsweg auch darin gefunden werden, daß das Kriterium der Lückenlosigkeit von den überhöhten Anforderungen, die an sie gestellt werden, befreit wird. Die Anforderungen an die Lückenlosigkeit werden überspannt, wenn man grundsätzlich verlangt, daß die Vertriebsbindung im Ausland auch durchsetzbar ist, so daß die Gerichte gezwungen sind, vorab die Rechtslage in allen Exportländern zu prüfen, um die Lückenlosigkeit festzustellen. Für die praktische Lückenlosigkeit genügt es, daß der Hersteller alles Erdenkliche und Zumutbare tut, um eine undichte Stelle in seinem Vertriebssystem zu schließen. Dabei kommt es auf die Schließung der Lücken an, die die konforme Wettbewerbslage im nationalen Raum tatsächlich beeinträchtigen. Ist es z.B. einem ausländischen Abnehmer gelungen, vertriebsgebundene Ware von einem vertragsbrüchigen Händler im Inland zu beziehen und kann der Außenseiter von einem ausländischen Gericht unter Anwendung deutschen Wettbewerbsrechts zur Unterlassung verurteilt werden, so kommt es auf die Frage, ob der Außenseiter im Ausland auch nach ausländischem Recht auf Unterlassung verklagt werden kann, nicht an[426].

Lösungsweg: Befreiung der Lückenlosigkeit von überhöhten Anforderungen

Schricker[427] hat bereits 1976 auf die Lückenlosigkeit des Vertriebsbindungssystems verzichtet. Er schlägt vor, verbraucherpolitisch legitimierten Vertriebsbindungssystemen wettbewerbsrechtlichen Bestandsschutz gegen eine Gefährdung durch Außenseiter zu gewähren. Entscheidend sei, daß das System so weit geschlossen ist, daß es existenz- und funktionsfähig bleibe. Das Vertriebssystem muß ferner erforderlich und geeignet sein, die besonderen Verbraucherbedürfnisse zu befriedigen und auch aus kartellrechtlicher Sicht positiv bewertet werden.

Einen konsequenten Schritt weiter geht Fezer[428]. Fezer vertritt folgenden Standpunkt: Eine Analyse der Rechtspre-

---

[426] vgl. Baumbach/Hefermehl, a.a.O., Rdnr. 811 zu § 1 UWG; ein modifiziertes Lückenlosigkeitsmodell favorisieren auch Pauly/Roth, Fn. 425

[427] Bemerkungen zum Rechtsschutz selektiver Vertriebsbindungen, GRUR 1976, 528 ff

[428] Vertriebsbindungssysteme als Unternehmensleistung, GRUR 1990, 551 ff

chung des Reichsgerichts und des Bundesgerichtshofs führt zu dem Ergebnis, daß es der ungerechtfertigte Vorsprung im Wettbewerb ist, der - auch in der bisherigen höchstrichterlichen Rechtsprechung - nach den Grundsätzen zu Vertriebsbindungssystemen die Wettbewerbswidrigkeit begründet. Die Gesetzestreue der konkurrierenden Wettbewerber auf dem Markt begründet den wettbewerblichen Vorsprung des Außenseiters und behaftet den Warenvertrieb des Außenseiters mit dem Makel des Sittenwidrigen im Wettbewerb. Das leitet über zu der These, daß vertraglichen Vertriebsbindungssystemen wettbewerbsrechtlicher Bestandschutz als solcher gewährt werden sollte und das vertragliche Vertriebsbindungssystem als wettbewerbsrechtlich schutzwürdige Unternehmensleistung anerkannt werden sollte"[429].

Dieser Ansatz in der Literatur, wonach letztendlich in der Bündelung der Vertriebsbindungssysteme, der kartellrechtlich nicht zu beanstandenden Durchführung dieses Systems und der Bereitstellung von Vorteilen für Unternehmen und Letztverbraucher eine unternehmerische Leistung liegt, der Bestandsschutz gegen eine Gefährdung durch Außenseiter zu gewähren ist und die als solche zu schützen ist, ist nach meinem Dafürhalten geeignet, das Schweizer Loch zu schließen und sollte mit diesem Ziel eingesetzt werden.

Zusammenfassung

Vertikale Preisbindungen und Vertriebsbindungen sind in rechtlicher Hinsicht und in ihrer wirtschaftlichen Funktion eng verwandt. Dies rechtfertigt es, die für den Schutz von Preisbindungen geltenden Regeln auf den Schutz von Vertriebsbindungen analog anzuwenden. Ansprüche gegen Verstöße des Vertragsgebundenen und Außenseiters setzen in beiden Fällen voraus, daß die vertragliche Bindung nach kartellrechtlichen Kriterien rechtswirksam ist. Voraussetzung ist ferner die Lückenlosigkeit des Bindungssystems: Das System muß nicht nur in seiner praktischen Durchführung von tatsächlich auftretenden Lücken im wesentlichen frei, sondern auch in seinem gedanklichen Aufbau lückenlos sein.

---

[429]Fezer, Fn. 428, 565 f.

Die Entfernung kundenspezifischer Kontrollnummern ist bei einer rechtlich wirksamen Vertriebsbindung nicht nur als positive Vertragsverletzung anzusehen, sondern auch als typischer Fall des Behinderungswettbewerbs zu erachten. Ausnahmsweise kann auch ein Kontrollsystem ohne rechtlich wirksame Vertriebsbindung schutzwürdig sein, wenn vorrangige Interessen der Allgemeinheit bestehen und diese nicht auf andere Weise gewahrt werden können.

Gegen den Abnehmer, der die Vertriebsbindung nicht einhält, besteht ein vertraglicher Unterlassungsanspruch. Zugleich verstößt der gebundene Händler auch gegen § 1 UWG. Beschafft sich der Außenseiter die Ware durch Schleichbezug, kommt es wegen des Handlungsunwertes des Schleichbezuges auf die tatsächliche Lückenlosigkeit nicht an. Für Ansprüche gegen Außenseiter bei Verleitung zum Vertragsbruch und Ausnutzung fremden Vertragsbruchs ist demgegenüber die rechtliche und tatsächliche Lückenlosigkeit Voraussetzung.

Die Entscheidung des Bundesgerichtshof vom 22.6.1986 (Schweizer Außenseiter) hat in dieses System der Ansprüche gegen den vertragsgebundenen Insider und gegen den Außenseiter eine empfindliche Lücke gerissen. Danach kann die Vermutung der Lückenlosigkeit widerlegt werden durch den Nachweis, die Ware (in der Schweiz) ordnungsgemäß erworben zu haben. Das Erfordernis der Lückenlosigkeit ist auch nicht durch die Cartier-Entscheidung des Europäischen Gerichtshofes aufgehoben worden. Lösungswege bieten sich dahingehend, daß das Erfordernis der Lückenlosigkeit von überhöhten Anforderungen befreit wird. Ein anderer überzeugender Lösungsweg besteht darin, daß in der Bündelung der Vertriebsbindungssysteme, der kartellrechtlich nicht zu beanstandenden Durchführung dieses Systems und der Bereitstellung von Vorteilen für Unternehmen und Letztverbraucher eine unternehmerische Leistung gesehen wird, der Bestandsschutz gegen eine Gefährdung durch Außenseiter zu gewähren ist und die als solche zu schützen ist.

VI. Marktstörung (allgemeine Behinderung)

Anders als die individuelle Behinderung, die sich gezielt gegen bestimmte Mitbewerber richtet[430], gilt es im Rahmen der

---

[430] vgl. dazu C.III.

wettbewerblichen funktionalen Prüfung unter dem Gesichtspunkt der Lauterkeit einer Wettbewerbshandlung auch, eine allgemeine Behinderung der Gesamtheit der Mitbewerber auf einem bestimmten Markt zu verhüten, die nicht Folge eines Leistungsvergleichs durch den Kunden, sondern Folge einer durch Beseitigung der Freiheit von Angebot und Nachfrage bewirkten Aufhebung des Wettbewerbsbestandes ist und die daher unmittelbar die Interessen der Mitbewerber und der Allgemeinheit beeinträchtigt[431].

Grenzbereich zwischen Wettbewerbs- und Kartellrecht

Die Berücksichtigung der Marktfolgen liegt im Grenzbereich zwischen Wettbewerbs- und Kartellrecht.

Parallele Anwendbarkeit von GWB und UWG

Werden Wettbewerbsmöglichkeiten anderer Unternehmen in einer für den Wettbewerb auf dem Markt erheblichen Weise ohne sachlich gerechtfertigten Grund beeinträchtigt (§ 22 Abs. 4 Nr. 1 GWB), so wird eine solche Behinderung oft auch eine nach § 1 UWG unlautere Behinderung sein. In diesem Fall sind § 22 Abs. 4 GWB und § 1 UWG nebeneinander anwendbar. Im Hinblick auf das Verhältnis der Verbotstatbestände des § 26 Abs. 2 GWB und § 26 Abs. 4 GWB zu § 1 UWG gilt folgendes: Das für marktbeherrschende und marktstarke Unternehmen geltende Verbot unbilliger Behinderung bezweckt die Sicherung des freien Wettbewerbs. Für die Beurteilung einer Wettbewerbshandlung nach § 1 UWG kommt es zum Schutz der Lauterkeit des Wettbewerbs darauf an, ob die von dem handelnden Wettbewerber eingesetzten Mittel leistungsgerecht sind.

Unbillig im Sinne des § 26 Abs. 2 GWB und wettbewerbswidrig im Sinne des § 1 UWG ist daher eine gegen einen bestimmten Mitbewerber gerichtete, gezielte Preisunterbietung, wenn sie unter Einsatz nicht leistungsgerechter Kampfpreise die Verdrängung oder Vernichtung eines Mitbewerbers bezweckt. Beide Vorschriften können auch dann nebeneinander anwendbar sein, wenn die Gefahr besteht, daß entweder der Bestand des Wettbewerbers auf einem bestimmten Markt durch die Verdrängung der Mitbewerber oder durch die Aufhebung des Leistungsvergleichs völlig oder nahezu aufgehoben wird oder ernstlich damit zu rechnen ist, daß Mitbewerber die Störung in einem solchen Maße nachahmen, daß es

---

[431] vgl. BGH v. 18.12.1981, GRUR 1982, 425, 430 „Brillenselbstabgabestellen"; BGH v. 19.6.1986, GRUR 1987, 116, 118 „Kommunaler Bestattungswirtschaftsbetrieb I"

zu einer gemeinschaftsschädigenden Störung des Wettbewerbs kommt. Fallgruppen der Marktstörung, die auch unter dem Aspekt des § 1 UWG relevant sein können, sind die Massenverteilung von Originalware, die Umsonstlieferung von Presseerzeugnissen, Preiskampfmethoden und Ausbeutungsmißbrauch.

Bei der Massenverteilung von Originalware gilt: Die Abgabe von Probewaren ist eine Werbemaßnahme, die dem Kunden eine sachgerechte Prüfung der Ware ermöglichen soll. Sie ist grundsätzlich zulässig, auch wenn massenweise verteilt wird. Anders ist dagegen die unentgeltliche Abgabe von "Originalware" in ihrer handelsüblichen Packung und Größe zu beurteilen. Das Verschenken von Originalware ist nicht wettbewerbseigen und kann daher nur solange hingenommen werden, als dies maßvoll zu Probezwecken geschieht, nicht aber wenn dies zum Übermaß gesteigert wird. Die massenweise Verteilung von Originalware kann für sich allein oder in Verbindung mit zu erwartenden nachahmenden Werbeaktionen kapitalkräftiger Mitbewerber zu einer Marktverstopfung führen, die weniger kapitalstarken Mitbewerbern für eine nicht unerhebliche Zeit die Möglichkeit nimmt, sich am Wettbewerb zu beteiligen.

Massenverteilung von Originaleware

Der tragende Grund für die Wettbewerbswidrigkeit solcher Werbeaktionen ist die Verhinderung des sachlichen Leistungsvergleichs und die dadurch hervorgerufene Gefahr der Ausschaltung des Leistungswettbewerbs für eine bestimmte Warenart[432].

Verhinderung des sachlichen Leistungsvergleichs, Gefahr der Ausschaltung des Leistungswettbewerbs

Bei der Umsonstlieferung von Presseerzeugnissen gelten folgende Grundsätze: Tageszeitungen dürfen zur Werbung von Beziehern gratis verteilt werden, wenn es nach Art, Umfang und Dauer zum Zweck der Erprobung geschieht. Aus dem Erprobungszweck folgt eine zeitliche Begrenzung. Im allgemeinen wird eine Frist von zwei Wochen die Höchstgrenze darstellen, die allenfalls bei wahlloser Streuung mit Rücksicht auf den möglichen Wechsel der Empfänger geringfügig überschritten werden darf. Gratisverteilungen, die über den noch zulässigen Zeitraum hinaus erfolgen, können unter dem Aspekt der Marktverstopfung wettbewerbswidrig sein. Es genügt, daß der Wettbewerb gegenüber Neubeziehern und Einzelverkäufern, wenn auch nicht gegenüber Abonnenten

Gewöhnungseffekt

---

[432]Baumbach/Hefermehl, a.a.O., Rdnr. 856 ff zu § 1 UWG m.z.w.N.

ausgeschaltet wird. Der Gewöhnungseffekt wird viele dieser Personen zum dauernden Alleinbezug veranlassen. Die Ausschaltung des Leistungsvergleichs ist bei Tageszeitungen in besonderem Maße bedenklich, weil dadurch verhindert wird, daß die Presse ihre verfassungsrechtlich gewährleistete Informationsaufgabe im Interesse der Allgemeinheit sachgerecht erfüllt[433].

Preiskampfmethoden

Bei Preiskampfmethoden gilt folgendes: Die Preisunterbietung ist ein grundsätzlich erlaubtes Mittel im Wettbewerb. Ist der für eine Ware oder gewerbliche Leistung verlangte Preis Ausdruck der Leistungsfähigkeit eines Unternehmens, ist das Unterbieten auch dann zulässig, wenn dadurch Mitbewerber wegen ihrer geringeren Leistungsfähigkeit zum Ausscheiden aus dem Markt gezwungen werden. Die bessere Leistung soll sich auf dem Markt durchsetzen lassen; diese Auslesefunktion ist dem Leistungswettbewerb immanent. Unter dem Aspekt individueller Behinderung ist es wettbewerbswidrig, wenn ein Unternehmen bestimmte Mitbewerber durch Unterbieten im Preis gezielt zu verdrängen oder zu vernichten versucht, um sich der Kontrolle durch den Wettbewerb zu entziehen[434].

Störung des Marktes

Die gezielte Preisunterbietung kann auch unter dem Gesichtspunkt der Störung des Marktes, d.h. des freien Spiels von Angebot und Nachfrage für eine bestimmte Art von Waren oder gewerblichen Leistungen gegen § 1 UWG verstoßen, weil die Interessen der Gesamtheit der Mitbewerber und der Allgemeinheit an der Erhaltung des Wettbewerbs in seinem Bestand und seiner Funktionsfähigkeit beeinträchtigt werden. Ebenso wie für die Beurteilung der Gratisverteilung von Originalware und von Presseerzeugnissen kommt es auch für die Beurteilung von Preisunterbietungen auf die Gefährdung des Wettbewerbs in seinem Bestand an[435].

Gefährdung des Wettbewerbes in seinem Bestand

Zur Prüfung der Frage einer Gefährdung des Wettbewerbsbestandes ist zunächst eine Marktabgrenzung vorzunehmen. Es muß der Wettbewerb auf einem Markt für eine bestimmte Art von Waren oder Leistungen in seinem Bestand gefährdet

---

[433]BGH v. 15.2.1996, WRP 1996, 889, GRUR 1996, 778 „Stumme Verkäufer"; Baumbach/Hefermehl, a.a.O., Rdnr. 859-869 zu § 1 UWG m.z.w.N.

[434]vgl. dazu C.III.3.

[435]vgl. Baumbach/Hefermehl, a.a.O., Rdnr. 870 zu § 1 UWG

werden⁴³⁶. Für die hiernach erforderliche Marktabgrenzung sind die im Kartellrecht entwickelten Maßstäbe zur sachlichen, räumlichen und zeitlichen Abgrenzung des relevanten Marktes heranzuziehen. Zum Wettbewerbsbestand gehören die wettbewerblichen Gegebenheiten auf dem relevanten Markt (Zahl und Größe der Mitbewerber und das Ausmaß ihrer wettbewerblichen Handlungsfreiheit; Markteintrittschancen), nicht dagegen - jedenfalls nicht ohne weiteres - gehören zum Wettbewerbsbestand die vorhandenen Formen des Einsatzes von Wettbewerbsparametern, wie etwa Werbe-, Finanzierungs-, Absatzkonzeptionen. Etwas anderes gilt nur dann, wenn ein überragendes Gemeinschaftsinteresse gerade an einer bestimmten Art oder Qualität des Wettbewerbs besteht (z.B. für die berichterstattende Presse)⁴³⁷.

In einer Wettbewerbswirtschaft steht es den Unternehmen frei, ihre Preise in eigener Verantwortung zu bilden. Eine Preisunterbietung ist nicht schon deshalb unlauter, weil sie objektiv geeignet ist, die Mitbewerber zu verdrängen und den Bestand des Wettbewerbs auf einem bestimmten Markt zu gefährden oder aufzuheben. Diese Wirkung kann die wettbewerbseigene Folge eines Leistungsvergleichs der Marktgegenseite sein. Wettbewerbswidrig kann eine Preisunterbietung nur sein, wenn die Verdrängung von Mitbewerbern nicht die Folge eines echten Leistungsvergleichs ist. Auch einem marktmächtigen Unternehmen ist die Entfaltung seiner Marktmacht nicht verwehrt, wenn der von ihm verlangte niedrigere Preis Ausdruck seiner zum Vergleich stehenden besseren Leistung ist. Strukturelle Veränderungen des Marktes, die sich aus einer leistungsgerechten Überlegenheit auf einem bestimmten Markt ergeben, sind nicht zu beanstanden.

Bei Verkäufen unter Einstandspreis kann ein Verdrängungs- oder Vernichtungswettbewerb, der auf bestimmte Mitbewerber zielt, beabsichtigt sein. Läßt sich eine derartige Absicht nicht nachweisen, so ist nicht nur das einmalige und gelegentliche, sondern auch das wiederholte oder ständige Anbieten einer Ware unter dem Selbstkosten- oder Einstandspreis grundsätzlich zulässig. Anders ist es, wenn Verkäufe unter Einstandspreis die Gefahr begründen, daß die Mitbewerber von einem bestimmten Markt verdrängt werden und

Verkäufe unter Einstandspreis

---

⁴³⁶BGH v. 14.3.1991, GRUR 1991, 616 „Motorbootfachzeitschrift"

⁴³⁷vgl. Köhler/Piper, a.a.O., Rdnr. 184 f. zu § 1 UWG

dadurch der Wettbewerb auf dem Markt völlig oder nahezu aufgehoben wird oder wenn infolge des Verkaufs unter Einstandsspreis damit zu rechnen ist, daß Mitbewerber solche Preisaktionen in einem Maße nachahmen, daß es zu einer gemeinschaftsschädigenden Störung des Wettbewerbs kommen kann. Im Gegensatz zur individuellen Behinderung bestimmter Mitbewerber unter dem Gesichtspunkt ruinöser Preisunterbietung kommt es auf eine Verdrängungs- oder Vernichtungsabsicht oder auf sonstige subjektive Unlauterkeitsmerkmale bei einer Gefährdung des Wettbewerbsbestandes nicht an. Ein längere Zeit fortgeführter Preiskampf zweier marktstarker Unternehmen mit Angeboten unter Einstandspreis und wechselseitigen Preisunterbietungen ist wegen der Auswirkungen auf den Bestand des Wettbewerbs im Bereich des dadurch betroffenen Handels wettbewerbswidrig[438].

Ausbeutungsmißbrauch

Beim Ausbeutungsmißbrauch gilt als Grundsatz: Auch die Ausnutzung einer wirtschaftlichen Vormachtstellung ist nicht per se unzulässig, und zwar weder nach UWG- noch nach GWB-Recht. Unzulässig kann nur die Art sein, wie eine wirtschaftliche Machtstellung erlangt und ausgenützt wird. § 1 UWG kann eingreifen, wenn ein Unternehmer durch überhöhte Preise seine Marktmacht zum Schaden der Abnehmer mißbraucht. Die Fallgruppe ist allerdings weniger unter UWG-Recht als vielmehr nach dem GWB (§ 22 Abs. 4 und 5 GWB) relevant[439].

Zusammenfassung

Unter dem Gesichtspunkt der Lauterkeit einer Wettbewerbshandlung gilt es auch, eine allgemeine Behinderung der Gesamtheit der Mitbewerber auf einem bestimmten Markt zu verhüten, die nicht Folge eines Leistungsvergleichs durch den Kunden, sondern Folge einer durch Beseitigung der Freiheit von Angebot und Nachfrage bewirkten Aufhebung des Wettbewerbsbestandes ist und daher unmittelbar die Interessen der Mitbewerber und der Allgemeinheit beeinträchtigt.
GWB und UWG können nebeneinander anwendbar sein.

---

[438] vgl. Baumbach/Hefermehl, a.a.O., Rdnr. 870-875 zu § 1 UWG m.z.w.N.

[439] vgl. Baumbach/Hefermehl, a.a.O., Rdnr. 876-879 zu § 1 UWG m.w.N.

Die massenweise Verteilung von Originalware kann für sich allein oder in Verbindung mit zu erwartenden nachahmenden Werbeaktionen kapitalkräftiger Mitbewerber zu einer Marktverstopfung führen. Es besteht die Gefahr der Verhinderung sachlichen Leistungsvergleichs und der Ausschaltung des Leistungswettbewerbes für eine bestimmte Warenart.

Bei der Umsonstlieferung von Presseerzeugnissen ist zu beachten, daß der dadurch eintretende Gewöhnungseffekt viele Personen zum dauernden Alleinbezug veranlassen wird. Die Ausschaltung des Leistungsvergleiches ist bei Tageszeitungen in besonderem Maße bedenklich, weil dadurch verhindert wird, daß die Presse ihre verfassungrechtlich gewährleistete Informationsaufgabe im Interesse der Allgemeinheit sachgerecht erfüllt.

Preiskampfmethoden sind unter dem Aspekt des § 1 UWG bedenklich, wenn sie eine Störung des Marktes bewirken und den Wettbewerb in seinem Bestand gefährden.
Die Auswirkungen auf den Bestand des Wettbewerbes sind auch maßgeblich für die Beurteilung eines längere Zeit fortgeführten Preiskampfes zweier marktstarker Unternehmen mit Angeboten unter Einstandspreis und wechselseitigen Preisunterbietungen als wettbewerbswidrig.

D. § 3 UWG

I. Grundlagen, „Angaben" im Sinne des § 3 UWG

Während § 1 UWG eine umfassende Generalklausel gegen den unlauteren Wettbewerb als solchen darstellt, ist der Anwendungsbereich der sogenannten kleinen Generalklausel des § 3 UWG enger abgegrenzt. § 3 UWG verbietet in der Werbung alle Angaben geschäftlicher Art, die zu Wettbewerbszwecken im geschäftlichen Verkehr gemacht werden und geeignet sind, einen nicht unerheblichen Teil der betroffenen Verkehrskreise über das Angebot irrezuführen. § 3 UWG enthält ein Irreführungsverbot, das sich auf Angaben über geschäftliche Verhältnisse beschränkt, die in § 3 UWG allerdings nicht abschließend aufgeführt sind ("insbesondere"). Bei der Prüfung, ob eine Angabe über geschäftliche Verhältnisse geeignet ist, den Verkehr irrezuführen, kommt es nicht auf den äußeren Wortlaut und nicht darauf an, wie der Werbende selbst seine Angabe über die Ware oder gewerbliche Leistung verstanden haben will. Entscheidend ist die Auffassung der Verkehrskreise, an die sich die Werbung richtet. Eine Werbung kann objektiv richtig, aber dennoch subjektiv, d.h. in ihrer Wirkung auf das Publikum, geeignet sein, irrige Vorstellungen hervorzurufen.

§ 3 UWG dient zum einen dem Schutz der Mitbewerber, was bereits aus der Tatsache folgt, daß § 3 UWG ein Handeln zu Wettbewerbszwecken verlangt. Zum anderen dient das Irreführungsverbot des § 3 UWG im wettbewerblichen Bereich auch dem Schutz allgemeiner Interessen, insbesondere dem Schutz der Verbraucher. Für sie sind irreführende Angaben über geschäftliche Verhältnisse besonders schädlich. Durch diese Feststellung darf allerdings nicht der Blick dafür verstellt werden, daß die Verbraucher ein Interesse an Aufklärung und Information haben.

Schutzgüter: Mitbewerber, allgemeine Interessen, insbesondere Schutz der Verbraucher

Konkreter Gefährdungstatbestand	Die Schutzgüter bedingen, daß bei Verstößen gegen § 3 UWG sowohl Verbände zur Förderung gewerblicher Interessen (§ 13 Abs. 2 Nr. 2 UWG) als auch Verbraucherverbände (§ 13 Abs. 2 Nr. 3 UWG) sowie die in § 13 Abs. 2 Nr. 4 genannten Kammern berechtigt sind, auf Unterlassung zu klagen. Entsprechend seinem Schutzzweck untersagt § 3 UWG ein Verhalten, das zur Irreführung geeignet ist. Es genügt die Gefahr einer Irreführung, die allerdings konkret gegeben sein muß (konkreter Gefährderungstatbestand): Eine bloß abstrakte Irreführungsgefahr, wie sie im Rahmen der Gefährdungstatbestände der §§ 6, 6a bis 6c, 7, 8 UWG ausreicht, genügt für § 3 UWG nicht[440].
	„Angaben" im Sinne des § 3 UWG sind Aussagen des Werbenden. Daß es sich um Aussagen handeln muß, folgt aus dem Gegenstand, auf den sich die Angabe bezieht. Angaben über "geschäftliche Verhältnisse" können nur solche sein, die in Bezug auf diesen Sachverhalt nach der Auffassung des Verkehrs etwas aussagen. Auch allgemein gehaltene Werturteile können nach Lage des Falles in ihrem Kern konkrete und nachprüfbare Tatsachenbehauptungen enthalten. Die Grenze ist zwischen Äußerungen zu ziehen, die nach Auffassung der angesprochenen Verkehrskreise eine als nachprüfbar hingestellte Tatsachenbehauptung enthalten und solchen Äußerungen, die als bloßes Werturteil, als eine der Nachprüfung nicht zugängliche bloße Meinungsäußerung aufgefaßt werden.
Die „Angabe" muß eine inhaltliche Aussage enthalten. Der Aussageinhalt muß nach der Auffassung der angesprochenen Verkehrskreise objek- tiv nachprüfbar sein.	Irreführend kann eine Angabe nur sein, wenn sie inhaltlich etwas aussagt und dieser Aussageinhalt nach der Auffassung der angesprochenen Verkehrskreise objektiv nachprüfbar ist. Es kommt allein darauf an, ob die Werbeäußerung vom Verkehr als eine auf die Richtigkeit ihres Inhalts hin nachprüfbare, dem Beweis zugängliche Aussage über die geschäftlichen Verhältnisse des Werbenden, insbesondere über die Leistungsfähigkeit des Unternehmens oder über die Güte und den Preis einer Ware aufgefaßt wird. Hinsichtlich nichtssagender Anpreisungen gilt: Eine Werbemaßnahme, die nach der Auffassung des Verkehrs inhaltlich nichts aussagt, ist begrifflich keine Angabe. Es fehlt ihr der informative Charakter, der im Geltungsbereich des § 3 UWG auf irgendwelche geschäftlichen Verhältnisse bezogen sein muß. Bloße Kaufappelle besitzen oft keinen eigenen Aussagegehalt, der

---

[440] vgl. Köhler/Piper, a.a.O., Rdnr. 5 zu § 3 UWG

auf die geschäftlichen Verhältnisse des Werbenden bezogen ist. So enthält der Werbespruch "den oder keinen" wenn er ohne weiteren Zusatz zur Anpreisung von Waschmaschinen gegenüber dem breiten Publikum verwendet wird, nur einen suggestiven Kaufappell, aber keine Angabe über geschäftliche Verhältnisse.

Wird dagegen für ein technisches Erzeugnis, für das es anerkannte und nachprüfbare Leistungsmerkmale gibt, gegenüber Fachleuten mit dem Wort "unschlagbar" geworben, so kann das als eine nachprüfbare Behauptung der alleinigen technischen oder wirtschaftlichen Spitzenstellung aufgefaßt werden. Wer eine Ware als "neu" bewirbt, erklärt damit, daß die Ware "fabrikneu" und nicht gebraucht ist. Allerdings kann eine differenzierte Betrachtungsweise angebracht sein: Wenn ein Produkt des täglichen Bedarfs beworben wird, das einem ständigen Verschleiß unterliegt, wird eine Sache als fabrikneu nur angesehen werden können, wenn sie noch nicht benutzt worden ist, durch Lagerung keinen Schaden erlitten hat und nach wie vor in der gleichen Ausstattung hergestellt wird. Weist aber ein Produkt Teile auf, die keinem Verschleiß unterliegen und die in ihrer Funktionstüchtigkeit sich nicht von neuen Teilen unterscheiden, so ist es nicht ausgeschlossen, daß die Verwendung solcher neuwertiger Teile in einer im übrigen fabrikneuen hochwertigen (EDV)-Anlage an der Einschätzung des Verbrauchers, (auch) eine solche (EDV)-Anlage sei fabrikneu, nichts ändert[441].

Ermittlung des Aussageinhalts

Keine Angaben im Sinne des § 3 UWG sind nicht nachprüfbare Anpreisungen, d.h. solche Aussagen, die weder nach ihrem Wort- oder Bildsinn noch nach der Auffassung der beteiligten Verkehrskreise einen objektiv nachprüfbaren Inhalt haben. Die Grenze ist fließend. So ist die Anpreisung "die schönsten Blumen der Welt" eine ästhetische Wertung, die keinen objektiv nachprüfbaren Inhalt hat. Ebenso ist dies der Fall bei der Ankündigung eines Films als künstlerisches Erlebnis. Auch allgemeine Anpreisungen, die in die äußere Form einer subjektiven Wertung gekleidet sind, können jedoch verdeckt eine objektiv nachprüfbare Aussage enthalten. Dies trifft insbesondere zu, wenn sie irgendwie als Hinweis auf die Beschaffenheit der Ware aufgefaßt werden, die sich objektiv feststellen läßt. Es genügt, daß die Anpreisung die

Nicht nachprüfbare Anpreisungen

---

[441] vgl. BGH v. 5.4.1995, WRP 1995, 596, GRUR 1995, 619 "Neues Informationssystem"

Vorstellung einer technischen oder wirtschaftlichen Spitzenstellung, einer Spitzenqualität oder jedenfalls einer besseren Qualität als der durchschnittlichen hervorruft.

Ein Verstoß nach § 3 UWG kommt somit grundsätzlich nur in Betracht, wenn die beanstandete Werbeaussage nicht nur als allgemeiner Appell ohne informativen Gehalt zu verstehen ist, sondern wenn ihr eine einer objektiven Nachprüfung zugängliche Angabe mit einer konkreten Information entnommen werden kann. So ist bei der Aussage "Damit Mensch und Natur eine Chance haben" zu prüfen, ob der Verkehr in der Aussage mehr als einen bloßen Hinweis auf das Angebot von allgemein umweltfreundlichen Waren und/oder auf ein allgemein umweltfreundliches Unternehmen sieht. Es ist anhand des Gesamtinhaltes der Anzeige festzustellen, ob und gegebenenfalls welchen sachlichen Aussagegehalt der Werbeslogan unter Berücksichtigung des werblichen Umfeldes aus der Sicht der angesprochenen Verkehrskreise hat[442].

Meinungsäußerungen	Meinungsäußerungen sind nicht schlechthin dem Anwendungsbereich des § 3 UWG entzogen. Häufig steckt in ihnen, insbesondere in schlagwortartigen Slogans, eine objektiv nachprüfbare Aussage.
Ausdrucksform einer Angabe	Die Ausdrucksform einer Angabe ist gleichgültig. Sie kann mündlich oder schriftlich, durch Bild oder Ton, ausdrücklich oder schlüssig geschehen. Wer z.B. im Rundfunk mit Hühnergegacker für Eierteigwaren wirbt, die unter Verwendung von Trockenei statt von Frischei hergestellt wurden, macht damit eine irreführende Angabe über die Beschaffenheit[443].
Schweigen wird bei Bestehen einer Aufklärungspflicht zur Angabe	Keine Angabe stellt das bloße Schweigen dar. § 3 UWG enthält ein Irreführungsverbot, begründet aber kein Informationsgebot[444]. Durch das Verschweigen wesentlicher Umstände kann eine Angabe jedoch irreführend werden. So liegt im

---

[442] BGH v. 5.12.1996, WRP 1997, 724 "Umweltfreundlichen Reinigungsmittel"

[443] zu Begriff und Form der Angabe vgl. Baumbach/Hefermehl, a.a.O., Rdnr. 12-19 zu § 3 UWG; Köhler/Piper, Rdnr. 50-54 zu § 3 UWG

[444] vgl. nur BGH v. 21.4.1988, WRP 1988, 722, GRUR 1988, 823 "Entfernung von Kontrollnummern I; BGH v. 14.12.1995, WRP 1996, 290, GRUR 1996, 367 "Umweltfreundliches Bauen"

Verschweigen einer Tatsache eine irreführende Angabe, wenn für den Werbenden eine Aufklärungspflicht besteht. Eine solche Pflicht kann sich aus der besonderen Bedeutung ergeben, die der verschwiegenen Tatsache nach der Auffassung des Verkehrs für den Kaufentschluß zukommt, so daß das Verschweigen geeignet ist, das Publikum in relevanter Weise irrezuführen. So erwartet der Verkehr, z.B. bei Auslaufmodellen von Skiern, daß sie entsprechend gekennzeichnet sind, wenn sie in der kommenden Saison nicht mehr hergestellt werden. Der Verkehr erwartet allerdings nicht ohne weiteres die Offenlegung aller - auch der weniger vorteilhaften - Eigenschaften einer Ware oder Leistung. Eine Pflicht zur vollständigen Aufklärung kann bestehen, wenn über mögliche (gesundheitliche) Beeinträchtigungen zutreffende, aber unvollständige Angaben gemacht werden[445].

Zusammenfassung

Bei der Prüfung, ob eine Angabe über geschäftliche Verhältnisse geeignet ist, den Verkehr irrezuführen, kommt es auf die Auffassung der Verkehrskreise, an die sich die Werbung richtet, an. Eine Werbung kann objektiv richtig, aber dennoch subjektiv, d.h. in ihrer Wirkung auf das Publikum, geeignet sein, irrige Vorstellungen hervorzurufen. § 3 UWG dient zum einen dem Schutz der Mitbewerber, zum anderen dem Schutz allgemeiner Interessen, insbesondere dem Schutz der Verbraucher.
Voraussetzung ist das Vorliegen von "Angaben", d.h. Aussagen des Werbenden. Irreführend kann eine Angabe nur sein, wenn sie inhaltlich etwas aussagt und dieser Aussageinhalt nach der Auffassung der angesprochenen Verkehrskreise objektiv nachprüfbar ist. Keine Angaben im Sinne des § 3 UWG sind nicht nachprüfbare Anpreisungen, d.h. solche Aussagen, die weder nach ihrem Wort- oder Bildsinn noch nach der Auffassung der beteiligten Verkehrskreise einen objektiv nachprüfbaren Inhalt haben. Demgegenüber sind Meinungsäußerungen nicht schlechthin dem Anwendungsbereich des § 3 UWG entzogen. Zu überprüfen ist, ob in ihnen eine objektiv nachprüfbare Aussage enthalten ist.

Die Ausdrucksform einer Angabe ist demgegenüber gleichgültig. Sie kann mündlich oder schriftlich, durch Bild oder

---

[445] vgl. BGH v. 20.7.1996, WRP 1996, 1027, GRUR 1996, 793 "Fertiglesebrillen"

Ton, ausdrücklich oder schlüssig geschehen. Keine Angabe stellt das bloße Schweigen dar. Im Verschweigen einer Tatsache liegt allerdings dann eine irreführende Angabe, wenn für den Werbenden eine Aufklärungspflicht besteht.

II. Irreführende Angaben

1. Verkehrsauffassung, das Verbraucherleitbild des deutschen Rechts

Objektiv falscher Tatbestand

Für die Bedeutung einer Angabe ist die Auffassung des Verkehrs maßgebend. Sie gibt dem Wahrheitsgrundsatz den inhaltlichen Gehalt. Irreführend wird eine Angabe gewöhnlich sein, wenn ein objektiv falscher Tatbestand behauptet wird. Irreführend kann eine Angabe aber auch dann sein, wenn sie objektiv richtig ist, jedoch ein nicht unerheblicher Teil der umworbenen Verkehrskreise mit einer objektiv richtigen Angabe eine unrichtige Vorstellung verbindet.

Unrichtiges Verständnis einer an sich zutreffenden Angabe

Wegen des geringeren Schutzbedürfnisses des Verkehrs wird bei unrichtigem Verständnis einer an sich zutreffenden Angabe regelmäßig ein höherer Prozentsatz derer, die getäuscht werden, zu fordern sein[446].

Maßgebend ist die Bedeutung, die ein nicht völlig unbeachtlicher Teil der Verkehrskreise, an die sich die Ankündigung richtet, dieser in ungezwungener Auffassung beimißt. Damit stellt sich die Frage nach dem Verbraucherleitbild.

Flüchtiger Durchschnittsverbraucher

Das deutsche Verbraucherleitbild geht ausgehend von der in Rechtsprechung und Lehre unstreitigen Tatsache, daß durch das Wettbewerbsrecht sowohl der Wettbewerber als auch der Verbraucher und die Allgemeinheit geschützt sind, von der Figur des flüchtigen Durchschnittsverbrauchers aus. Nach bundesrepublikanischer Auffassung ist entscheidend allein, ob zwischen der durch Werbung angeregten Vorstellung des Verkehrs und den tatsächlich vorhandenen Eigenschaften der beworbenen Ware oder Leistung Identität besteht.

---

[446] vgl. BGH v. 21.2.1991, WRP 1991, 473, 475, GRUR 1992, 66 "Königl.-Bayerische Weise"

Ein normatives Verkehrsverständnis ist zumindest - nach derzeitiger Rechtsprechung und herrschender Meinung in der Literatur - nicht der Maßstab des § 3 UWG[447]. Es kommt somit auf das tatsächliche Verbraucherverhalten an, das prospektiv kaum mit Sicherheit prognostiziert werden kann. Die Feststellung, ob eine Werbeaussage geeignet ist, die Gefahr einer Irreführung der Verbraucher zu begründen, kann im Wege demoskopischer Gutachten erfolgen. Der Maßstab ist - jedenfalls bei Werbeaussagen, die an die breite Öffentlichkeit gerichtet sind - der "flüchtige" Durchschnittsverbraucher", die Auffassung eines "flüchtigen ungezwungenen Betrachters"[448]. In anderen Staaten der Europäischen Gemeinschaft orientiert sich das wettbewerbsrechtliche Irreführungsverbot eher am Idealtypus des "verständigen Verbrauchers", dessen Reaktionen - da verständig und vernünftig - auch vorhergesehen werden können[449]. Letzterer Betrachtungsweise hat sich auch der Europäische Gerichtshof in seiner Entscheidung "Mars" vom 06.07.1995[450] angeschlossen[451].

Ein normatives Verkehrsverständnis ist nicht Maßstab des § 3 UWG

Der deutsche Verbraucher wurde demgegenüber zumindest in der Vergangenheit von den meisten Gerichten als durchaus unkritisches und leichtgläubiges Wesen eingeschätzt. Es ist ihm unterstellt worden, daß er, der in der Lage ist, Auto zu fahren, Zeitungen zu lesen, Rechtsgeschäfte zu tätigen, als mündiger Bürger zu wählen, einfach alles, was die heimlichen Verführer sagen, ernst und wörtlich nimmt und sich sogar durch objektiv wahre Aussagen täuschen läßt[452]. Allerdings treffen die häufig zitierten Aussagen des Südtirolers Prantl in dem Bocksbeutel-Verfahren vor dem EuGH[453], der deutschen Wettbewerbsrechtsprechung liege "das Leitbild eines absolut unmündigen, fast schon pathologisch dummen

---

[447] vgl. nur Köhler/Piper, a.a.O., Rdnr. 64 zu § 3 UWG; Baumbach/Hefermehl, a.a.O., Rdnr. 23 zu § 3 UWG

[448] vgl. nur Köhler/Piper, a.a.O., Rdnr. 80 zu § 3 UWG m.z.w.N.

[449] vgl. dazu unter F.I.

[450] WRP 1995, 677

[451] vgl. dazu F.II.2. zu den Auswirkungen auf das nationale Recht, vgl. F.III.

[452] vgl. dazu Möllering, Anmerkungen zum Urteil des Kammergerichts vom 28.11.1990 "Naschen erlaubt", WRP 1991, 312, 314 ff

[453] EuGH v. 13.3.1984, GRUR Int. 1984, 291, 293 "Bocksbeutel"

und fahrlässig unaufmerksamen Durchschnittsverbrauchers zugrunde", bereits in ihrer Überspitzung nicht zu.

Eine derartige Wertung beachtet auch die Differenzierungen in der neueren Rechtsprechung des Bundesgerichtshofs und einzelner Oberlandesgerichte, z.B. der des Oberlandesgerichts Stuttgart nicht hinreichend. Das Oberlandesgericht Stuttgart legt bereits in einer Entscheidung vom 31.7.1987[454] einen Verbraucher zumindest durchschnittlicher Intelligenz zugrunde und differenziert auch nach der Art des Produkts.

Neuere Tendenzen in der Rechtsprechung des BGH

In seiner Entscheidung vom 9.6.1994[455] setzt der Bundesgerichtshof gewisse Umstände als allgemein bekannt und selbstverständlich voraus. Auch in der Entscheidung vom 14.12.1995[456] wird vorausgesetzt, daß dem Verkehr bekannt ist, daß trotz weitgehender Berücksichtigung von Umweltschutzgesichtspunkten bei der Produktion Restbelastungen der Umwelt verbleiben. Durch den Hinweis darauf, daß Aussagen nicht isoliert gesehen werden können und der Kontext vom Verbraucher wahrgenommen und erfaßt wird, wird ein Verbraucher zugrunde gelegt, der an die Lektüre werblicher Aussagen, insbesondere wenn deren Umsetzung im Sinne eines Vertragsabschlusses sehr hohe Investitionen mit sich bringen würde, mit einem gewissen Maß an Aufmerksamkeit und Überlegung herangeht. In der Entscheidung vom 15.2.1996[457] wird ein europäisch denkender Verbraucher zugrunde gelegt. Auch in seiner Entscheidung vom 19.9.1996[458] hat der 1. Zivilsenat des Bundesgerichtshofs das Informationsinteresse der Leser der konkreten Veröffentlichung nicht hinter möglichen Mißverständnissen flüchtiger und uninteressierter Leser zurücktreten lassen. Die Entscheidung "Naturkind"[459] ist zwar zu § 1 UWG i.V.m. § 17 Abs. 1 Nr. 4 LMBG ergangen[460]. Für die Feststellung einer Gleichsinnigkeit ist jedoch - wie der Senat zu Recht ausgeführt hat - die Verkehrsauffassung maßgeblich. Der Bundesgerichts-

---

[454]AZ. 2 U 5/87

[455]WRP 1994, 615, GRUR 1994, 828 "Uniporziegel"

[456]WRP 1996, 290, GRUR 1996, 367 "Umweltfreundliches Bauen"

[457]WRP 1996, 729, GRUR 1996, 910 "Der Meistverkaufte Europas"

[458]WRP 1997, 179, 182 "Energiekosten-Preisvergleich II"

[459]BGH v. 17.10.1996, WRP 1997, 302

[460]vgl. dazu C.V.1.a)

hof traut dem Verbraucher "eine differenzierte Betrachtung der Umwelt und Natur im Zusammenhang mit Aussagen über Erzeugnisse" zu. Der Verbraucher kauft die Ware nach Ansicht des Bundesgerichtshofs also nicht aufgrund eines ersten flüchtigen oder nur oberflächlichen Eindrucks, sondern macht sich Gedanken über den Bedeutungsgehalt einer naturbezogenen Angabe[461]. Dem Informationsinteresse des Verbrauchers wird auch durch die dargestellten Grundsätze zur Arzt- und Anwaltswerbung Rechnung getragen[462].

Es ist mit guten Gründen die Frage zu stellen, ob ein Verbraucher, der sich dessen bewußt ist, daß Angaben zur Umweltfreundlichkeit eines Produktes, wenn sie nicht absolut formuliert sind, notwendigerweise herstellungs- und/oder produktbedingte Einschränkungen nicht ausschließen, der europäisch denkt, der ein (berechtigtes) Interesse und Bedürfnis an Information hat, und der nicht aufgrund eines ersten flüchtigen oder oberflächlichen Eindrucks kauft, nicht bereits als "vernünftiger" Verbraucher[463] bezeichnet werden kann und ob durch die Rechtsprechung in jüngster Zeit nicht ein Paradigmenwechsel eingeleitet worden ist[464].

Zusammenfassung

Das deutsche Verbraucherleitbild geht von der Figur des flüchtigen Durchschnittsverbrauchers aus. Maßstab des § 3 UWG ist kein normatives Verkehrsverständnis. Maßgeblich ist vielmehr das tatsächliche Verbraucherverhalten, das mit Sicherheit prognostiziert werden . Neuere Tendenzen in der Rechtsprechung geben Grund zu der Frage, ob der deutsche Verbraucher zwischenzeitlich nicht doch schon zum vernünftigen Verbraucher „mutiert" ist bzw. zumindest auf dem besten Weg dorthin ist.

---

[461] vgl. dazu auch Leible, Lebensmittelwerbung mit naturbezogenen Angaben, zugleich eine Besprechung von BGH WRP 1997, 302 - Naturkind, WRP 1997, 403, 405

[462] vgl. dazu C.V.1.c)

[463] so Ullmann, Einige Bemerkungen zur Meinungsfreiheit in der Wirtschaftswerbung, GRUR 1996, 948, 957

[464] vgl. dazu auch F.III.1.

2. Ermittlung der Verkehrsauffassung

Bei der Feststellung, ob eine Werbeangabe irreführend ist, ist wie folgt vorzugehen:
- Zunächst ist zu prüfen, an welche Verkehrskreise sich die Werbeangabe richtet.
- Sodann ist zu ermitteln, wie diese Kreise die Werbeangabe ungezwungen verstehen (Sinn der Angabe nach der Verkehrsauffassung).
- Im Anschluß hieran ist festzustellen, ob die bei einem nicht unerheblichen Teil der ansprochenen Verkehrskreise erweckte Vorstellung mit den wirklichen Verhältnissen übereinstimmt[465].

Differenzierung nach Ware und Abnehmer

Wie eine Werbung verstanden wird, hängt von der Auffassung des Personenkreises ab, an den sie gerichtet ist. Je nach der Abnehmerschaft und der Art der Ware kann die Auffassung über die Bedeutung einer Werbeaussage grundverschieden sein. Wendet sich eine Werbung nur an Fachleute, entscheiden deren Auffassung und Sprachgebrauch auf dem betreffenden Fachgebiet. Bezieht sich eine Werbung jedoch nicht nur auf Fachkreise, sondern erstreckt sie sich auch auf andere Verkehrskreise, sind die Auffassungen dieser anderen Verkehrskreise ebenfalls zu berücksichtigen. Je nach Ware und Abnehmerschaft kann der zu erwartende Grad der Betrachtung und Prüfung grundverschieden sein. Geschäftliche Ankündigungen, die sich an das breite Publikum richten, werden in der Regel weniger aufmerksam und kritisch gelesen als Angaben, die sich an fachkundige Kreise richten. Was diese vom unkritischen Laien unterscheidet, ist, daß sie aufgrund ihrer Vorbildung und Erfahrung den Aussageinhalt einer Angabe leichter erfassen und zudem wegen ihrer beruflichen Verantwortung zu einer genaueren Prüfung veranlaßt sein können[466].

Eigene Sachkunde des Gerichts

Die Ermittlung der Verkehrsauffassung des Publikums, an die eine Werbeangabe gerichtet ist, ist wie folgt vorzunehmen: Das Gericht kann sie aus eigener Sachkunde beurteilen, wenn der Richter zum angesprochenen Verkehrskreis gehört, wenn die Angabe auf Gegenstände des allgemeinen Bedarfs bezogen ist und wenn es sich bei dem in der Werbung verwendeten Begriff um einen solchen handelt, dessen Ver-

---

[465] vgl. Baumbach/Hefermehl, a.a.O., Rdnr. 30 zu § 3 UWG

[466] vgl. Baumbach/Hefermehl, a.a.O., Rdnr. 31 f. zu § 3 UWG

ständnis in einem bestimmten Sinne einfach und naheliegend ist und keine Gründe vorliegen, die Zweifel an dem vom Gericht angenommenen Verkehrsverständnis wecken können[467]. Die Vorstellung, bei "Rügenwalder Teewurst" handele es sich um eine Bezeichnung, die auf solche Hersteller verweist, die früher an einem Ort Rügenwalde - den es heute unter dieser deutschen Bezeichnung nicht mehr gibt - eine Wurst unter dieser Bezeichnung hergestellt haben, ist jedenfalls nicht einfacher und naheliegender Art. Sie erfordert zunächst Kenntnisse und sodann Denkprozesse im Zusammenhang mit diesen Kenntnissen, die nicht ohne weiteres vorausgesetzt werden können und von denen der Richter kraft seiner eigenen Kenntnis nicht annehmen kann, daß sie tatsächlich bei einem noch nennenswerten Teil des Verkehrs - auch in den neuen Bundesländern - vorliegen bzw. erfolgen werden[468].

Gehört der Richter den beteiligten Verkehrskreisen an, ist eine Beweiserhebung häufig entbehrlich, wenn es bei der Bejahung der Irreführungsgefahr lediglich auf die Vorstellung eines nicht ganz unerheblichen Teils des Verkehrs ankommt. Ist der Richter der Gefahr der Irreführung ausgesetzt, spricht die Lebenserfahrung dafür, daß dies nicht allein bei ihm so ist, sondern zumindest auch bei einem nicht unerheblichen Teil des in Betracht kommenden Verkehrs.

Allgemeinkundige und gerichtskundige Tatsachen (nicht jedoch privates Wissen des Richters) können eine Beweiserhebung ebenfalls erübrigen. Diese kann auch dann entbehrlich sein, wenn ein bestimmtes Verständnis einer Werbeaussage nach den Grundsätzen der Lebenserfahrung fernliegt. Konkreten Umständen, die die Beurteilung durch den Richter bedenklich erscheinen lassen, muß dieser jedoch nachgehen und alle in Betracht kommenden prozessual zulässigen Beweismittel ausschöpfen, auch wenn er den angesprochenen Verkehrskreisen selbst angehört.

Eigene Sachkunde des Richters berechtigt grundsätzlich auch zur Verneinung der Irreführungsgefahr. Allerdings be-

---

[467] vgl. nur BGH v. 19.1.1995, WRP 1995, 398, 401, GRUR 1995, 354 "Rügenwalder Teewurst II" m.z.w.N.

[468] vgl. BGH v. 19.1.1995, Fn. 467

darf es dafür der Feststellung, daß kein rechtlich in Betracht kommender Teil des Verkehrs irregeführt wird[469].

Auskunft der Industrie- und Handelskammern

Zur Feststellung der Verkehrsauffassung wird es zweckmäßig und in der Regel unerläßlich sein, eine Auskunft der Industrie- und Handelskammer einzuholen. Auskünfte von Industrie- und Handelskammern sowie von Wirtschaftsverbänden sind zur Ermittlung der Auffassung der beteiligten Verkehrskreise geeignet, wenn diese sich aus Kreisen der verarbeitenden Industrie, des Handels oder fachkundiger Abnehmer zusammensetzen. Sie können aber auch dann genügen, wenn es um die Feststellung der Auffassung der Letztverbraucher geht.

Meinungsumfragen

Als Beweismittel kommen auch in Betracht Meinungsumfragen. Ihr Vorzug liegt darin, daß sie unmittelbar die Auffassung der Verbraucher feststellen. Die Rechtsprechung hat daher seit langem anerkannt, daß zur Feststellung, ob eine Angabe geeignet ist, den Verkehr irrezuführen, die Auskunft eines Meinungsforschungsinstituts einzuholen ist. Entscheidende Bedeutung kommt der Festlegung exakter und das Beweisthema treffender Fragen sowie der richtigen Auswahl der Testpersonen zu. Unzulässig sind Suggestivfragen, die dem Befragten die Antwort in den Mund legen. Das Gericht hat das Umfrageergebnis nach § 286 ZPO frei zu würdigen. Auch wenn die Parteien einer gerichtlich angeordneten Meinungsumfrage in der vorgenommenen Form zugestimmt haben, muß das Gericht im Rahmen der Würdigung des Beweisergebnisses unabhängig von den Parteiauffassungen prüfen, ob das Meinungsforschungsgutachten auf methodisch einwandfreie Weise gewonnen wurde und zu überzeugen vermag[470].

Blickfangangaben

Entscheidend ist grundsätzlich der Gesamteindruck, den eine Angabe nach der Auffassung der umworbenen Verkehrskreise macht. Werden im Rahmen einer Gesamtankündigung einzelne Angaben im Vergleich zu den sonstigen Angaben besonders (blickfangmäßig) herausgestellt, können diese Blickfangangaben bei isolierter Beurteilung ohne Rücksicht auf den übrigen Inhalt der Ankündigung irreführend wirken. Der Blickfang, der eine bestimmte Stelle der Ankündigung

---

[469] vgl. dazu nur Köhler/Piper, a.a.O., Rdnr. 89-92 zu § 3 UWG

[470] vgl. Baumbach/Hefermehl, Einl. Rdnr. 477; Rdnr. 117 ff zu § 3 UWG; Köhler/Piper, a.a.O., Rdndr. 93 ff zu § 3 UWG

zur ausschlaggebenden macht, muß als solcher wahr sein, wenn vom Leser nicht erwartet werden kann, daß er auch den übrigen Inhalt einer Ankündigung zum Verständnis heranzieht. Werbeankündigungen werden erfahrungsgemäß in der Regel nur oberflächlich nach ihrem Gesamteindruck, insbesondere nach dem Blickfang beurteilt, so daß der dadurch entstandene unrichtige Eindruck durch unauffällige Hinweise nicht ausgeräumt wird. Für die Feststellung einer irreführenden Werbung ist jedoch nicht stets von einer isolierten Beurteilung des Blickfangs auszugehen. Es können besondere Umstände vorliegen, die einen Leser veranlassen, vom Gesamtinhalt einer Werbung Kenntnis zu nehmen, so daß eine Irreführung entfällt. Von Bedeutung kann im konkreten Fall sein, für welches Wirtschaftsgut und mit welchen Kommunikationsmitteln geworben wird[471]. So kann bei Immobilienangeboten eine erhöhte Aufmerksamkeit des Lesers vorauszusetzen sein. Wer ein Haus zu erwerben wünscht, was für den ganz überwiegenden Teil der Käufer ein Geschäft ist, das er während seines Lebens nur ein einziges Mal abschließt und das in jedem Fall seiner wirtschaftlichen Bedeutung nach alle Rechtsgeschäfte, die er sonst tätigt, weit überragt, muß und wird von vornherein mit mehr Konzentration an das Lesen der einschlägigen Anzeigen herangehen, als wenn die Werbung Gegenstände des alltäglichen Gebrauchs und Verbrauchs betrifft. Es entspricht auch dem natürlichen Verlauf optischer Wahrnehmung, daß der Blick in der Regel nicht auf einer einzigen Zahl oder einem einzigen Wort haften bleibt, sich nicht allein darauf konzentriert und der Betrachter gegenüber dem Umfeld "blind" bleibt. Es besteht vielmehr ein innerer Antrieb zum Weiterlesen[472].

Zusammenfassung

Bei der Frage, wie eine Werbung verstanden wird, ist nach Ware und Abnehmerschaft zu differenzieren. Die eigene Sachkunde des Gerichts kann zugrunde gelegt werden, wenn der Richter zum angesprochenen Verkehrskreis gehört, die Angabe auf Gegenstände des allgemeinen Bedarfs bezogen ist und keine Gründe vorliegen, die das vom Gericht zugrunde gelegte Verkehrsverständnis als zweifelhaft erscheinen lassen. Geeignete Mittel zur Ermittlung der Verkehrsauffas-

---

[471] vgl. Baumbach/Hefermehl, a.a.O., Rdnr. 38 zu § 3 UWG

[472] KG v. 23.10.1984, WRP 1985, 558, 559 "Täuschung über den Leistungsumfang bei der Werbung mit Fertighäusern"

sung sind: Auskunft der Industrie- und Handelskammern, Meinungsumfragen.

3. Irreführungsquote

Die Irreführungsquote, d.h. der Prozentsatz des in relevanter Weise im Sinne des § 3 UWG irregeführten Personenkreises, der einen nicht unerheblichen Teil des angesprochenen Verkehrs darstellt, ist seit jeher umstritten. Nach Auffassung des Reichsgerichts war als nicht unbeträchtlicher Teil des Verkehrs eine Quote von 10 % in der Regel ausreichend.

Faustregel: Irreführungsgefahr von 10 %

Auch der Bundesgerichtshof hat - in einem Fall ohne Besonderheiten - eine als maßgeblich, gewissermaßen als Faustregel, zugrundezulegende Irreführungsgefahr von 10 % angeführt[473]. Gleichwohl ist immer darauf hingewiesen worden, daß die Frage, wann ein im Sinne des § 3 UWG irregeführter Teil des Verkehrs als nicht unerheblich zu beurteilen ist, nur unter Berücksichtigung aller Umstände des jeweiligen Einzelfalles beantwortet werden kann[474]. Von Bedeutung können dabei im einzelnen Art und Grad der Irreführung in Relation zu deren Gefährlichkeit (etwa im Bereich der Arzneimittel- und Gesundheitswerbung) bzw. Geringfügigkeit werden (etwa wenn eine objektiv richtige Angabe lediglich falsch verstanden wird), ferner aber auch die Art der Meinungsbefragung und deren - auch an der Lebenserfahrung und an den weiteren Beweisergebnissen zu messenden - Ergebnis.

Die Festlegung der Irreführungsquote erfordert eine Abwägung zwischen dem Interesse an Schutz vor Irreführung, an Information und der Erhaltung und Förderung eines funktionsfähigen Wettbewerbs.

Die Festlegung der Irreführungsquote erfordert eine Abwägung zwischen dem Interesse der getäuschten Verbraucher an Schutz vor Irreführung, dem der kundigen Verkehrsteile an Information und dem der Allgemeinheit an Erhaltung und Förderung eines funktionsfähigen Wettbewerbs[475]. Nach ständiger Rechtsprechung des BGH kann auch eine objektiv richtige Angabe irreführend sein, wenn der Verkehr, für den sie bestimmt ist, ihr etwas Unrichtiges entnimmt und die dadurch geweckte Fehlvorstellung geeignet ist, das Kaufverhalten eines nicht unbeachtlichen Teils des Verkehrs zu beeinflussen.

---

[473] BGH v. 6.4.1979, GRUR 1979, 716, 718 "Kontinentmöbel"

[474] vgl. z.B. BGH v. 1.10.1986, GRUR 1987, 171 "Schlußverkaufswerbung"

[475] vgl. Köhler/Piper, a.a.O., Rdnr. 99 zu § 3 UWG

In einem solchen Fall, in dem die Täuschung des Verkehrs lediglich auf einem unrichtigen Verständnis einer an sich zutreffenden Angabe beruht, ist aber für die Anwendung des § 3 UWG grundsätzlich eine höhere Irreführungsquote erforderlich als im Falle einer Täuschung mit objektiv unrichtigen Angaben[476]. Im konkreten Fall[477] reichte die ermittelte Quote von 10,9 % angesichts der im Streitfall gegebenen Besonderheiten nicht aus, woran deutlich wird, daß eine Festlegung auf eine Quote, jenseits derer Irreführung immer besteht, nicht möglich ist. Festgehalten werden kann jedenfalls, daß eine Quote unterhalb von 10 % des in Betracht kommenden Verkehrs im allgemeinen wettbewerbsrechtlich nicht relevant ist.

Höhere Irreführungsquote bei unrichtigem Verständnis einer an sich zutreffenden Tatsache

Zusammenfassung

Die Festlegung der Irreführungsquote erfordert eine Abwägung zwischen dem Interesse der getäuschten Verbraucher am Schutz vor Irreführung, dem der kundigen Verkehrsteile an Information und dem der Allgemeinheit an Erhaltung und Förderung eines funktionsfähigen Wettbewerbs. Als Faustformel kann festgehalten werden, daß eine Irreführungsquote unterhalb von 10 % in der Regel wettbewerbsrechtlich nicht relevant ist, daß jedoch jenseits von 10 % Irreführung in Betracht kommt.

4. Wettbewerbsrechtliche Relevanz

Aus dem Schutzzweck des § 3 UWG folgt, daß es genügt, wenn eine Angabe über geschäftliche Verhältnisse geeignet ist, bei einem nicht unerheblichen Teil der umworbenen Verkehrskreise irrige Vorstellungen über das Angebot hervorzurufen und die Kaufentschließung dieser Verkehrskreise in wettbewerbsrechtlich relevanter Weise irgendwie zu beeinflussen. Dem Begriff der Irreführung ist im Rahmen von § 3 UWG die Eignung, die Nachfrager zu falschen Entschlüssen zu veranlassen, immanent.

---

[476] vgl. BGH v. 15.2.1996, WRP 1996, 729, 731, GRUR 1996, 910 "Der Meistverkaufte Europas"

[477] vgl. Fn. 476

Die bloße Gefahr einer wettbewerbsrechtlich relevanten Irreführung genügt

Dabei genügt die bloße Gefahr einer wettbewerbsrechtlich relevanten Irreführung. Eine irreführende Angabe verliert ihre Eignung zur Irreführung auch nicht durch spätere Aufklärung. Ein Verstoß gegen § 3 UWG liegt schon vor, wenn die Angabe geeignet war, den Kunden zum Kauf anzulocken; welchen Erfolg die Werbung nachher hat oder was der Werbende den angelockten Kauflustigen später erklärt, ist gleichgültig. Kann z.B. einer Angabe über die geographische Herkunft einer Ware die wettbewerbsrechtliche Relevanz im Sinne des § 3 UWG nicht abgesprochen werden, bedarf es der Feststellung besonderer Gründe, daß die unzutreffenden Herkunftserwartungen für den Kaufentschluß des getäuschten Publikums keine beachtenswerte Bedeutung haben[478].

Die Relevanzfrage bedarf dann gesonderter Feststellung, wenn ein geringerer Grad an Täuschungsintensität oder andere Gründe die Irreführung nur als gering erscheinen lassen und Zweifel an der Täuschung eines mehr als nur unerheblichen Teils des Verkehrs begründen. Je geringer die Irreführungsquote ist, umso eher bedarf die wettbewerbsrechtliche Relevanz einer gesonderten Prüfung. Auch wenn begründete Zweifel am Einfluß der Fehlvorstellung des Verbrauchers auf dessen Kaufentschluß bestehen, bedarf die wettbewerbsrechtliche Relevanz einer konkreten Feststellung[479].

Zusammenfassung

Wettbewerbsrechtlich relevant und damit irreführend sind unrichtige Angaben erst, aber auch stets dann, wenn sie zur Beeinflussung des Kaufentschlusses geeignet sind. Dabei genügt die bloße Gefahr einer wettbewerbsrechtlich relevanten Irreführung. Die Relevanzfrage bedarf dann gesonderter Feststellung, wenn ein geringer Grad an Täuschungsintensität oder andere Gründe die Irreführung nur als gering erscheinen lassen und Zweifel an der Täuschung eines mehr als nur unerheblichen Teils des Verkehrs begründet. Je geringer die Irreführungsquote ist, umso eher bedarf die wettbewerbsrechtliche Relevanz einer besonderen Prüfung.

---

[478] vgl. BGH v. 13.10.1994, WRP 1995, 11, GRUR 1995, 65 "Produktionsstätte"

[479] vgl. Köhler/Piper, a.a.O., Rdnr. 140 zu § 3 UWG

5. Interessenabwägung

Die Interessen, die § 3 UWG schützt, sind vielschichtig und können ambivalent sein. Das Verbot des § 3 UWG soll zum einen die Mitbewerber gleicher oder verwandter Branchen dagegen schützen, daß sich ein Gewerbetreibender durch irreführende Angaben, die das Publikum zum Kauf anlocken, einen ungehörigen Vorsprung im Wettbewerb verschafft. Zum anderen soll das Irreführungsverbot die Interessen der Verbraucher und der Allgemeinheit schützen. Im Vordergrund stehen die Interessen der Abnehmer, die durch irreführende Angaben über geschäftliche Verhältnisse nicht zu falschen Entscheidungen veranlaßt werden sollen. Schutzfähig im Rahmen des § 3 UWG ist bereits die Vorstellung, die ein nicht völlig unbeachtlicher Teil des Verkehrs mit der Werbeangabe verbindet. Beachtliche Abnehmerkreise können demgegenüber die Angabe, zumal wenn es sich um eine Bezeichnung handelt, die schon längere Zeit verwendet wird, richtig verstehen. Schon innerhalb des Kreises der umworbenen Abnehmer können die Interessen verschieden gelagert sein. Weiter ist es möglich, daß sich ein Gewerbetreibender durch die Verwendung einer irreführenden Bezeichnung vor seinen Mitbewerbern keinen ungehörigen Vorsprung verschafft, weil sie dieselbe Bezeichnung seit langem selbst verwenden, also gerade daran interessiert sind, die im Verkehr unrichtige Vorstellungen erweckende Bezeichnung beizubehalten. Unter dem Aspekt des Allgemeininteresses kann nicht nur das Interesse einer Gruppe, sondern auch das Individualinteresse eines Gewerbetreibenden, eine bestimmte Bezeichnung weiterzuverwenden, schutzwürdig sein. Eine sachgerechte Entscheidung über das Verbot oder das ausnahmsweise Dulden einer Werbeangabe läßt sich deshalb nur aufgrund einer Abwägung der im Spiel befindlichen Interessen treffen. Die neuere Rechtsprechung trägt diesem Gesichtspunkt in maßvoller Weise Rechnung. Die Urteile sind zwar auf die Besonderheiten des Einzelfalles zugeschnitten, dennoch lassen sich aus ihnen nachfolgende Richtlinien ableiten.

Die Interessenabwägung dient zur Feststellung, ob eine tatsächliche - für beachtliche Verkehrskreise relevante - Irreführungsgefahr aus besonderen Gründen dennoch hinzunehmen ist. In der Regel wird das Interesse der Allgemeinheit, vor irreführenden Angaben über geschäftliche Verhältnisse geschützt zu werden, so gewichtig sein, daß es gegen-

Feststellung, ob eine Irreführungsgefahr aus besonderen Gründen dennoch hinzunehmen ist

über den Individualinteressen von Gewerbetreibenden an der Beibehaltung einer irreführenden Angabe vorrangig ist. Nur unter besonderen, engen Voraussetzungen kann es ausnahmsweise als nachrangig zurücktreten[480]. Bei der Prüfung, ob die Gefahr einer im Sinne von § 3 UWG rechtlich relevanten Irreführung besteht, sind ferner auch die sich aus Art. 30, 36 EG-Vertrag ergebenden gemeinschaftsrechtlichen Schranken zu berücksichtigen[481].

Verwendung einer gesetzlich vorgeschriebenen Bezeichnung

Die Verwendung einer gesetzlich vorgeschriebenen Bezeichnung ist stets zulässig, auch wenn ein nicht unerheblicher Teil der betroffenen Verkehrskreise die Bezeichnung in einem anderen als dem gesetzlich festgelegten Sinne versteht. Solche Bezeichnungen muß ein Wettbewerber risikolos verwenden können. Nicht die Ist-, sondern die Soll-Verkehrsauffassung ist hier maßgeblich. Dies gilt insbesondere für die Kennzeichnungsvorschriften des Lebensmittelrechtes[482].

Prägung eines Rechtsbegriffs durch Rechtsprechung und Verwaltungspraxis

Auch durch die Rechtsprechung und Verwaltungspraxis kann ein Rechtsbegriff einen im Verkehr feststehenden Sinn erhalten. Das traf z.B. früher für die Bezeichnung "empfohlener Richtpreis" zu, die zur Kennzeichnung der Unverbindlichkeit empfohlener Preise von Markenwaren diente. Die objektiv richtige Ankündigung "20% unter dem empfohlenen Richtpreis" verstieß deshalb nicht gegen § 3 UWG, auch wenn Teile des Verkehrs den eindeutigen Begriff des empfohlenen Richtpreises vorübergehend noch dahin verstanden, es handele sich um einen gebundenen oder jedenfalls von den Händlern weitgehend eingehaltenen Preis. Ein Verbot hätte den Irrtum aufrecht erhalten, statt ihn zu beseitigen. Die bei einem Teil des Verkehrs noch bestehende Fehlvorstellung war daher nicht schutzwürdig[483].

Wertvoller Besitzstand

Auch das starke Interesse eines ganzen Gewerbezweiges an der Weiterverwendung einer unter Fachleuten gebräuchlichen und von ihnen richtig verstandenen Bezeichnung kann im Hinblick auf den wertvollen Besitzstand der Fachwelt bewirken, daß trotz einer Irreführungsgefahr für Teile des fa-

---

[480] vgl. Baumbach/Hefermehl, a.a.O., Rdnr. 97 zu § 3 UWG

[481] vgl. dazu F.II.2.

[482] vgl. Baumbach/Hefermehl, a.a.O., Rdnr. 98 zu § 3 UWG

[483] vgl. Baumbach/Hefermehl, a.a.O., Rdnr. 99 zu § 3 UWG

chunkundigen Publikums ein schutzwürdiges Interesse der Allgemeinheit an einem Verbot der Bezeichnung zu verneinen ist. Die bei einer Aufgabe der Verwendung der Bezeichnung entstehenden Kosten und die dann zu befürchtende Verwirrung fachkundiger Verkehrskreise ist zu berücksichtigen.

Ein Anspruch aus § 3 UWG kann zwar grundsätzlich nicht nach § 242 BGB verwirken[484], da die Rechtsfolge nur bei Ansprüchen paßt, mit denen individuelle Interessen geltend gemacht werden. Gleichwohl kann in Ausnahmefällen auch für § 3 UWG der Umstand erheblich werden, daß eine an sich unrichtige Bezeichnung seit Jahren unangefochten benutzt worden ist und der Benutzer an ihr einen wertvollen Besitzstand erlangt hat. Das ist der Fall, wenn das Allgemeininteresse an ihrer Beseitigung nicht mehr in erheblichem Maße beeinträchtigt wird, weil die Irreführungsgefahr nur noch gering ist oder weil es sich nur um Individualinteressen des aus §§ 3, 13 II UWG klagenden Mitbewerbers handelt, wohingegen auf der anderen Seite die Vernichtung eines wertvollen Besitzstandes an einer Individualbezeichnung in Frage steht.

Die Interessenabwägung kann dazu führen, daß ein Professorentitel, der nicht auf eine medizinische Ausbildung zurückzuführen ist, im Rahmen einer Gesundheitswerbung verwandt werden darf. Angesichts des weitgehend bekannten Umstandes, daß sich auch und gerade die neben der herkömmlichen Medizin stehenden alternativen Behandlungsmethoden nicht selten im Grenzbereich zwischen Medizin und anderen wissenschaftlichen Bereichen, wie z.B. Biochemie und Physik, bewegen, erscheint es nach der allgemeinen Lebenserfahrung naheliegend, daß jedenfalls ein Teil derjenigen, die Manfred von Ardenne als Professor der Medizin ansehen, diesem Umstand keine so maßgebende Bedeutung beimessen, daß sie sich allein deswegen für die von ihm entwickelte Sauerstoff-Mehrschritt-Therapie entscheiden würden. Es ist anzunehmen, daß für viele die sich in der Verleihung der Professorenbezeichnung ausdrückende wissenschaftliche Anerkennung, mag diese auch auf einem anderen Fachgebiet liegen, und das Wissen, daß die Therapie unter ärztlicher Beratung durchgeführt wird, im Vordergrund stehen, so daß sie sich bei nachträglicher Kenntnis,

Ein Beispiel einer Interessenabwägung („Sauerstoff-Mehrschritt-Therapie")

---

[484] vgl. dazu G.IV.2.

daß die Professorenbezeichnung dem Bereich der Physik zuzuordnen sei, nicht getäuscht fühlen. Das muß gerade dann gelten, wenn sich die Verwendung des Professorentitels auf den Wissenschaftler bezieht, von dem die in Rede stehende Behandlungsmethode stammt, auch wenn dieser nicht Arzt ist und wenn hinzukommt, daß dieser Wissenschaftler sich auch auf dem Fachgebiet der Medizin Verdienste erworben hat, die mit der Verleihung des Titels Dr. med.h.c. anerkannt worden sind. Für einen verbleibenden Rest von Getäuschten muß eine Güter- und Interessenabwägung trotz der geltenden strengen Maßstäbe hier ausnahmsweise zu dem Ergebnis führen, daß eine solche allenfalls noch geringe Irreführung vom Verkehr hinzunehmen ist.

Informationsinteresse des Verbrauchers; Interesse des Werbenden, auf besondere Verdienste hinzuweisen

Nicht nur Manfred von Ardenne hat ein Interesse daran, auf die durch die Verleihung des Professorentitels anerkannte Stellung als Wissenschaftler hinzuweisen, sondern auch der angesprochene Verkehr ist an der durch den Professorentitel - zutreffend - vermittelten Information interessiert, ob die Behandlungsmethode, der er sich anvertraut, von einer Autorität stammt, die berechtigt ist, den Titel zu führen. Dabei ist im Rahmen der gebotenen Interessenabwägung auch zu berücksichtigen, daß die Behandlung selbst unter Anleitung eines Arztes erfolgt und deshalb auch der vom Verkehr erwarteten medizinischen Kontrolle unterliegt[485].

Zusammenfassung

Die Interessenabwägung dient der Feststellung, ob eine Irreführungsgefahr aus besonderen Gründen hinzunehmen ist. In die Abwägung einzubeziehen sind z.B. ein wertvoller Besitzstand, die Prägung eines Begriffs durch gesetzliche Vorgaben, durch Rechtsprechung und Verwaltungspraxis, das Informationsinteresse des Verbrauchers, das Interesse des Werbenden, auf besondere Verdienste hinzuweisen.

III. Beispiele irreführender Werbung

§ 3 UWG verbietet jede Art der Verwendung irreführender Angaben über geschäftliche Verhältnisse, sofern sie im geschäftlichen Verkehr zu Zwecken des Wettbewerbs erfolgt[486].

---

[485] vgl. BGH v. 27.4.1995, WRP 1995, 702, GRUR 1995, 612 "Sauerstoff-Mehrschritt-Therapie"

[486] vgl. dazu B.I.

Nach § 3 UWG kann auf Unterlassung in Anspruch genommen werden, wer im geschäftlichen Verkehr zu Zwecken des Wettbewerbs über geschäftliche Verhältnisse, insbesondere über die Beschaffenheit, den Ursprung, die Herstellungsart oder die Preisbemessung einzelner Waren oder gewerblicher Leistungen oder des gesamten Angebots, über Preislisten, über die Art des Bezugs oder die Bezugsquelle von Waren, über den Besitz von Auszeichnungen, über den Anlaß oder den Zweck des Verkaufs oder über die Menge der Vorräte irreführende Angaben macht. Die aufgezählten Beispiele sind stets Angaben über geschäftliche Verhältnisse. Abschließende Bedeutung kommt - wie sich bereits aus dem Gesetzeswortlaut ergibt ("insbesondere") - der Aufzählung nicht zu. Es liegt auf der Hand, daß ein solchermaßen offener Katalog geschäftlicher Angaben sich einer abschließenden Darstellung entzieht. Die nachfolgende Darstellung hat daher nur beispielhaften Charakter.

1. Umweltbezogene Werbung[487]

In den beiden Entscheidungen vom 20.10.1988[488] hat der 1. Zivilsenat folgende Grundsätze geprägt, die in der Folgezeit von allen Instanzgerichten zitiert wurden, wenngleich die bereits in diesen Leitlinien vorgenommenen Differenzierungen nicht stets oder eher selten berücksichtigt wurden:

"... Die Werbung mit Umweltschutzbegriffen und -zeichen ist ähnlich wie die Gesundheitswerbung grundsätzlich nach strengen Maßstäben zu beurteilen. Mit der allgemeinen Anerkennung der Umwelt als ein wertvolles und schutzbedürftiges Gut hat sich in den letzten Jahren zunehmend ein verstärktes Umweltbewußtsein entwickelt, das dazu geführt hat, daß der Verkehr vielfach Waren (Leistungen) bevorzugt, auf deren besondere Umweltverträglichkeit hingewiesen wird. Gleichwohl bestehen in Einzelheiten noch weitgehend Unklarheiten, insbesondere über Bedeutung und Inhalt der verwendeten Begriffe - wie etwa umweltfreundlich, umweltverträglich, umweltschonend oder Bio- sowie der hierauf hindeutenden Zeichen.

Unklarheiten über Begriffsinhalte

---

[487] zu ihrer gefühlsbetonten Dimension vgl. C.II.6.b)

[488] "...... aus Altpapier" und "Umweltengel", WRP 1989, 163, GRUR 1991, 546; WRP 1989, 160, GRUR 1991, 548 = BGHZ 105, 277

Eine Irreführungsgefahr ist daher in diesem Bereich der umweltbezogenen Werbung besonders groß. Wie die angeführten Entscheidungen erkennen lassen, sind die beworbenen Produkte überdies regelmäßig nicht insgesamt und nicht in jeder Beziehung, sondern meist nur in Teilbereichen mehr oder wenig umweltschonend (weniger umweltstörend) als andere Waren.

Gesteigertes Aufklärungsbedürfnis der angesprochenen Verkehrskreise über Bedeutung und Inhalt der verwendeten Begriffe und Zeichen

Unter diesen Umständen besteht ein gesteigertes Aufklärungsbedürfnis der angesprochenen Verkehrskreise über Bedeutung und Inhalt der verwendeten Begriffe und Zeichen. An die zur Vermeidung einer Irreführung erforderlichen aufklärenden Hinweise sind daher grundsätzlich strenge Anforderungen zu stellen, die sich im Einzelfall nach der Art des Produktes und dem Grad und Ausmaß seiner "Umweltfreundlichkeit" bestimmen.

Die Anforderungen an die aufklärenden Hinweise bestimmen sich nach der Art des Produktes und dem Grad und Ausmaß seiner Umweltfreundlichkeit.

Fehlen die danach gebotenen aufklärenden Hinweise in der Werbung oder sind sie nicht deutlich sichtbar herausgestellt, besteht in besonders hohem Maße die Gefahr, daß bei den angesprochenen Verkehrskreisen irrige Vorstellungen über die Beschaffenheit der angebotenen Ware hervorgerufen werden und sie dadurch in ihrer Kaufentscheidung beeinflußt werden ..."[489].

Bei einer Bewerbung im Blickfang muß eine Aufklärung bereits im Blickfang erfolgen

Sowohl in der Entscheidung "... aus Altpapier" als auch in der Entscheidung "Umweltengel" hat der Senat ferner eine deutlich sichtbare Herausstellung der gebotenen aufklärenden Hinweise gefordert[490] bzw. bei einer Bewerbung der Umweltfreundlichkeit der Erzeugnisse im Blickfang eine Aufklärung über die in Frage stehenden Eigenschaften bereits im Blickfang verlangt[491].

In Anwendung dieser Grundsätze hat der Bundesgerichtshof in der Entscheidung vom 04.10.1990[492] die Aussage "Vorbei sind die Zeiten, da der Zaunanstrich mit ... umweltgefährdenden Inhaltsstoffen verbunden war" im Zusammenhang mit der Aussage "Der klassische Anstrichuntergrund, der in

---

[489] vgl. BGH v. 20.10.1988, WRP 1989, 163, 164 "....aus Altpapier"; BGH v. 20.10.1988, WRP 1989, 160, 162 „Umweltengel"

[490] BGH v. 20.10.1988, WRP 1989, 163, 165 "...aus Altpapier"

[491] vgl. BGH v. 20.10.1988, WRP 1989, 160, 162, BGHZ 105, 277, 282 "Umweltengel"

[492] WRP 1991, 159, GRUR 1991, 550 "Zaunlasur"

seiner Beliebtheit immer noch dominierende Gartenzaun aus Holz, kann inzwischen auch mit umweltfreundlichen Produkten gestrichen werden" für irreführend erachtet.
Der Gesamtinhalt der Anzeige bringe nicht eindeutig zum Ausdruck, das Produkt enthalte noch einige oder auch nur einen einzigen umweltgefährdeten Inhaltsstoff; vielmehr sei die Feststellung des Berufungsgerichts, für den angesprochenen Leser werde der Eindruck vermittelt, das Produkt sei nunmehr völlig frei von umweltschädlichen Stoffen, naheliegend und deshalb aus Rechtsgründen nicht zu beanstanden. Dem gesteigerten Aufklärungsbedürfnis der angesprochenen Verkehrskreise hinsichtlich Bedeutung und Inhalt der verwandten Begriffe genüge die Werbung der Beklagten nicht, da die Aussagen zu weit auseinanderstünden, um als Korrektiv wirken zu können; zudem sei die Umschrift "schadstoffarm" so klein gehalten, daß sie vom flüchtigen Leser nur mit Mühe wahrgenommen werden könne.

<small>Absolute Umweltverträglichkeit ?</small>

Die Grundsätze dieser Entscheidungen des Bundesgerichtshofs sind in der Instanzgerichtsbarkeit häufig überzogen bzw. in ihrer Differenziertheit nicht nachvollzogen worden. Aus der Fülle der Entscheidungen der Instanzgerichte zur Umweltwerbung sollen nachfolgend lediglich Entscheidungen des Kammergerichts, des Oberlandesgerichts Düsseldorf und des Oberlandesgerichts München, die eine Extremposition im Sinne absoluter Umweltverträglichkeit zugrundelegen, dargestellt werden, ebenso wie zwei Entscheidungen des Oberlandesgerichtes Stuttgart, das einen differenzierenden und erfreulichen Standpunkt vertritt.

Das Oberlandesgericht Düsseldorf hat in seiner Entscheidung vom 05.06.1986[493] die Auffassung vertreten, es gebe Erzeugnisse, bei denen wegen ihrer hohen Umweltunverträglichkeit eine umweltbezogene Produktwerbung von vornherein ausgeschlossen sei und zwar selbst für den Fall, daß konkrete Verbesserungen der Umweltverträglichkeit erreicht werden könnten. In dieselbe Richtung geht die Entscheidung des Oberlandesgericht München vom 21.09.1989[494]. Unter Bezugnahme auf die zuvor zitierte Entscheidung des Oberlandesgerichts Düsseldorf führt das Oberlandesgericht München aus, daß die Bezeichnung "Bioclean" nur dann zulässig wäre, wenn die Reinigungs-

<small>Bei bestimmten Erzeugnissen umweltbezogene Produktwerbung ausgeschlossen?</small>

---

[493] GRUR 1988, 55, 56 "Biofix"

[494] GRUR 1990, 290 "Bioclean"

produkte der Beklagten in jeder Hinsicht 100 %ig positiv für die Umwelt wären. Bei einem Werbeausspruch "Schützt unsere Umwelt! Wie wir von ..." hat das Kammergericht einen Irreführungstatbestand angenommen, weil bei einem zumindest nicht unbeachtlichen Teil der angesprochenen Verbraucherschaft der falsche Eindruck erweckt werde, das Unternehmen stehe unter Umweltschutzgesichtspunkten als in jeder Hinsicht unangreifbar dar. Daß das nicht der Fall sei, begründet das Kammergericht mit den bemerkenswerten, diffizile Überlegungen voraussetzenden Ausführungen: "Sie zieht motorisierten Liefer- und Kundenverkehr auf ihre Geschäftslokale und trägt erforderlichenfalls dessen Bedarf an Abstellraum durch Zurverfügungstellen von Bodenfläche Rechnung, die auf solche Weise naturfern, unter Umständen versiegelt, genutzt wird. Sie handelt ihr Warenangebot in Fertigpackungen, die als - unter Umständen Beseitigungsprobleme aufwerfender - Müll in die Umwelt eingehen und gibt nicht etwa lose Ware in dauerhaft wiederverwendbaren, von dem Kunden zu stellende Behältnisse ab. Sie trägt als Einzelhändlerin mit Fleisch über ihre Warennachfrage auf diesem Gebiet bei den Produzenten zum verstärkten Aufkommen umweltbelastender tierischer Ausscheidungen bei ..."[495]. Auch von einem Waschmittel mit der Bezeichnung "Biogold" erwarte ein nicht unerheblicher Teil der Verbraucherschaft, es sei frei von Chemie[496]. Diese Verkehrskreise nähmen an, mit dem Begriff "Bio" sei eine rein natürliche, keine chemischen Substanzen enthaltene Beschaffenheit des betreffenden Produktes verbunden. Daran ändert nach Auffassung des Kammergerichts auch nichts, daß ein Teil des Verkehrs möglicherweise weiß, daß Waschmittel schlechthin Substanzen enthalten, welche die nötige Waschkraft schaffen.

Auch Landgericht und Oberlandesgericht Köln, die als Instanzgerichte über den Sachverhalt, der der Entscheidung "Umweltfreundliches Bauen"[497] zugrunde lag, zu urteilen hatten, stellen zwar die Ausgangsprämisse, daß der flüchtige Durchschnittsverbraucher das Maß aller Dinge sei, nicht in Frage, gehen jedoch de facto von einem Verbraucher aus, der willens und in der Lage ist, höchst komplexe Überlegungen anzustellen. Das Landgericht Köln hat in seiner Entschei-

---

[495] vgl. KG v. 15.6.1990, WRP 1991, 30, 31

[496] vgl. KG v. 22.9.1992, GRUR 1993, 766 "Biogold"

[497] vgl. dazu unten, bei Fn. 506

dung vom 30.6.1992[498] u.a. ausgeführt: "...... denn daß jeglicher Hausbau mit Gefahren und Schäden für die Umwelt verbunden ist, liegt auf der Hand. Man denke nur daran, daß die meisten Baumaterialien durch empfindliche Eingriffe in die Natur (Steinbrüche, Rohdungen, Erzabbau etc.) gewonnen werden müssen, der Bau an sich für die Umwelt gefährlich ist, z.B. aufgrund der Verwendung zahlreicher giftiger Stoffe (Formaldehyde, Lösungsmittel etc.) und die Aufstellung eines Hauses auf einer bisherigen Freifläche, in jedem Fall einen ganz entscheidenden schädlichen Eingriff in die Natur bedeutet .....". Das Oberlandesgericht hat diese Auffassung in seiner Entscheidung vom 17.9.1993[499] bestätigt und u.a. dargelegt, die Vorstellung des Verbrauchers umfasse unter dem Aspekt der "Umweltfreundlichkeit" den Bereich der Emissionen, d.h. insbesondere die Abgabe der Schadstoffe in die Luft, das Abwasserproblem, Fragen des Energieverbrauchs und die dadurch verursachten Umweltbelastungen, die Herkunft der Energie und ihre Verwertung, die Verwendung entsprechender Fertigungsverfahren und Baumaterialien bei der Produktion. Dem Verbraucher, den Landgericht und Oberlandesgericht Köln zugrunde legen, drängt sich somit bei der Lektüre von Begriffen wie "umweltfreundlich" ein ganzes Spektrum von Assoziationen auf, die von mangelnder Rohdung von Wäldern und Erdaushub bis zu dem Bild von Arbeitnehmern, Lieferanten, Kunden reicht, die zu Fuß und in Birkenstocksandalen zum Herstellungswerk pilgern.

Das Oberlandesgericht Stuttgart hat demgegenüber bereits in einer Entscheidung vom 31.07.1987[500] einen differenzierten und differenzierenden Standpunkt vertreten. Gegenstand der Entscheidung war die Werbung eines Unternehmens, das sich mit dem Vertrieb von Erdgas befaßt. Die Werbung lautet in ihrem maßgeblichen Satz wie folgt: "Erdgas verbrennt ohne Ruß, Rauch, Rückstände". Das Oberlandesgericht Stuttgart hat ausgeführt, es gehe davon aus, daß es praktisch jedem Verbraucher geläufig ist, daß bei einem jeden Verbrennungsprozeß irgendwelche, in der Regel gasförmige, Verbrennungsprodukte entstehen. Ob er um die Beschaffenheit dieser Produkte weiß, sei unmaßgeblich. Die Behauptung, Gas verbrenne ohne Ruß, Rauch, Rückstände,

Der differenzierte und differenzierende Standpunkt des OLG Stuttgart

---

[498] Az. 31 O 136/92

[499] Az. 6 U 133/92

[500] Az. 2 U 5/87

werde daher von keinem beachtlichen Teil der angesprochenen Verbraucher dahin verstanden, es entstünden überhaupt keine gasförmigen Verbrennungsprodukte. Bezogen auf die wettbewerbliche Relevanz eines etwaigen Irrtums komme hinzu, daß die Entscheidung, eine Gasheizung einzurichten, aufwendige Investitionen zur Folge habe. Derjenige, der eine solche Entscheidung treffe, werde sie deshalb regelmäßig nicht allein auf eine solche Zeitungsnachricht über den Ausbau des Gasnetzes stützen. Auch in seiner Entscheidung vom 18.02.1994[501] hat das Oberlandesgericht Stuttgart die Werbung für den Verkauf von Wohnungseigentum mit der Angabe "umweltfreundliche, gasbefeuerte Fußbodenzentralheizung" in einer Zeitungsanzeige weder als irreführend im Sinne von § 3 UWG noch als wettbewerbswidrig nach § 1 UWG erachtet. Zu Unklarheiten über den Inhalt des Begriffes "umweltfreundlich" komme es deshalb nicht, weil die angesprochenen Verkehrskreise schon seit Jahren über die öffentlichen Medien mit der wiederkehrenden Diskussion vertraut sind, welche Energieträger sich im Heizbereich als umweltfreundlicher darstellen. Darüber hinaus befaßten sich die bei einer Werbung für höherwertige Wirtschaftsgüter angesprochenen Interessenten mit einem Angebot nicht nur flüchtig, sondern genauer. Dies gelte nicht nur für Fälle der Blickfangwerbung, sondern für jede Werbung auch insoweit, als bei höherwertigen Wirtschaftsgütern der angesprochene Interessent seine Entscheidung nicht von untergeordneten Teilaspekten abhängig machen will. Beim Kauf einer Wohnung pflege ein Interessent neben Lage und Preis auf eine ganze Reihe von Gesichtspunkten zu achten und mache seine Entscheidung nicht nur davon abhängig, ob der Verkäufer die angegebene gasbefeuerte Fußbodenzentralheizung als umweltfreundlich anbiete oder nicht.

Das Oberlandesgericht Stuttgart legt somit einen Verbraucher zumindest durchschnittlicher Intelligenz zugrunde, der des Lesens und Schreibens und des Nachdenkens mächtig ist und differenziert auch nach der Art des Produktes, wie dies der Bundesgerichtshof in den Grundsätzen der Entscheidungen vom 20.10.1988[502] im Hinblick auf das Ausmaß der aufklärenden Zusätze bereits als Unterscheidungskriterium zugelassen hat.

---

[501] WRP 1994, 339

[502] "..... aus Altpapier", "Umweltengel", vgl. Fn. 489

Dem Bundesgerichtshof kann nur zugestimmt werden, wenn beginnend mit der Enscheidung Unipor-Ziegel[503], in aller Deutlichkeit betont wird, daß es - wie den angesprochenen Verkehrskreisen bekannt ist - eine absolute Umweltverträglichkeit grundsätzlich nicht gibt, vielmehr auch bei weitgehender Berücksichtigung von Umweltschutzgesichtspunkten Restbelastungen der Umwelt verbleiben, sei es bei der Herstellung, der Verwendung oder der Entsorgung[504]. Mineralische Rohstoffe können ohne Natureingriffe nicht gewonnen werden. Das ist allgemein bekannt und als selbstverständlich vorauszusetzen. Die Annahme, ein nicht unerheblicher Teil der Leser einer Werbeaussage "Unipor-Ziegel Bausteine für eine gesunde Umwelt" werde voraussetzen, den Ziegeln seien überhaupt keine negativen Auswirkungen auf Natur und Umwelt beizumessen und zwar weder bei der Verwendung der Ziegel noch bei deren Gewinnung bzw. Herstellung, ist daher jedenfalls insoweit als erfahrungswidrig anzusehen, als sie auch die Rohstoffgewinnung als solche einbezieht[505].

<small>Relative Umweltfreundlichkeit</small>

Der Entscheidung "Umweltfreundliches Bauen"[506] lag folgender Sachverhalt zugrunde: Die Beklagte, ein führendes Unternehmen im Bereich der Fertighausbranche, verteilte Anfang des Jahres 1992 bundesweit eine Kundenzeitschrift mit dem Titel "Häuser heute - das aktuelle Baujournal von WeberHaus". Auf der letzten Seite dieses "Baujournals" veröffentlichte sie unter der Seitenüberschrift "Umweltfreundliches Bauen" einen Bericht mit der Artikelüberschrift "Vorbildliche Häuser aus umweltfreundlichen Werken", in dem sich unter dem einleitenden Satz "WeberHaus hat schon lange die ökologische Verantwortung des Unternehmens gegenüber der Umwelt erkannt und beispielgebend in die Tat umgesetzt" eine Aussage des Firmenchefs befindet und sodann unter insgesamt vier Einzelrubriken über das "vorbildliche Abfallkonzept", die "Reduzierung des Restmülls um 80 %", "Maßnahmen auf allen Ebenen",

---

[503] BGH v. 9.6.1994, WRP 1994, 615, GRUR 1994, 828, 829 "Unipor-Ziegel"

[504] vgl. auch BGH v. 14.12.1995, WRP 1996, 290, GRUR 1996, 367 "Umweltfreundliches Bauen"; BGH v. 23.5.1996, WRP 1996, 1156, GRUR 1996, 985 "PVC-frei"; BGH v. 5.12.1996, WRP 1997, 724 "Umweltfreundliche Reinigungsmittel"

[505] BGH v. 9.6.1994, Fn. 503 "Unipor-Ziegel"

[506] BGH v. 14.12.1995, WRP 1996, 290, GRUR 1996, 367

und "Umweltschutz ist Thema Nummer 1 bei den Mitarbeitern" berichtet wird. Unbestritten war in dem Verfahren, daß die Beklagte die ökologische Verantwortung ihres Unternehmens gegenüber der Umwelt tatsächlich längst erkannt und in die Tat umgesetzt hat und der Umweltgedanke schon seit vielen Jahren fester Bestandteil der Unternehmensphilosophie ist.

Es ist zu begrüßen, daß der Bundesgerichtshof folgendes festhält: Die Seitenüberschrift "Umweltfreundliches Bauen" hätte nur dann einen Verstoß gegen § 3 UWG beinhaltet, wenn sich die nachfolgenden Ausführungen nicht mit dem angekündigten Thema befaßt hätten, so daß die mit der Überschrift geweckten Interessen der Leser bezüglich des angekündigten Inhalts nicht erfüllt worden wären. Weder die Artikelüberschrift "Vorbildliche Häuser aus umweltfreundlichen Werken" allein, noch die Seitenüberschrift "Umweltfreundliches Bauen" und die Artikelüberschrift zusammengenommen, täuschten den Verkehr.

Auch im Sinne der Förderung des Umweltschutzes und der Information der Verbraucher sind umweltfreundliche Werbeaussagen grundsätzlich zulässig

Umweltfreundliche Werbeaussagen sind - auch im Sinne der Förderung des Umweltschutzes und der Information der Verbraucher - grundsätzlich zulässig. § 3 UWG enthält ein Irreführungsverbot, begründet aber kein Informationsgebot[507]. Dies gilt - wie der Senat festhält - auch bei der Beurteilung der Umweltwerbung. Der Bundesgerichtshof bestätigt zwar das vom Oberlandesgericht zugrundegelegte "undifferenzierte Vorstellungsbild der Verbraucher", läßt jedoch durch die nachfolgenden Ausführungen erkennen, daß er dem Verbraucher dennoch ein gewisses Maß an Aufmerksamkeit zutraut. So wird ausgeführt, daß der Hinweis "sämtliche Bereiche im Werk sind deshalb auf ökologische Belange hin ausgerichtet und ständig werden Verbesserungen gesucht und umgesetzt" nicht aus dem Zusammenhang gerissen werden darf. Dieser einleitende Hinweis sei lediglich Vorspruch zu den nachfolgenden Ausführungen, durch die er befriedigend erklärt werde. Die in dem Artikel enthaltenen Aussagen enthielten auch nicht deshalb eine Irreführung, weil auch bei Anwendung dieser Maßnahmen und Verwendung der angesprochenen Stoffe immer noch Belastungen für die Umwelt entstehen können.

---

[507] vgl. auch BGHZ 104, 185, 188 "Entfernung von Kontrollnummern I"

Es sei dem Verkehr bekannt, daß trotz weitgehender Berücksichtigung von Umweltschutzgesichtspunkten bei der Produktion Restbelastungen der Umwelt verbleiben. Eine weitergehende Aufklärung über allgemein bekannte und vom Verkehr ohne weiteres vorausgesetzte Gegebenheiten sei aber - wie der Senat zu Recht ausführt - zur Vermeidung der Irreführung regelmäßig nicht geboten. Auch bei anderen Aussagen, die in ihrer Formulierung weit sind, weist der Senat darauf hin, daß diese im Kontext des gesamten Artikels zu sehen sind und im Kontext eine Irreführung des Verkehrs nicht gefunden werden kann.

Gewisse Kenntnisse können vorausgesetzt werden. Eine Aufklärung über allgemein bekannte Gegebenheiten ist nicht geboten.

Mit dieser Entscheidung hat der Bundesgerichtshof die erfreuliche Tendenz, die sich bereits in der Unipor-Entscheidung abzeichnete, fortgesetzt und der Annahme einer absoluten Umweltverträglichkeit eine Absage erteilt. Der Bundesgerichtshof hat sich zwar nicht expressis verbis mit dem Verbraucherhorizont bei so hochpreisigen Gütern, wie dies der Erwerb eines Fertighauses darstellt, auseinandergesetzt. Er hat jedoch - anders als noch in den Entscheidungen vom 20.10.1988[508] - trotz der plakativ hervorgehobenen Aussagen in der Seiten- und in der Rubriküberschrift keine Aufklärung im Blickfang gefordert. Durch den Hinweis darauf, daß Aussagen nicht isoliert gesehen werden können und der Kontext vom Verbraucher wahrgenommen und erfaßt wird, wird ein Verbraucher zugrunde gelegt, der an die Lektüre werblicher Aussagen, insbesondere dann, wenn deren Umsetzung im Sinne eines Vertragsabschlusses sehr hohe Investitionen mit sich bringen würde, mit einem gewissen Maß an Aufmerksamkeit und Überlegung herangeht. Ein derartiger Verbraucher ist eher dem verständigen Verbraucher verwandt, als einem sehr flüchtigen, durchschnittlichen Verbraucher, dessen Auffassungsgabe und Assoziationsvermögen an der unteren Skala angesiedelt ist[509].

Keine Aufklärung im Blickfang erforderlich. Der Kontext wird vom Verbraucher erfaßt.

Der Werbende hat ein berechtigtes Interesse daran, seine Bemühungen und Verdienste im Bereich der Erzielung höherer Umweltgerechtigkeit darzustellen. Die Duldung der Unvollständigkeit der Angaben zur Umweltfreundlichkeit des Produkts, die Duldung der unscharfen Werbebehauptung tangiert die Rechtsgüter des Wettbewerbsrechts

Berechtigtes Interesse des Werbenden

---

[508] vgl. Fn. 489

[509] vgl. dazu auch Ullmann, Einige Bemerkungen zur Meinungsfreiheit in der Wirtschaftswerbung, GRUR 1996, 948, 956 f.

(Verbraucherschutz, Lauterkeit des Handels, Interessen der Mitbewerber) nur unwesentlich, ein gerichtliches Verbot der Werbeaussage erscheint unverhältnismäßig[510]. Ein Verbot einer derartigen Werbung wäre auch kontraproduktiv zu den Zielen, denen sich die Rechtsprechung zur Umweltwerbung verschrieben hat[511].

Keine Herabsetzung der Irreführungsquote, wenn nur eine negative Beschaffenheit ausgeschlossen wird

In der Entscheidung vom 23.05.1996[512] hat der Bundesgerichtshof zur maßgeblichen Irreführungsquote ausgeführt, daß zumindest dann, wenn keine positive Wirkung des Produkts verallgemeinert werde, sondern eine negative Beschaffenheit (PVC), wie sie bei der Verwendung von Kunststoff nahelige, ausgeschlossen wird, nicht davon ausgegangen werden könne, daß von der umweltbezogenen Werbeaussage eine mit der Gesundheitswerbung vergleichbare Gefährlichkeit für die Gesundheit als ein besonders wertvolles und schützenswertes Gut ausgehe, die es rechtfertige, die Beachtlichkeitsschwelle der Irreführung im unteren Bereich anzusiedeln. Ob dies für alle Hinweise auf eine (nur) relative Umweltverträglichkeit zu gelten habe, könne auf sich beruhen. Es ist erneut der Grundsatz betont worden, daß in den Fällen, in denen die Täuschung des Verkehrs lediglich auf einem unrichtigen Verständnis einer an sich zutreffenden Angabe beruht, für die Anwendung des § 3 UWG grundsätzlich eine höhere Irreführungsquote erforderlich ist als im Falle einer Täuschung mit objektiv unrichtigen Angaben[513].

Interessenabwägung

Im Rahmen der gebotenen Interessenabwägung sind u.a. die von einer Werbung mit objektiv richtigen Angaben ausgehenden Auswirkungen, die Bedeutung (Gefährlichkeit der Irreführung) sowie das Gewicht etwaiger Interessen der Verbraucher und der Allgemeinheit oder des Werbenden selbst einzubeziehen.

Bedürfnis der Verbraucher nach Information und Aufklärung

Der Hinweis „PVC-frei" entspricht dabei einem Bedürfnis der Verbraucher nach Information und Aufklärung, weil die mit PVC verbundenen Umweltbelastungen und Gesundheits-

---

[510] Ullmann, Fn. 509, S. 957

[511] vgl. Ackermann, Die deutsche Umweltrechtsprechung auf dem Weg zum Leitbild des verständigen Verbrauchers?, WRP 1996, 502, 508

[512] WRP 1996, 1156, GRUR 1996, 985 "PVC-frei"

[513] vgl. dazu D.II.3.

gefahren öffentlich verstärkt diskutiert und kritisiert werden. Angesichts dieser Umstände muß von einem ganz erheblichen Informations- und Aufklärungsbedürfnis der Verbraucher ausgegangen werden. Das Informationsbedürfnis der Verbraucher verlangt nicht, daß die tatsächlich verwendeten Kunststoffe angegeben werden. Eine umfassende Aufklärung über alle Nachteile des eigenen Produkts wird von § 3 UWG grundsätzlich nicht verlangt.

Die Bestimmung enthält - auch bei der Beurteilung umweltbezogener Werbung - ein Irreführungsverbot, begründet aber kein Informationsgebot. Ferner ist das Verbraucherverständnis dahingehend zu differenzieren, daß davon auszugehen ist, daß diejenigen, die sich mit Umweltfragen überhaupt nicht auseinandersetzen, dem Hinweis "PVC-frei" entweder überhaupt keine Bedeutung beimessen oder nur einer eher diffusen Täuschung unterliegen, die nicht als beachtliche Irreführung gewertet werden kann. Bei denjenigen Teilen des Verkehrs, die die Diskussion verfolgt haben, erscheine es demgegenüber nach der allgemeinen Lebenserfahrung naheliegend, daß sie die Angabe so verstehen, wie sie gemeint ist, daß nämlich PVC-freie Verpackungen nicht nur kein PVC, sondern auch keine mit PVC vergleichbaren Kunststoffe mit in der Öffentlichkeit diskutierten typischen PVC-Risiken enthalten. Bei einem solchen Verkehrsverständnis könne keine Irreführung angenommen werden. Der verbleibende Anteil derjenigen, die jedenfalls andere Umweltvorteile erwarten, könne nicht allzu hoch angesetzt werden.

§ 3 UWG begründet kein Informationsgebot

Zusammenfassung

Ausgangspunkt der Rechtsprechung ist: Wegen der Unklarheiten über Inhalte von Begriffen, die einen Umweltbezug haben, ist ein gesteigertes Aufklärungsbedürfnis der angesprochenen Verkehrskreise über Bedeutung und Inhalt der verwendeten Begriffe und Zeichen anzunehmen. Die Anforderungen an die aufklärenden Hinweise bestimmen sich nach der Art des Produktes und dem Grad und Ausmaß seiner Umweltfreundlichkeit. Bei einer Bewerbung im Blickfang muß eine Aufklärung im Blickfang erfolgen.

Dieser Ausgangspunkt ist in der Instanzgerichtsbarkeit häufig überzogen bzw. in seiner Differenziertheit nicht nachvollzogen worden. Kammergericht, Oberlandesgericht Düsseldorf, Oberlandesgericht Köln haben ein Verständnis von umweltbezogenen Begriffen im Sinne einer absoluten Umweltverträglichkeit zugrunde gelegt. Wohltuend hat sich hiervon das Oberlandesgericht Stuttgart abgehoben, das einen differenzierten und differenzierenden Standpunkt vertreten hat. Der Bundesgerichtshof hat beginnend mit der Unipor-Entscheidung dezidert und zu Recht ausgeführt, daß es - wie den angesprochenen Verkehrskreisen bekannt ist - eine absolute Umweltverträglichkeit grundsätzlich nicht gibt, vielmehr auch bei weitgehender Berücksichtigung von Umweltschutzgesichtspunkten Restbelastungen der Umwelt verbleiben, sei es bei der Herstellung, der Verwendung oder der Entsorgung. In der Entscheidung "Umweltfreundliches Bauen" hat der Bundesgerichtshof zu erkennen gegeben, daß er dem Verbraucher ein gewisses Maß an Aufmerksamkeit zutraut. Desgleichen wird dem Verbraucher zugetraut, daß er Aussagen nicht isoliert sieht, sondern den Kontext, in dem die Aussagen stehen, wahrnimmt und erfaßt. Auch eine Aufklärung im Blickfang wird nicht mehr als erforderlich erachtet. Ein solchermaßen definierter Verbraucher ist eher dem verständigen Verbraucher verwandt, als einem sehr flüchtigen, durchschnittlichen Verbraucher, dessen Auffassungsgabe und Assoziationsvermögen an der unteren Skala angesiedelt ist. In der Entscheidung "PVC-frei" hat der Senat zumindest bei Aussagen, die keine positive Wirkung des Produktes verallgemeinern, sondern eine negative Beschaffenheit ausschließen, es nicht für gerechtfertigt gehalten, die Beachtlichkeitsschwelle der Irreführung im unteren Bereich anzusiedeln. Er hat ferner einem Informations- und Aufklärungsbedürfnis der Verbraucher zumindest in solchen Fällen Rechnung getragen, in denen Umweltbelastungen und Gesundheitsgefahren öffentlich verstärkt diskutiert und kritisiert werden.

2. Die Alleinstellungswerbung

Wird eine Werbung von einem nicht unerheblichen Teil des Publikums dahin verstanden, daß der Werbende allgemein oder in bestimmter Hinsicht für sich eine Spitzenstellung auf dem Markt in Anspruch nimmt, liegt die Bewerbung einer Alleinstellung vor. Die Alleinstellungsbehauptung kann sich auf Qualität und Beschaffenheit des Angebots beziehen, aber auch auf das Unternehmen, z.B. dessen Größe, Marktstellung, Umsatz oder Alter. Entscheidend ist, daß die Aussage jegliche Gleichrangigkeit der Mitbewerber in der behaupteten Hinsicht ausschließt. Ob in einer Werbeaussage eine Alleinstellungsbehauptung enthalten ist, entscheidet die Verkehrsauffassung.

Ein Gewerbetreibender weist in seinen geschäftlichen Anpreisungen z.B. darauf hin, daß sein Unternehmen das "größte", das "erste" oder das "älteste" sei, daß seine Ware oder Leistung als "beste", "unerreichbare", "einzigartige", "allein dastehe" oder daß keine gleichwertige Ware oder Leistung außer der seinigen vorhanden sei. Um eine Alleinstellung handelt es sich nicht nur, wenn der Werbende behauptet, überhaupt keinen Mitbewerber zu haben, also auch im Wortsinne "allein stehe", sondern auch, wenn er zum Ausdruck bringt, er übertreffe seine Mitbewerber, seien es alle oder jedenfalls eine größere Gruppe. Ob eine Alleinstellung behauptet wird, entscheidet sich weniger nach der sprachlichen, grammatikalischen Form als nach der Wirkung, die eine bestimmte Werbeaussage nach ihrem Sinngehalt auf die angesprochenen Verkehrskreise ausübt. So ist zum Beispiel die Werbung mit dem Wort "unschlagbar" für ein technisches Erzeugnis, die zum Ausdruck bringt, daß man gegenwärtig und in absehbarer Zeit nicht übertroffen werden könne, als Alleinstellung zu sehen. Ebenso "Bielefelds große Zeitung". Dagegen sind die Bezeichnungen "Mokka-Auslese" und "Milde-Auslese" nicht als Allein-, sondern als Spitzenstellung mit anderen Spitzenqualitäten aufzufassen.
Als Ausdrucksmittel für eine Alleinstellung kommen u.a. in Betracht: Der Superlativ: "die beste Zigarette", "das berühmteste Parfum der Welt", "die meistgelesene Zeitung", "größtes Versandhaus der X-Stadt", etc.

Ausdrucksmittel der Alleinstellungswerbung
- der Superlativ

Auch der Komparativ kann als Ausdrucksmittel bei einer Alleinstellung in Betracht kommen, allerdings seltener. Er dient - anders als der Superlativ - schon seinem Wesen nach vornehmlich dem Vergleichen mit anderen Erzeugnissen, kann aber nach Lage des Falles, insbesondere bei Übertreibung, auch eine Alleinstellung an den Tag bringen.

- der Komparativ

Auch der Positiv, d.h. die ungesteigerte Form des Adjektivs, kommt als Ausdrucksform einer Alleinstellungsbehauptung in Betracht. Wird z.B. behauptet, ein Gerät sei "der Erfolgreiche", wird der Eindruck erweckt, dieses Erzeugnis habe sich vor allen anderen vergleichbaren Erzeugnissen auf dem Markt durchgesetzt.

- der Positiv

Dasselbe kann gelten für den bestimmten Artikel, z.B. "das echte Eau de Cologne", "das Waschmittel aller Waschmit-

-der bestimmte Artikel

tel". Wer in der Werbung behauptet, die Nummer 1 in einer bestimmten Branche zu sein, erweckt den Eindruck, das größte oder beste Unternehmen der Branche zu sein.

Sachliche Richtigkeit

Eine Spitzen- bzw. eine Alleinstellungsbehauptung ist grundsätzlich zulässig, wenn sie wahr ist. Entscheidend für die Anwendung des § 3 UWG ist, ob das, was in einer Werbeaussage nach Auffassung der Umworbenen behauptet wird, sachlich richtig ist. Hierfür genügt es bei einer Alleinstellung nicht, daß der Werbende einen nur geringfügigen Vorsprung vor seinen Mitbewerbern hat.

Erforderlich ist eine nach Umfang und Dauer wirtschaftlich erhebliche Sonderstellung

Der Verbraucher erwartet eine nach Umfang und Dauer wirtschaftlich erhebliche Sonderstellung. Der mit der Alleinstellung behauptete Vorsprung muß deutlich und stetig sein und er muß in allen relevanten Bereichen bestehen. Bei der Behauptung, die Nr. 1 einer Branche zu sein, muß der Vorsprung daher nicht nur im Hinblick auf den Umsatz festzustellen sein, sondern auch im Hinblick auf Qualität der Produkte, im Hinblick auf das Vertriebsnetz etc.[514].

Der europäisch denkende Verbraucher erwartet bei einer Spitzenstellung/Alleinstellung auf dem europäischen Markt nicht, daß sie zugleich auch auf dem deutschen Markt besteht.

Es stellt sich die Frage, ob es bei einer Werbung mit z.B. "die meistverkaufte Rasierermarke Europas" ausreicht, daß die Spitzenstellung auf dem europäischen Markt besteht, oder ob sie zugleich auch auf dem deutschen Markt bestehen muß. Folgende Überlegungen sind auf der Suche nach einer Antwort anzustellen: Hinsichtlich der Verhältnisse in Europa kann aus der Sicht der Letztverbraucher von einem durch Sprach-, Währungs-, Wirtschafts- und Informationsgrenzen auf das Inland beschränkten Markt nicht mehr die Rede sein. Die Wirtschaftsschranken werden mit der abgeschlossenen Einrichtung des Binnenmarktes, der einen Raum ohne Binnengrenzen umfaßt (Art. 7 a Abs. 2 EG-Vertrag), nach Eintritt in die zweite Stufe zur Verwirklichung der Wirtschafts- und Währungsunion (Art. 109 e EG-Vertrag) entfallen bzw. ist bereits jetzt weitgehend entfallen. Der Verbraucher ist sich auch der internationalen konzernmäßigen Verflechtung großer inländischer Unternehmen bewußt. Durch das problemlose Reisen innerhalb Europas sind Sprachverständnis und der Kontakt der Letztverbraucher mit ausländischen Märkten gefördert worden; ihm begegnen zudem einheitliche Vermarktungsstrategien mit einer gegenüber früher völlig

---

[514] zur Alleinstellungswerbung vgl. Baumbach/Hefermehl, a.a.O., Rdnr. 68-82 zu § 3 UWG; Köhler/Piper, a.a.O., Rdnr. 298 ff zu § 3 UWG

veränderten und in ihrem Werbeteil international ausgerichteten Medienlandschaft mit grenzüberschreitender Werbung. All diese Umstände, zu denen die Errichtung des europäischen Wirtschaftsraumes hinzukommt, sprechen dafür, daß die Marktübersicht und das Kaufverhalten der Letztverbraucher heute wesentlich breiter und in der Regel nicht mehr in gleicher Weise wie vor 25 Jahren derart an nationalen Überlegungen ausgerichtet ist, daß die Kaufüberlegungen des Verbrauchers dadurch maßgeblich beeinflußt werden. Es kann daher nicht mehr davon ausgegangen werden, daß die Verhältnisse auf dem inländischen Markt für ihn die gleiche Bedeutung wie früher besitzen. Ist daher die Werbebehauptung nach ihrem Wortlaut eindeutig auf die Marktverhältnisse in Europa bezogen, kann eine Irreführung des sonach "europäisch denkenden" Verbrauchers nicht angenommen werden[515].

Im Hinblick auf die Beweislast gilt folgendes: Dafür, daß eine Angabe über geschäftliche Verhältnisse irreführend ist, trifft grundsätzlich den Kläger die Beweislast. Die Unrichtigkeit einer Alleinstellungsbehauptung nachzuweisen, ist für den Kläger allerdings meist sehr schwierig, weil ihm die innerbetrieblichen Verhältnisse des Werbenden nicht bekannt sind. Auf der anderen Seite trägt der Werbende gegenüber den Umworbenen die Verantwortung für die objektive Richtigkeit der Angaben, die seine Alleinstellung zum Ausdruck bringen. Es kann von ihm erwartet werden, daß er sich zuvor über die geschäftlichen Verhältnisse seiner Mitbewerber unterrichtet und ihm daher bessere Beweismöglichkeiten als dem Kläger zustehen. Dies rechtfertigt zwar keine allgemeine Umkehr der Beweislast. Bestehen jedoch nach Lage des Falles für den Kläger erhebliche Beweisschwierigkeiten, kann den Beklagten, der sich einer Alleinstellung rühmt, nach Treu und Glauben (§ 242 BGB) die Pflicht treffen, die Wahrheit seiner Behauptung darzulegen und zu beweisen. Auf diesem Wege läßt sich den Beweisschwierigkeiten des Klägers in dem gebotenen und einem für den Beklagten zumutbaren Maß Rechnung tragen[516].

Beweislast

---

[515]vgl. BGH v. 15.2.1996, WRP 1996, 729 "Der Meistverkaufte Europas"

[516]Baumbach/Hefermehl, a.a.O., Rdnr. 80 zu § 3 UWG

Zusammenfassung

Ausdrucksmittel der Alleinstellungsmittel sind u.a. der Superlativ, der Komparativ, der Positiv, der bestimmte Artikel. Soll die Spitzen-/Alleinstellungsbehauptung zulässig sein, ist eine nach Umfang und Dauer erhebliche Sonderstellung in der behaupteten Hinsicht erforderlich. Bei der Bewerbung einer Spitzenstellung auf dem europäischen Markt ist ausreichend, daß diese dort besteht. Der europäisch denkende Verbraucher erwartet nicht, daß sie zugleich auch auf dem deutschen Markt festzustellen ist. Im Hinblick auf die erheblichen Beweisschwierigkeiten für den Kläger, dem die innerbetrieblichen Verhältnisse des Beklagten nicht bekannt sind, kann es im Einzelfall dem Beklagten, der sich einer Spitzenstellung rühmt, nach Treu und Glauben zugemutet werden, die Richtigkeit seiner Behauptung darzulegen und zu beweisen.

3. Jubiläums- und Alterswerbung

Ähnlich wie bei der Herausstellung der Verdienste zur Erzielung höherer Umweltfreundlichkeit muß es einem Werbenden grundsätzlich auch erlaubt sein, Alter und langjährige Geschäftstradition als Garant für Solidität, Leistungsfähigkeit, Zuverlässigkeit, Erfahrung, Wertschätzung, zum Ausdruck zu bringen, wenn und soweit die Angaben zutreffen.

Derartige Angaben finden sich häufig im Zusammenhang mit Jubiläumsveranstaltungen[517]. Auch außerhalb von Jubiläumsveranstaltungen kann eine Werbung mit dem Alter eines Unternehmens von Interesse sein, da sie auf die Kontinuität des Unternehmens hinweist und dem Verbraucher somit signalisiert, daß er in dieses Unternehmen Vertrauen setzen kann. Wenn und soweit lediglich auf das Alter hingewiesen wird, ohne daß gleichzeitig Sonderveranstaltungen im Sinne des § 7 UWG beworben werden, ist eine derartige Werbung am Maßstab des § 3 UWG zu messen. Zulässig ist die Werbung mit "X Jahre Unternehmen ..." etc., wenn der wirtschaftliche Fortbestand während der fraglichen X Jahre tatsächlich gegeben ist.

---

[517] vgl. dazu E.II.

Das werbende Unternehmen muß wirtschaftlich dem Unternehmen entsprechen, auf das sich das angegebene Gründungsjahr bezieht. Das gegenwärtige Unternehmen muß trotz aller im Laufe der Zeit eingetretenen Veränderungen mit dem früheren Unternehmen als wesensgleich angesehen werden können. Ein Unternehmen darf z.B. nicht für eine nachträglich übernommene Filialkette ohne Hinweis darauf werben, daß es sich dieser mehr als 100 Jahre nach der Unternehmensgründung angegliedert hat; der Verkehr erwartet, daß die einzelnen Filialen eines Unternehmens aus der Tradition des Stammhauses erwachsen sind und es sich deshalb um ein organisch entwickeltes Gesamtunternehmen handelt. Später gegründete Zweigniederlassungen und Verkaufsstellen dürfen am Jubiläumsverkauf des Gesamtunternehmens dagegen teilnehmen. Irreführend ist eine Alterswerbung, wenn das Unternehmen zwar rechtlich und wirtschaftlich seit dem behaupteten Gründungsjahr ununterbrochen bestanden hat, aber den gegenwärtigen, nur noch allein oder überwiegend allein betriebenen Geschäftszweig erst erhebliche Zeit nach seiner Gründung aufgenommen hat. Ferner rechtfertigt die Werbung mit dem richtigen Gründungsjahr für das Unternehmen noch nicht die Werbung für Waren, deren Produktion erst später aufgenommen worden ist[518].

Enthält die Werbung darüber hinaus die Berühmung, die älteste Porzellanmanufaktur Westdeutschlands zu sein, beansprucht sie damit auch eine Spitzenstellung hinsichtlich Tradition und Erfahrung. Wurde das werbende Unternehmen nur 10 Monate früher als ein anderes Unternehmen im 18. Jahrhundert gegründet, rechtfertigt dies den aus der Werbung folgenden Eindruck nicht, dem werbenden Unternehmen komme gegenüber Mitbewerbern eine weit überragende Erfahrung zu[519].

Zusammenfassung

Die Hervorhebung von Alter und langjähriger Geschäftstradition eines Unternehmens ist, sofern die Angaben wahr sind und keine unzulässige Sonderveranstaltung im Sinne des § 7 UWG beworben wird, zulässig. Voraussetzung ist, daß der

---

[518] zur Alterswerbung vgl. Baumbach/Hefermehl, a.a.O., Rdnr. 392-396 zu § 3 UWG; Köhler/Piper, a.a.O., Rdnr. 307-309 zu § 3 UWG

[519] BGH v. 28.2.1991, GRUR 1991, 680, 682 "Porzellanmanufaktur"

wirtschaftliche Fortbestand während der fraglichen Jahre tatsächlich festzustellen ist und das gegenwärtige Unternehmen mit dem früheren Unternehmen als wesensgleich angesehen werden kann.

4. Irreführung über Doktor-Titel, Professoren-Titel, Berufsbezeichnungen

Enthält der Firmenname einen Doktor-Titel, muß ein maßgeblicher Gesellschafter promovierter Akademiker sein

Der Doktor-Titel bietet im Verkehr eine erhöhte Gewähr für die Fähigkeiten, die Zuverlässigkeit und den guten Ruf seines Trägers. Dementsprechend kann eine erhebliche Täuschung des Publikums vorliegen, wenn der Firmenname den unzutreffenden Eindruck erweckt, daß ein promovierter Akademiker die Unternehmensbelange als Gesellschafter maßgeblich mitbestimmt. Erfahrungsgemäß neigt der Verkehr dazu, in Kenntnisse und Fähigkeiten des so Bezeichneten Vertrauen zu setzen und dies auch auf die angebotenen Waren zu beziehen. Das bedeutet, daß die Führung des Firmennamens unzulässig werden kann, wenn der Träger des Doktor-Titels aus dem Unternehmen ausscheidet. Sobald die Bezeichnung zu einer Täuschung der angesprochenen Verkehrskreise führt, endet wettbewerbsrechtlich die Berechtigung zu ihrer Führung[520]. Irreführend ist es auch, wenn im Firmennamen ein Doktor-Titel enthalten ist, obwohl kein Gesellschafter diesen Grad führt oder der Gesellschafter, der den Grad führt, nur ein Strohmann ist.

Ausländische Professorentitel

Bei der Führung eines ausländischen Professoren-Titels stellt der Verkehr auch in Deutschland heute nicht mehr auf das im deutschen Hochschulbereich entstandene klassische Professorenbild ab, wonach die Verleihung des Professoren-Titels regelmäßig eine Habilitation, die Übertragung eines besoldeten Hochschullehreramtes wie die Forschungs-, Lehr- und Verwaltungstätigkeit an dieser Hochschule voraussetzt. Die zwischenzeitlichen Veränderungen im Hochschulbereich, die teilweise die Anforderungen an ein Professorenamt herabgesetzt und zu einer starken Vermehrung der Professorenzahl sowie zur Abgrenzung der Professoren im engeren Sinne von anderen Professoren durch die Berufsbezeichnung des "Universitätsprofessors" geführt haben, haben auch im außerwissenschaftlichen Bereich die entsprechenden Vor-

---

[520]BGH v. 24.10.1991, GRUR 1992, 121 m.w.N. "Doktor Stein ..... GmbH"

stellungen und Anforderungen des Verkehrs verändert und dazu geführt, daß ein deutscher Professoren-Titel nicht ohne weiteres als einem in einem anderen Staat verliehenen Titel überlegen angesehen wird. Maßgeblich kann daher für den Verkehr nur sein, ob bei dem konkret in Frage stehenden Titel die nach der Verkehrsauffassung an seine Verleihung und Führung zu stellenden sachlichen Anforderungen erfüllt sind, nicht aber, ob er im Inland oder im Ausland verliehen ist[521].

Ausländische akademische Grade sind nur erlaubt mit Genehmigung des Kultusministers. Die Titel sind dabei so zu führen, wie sie verliehen sind[522].

Berufsbezeichnungen wie "Arzt", "Zahnarzt", "Tierarzt" sind staatlich geprüften Akademikern vorbehalten. Sie setzen die Approbation bzw. die Erlaubnis zur vorübergehenden Ausübung des ärztlichen Berufes voraus, die unter besonderen Voraussetzungen gewährt wird. "Anwalt" ist nach der Verkehrsauffassung nur der Rechtsanwalt. Die Berufsbezeichnung "Wirtschaftsprüfer" darf nur führen, wer zum Wirtschaftsprüfer öffentlich bestellt ist. Geschützt sind ferner Bezeichnungen wie z.B. "Meister" eines Handwerks, für diejenigen, die die Meisterprüfung bestanden haben, "Architekt", "Heilpraktiker", "Krankenschwester", "Hebamme", "Technische Assistentin der Medizin", "Diätassistent"[523].

Berufsbezeichnungen

Irreführend ist die unter der Bezeichnung "Bilanz- und Lohnbuchhalter" stehende Werbung eines Selbständigen, der nur in beschränktem Umfang (§ 6 Nr. 4 StBerG) zur Hilfe in Steuersachen befugt ist, weil eine solche Werbung die unzutreffende Schlußfolgerung nahelegt, der Werbende sei auch zur selbständigen Erstellung von Bilanzen befugt[524].

---

[521]vgl. BGH v. 9.4.1992, WRP 1992, 562, GRUR 1992, 525 "Professorenbezeichnung in der Arztwerbung II"

[522]im einzelnen vgl. Baumbach/Hefermehl, a.a.O., Rdnr. 424 zu § 3 UWG

[523]im einzelnen vgl. Baumbach/Hefermehl, a.a.O., Rdnr. 419-422 zu § 3 UWG

[524]BGH v. 13.10.1990, GRUR 1991, 554, 555 "Bilanzbuchhalter"

Zusammenfassung

Es kann eine erhebliche Täuschung des Publikums vorliegen, wenn der Firmenname den unzutreffenden Eindruck erweckt, daß ein promovierter Akademiker die Unternehmensbelange als Gesellschafter maßgeblich mitbestimmt. Bei Professorentiteln ist wesentlich, daß die an seine Verleihung und Führung zu stellenden sachlichen Voraussetzungen erfüllt sind, nicht, ob er im Inland oder im Ausland verliehen worden ist. Geschützte Berufsbezeichnungen dürfen nur verwandt werden, wenn die hierfür erforderlichen Voraussetzungen erfüllt sind.

5. Schutzrechtsanmaßung

"Gesetzlich geschützt" oder "geschützt" wird auf Patentschutz bezogen

In der Behauptung, eine Ware sei "gesetzlich geschützt" oder "geschützt", liegt eine Beschaffenheitsangabe. Der Verkehr bezieht eine derartige Angabe auf einen Patentschutz und schließt daraus auf besondere Vorzüge der Ware. Die Angabe ist irreführend, wenn statt Patentschutz (lediglich) Markenrechtsschutz besteht, auf den mit der Abkürzung "R im Kreis" (®) hingewiesen werden kann.

® darf nur verwandt werden, wenn Markenschutz besteht

Die Verwendung des "R im Kreis" (®) erweckt allerdings bei einem nicht unerheblichen Teil des Verkehrs den Eindruck einer eingetragenen Marke. Das Zeichen darf nicht verwandt werden, wenn kein Markenschutz besteht. Sie ist auch unzulässig, wenn nur Ausstattungsschutz besteht, da die Berühmung den Eindruck eines bei einer amtlichen Stelle erwirkten Schutzes erweckt und zudem in seinen tatsächlichen Voraussetzungen schwer kontrollierbar ist. Aus der Eintragung als Marke ergibt sich trotz des wirtschaftlichen Wertes der Marke und trotz des im Markengesetz geregelten Schutzumfangs der Marke nur die Berechtigung auf die Inhaberschaft als Marke hinzuweisen, nicht jedoch, mit Formulierungen wie "gesetzlich geschützt" zu werben.

Auf Patentanmeldung darf erst ab Offenlegung hingewiesen werden

Diese Angabe deutet auf Patentschutz hin. Erst wenn ein Patent erteilt ist, darf mit diesem Hinweis geworben werden, mag der Werbende auch ein Gebrauchs- oder Geschmacksmuster besitzen. Ist nur ein Teil der Ware patentiert, muß dieser Teil der Gesamtware das ihm eigentümliche Gepräge geben, wenn der Verkehr den Patentschutzhinweis auf die gesamte Ware bezieht. Ist das Patent noch nicht erteilt, sind werbende Hinweise auf eine Patentanmeldung zulässig, sobald die Anmeldung nach den §§ 30, 31 PatG offengelegt ist, etwa mit Hinweisen wie "Patent angemeldet", "Patent offengelegt". Vor der Offenlegung darf mit der Patentanmeldung nicht geworben werden, da diese noch keine Schutzwirkung entfaltet. Die bloße Anmeldung legitimiert dazu noch nicht, da dadurch der Eindruck einer Neuerung erweckt wird, deren praktische Verwendung als besonders vorteilhaft angesehen wird, jedoch viele Patentanmeldungen überhaupt nicht zur Erteilung eines Patentes führen und die Rechtslage daher bis zum Zeitpunkt der Bekanntmachung höchst ungewiß ist.

Auf gewerbliche Schutzrechte darf mit den üblichen verkehrsbekannten Abkürzungen hingewiesen werden. Für die vom Deutschen Patentamt für das Gebiet der Bundesrepublik Deutschland erteilten Patente sind folgende Abkürzungen zulässig: "DBP" (Deutsches Bundespatent), "DBGM" (Deutsches Bundesgebrauchsmuster)[525].

Zusammenfassung

Die Angabe "gesetzlich geschützt" oder "geschützt" ist nur zulässig, wenn Patentschutz besteht. Auf Patentanmeldungen darf erst ab Offenlegung hingewiesen werden. Das ® darf nur verwandt werden, wenn Markenschutz besteht.

6. Preis- und Qualitätsgarantien

Eine Werbung mit einer Preisgarantie ("Geld-Zurück-Garantie-Werbung") versteht der Verkehr nicht nur als Einräumung eines (aufschiebend bedingten) Rücktrittsrechts, sondern auch als Behauptung, preiswerter als jeder Mitbewerber zu sein. Sie ist zulässig, wenn den Werbenden eine allgemeine Marktbeobachtung zu der Preisberühmung berechtigt und ein echter Preisvergleich möglich ist, was voraussetzt, daß die der Preisgarantie unterfallenden Artikel in gleicher Ausführung und Qualität auch von Mitbewerbern geführt werden[526].

Preisgarantien

---

[525]vgl. Baumbach/Hefermehl, a.a.O., Rdnr. 167-174 zu § 3 UWG; Köhler/Piper, a.a.O., Rdnr. 179-183 zu § 3 UWG

[526]BGH v. 25.10.1974, GRUR 1975, 553 "Preisgarantie I"; BGH v. 7.2.1991, GRUR 1991, 468 "Preisgarantie II"

Qualitätsgarantien Qualitätsgarantien (Gewährleistungszusagen) sind zulässig, wenn sie inhaltlich zutreffen und für den umworbenen Kunden nicht bedeutungslos sind. Für die Federkerne einer guten Matratze darf eine "Garantie" von 25 Jahren gegeben werden, wenn unstreitig ist (oder vom Werbenden bewiesen wird), daß der Federkern einer guten Matratze entsprechend lange hält, und wenn nur für solche Fehler (Mängel sowie das Fehlen zugesicherter Eigenschaften) gehaftet wird, die schon im Zeitpunkt der Lieferung eingelegt waren. Dagegen liegt eine verbotene Zugabe vor, wenn auch für solche Mängel gehaftet wird, die entweder durch normale Abnutzung oder durch andere Ursachen eingetreten sind[527]. Ist bereits die Ausgangsprämisse (entsprechend lange Haltbarkeit) unzutreffend, liegt Irreführung im Sinne des § 3 UWG vor[528]. Auch für eine Kaminisolierung kann eine Garantie von 15 Jahren gegeben werden, wenn die Tatsachenfeststellungen ergeben, daß sich die Gewährleistung auf die Haltbarkeit des Materials oder Wertes bezieht, das bei normaler Abnutzung eine entsprechend lange Lebensdauer besitzt und die Garantiezusage für den Besteller nicht praktisch bedeutungslos ist. Wäre der Werbeaussage die Aussage zu entnehmen, die Garantie beziehe sich auch auf vom Verbraucher selbst verschuldete Mängel, etwa unsachgemäßes Heizen, wäre eine selbständige Garantie anzunehmen, mit der Konsequenz, daß die Zugabeverordnung zur Anwendung käme[529].

Unzulässig unter dem Aspekt des § 3 UWG ist z.B. auch die Angabe "Ein Jahr mottenfest", wenn nicht Dauerimprägnierung, sondern nur eine relativ wirksame Schutzbestäubung gegeben ist sowie der Hinweis auf eine "Vollgarantie" oder "Volle Garantie", wenn keine umfassende Garantie gewährt wird, sondern Austauschteile und Reparaturarbeiten berechnet werden. Unzulässig ist ferner eine 10-jährige Garantie für ein Fassadenschutzmittel, wenn zwar das Mittel selbst problemlos 10 Jahre und länger hält, der Schaden aber regelmäßig deshalb eintritt, weil die Fassade ihrerseits bauphysikalisch und feuchtigkeitstechnisch "arbeitet", der Untergrund des Beschichtungsmittels mithin Risse bildet oder ausblüht[530].

---

[527] vgl. dazu C.II.4.a) aa)

[528] BGH v. 31.1.1958, GRUR 1958, 455 "Federkernmatratzen"

[529] BGH v. 26.9.1975, GRUR 1976, 146 "Kaminisolierung"

[530] OLG Frankfurt v. 22.9.1982, WRP 1984, 211

Unbefristete Garantiezusagen, die über 30 Jahre hinaus reichen, z.B. "100 Jahre Garantie auf Standfestigkeit" o.ä. sind irreführend. Nach näherer Maßgabe von § 225 BGB kann die Verjährung durch Rechtsgeschäft weder ausgeschlossen noch erschwert werden. Nach § 195 BGB beträgt die regelmäßige Verjährungsfrist 30 Jahre. Kürzere Verjährungsfristen, die bei einzelnen Vertragstypen geregelt sind, können zwar verlängert werden, jedoch nicht über 30 Jahre hinaus, weil solche Zusagen gegen das Verbot des rechtsgeschäftlichen Ausschlusses der Verjährung verstoßen und daher nicht wirksam eingegangen werden können (§ 225 Satz 2 BGB). Ist somit eine unbefristete, über 30 Jahre hinausreichende Garantiezusage rechtlich nicht bindend, wird der Verkehr getäuscht, wenn eine derartige Zusage dennoch in der Werbung herausgestellt wird[531].

Unbefristete Garantiezusagen, die über 30 Jahre hinausreichen, sind unzulässig

Zusammenfassung

Eine Preisgarantie ist zulässig, wenn den Werbenden eine allgemeine Marktbeobachtung zu der Preisberühmung berechtigt und ein echter Preisvergleich möglich ist. Qualitätsgarantien sind zulässig, wenn sie inhaltlich zutreffen und für den umworbenen Kunden nicht bedeutungslos sind. Unbefristete Garantien, die über 30 Jahre hinausreichen, sind irreführend. Solche Zusagen verstoßen gegen das Verbot des rechtsgeschäftlichen Ausschlusses der Verjährung und können daher nicht rechtswirksam eingegangen werden (§ 225 Satz 2 BGB). Der Verkehr wird über die rechtliche Bindung getäuscht.

7. Irreführung über Vorratsmenge und Lieferbarkeit

Wird im Einzelhandel für den Verkauf bestimmter Waren öffentlich geworben, so erwartet der Verbraucher, daß die angebotenen Waren zu dem angekündigten oder nach den Umständen zu erwartenden Zeitpunkt in einer ausreichenden Menge vorhanden sind, so daß die übliche oder zu erwartende Nachfrage gedeckt ist. Andernfalls wird der Verbraucher irregeführt und gegebenenfalls veranlaßt, andere Waren zu kaufen. Die durch die Publikumswerbung geweckten Verbrauchererwartungen lassen sich nicht schematisch auf eine

Die beworbene Ware muß in einer Menge vorhanden sein, die zu erwarten läßt, daß die übliche oder zu erwartende Nachfrage gedeckt ist

---

[531]BGH v. 9.6.1994, GRUR 1994, 830 "Zielfernrohr"

bestimmte Dauer der Lieferfähigkeit festlegen. Es kommt stets auf den Inhalt und die Umstände der einzelnen Werbung an. Die Verbrauchererwartungen richten sich nach der Art und dem Preis der angebotenen Ware, dem Inhalt und der Stärke der Werbung, insbesondere nach den in Aussicht gestellten Kaufvorteilen, aber auch nach Art, Größe und Lage der Verkaufsstätte.

Nichtverfügbarkeit eines Pfeninigartikels ist unschädlich

Dabei ist gegebenenfalls zu berücksichtigen, daß Lebensmittelmärkte in der Regel Tausende von Artikeln führen, so daß es - was dem Verbraucher nicht unbekannt ist - fast unvermeidbar zu vereinzelten Fehlleistungen kommen kann. Die Nichtverfügbarkeit eines Pfennigartikels am zweiten Tag nach Erscheinen der Werbung ist daher für sich allein nicht irreführend[532].

Die Ware muß grundsätzlich "greifbar sein"

Die angebotene Ware muß sofort erhältlich sein, so daß der Käufer die Ware sogleich mitnehmen kann. Die Ware muß sich deshalb grundsätzlich in den Verkaufs- oder Lagerräumen des Geschäfts befinden. Es genügt nicht, daß die Ware nur rechtlich zur Verfügung steht oder bei einem Dritten jederzeit abgerufen werden kann: der Käufer erwartet "greifbare" Ware.

Ein nur kleingedruckter und versteckter Vermerk "Nicht alles vorrätig" schließt eine Irreführung des Kunden nicht aus. Auch bei einer Werbung durch Zeitungsbeilagen erwartet der Verkehr in der Regel, daß die angekündigte Ware im Zeitpunkt des Erscheinens der Beilage vorrätig ist. Die in der Publikumswerbung angebotenen Waren müssen zu dem angekündigten oder nach den Umständen zu erwartenden Zeitpunkt in ausreichender Menge zum Verkauf vorhanden sein; sonst ist die Werbung irreführend. Besitzt ein Geschäft einen ausreichenden Vorrat, der die übliche bzw. zu erwartende Nachfrage deckt, so dürfen in die Werbung auch Bestände einbezogen werden, die dafür bei einer anderen Stelle (z.B. der Zentrale) reserviert und jederzeit disponibel sind, vorausgesetzt, der reibungslose Nachschub ist gesichert.

Das Angebot eines hochwertigen Computergeräts (Notebook zum Preise von DM 4.999,--) mit "Trau keinem unter 33 (MHZ!)", läßt sich nicht mit der (unschädlichen) Nichtver-

---

[532] vgl. BGH v. 4.6.1986, GRUR 1987, 52, WRP 1987, 101 "Tomatenmark"

fügbarkeit eines Pfennigartikels vergleichen. Die Erwägungen, der Computerinteressent wisse, daß es erforderlich sei, den Computer vor der Auslieferung zu konfigurieren und anschließend ein Betriebssystem zu installieren, und daß eine Aufrüstung des Arbeitsspeichers und der Festplatte sowie ein Einbau von Schaltkarten u. a. in Betracht komme, so daß er den Computer in den meisten Fällen nicht gleich mitnehmen könne, greifen nicht, wenn in drei Filialen am Erscheinungstag der Anzeige nicht einmal ein Vorführgerät in der angebotenen Ausstattung verfügbar ist, das vom Interessenten getestet und als Muster für eine Bestellung genommen werden kann.

Bei einem konkreten - zu einem ersichtlich im Verhältnis zur Leistung attraktiven Preis - Angebot eines bestimmten Notebooks mit besonderen technischen Merkmalen erwartet ein nicht unerheblicher Teil der angesprochenen Interessenten die sofortige Mitnahmemöglichkeit. Auch ein Kunde, der eine individuelle Anpassung wünscht, will sich üblicherweise, wenn er durch Werbung auf ein bestimmtes Gerät aufmerksam gemacht worden sei, in dem Ladengeschäft ein unmittelbares Bild davon machen und rechnet aufgrund einer anpreisenden Angebotswerbung nicht damit, daß es - jedenfalls in seiner Grundausstattung - nicht zur Verfügung steht, sondern erst in nächster Zeit dorthin geliefert wird[533].

Bei einem hochwertigen Computergerät rechnet der Kunde damit, daß es zumindest in seiner Grund- ausstattung zur Verfügung steht

Dabei wird die in der Werbung liegende Ankündigung der Lieferbereitschaft vom Verkehr nicht auch auf solche Fälle bezogen, in denen die Ware aus Gründen höherer Gewalt oder sonst ohne Verschulden nicht (mehr) zum Verkauf gestellt werden kann. Es ist dem Publikum bekannt, daß sich einerseits im kaufmännischen Verkehr beim Warenbezug unvorhersehbare Hindernisse einstellen können und daß sich andererseits die tatsächliche Nachfrage auch bei sorgfältiger Vorausplanung nicht immer genau abschätzen läßt. Beweispflichtig ist der Einzelhändler, wenn er sich auf solche nicht vorhersehbare Umstände, die die Lieferfähigkeit ausgeschlossen haben, beruft. Dabei sind an die Substantiierung strenge Anforderungen zu stellen, insbesondere muß ein Außenseiter bei vertriebsgebundener Ware grundsätzlich immer etwaige Lieferschwierigkeiten in Betracht ziehen.

Höhere Gewalt und unvorhersehbare Hindernisse

---

[533] vgl. BGH v. 9.5.1996, WRP 1996, 899, GRUR 1996, 800 "EDV-Geräte"

Keine Verkehrsauffassung, daß auch Testkäufer beliefert werden

Aus der Verweigerung der Warenabgabe an als Testkäufer erkannte Käufer kann allerdings nicht entnommen werden, daß die beworbene Ware auch anderen Kunden vorenthalten wird. Eine Verkehrserwartung, daß auch Testkäufer beliefert werden, besteht nicht[534].

Zusammenfassung

Die beworbene Ware muß grundsätzlich in einer Menge vorhanden sein, die erwarten läßt, daß die übliche oder zu erwartende Nachfrage gedeckt werden kann. Dabei kann die Nichtverfügbarkeit eines Pfennigartikels in Lebensmittelmärkten, da sie, was dem Verbraucher nicht unbekannt ist, fast unvermeidbar ist, für sich allein nicht irreführen. Bei einem hochwertigen Computergerät rechnet der Kunde allerdings damit, daß es zumindest in seiner Grundausstattung in hinreichender Anzahl zur Verfügung steht.
Die in der Werbung liegende Ankündigung der Lieferbereitschaft wird vom Verkehr nicht auch auf solche Fälle bezogen, in denen die Ware aus Gründen höherer Gewalt und unvorhersehbarer Hindernisse nicht (mehr) zum Verkauf gestellt werden kann. Eine Verkehrserwartung, daß auch Testkäufer beliefert werden, besteht nicht.

8. Irreführung über die geographische Herkunft

Die Herkunftsangabe im engeren Sinne weist nach der Auffassung des Verkehrs auf einen geographischen Raum (Land, Gegend, Ort) hin, aus dem Ware stammt und ist dadurch geeignet, die Entschließungen von Nachfragern oder Anbietern zu beeinflussen. Die Bedeutung des Schutzes der geographischen Herkunftsangaben kann gar nicht überschätzt werden. Wer eine bestimmte Ware wünscht, braucht sich keine andere, auch keine von anderen für besser gehaltene, unterschieben zu lassen; auch ist der Mitbewerber geschädigt, dessen Ware gewünscht war. Dazu kommt, daß die echte Ware durch das Unterschieben in ihrem Ruf leiden kann und daß sich der mit der Herkunft verbundene Gütebegriff allmählich

---

[534] Zur Irreführung über Vorratsmenge und Lieferbarkeit vgl. Baumbach/Hefermehl, a.a.O., Rdnr. 360-366b zu § 3 UWG; Köhler/Piper, a.a.O., Rdnr. 292-297 zu § 3 UWG, jew. m.w.N.

verwischt. Die Industrie einer ganzen Gegend kann so zugrunde gehen[535].

Nach dem neuen Markengesetz (§§ 1, 2) zählen die geographischen Herkunftsangaben zu den Kennzeichnungsrechten. Nach § 126 MarkenG sind geographische Herkunftsangaben im Sinne des Markengesetzes die Namen von Orten, Gegenden, Gebieten oder Ländern sowie sonstige Angaben oder Zeichen, die im geschäftlichen Verkehr zur Kennzeichnung der geographischen Herkunft von Waren oder Dienstleistungen benutzt werden. Dem Schutz als geographische Herkunftsangaben sind nach näherer Maßgabe von § 126 Abs. 2 MarkenG solche Namen, Angaben oder Zeichen im Sinne des Abs. 1 nicht zugänglich, bei denen es sich um Gattungsbezeichnungen handelt, d.h. um solche Bezeichnungen, die zwar eine Angabe über die geographische Herkunft enthalten oder von einer solchen Angabe abgeleitet sind, die jedoch ihre ursprüngliche Bedeutung verloren haben und als Namen von Waren oder Dienstleistungen oder als Bezeichnungen oder Angaben der Art, der Beschaffenheit, der Sorte oder sonstiger Eigenschaften oder Merkmale von Waren oder Dienstleistungen dienen. Den zivilrechtlichen Schutz der geographischen Herkunftsangabe enthalten die §§ 126-129 MarkenG, den strafrechtlichen § 144 MarkenG. Die §§ 130-136 MarkenG enthalten die Vorschriften zur Umsetzung der VO (EWG) Nr. 2086/92 des Rates vom 14.07.1992 zum Schutz von geographischen Herkunftsangaben und Ursprungsbezeichnungen für Agrarerzeugnisse und Lebensmittel. Die §§ 126-129 MarkenG sind lex specialis gegenüber § 3 UWG.

§ 3 UWG ist jedoch, soweit die Vorschriften des Markengesetzes dafür Raum lassen, ergänzend anwendbar[536]. § 2 MarkenG stellt ausdrücklich klar, daß der Schutz geographischer Herkunftsangaben nach dem Markengesetz die Anwendung anderer Vorschriften zum Schutz solcher Kennzeichen nicht ausschließt[537]. Es kann daher nach wie vor auf die im Anwendungsbereich des § 3 UWG entwickelten Auslegungsgrundsätze zurückgegriffen werden.

§ 3 UWG bleibt neben den §§ 126-129 MarkenG anwendbar

---

[535] vgl. dazu Baumbach/Hefermehl, a.a.O., Rdnr. 185, 186 zu § 3 UWG

[536] vgl. Fezer, Markengesetz, Vorb. § 126, Rdnr. 2

[537] vgl. dazu auch Baumbach/Hefermehl, a.a.O., Rdnr. 188b, 232a zu § 3 UWG; Köhler/Piper, a.a.O., Rdnr. 188d, e zu § 3 UWG

Grundsätzlich steht es jedermann frei, eine geographische Herkunftsangabe für seine Waren zu verwenden, vorausgesetzt, daß sie nicht geeignet ist, den Verkehr über die Herkunft der Ware in wettbewerblich relevanter Weise irrezuführen. Richtig ist eine Herkunftsangabe, wenn die mit ihr versehene Ware aus dem Ort stammt, der nach der Auffassung des Verkehrs für die Wertschätzung der Ware, also regelmäßig ihre Beschaffenheit oder Güte, maßgebend ist.

Schutzvoraussetzungen

Der Schutz geographischer Herkunftsangaben aus § 3 UWG besteht unter drei Voraussetzungen:
- es muß eine Angabe vorliegen, die nach der Auffassung des Verkehrs auf die geographische Herkunft der so bezeichneten Ware hinweist;
- ihre Verwendung muß geeignet sein, beim Publikum unrichtige Vorstellungen über die geographische Herkunft hervorzurufen;
- diese müssen geeignet sein, die umworbenen Verkehrskreise in wettbewerblich relevanter Weise irrezuführen.

Bedeutung der Verkehrsauffassung

Für die Feststellung der drei Voraussetzungen kommt der Verkehrsauffassung die entscheidende Bedeutung zu. Nach ihr bestimmt sich daher auch, ob eine Angabe als geographisch verstanden wird und die Vorstellung hervorruft, daß die mit ihr bezeichnete Ware aus einem bestimmten geographischen Bezirk stammt. Unmittelbare Herkunftsangaben weisen unmittelbar auf die Herkunft aus einem bestimmten Gebiet oder Ort hin. Mittelbare Herkunftsangaben weisen nicht ausdrücklich auf ein bestimmtes Land oder einen bestimmten Ort hin, werden aber vom Verkehr gedanklich auf einen bestimmten geographischen Raum bezogen.

Fremdsprachige Bezeichnungen

So schließt der Verkehr gewöhnlich aus der Bezeichnung einer Ware in der Sprache eines fremden Landes auf die Herkunft der Ware aus diesem Land. Das gilt besonders dann, wenn das ausländische Erzeugnis im Verkehr besonders geschätzt wird und das Publikum daher Wert darauf legt, daß die Ware aus einem bestimmten Land stammt. Von Bedeutung ist dabei, für welche Warengattung eine fremdsprachige Bezeichnung verwendet wird. So gelten z.B. als führend für Parfümerie- und Kosmetikerzeugnisse: Frankreich, USA, England; für Champagner: Frankreich; für Schokolade, Kakao, Bonbons: Schweiz, Holland etc. Der Eindruck, daß eine Ware in einem fremden Land hergestellt worden ist, kann mittelbar auch hervorgerufen werden durch Namen und Abbildungen von Bauwerken, Wahrzeichen, charakteristischen Landschaften, Trachten. Es deuten der Kölner Dom auf Köln, der Frankfurter Römer auf Frankfurt, das Lübecker Holstentor auf Lübeck, die Vendôme-Säule auf Paris. Dieser Eindruck kann auch durch Namen und Abbildungen bekannter Persönlichkeiten, den Gebrauch bestimmter Bezeichnungen und Aufmachungen, fremde Schriftzeichen, fremde Landesfarben, Staats- und Ortswappen etc. hervorgerufen werden.

Ein Wandel der Verkehrsauffassung kann auch dazu führen, daß sich eine originäre Gattungsbezeichnung zur geographischen Herkunftsangabe entwickelt oder eine zur Gattungsbezeichnung gewordene ursprüngliche Herkunftsangabe sich zu einer solchen zurückentwickelt[538].

Wandel der Verkehsauffassung

Eine Irreführung des Verkehrs kann bei (unzutreffend wirkenden) geographischen Angaben durch entlokalisierende und aufklärende (klarstellende) Hinweise vermieden werden. Relokalisierende Zusätze etwa zu Gattungsbezeichnungen, die aus ursprünglich geographischen Herkunftsangaben entstanden sind, begründen den Charakter einer geographischen Herkunftsangabe erneut oder verstärken ihn[539].

Entlokalisierende und relokalisierende Zusätze

Von dem Territorialitätsgrundsatz, nach dem das Recht des Schutzstaates maßgeblich ist, macht eine Reihe von Staatsverträgen Ausnahmen, in dem das jeweilige Recht des Ursprungslandes für anwendbar erklärt wird[540]. Der Schutz geographischer Herkunftsangaben in bilateralen Abkommen wird durch die Verordnung 2081/92 des Rates vom 14.07.1992 zum Schutz von geographischen Herkunftsangaben und Ursprungsbezeichnungen für Agrarerzeugnisse und Lebensmittel nicht in Frage gestellt[541].

Ausnahmen vom Territorialitätsgrundsatz

Der Schutz entfällt auch grundsätzlich nicht deshalb, weil im Schutzstaat die Bezeichnung als Gattungsbezeichnung ange-

---

[538]vgl. Baumbach/Hefermehl, a.a.O., Rdnr. 218 zu § 3 UWG; Köhler/Piper, a.a.O., Rdnr. 204 zu § 3 UWG

[539]vgl. Baumbach/Hefermehl, a.a.O., Rdnr. 224 ff zu § 3 UWG; Köhler/Piper, a.a.O., Rdnr. 205 ff zu § 3 UWG jew. m.z.w.N.

[540]vgl. die Auflistung der bi- und multilateralen Abkommen bei Köhler/Piper, a.a.O., Rdnr. 241-251 zu § 3 UWG

[541]vgl. Köhler/Piper, a.a.O., Rdnr. 248, 254 zu § 3 UWG

sehen wird oder weil die Bezeichnung im Ursprungsland Gattungsbezeichnung ist. In Einschränkung dieses Grundsatzes kann jedoch aus bilateralen Abkommen zweier Mitgliedsstaaten der EU kein Schutz beansprucht werden, wenn die Bezeichnung im Ursprungsland Gattungsbezeichnung ist (Art. 30, 36 EGV). Das Verbot der Verwendung einer solchen Bezeichnung berührt den Handel zwischen den Mitgliedsstaaten im Sinne des Art. 30 EGV, ohne daß in solchen Fällen ein rechtfertigender Grund dafür besteht[542].

Angaben auf einer nicht in der Schweiz hergestellten Ware, die erkennen lassen, daß der Unternehmenssitz der (Vertriebs-)Gesellschaft in der Schweiz liegt, sind irreführende Herkunftsangaben im Sinne des Art. 5 Abs. 2 des deutsch-schweizerischen Herkunftsabkommens und zwar auch dann, wenn die Vertriebsfirma bestimmenden Einfluß auf die Produktion der Ware im Ausland (hier: Fernost) hat[543].

Zusammenfassung

§ 3 UWG ist - auch im Anwendungsbereich des neuen Markengesetzes, das in den §§ 126 ff die geographischen Herkunftsangaben und ihren Schutz regelt - ergänzend anwendbar. Eine geographische Herkunftsangabe darf nur verwandt werden, wenn sie nicht geeignet ist, den Verkehr über die Herkunft der Ware in wettbewerblich relevanter Weise irrezuführen. Schutzvoraussetzungen sind: es muß sich um eine Angabe handeln, die nach der Auffassung des Verkehrs auf die geographische Herkunft der so bezeichneten Ware hinweist; ihre Verwendung muß geeignet sein, beim Publikum unrichtige Vorstellungen über die geographische Herkunft hervorzurufen; diese müssen geeignet sein, die umworbenen Verkehrskreise in wettbewerblich relevanter Weise irrezuführen. Dabei kommt der Verkehrsauffassung eine entscheidende Bedeutung zu. Ein Wandel der Verkehrsauffassung kann dazu führen, daß sich eine originäre Gattungsbezeichnung zur geographischen Herkunftsangabe entwickelt oder

---

[542] vgl. BGH v. 16.12.1993, GRUR 1994, 307 "Mozzarella I"; zu Art. 30, 36 EGV vgl. F.II.2.

[543] vgl. BGH v. 13.10.1994, WRP 1995, 11, GRUR 1995, 65 "Produktionsstätte"; zu geographischen Herkunftsangaben vgl. auch Piper, Aktuelle Rechtsprechung des Bundesgerichtshof zum Wettbewerbsrecht, Rdnr. 382-391

eine zur Gattungsbezeichnung gewordene ursprüngliche Herkunftsangabe sich zu einer solchen zurückentwickelt. Eine Irreführung kann durch entlokalisierende Hinweise vermieden werden. Relokalisierende Zusätze können den Charakter als geographische Herkunftsangabe erneut begründen oder ihn verstärken. Ausnahmen von dem Territorialitätsgrundsatz werden durch eine Reihe von Staatsverträgen begründet.

E. Sonstige wettbewerbsrechtliche Tatbestände

I. § 6 UWG

1. § 6 UWG (Konkurswarenverkauf)

Bei dem Angebot von Konkursware geht das Publikum davon aus, daß diese besonders günstig sei. Der Gesetzgeber hat - in Kenntnis dieses Empfängerhorizontes - bestimmt, daß die öffentliche Werbung für derartige Angebote auf Waren beschränkt ist, die noch zur Konkursmasse gehören. Bei Waren, die zwar aus einer Konkursmasse stammen, nunmehr aber von einem Dritten verkauft werden, ist jede Bezugnahme auf ihre Herkunft aus der Konkursmasse verboten[544].

Die beworbenen Konkursmassewaren müssen noch zum Bestand der Konkursmasse gehören

2. § 6 a UWG (Hersteller- und Großhändlerwerbung)

Auch die Werbung mit der Hersteller- oder Großhändlereigenschaft erweckt den Eindruck eines besonders günstigen Angebotes. Der Verbraucher geht davon aus, unter Einsparung der Handelsspanne des Einzelhandels, Ware besonders günstig erwerben zu können. § 6 a UWG untersagt eine derartige Werbung deswegen und läßt nur genau umschriebene Ausnahmen zu, für die der Werbende beweispflichtig ist. Das Verbot gilt nur im geschäftlichen Verkehr "mit dem letzten Verbraucher"; gewerbliche Verbraucher fallen nicht unter diesen Begriff. Eine Hersteller- und Großhändlerwerbung, die rechtlich und wirtschaftlich von einem Verkauf über den Einzelhandel ausgeht, wird von § 6 a UWG nicht erfaßt. Im geschäftlichen Verkehr mit Wiederverkäufen und anderen gewerblichen Abnehmern dürfen Hersteller und Großhändler auf ihre Eigenschaft hinweisen. Auf den Gebrauch bestimmter Worte kommt es weder bei der Hersteller- noch bei der Großhändlerhinweiswerbung an. Maßgebend ist die Ver-

---

[544]Baumbach/Hefermehl, a.a.O., Rdnr. 1, 2 zu § 6 UWG

kehrsauffassung. § 6 a UWG verpflichtet den Selbstbedienungsgroßhandel (Fachgroßhandel, Hersteller), Einkäufe an letzte Verbraucher zu unterbinden.

Betriebsfremder Eigenbedarf bei Gewerbetreibenden

Wenn Gewerbetreibende beim Großhandel Waren für den betriebsfremden Eigenbedarf mit erwerben, was einer ständigen, seit jeher üblichen Geschäftspraxis entspricht und auch nicht gänzlich verhindert werden kann, und wenn dieser Miterwerb zum Eigenbedarf kein ins Gewicht fallendes Ausmaß hat, ist der Gesichtspunkt des Verbraucherschutzes und damit der Letztverbraucherbegriff des § 6 a UWG nicht wesentlich tangiert[545]. Das rechtfertigt es, in solchen relativ geringfügigen Warenumsätzen keinen geschäftlichen Verkehr mit dem letzten Verbraucher zu erblicken. Die Toleranzgrenze hat der BGH bei etwa 10 % des Umsatzes des (Großhandels-, Hersteller-) Unternehmens gezogen[546].

Die Berücksichtigung von Toleranzgrenzen setzt Kontrollmaßnahmen voraus

Die Berücksichtigung von Toleranzgrenzen setzt Kontrollmaßnahmen voraus, die den Verkauf an nicht-gewerbliche, rein private Abnehmer und die Abgabe betriebsfremder Waren für den Privatbedarf von Gewerbetreibenden über die Toleranzgrenzen hinaus verhindern. Kontrollmittel sind Einkaufsausweise, Einkaufsberechtigungsscheine, Einkaufs- und Ausgangskontrollen. Die dafür notwendige Prüfung darf sich nicht in Stichproben erschöpfen, sondern erfordert eine lückenlose, durchgehende Kontrolle, um effizient zu sein[547].

3. § 6 b UWG (Kaufscheinhandel)

Verbraucher geht von einer besonders günstigen Einkaufsquelle aus

Auch die Ausgabe von Kaufscheinen, Kaufausweisen und ähnlichen Berechtigungspapieren führt den letzten Verbraucher leicht irre, weil er annimmt, ihm würde eine besonders günstige Einkaufsquelle eröffnet. Der Verbraucher erblickt darin häufig die Einräumung einer Vorzugsstellung gegenüber anderen Verbrauchern, vor allem in preislicher Hinsicht. § 6 b UWG will die damit verbundene Gefahr einer Irreführung generell unterbinden und untersagt die Ausgabe von Kaufgutscheinen daher grundsätzlich. Ausgenommen sind nur Bescheinigungen, die zu einem einmaligen Kauf berechtigen und für jeden Einkauf einzeln ausgegeben werden.

---

[545] Baumbach/Hefermehl, a.a.O., Rdnr. 13-16 zu § 6 a UWG
[546] BGH v. 11.11.1977, GRUR 1978, 173 "Metro I"
[547] BGH v. 30.11.1989, GRUR 1990, 617 "Metro III"

Das Gesetz mißbilligt die Werbe- und Betriebsform des Kaufscheinhandels, dessen wirtschaftliche Bedeutung darin besteht, daß der Einzelhändler auf eine eigene Lagerhaltung verzichtet, alle wesentlichen Verkäuferfunktionen dem Lieferanten überläßt und sich damit aus der Rolle des Einzelhändlers in die des Kaufscheinvermittlers begibt, dessen Tätigkeit die von § 6 b UWG bekämpfte Gefahr einer Irreführung des Verbrauchers über die preisliche Vorzugsstellung beim Kauf von Hersteller oder Großhändler begründet. Das Verbot des § 6 b UWG richtet sich gegen jeden, der Kaufscheine ausgibt[548]. Als Verbotsadressaten kommen nicht nur Kaufscheinhändler und Lieferanten in Frage, sondern auch Zusammenschlüsse von Verbänden, die günstige Einkaufsbedingungen für ihre Mitglieder schaffen, auch wenn ohne Ausgabe besonderer Kaufscheine lediglich Mitgliedsausweise bestimmungsgemäß als Kaufscheine benutzt werden[549]. Einem Ausweis fehlt es trotz Ausweisfunktion am Kaufscheincharakter, wenn er die Gefahr einer auch nur abstrakten Irreführung nicht begründen kann, so bei den Ausweisen für Mitglieder von Buchgemeinschaften, die die Ware im Rahmen ihrer Mitgliedschaft erwerben und nicht deshalb, weil der Ausweis eine preisgünstige Einkaufsmöglichkeit eröffnet[550]. Ebenfalls keine Kaufscheine sind Tankkarten[551], die bargeldloses Tanken ermöglichen, ohne den Eindruck der Preisgünstigkeit hervorzurufen, ferner Kreditkarten, die nicht als Berechtigungsnachweise für den Wareneinkauf ausgestellt werden, sondern im Rahmen einer Stundungsabrede der Abwicklung der Kaufpreiszahlung dienen[552].

4. § 6 c UWG (Schneeballsystem und andere progressive Kundenwerbung)

Die progressive Kundenwerbung bezieht den Kunden in die Vertriebsorganisation des werbenden Unternehmens in der Weise ein, daß sie ihm bei Abschluß des Kauf- oder sonstigen Vertrages für den Fall der Anwerbung weiterer Kunden, die ihrerseits zu den gleichen Bedingungen wie der erste

Einbeziehung des Kunden in die Vertriebsorganisation des werbenden Unternehmens

---

[548] vgl. Baumbach/Hefermehl, a.a.O., Rdnr. 2-5b zu § 6 b UWG

[549] BGH v. 28.2.1975, GRUR 1975, 382 "Kaufausweis III"

[550] BGH v. 29.4.1982, GRUR 1982, 613 "Buchgemeinschaft-Mitgliederausweis"

[551] BGH v. 11.10.1989, GRUR 1985, 292 "Code-Karte"

[552] BGH v. 27.6.1991, GRUR 1991, 936 "Goldene Kundenkarte"

Kunde beliefert werden, besondere Vorteile (Preisnachlässe, Schuldtilgungen) in Aussicht stellt. Progressiv ist diese Art der Kundenwerbung deshalb, weil bei Durchführung des Systems - wenn alle beworbenen Abnehmer Kunden werden - der Kundenkreis von Stufe zu Stufe lawinenartig ansteigt und bis zur Marktverengung und - verstopfung führen kann. Die Kunden der letzten Stufen, denen dieser Entwicklungsstand nicht bekannt ist, haben dann keine Möglichkeit mehr, ihre Werbechance zu nutzen.

Glücksspielartiger Charakter

Damit erhält die progressive Kundenwerbung einen glücksspielartigen Charakter, der Elemente der Irreführung, der unlauteren Willensbeeinflussung und der Vermögensgefährdung bis zur Vermögenschädigung enthält.

Besonderes Gefahrenpotential

Wegen des besonderen Gefahrenpotentials dieser Art von Werbe- und Vertriebssystems hat der Gesetzgeber nicht nur das Verdikt der Wettbewerbstätigkeit aufgestellt, sondern ein derartiges Vorgehen auch strafrechtlich sanktioniert. Tatbestandsvoraussetzung ist das Einspannen von Abnehmern in das Vertriebssystem des werbenden Unternehmens mit dem Mittel der progressiven Kundenwerbung, d. h. durch das Versprechen der Gewährung besonderer Vorteile für den Fall des Einspannens weiterer Abnehmer in das jeweilige Werbe- und Vertriebssystem[553].

II. § 7 UWG

§ 7 Abs. 1 UWG enthält eine Legaldefinition der Sonderveranstaltung. Danach handelt es sich um Verkaufsveranstaltungen im Einzelhandel, die außerhalb des regelmäßigen Geschäftsverkehrs stattfinden, der Beschleunigung des Warenabsatzes dienen und den Eindruck der Gewährung besonderer Kaufvorteile hervorrufen. Wer derartige Sonderveranstaltungen ankündigt oder durchführt, kann auf Unterlassung in Anspruch genommen werden. § 7 Abs. 2 UWG nimmt aus dem Bereich der Sonderveranstaltungen die Sonderangebote heraus und legt fest, daß eine Sonderveranstaltung im Sinne des § 7 Abs. 1 UWG nicht vorliegt, wenn einzelne nach Güte oder Preis gekennzeichnete Waren angeboten werden und diese Angebote sich in den regelmäßigen Geschäftsbetrieb des Unternehmens einfügen.

---

[553]Baumbach/Hefermehl, a.a.O., Rdnr. 3 zu § 6 c UWG

Ausgenommen vom Verbot der Abhaltung von Sonderveranstaltungen sind der Winter- und Sommerschlußverkauf (§ 7 Abs. 3 Ziff. 1 UWG), sowie Sonderveranstaltungen zur Feier des Bestehens eines Unternehmens im selben Geschäftszweig nach Ablauf von jeweils 25 Jahren (Jubiläumsverkäufe, § 7 Abs. 3 Ziff. 2 UWG). Auch sie sind jedoch - wie sich aus dem Wortlaut von § 7 Abs. 3 UWG ergibt - Sonderveranstaltungen. Finden Sommer- und Winterschlußverkäufe oder Jubiläumsverkäufe daher unter anderen als den in § 7 Abs. 3 UWG genannten Voraussetzungen statt, greift § 7 Abs. 1 UWG ein.

Die (unzulässige) Sonderveranstaltung setzt zunächst eine Verkaufsveranstaltung im Einzelhandel voraus. Für die Verkaufsveranstaltung im Einzelhandel ist ein für den Einzelhandel typischer Warenvertrieb erforderlich, der z. B. nicht vorliegt bei einem Verkaufsangebot eines Herstellers von Fertighäusern[554]. *Verkaufsveranstaltung im Einzelhandel*

Für die weitere Voraussetzung einer Veranstaltung „außerhalb des regelmäßigen Geschäftsverkehrs" ist die Wirkung der Ankündigung einer Verkaufsveranstaltung auf das Publikum kennzeichnend. Der Rahmen der Regelmäßigkeit ist überschritten, wenn sich die Veranstaltung nach der Auffassung des Publikums als eine Unterbrechung des regelmäßigen Geschäftsverkehrs darstellt. *Außerhalb des regelmäßigen Geschäftsverkehrs*

Die Verkaufsveranstaltung muß ferner der Beschleunigung des Warenabsatzes dienen: Das Ziel der Absatzbeschleunigung muß in der Werbung derart akzentuiert sein, daß für die Umworbenen der Eindruck einer das normale Maß übersteigenden Verkaufstätigkeit entsteht. Insoweit überschneidet sich das Merkmal mit der Tatbestandsvoraussetzung „außerhalb des regelmäßigen Geschäftsverkehrs"[555]. Für die Frage, ob ein angekündigter Verkauf innerhalb oder außerhalb des regelmäßigen Geschäftsverkehrs stattfinden soll und ob der Eindruck einer besonders günstigen Einkaufs- *Zur Beschleunigung des Warenabsatzes*

---

[554] vgl. BGH v. 12.11.1987, WRP 1988, 365, GRUR 1988, 316 „Fertighaus"; vgl. auch Ackermann, Jubiläumsveranstaltung eines Fertighausunternehmens - Verkaufsveranstaltung im Einzelhandel ?, WRP 1987, 152 ff; Baumbach/Hefermehl, a.a.O., Rdnr. 5c zu § 7 UWG

[555] vgl. Baumbach/Hefermehl, a.a.O., Rdnr. 15 zu § 7 UWG

möglichkeit vermittelt wird, ist auf das Gesamtbild der Ankündigung abzustellen[556].

Trotz eines Hinweises auf ein Firmenjubiläum (außerhalb der erlaubten jeweils 25 Jahre) kann eine Werbeanzeige insgesamt so gestaltet sein, daß der Eindruck einer Sonderveranstaltung nicht aufkommt. Zwar ruft eine Werbung mit besonderen Angeboten im Zusammenhang mit dem Hinweis auf ein Firmenjubiläum häufig den Eindruck hervor, es handele sich um eine außergewöhnliche, auf die Zeit des Begehens des Jubiläums beschränkte Veranstaltung mit einem aus dem Rahmen des Üblichen fallenden Angebot. Gewinnt das Publikum aufgrund einer derartigen Ankündigung den Eindruck, das werbende Unternehmen unterbreche aus Anlaß des Firmenjubiläums den gewöhnlichen Verkauf und biete aus diesem Anlaß abweichend von den üblichen Sonderangeboten vorübergehend besondere Kaufvorteile, ist dies als Ankündigung einer Sonderveranstaltung anzusehen, die nur unter den besonderen Voraussetzungen des § 7 Abs. 3 Nr. 2 UWG zulässig ist.

Verkaufsform muß sich von den branchenüblichen Angeboten und den üblichen Angeboten des werbenden Unternehmens absetzen

Dennoch muß - um das Verdikt der unzulässigen Sonderveranstaltung zu rechtfertigen - festgestellt werden, daß die Verkaufsform sich von den Verkaufsformen absetzt, die sonst in der fraglichen Branche üblich sind und - wenn im Zusammenhang mit einer Alterswerbung einzelne nach Güte oder Preis gekennzeichnete Waren angeboten werden - daß sich die Ankündigung auch von den sonst üblichen Angeboten des werbenden Unternehmens abhebt[557].

III. § 8 UWG

Grundsätzliche Unzulässigkeit von Räumungsverkäufen

Räumungsverkäufe sind in erheblichem Maße geeignet, die wettbewerbliche Situation der Mitbewerber, aber auch die Interessen der Verbraucher und der Allgemeinheit zu beeinträchtigen. Sie sind daher grundsätzlich unzulässig. Eine Ausnahmeregelung in bestimmten Notlagefällen schien dem Gesetzgeber geboten. In § 8 UWG sind die Situationen, unter denen ein Räumungsverkauf als zulässige Sonderveranstaltung durchgeführt werden kann, ins einzelne gehend und abschließend geregelt.

---

[556]Baumbach/Hefermehl, a.a.O., Rdnr. 19 zu § 7 UWG

[557]BGH v. 17.11.1996, WRP 1997, 439, GRUR 1997, 476 „Geburtstagswerbung II"

Dabei regelt § 8 Abs. 1 UWG die Räumung eines vorhandenen Warenvorrates bei einer Räumungszwangslage, die in zwei Alternativen in § 8 Abs. 1 Ziff. 1 und 2 UWG beschrieben ist. In § 8 Abs. 2 UWG ist die Räumung wegen Aufgabe des gesamten Geschäftsbetriebes geregelt.

Ausnahmen

Nach näherer Maßgabe von § 8 Abs. 3 UWG sind Räumungsverkäufe anzeigepflichtig und zwar gegenüber den zuständigen Industrie- und Handelskammern sowie Handwerkskammern.

Anzeigepflicht

Der Inhalt der Anzeige ist in § 8 Abs. 3 Satz 2 Nr. 1 - 5 UWG vorgegeben. Die Industrie- und Handelskammern und die Handwerkskammern sowie die von diesen bestellten Vertrauensmänner sind zur Nachprüfung des Inhalts der Anzeige und der Belege befugt. Die Vertrauensmänner dürfen - im Interesse des Schutzes der Geschäfts- und Betriebsgeheimnisse des Veranstalters - keine Mitbewerber sein[558].

Inhalt der Anzeige

Wichtig zu wissen ist in diesem Zusammenhang, daß die Aufgabe des gesamten Geschäftsbetriebes in § 8 Abs. 2 UWG die endgültige und völlige Einstellung des gewerblichen Betriebes verlangt. Es darf sich - anders als nach § 8 Abs. 1 UWG - nicht um eine nur vorübergehende Maßnahme handeln. Keine Geschäftsaufgabe ist die Veräußerung oder Verpachtung an einen das Geschäft fortführenden Nachfolger, die bloße Änderung der Rechtsform oder Firma des Unternehmens oder ein Wechsel des Ladenlokals ohne Aufgabe des Geschäftsbetriebes. Sitzverlegung an einen anderen Ort ist keine Geschäftsaufgabe, auch wenn das Unternehmen aus seinem bisherigen örtlichen Wettbewerb vollständig ausscheidet. Aufgegeben werden muß der gesamte Geschäftsbetrieb. Die Aufgabe lediglich einer Zweigniederlassung oder einer oder mehrerer Warengattungen rechtfertigt den Räumungsverkauf nicht[559].

Aufgabe des gesamten Geschäftsbetriebs

§ 8 Abs. 2 Satz 1 UWG legt fest, daß der Räumungsverkauf wegen Aufgabe des gesamten Geschäftsbetriebes nur zulässig ist, wenn der Veranstalter mindestens drei Jahre vor Beginn keinen Räumungsverkauf wegen Aufgabe eines Geschäftsbetriebes gleicher Art durchgeführt hat. Das soll der miß-

Verhinderung von Mißbräuchen

---

[558] vgl. Baumbach/Hefermehl, a.a.O., Rdnr. 30 zu § 8 UWG

[559] vgl. Baumbach/Hefermehl, a.a.O., Rdnr. 6-16 zu § 8 UWG

bräuchlichen Wiederholung von Räumungsverkäufen durch denselben Veranstalter entgegenwirken. Das Vor- und Nachschieben von Waren ist nach § 8 Abs. 5 Nr. 2 UWG unzulässig, ebenso wie nach § 8 Abs. 6 Ziff. 1 UWG die mißbräuchliche Herbeiführung des Anlasses für den Räumungsverkauf oder die mißbräuchliche Gebrauchmachung von den Möglichkeiten eines Räumungsverkaufs. Nach § 8 Abs. 6 Nr. 2, 1. Alt. UWG ist die mittelbare oder unmittelbare Fortsetzung des Geschäftsbetriebes, dessen Aufgabe angekündigt worden ist, unzulässig, es sei denn, daß besondere Umstände vorliegen, die die Fortsetzung oder Aufnahme rechtfertigen (§ 8 Abs. 6 Nr. 2 Halbsatz 2 UWG).

IV. §§ 12, 14, 15 UWG

1. § 12 UWG (Bestechung von Angestellten)

Bekämpfung des „Schmiergeldunwesens"

§ 12 UWG will im öffentlichen Interesse das "Schmiergeldunwesen" in der Wirtschaft in jeder Form bekämpfen, weil es den Wettbewerb verfälscht. Bezweckt ist in erster Linie der Schutz der Mitbewerber, vor denen sich der Vorteilgeber einen unzulässigen Vorsprung verschaffen will, daneben der Schutz der Allgemeinheit vor einer Verteuerung der Ware und auch der Schutz des Geschäftsherrn vor Benachteiligung[560].

Das Anbieten, Versprechen oder das Gewähren eines Vorteils als Gegenleistung dafür, daß der Angestellte den Anbieter, Versprechenden, Gewährenden oder einen Dritten bevorzuge, muß im geschäftlichen Verkehr zu Zwecken des Wettbewerbs geschehen[561].

Vorteilsnehmer kann nur ein Angestellter oder Beauftragter sein

Vorteilsnehmer kann nur ein Angestellter oder Beauftragter eines geschäftlichen Betriebes sein. Der Geschäftsinhaber selbst kann durch Zuwendungen, die ihm direkt gemacht werden, insbesondere auch durch Werbegeschenke und Zugaben, nicht bestochen werden. Nur solche Personen kommen als "Bestochene" in Betracht, die auf die geschäftliche Tätigkeit eines anderen irgendwie Einfluß nehmen können.

---

[560] vgl. Köhler/Piper, a.a.O., Rdnr. 2 zu § 12 UWG

[561] vgl. dazu B.I.

Dem Schutzzweck des § 12 UWG entspricht es, den Begriff des Angestellten und Beauftragten weit auszulegen.
Beauftragter ist jeder, der vermöge seiner Stellung im Betrieb berechtigt und verpflichtet ist, für diesen geschäftlich zu handeln und Einfluß auf die im Rahmen des Betriebes zu treffenden Entscheidungen besitzt. Bestechungen von Personen, die nicht Angestellte oder Beauftragte eines geschäftlichen Betriebes, sondern von Privatleuten oder öffentlichen Verwaltungen sind, fallen nicht unter § 12 UWG. *Beauftragter*

Für einen geschäftlichen Betrieb sind nötig: *Geschäftlicher Betrieb*
- ein nach kaufmännischen Gesichtspunkten eingerichteter Betrieb;
- eine fortgesetzte Tätigkeit, die im Gegensatz zur vereinzelten Tätigkeit steht.

Ob die Absicht der Gewinnerzielung vorliegt, ist unerheblich[562]. Es müssen Vorteile angeboten, versprochen oder gewährt sein. Der Begriff des "Vorteils" in diesem Sinne umfaßt alles, was die Lage des Bestochenen irgendwie verbessert.

Der Vorteil muß als Gegenleistung für eine unlautere Bevorzugung angeboten usw. worden sein. Als Gegenleistung ist ein Vorteil anzusehen, wenn er mindestens in der Erwartung des Vorteilsgebers, um der Bevorzugung willen angeboten usw. wird. Der Vorteilsgeber muß eine sog. "Unrechtsvereinbarung" anstreben. Ob sie der Vorteilsnehmer kennt, ist unerheblich[563]. *Vorteil als Gegenleistung*

Erlaubt sind nur Zuwendungen, die nicht zum Zwecke einer Bevorzugung gewährt werden. Allgemein übliche und das Ausmaß nicht überschreitende Zuwendungen dienen zumeist nicht dem Bestechungszweck und sind dann als harmlos anzusehen. Beispiele sind kleinere Werbeartikel, Weihnachts- und Neujahrsgeschenke[564]. Die Tatbestandserfüllung erfordert im Bereich des inneren Tatbestandes Vorsatz. § 12 UWG ist Straftatbestand. *Erlaubte Zuwendungen*

---

[562]vgl. Baumbach/Hefermehl, a.a.O., Rdnr. 4, 5 zu § 12 UWG; Köhler/Piper, a.a.O., Rdnr. 5-7 zu § 12 UWG

[563]Baumbach/Hefermehl, a.a.O., Rdnr. 12 zu § 12 UWG; Köhler/Piper, a.a.O., Rdnr. 10 zu § 12 UWG

[564]vgl. Baumbach/Hefermehl, a.a.O., Rdnr. 13 zu § 12 UWG

§ 12 Abs. 2 UWG enthält ebenfalls in der Ausprägung eines Straftatbestandes das Verbot der passiven Bestechung. Der äußere Tatbestand entspricht dem der aktiven Bestechung und enthält als Korrelat für das Anbieten, Versprechen oder Gewähren die Tatbestandsmerkmale des "Forderns", "Sich-Versprechen-Lassens" oder "Annehmens".

Zivilrechtliche Auswirkungen

§ 12 UWG hat jedoch nicht nur strafrechtliche Auswirkungen. Der Unterlassungsanspruch wegen Angestelltenbestechung ergibt sich aus § 13 Abs. 1 UWG. Der Ersatzanspruch aus §§ 12, 13 Abs. 6 Nr. 2 UWG richtet sich gegen den Bestechenden und den Bestochenen. Er verlangt Verschulden. Ausreichend ist Fahrlässigkeit. § 12 UWG ist zugunsten der Mitbewerber ein Schutzgesetz im Sinne des § 823 Abs. 2 BGB. Darüber hinaus ergibt sich ein Ersatzanspruch auch aus § 1 UWG[565].

2. § 14 UWG (Anschwärzung), § 15 UWG (Geschäftliche Verleumdung)

§ 14 UWG bezweckt den Individualschutz des Gewerbetreibenden vor unwahren Tatsachenbehauptungen im Wettbewerb. Nicht erfaßt werden abträgliche wahre Tatsachenbehauptungen und bloße Werturteile, die jedoch unter § 1 UWG[566] oder §§ 823 Abs. 1, 826 BGB fallen können.

§ 15 UWG behandelt, abweichend von § 14 UWG, nur die Betriebs-, nicht auch die Kreditgefährdung. Der Unterschied ist allerdings praktisch bedeutungslos, weil eine Betriebsgefährdung regelmäßig den Kredit gefährdet. § 15 UWG verlangt als Strafrechtsnorm Handeln wider besseres Wissen und setzt keinen Wettbewerbszweck voraus. Von dem strafrechtlichen Tatbestand der Verleumdung (§ 187 StGB) unterscheidet sich § 15 UWG dadurch, daß § 15 UWG auf die gewerbliche Verleumdung beschränkt ist und keine Herabwürdigung in der öffentlichen Meinung verlangt. Eine Tatsache kann die Ehre unangetastet lassen und trotzdem auf das Geschäft vernichtend einwirken. Letzteres wäre z.B. der Fall bei der Behauptung, die beste Ware des Geschäfts sei verbrannt oder verdorben[567].

---

[565] vgl. Baumbach/Hefermehl, a.a.O., Rdnr. 22 f. zu § 12 UWG

[566] vgl. dazu C.III.6.

[567] vgl. Baumbach/Hefermehl, a.a.O., Rdnr. 1 zu § 15 UWG

Dem Interesse des Gewerbetreibenden, vor Äußerungen mit geschäftsschädigender Wirkung geschützt zu werden, kann das Grundrecht auf freie Meinungsäußerung (Art. 5 GG) entgegenstehen, das für die Auslegung aller Gesetze maßgeblich ist. Auch im wirtschaftlichen Bereich sind die Grenzen zulässiger Meinungsäußerungen im Konflikt mit Rechten und Interessen Betroffener weit zu ziehen. Die Grenze zwischen dem grundrechtlich geschützten Bereich Handlungs- und Meinungsfreiheit und der Anschwärzung/geschäftlichen Verleumdung läßt sich im Konfliktfall nur aufgrund einer Interessenabwägung ziehen[568]. *Grundrecht auf freie Meinungsäußerung*

§ 14 UWG verlangt - neben dem Erfordernis eines Handelns zu Zwecken des Wettbewerbs - eine unwahre Tatsachenbehauptung; auf wahre Behauptungen und auf Meinungsäußerungen bezieht er sich nicht. Grundsätzlich muß der Verletzer die Wahrheit seiner Behauptung nachweisen ("sofern die Tatsachen nicht erweislich wahr sind", § 14 Abs. 1 UWG). Hat der Verletzer jedoch bei vertraulichen Mitteilungen berechtigte Interessen wahrgenommen, ist ihm die Unwahrheit nachzuweisen (§ 14 Abs. 2 UWG)[569]. *Tatsachenbehauptung*

Die ehrverletzenden Tatsachen müssen entweder das Erwerbsgeschäft eines anderen oder die Person des Inhabers oder Leiters oder Waren oder gewerbliche Leistungen eines anderen betreffen. Die Tatsachen müssen behauptet oder verbreitet worden sein und sie müssen geeignet sein, den Betrieb des Geschäfts oder den Kredit des Inhabers zu schädigen. Dabei ist die Botschaft, die den Behauptungen zu entnehmen ist, so auszulegen, wie sie von den angesprochenen Verkehrskreisen bei ungezwungener Auslegung verstanden wird, nicht wie sie gemeint war oder verstanden werden sollte. Ist z.B. "Fremdling" im Sinne von "lästiger Eindringling" aufzufassen, so kann das Grimmsche Wörterbuch oder der Sprachgebrauch der Luther-Bibel den Kränkenden nicht schützen[570].

Schädigen ist im Sinne von „beeinträchtigen" zu verstehen. Alles, was beim Publikum eine nachteilige Meinung von Ge- *Schädigen*

---

[568] Baumbach/Hefermehl, a.a.O., Rdnr. 1 vor §§ 14, 15 UWG

[569] zur Abgrenzung der Tatsache zum Werturteil vgl. Baumbach/Hefermehl, a.a.O., Rdnr. 3 ff zu § 14 UWG

[570] Baumbach/Hefermehl, a.a.O., Rdnr. 20 zu § 14 UWG

schäftsbetrieb oder der Kreditwürdigkeit des Inhabers erwekken kann, schädigt ohne weiteres. "Betrieb des Geschäfts" ist die gesamte, zur Ausübung des Gewerbes nötige Tätigkeit, also alles, was Herstellung und Absatz der Ware oder die Beziehung des Inhabers zu seinem Personal betrifft.

Vertrauliche Mitteilung

§ 14 Abs. 2 UWG enthält eine Sonderregelung für vertrauliche Mitteilungen, an denen der Mitteilende oder der Empfänger ein berechtigtes Interesse hat. Die beiden Tatbestandsvoraussetzungen müssen kumulativ gegeben sein. Eine Mitteilung ist vertraulich, wenn der Mitteilende davon ausgeht und den Umständen nach davon ausgehen kann, daß keine Weiterleitung an Dritte erfolgt. An den dem Mitteilenden obliegenden Nachweis der Vertraulichkeit sind strenge Anforderungen zu stellen.

Berechtigte Interessen

"Berechtigte Interessen" im Sinne des § 14 UWG sind wie in § 824 BGB zu verstehen. Das Zivilrecht verlangt ein objektives Interesse, während strafrechtlich (§ 193 StGB) ein vermeintliches genügen kann. Berechtigtes Interesse ist eine bei verständiger, billiger Beurteilung der Sachlage vertretbare Erwägung[571].

Unterlassungsanspruch

Der Abwehranspruch folgt aus § 14 Abs. 2 Satz 2 UWG. Er setzt als Unterlassungsanspruch Wiederholungsgefahr voraus. Sie ist stets gegeben, wenn der Verletzer die Behauptung als berechtigt hinstellt. Der Verletzte kann auch Beseitigung verlangen. Der Widerrufsanspruch aus § 1004 Abs. 1 Satz 1 BGB analog setzt voraus, daß die Beeinträchtigung fortwirkt.

Beweislast

Der Verletzte braucht die Unrichtigkeit nicht zu beweisen. Der Verletzer muß beweisen, daß die behaupteten Tatsachen wahr sind. Bei § 14 Abs. 2 UWG gestaltet sich die Beweislast wie folgt: der Kläger muß zunächst die Anschwärzung, d.h. die schädigende Behauptung behaupten und beweisen. Erhebt der Beklagte die Einrede aus § 14 Abs. 2 UWG, muß er Vertraulichkeit und berechtigtes Interesse beweisen. Der Kläger kann dann darlegen und beweisen, daß die Äußerung gegebenenfalls unwahr ist. Bei der dem Kläger obliegenden Beweislast ist aber verständig und unter Berücksichtigung der Lebenserfahrung zu urteilen[572].

---

[571] vgl. Baumbach/Hefermehl, a.a.O., Rdnr. 31-36 zu § 14 UWG; Köhler/Piper, Rdnr. 12, 13 zu § 14 UWG

[572] Baumbach/Hefermehl, a.a.O., Rdnr. 28, 38 zu § 14 UWG

Die objektive Ausprägung des Straftatbestandes des § 15 UWG (geschäftliche Verleumdung) entspricht weitgehend dem objektiven Tatbestand des § 14 UWG. Subjektiv muß der Täter hinsichtlich aller objektiven Tatbestandsmerkmale mit zumindest bedingtem Vorsatz handeln.

§ 15 UWG

Anders als bei § 14 UWG ist dem Täter bei § 15 UWG jedoch die Unwahrheit nachzuweisen. Auch muß er "wider besseres Wissen" handeln, d.h. sichere Kenntnis und Überzeugung von der Unwahrheit haben. Ein Handeln zu Wettbewerbszwecken ist ebenso wenig erforderlich wie eine Schädigungsabsicht[573]. Nach § 15 Abs. 2 UWG haftet der Inhaber für die von seinen Angestellten und Beauftragten im Geschäftsbetrieb gemachten Äußerungen, wenn sie mit seinem Wissen erfolgt sind.

Unwahrheit ist nachzuweisen, der Täter muß wider besseres Wissen handeln

§ 15 UWG gewährt auch zivilrechtliche Abwehransprüche. Ein Verstoß gegen § 15 UWG wird regelmäßig auch § 14 Abs. 1 UWG verletzen. Für den etwa verbleibenden Überschuß des § 15 UWG muß diese Haftung ebenso gelten. Es würde einen kaum zu lösenden Wertungswiderspruch darstellen, wollte man den Inhaber im schwereren Fall milder haften lassen als im leichteren[574].

Zusammenfassung

§ 12 UWG will im öffentlichen Interesse das Schmiergeldunwesen in der Wirtschaft in jeder Form bekämpfen, weil es den Wettbewerb verfälscht. Vorteilsnehmer im Sinne des § 12 UWG kann nur ein Angestellter oder Beauftragter sein. Der Begriff des Angestellten und des Beauftragten ist weit auszulegen. Der Vorteil muß als Gegenleistung für eine unlautere Bevorzugung angeboten usw. worden sein. § 12 Abs. 1 UWG und § 12 Abs. 2 UWG sind als aktive und passive Bestechung als Straftatbestand ausgeprägt. Ein Verstoß gegen § 12 UWG hat jedoch auch zivilrechtliche Auswirkungen.

Die §§ 14 und 15 UWG regeln Anschwärzung und geschäftliche Verleumdung. Das Interesse des Gewerbetreibenden, vor Äußerungen mit geschäftsschädigender Wirkung ge-

---

[573] vgl. Köhler/Piper, a.a.O., Rdnr. 3 zu § 15 UWG

[574] vgl. Baumbach/Hefermehl, a.a.O., Rdnr. 9 zu § 15 UWG

schützt zu werden, ist abzuwägen mit dem Grundrecht auf freie Meinungsäußerung.

§ 14 UWG verlangt eine unwahre Tatsachenbehauptung. Die ehrverletzenden Tatsachen müssen entweder das Erwerbsgeschäft eines anderen oder die Person des Inhabers oder Leiters oder Waren oder gewerbliche Leistungen eines anderen betreffen. Sie müssen geeignet sein, den Betrieb des Geschäfts oder den Kredit des Inhabers zu schädigen, wobei "schädigen" im Sinne von "beeinträchtigen" zu verstehen ist. § 14 Abs. 2 UWG enthält eine Sonderregelung für vertrauliche Mitteilungen, an denen der Mitteilende oder der Empfänger ein berechtigtes Interesse hat. Die objektive Ausprägung des Straftatbestandes des § 15 UWG (geschäftliche Verleumdung) entspricht weitgehend dem objektiven Tatbestand des § 14 UWG. Anders als bei § 14 UWG ist dem Täter jedoch die Unwahrheit nachzuweisen und er muß wider besseres Wissen handeln.

V. §§ 5, 15 MarkenG (§ 16 UWG a.F.)

Die §§ 5, 15 MarkenG entsprechen weitgehend dem Regelungsgegenstand des früheren § 16 UWG

§ 16 UWG (Schutz geschäftlicher Bezeichnungen) ist durch Art. 25 Nr. 2 MarkenrechtsreformG vom 25.10.1994[575] aufgehoben worden. Der Schutz geschäftlicher Bezeichnungen wird nunmehr durch die §§ 1, 5, 15 MarkenG gewährleistet, wobei die ergänzende Anwendung anderer Vorschriften, insbesondere des UWG, hierdurch nicht ausgeschlossen ist[576]. Die §§ 5 und 15 MarkenG entsprechen weitgehend dem Regelungsgegenstand des früheren § 16 UWG und sollen deshalb zur Abrundung der wettbewerbsrechtlichen Normen behandelt werden, da die Ablösung des wettbewerbsrechtlichen durch den kennzeichenrechtlichen Schutz der geschäftlichen Bezeichnungen grundsätzlich keine Änderung der materiellen Rechtslage bedeutet. Wie im Wettbewerbsrecht wird auch im Kennzeichenrecht mit dem Erfordernis des Handelns im geschäftlichen Verkehr zum Ausdruck gebracht, daß das Wettbewerbsrecht und das Kennzeichenrecht sich auf den wirtschaftlichen Wettbewerb beziehen und das Marktverhalten von Unternehmen regeln. Der Begriff des geschäftlichen Verkehrs im Markengesetz entspricht der Verwendung des Begriffs im UWG. § 15 MarkenG ist durch den Namens-

---

[575] BGBl I 3082

[576] § 2 MarkenG; vgl. dazu C.IV.2.

schutz des § 12 BGB und den handelsrechtlichen Firmenschutz nach § 37 HGB zu ergänzen[577].

Nach § 5 MarkenG werden als geschäftliche Bezeichnungen Unternehmenskennzeichen und Werktitel geschützt (§ 5 Abs. 1 MarkenG). Als Unternehmenskennzeichen werden nach § 5 Abs. 2 Satz 1 MarkenG der Name, die Firma und die besondere Geschäfts- und Unternehmensbezeichnung geschützt. Nach § 5 Abs. 2 Satz 2 MarkenG werden Geschäftsabzeichen und sonstige betriebliche Unterscheidungszeichen, die innerhalb der beteiligten Verkehrskreise als Kennzeichen des Geschäftsbetriebes gelten, gleichgestellt. Die Werktitel von Druckschriften, Filmwerken, Tonwerken, Bühnenwerken oder sonstigen vergleichbaren Werken sind nach §§ 5 Abs. 1 und Abs. 3 MarkenG in den Schutzbereich einbezogen. Kollisionstatbestände sind Identitätsschutz, Verwechslungsschutz der geschäftlichen Bezeichnung (§ 15 Abs. 2 MarkenG) sowie der Bekanntheitsschutz der geschäftlichen Bezeichnung (§ 15 Abs. 3 MarkenG). Regelungsgegenstand des § 15 Abs. 4 und 5 MarkenG sind der Unterlassungsanspruch und der Schadensersatzanspruch. Die Verweisungsnorm des § 15 Abs. 6 MarkenG regelt die Haftung des Betriebsinhabers für Angestellte und Beauftragte.

Schutzvoraussetzung ist die Unterscheidungskraft: Der Name bedarf zur Individualisierung der namensmäßigen Unterscheidungskraft, d.h. er muß seiner Art nach geeignet sein, Personen oder Gegenstände von anderen zu unterscheiden. Allerweltsnamen wie Müller oder Meier besagen im allgemeinen nichts über den Namensträger. Erforderlich ist, daß der Verkehr einen eindeutigen Hinweis auf den Namensträger in dem Namen erkennt. Bezeichnungen, denen die für einen Namen wesentliche Unterscheidungskraft zukommt, sind ohne Vorliegen von Verkehrsgeltung geschützt. Ohne Unterscheidungskraft wird die Schutzfähigkeit erst durch den Erwerb von Verkehrsgeltung erreicht. Bei der Prüfung, ob eine Bezeichnung namensmäßige Unterscheidungskraft für ein bestimmtes Unternehmen besitzt oder sich im Verkehr als individueller Herkunftshinweis durchgesetzt hat, kommt dem Freihaltebedürfnis rechtliche Bedeutung zu. Je notwendiger der Verkehr auf eine Bezeichnung angewiesen

Unterscheidungskraft als Schutzvoraussetzung

---

[577] vgl. Fezer, Markenrecht, § 15 MarkenG, Rdnr. 2, 10-15

ist, umso höhere Anforderungen sind an die Stärke ihrer Durchsetzung im Verkehr zu setzen[578].

Freihaltebedürfnis

Auch der Schutzumfang einer an sich schutzfähigen Kennzeichnung kann wegen des Freihaltebedürfnisses für allgemein beschreibende Verwendungen eingeschränkt werden. Verwechslungsgefahr im Sinne des § 15 Abs. 2 MarkenG kann schon dadurch eintreten, daß die im Vergleich stehenden Bezeichnungen einander ähnlich sind, d.h. gewisse übereinstimmende Merkmale aufweisen.

Verwechslungsgefahr

Daß verwechselbare und ähnliche Bezeichnungen gleichen Bezeichnungen gleichstehen, folgt zwingend aus dem das Kennzeichenrecht und Wettbewerbsrecht beherrschenden Bestreben, die Öffentlichkeit vor Irreführungen zu bewahren. § 15 MarkenG stellt nur auf die Eignung zur Verwechslung ab, § 12 BGB dagegen auf die Verletzung eines geschäftlichen oder sonstigen Interesses. Ob ein gleicher, ähnlicher oder verwechselbarer Name/Kennzeichnung gebraucht wird, ist nach der Verkehrsauffassung zu beurteilen. Es wird mit einem flüchtigen Erinnerungsbild und geringer Aufmerksamkeit im Verkehr gerechnet, wenn auch nicht in dem gleichen Maße, wie bei der Benutzung von Marken oder in der Werbung. Kleinere Abweichungen sind meist bedeutungslos. Trotz Verwechslungsfähigkeit oder gar Gleichheit der Bezeichnungen greift jedoch der Schutz nach § 12 BGB und nach § 15 MarkenG dann nicht ein, wenn eine Verwechslung der Unternehmen nicht zu befürchten ist, wie etwa bei völliger Branchenverschiedenheit oder Trennung der Absatzbereiche[579].

Recht der Gleichnamigkeit

Eine besondere Problemstellung ergibt sich im Recht der Gleichnamigen. Als Ausgangspunkt ist festzuhalten, daß jeder das Recht hat, sich unter seinem Namen als selbständiger Gewerbetreibender im Geschäftsverkehr zu betätigen. Aber dieses Recht, bei wirtschaftlicher Betätigung den eigenen Namen zu verwenden, ist nicht schrankenlos. Es besteht nur im Rahmen des lauteren Wettbewerbs und darf nicht mißbräuchlich ausgeübt werden. Gerade der Gebrauch des eigenen Namens kann im Geschäftsleben zu erheblichen Unredlichkeiten führen. Wenn ein Kaufmann unter seinem Namen ein erfolgreiches Unternehmen aufbaut, treten häufig die

---

[578] Fezer, Markenrecht, Rdnr. 2-6 zu § 5 MarkenG

[579] Fezer, Markenrecht, Rdnr. 17 zu § 15 MarkenG

Schmarotzer auf den Plan, die sich den fremden Namen auf irgendeine Weise unter Täuschung der Allgemeinheit nutzbar zu machen und als Vorspann für die eigene Werbung zu verwenden suchen, indem z.B. ein Gesellschafter als Strohmann in eine Gesellschaft aufgenommen wird, der denselben Namen trägt wie das Unternehmen, an dessen guten Ruf man partizipieren will.

Die Strohmanngründung stellt eine Fallkonstellation des unlauteren Namensgebrauchs dar. Wer einen Strohmann vorschiebt, maßt sich in Wahrheit diesen Namen an. Die Berufung auf ein eigenes Namensrecht ist ausgeschlossen, da es an einem schutzwürdigen Interesse fehlt. Der Name soll in diesem Falle nicht der Individualisierung, sondern der Täuschung dienen. Derartige Fälle sind wettbewerbswidrig nach § 1 UWG und je nach den besonderen Umständen auch nach § 3 UWG irreführend. Nur die redliche Benutzung des eigenen Namens ist schutzwürdig. Wem es von vornherein darauf ankommt, im Verkehr Verwechslungen herbeizuführen und an fremder Leistung und fremdem Ruf zu schmarotzen, der kann sich nicht auf sein Recht zur Verwendung des eigenen Namens berufen; er handelt rechtsmißbräuchlich.

Strohmanngründung als Fallkonstellation des unlauteren Namensgebrauchs

Liegt demgegenüber weder eine wettbewerbswidrige Strohmannfirma, noch eine wettbewerbswidrige Firmenbildung in Verwechslungsabsicht vor, ist die Benutzung des eigenen Namens zur Firmenbildung grundsätzlich zulässig. Folge der Existenz einer Vielzahl von identischen und ähnlichen Namen sind Namenskollisionen. Niemand darf am ehrlichen Gebrauch seines Namens im Wirtschaftsleben gehindert werden. Ein ehrlicher Namensgebrauch verlangt aber, daß der Namensträger alles Erforderliche und Zumutbare tut, um eine Verwechslungsgefahr im Verkehr möglichst auszuschließen. Wer dies nicht tut, mißbraucht sein Namensrecht; er hat kein schutzwürdiges Interesse an der Benutzung seines Namens. Die Koexistenz gleichnamiger Firmen führt bei den Namensträgern zum Interessensausgleich, insbesondere zu einer gesteigerten Rücksichtnahme aufeinander und zu einer möglichst weitgehenden Abgrenzung voneinander durch die Verwendung unterscheidungskräftiger Zusätze. Der prioritätsältere Firmeninhaber kann trotz des zeitlichen Vorrangs dem prioritätsjüngeren Firmeninhaber den Gebrauch seines Namens nicht untersagen. Das Recht des Prioritätsälteren findet seine natürliche Grenze am Recht jedes Gleichnamigen, seinen bürgerlichen Namen in ehrlicher Weise zu verwenden. Ein Anspruch auf Löschung oder Verbot der Na-

Pflicht des Prioritätsjüngeren, alles erforderliche und Zumutbare zu tun, um die durch die Gleichnamigkeit hervorgerufene Verwechslungsgefahr möglichst gering zu halten.

mensführung schlechthin ist daher grundsätzlich ausgeschlossen. Wohl aber besteht die Pflicht des Prioritätsjüngeren, alles Erforderliche und Zumutbare zu tun, um die durch die Gleichnamigkeit hervorgerufene Verwechslungsgefahr möglichst einzudämmen[580].

Zusammenfassung

Die §§ 5, 15 MarkenG entsprechen weitgehend dem Regelungsgegenstand des früheren § 16 UWG. Die Ablösung des wettbewerblichen oder kennzeichenrechtlichen Schutzes der geschäftlichen Bezeichnung bedeutet grundsätzlich keine Änderung der materiellen Rechtslage. Schutzvoraussetzung für geschäftliche Bezeichnungen ist die Unterscheidungskraft. Erforderlich ist, daß der Verkehr einen eindeutigen Hinweis auf den Namensträger in dem Namen erkennt. Auch der Schutzumfang einer an sich schutzfähigen Kennzeichnung kann wegen des Freihaltebedürfnisses für allgemein beschreibende Verwendungen eingeschränkt werden. Daß verwechselbare und ähnliche Bezeichnungen gleichen Bezeichnungen gleichstehen, folgt zwingend aus dem das Kennzeichenrecht und Wettbewerbsrecht beherrschenden Bestreben, die Öffentlichkeit vor Irreführungen zu bewahren. Maßgeblich ist die Verkehrsauffassung.

Als Ausgangspunkt der besonderen Problemstellung des Rechts der Gleichnamigen ist festzuhalten, daß jeder das Recht hat, sich unter seinem Namen als selbständiger Gewerbetreibender im Geschäftsverkehr zu betätigen. Dieses Recht besteht jedoch nur im Rahmen des lauteren Wettbewerbs und darf nicht mißbräuchlich ausgeübt werden. Die Strohmanngründung stellt eine Fallkonstellation des unlauteren Namensgebrauchs dar. Schutzwürdig ist nur die redliche Benutzung des eigenen Namens. Ein ehrlicher Namensgebrauch verlangt, daß der Namensträger alles Erforderliche und Zumutbare tut, um eine Verwechslungsgefahr im Verkehr möglichst auszuschließen. Wer dies nicht tut, mißbraucht sein Namensrecht; er hat kein schutzwürdiges Interesse an der Benutzung seines Namens.

---

[580] vgl. Fezer, Markenrecht, Rdnr. 56-66 zu § 15 MarkenG

VI. §§ 17 bis 20a UWG (Ausspielung und Verrat von Geschäfts- und Betriebsgeheimnissen)

Der Schutz des Geschäfts- und Betriebsgeheimnisses gegen Verrat liegt nicht nur im Geheimhaltungsinteresse des betroffenen Unternehmens, sondern auch im Interesse der Allgemeinheit an der Erhaltung eines freien und lauteren Wettbewerbs. Wegen der hohen Bedeutung der Geschäfts- und Betriebsgeheimnisse ist ein zivilrechtlicher Schutz allein nicht ausreichend. Das deutsche Recht enthält in den §§ 17 bis 20a UWG folgende Vorschriften:

Der strafrechtliche Schutz ergänzt den zivilrechtlichen Schutz

§ 17 UWG umfaßt drei Tatbestände:
- den Geheimnisverrat durch einen Beschäftigten während der Dauer des Beschäftigungsverhältnisses (§§ 17 Abs. 1 UWG)
- das unbefugte Ausspähen eines Geheimnisses (§ 17 Abs. 2 Nr. 1 UWG)
- die unbefugte Geheimnisverwertung (§ 17 Abs. 2 Nr. 2 UWG)

§ 18 UWG behandelt die verbotene Geheimnisausnutzung durch Selbständige, § 20 UWG die erfolglose Verleitung zu den Straftaten der §§ 17, 18 UWG und das Erbieten dazu sowie ein Sichbereiterklären nach entsprechendem Ansinnen, § 20a UWG die Tat im Ausland. Die Vorschrift des § 19 UWG enthält (deklaratorische) Vorgaben über die zivilrechtliche Ersatzpflicht bei Verletzung der §§ 17, 18 UWG. § 17 Abs. 1 UWG gewährt nicht nur Schutz gegen Mitbewerber oder Außenstehende, sondern auch gegen die eigenen Beschäftigungen und stellt insofern eine im Wettbewerbsrecht ungewöhnliche Vorschrift dar.

Der strafrechtliche Schutz wird ergänzt durch den zivilrechtlichen Geheimnisschutz. Redlich erlangte Kenntnisse von Geschäfts- oder Betriebsgeheimnissen können grundsätzlich frei verwertet werden. Wer jedoch wettbewerbsfremde Mittel verwendet, um ein Geheimnis zu erlangen, verstößt gegen die guten Sitten im Wettbewerb. Der zivilrechtliche Schutz des Geheimnisses wird durch die Straftatbestände des Geheimnisschutzes (§§ 17, 18 UWG) nicht eingeschränkt. Die Generalklausel des § 1 UWG ergänzt den strafrechtlichen Schutz, ohne an ihn gebunden zu sein. Systematisch

Der zivilrechtliche Schutz wird durch die Straftatbestände nicht eingeschränkt

gehört die Verletzung von Betriebs- oder Geschäftsgeheimnissen zum Ausbeutungs- bzw. zum Behinderungswettbewerb. Außerhalb eines Handelns zu Zwecken des Wettbewerbs richtet sich der Geheimnisschutz nach § 826 BGB, der eine vorsätzliche, gegen die guten Sitten verstoßende Schadenszuführung verlangt. Ferner kann ein Geheimnis als Bestandteil des Betriebsvermögens nach § 823 Abs. 1 BGB unter dem Aspekt des Eingriffs in den ausgeübten und eingerichteten Gewerbebetrieb geschützt sein[581].

1. § 17 UWG

Begriffsmerkmal des Geschäfts- oder Betriebsgeheimnisses

Zentraler Begriff des § 17 UWG ist das "Geschäfts- oder Betriebsgeheimnis". Das Gesetz enthält keine Begriffsbestimmung. Geschäftsgeheimnisse beziehen sich auf den kaufmännischen Geschäftsverkehr, Betriebsgeheimnisse auf den technischen Betriebsablauf[582]. Begriffsmerkmale sind:
- die geheimzuhaltende Tatsache darf nur einem eng begrenzten Personenkreis bekannt sein;
- die geheimzuhaltende Tatsache muß zu einem bestimmten Geschäftsbetrieb in Beziehung stehen;
- der Geheimhaltungswille;
- das schutzwürdige Interesse des Inhabers an der Geheimhaltung;
- das Geheimnis darf anderen nicht oder nicht leicht zugänglich sein[583].

Das Bestehen eines gewerblichen Schutzrechtes am Geheimgehaltenen ist dagegen nicht erforderlich[584].

Täter

Täter des Geheimnisverrats nach § 17 Abs. 1 UWG kann nur ein "Angestellter, Arbeiter oder Lehrling eines Geschäftsbetriebes" sein. Die Begriffe sind weit auszulegen, um einen umfassenden Geheimnisschutz zu erreichen.

---

[581] vgl. Baumbach/Hefermehl, a.a.O., Rdnr. 3-5 vor §§ 17 bis 20a UWG; vgl. auch Köhler/Piper, a.a.O., Rdnr. 2 zu § 19 UWG

[582] vgl. Köhler/Piper, a.a.O., Rdnr. 4 zu § 17 UWG

[583] vgl. Baumbach/Hefermehl, a.a.O., Rdnr. 3 bis 7 zu § 17 UWG; Köhler/Piper, a.a.O., Rdnr. 5 bis 8 zu § 17 UWG

[584] Baumbach/Hefermehl, a.a.O., Rdnr. 8 zu § 17 UWG; Köhler/Piper, a.a.O., Rdnr. 9 zu § 17 UWG

Tatobjekt ist ein Geschäfts- oder Betriebsgeheimnis, das dem *Tatobjekt*
Beschäftigten "vermöge des Dienstverhältnisses anvertraut
oder zugänglich gemacht worden ist". Dieses Tatbestandsmerkmal ist auch dann erfüllt, wenn das Geheimnis vom Beschäftigten selbst im Betrieb begründet worden ist. Der Arbeitgeber bezahlt den Beschäftigten für seine Tätigkeit, so
daß das Geheimnis rechtlich dem Unternehmer zusteht.

Tathandlung (der Verrat) ist das unbefugte Mitteilen des Ge- *Tathandlung*
heimnisses an einen Dritten während der Geltungsdauer des
Dienstverhältnisses. Die Geheimhaltungspflicht ist danach
von der rechtlichen, nicht von der tatsächlichen Dauer des
Dienstverhältnisses abhängig. Auch wenn das Dienstverhältnis wegen Vertragsbruchs des Angestellten gelöst wird, besteht die (strafrechtliche) Geheimhaltungspflicht nicht über
die Beendigung des Vertragsverhältnisses hinaus. Subjektiv
muß zu Zwecken des Wettbewerbs, aus Eigennutz, zugunsten
eines Dritten oder in Entschädigungsabsicht gehandelt werden.

§ 17 Abs. 2 Nr. 1 UWG regelt das verbotene Ausspähen, d.h. *Das verbotene Ausspähen*
das unbefugte Sichverschaffen von Geschäfts- und Betriebsgeheimnissen durch technische Mittel, Herstellung verkörperter Wiedergabe, Wegnahme einer das Geheimnis verkörpernden Sache. Unbefugt ist das Ausspähen nur, wenn sich
der Täter das Geheimnis mit einem verbotenen technischen
Mittel gegen den ausdrücklichen oder den mutmaßlichen
Willen des Inhabers oder Leiters des Betriebs verschafft hat.
Unbefugt handelt auch, wer sich die Zustimmung des Geheimnisinhabers auf unredliche Weise, z.B. durch List, erschlichen hat. Subjektiv ist auch hier erforderlich, daß der
Ausspäher zu Zwecken des Wettbewerbs, aus Eigennutz, zugunsten eines Dritten oder in Schädigungsabsicht gehandelt
hat.

§ 17 Abs. 2 Nr. 2 UWG regelt die verbotene Verwertung *Die verbotene Verwertung, die unbefugte Mitteilung*
oder die unbefugte Mitteilung eines Geheimnisses an eine
andere Person. Verwerten ist mehr als das bloße Innehaben
des Geheimnisses und umfaßt jede Art der wirtschaftlichen
Nutzung zur Gewinnerzielung oder Kostensenkung. Ein
Verwerten liegt auch vor, wenn die unbefugte Kenntniserlangung nur teilweise oder mittelbar die Verwertungshandlung ermöglicht hat, sofern nicht das Geheimnis dabei eine
völlig unbedeutende Rolle gespielt hat. Mitteilen ist die
Weitergabe an einen beliebigen Dritten. Unbefugt ist das
Handeln, wenn dem Täter kein Rechtfertigungsgrund zur

Seite steht und das Geheimnis auch noch nicht offenkundig geworden ist[585]. Der Täter muß das Geheimnis, das er verwertet oder weitergibt auf eine der drei im Gesetz alternativ aufgeführten Fälle an sich gebracht haben.

Zivilrechtlicher Rechtsschutz

Die das Geheimhaltungsinteresse des Geheimnisträgers schützenden strafrechtlichen Vorschriften schließen den zivilrechtlichen Rechtsschutz weder aus noch engen sie ihn ein. Ein Sonderproblem des zivilrechtlichen Geheimnisschutzes besteht in der Verwertung redlich erlangter Geheimnisse nach Beendigung des Dienstverhältnisses.

Die Verwertung redlich erlangter Geheimnisse nach Beendigung des Dienstverhältnisses ist nur bei Vorliegen besonderer Umstände unzulässig

Gewöhnlich verstößt die Verwertung in einwandfreier Weise erlangter Geschäfts- oder Betriebsgeheimnisse durch einen früheren Beschäftigten nicht gegen § 1 UWG oder § 826 BGB. Nur bei Vorliegen besonderer Umstände kann eine Verwertung von Geheimnissen, die ein Beschäftigter in einwandfreier Weise erlangt hat, nach Beendigung des Dienstverhältnisses gegen § 1 UWG und außerhalb des Wettbewerbs gegen § 826 BGB verstoßen. Als besondere Umstände, die die Sittenwidrigkeit zu begründen vermögen, sind die Fallgestaltungen des Mißbrauchs einer Vertrauensstellung sowie der gezielten Vorbereitung eines Konkurrenzunternehmens zu nennen. Das bei einem Arbeitsverhältnis bestehende Vertrauensverhältnis als solches reicht zum Mißbrauch einer Vertrauensstellung nicht aus, um den Arbeitnehmer auch nach Vertragsende zur Wahrung von Geschäfts- oder Betriebsgeheimnissen als verpflichtet anzusehen. Notwendig ist, daß vertragliche Beziehungen ihn ausdrücklich zur Geheimhaltung verpflichten. Allerdings kann das Vorliegen einer starken Vertrauensstellung in Verbindung mit weiteren Umständen die Sittenwidrigkeit der Verwertung auch einwandfrei erworbener Kenntnisse begründen[586]. So hat es sich in der Entscheidung des Bundesgerichtshofs vom 21.12.1992[587] verhalten[588].

---

[585] vgl. Köhler/Piper, a.a.O., Rdnr. 34-36 zu § 17 UWG

[586] Baumbach/Hefermehl, a.a.O., Rdnr. 55 ff zu § 17 UWG

[587] BGHZ 38, 391, GRUR 1963, 367 "Industrieböden"

[588] zur Verwertung redlich erlangter Geheimnisse nach Beendigung des Dienstverhältnisses vgl. auch Fezer, Der zivilrechtliche Geheimnisschutz im Wettbewerbsrecht, Festschrift für Traub, S. 81 ff

2. § 18 UWG (Vorlagenfreibeuterei)

§ 18 UWG ergänzt den Geheimnisschutz nach § 17 UWG; er schützt das Interesse des Betriebsinhabers an der ungestörten Nutzung des im Wortlaut der Norm beschriebenen Knowhow und bekämpft, zugleich im allgemeinen Interesse, die Erzielung eines Wettbewerbsvorsprungs durch Vertrauensbruch[589]. „Vorlage" im Sinne des § 18 UWG ist alles, was bei der Herstellung neuer Sachen als Vorbild dienen soll.

Vorlage

„Vorschriften technischer Art" sind mündliche oder schriftliche Anweisungen über einen technischen Vorgang. Die in § 18 UWG aufgezählten Zeichnungen, Modelle, Schablonen, Schnitte und Rezepte sind Beispiele. Unter § 18 UWG fallen auch Patentbeschreibungen, Möbelzeichnungen und Computerprogramme. Auch wissenschaftliche, künstlerische Arbeiten (Bühnenmanuskripte, Drehbücher) können „Vorschriften" in diesem Sinne sein[590].

Vorschriften technischer Art

„Anvertraut" sind Vorlagen oder Vorschriften, die vertraglich oder außervertraglich mit der ausdrücklichen oder aus den Umständen folgenden Verpflichtung überlassen sind, sie nur im Interesse des Anvertrauenden zu verwerten. Eine Vorlage ist nur dann anvertraut, wenn sie (noch) nicht offenkundig ist. Nur dann verschafft sich der Täter durch den Vertrauensbruch einen Wettbewerbsvorsprung[591].

Anvertraut

Die Erfüllung des Straftatbestandes setzt auch hier voraus, daß der Täter hinsichtlich des objektiven Tatbestandes vorsätzlich handelt und darüber hinaus "zu Zwecken des Wettbewerbs" oder "aus Eigennutz".

Täter kann jeder sein, auch ein Beschäftigter, nur nicht der Beschäftigte des Anvertrauenden, weil zwischen ihm und dem Unternehmer kein geschäftlicher Verkehr besteht und § 18 UWG nur den Verkehr vom Betrieb nach außen hin schützt[592].

Der Beschäftigte des Anvertrauenden kann kein Täter sein

---

[589] vgl. Köhler/Piper, a.a.O., Rdnr. 2 zu § 18 UWG

[590] Baumbach/Hefermehl, a.a.O., Rdnr. 3 zu § 18 UWG

[591] vgl. Baumbach/Hefermehl, a.a.O., Rdnr. 4 zu § 18 UWG

[592] vgl. Baumbach/Hefermehl, a.a.O., Rdnr. 7 zu § 18 UWG

3. §§ 19, 20, 20a UWG

§ 19 UWG, der den Ersatzanspruch bei Zuwiderhandlungen gegen die Vorschriften der §§ 17, 18 UWG regelt, wäre entbehrlich gewesen. Wenn zu Zwecken des Wettbewerbs gehandelt wurde, ergibt sich ein Ersatzanspruch schon aus § 1 UWG und bei Fehlen eines Wettbewerbszwecks aus § 826 BGB, der eine vorsätzliche Schädigung voraussetzt, sowie unter Umständen schon bei Fahrlässigkeit aus § 823 Abs. 1 BGB wegen Eingriffs in das Recht am Gewerbebetrieb[593].

In § 20 UWG ist das erfolglose Verleiten und Erbieten zum Verrat unter Strafe gestellt. Durch die Verweisung in § 20a UWG auf § 5 Nr. 7 StGB wird die Strafverfolgung in den Fällen der §§ 17, 18, 20 UWG auch dann ermöglicht, wenn die Ausspähung oder der Geheimnisverrat im Ausland begangen wurde.

Zusammenfassung

Der Straftatbestand des § 17 UWG umfaßt den Geheimnisverrat durch einen Beschäftigten während der Dauer des Beschäftigungsverhältnisses, das unbefugte Ausspähen eines Geheimnisses, die unbefugte Geheimnisverwertung. § 18 UWG behandelt die verbotene Geheimnisausnutzung durch Selbständige, § 20 die erfolglose Verleitung zu den Straftaten der §§ 17, 18 UWG und das Erbieten dazu sowie ein Sichbereiterklären nach entsprechendem Ansinnen, § 20a UWG die Tat im Ausland.

Die das Geheimhaltungsinteresse des Geheimnisträgers schützenden strafrechtlichen Vorschriften schließen den zivilrechtlichen Rechtsschutz weder aus, noch engen sie ihn ein. Die Verwertung redlich erlangter Geheimnisse nach Beendigung des Dienstverhältnisses ist jedoch nur bei Vorliegen besonderer Umstände unzulässig.

---

[593] vgl. Baumbach/Hefermehl, a.a.O., Rdnr. 52 zu § 17 UWG

F. Europäisierung des Wettbewerbsrechts

I. Überblick über das Wettbewerbsrecht, insbesondere das Verbraucherleitbild in anderen EG-Mitgliedsstaaten

1. Schweden, Finnland

Schweden und Finnland sind - anders als Norwegen - zusammen mit Österreich zum 01.01.1995 Mitglied der EU geworden.

Schweden hatte 1971 unter der Bezeichnung "Gesetz gegen ungebührlichen Marktvertrieb" das Schwedische Marktgesetz eingeführt, dessen zentrales Anliegen in der verbesserten Durchsetzung des Verbraucherschutzgedankens bestand.

Aus diesem Grunde wurde dem Verbraucherombudsmann die zentrale Rolle bei der Überwachung und Kontrolle von Verstößen gegen das Gesetz eingeräumt. Im Zusammenhang mit der Novellierung des Gesetzes von 1975 erfolgte die Zusammenlegung des Amtes des Verbraucherombudsmannes und des Staatlichen Verbraucheramtes. Als Entscheidungsorgan wurde 1971 das Marktgericht geschaffen, das außerhalb der allgemeinen Gerichtsbarkeit stand. Die Einführung des Ombudsmann-Modells durch Schweden im Jahre 1971 hat in ganz Europa großes Interesse erweckt. Es wurde teilweise als Alternative zur geltenden Regelung eines wettbewerbsrechtlichen Kontrollsystems diskutiert. Andererseits wurde das Gesetz kritisiert, da es zu einer Diskriminierung der Gewerbetreibenden und zu einer Vernachlässigung ihres Schutzes diene. Anlaß für diese Kritik war in erster Linie die in Wirtschaftskreisen als zu einseitig befundene Betonung des Verbraucherschutzgedankens. Seit 1992 wurde in Schweden an einer grundlegenden Revision des Marktgesetzes gearbeitet. Anlaß hierfür war u.a. auch die einseitige Ausrichtung des Gesetzes auf den Verbraucherschutzgedanken, der einer gewissen Korrektur unterzogen wurde. Die

Schweden

Zentrale Rolle des Verbraucherombudsmannes

Abschaffung des Ombudsmann-Modells stand allerdings zu keinem Zeitpunkt zur Diskussion. Das neue Marktgesetz ist im April 1995 vom Parlament verabschiedet worden und am 01.01.1996 in Kraft getreten.

Finnland: Das Gesetz über unlauteres Verhalten regelt die Beziehungen der Gewerbetreibenden untereinander; das Verbraucherschutzgesetz gilt im Verhältnis Gewerbetreibender - Verbraucher	In Finnland sind Vorschriften gegen unlauteren Wettbewerb sowohl im Gesetz über unlauteres Verhalten im Geschäftsverkehr vom 22.12.1978 (UVG) als auch im zweiten Kapitel des Verbraucherschutzgesetzes vom 20.01.1978 (VSG) verankert. Schutzzwecke und Regelungsbereiche sind unterschiedlich: Das UVG regelt die Beziehungen der Gewerbetreibenden untereinander, das VSG gilt im Verhältnis zwischen Gewerbetreibendem und Verbraucher. Der Verbraucherombudsmann ist nur für die Überwachung von Verstößen gegen das VSG zuständig. Im Falle des UVG erfolgt die Kontrolle durch private Klagetätigkeit der Gewerbetreibenden.
Schweden und Finnland: Hohe Anforderungen an die Lauterkeit des Verhaltens; Beurteilung unter Berücksichtigung des Adressatenkreises	Materiell ist schwedischem und finnländischem Recht gemeinsam, daß hohe Anforderungen an die Lauterkeit des Verhaltens gestellt werden. Ein Grund dafür liegt darin, daß in beiden Ländern der Gesichtspunkt des Verbraucherschutzes einen sehr hohen Stellenwert besitzt. Werbeangaben müssen nicht nur korrekt sein, sondern darüber hinaus auch vom Grundsatz der "sozialen Verantwortung" getragen sein. Große Bedeutung kommt ferner dem Grundsatz zu, daß die Lauterkeit einer Maßnahme unter Berücksichtigung des Adressatenkreises zu beurteilen ist. So werden bei der Werbung gegenüber Personengruppen, die aufgrund ihres Alters oder ihrer speziellen Lebenssituation (insbesondere Krankheit) in besonderen Maße für Beeinflussungen anfällig sind, wesentlich strengere Maßstäbe angelegt als bei Werbung gegenüber inhomogen zusammengesetzten Zielgruppen. Auch für Werbemaßnahmen, die Kinder ansprechen sollen, gelten strengere Maßstäbe.
Maßstab des (flüchtigen) Durchschnittsverbrauchers	Sowohl Schweden als auch Finnland kennen Tatbestände der irreführenden Werbung. Bei der Beurteilung der Irreführungseignung einer Angabe wird vom üblichen Verständnis eines (flüchtigen) Durchschnittsverbrauchers ausgegangen.
Der Einsatz der Demoskopie ist möglich, aber unüblich	Der Einsatz der Demoskopie als Beweismittel ist grundsätzlich möglich, aber in der Praxis unüblich. Auch im Bereich der irreführenden Werbung gilt, daß die Maßstäbe um so

strenger sind, je anfälliger die Adressaten für die Beeinflussung sind[594].

2. Großbritannien, Irland

In Großbritannien gibt es kein dem deutschen UWG entsprechendes Gesetz. Es gibt weder eine Generalklausel noch einen systematisch und konsequent kodifizierten Komplex von Einzeltatbeständen. Vielmehr ist kennzeichnend für die Behandlung von unlauteren Geschäftspraktiken in Großbritannien eine Mischung aus verschiedene Einzelbereiche regelnden Gesetzen und von anerkannten Verbänden vorgegebenen und überwachten Verhaltenskodizes, die in erster Linie nicht auf den Schutz der Konkurrenz, sondern vielmehr auf den der Verbraucher und der Öffentlichkeit gerichtet sind. Daneben gibt es vom Fallrecht entwickelte deliktrechtliche Anspruchsgrundlagen, die Mitbewerbern bzw. anderen verletzten Parteien zivilrechtliche Ansprüche gewähren[595].

Ablehnend steht man in Großbritannien namentlich den wettbewerbsrechtlichen Generalklauseln gegenüber. Immer noch gilt das Wort eines hohen Richters aus dem Jahre 1889: "To draw a line between fair and unfair competition, between what is reasonable and unreasonable passes the power of the courts"[596].
Mißtrauen gegenüber wettbewerbsrechtlichen Generalklauseln

Die Selbstkontrolle der Wirtschaft hat in Großbritannien eine lange Tradition. Es wird davon ausgegangen, daß die Regelung des Wettbewerbsverhaltens durch die Kaufleute selbst vorgenommen wird. Der Wert, der in Großbritannien auf "Selbstregulierung" gelegt wird, läßt sich z.B. an § 124 Abs. 3 des Fair Trading Act 1973 erkennen, der den Director General of Fair Trading beauftragt, die Vorgabe von Verhaltenskodizes der Fachverbände zum Schutz von Verbraucherinteressen zu fördern. Inzwischen gibt es für jede bedeutende Branche in der britischen Wirtschaft eine außerge-
Selbstkontrolle

---

[594] vgl. Kur, Das Recht des unlauteren Wettbewerbs in Finnland, Norwegen und Schweden, GRUR Int. 1996, 38 ff m.z.w.N.

[595] vgl. Boyle, Das Recht des unlauteren Wettbewerbs in Großbritannien, WRP 1990, 159 ff

[596] vgl. die Nachweise bei Schricker, Irreführende Werbung in Europa, hrsg. v. Zentralausschuß der Werbewirtschaft e.V., 1990, S. 32

setzliche, freiwillige Selbstregulierung (self-regulation) durch von entsprechenden Fachverbänden vorgegebene und überwachte Verhaltenskodizes[597].

Control of Misleading Advertising Regulations 1988

Bei der Umsetzung der EG-Richtlinie Nr. 84/450 vom 10. September 1984 in nationales Recht durch die Control of Misleading Advertising Regulations 1988 war der britische Gesetzgeber offenbar weiterhin bemüht, die "Selbstregulierung" nicht durch gesetzliche Regelungen zu ersetzen oder überflüssig zu machen, sondern sie vielmehr durch gesetzliche Sanktionen zu unterstützen. Auf gesetzliche Sanktionen kann in Einzelfällen zurückgegriffen werden, in denen das Instrumentarium des Selbstregulierungssystems zu keinem Erfolg geführt hat. Die regulation selbst übernimmt, abgesehen von unbedeutenden sprachlichen Änderungen, die wohl einer Anpassung an den üblichen Stil des englischen Gesetzgebers dienen sollen - wörtlich den Tatbestand der irreführenden Werbung aus der Richtlinie[598]. Wegen irreführender Werbung können Beschwerden an den Director General of Trading gerichtet werden, der sie unter Berücksichtigung aller involvierten Interessen, insbesondere des öffentlichen Interesses, prüft. Wenn der Director dies für angemessen erachtet (if he thinks it appropriate to do so), kann er ein Verbot bei Gericht beantragen. In einer Entscheidung des High Court of Justice, Chancery Division vom 17.11.1988 (Director General of Fair Trading v. Tobyward Ltd. and another) betonte das Gericht zum einen das Prinzip der Selbstregulierung, zum anderen wird bezogen auf den „passiven" Maßstab der täuschungsgeeigneten Werbeinhalte ausgeführt: „... Es ist wahr, daß viele Menschen Werbung mit einem gewissen Maß an Skepsis lesen. Zur Anwendung der Vorschriften muß jedoch davon ausgegangen werden, daß es Menschen geben kann, die glauben, was ihnen die Werbung sagt, und unter diesen Umständen ist die Aufstellung einer falschen Behauptung geeignet zu täuschen"[599].

---

[597] vgl. Boyle, Fn 595, S. 160

[598] vgl. Boyle, Fn. 595, S. 163; Schricker, Fn. 596, S. 33

[599] vgl. Boyle, Fn. 595, S. 163 f.; vgl. auch Kordes, Umweltwerbung; Wettbewerbsrechtliche Grenzen der Werbung mit Umweltschutzargumenten, Schriftenreihe zum gewerblichen Rechtsschutz Bd. 92, S. 199 ff; Trägner, Das Verbot irreführender Werbung nach § 3 UWG im Europäischen Binnenmarkt, Konstanzer Schriften zur Rechtswissenschaft, Bd. 59, S. 51 ff

Die praktische Bedeutung dieser sybillinischen Ausführungen bleibt unklar. Mutmaßlich ist aus ihnen ein differenzierender Maßstab abzuleiten, anhand dessen eine fallbezogene Beurteilung stattzufinden hat.

Dies deckt sich mit der grundsätzlichen Auffassung der Gerichte, die auf das Verständnis der „ordinary consumers" in der jeweils angesprochenen Zielgruppe abheben, wobei zwischen der Allgemeinheit, dem Fachhandel, dem sachkundigen Verbraucher und dem Konsumenten ohne besondere Sachkenntnis unterschieden wird[600]. Unerheblich soll nach der englischen Rechtsprechung sein, wenn eine „ungewöhnlich unaufmerksame, kurzsichtige und mit unterdurchschnittlicher Intelligenz begabte Person" irregeführt wird[601].

Verständnis des ordinary man / ordinary consumer

Ähnlich dem Britischen Recht gibt es auch in Irland kein kodifiziertes System gegen unlauteren Wettbewerb, sondern lediglich einige Spezialgesetze, die Teilbereiche des Unlauterkeitsrechts regeln. Ebenso wie in Großbritannien ist auch hier die private Selbstkontrolle der Werbung mit ihren eigenen Verhaltenskodizes von erheblicher Bedeutung[602].

Irland

3. Dänemark

Das dänische Gesetz über den unlauteren Wettbewerb vom 28.01.1987 ist in seiner Funktion gleichzeitig ein bürgerlich-rechtliches und öffentlich-rechtliches Gesetz. Die Sanktionen bei Übertretung des Gesetzes sind Strafe (Bußgelder, Haft und in Einzelfällen sogar Gefängnis), Verbote (möglicherweise auch zusammen mit Geboten) und Schadensersatz. Um eine einheitliche Behandlung der Rechtsfragen zu gewährleisten, ist in allen bürgerlich-rechtlichen Rechtsstreitigkeiten über die Auslegung und Anwendung des Gesetzes das See- und Handelsgericht in Kopenhagen zuständig.

---

[600]Trägner, Fn. 599, S. 52

[601]vgl. Münker, Harmonisierung des Rechtsschutzes gegen unlauteren Wettbewerb in der Europäischen Union, WRP 1996, 990, 995

[602]vgl. dazu Trägner, Fn. 599, S. 53 m.w.N.

Schutzgüter: Schaffung eines gesunden Marktes, Schutz des Verbrauchers, allgemeine gesellschaftliche Interessen

Zivilrechtliche Klagen wegen Übertretung des Gesetzes können sowohl vom Verbraucherombudsmann als auch von Privatpersonen erhoben werden. Materiell ist die übergeordnete Zielrichtung des Gesetzes die Schaffung eines gesunden Marktes.

Aber auch der Schutz des Verbrauchers und allgemeine gesellschaftliche Interessen sind ein wichtiges Ziel der Gesetzgebung. Unrichtige, irreführende oder mangelhafte Angaben sind in § 2 des Gesetzes geregelt[603]. Insgesamt betrachtet gehört Dänemark zu den Ländern, in denen (irreführende) Werbepraktiken eine eher strengere Beurteilung erfahren. Dies gilt jedenfalls, soweit die Verstöße auf dem Zivilrechtsweg geltend gemacht werden. So wurde auch in den Materialien zum Gesetz über Marktverhalten vorgegeben, daß im Verbraucherinteresse an das Vorliegen der Eignung einer irreführenden Angabe, die Nachfrage zu beeinflussen, geringe Anforderungen zu stellen seien[604].

4. Niederlande

Auch in den Niederlanden kommt der freiwilligen Selbstkontrolle eine große Bedeutung zu. Die Niederlande kennen Nebenbestimmungen zum Schutze des Wettbewerbs im Strafgesetzbuch und neben verschiedenen Spezialgesetzen, die auch wettbewerbsrechtliche Bezüge aufweisen, zivilrechtliche Regelungen, die im Niederländischen Bürgerlichen Gesetzbuch verankert sind und die das Wettbewerbsrecht regeln. In die Rechtsnormen des bürgerlichen Gesetzbuches der Niederlande sind 1980 die Art. 1416 a bis 1416 c eingeführt worden, die sich eingehend mit der irrtumerregenden Reklame befassen. Hier sind beispielhaft mögliche Irreführungstatbestände angeführt, die allerdings keinen abschließenden Charakter haben.

Beweislastumkehr

Besonders hervorzuheben ist in diesem Zusammenhang die im Gesetz enthaltene Beweislastumkehr, wonach im Regelfall derjenige, der die Reklameäußerung ganz oder teilweise selbst bestimmt oder veranlaßt hat, die Richtigkeit oder Vollständigkeit zu beweisen hat[605].

---

[603] vgl. Reinel, Dokumentation der Besonderheiten des Wettbewerbsrechts in Europa, Dänemark, WRP 1990, 92 ff

[604] vgl. die Nachweise bei Trägner, Fn. 599, 1993, S. 43 m.w.N.

[605] vgl. Mehring, Das Recht des unlauteren Wettbewerbs in den Niederlanden, WRP 1990, 477 ff., 480

Ausgangspunkt der Betrachtung ist die Verkehrsauffassung, die Beurteilung einer Werbeäußerung erfolgt aber auch abstrakt aus der Sicht eines Durchschnittsverbrauchers. Diese kann durchaus verschieden sein, so etwa, wenn sich die Angabe speziell an Kinder oder aber an fachlich spezialisierte Abnehmerkreise richtet.

Im Regelfall gilt der niederländische Verbraucher als nüchtern und gegenüber der Werbung kritisch eingestellt[606].

Verkehrsauffassung: abstrakte Sicht eines Durchschnittsverbrauchers, differenziert nach Abnehmerkreisen

Verbraucher gilt als nüchtern und gegenüber der Werbung kritisch eingestellt

5. Belgien

In Belgien ist am 01.03.1993 an die Stelle des Gesetzes über die Handelspraktiken vom 14.07.1971 das Gesetz über die Handelspraktiken, die Information und den Schutz des Verbrauchers getreten. Schon in der Bezeichnung dieses Gesetzes dokumentiert sich deutlich der Wille des Gesetzgebers, den Belangen des Verbraucherschutzes in verstärktem Maße Rechnung zu tragen. Die Art. 22 f. des Gesetzes vom 14.07.1991 sollen das belgische Werberecht mit der EG-Richtlinie über irreführende Werbung in Einklang bringen. So enthält Art. 23 einen umfangreichen Katalog mit einem Verbot der verschiedenen im einzelnen aufgelisteten Erscheinungsformen irreführender Werbung. In Anlehnung an Art. 6 der Richtlinie über irreführende Werbung enthält Art. 24 des Gesetzes vom 14.07.1991 ferner die Möglichkeit einer Beweislastumkehr.

Nicht geändert haben sich die für die Beurteilung der Irreführungsgefahr maßgeblichen Grundsätze: Die Irreführungsgefahr ist aus der Sicht des maßgeblichen Adressatenkreises zu beurteilen, wobei grundsätzlich auf den Gesamteindruck, der sich bei einem flüchtigen Leser, Zuhörer oder Betrachter bietet, abgestellt wird.

Maßstab: der durchschnittliche Werbeadressat, dessen Aufmerksamkeitsgrad von der Zielgruppe der Werbung abhängt

Welches Maß an Aufmerksamkeit der "durchschnittliche" Werbeadressat, den die meisten Entscheidungen im Auge haben, aufwendet, hängt wiederum von der Zielgruppe der Werbung ab: Je fachkundiger diese ist, desto höhere Anforderungen werden an seine Aufmerksamkeit gestellt.

Die belgische Rechtsprechung zeigt sich bei der Beurteilung werblicher Aussagen eher großzügig. Solange sich eine Werbebehauptung auf das eigene Produkt bezieht, wird relativ häufig von unschädlichen - da für den durchschnittlichen

Unschädliche werbemäßige Schönfärbereien werden durchschaut

---

[606] vgl. die Nachweise bei Trägner, Fn. 599, S. 42

Verbraucher durchschaubaren - werbemäßigen Schönfärbereien ausgegangen. Wohl aus diesem Grunde hat der Gesetzgeber in Art. 23 f. die ausdrückliche Aufnahme der „Auswirkungen auf die Umwelt" aufgenommen. Da die belgischen Gerichte weitgehende Toleranz gegenüber werblichen Übertreibungen pflegen, bestand die Gefahr, daß Umweltbehauptungen sonst als unschädliche Schönfärberei eingestuft würden. Die ausdrückliche Nennung dieses Aspekts zwingt die Gerichte nunmehr zu einer gewissen Vorsicht[607].

Die Bedeutung einer Werbeaussage wird abstrakt ermittelt; der Verbraucher ist von durchschnittlicher Intelligenz

Der französischen Praxis entsprechend, wird auch in Belgien die Bedeutung einer Werbeaussage abstrakt und in der Regel aus der Sicht eines normalen Verbrauchers von durchschnittlicher Intelligenz ermittelt, wobei offenkundig auch nach der Art des Produktes differenziert wird, wenn etwa bei der Einordnung der Bedeutung des Natriumgehaltes in Mineralwasser für die Gesundheit auf einen minder intelligenten und aufmerksamen Verbraucher und bei einer Werbung für Haarwuchsmittel sogar auf einen solchen von "schwacher Intelligenz" und von "unzureichendem kritischen Sinn" abgestellt wird[608].

6. Luxemburg

Die luxemburgische Regelung ist eng an die belgische angelehnt

Sowohl die gesetzliche Regelung als auch die daran anknüpfende Rechtsprechung sind eng an das belgische Vorbild angelehnt. Das gilt schon für die Großherzögliche Verordnung vom 23.12.1974 und zeigt sich auch in dem heute geltenden Gesetz vom 27.11.1986 zur Regelung gewisser Handelspraktiken und zur Sanktionierung des unlauteren Wettbewerbs. Nach dessen Art. 17 a, der die Generalklausel in Art. 16 erläutert, begeht eine Handlung unlauteren Wettbewerbs, wer in der Absicht, beim Publikum den Glauben hervorzurufen, die beworbene Ware oder Dienstleistung würde zu besonders günstigen Bedingungen angeboten, falsche Angaben macht, die geeignet sind, den Käufer oder Abnehmer der Dienstleistung zu täuschen. Der Verbraucherschutzgedanke zeigt sich auch hier in der Klagebefugnis von Verbraucherschutzvereinigungen. Verstöße gegen Art. 17

---

[607] vgl. Frauke Henning-Bodewig, Die Regelung der Werbung im belgischen Handelspraktikengesetz vom 14.07.1991, GRUR Int. 1994, 455, 457 f.

[608] vgl. die Nachweise bei Trägner, Fn. 599, S. 39 f.; zum belgischen Wettbewerbsrecht vgl. auch Münker, Fn. 601, S.994

können sowohl zivilrechtliche (Art. 21 ff.) als auch strafrechtliche (Art. 23 ff.) Sanktionen nach sich ziehen[609].

7. Frankreich

Das französische Wettbewerbsrecht hat eine lange Tradition und wird maßgeblich vom Prinzip der Gewerbefreiheit, als Ausfluß der „liberté", wie sie anläßlich der Revolution von 1789 erstmals postuliert wurde, geprägt. Frankreich kennt kein dem UWG entsprechendes Gesetz, das das Wettbewerbsrecht als Ganzes regelt.

Das Wettbewerbsrecht ist im wesentlichen Richterrecht. Es wurde von der Rechtsprechung aus der allgemeinen Haftung für schuldhaftes Handeln zum Schaden eines anderen entwickelt. Die Anspruchsgrundlage für etwaige zivilrechtliche Ersatzansprüche, die aus Tatbeständen unlauteren Wettbewerbs resultieren, findet sich dementsprechend in der Generalklausel des Art. 1382 i.V.m. Art. 1383 des Code Civil, der nach der Rechtsprechung vier verschiedene Gruppen von Wettbewerbsverstößen umfaßt: dénigrement (Herabsetzung des Mitbewerbers), confusion (bewußte Herbeiführung einer Verwechslung), désorganisation de l'entreprise rivale (Störung des Konkurrenzunternehmens), désorganisation du marché (Behinderung des Marktes)[610]. Daneben treten als Grundlage des Wettbewerbsrechts aus zahlreichen Einzelgesetzen und Verordnungen Bestimmungen mit strafrechtlichem Charakter, die jeweils bestimmte wettbewerblich relevante Tatbestände behandeln. Die französische Rechtslehre unterscheidet daher zwischen „unlauterem" Wettbewerb (concurrence déloyale) und (durch Gesetz oder Vertrag) „verbotenem" Wettbewerb (concurrence interdite).

Wettbewerbsrecht ist im wesentlichen Richterrecht; Basis: Generalklausel des Art. 1382 i.V.m. 1383 Code Civil

Die irreführende Werbung findet sich in Art. 44 des Gesetzes vom 27.12.1973 (Loi Royer), der in Art. L.121.1 des Code de la Consommation vom 26.7.1993[611] aufgegangen ist. Nach dessen Abs. 1 ist jegliche Werbung verboten, die in irgendeiner Form falsche oder zur Irreführung geeignete Behauptungen, Angaben oder Aufmachungen enthält. Diese Vorschrift

Irreführende Werbung

---

[609] vgl. Trägner, Fn. 599, S. 40 f. m.w.N.

[610] vgl. dazu Langer, Das französische Wettbewerbsrecht, WRP 1991, 11 ff

[611] Gesetz No. 93-949, in Kraft getreten am 27.7.1993

stellt die zentrale Norm zur Bekämpfung irreführender Werbung in Frankreich dar.

Abstrakte Kriterien

Die Gefahr der Irrtumserregung kann nur festgestellt werden, wenn nachgewiesen wird, daß das von der Werbung angesprochene Publikum der behaupteten Täuschung unterliegen konnte. Hier werden abstrakte Kriterien zugrundegelegt.

Maßgeblich: die Sichtweise eines Durchschnittsverbrauchers von normaler Intelligenz und Aufmerksamkeit, des sog. „bon père de famille"

Der durchschnittliche Verbraucher und seine Urteilsfähigkeit sind der Maßstab für die Eignung zur Irreführung, wobei im Regelfall die Sichtweise eines Durchschnittsverbrauchers von normaler Intelligenz und Aufmerksamkeit zugrunde gelegt wird[612]. Es liegt auf der Hand, daß diese idealtypische Gestalt des „bon père de famille", des Durchschnittsverbrauchers normaler Intelligenz und Aufmerksamkeit, der den Geldbeutel nicht so rasch aufmacht, sich jeder Demoskopie entzieht. Mit ihr gibt man sich deshalb auch gar nicht ab; es bleibt bei der Eigenwertung des Richters, der ja selbst ein „bon père de famille" ist[613] oder einen „bon père de famille" kennt.

Schutzgut des Loi Royer / des Code de la Consommation auch: Schutz der Verbraucher

Art. 46 des Loi Royer eröffnet neben Konkurrenten auch den Verbraucherverbänden die Möglichkeit, sich im Wege der zivilrechtlichen Schadensersatzklage an dem Strafverfahren zu beteiligen. Hieraus folgt, daß das in den Code de la Consommation integrierte Loi Royer außer den Interessen der mittelständischen Kaufleute und Handwerker auch den Schutz der Verbraucher beabsichtigt[614].

8. Italien

Italien hat die EG-Richtlinie über irreführende Werbung am 14. Februar 1992[615] in nationales Recht umgesetzt. Das italienische Recht des unlauteren Wettbewerbs ist rein individualrechtlich ausgerichtet.

---

[612] vgl. Trägner, Fn. 599, S. 36 m.w.N

[613] vgl. Schricker, Fn. 596, S. 38 m.w.N. zum französischen Recht vgl. auch Kordes, Fn. 599, S. 165 ff; zur Irreführung S. 176 ff

[614] zum französischen Wettbewerbsrecht vgl. auch Münker, Fn. 601, S. 994 f.

[615] vgl. die in GRUR Int. 1992, 825 ff abgedruckte deutsche Übersetzung

Bei der Beurteilung der Zulässigkeit von Werbemaßnahmen werden allein die Interessen der dadurch konkret von einem Schaden bedrohten Mitbewerber berücksichtigt, nur diese sind auch klagebefugt. Für das Interesse der Verbraucher, vor unlauterer und damit auch irreführender Werbung bewahrt zu werden, bleibt daneben kein Raum[616]. Die Gerichte urteilen stets nach der eigenen Lebenserfahrung; die Demoskopie wird als Beweismittel nicht verwendet.

Bei der Beurteilung der Zulässigkeit von Werbemaßnahmen werden nur die Interessen der Mitbewerber berücksichtigt.

Man stellt entweder auf die formale, sprachliche Richtigkeit der Werbeangaben ab, ohne nach der Verkehrsauffassung zu fragen, oder man hält sich an die hypothetische Figur des Durchschnittsverbrauchers, der als skeptisch, gewitzt und gegenüber der Werbung weitgehend immun betrachtet wird[617]. An diesem Zustand hat auch die Gesetzesverordnung Nr. 74 vom 25. Januar 1992, mit der die EG-Richtlinie über irreführende Werbung in nationales Recht umgesetzt wurde, nichts geändert[618].

Durchschnittsverbraucher gilt als skeptisch, gewitzt und gegenüber der Werbung weitgehend immun

Interessanterweise ist in die vom staatlichen Recht zunächst offengelassene Bresche die freiwillige Werbeselbstkontrolle gesprungen, die sich bereits Anfang der 60er Jahre entwickelt hat. Der Codice di autodisciplina pubblicitaria ist für diejenigen Werbetreibenden, die ihm zugestimmt haben bzw. beigetreten sind, verbindlich. Über Beschwerden wegen Verstöße gegen den Codice entscheidet eine Giuri, in die neben Rechtsexperten auch Experten auf dem Gebiet von Verbraucherfragen und Werbefachleute berufen sind. Im Unterschied zur derzeitigen gesetzlichen Regelung enthält der die Tätigkeit der Organe der Selbstkontrolle regelnde Codice di autodisciplina pubblicitaria in Art. 2 ein allgemeines Verbot irreführender Werbung. Obwohl der Codice in erster Linie dazu dient, das Verhalten der daran beteiligten Werbetreibenden zu regeln, wird auch der Gedanke des Verbraucherschutzes berücksichtigt. Damit einher geht eine den italienischen Gerichten konträre Auffassung über die Funktion der Werbung. Sie stehe vor allem im Dienste der Information der Öffentlichkeit, weshalb ihr Einfluß auf die Verbraucher besondere Berücksichtigung bedürfe. Zur Feststellung der Wirkung einer Werbeangabe auf das angesprochene Publikum

Freiwillige Werbeselbstkontrolle berücksichtigt auch den Gedanken des Verbraucherschutzes

---

[616]vgl. Trägner, Fn. 599, S. 29 f.

[617]vgl. Schricker, Fn. 596, S, 26

[618]Trägner, Fn. 599, S. 30

greift man zwar ebenfalls nicht auf demoskopische Gutachten zurück, der damit angelegte Maßstab ist jedoch im Vergleich zur Rechtsprechung differenzierter und insgesamt strenger. Es wird nicht auf die Figur des gegenüber der Werbung wohl gewappneten Durchschnittsverbrauchers abgestellt, sondern auf den weniger gebildeten Werbeadressaten, den weniger kritisch gerüsteten Verbraucher[619].

9. Spanien

Spanien hat nach dem Tode Francos im Jahre 1985 eine ganze Reihe von auch wettbewerbsrechtlichen Reformen durchgeführt[620].

Allgemeines Werbegesetz

Hierzu gehört das nach dem 1986 erfolgten EG-Beitritt erlassene Gesetz 34/1988 vom 11. November 1988[621], welches das Werbestatut von 1964 vollumfänglich ablöst und zur Angleichung des spanischen Rechts an die EG-Richtlinie über irreführende Werbung erlassen wurde. Nach Art. 5 des allgemeinen Werbegesetzes können neben den zuständigen Verwaltungsbehörden auch Verbraucherverbände, betroffene natürliche und juristische Personen und grundsätzlich diejenigen, die ein subjektives Recht oder berechtigtes Interesse besitzen, vor den Zivilgerichten (Art. 28) die Einstellung bzw. Berichtigung der Werbung verlangen.

Verbraucher- und Benutzerschutzgesetz

Daneben ist das Verbot irreführender Werbung in Art. 8 Abs. 3 des Verbraucher- und Benutzerschutzgesetzes vom 19. Juli 1984 enthalten, aufgrund dessen falsches oder irreführendes Bewerben von Produkten oder Dienstleistungen als Betrug verfolgt werden kann. Auch das am 10. Januar 1991 erlassene Gesetz über unlauteren Wettbewerb[622] enthält in Art. 7 ein Verbot irreführender Werbung.

Nach Art. 5 des Allgemeinen Werbegesetzes von 1988 sind bei der Beurteilung, ob eine Werbung irreführend ist, sämtliche Bestandteile, insbesondere die in ihr enthaltenen Anga-

---

[619] vgl. Trägner, Fn. 599, S. 33 f.; Schricker, Fn. 596, S. 28 ff

[620] vgl. Leible, Bedeutung und Bestimmung der Verkehrsauffassung im spanischen Recht des unlauteren Wettbewerbs, WRP 1992, 1, 2 ff

[621] Ley general de la publicidad, GRUR Int. 1989, 908 ff

[622] abgedruckt in GRUR Int. 191, 551

ben zu berücksichtigen. Auf welche Weise dies zu geschehen hat, bleibt allerdings offen. Der in der werberechtlichen Literatur vorzufindende Satz, daß „das spanische Publikum gegenüber den Werbebotschaften skeptisch und kritisch ist, im Gegensatz zum deutschen Publikum, das leichtgläubig zu sein pflegt"[623], besitzt nach wie vor Gültigkeit. Das spanische Publikum wird als skeptisch und kritisch und auf unrichtige Werbung nicht leicht hereinfallend angesehen.

Dem spanischen Wettbewerbsrecht lag und liegt das Leitbild eines Durchschnittskonsumenten normaler Intelligenz und Aufmerksamkeit zugrunde, der zwar nicht besonders schlau oder mißtrauisch ist, aber in der Lage und fähig ist, sich mit der ihn erreichenden Werbung auseinanderzusetzen[624]. Meinungsumfragen gab und gibt es in Spanien nicht, maßgeblich ist die Eigenbewertung der Gerichte[625].

Leitbild eines Durchschnittskonsumenten normaler Intelligenz und Aufmerksamkeit

10. Portugal

Das neue Werbungsgesetzbuch (NCP = Novo Codico da publicitade) vom 23.10.1990, setzt die EG-Richtlinie über irreführende Werbung in portugiesisches Recht um und geht erheblich über die dort genannten Bereiche hinaus: Jegliche Kommunikation zur Förderung von Ideen, Prinzipien, Initiativen und Institutionen gilt als Werbung und fällt in den Anwendungsbereich des Gesetzbuches. Jegliche Werbung hat sich gemäß Art. 6 NCP an den Prinzipien der Zulässigkeit, Erkennbarkeit, Wahrhaftigkeit und des Respekts für die Rechte des Verbrauchers zu orientieren[626].

Werbegesetzbuch

Daneben kommt Art. 9 Abs. 1 des Verbraucherschutzgesetzes vom 22. August 1981 Bedeutung zu, der eine Begründung für das Wahrheitsgebot in der Werbung enthält, die auch bei der Interpretation des Werbegesetzes zu berücksichtigen ist.

Verbraucherschutzgesetz

Danach hat der Verbraucher ein Recht, im Hinblick auf die Herausbildung seiner Entscheidung zum Vertragsabschluß und auf jeden Fall vor Vertragsschluß, vollständig und red-

Recht auf Information

---

[623] zitiert nach Schricker, Fn. 596, S. 35

[624] Leible, Fn. 620, S. 9

[625] Leible, Fn. 620, S. 11

[626] vgl. Möllering, Das Recht des unlauteren Wettbewerbs in Portugal, WRP 1991, 634, 637 f.

lich über die wesentlichen Eigenschaften der ihm zu erbringenden Güter oder Dienstleistungen informiert zu werden"[627].

Hohe Bedeutung des Verbraucherschutzes

Insgesamt kann festgestellt werden, daß die portugiesische Gesetzgebung sich zunehmend am Verbraucherschutz orientiert, der als solcher sogar in der Verfassung von 1982 festgeschrieben ist. Der Gedanke des Schutzes der Lauterkeit des Wettbewerbs oder gar des Mitbewerbers tritt demgegenüber in den Hintergrund[628]. So hat der portugiesische Gesetzgeber zusätzlich zu den in Art. 3 der EG-Richtlinie genannten Kriterien in Art. 11 Abs. 2 lit. d NCP bestimmt, daß auch die Rechte und Pflichten des Adressaten bei der Beurteilung der Frage, ob eine Werbung irreführend ist, zu berücksichtigen ist. Das Prinzip des Respekts für die Rechte des Verbrauchers (Art. 12 NCP) wird in Art. 13 NCP bezüglich einer die Gesundheit und Sicherheit des Verbrauchers gefährdenden Werbung ausdrücklich präzisiert[629]. Aussagen über das zugrundezulegende Verbraucherleitbild sind möglicherweise deshalb schwer zugänglich, weil es in Portugal eine ganze Reihe außergerichtlicher Lösungsmöglichkeiten von Wettbewerbskonflikten gibt[630].

Es bleibt auch festzustellen, daß sich das Recht der südlichen Mitgliedsstaaten der Europäischen Gemeinschaft in vielen Bereichen "auf dem Papier" durch einen relativ hohen Regelungsgrad auszeichnet, dem in der Praxis häufig eine ebenso hohe Toleranzschwelle gegenübersteht[631].

11. Griechenland

Das griechische Rechtssystem hat seine Wurzeln auch im deutschen Recht, was insofern nicht verwundert, als Otto von Wittelsbach von 1832-1862 König von Griechenland war. Dementsprechend diente das deutsche Recht als Vorbild für das griechische Gesetz gegen unlauteren Wettbewerb aus dem Jahre 1914. Im Zuge der Anpassung an die EG-Werberichtlinie hat der Bereich der irreführenden Werbung

---

[627] vgl. Trägner, Fn. 599, S. 47

[628] vgl. Möllering, Fn. 626, S. 635

[629] vgl. Möllering, Fn. 626, S. 638

[630] vgl. Möllering, Fn. 626, S. 642

[631] vgl. Möllering, Fn. 626, S. 634

zunächst durch die Verordnung vom 09.11.1990 eine eigenständige Regelung erfahren. Die in Art. 2 der Verordnung enthaltenen Begriffsbestimmungen entsprachen daher auch fast wörtlich den Vorgaben in Art. 2 der EG-Richtlinie. Diese Vorschrift findet sich nunmehr wieder in Art. 18 des Gesetzes Nr. 1961 vom 03.09.1991 über Verbraucherschutz und sonstige Vorschriften, das die Verordnung vom 09.01.1990 abgelöst hat. Im Gesetz vom 03.09.1991 ist ferner erstmals ein ausdrücklicher Rahmen für den Verbraucherschutz normiert worden.

Obwohl sich Formulierung und Auslegung des Gesetzes gegen unlauteren Wettbewerb von 1914 am deutschen Recht orientierten, vertrauten die Gerichte in aller Regel auf ihre eigene Sachkunde, die vor allem auf allgemeinen Denkgesetzen und der allgemeinen Lebenserfahrung gründete. Abgestellt wurde auf den Eindruck eines für die jeweils angesprochenen Verkehrskreise repräsentativen Durchschnittsverbrauchers, was zu einer weniger strengen Handhabung des Irreführungsverbotes in Griechenland beigetragen hat. Ob und wie sich die veränderte Gesetzeslage und dabei insbesondere die Betonung des Verbraucherschutzes auf diese Rechtsprechung auswirkt, kann derzeit mit hinreichender Sicherheit noch nicht prognostiziert werden.

Maßgeblich war: Eindruck eines für die jeweils angesprochenen Verkehrskreise repräsentativer Durchschnittsverbraucher; Auswirkungen der neuen Gesetzeslage noch unbekannt.

12. Österreich

Die Generalklauseln des deutschen Wettbewerbsrechts (§§ 1 und 3 UWG) finden in Österreich ihre Entsprechung in den §§ 1 und 2 Abs. 1 des Gesetzes gegen den unlauteren Wettbewerb (öUWG). Diese fast wortgleichen gesetzlichen Tatbestände und ihre Auslegung durch die Rechtsprechung stimmen in ihren Grundpositionen weitgehend mit dem deutschen Recht überein[632]. Irreführende Werbung wird nach § 2 öUWG ebenfalls an der Durchschnittsauffassung, d.h. an dem Eindruck gemessen, den ein Durchschnittsinteressent bei flüchtiger Wahrnehmung hat. Dies beurteilt der österreichische Richter nur dort empirisch, wo er seine eigene allgemeine Lebenserfahrung oder sein Fachwissen als nicht hinreichend zur Feststellung der Verkehrsauffassung erachtet[633].

§§ 1, 2 Abs. 1 öUWG entsprechen in Wortlaut und Auslegung durch die Rechtsprechung weitgehend dem deutschen Recht

---

[632] vgl. Kordes, Fn. 599, S. 192

[633] vgl. Kordes, Fn. 599, S. 193

Inwieweit Änderungen der österreichischen Rechtslage durch den erst im Jahre 1995 neu erfolgten Beitritt zur EG stattfinden werden, läßt sich derzeit noch nicht mit hinreichender Sicherheit prognostizieren.

Zusammenfassend läßt sich festhalten, daß alle aufgeführten EG-Mitgliedsstaaten sich dem Verbraucherschutz verschrieben haben bzw. ihn zumindest in der Rechtspraxis der Werbekontrollorgane anwenden. Der Verbraucher, der als Maßstab für die Beurteilung des Vorliegens einer Irreführung oder Irreführungsgefahr zugrundegelegt wird, differiert allerdings erheblich. Während in Schweden und in Finnland bei der Beurteilung der Irreführungseignung einer Angabe vom üblichen Verständnis eines flüchtigen Durchschnittsverbrauchers ausgegangen wird mit grundsätzlicher Möglichkeit, demoskopische Beweismittel einzusetzen, dürfte in Großbritannien von einem differenzierenden Maßstab auszugehen sein, dessen Einhaltung zudem wesentlich den Prinzipien der Selbstregulierung der Wirtschaft überlassen wird. Während für Dänemark zwar festgestellt werden kann, daß im Verbraucherinteresse an das Vorliegen der Eignung einer irreführenden Angabe geringe Anforderungen zu stellen sind, war der Intelligenz- und Aufmerksamkeitsgrad des für die Beurteilung maßgeblichen Verbrauchers nicht zu ermitteln, was darauf zurückzuführen sein dürfte, daß in Dänemark viele Streitigkeiten durch Vorverhandlungen der betreffenden Unternehmen mit dem Verbraucherombudsmann gütlich beigelegt werden. Der niederländische Durchschnittsverbraucher gilt als nüchtern und gegenüber der Werbung kritisch eingestellt. In Belgien wird die Bedeutung einer Werbeaussage abstrakt und in der Regel aus der Sicht eines normalen Verbrauchers von durchschnittlicher Intelligenz ermittelt, wobei auch nach der Art des Produktes differenziert wird. In Luxemburg sind die gesetzliche Regelung und die daran anknüpfende Rechtsprechung eng an das belgische Vorbild angelehnt. In Frankreich ist ebenfalls der durchschnittliche Verbraucher und seine Urteilsfähigkeit Maßstab für die Eignung zur Irreführung, wobei im Regelfall die Sichtweise eines Durchschnittsverbrauchers normaler Intelligenz und Aufmerksamkeit, des sog. "bon père de famille", maßgeblich ist. Der italienische Durchschnittsverbraucher wird als skeptisch, gewitzt und gegenüber der Werbung weitgehend immun betrachtet. Auch das spanische Publikum ist skeptisch und kritisch und fällt auf unrichtige Werbung nicht leicht herein. In Portugal wird vom Gesetzgeber das Prinzip des Respektes für die Rechte des Verbrauchers betont, der zugrundezulegende Maßstab war jedoch nicht zu ermitteln. In Griechenland ist maßgeblich der Eindruck eines für die jeweils angesprochenen Verkehrskreise repräsentativen Durchschnittsverbrauchers. Die österreichische Rechtslage dürfte der deutschen entsprechen.

II. Vorrang des Gemeinschaftsrechts

Das Gemeinschaftsrecht hat aufgrund des Art. 189 EGV den Vorrang vor dem staatlichen Recht (Art. 24 GG). Durch die Ratifizierung des EG-Vertrages vom 25.03.1957[634] durch das Gesetz vom 27.07.1957[635] hat der Gesetzgeber seine Hoheitsrechte aus Art. 24 Abs. 1 GG in den Grenzen verfassungsrechtlicher Zulässigkeit auf die Gemeinschaft übertragen. Der EuGH entscheidet ausschließlich über die Gültigkeit und Auslegung der Handlungen der Gemeinschaftsorgane. Der EuGH ist gesetzlicher Richter im Sinne des Art. 101 Abs. 1 Satz 2 GG[636].

<small>Art. 189 EGV, Art. 24 GG</small>

Das europäische Gemeinschaftsrecht hat Vorrang vor dem nationalen Recht der Mitgliedsstaaten. Nur soweit ein Rechtsbereich vom EG-Recht nicht zusammenfassend geregelt ist, bleibt das nationale Recht maßgeblich. Für das UWG-Recht und das Markenrecht besteht keine unmittelbare europäische Regelung, so daß beide Rechtsgebiete auf wettbewerbs- und markenrechtliche Sachverhalte grundsätzlich anwendbar sind. Dadurch werden Einwirkungen des EG-Rechts auf diese Rechtsgebiete jedoch nicht ausgeschlossen.

Diese Einwirkungen finden sich im Primärrecht des EG-Vertrages, insbesondere in den Art. 30, 34 EGV (Verbot von mengenmäßigen Ein- und Ausfuhrbeschränkungen sowie Maßnahmen gleicher Wirkung).

<small>Einwirkungen auf das nationale Recht durch Art. 30, 36 EGV</small>

Ferner wirkt das EG-Recht auf den Wegen des Sekundärrechts auf das nationale Recht, auch des Wettbewerbsrechtes ein: zum einen durch die vom Rat und der Kommission der EG erlassenen Verordnungen und Richtlinien (Art. 189 EGV), zum anderen durch Entscheidungen des EuGH als

<small>Durch Verordnungen und Richtlinien</small>

---

[634]BGBl II 766

[635]BGBl II 753

[636]BVerfG v. 22.10.1986, BVerfGE 73, 339/366 ff "Solange II"

Verfassungsgericht (Art. 177 EGV)[637]. Dadurch wird auf eine mit dem Gemeinschaftsrecht konforme Auslegung der nationalen Rechtsnormen hingewirkt. Die Beurteilung von Wettbewerbshandlungen darf nicht auf den nationalen Markt begrenzt, sondern muß auf den europäischen Binnenmarkt ausgerichtet sein, um eine offene Marktwirtschaft bei freiem Wettbewerb im Rahmen der Lauterkeit herzustellen[638].

Verordnungen gelten unmittelbar

Die vom Rat oder der Kommission erlassenen Verordnungen haben allgemeine Geltung. Sie gelten unmittelbar, sind in allen ihren Teilen verbindlich und gelten in jedem Mitgliedsstaat unmittelbar (Art. 189 Abs. 2 EGV). Sie binden Gerichte, Behörden und Einzelpersonen.

Richtlinien sind hinsichtlich des zu erreichenden Zieles verbindlich

Die vom Rat oder der Kommission erlassenen Richtlinien sind für jeden Mitgliedsstaat, an den sie gerichtet sind, hinsichtlich des zu erreichenden Zieles verbindlich. Das Recht der Mitgliedsstaaten muß richtlinienkonform ausgelegt werden[639]. Dementsprechend ist eine Käfighaltung für Legehennen, die gegen §§ 1, 2, 17 TierschutzG unter dem Gesichtspunkt des Vorsprungs durch Rechtsbruch verstößt, dennoch nicht wettbewerbswidrig, wenn die Legehennenhaltung den Vorschriften entspricht, die von der Richtlinie 88/166/EWG des Rates vom 07.03.1988 zur Festlegung von Mindestanforderungen zum Schutz von Legehennen in Käfigbatteriehaltung aufgestellt wurden. Werden Eier aus einer Legehennenhaltung vertrieben, die nicht nur mit den Anforderungen der Richtlinie vereinbar sind, sondern auch mit den strengeren Vorschriften der Hennenhaltungsverordnung, kann dies nicht als wettbewerbsrechtliche Unlauterkeit vorgeworfen werden[640].

Die Mitgliedsstaaten sind verpflichtet, den Inhalt einer Richtlinie in nationales Recht umzusetzen. Die Wahl der Form und der Mittel ist den innerstaatlichen Stellen überlas-

---

[637] zu den Richtlinien vgl. nachfolgend unter F.II.1.

[638] vgl. Baumbach/Hefermehl, a.a.O., Rdnr. 9, Allg. Rdnr. 606 ff Einl. UWG

[639] vgl. EuGH v. 16.1.1992, ZIP 1992, 719 "Nissan"

[640] BGH v. 6.7.1995, WRP 1996, 6, GRUR 1995, 817 "Legehennenhaltung"

sen (Art. 189 Abs. 3 EGV). Das den Richtlinien angeglichene Recht ist nationales Recht[641].

1. Richtlinie über irreführende Werbung und vergleichende Werbung

a) Richtlinie über irreführende Werbung

Im Anwendungsbereich der Richtlinie des Rates zur Angleichung der Rechts- und Verwaltungsvorschriften der Mitgliedsstaaten über irreführende Werbung vom 10.09.1984[642] gilt: Das den Richtlinien angeglichene Recht ist nationales Recht. Art. 1 der Richtlinie definiert den Zweck der Richtlinie, nämlich den Schutz der Verbraucher, der Personen, die einen Handel oder ein Gewerbe betreiben oder ein Handwerk oder einen freien Beruf ausüben, sowie der Interessen der Allgemeinheit gegen irreführende Werbung und deren unlautere Auswirkungen. Art. 2 Ziff. 2 definiert den Begriff der irreführenden Werbung. Bereits in der Präambel ist jedoch zum Ausdruck gebracht, daß diese Richtlinie die Mitgliedsstaaten nicht daran hindern soll, Bestimmungen aufrechtzuerhalten oder zu erlassen, um für einen weiterreichenden Schutz der Verbraucher, der einen Handel, ein Gewerbe, ein Handwerk oder einen freien Beruf ausübenden Personen sowie der Allgemeinheit zu sorgen. Diese Erwägungen finden sich darüber hinaus explizit in Art. 7 der Richtlinie. Für das deutsche Wettbewerbsrecht wurden Anpassungsmaßnahmen für nicht erforderlich gehalten[643]. Das Recht der Mitgliedsstaaten muß allerdings richtlinienkonform ausgelegt werden. Die Richtlinie ihrerseits ist wie das gesamte abgeleitete Recht im Lichte der Bestimmungen des EG-Vertrages über den freien Warenverkehr auszulegen[644].

---

[641] zum Erfordernis der Umsetzung in nationales Recht und den Rechtsfolgen bei nicht oder nicht rechtzeitiger Umsetzung vgl. vorstehend unter C.III.7.a)

[642] 84/450/EGV, GRUR Int. 1984, 688

[643] vgl. Baumbach/Hefermehl, a.a.O., Einl. Rdnr. 612

[644] vgl. nur EuGH v. 2.2.1994, WRP 1994, 380, 381, GRUR 1994, 303 "Clinique"

Ist die Auslegung des nationalen Rechts streitig, muß zur Feststellung der mit der Richtlinie vereinbarten Lösung auf diese zurückgegriffen werden. Die Auslegung des nationalen Rechts, die den nationalen Gerichten obliegt, wird so zu einer Frage der Auslegung der Richtlinie, für die der Gerichtshof zuständig ist. Das nationale Gericht kann diese Frage nach Art. 177 EG-Vertrag dem Gerichtshof zur Vorabentscheidung vorlegen, das letztinstanzliche Gericht ist dazu sogar verpflichtet.

Angesichts der unterschiedlichen Auffassungen in allen Mitgliedsstaaten kann keine Rede davon sein, daß die Auslegung des Begriffs der "irreführenden Werbung" klar ist. Mußte Everling im Jahre 1990 noch darüber rätseln, welchen Maßstab der Gerichtshof bei der Beurteilung der Gefahr der Irreführung anlegen läßt und konnte er nur vermuten, daß der Europäische Gerichtshof dazu neigen würde, vom aufgeklärten Durchschnittsverbraucher auszugehen[645], hat sich der EuGH inzwischen auf den "vernünftigen Verbraucher" festgelegt[646].

b) Richtlinie über vergleichende Werbung

Wenn die Richtlinie über vergleichende Werbung, die sich derzeit noch im Rechtsetzungsverfahren befindet, mit den vorgesehenen Inhalten in Kraft treten sollte[647], wird auch die Bundesrepublik Deutschland (anders als im Bereich der Irreführung) Anpassungsmaßnahmen vornehmen müssen. Art. 7 Abs. 2 des Richtlinienentwurfs sieht vor, daß das Recht der Mitgliedsstaaten, Bestimmungen aufrecht zu erhalten oder zu erlassen, um für einen weitergehenden Schutz der Verbraucher, der einen Handel, ein Gewerbe, ein Handwerk oder einen freien Beruf ausübenden Personen sowie der Allgemeinheit zu sorgen, nicht für vergleichende Werbung gelten soll, soweit es sich um den Vergleich handelt.

---

[645] Everling, in: Irreführende Werbung in Europa, hrsg. v. Zentralausschuß der Werbewirtschaft e.V., 1990, 43, 69

[646] EuGH v. 6.7.1995, WRP 1995, 677 "Mars"; vgl. dazu nachstehend unter F.II.2.

[647] vgl. dazu C.III.7.a)

2. Art. 30 - 36 EGV

a) Regelungsbereich

Nach Art. 30 EGV sind mengenmäßige Einfuhrbeschränkungen sowie alle Maßnahmen gleicher Wirkung zwischen den Mitgliedsstaaten verboten. Art. 34 EGV enthält das Korrelat für mengenmäßige Ausfuhrbeschränkungen. Art. 36 EGV enthält Ausnahmen von dem Verbot mengenmäßiger Ein- und Ausfuhrbeschränkungen. Danach stehen den Bestimmungen der Art. 30-34 EGV Einfuhr-, Ausfuhr- und Durchfuhrverbote oder -beschränkungen nicht entgegen, die aus Gründen der öffentlichen Sittlichkeit, Ordnung und Sicherheit, zum Schutz der Gesundheit und des Lebens von Menschen, Tieren und Pflanzen, des nationalen Kulturgutes von künstlerischem, geschichtlichem oder archäologischem Wert oder des gewerblichen und kommerziellen Eigentums gerechtfertigt sind. Diese Verbote oder Beschränkungen dürfen jedoch weder ein Mittel zur willkürlichen Diskriminierung noch eine verschleierte Beschränkung des Handels zwischen den Mitgliedsstaaten darstellen.

Das Verbot der Art. 30, 34 EGV bezieht sich auf den grenzüberschreitenden Handel zwischen den Mitgliedsstaaten. Es gilt für alle Waren der Mitgliedsstaaten und Waren aus Drittländern, die sich in den Mitgliedsstaaten im freien Handel befinden. Ziel des Verbotes ist die Durchsetzung des freien Warenverkehrs, der zu den Grundlagen einer Zusammenfassung der nationalen Märkte zu einem gemeinsamen Markt gehört und Importnachteile für ausländische Waren verhindert. Jeder Anbieter soll grundsätzlich in der Lage sein, seine Waren auf dem Markt eines Mitgliedsstaates nach den Bedingungen seines Landes anzubieten. Die Warenangebote aus anderen Ländern der Gemeinschaft sollen auf dem Markt eines Mitgliedsstaates unter denselben Bedingungen wie inländische Waren angeboten werden können. Durch das Verbot gewinnt das Gemeinschaftsrecht unmittelbaren Einfluß auf das nationale Wettbewerbsrecht. Während mengenmäßige Beschränkungen unmittelbar an der Grenze eingreifen und die Aus- oder Einfuhr verhindern, lassen Maßnahmen gleicher Wirkung zwar die Ein- oder Ausfuhr zu, können sie aber erschweren oder verteuern.

Bezugsgröße der Verbote kontintentgleicher Ein- und Ausfuhrbeschränkungen: grenzüberschreitender Handel zwischen den Mitgliedsstaaten

Die Verbote der Art. 30 ff. EGV richten sich an die einzelnen Mitgliedsstaaten und erfassen deren staatliches Handeln. Sie verbieten öffentlich-rechtliche Maßnahmen, die Hindernisse für den freien Warenverkehr zwischen den Mitgliedsstaaten bilden. Demgegenüber richtet sich das Wettbewerbsrecht an die Unternehmen und deren privates Marktverhalten. Die Wettbewerbsregeln verbieten wettbewerbsbeschränkende Vereinbarungen und Verhaltensweisen der Marktbürger zum Schutz eines funktionsfähigen Wettbewerbs zwischen den Mitgliedsstaaten vor Verfälschungen. Mit anderen Worten: Das Verbot der Maßnahmen gleicher Wirkung sowie die Wettbewerbsregeln dienen der gemeinschaftsrechtlichen Zielsetzung, einen Binnenmarkt mit freiem Warenverkehr und unverfälschtem Wettbewerb zu gewährleisten.

Handelsschranken zwischen den Mitgliedsstaaten, die nach den Vorschriften über den freien Warenverkehr abzubauen oder zu verhindern sind, dürfen nicht im Wege des wettbewerbsbeschränkenden Marktverhaltens privater Marktbürger gleichsam wieder errichtet werden. Die Vorschriften über den freien Warenverkehr und die Wettbewerbsregeln, die ihre gemeinsame Grundlage in den in Art. 2 EGV umschriebenen Aufgaben der Gemeinschaft finden, bezwecken mit einheitlicher Zielsetzung, daß sowohl staatliche wie private Handelsschranken im innergemeinschaftlichen Warenverkehr und Wettbewerb beseitigt und nicht wieder aufgebaut werden.

Wettbewerbsbeschränkende Maßnahmen können Handelsschranken zwischen den Mitgliedsstaaten bilden.

Den freien Warenverkehr behindernde und den Wettbewerb beschränkende Maßnahmen können in gleichem Maße Handelsschranken zwischen den Mitgliedsstaaten bilden. Ihre Verhinderung dient dem gemeinsamen Ziel der Sicherung einer Wettbewerbsordnung in einem Binnenmarkt.

b) Die Entwicklung der Rechtsprechung des Europäischen Gerichtshofs und die Einwirkung des Warenverkehrsrechts der EU auf das nationale Recht des unlauteren Wettbewerbs der Mitgliedsstaaten

aa) Begriff der Maßnahme gleicher Wirkung nach der „Dassonville-Formel"

Der Begriff der Maßnahme gleicher Wirkung im Verbotstatbestand des Art. 30 EGV war lange Zeit heftig umstritten und ist bis heute nicht vollständig geklärt. Grundsatzurteil für den Begriff der Maßnahme gleicher Wirkung ist die Entscheidung "Dassonville" aus dem Jahre 1974[648], in der der EuGH erstmals den Begriff der Maßnahme gleicher Wirkung definiert hat.

Die "Dassonville-Formel" ist Ausgangspunkt der Rechtsprechung des EuGH in der Folgezeit und kann auch heute noch als gültige, maßgebende Grundregel bezeichnet werden. Danach ist jede Handelsregelung der Mitgliedsstaaten, die geeignet ist, den innergemeinschaftlichen Handel unmittelbar oder mittelbar, tatsächlich oder potentiell zu behindern, als eine Maßnahme gleicher Wirkung anzusehen.

Die Dassonville-Formel

Es stellt danach eine mit dem EGV unvereinbare Maßnahme kontingentgleicher Wirkung dar, wenn ein Mitgliedsstaat eine Echtheitsbescheinigung verlangt, die sich der Importeur eines in einem anderen Mitgliedsstaat ordnungsgemäß im freien Verkehr befindlichen echten Erzeugnisses schwerer zu beschaffen vermag als der Importeur, der das gleiche Erzeugnis unmittelbar aus dem Ursprungsland einführt.
Es muß daher grundsätzlich die Einfuhr aller im Herkunftsland rechtmäßig hergestellten und in den Verkehr gebrachten Waren unbeschränkt zugelassen werden. Einfuhrbeschränkungen sind z.B. zeitraubende und kostspielige Grenzabfertigungen, Qualitätskontrollen, für Inlandswaren vorbehaltene Bezeichnungen, insbesondere Aufmachungen, Verpackungsvorschriften.

Das Verlangen eines Mitgliedsstaates nach einer Echtheitsbescheinigung kann eine Maßnahme gleicher Wirkung sein

---

[648] EuGH v. 11.7.1974, GRUR Int. 74, 467

Eine staatliche Vorschrift, die bestimmte Methoden der Absatzförderung oder Formen der Werbung verbietet oder beschränkt, kann eine Maßnahme gleicher Wirkung sein	Aufgrund der weiten "Dassonville-Formel" wurde auch eine staatliche Vorschrift, die bestimmte Methoden der Absatzförderung oder Formen der Werbung verbot und beschränkte, ohne jedoch die Einfuhr unmittelbar zu regeln, als eine nach Art. 30 EGV verbotene Maßnahme gleicher Wirkung angesehen, wenn sie die Absatzmöglichkeiten für die eingeführten Waren und dadurch das Einfuhrvolumen mittelbar beschränken konnte und zwar selbst dann, wenn diese Regelung unterschiedslos für alle betroffenen Verkehrsteilnehmer galt, die ihre Tätigkeit im Inland ausübten[649].
	In der Entscheidung "Yves Rocher" vom 18.05.1993[650] hat der EuGH unter Anwendung der "Dassonville-Formel" ausgeführt, daß eine nationale Regelung, die bestimmte Formen der Werbung oder bestimmte Methoden der Absatzförderung beschränkt oder verbietet, obwohl sie die Einfuhr nicht unmittelbar regelt, geeignet sein kann, das Einfuhrvolumen zu beschränken, weil sie die Absatzmöglichkeiten für eingeführte Erzeugnisse beeinträchtigt.
Der Zwang, sich in einzelnen Mitgliedsstaaten unterschiedlicher Systeme der Werbung und Absatzförderung zu bedienen, kann ein Einfuhrhindernis darstellen.	Der für einen Unternehmer bestehende Zwang, sich entweder für die einzelnen Mitgliedsstaaten unterschiedlicher Systeme der Werbung und Absatzförderung zu bedienen oder ein System, das er für besonders wirkungsvoll hält, aufzugeben, kann selbst dann ein Einfuhrhindernis darstellen, wenn eine solche Regelung unterschiedslos für inländische und für eingeführte Erzeugnisse gilt.
	In einer Situation, in der es dem Inhaber einer Marke untersagt ist, Erzeugnisse unter dieser Marke zu vertreiben, können sich Händler, die die Erzeugnisse unter der fraglichen Marke vertreiben wollen, diese Erzeugnisse nur im Wege der Einfuhr beschaffen. Unter diesen Umständen läuft eine Anordnung, den Vertrieb dieser Produkte einzustellen, praktisch darauf hinaus, ihre Einfuhr zu verhindern und stellt somit ein Hindernis für den innergemeinschaftlichen Handel dar[651].

---

[649] EuGH v. 7.3.1990, GRUR Int. 1990, 995 "GB-Inno-BM"

[650] WRP 1993, 615, GRUR 1993, 747

[651] EuGH v. 26.11.1996, WRP 1997, 546, 547 "Cotonelle"

bb) Einschränkung der „Dassonville-Formel" durch die „Cassis de Dijon-Doktrin"

Die „Dassonville-Formel" ist durch das Cassis de Dijon-Urteil vom 20.02.1979[652] dahingehend ergänzt worden, daß eine "Maßnahme gleicher Wirkung" nicht vorliegt, wenn sie geeignet und erforderlich ist, "zwingenden Erfordernissen einer wirksamen Steuerkontrolle, des Schutzes der öffentlichen Gesundheit, der Lauterkeit des Handelsverkehrs und des Schutzes der Verbraucher gerecht zu werden".

„Cassis de Dijon-Doktrin"

In Erwägungsgrund 14 hat der EuGH nach Erwägung aller vorgetragenen Aspekte ausgeführt, daß die Bestimmungen über den Mindestweingeistgehalt alkoholischer Getränke kein im allgemeinen Interesse liegendes Ziel verfolgen, das den Erfordernissen des freien Warenverkehrs, der eine der Grundlagen der Gemeinschaft darstellt, vorginge. Praktisch sicherten solche Bestimmungen vor allem den Getränken mit hohem Alkoholgehalt einen Vorteil, indem sie Erzeugnisse anderer Mitgliedsstaaten, die diese Voraussetzungen nicht erfüllen, vom nationalen Markt ausschließen. Daher stellt es ein mit Art. 30 des Vertrages unvereinbares Handelshemmnis dar, wenn ein Mitgliedsstaat durch Rechtsvorschriften einseitig einen Mindestweingeistgehalt als Voraussetzung für die Verkehrsfähigkeit alkoholischer Getränke festsetzt. Es gibt somit keinen stichhaltigen Grund dafür zu verhindern, daß in einem Mitgliedsstaat rechtmäßig hergestellte und in den Verkehr gebrachte alkoholische Getränke in die anderen Mitgliedsstaaten eingeführt werden; dem Absatz dieser Erzeugnisse kann kein gesetzliches Verbot des Vertriebes von Getränken entgegengehalten werden, die einen geringeren Weingeistgehalt haben, als im nationalen Recht vorgeschrieben ist.

In der bereits zitierten Entscheidung GB-Inno-BM stellte sich die Frage, ob die nationalen Vorschriften, die verfahrensgegenständlich waren und die letztendlich dazu führen, daß dem Verbraucher der Zugang zu bestimmten Informationen verwehrt wird, im Interesse des Verbraucherschutzes gerechtfertigt sein können. Der EuGH hat ausgeführt, daß das Gemeinschaftsrecht eines der grundlegenden Erfordernisse des Verbraucherschutzes gerade in der Unterrichtung des Verbrauchers sieht. Art. 30 EGV kann daher nicht in

Nationale Vorschriften, die dem Verbraucher den Zugang zu Informationen verwehren, sind nicht durch zwingende Erfordernisse des Verbraucherschutzes gerechtfertigt

---

[652] GRUR Int. 79, 468

dem Sinne ausgelegt werden, daß nationale Rechtsvorschriften, die den Verbrauchern den Zugang zu bestimmten Informationen verwehren, durch zwingende Erfordernisse des Verbraucherschutzes gerechtfertigt werden könnten[653].

Schutz gegen unlauteren Wettbewerb

Zwar ist der Schutz gegen unlauteren Wettbewerb einer der vom Europäischen Gerichtshof anerkannten Gründe, derentwegen Beschränkungen des freien Warenverkehrs zulässig sein können. Es geht jedoch nicht an, daß der Schutz gegen unlauteren Wettbewerb geltend gemacht werden kann, um einem Unternehmen zu verbieten, von seinem Recht Gebrauch zu machen, Erzeugnisse aus einem Mitgliedsstaat, wo sie rechtmäßig in den Verkehr gebracht worden sind, unter einer bestimmten Marke in einem anderen Mitgliedsstaat einzuführen und dort zu vertreiben, wenn die anderen Wirtschaftsteilnehmer das gleiche Recht haben, auch wenn sie keinen Gebrauch davon machen[654]

Das Prinzip der Verhältnismäßigkeit

In der Entscheidung "Yves Rocher"[655] stand der Schutz der Verbraucher gegen irreführende Werbung in Rede, da behauptet worden war, ohne Verbot der Preisgegenüberstellung sei eine Irreführung des Verbrauchers besonders leicht möglich, weil die Gegenüberstellung der alten und der neuen Preise für ihn in der Regel unüberprüfbar sei. Der EuGH hat zum einen festgestellt, daß die Vorschrift des § 6 e UWG alter Fassung schwerpunktmäßig nicht die Irreführung, sondern den Blickfang betraf und daß sie somit gar nicht geeignet war, den angegebenen Zweck zu verfolgen. Zum anderen gehe das streitige Verbot insofern über die Erfordernisse des verfolgten Zweckes hinaus, als es Werbung betreffe, die in keiner Weise irreführend ist, sondern nur die Gegenüberstellung von tatsächlich angewandten Preisen enthalte. Eine Einschränkung in Anwendung der "Cassis-Doktrin" wurde daher als nicht gerechtfertigt erachtet. Tragender Grund ist insoweit für den Gerichtshof das Prinzip der Verhältnismäßigkeit.

In einem Rechtsstreit zwischen dem Verband Sozialer Wettbewerb und den Firmen Clinique laboratoires SNC und Estée

---

[653] Erwägungsgrund 18 der Entscheidung GB-Inno-BM v. 7.3.1990, GRUR Int. 1990, 995

[654] EuGH v. 26.11.1996, WRP 1997, 546, 548 "Cotonelle", Erwägungsgrund 20

[655] vgl. Fn. 650

Lauder Cosmetics GmbH über die Verwendung der Bezeichnung "clinique" beim Vertrieb kosmetischer Mittel in der BRD hatte sich der VSW e.V. gegen die Verwendung von "clinique" als Kosmetika gewehrt und sich dabei auf § 3 UWG und § 27 des Lebensmittel- und Bedarfsgegenständegesetzes gestützt, wonach es verboten ist, kosmetische Mittel unter irreführender Bezeichnung, Angabe oder Aufmachung gewerbsmäßig in den Verkehr zu bringen und insbesondere diesen Mitteln Wirkungen beizulegen, die ihnen nicht zukommen. Der klagende Verband hatte die Auffassung vertreten, daß die Verwendung der Marke "clinique" dazu führen könnte, daß die Verbraucher den in Frage stehenden Erzeugnissen zu Unrecht medizinische Wirkungen beimessen. Der EuGH[656] hat geprüft, ob das Verbot, in der BRD die Bezeichnung "clinique" für den Vertrieb kosmetischer Mittel zu verwenden, mit dem verhindert werden sollte, daß dem Erzeugnis Eigenschaften beigelegt werden, die ihm nicht zukommen, durch das Ziel des Schutzes der Verbraucher oder der Gesundheit von Menschen gerechtfertigt werden kann. Da der Vertrieb jedoch ausschließlich durch Parfümerien und die Kosmetikabteilungen von Kaufhäusern erfolgte und keines der Erzeugnisse in Apotheken erhältlich ist und die Erzeugnisse unstreitig als kosmetische Mittel und nicht als Arzneimittel aufgemacht sind, kam er zu dem Ergebnis, daß das Verbot der Verwendung dieser Bezeichnung in der BRD nicht notwendig erscheine, um den Erfordernissen des Schutzes der Verbraucher oder der Gesundheit von Menschen gerecht zu werden. Die klinische oder medizinische Konnotation des Begriffes "clinique" reiche nicht aus, um dieser Bezeichnung eine irreführende Wirkung zuzusprechen, die ihr Verbot für unter den genannten Bedingungen vertriebene Erzeugnisse rechtfertigen könnte (Erwägungsgründe 22 und 23).

Bei der Frage, ob ein Hindernis für den freien Warenverkehr aus Gründen des Schutzes der Verbraucher vor der irreführenden Wirkung einer Marke gerechtfertigt sein kann, hat der EuGH es zwar durchaus für möglich erachtet, daß eine Marke, die in einem Mitgliedsstaat nicht geeignet ist, den Verbraucher irrezuführen, wegen sprachlicher, kultureller und sozialer Unterschiede zwischen den Mitgliedsstaaten diese Eignung in einem anderen Mitgliedsstaat besitzt. Selbst wenn danach die Eignung zur Irreführung in einem Mit-

Die Gefahr einer Irreführung der Verbraucher kann Handelshemmnisse nur dann rechtfertigen, wenn sie hinreichend schwer wiegt

---

[656]EuGH v. 2.2.1994, WRP 1994, 380, GRUR 1994, 303 "Clinique"

gliedsstaat bestünde, würde dies noch nicht ausreichen, die Maßnahme zu rechtfertigen. Nach der "Cassis de Dijon-Doktrin" ist es zur Rechtfertigung der zum Schutz der Verbraucher erlassenen Maßnahme darüber hinaus erforderlich, daß sie zur Erreichung dieses Zieles tatsächlich erforderlich ist, daß sie in einem angemessenen Verhältnis zum verfolgten Zweck steht und dieser Zweck nicht durch Maßnahmen erreicht werden kann, die den innergemeinschaftlichen Handelsverkehr weniger beschränken. Die Gefahr einer Irreführung der Verbraucher kann den Erfordernissen des freien Warenverkehrs nur dann vorgehen und somit Handelshemmnisse rechtfertigen, wenn sie hinreichend schwer wiegt[657].

cc) Die Rechtfertigungsgründe des Art. 36 EGV

Erst nach Prüfung dieser tatbestandsimmanenten Einschränkungen, wie sie sich aus der "Cassis de Dijon-Doktrin" ergeben, im Rahmen des Art. 30 EGV, sind die Rechtfertigungsgründe des Art. 36 EGV zu prüfen. Obwohl die Einschränkung nach der "Cassis-Doktrin" dogmatisch eher zu den Rechtfertigungsgründen nach Art. 36 EGV gehört, werden sie als Einschränkung schon bei Art. 30 EGV geprüft. Hintergrund hierfür ist, daß die Rechtsprechung davon ausgeht, daß es sich bei der Vorschrift des Art. 36 EGV um eine Ausnahmevorschrift handelt, die eng auszulegen sei. Daraus wird die restriktive Auslegung abgeleitet, der Katalog der geschützten Rechtsgüter nach Art. 36 EGV sei abschließend normiert und nicht ergänzungsfähig[658]. Darauf beruht, daß der EuGH entschieden hat, daß Belange des Verbraucherschutzes und die Lauterkeit des Handelsverkehrs keine Rechtfertigungsgründe im Sinne des Art. 36 EGV darstellen. Sie werden als zwingende Erfordernisse innerhalb des Grundtatbestandes der Verbotsnorm nach Art. 30 EGV berücksichtigt.

Nach Art. 36 EGV können Einfuhr-, Ausfuhr- und Durchfuhrverbote oder Beschränkungen aus Gründen der öffentlichen Sittlichkeit, Ordnung und Sicherheit zum Schutz der Gesundheit und des Lebens von Menschen, Tieren oder

---

[657] EuGH v. 26.11.1996, WRP 1997, 546, 548, Erwägungsgrund 22

[658] vgl. die Nachweise bei Dauses, Handbuch des EG-Wirtschaftsrechts I, Rdnr. 118 ff

Pflanzen, des nationalen Kulturgutes, von künstlerischen, geschichtlichen oder archäologischem Werten oder des gewerblichen und kommerziellen Eigentums gerechtfertigt sein. Doch dürfen diese nationalen Verbote oder Beschränkungen nach Art. 36 Satz 2 EGV weder ein Mittel zur willkürlichen Diskriminierung noch eine verschleierte Beschränkung des Handels zwischen den Mitgliedsstaaten darstellen. Als Ausnahmetatbestand ist Art. 36 EGV eng auszulegen.

Unabhängig davon, ob eine staatliche Regelung durch "zwingende Erfordernisse" nach Art. 30 EGV im Sinne der "Cassis-Doktrin" oder aufgrund des Gemeinwohles nach Art. 36 des EGVes gerechtfertigt ist, kann sie zulässig sein, wenn sie ein im Allgemeininteresse liegendes und aus der Sicht des Gemeinschaftsrechtes gerechtfertigtes Ziel verfolgt. Der Ansatzpunkt für die Rechtfertigung ist das mit der staatlichen Maßnahme verfolgte gemeinschaftskonforme Ziel. Die Maßnahme darf jedoch nicht eine den freien Warenverkehr unmittelbar beschränkende Wirkung haben und darf analog Art. 36 Satz 2 EGV keine willkürliche Diskriminierung oder verschleierte Beschränkung des Handels zwischen den Mitgliedsstaaten haben. Beispiele für die Zulassung sind ein der Verbesserung der Arbeitsbedingungen dienendes Nachtbackverbot, das der Förderung der Filmproduktion dienende Verbot der Verbreitung von Filmen auf Videokassetten für die ersten Monate der Vorführung in Filmtheatern, die dem Schutz der Krankenversicherung dienende Versagung des Kostenersatzes für bestimmte Arzneimittel, wenn auf dem Markt billigere Erzeugnisse mit gleicher therapeutischer Wirkung erhältlich sind. Sobald jedoch die Gemeinschaft eine gemeinsame Marktorganisation für einen bestimmten Sektor errichtet hat, sind die Mitgliedsstaaten dazu verpflichtet, sich aller einseitigen Maßnahmen zu enthalten, die der Zuständigkeit der Gemeinschaft unterliegen[659].

---

[659] vgl. EuGH, NJW 1988, 2169 "Italienisches Reinheitsgebot für Tabakwaren; NJW 1989, 1428 "Drei Glocken"; NJW 1989, 1428 "Reinheitsgebot für Fleischerzeugnisse"; NJW 1989, 2184 "Verkehrsverbot für Milchersatzstoffe"

dd) Die Keck-Restriktion

Die Entscheidung "Keck und Mithouard"[660] hat eine weitere Kursbegradigung oder Kurskorrektur (streitig)[661] gebracht. Im Anwendungsbereich der "Dassonville-Formel" unterscheidet der EuGH nunmehr zwischen Warenmodalitäten einerseits, für die nur die "Cassis-Doktrin" gilt, und Verkaufsmodalitäten andererseits, für die zusätzlich die Keck-Restriktion gilt.

Warenmodalitäten

Gegenstand von Vorschriften, die Warenmodalitäten regeln (Produktcharakteristika betreffen), sind etwa die Bezeichnung, die Form, die Abmessung, das Gewicht, die Zusammensetzung, die Aufmachung, die Etikettierung und die Verpackung der Ware. Regelungen, die Warenmodalitäten betreffen, sind als solche Maßnahmen gleicher Wirkung im Sinne der "Dassonville-Formel". Soweit Waren bestimmten nationalen Vorschriften zu entsprechen haben, stellen diese Bestimmungen Hemmnisse für den freien Warenverkehr dar. Regelungen von Warenmodalitäten sind als Maßnahmen gleicher Wirkung nach Art. 30 EGV verboten, es sei denn, daß diese nationalen Bestimmungen notwendig sind, um zwingenden Erfordernissen gerecht zu werden.

Verkaufsmodalitäten

Als Verkaufsmodalitäten kommen etwa in Betracht: Verbot des Weiterverkaufs zu Verlustpreisen, Verbot der Werbung außerhalb des Geschäfts, Ladenschlußregelungen, Rabattverbote beim Verkauf von Waren an Letztverbraucher.

Nach der Keck-Restriktion stellen nationale Vorschriften über Verkaufsmodalitäten dann keine Maßnahmen gleicher Wirkung dar, wenn zwei Bedingungen erfüllt sind:
1. die nationale Regelung der Verkaufsmodalitäten muß für alle betroffenen Wirtschaftsteilnehmer gelten, die ihre Tätigkeit im Inland ausüben;
2. die Regelung der Verkaufsmodalitäten muß den Absatz der inländischen Erzeugnisse und der Erzeugnisse aus anderen Mitgliedsstaaten rechtlich wie tatsächlich in der gleichen Weise berühren.

---

[660] EuGH v. 24.11.1993, NJW 1994, 122

[661] Der EuGH selbst führt aus, er habe es lediglich für notwendig gehalten, seine Rechtsprechung auf diesem Gebiet zu überprüfen und klarzustellen.

Wenn diese beiden Voraussetzungen vorliegen, stellt die Regelung der Verkaufsmodalität keine verbotene Maßnahme gleicher Wirkung dar. Ist eine der beiden Voraussetzungen nicht gegeben, dann ist die Regelung der Verkaufsmodalität als eine Maßnahme gleicher Wirkung zu bewerten, die der Rechtfertigung im Sinne der "Cassis-Doktrin" bedarf.

Bei Vorliegen der genannten Bedingungen sind nationale Regelungen reiner Verkaufsmodalitäten nicht geeignet, den Marktzugang für diese Erzeugnisse stärker zu versperren oder sie stärker zu diskriminieren, als sie dies für inländische Erzeugnisse tun. Liegt daher keine Diskriminierung von Erzeugnissen aus einem anderen Mitgliedsstaat vor, so fallen Regelungen reiner Verkaufsmodalitäten von vornherein nicht in den Verbotsbereich des Art. 30 EGV, ohne daß es auf die Zulassungskriterien nach der "Cassis de Dijon-Formel" unter dem Gesichtspunkt der zwingenden Erfordernisse, der Erforderlichkeit und der Verhältnismäßigkeit ankommt[662].

ee) Die Mars-Entscheidung des Europäischen Gerichtshofes

In seiner Entscheidung "Mars" vom 06.07.1995[663] nimmt der Europäische Gerichtshof zwar nicht ausdrücklich zur Auslegung der Irreführungsrichtlinie Stellung; die Entscheidung verhält sich vielmehr zur Auslegung des Verbots der Maßnahmen gleicher Wirkung nach Art. 30 EGV. Die Entscheidung hatte allerdings zum Gegenstand eine auf § 3 des deutschen UWG gestützte Klage auf Unterlassung der Verwendung irreführender Angaben. Ihr liegt ein Vorlagebeschluß des LG Köln zugrunde. Gegenstand des instanzgerichtlichen Rechtsstreit war die Verwendung einer bestimmten Ausstattung für die Vermarktung von Eiscremeriegeln der Marken Mars usw. Diese Produkte eines amerikanischen Konzerns werden aufgrund eines europaweiten Marketings in einheitlicher Ausstattung hergestellt, verpackt und vertrieben. Die streitgegenständlichen Eiscremeriegel waren mit einer Verpackung ausgestattet, die den Aufdruck "Plus 10%" trug. Diese Ausstattung war aus Anlaß einer kurzzeitigen europa-

---

[662] vgl. auch EuGH v. 15.12.1993, GRUR 1994, 299 "Hünermund"; BGH v. 23.5.1995, WRP 1995, 605 "Zwei für Eins-Vorteil"

[663] WRP 1995, 677

weiten Werbekampagne beschlossen worden, in deren Rahmen die Menge jedes Erzeugnisses um 10% erhöht wurde. In dem Verfahren wurde u.a. vorgebracht, die optische Ausgestaltung des Hinweises "Plus 10%" sei irreführend, da bei dem Verbraucher der Eindruck erweckt werde, das Produkt sei um den farblich gekennzeichneten Teil der neuen Verpackung, der deutlich mehr als 10% der Gesamtfläche der Verpackung ausmache, vergrößert worden.

Von verständigen Verbrauchern können bestimmte Kenntnisse erwartet werden

Der Europäische Gerichtshof führt in Erwägungsgrund 24 aus, daß von verständigen Verbrauchern erwartet werden kann, daß sie wissen, daß zwischen der Größe von Werbeaufdrucken, die auf eine Erhöhung der Menge des Erzeugnisses hinweisen, und dem Ausmaß einer Erhöhung nicht notwendig ein Zusammenhang besteht.

Der Europäische Gerichtshof geht somit im Bereich der Irreführung eindeutig von dem Idealtyp eines verständigen Verbrauchers aus, bei dem gewisse Kenntnisse und Überlegungen zugrundegelegt werden können.

Die Entscheidung des Europäischen Gerichtshofs ist nicht überraschend. Everling hat - wie vorstehend dargelegt -[664] bereits dargelegt, daß die Rechtsprechung des Europäischen Gerichtshofs auch bisher vom aufgeklärten Durchschnittsverbraucher ausgegangen ist und seine Richter ihre eigene Lebenserfahrung zugrundelegen. Die Entscheidung ist ferner auf dem Hintergrund und gerade unter Berücksichtigung der Verbraucherschutzerfordernisse im Sinne der Einschränkung der Dassonville-Formel durch die Cassis de Dijon-Doktrin zu sehen[665], in der der Europäische Gerichtshof festgehalten hat, daß Hemmnisse für den Binnenhandel der Gemeinschaft, die sich aus den Unterschieden der nationalen Regelungen über die Vermarktung dieser Erzeugnisse ergeben, hingenommen werden müssen, soweit diese Bestimmungen notwendig sind, um zwingenden Erfordernissen gerecht zu werden, insbesondere den Erfordernissen einer wirksamen steuerlichen Kontrolle, des Schutzes der öffentlichen Gesundheit, der Lauterkeit des Handelsverkehrs und des Verbraucherschutzes. Der Europäische Gerichtshof hat ferner die Information des Verbrauchers in mehreren Entscheidungen als elementar herausgestellt und in Erwägungs-

---

[664] vgl. Fn. 645

[665] GRUR Int. 1979, 468 ff

grund 18 der Entscheidung GB-Inno-BM dargelegt, daß das Gemeinschaftsrecht eines der grundlegenden Erfordernisse des Verbraucherschutzes in der Unterrichtung der Verbraucher sieht[666]. Auch in der Entscheidung "Yves Rocher"[667], die zum Verbot der Preisgegenüberstellung nach § 6e UWG aF ergangen ist, hat der EuGH festgestellt, daß derartige Gegenüberstellungen sehr nützlich sein können, um es dem Verbraucher zu ermöglichen, seine Wahl in voller Kenntnis der Sachlage zu treffen (Erwägungsgrund 17).

Information des Verbrauchers und sich informierender und informierter verständiger Verbraucher im Sinne der Entscheidung "Mars" korrespondieren somit. Die Entscheidung "Mars" fügt sich insoweit konsequent in die Rechtsprechung des EuGH zu Art. 30, 36 EGV ein[668].

Zusammenfassung

Nach der "Dassonville-Formel" ist jede Handelsregelung der Mitgliedsstaaten, die geeignet ist, den innergemeinschaftlichen Handel unmittelbar oder mittelbar, tatsächlich oder potentiell zu behindern, als eine Maßnahme gleicher Wirkung anzusehen. Danach kann auch eine nationale Regelung, die bestimmte Formen der Werbung oder bestimmte Methoden der Absatzförderung beschränkt oder verbietet, obwohl sie die Einfuhr nicht unmittelbar regelt, geeignet sein, das Einfuhrvolumen zu beschränken, weil sie die Absatzmöglichkeiten für eingeführte Erzeugnisse beeinträchtigt. Der für einen Unternehmer bestehende Zwang, sich entweder für die einzelnen Mitgliedsstaaten unterschiedlicher Systeme der Werbung oder der Absatzförderung zu bedienen oder ein System, das er für besonders wirkungsvoll hält, aufzugeben, kann selbst dann ein Einfuhrhindernis darstellen, wenn eine solche Regelung unterschiedslos für ausländische und für eingeführte Erzeugnisse gilt.

---

[666] EuGH v. 7.3.1990, GRUR Int. 1990, 955 "GB-Inno-BM"

[667] EuGH v. 18.5.1993, WRP 1993, 615

[668] vgl. dazu Fezer, Das wettbewerbsrechtliche Irreführungsverbot als ein normatives Modell des verständigen Verbrauchers im europäischen Unionsrecht, WRP 1995, 671, 674

Nach der Einschränkung durch die "Cassis de Dijon-Doktrin" liegt eine "Maßnahme gleicher Wirkung" nicht vor, wenn die Regelung geeignet ist, "zwingenden Erfordernissen einer wirksamen Steuerkontrolle, des Schutzes des öffentlichen Gesundheit, der Lauterkeit des Handelsverkehrs und des Schutzes der Verbraucher gerecht zu werden". Dabei handelt es sich um eine tatbestandsimmanente Einschränkung. Der Grund dafür, weshalb Art. 36 EGV für diese Einschränkung nicht angewandt wird, ist darin zu sehen, daß die Rechtsprechung davon ausgeht, daß es sich bei der Vorschrift des Art. 36 EGV um eine Ausnahmevorschrift handelt, die eng auszulegen ist. Daraus wird die restriktive Auslegung abgeleitet: der Katalog der geschützten Rechtsgüter nach Art. 36 EGV ist abschließend normiert und nicht ergänzungsfähig.

Ist eine nationale Vorschrift nach der Dassonville-Formel geeignet, Einfuhren aus anderen Mitgliedsstaaten zu behindern, setzt die Eingrenzung dieser Formel nach der "Cassis de Dijon-Doktrin" zunächst die Prüfung voraus, ob die staatliche Regelung unterschiedslos für einheimische und eingeführte Erzeugnisse gilt. Trifft das nicht zu, so ist sie wie eine mengenmäßige Einfuhrbeschränkung als eine nach Art. 30 EGV verbotene Maßnahme gleicher Wirkung anzusehen. Eine Einschränkung unter dem Aspekt der Lauterkeit des Verbraucherschutzes nach der "Cassis de Dijon Formel" scheidet von vornherein aus.

Liegt eine unterschiedslose, für inländische und eingeführte Erzeugnisse gleichermaßen geltende Regelung vor, so kann sie trotz Behinderung des freien Warenverkehrs nach Art. 30 EGV zulässig sein, wenn sie notwendig ist, um zwingenden Erfordernissen gerecht zu werden und unter dem Gesichtspunkt der Verhältnismäßigkeit und Erforderlichkeit rechtliche Relevanz besitzt. Als zwingende Erfordernisse sind im Rahmen des Art. 30 EGV eine wirksame steuerliche Kontrolle, der Schutz der Lauterkeit des Handelsverkehrs sowie der Schutz des Verbrauchers und der Umwelt anerkannt.

Im Anwendungsbereich der Dassonville-Formel unterscheidet der EuGH seit der Entscheidung "Keck und Mithouard" zwischen Warenmodalitäten einerseits, für die nur die "Cassis-Doktrin" gilt und Verkaufsmodalitäten andererseits, für die zusätzlich die Keck-Restriktion zur Anwendung gelangt. Nach der Keck-Restriktion stellen nationale Vor-

schriften über Verkaufsmodalitäten dann keine Maßnahmen gleicher Wirkung dar, wenn zwei Bedingungen erfüllt sind:
1. die nationale Regelung der Verkaufsmodalitäten muß für alle Wirtschaftsteilnehmer gelten, die ihre Tätigkeit im Inland ausüben;
2. die Regelung der Verkaufsmodalitäten muß den Absatz der inländischen Erzeugnisse und der Erzeugnisse der anderen Mitgliedsstaaten rechtlich wie tatsächlich in der gleichen Weise berühren.

Wenn beide Voraussetzungen vorliegen, stellt die Regelung der Verkaufsmodalität keine verbotene Maßnahme gleicher Wirkung dar. Ist eine der beiden Voraussetzungen nicht gegeben, dann ist die Regelung der Verkaufsmodalität als eine Maßnahme gleicher Wirkung zu bewerten, die der Rechtfertigung im Sinne der "Cassis de Dijon Doktrin" bedarf.

In der Mars-Entscheidung hat der Europäische Gerichtshof ausgeführt, daß von verständigen Verbrauchern erwartet werden kann, daß sie über bestimmte Sachverhalte informiert sind. Der EuGH geht somit im Bereich der Irreführung vom Idealtyp eines verständigen Verbrauchers aus, bei dem gewisse Kenntnisse und Überlegungen zugrunde gelegt werden können.

III. Auswirkungen auf das deutsche Recht

1. Mittelbare Inländerdiskriminierung

a) Problemstellung

Ist somit davon auszugehen, daß ein französisches, italienisches, spanisches Unternehmen, das im Rahmen eines Euromarketing auch in der Bundesrepublik Deutschland Werbung betreibt, bei der Beurteilung der Werbung im Sinne einer Irreführung im Anwendungsbereich der Art. 30/36 EGV am Maßstab des verständigen, informierten und sich informierenden Verbraucher gemessen würde, stellt sich die Frage, ob und gegebenenfalls wie vermieden werden könnte und sollte, daß das inländische Unternehmen, das nur auf dem Territorium der Bundesrepublik Deutschland wirbt, anderen Beurteilungskriterien unterfällt und seine Werbung am Maßstab des flüchtigen, uninformierten Verbrauchers messen lassen muß.

Leisner hat bereits im Jahre 1991 die Frage aufgeworfen, ob die hohen deutschen Standards des Verbraucherschutzes gegen Irreführung angesichts der weit liberaleren Auffassung in den anderen Mitgliedstaaten überhaupt noch gehalten werden können und am Ende seines Beitrages festgehalten: "Deutschland hat sich in seiner Rechtspraxis die wohl weitestgehenden Relikte des alten Wohlfahrtsstaates bewahrt. Idyllisierende Gedanken freiheitsabschottend-umsorgender Inselbildung verfolgen uns gerade im Recht des unlauteren Wettbewerbs, etwas von der gesicherten Ruhe der Zünfte, von der heiteren Welt der Meistersinger ... Wann wird auch das Recht des unlauteren Wettbewerbs in Deutschland dem Bürger sagen, daß er die Freiheit vorziehen soll, auch wenn sie gefährlich ist?"[669]. Diese von Leisner aufgeworfene Frage nach dem "Wann" entzieht sich prognostischer Beurteilung.

Eine doppelschichtige Rechtsanwendung kann zur Diskriminierung reiner Inlandswerbung führen

Eine doppelschichtige Rechtsanwendung, die zwischen internationalen und nationalen Fällen unterscheidet, kann jedoch zu einer rechtspolitisch und vielleicht auch verfassungsrechtlich nicht hinnehmbaren Diskriminierung reiner Inlandswerbung führen[670]. Der Umstand, daß sich zukünftig in angrenzenden EG-Staaten, aber zugleich auch auf dem deutschen Markt betätigende Unternehmen durch lokale Verlagerung des Ursprungs ihrer Marketing-Kampagnen von den Restriktionen des deutschen Wettbewerbsrechts bis zu einem gewissen Ausmaß lösen können, lediglich begrenzt durch den Mißbrauchsgedanken, während dies für mittlere oder kleine und Kleinstunternehmen nicht möglich ist, begegnet erheblichen Bedenken[671].

Es ist jedoch leicht vorstellbar, daß sich Situationen ergeben können, aufgrund derer ein Unternehmen, das im Rahmen einer europaweiten Marketingstrategie z.B. von Frankreich ausgehend auch in der Bundesrepublik Deutschland mit Aus-

---

[669] Leisner, Der mündige Verbraucher in der Rechtsprechung des EuGH, EuZW, 1991, 498, 504

[670] vgl. Tilmann, Irreführende Werbung in Europa - Möglichkeiten und Grenzen der Rechtsentwicklung, GRUR 1990, 87 ff

[671] vgl. Heermann, Auswirkungen der europäischen Rechtsentwicklung auf das deutsche Wettbewerbsrecht oder Wohin steuert das deutsche Werberecht nach der Entscheidung des EuGH vom 07.03.1990 in Sachen "GB-Inno-BM ./. Confédération du Commerce luxemburgeois"?; WRP 1993, 578, 594

sagen wirbt, im Lichte der Grundsätze des Europäischen Gerichtshofs, wie sie in der Entscheidung "Mars" ihren Niederschlag gefunden haben, liberaleren Beurteilungskriterien unterworfen wäre, als dies bei einem ausschließlich auf nationalem Gebiet tätigen Unternehmen der Fall wäre. Das französische Unternehmen könnte bei der Beurteilung seiner europaweiten Marketingkampagne davon ausgehen, daß maßgeblich ein sich informierender und informierter verständiger Verbraucher ist und könnte seine Marketingkampagne hieran ex ante ausrichten. Dasselbe würde für ein Unternehmen gelten, das die Werbung ausgehend von einem französischen Tochterunternehmen lanciert. Auch ein derartiges Unternehmen könnte sich prospektiv daran orientieren, daß aus dem Verständnis der europäischen Rechtsprechung des Verbrauchers als aufgeklärtem und aufklärungsfähigem Verbraucher ein großzügigerer Maßstab resultiert, als er von den deutschen Gerichten bei den Bestrebungen zur Wahrung eines Schutzniveaus auf hoher Ebene angelegt wird. Angesichts eines derartigen Gefälles stellt Heerman die provozierende Frage auf, ob sich ein "Sturmtief namens Inländerdiskriminierung" auf das deutsche Werberecht zubewegt[672]. Da eine solcherart entstehende Inländerdiskriminierung von der ganz überwiegenden Auffassung im Schrifttum bislang hingenommen wird, ist ein derartiges Sturmtief derzeit am Horizont noch kaum zu erkennen. Ein allgemeines Unbehagen, das immer konkretere Formen annimmt, läßt sich allerdings nicht verhehlen[673].

b) Lösungswege

Zur Kanalisierung dieses Unbehagens sind verschiedene dogmatische Ansatzpunkte gesucht worden, die im folgenden dargestellt werden ebenso wie die eigene Auffassung angedeutet wird. Die Problematik ist vielschichtig und komplex.

Vertreten wird, daß auf absehbare Zeit allein der auf EG-Ebene eingeschlagene Weg gangbar sei, partiell normative Harmonisierungsbestrebungen durch die lückenfüllende EuGH-Rechtsprechung und ihre Leitlinien zur Abstimmung

Lückenfüllende EuGH-Rechtsprechung

---

[672] vgl. Heermann, Fn. 671, 596

[673] vgl. auch Spätgens, Zum Problem der sog. Inländerdiskriminierung nach dem EGV, in: Festschrift für Freiherr von Gamm 1990, S. 201, 205 "das alles kann nicht so recht befriedigen"

des einzelstaatlichen Unlauterkeitsrechts mit konsensfähigen gemeinschaftsrechtlichen Vorgaben zu ergänzen[674]. Ferner sind Bestrebungen festzustellen, aus dem EG-Recht eine Handhabe gegen die umgekehrte Diskriminierung im Bereich des Warenverkehrs zu gewinnen[675].

Zielvorgabe des Art. 3 f. EGV

Aus Art. 3 f EGV, wonach die Tätigkeit der Gemeinschaft auch die Errichtung eines Systems umfaßt, das den Wettbewerb innerhalb des gemeinsamen Marktes vor Verfälschungen schützt, folgt eine Zielvorgabe, aus deren Kombination mit Art. 30 EGV sich nach Auffassung von Nicolaysen die Folgerung ableiten läßt, wonach mitgliedsstaatliche Reglementierungen, die als "Maßnahmen gleicher Wirkung" verboten sind, unanwendbar nicht nur für eingeführte Erzeugnisse aus anderen Mitgliedsstaaten, sondern auch für gleichartige inländische Produkte sind[676]. Der gemeinschaftsrechtliche Lösungsweg wird auch mit Überlegungen untermauert, die dahingehen, das Binnenmarktziel als Rechtsprinzip und den Binnenmarkt als Rechtsbegriff zu verstehen.

Einheit der Wettbewerbsordnung des Binnenmarktes

Aus dieser Einheit der Wettbewerbsordnung des Binnenmarktes folgt als gemeinschaftsrechtliche Wirkung, daß die gemeinschaftlichen Rechtssätze diskriminierungsfrei im Binnenmarkt gelten müssen. Gleichheitssatz und Diskriminierungsverbot sind der Binnenmarktrechtsordnung immanent[677].

Konsens und Ausgewogenheit unter Berücksichtigung der Rechtstraditionen der Mitgliedsstaaten

Unter grundsätzlicher Anerkennung des Primats des Gemeinschaftsrechts im Kollisionsfalle wird von Piper eine differenzierende und differenzierte Auffassung vertreten: Harmonisierung ja, aber nicht um jeden Preis[678]. Danach soll und darf Rechtsharmonisierung nicht darin bestehen, allein die eigenen Wertungen der gemeinschaftsrechtlichen Beur-

---

[674]Heermann, Fn. 671, 596

[675]vgl. die Darstellung bei Kleier, Freier Warenverkehr (Art. 30 EGV) und die Diskriminierung inländischer Erzeugnisse, RIW 1988, 623 ff; Nicolaysen, Inländerdiskriminierung im Warenrecht, EuR 1991, 95 ff

[676]Nicolaysen, Fn. 675, S. 104

[677]vgl. Fezer, Europäisierung des Wettbewerbsrechts, JZ 1994, 318, 325 f.

[678]Piper, Zu den Auswirkungen des EG-Binnenmarktes auf das deutsche Recht gegen den unlauteren Wettbewerb, WRP 1992, 685, 686

teilung oder der Rechtssetzung der Gemeinschaft zugrundezulegen. Konsens und Ausgewogenheit sind danach nur in einer Rechtsordnung zu finden, in der sich die Rechtstraditionen der Mitgliedsstaaten in ihrer Grundstruktur wiederfinden lassen[679].

Nach Auffassung von Spätgens sollte der Wirkungszusammenhang zwischen Gemeinschaftsrecht und nationalem Recht ausreichen, den für die Anwendung des gemeinschaftlichen Gleichheitsgrundsatzes oder eines diesem übergeordneten allgemeinen Gleichheitsprinzip des Binnenmarktes erforderlichen Bezug zum Gemeinschaftsrecht zu bejahen[680]. Spätgens hält auch Art. 3 Abs. 1 GG als dogmatische Grundlage gegen Inländerdiskriminierung für tauglich[681].

Wirkungszusammenhang zwischen Gemeinschaftsrecht und nationalem Recht

Art. 3 Abs. 1 GG ist unter Anwendung der Grundsätze des Bundesverfassungsgerichts in seinem Beschluß vom 06.11.1985[682] die wohl am häufigsten als dogmatische Ausgangslage zur Vermeidung der Inländerdiskrminierung in Bezug genommene Norm. Das Bundesverfassungsgericht hat in seinem Beschluß vom 06.11.1995 ausgeführt, daß Art. 3 Abs. 1 GG vor allem dann verletzt ist, wenn eine Gruppe von Normadressaten im Vergleich zu anderen Normadressaten anders behandelt wird, obwohl zwischen beiden Gruppen keine Unterschiede von solcher Art und solchem Gewicht bestehen, daß sie die ungleiche Behandlung rechtfertigen könnten[683]. Hieraus resultiert die Schlußfolgerung, daß in Anwendung der Formel des Bundesverfassungsgerichts zwischen den eingeführten und den inländischen Erzeugnissen bzw. deren Herstellern und Absatzmittlern keine gewichtigen Unterschiede, die eine ungleiche Behandlung hinreichend rechtfertigen könnten, bestehen. Insbesondere ist bei nationalen Regelungen, die zum Schutz des Konsumenten bzw. Verwenders der Ware erlassen worden sind, kein sachlicher Grund erkennbar, aus dem eine nationale Regelung auf ein eingeführtes Erzeugnis bzw. deren Herstellung oder Absatz, keine Anwendung, hingegen auf inländische Erzeugnisse

Art. 3 Abs. 1 GG

---

[679]Piper, Fn. 678, S. 691

[680]vgl. Spätgens, Fn. 673, S. 209

[681]Spätgens, Fn. 673, S. 211

[682]NJW 1986, 709 = BVerfGE 55, 88

[683]NJW 1986, 709, 710

Anwendung finden soll. Es wird angenommen, daß es mit Art. 3 Abs. 1 GG unvereinbar sei, nationale Vorschriften, die wegen des Verstoßes gegen Art. 30 EGV für den Warenabsatz von eingeführten Waren nicht (mehr) gelten, gleichwohl - auf damit im Wettbewerb stehende - inländische Erzeugnisse bzw. deren Absatz anzuwenden[684]. Der gesetzgeberische Beurteilungsspielraum kann nicht soweit gehen, daß eine nationale Verbotsnorm, die nach der Rechtsprechung des EuGH zur Erreichung der nationalen Zielsetzungen nicht verhältnismäßig ist, im nationalen Recht als von sachlichen Erwägungen getragen anzusehen ist. Unverhältnismäßigen Verbotsnormen liegen - wie Fezer überzeugend ausführt - keine sachlichen Erwägungen zugrunde, zumal dann nicht, wenn sie zu einer Diskriminierung der Unternehmen im Hoheitsgebiet des Gesetzgebers führen[685].

In Anwendung der Grundsätze des Bundesverfassungsgerichts hat auch das LG Düsseldorf in seiner Entscheidung vom 28.07.1993[686] ausgeführt, daß Art. 3 GG dann verletzt ist, wenn einem deutschen Unternehmen die Werbung mit Preisgegenüberstellungen verboten wird, nicht aber den mit ihr auf dem deutschen Markt konkurrierenden EG-ausländischen Unternehmen und Importeuren von Waren aus den EG-Staaten. Es sei - so das LG Düsseldorf - nicht einzusehen, warum der Verbraucher hinsichtlich der von der Antragsgegnerin vorgenommenen Preisgegenüberstellung schutzbedürftiger sein soll, als dies gegenüber EG-ausländischen bzw. europaweit tätigen Unternehmen der Fall ist, die in gleicher Art und Weise auf dem deutschen Markt werben dürfen[687]. Das OLG Düsseldorf hat in seiner Entscheidung vom 30.12.1993[688] zum Ausdruck gebracht, daß es mit dem Landgericht Düsseldorf der Annahme zuneigt, daß Art. 3 Abs. 1 GG auf die sog. umgekehrte oder Inländerdiskriminierung grundsätzlich anwendbar sei. Der Senat hat hervorgehoben, daß es darum gehe, ob der deutsche Gesetzgeber einen Teil der Gewerbetreibenden unterschiedlich behandeln darf, weil er aus Gründen des Europäischen Rechts

---

[684] Kleier, Fn. 675, 629 f., Spätgens, Fn. 673, 215; Nicolaysen, Fn. 675, 115 ff

[685] vgl. Fezer, Fn. 677, JZ 94, 317, 325

[686] WRP 1994, 138

[687] LG Düsseldorf, WRP 1994, 138, 140

[688] GRUR 1994, 313

den anderen Teil (mit Auslandsberührung) günstiger stellen muß. Der Senat hat sich nichtsdestotrotz an einer das Urteil des Landgerichts bestätigenden Entscheidung dadurch gehindert gesehen, daß der Europäische Gerichtshof in seiner Entscheidung "Keck und Mithouard" vom 24.11.1993[689], die inzwischen als sog. "Keck-Restriktion" bekannt geworden ist, die Differenzierung zwischen Waren- und Verkaufsmodalitäten geprägt hat, wonach Art. 30 EGV nur auf Warenmodalitäten anwendbar ist, nicht jedoch auf Verkaufsmodalitäten[690].

Doepner[691] ist demgegenüber der Auffassung, daß das Verbraucherleitbild nicht aus Art. 30 EGV abgeleitet werden könne, so daß sich von daher die Frage einer Inländerdiskriminierung gar nicht stellen dürfte.

Diese Prämisse wird damit begründet, daß der EuGH nach Ablauf der Umsetzungsfrist der Irreführungsrichtlinie 84/450/EWG nicht mehr legitimiert sei, aus Art. 30 EGV ein für das sekundäre Gemeinschaftsrecht verbindliches Verbraucherleitbild abzuleiten. Die Konzeption der Rechtsprechung (ab dem GB-Inno-Urteil)[692] - Verbraucherschutz durch Information sowie das im Anschluß an dieses Informationsmodell entwickelte Verbraucherleitbild - stamme aus einer Periode vor Inkrafttreten der Irreführungsrichtlinie. Inzwischen sei der Gemeinschaftsgesetzgeber jedoch tätig geworden, so daß die Notwendigkeit und damit auch die Legitimation quasi legislatorischer Tätigkeit durch den EuGH in diesem Bereich nicht mehr bestehe. Der Ableitung eines Verbraucherleitbildes unmittelbar aus Art. 30 EGV stünden auch auslegungssystematische Erwägungen entgegen. Die Irrefüh-

Steht die Irreführungsrichtlinie der Ableitung des Verbraucherleitbildes aus Art. 30 EGV durch den EuGH entgegen ?

---

[689] vgl. Fn. 660

[690] vgl. auch BGH v. 16.11.1995, WRP 96, 284, 285 "Wegfall der Wiederholungsgefahr II: ......"Es mag dahinstehen, ob die Nichtanwendung dieser auf Art. 30 EGV gestützten Entscheidung auf - wie hier - reine Inlandssachverhalte zu einer nach Art. 3 (1) GG unzulässigen Inländerdiskriminierung führen würde ....."; zur umgekehrten Diskriminierung vgl. auch Baumbach/Hefermehl, a.a.O., Einl. UWG, Rdnr. 621; Köhler/Piper, a.a.O., Einf. Rdnr. 64 f.

[691] Verbraucherleitbilder zur Auslegung des wettbewerbsrechtlichen Irreführungsverbotes - Anmerkungen zum Diskussionsstand, Festschrift für Otfried Lieberknecht, S. 165, 186 ff

[692] vgl. Fn. 666

rungsrichtlinie sei ausdrücklich als Harmonisierungsrichtlinie ergangen. Damit falle sie ihrem Wesen nach grundsätzlich aus dem Anwendungsbereich des Art. 30 EGV heraus, es sei denn, es werden die an den europäischen Grundrechten auszurichtenden Grenzen für die Ausübung des legislatorischen Ermessens bezüglich europäischen Sekundärrechts überschritten[693].

Die Weiterverfolgung des Ansatzes von Doepner ist wissenschaftlich und dogmatisch hochinteressant. Es bleibt jedoch - auch von dieser Prämisse ausgehend - das Problem zu lösen, daß der EuGH die Dinge anders sieht. Jedenfalls solange der Europäische Gerichtshof einen anderen Weg verfolgt, bleibt der grenzüberschreitende Verbraucher "vernünftig" und das Problem der Inländerdiskriminierung zu lösen.

c) Ansatzpunkte in der Rechtsprechung des BGH:

"Perrier"

In der "Perrier-Entscheidung" vom 04.06.1987[694] ist der Bundesgerichtshof zwar dem Berufungsgericht dahingehend gefolgt, daß alle Tatbestandselemente, die erforderlich sind, um den Tatbestand sittenwidriger Rufausbeutung zu erfüllen, konkret vorlagen. Gleichwohl sah der Senat sich im Hinblick auf die Behauptung der Beklagten, in Frankreich, dem Herstellungsland sowohl des Champagners wie auch des Perrier Mineralwassers, habe die Fa. Perrier seit jeher in der bisher beanstandeten Art geworben, an einer Entscheidung gehindert. Die werbende Firma hatte geltend gemacht, daß sie dort einen rechtlich unentziehbaren Besitzstand an dieser Art der Werbung erlangt habe und die Auffassung vertreten, angesichts dieser Lage könne ihr in der Bundesrepublik eine solche Werbung nicht verboten werden. Der Bundesgerichtshof war der Auffassung, daß dieses Vorbringen für die Frage der Sittenwidrigkeit des § 1 UWG rechtlich bedeutsam ist. Wenn und soweit die beanstandete Angabe - wie die Beklagte für den Streitfall behauptet hat - nicht einmal im Heimatstaat Schutz gegen eine derartige werbliche Verwendung durch Dritte genießt, kann es nach dem zu billigenden Rechtsempfinden der maßgeblichen inländischen Verkehrskreise nicht als sittenwidrig angesehen werden, wenn ein inländisches

---

[693] Doepner, Fn. 691, S. 188

[694] WRP 1988, 25, GRUR 1988, 453 "Ein Champagner unter den Mineralwassern"

Vertriebsunternehmen desjenigen, der im Herkunftsland so werben darf, im Inland in gleicher Weise verfährt.

In seiner Entscheidung vom 09.04.1992[695] hat der Senat ausgeführt, daß der Verkehr auch in Deutschland heute nicht mehr auf das im deutschen Hochschulbereich entstandene klassische Professorenbild abstelle. Die zwischenzeitlichen Veränderungen im Hochschulbereich, die teilweise die Anforderungen an ein Professorenamt herabgesetzt und zu einer starken Vermehrung der Professorenzahl sowie zur Abgrenzung der Professoren im engeren Sinne von anderen Professoren durch die Berufsbezeichnung des Universitätsprofessors geführt haben, haben auch im außerwissenschaftlichen Bereich die entsprechenden Vorstellungen und Anforderungen des Verkehrs verändert und dazu geführt, daß ein deutscher Professorentitel nicht ohne weiteres als einem in einem anderen Staat verliehenen Titel überlegen angesehen wird. Maßgeblich könne daher für den Verkehr nur sein, ob bei dem konkret in Frage stehenden Titel die nach der Verkehrsauffassung und seiner Verleihung und Führung zu stellenden sachlichen Anforderungen erfüllt sind, nicht aber, ob er im Inland oder im Ausland verliehen worden ist[696]. Mit Recht wird das schlichte Ausrichten des § 3 UWG an der Herkunft verworfen. Steindorff bescheinigt der Entscheidung vom 09.04.1992 daher, zumindest auf dem richtigen Weg zu sein[697].

Professorenbezeichnung in der Arztwerbung II

In der Entscheidung "Legehennenhaltung" vom 06.07.1995[698] spielte die Inländerdiskriminierung eine mittelbare Rolle. Die Käfighaltung von Legehennen im Betrieb des Beklagten entsprach unstreitig den Anforderungen des § 2 der Hennenhaltungsverordnung. Die Klägerin hatte allerdings behauptet, daß die Hennen bei einer Käfighaltung nach den Vorschriften der Hennenhaltungsverordnung nicht

Legehennenhaltung

---

[695] WRP 1992, 562 "Professorenbezeichnung in der Arztwerbung II"; vgl. vorstehend D.III.4.

[696] BGH, a.a.O., 563; ähnliche Überlegungen finden sich in der Entscheidung des BGH v. 27.4.1995, WRP 1995, 701, GRUR 1995, 612 "Sauerstoff-Mehrschritt-Therapie", wenngleich dieser Entscheidung die Auslandsberührung fehlt und sie deshalb an dieser Stelle nicht näher darzustellen ist.

[697] Steindorff, Unlauterer Wettbewerb im System des EG-Rechts, WRP 1993, 139, 145

[698] WRP 1996, 6, GRUR 1995, 817

artgemäß gehalten werden und deshalb andauernd erhebliche Schmerzen, Leiden und Schäden zu erdulden haben. Wäre dies so, wäre - wie der Senat ausführt - die Hennenhaltungsverordnung nichtig, weil sie dann gegenüber den höherrangigen Vorschriften der §§ 1, 2 und 17 Tierschutzgesetz keine Geltung beanspruchen könnte. Von einer weiteren Vertiefung dieser Frage hat der Senat abgesehen, da der Beklagte darauf verweisen konnte, daß seine Legehennenhaltung den Vorschriften entspricht, die von der Richtlinie 88/166/EWG des Rates vom 07.03.1988 zur Festsetzung von Mindestanforderungen zum Schutze von Legehennen in Käfigbatteriehaltung aufgestellt wurden. Ziel dieser Richtlinie ist es, durch die Aufstellung gemeinsamer Mindestanforderungen für die Käfighaltung von Legehennen in den Mitgliedsstaaten der Europäischen Union Wettbewerbsverzerrungen zu begegnen, die durch unterschiedliche einzelstaatliche Tierschutzverordnungen entstehen können. Diese Richtlinie hätte zur Folge, daß die Einfuhr und der Vertrieb von Eiern aus anderen Mitgliedsstaaten im Hinblick auf Art. 30, 36 EGV dann nicht nach nationalem Recht unterbunden werden dürfte, wenn sie aus einer Legehennenhaltung entstammten, die im Sinne der Richtlinie rechtmäßig betrieben wird. Obwohl im vorliegenden Fall keine Einfuhr aus anderen Mitgliedsstaaten in Rede stand, hat der Senat es bei dieser Sachlage als ausgeschlossen angesehen, dem Beklagten als wettbewerbsrechtliche Unlauterkeit vorzuwerfen, daß er Eier aus einer Legehennenhaltung vertreibt, die nicht nur mit den Anforderungen der Richtlinie vereinbar sind, sondern auch mit den strengeren Vorschriften der Hennenhaltungsordnung. Abhilfe im Sinne der strengeren Anforderungen des Tierschutzgesetzes zu schaffen wäre ggf. nicht Sache der Wettbewerbsgerichte, sondern der dazu berufenen Rechtsetzungsorgane.

Unipor-Ziegel

In der Unipor-Entscheidung vom 09.06.1994[699] setzt der Bundesgerichtshof gewisse Umstände als allgemein bekannt und selbstverständlich voraus.

Umweltfreundliches Bauen

In der Entscheidung "Umweltfreundliches Bauen"[700] wird vorausgesetzt, daß dem Verkehr bekannt ist, daß trotz weitgehender Berücksichtigung von Umweltschutzgesichtspunkten bei der Produktion Restbelastungen der Umwelt verblei-

---

[699] WRP 1994, 615, GRUR 1994, 828 vgl. Fn. 206

[700] vgl. Fn. 506, WRP 1996, 290, GRUR 1996, 367

ben. Durch den Hinweis darauf, daß Aussagen nicht isoliert werden können und der Kontext vom Verbraucher wahrgenommen und erfaßt wird, wird ein Verbraucher zugrunde gelegt, der an die Lektüre werblicher Aussagen mit einem gewissen Maß an Aufmerksamkeit und Überlegung herangeht.

In der Entscheidung "Der Meistverkaufte Europas"[701] wird ein europäisch denkender Verbraucher zugrunde gelegt.

Der Meistverkaufte Europas

In den Entscheidungen vom 23.05.1996[702] und vom 19.06.1996[703] hat der Bundesgerichtshof das Aufklärungs- und Informationsbedürfnis des Verbrauchers nicht hinter möglichen Mißverständnissen flüchtiger und uninteressierter Leser zurücktreten lassen und ein differenziertes Verbraucherverständnis vorausgesetzt.

PVC-frei; Energiekostenpreisvergleich II

Dem Informationsinteresse des Verbrauchers wird auch durch die in der Rechtsprechung aufgestellten Grundsätze zur Arzt- und Anwaltswerbung Rechnung getragen[704].

Arzt- und Anwaltswerbung

In der Entscheidung "Naturkind"[705] ist festgehalten worden, daß der Verbraucher nicht aufgrund eines ersten flüchtigen oder nur oberflächlichen Eindrucks kauft, sondern sich Gedanken über den Bedeutungsgehalt einer naturbezogenen Angabe macht.

Naturkind

Der Schritt, den ein solchermaßen definierter Verbraucher zu machen hätte, um zu einem verständigen Verbraucher im Sinne der Rechtsprechung des Europäischen Gerichtshofs und im Sinne der Rechtsauffassung einer erheblichen Anzahl von Mitgliedsstaaten zu werden, bedarf keiner Siebenmeilenstiefel mehr, wenn er nicht bereits jetzt als "vernünftiger Verbraucher"[706] bezeichnet werden kann[707].

---

[701] vgl. Fn. 515, WRP 1996, 729, GRUR 1996, 910

[702] WRP 1996, 1156, 1158 f. "PVC-frei"

[703] WRP 1997, 179, 182 "Energiekosten-Preisvergleich II"

[704] vgl. C.IV.1.c)

[705] vgl. Fn. 378

[706] so Ullmann, Einige Bemerkungen zur Meinungsfreiheit in der Wirtschaftswerbung, GRUR 1996, 948, 957

Im Lichte der Ausführungen des Bundesverfassungsgerichts zu Art. 3 GG ist jedenfalls festzuhalten, daß zwischen der Gruppe von Normadressaten deutscher Unternehmen ohne ausländischem Tochterunternehmen oder beauftragtem Unternehmen und der Gruppe von Normadressaten EG-ausländischer Unternehmen, EG-Tochterunternehmen deutscher Unternehmen keine Unterschiede von solcher Art und solchem Umfang bestehen, daß sie eine ungleiche Behandlung rechtfertigen könnten.

Akzeptiert man die nach meinem Dafürhalten unbestreitbare Ausgangsprämisse, daß die Inländerdiskriminierung nicht tragbar[708] ist, läßt sich aus dem gemeinschaftsrechtlichen Lösungsweg und/oder im Lichte des Art. 3 Abs. 1 GG eine tragfähige Basis bilden, die es ermöglicht, eine Inländerdiskriminierung sachgerecht zu vermeiden, indem im Bereich des § 3 UWG das Leitbild des verständigen Verbrauchers zugrunde gelegt wird. Der Appell an den Gesetzgeber scheint mir nicht erforderlich zu sein; der Gesetzgeber hat die Definition des Leitbildes des Verbrauchers auch in der Vergangenheit den mit der Sache befaßten Gerichten überlassen.

2. Die Vereinbarkeit des "verständigen Verbrauchers" mit dem dem deutschen Wettbewerbsrecht zugrunde liegenden Verbraucherschutzgedanken

Wenn Kisseler im seinem Beitrag "Das Deutsche Wettbewerbsrecht im Binnenmarkt"[709], der von der Zielsetzung geprägt ist, daß maßgeblich die Beibehaltung des deutschen UWG, ggf. unter Änderung der Rechtsprechung des Europäischen Gerichtshofs sei, ausführt, daß bei Zugrundelegung eines verständigen und typischen Durchschnittsverbrauchers der Verbraucher in Europa nur dann eine Chance habe, wenn er akademisch vorgebildet und nach Möglichkeit ein Jurist ist[710], so ist hinzuzufügen, daß die Tatsache, daß sich

---

[707] zum Ganzen vgl. auch Ackermann, Die deutsche Umweltrechtsprechung auf dem Weg zum Leitbild des verständigen Verbrauchers ?, WRP 1996, 502, 515 ff

[708] so auch Piper, Fn. 678, S.690

[709] WRP 1994, 1

[710] Kisseler, Fn. 709, S. 5

die europäischen Richter selbst als verständige Durchschnittsverbraucher betrachten, nicht gleichzusetzen ist mit dem „Aus" für den Gedanken des Verbraucherschutzes. Auch ein Irreführungsverbot, das dem Leitbild des verständigen Verbrauchers Rechnung trägt, dessen Entscheidungen voraussehbar und kalkukierbar sind, dessen Erwartungen Normativität besitzen[711], läßt eine Orientierung des Wettbewerbsrechts am Verbraucherschutz zu. Die Verbraucherschutzorientierung ist vereinbar mit einem Leitbild des verständigen Verbrauchers. Der Verbraucherschutzgedanke ist der Rechtsprechung des Europäischen Gerichtshofs wohl bekannt, wie u.a. aus der seit der Entscheidung der "Cassis de Dijon" geltenden Einschränkung der Dassonville-Formel bekannt ist[712]. Der Verbraucherschutz findet seinen Niederschlag ferner im EGV: Nach Art. 3 f. EGV umfaßt die Tätigkeit der Gemeinschaft auch "einen Betrag zur Verbesserung des Verbraucherschutzes". Nach Art. 129 a EGV leistet die Gemeinschaft einen Beitrag zur Erreichung eines hohen Verbraucherschutzniveaus. Aus Art. 100 a Abs. 3 EGV, der es der Kommission zur Pflicht macht, im Bereich des Verbraucherschutzes von einem hohen Niveau auszugehen, wird der hohe Stellenwert des Verbraucherschutzes in der europäischen Rechtsordnung deutlich. In den Europäischen Rechtsordnungen, die den eher verständigen Verbrauchern zugrundelegen, spielt der Verbraucherschutz eine durchaus bedeutende Rolle, so z.B. in Großbritannien, Belgien, Luxemburg, Frankreich, Spanien, Portugal, Griechenland[713]. Der Verbraucherschutz setzt nicht voraus, daß ein eher flüchtiger, unaufmerksamer oder gar minder intelligenter Verbraucher zugrunde gelegt wird. Es mag auch - wie Steindorff bereits feststellt - als Gewinn verbucht werden, wenn vom Übermaß rechtlicher Verbraucherfürsorge abgerückt und der Verbraucher auf eigene Umsicht verwiesen wird[714].

---

[711]Fezer, Fn. 667, WRP 1995, 671, 675

[712]vgl. nur „Cassis de Dijon" v. 20.2.1979, GRUR Int. 1979, 468, EuGH v. 7.4.1990, GRUR Int. 1990, 955 „GB-Inno-BM"; EuGH v. 18.5.1993, WRP 1993, 615, GRUR 1993, 747 „Yves Rocher"; EuGH v. 2.2.1994, WRP 1994, 380, GRUR 1994, 303 „Clinique"

[713]vgl. F.I.

[714]Steindorff, Fn. 697, 139, 147

Der Verbraucherschutzgedanke ist allen Rechtsordnungen der EG-Mitgliedstaaten und dem EGV immanent, unterschiedlich definiert ist lediglich der für die Irreführung maßgebliche Verbraucher. In der überwiegenden Mehrzahl der EG-Mitgliedstaaten wird ein aufmerksamer, eher kritischer Verbraucher von durchschnittlicher Intelligenz und Urteilsfähigkeit zugrunde gelegt, häufig wird differenziert nach der konkreten Zielgruppe und nach der Art des Produktes. Der Europäische Gerichtshof legt den sich informierenden und informierten verständigen Verbraucher zugrunde. Die jüngere Umweltrechtsprechung läßt Ansätze erkennen, die einen Verbraucher durchschnittlicher Intelligenz zugrunde legt, der nach der Art des Produktes differenziert, und erkennt an, daß mit dem Schutz des Verbrauchers ein Bedürfnis nach Information und Aufklärung einhergehen kann und einhergeht[715].

Zusammenfassung

Akzeptiert man die Ausgangsprämisse, daß die Inländerdiskriminierung nicht tragbar ist, läßt sich aus dem gemeinschaftsrechtlichen Lösungsweg und/oder im Lichte des Art. 3 Abs. 1 GG eine tragfähige Basis bilden, die es ermöglicht, eine Inländerdiskriminierung sachgerecht zu vermeiden, indem im Bereich des § 3 UWG das Leitbild des verständigen Verbrauchers zugrunde gelegt wird. In der jüngeren Rechtsprechung des Bundesgerichtshofs finden sich eine ganze Reihe von Ansätzen, die den Schluß zulassen, daß die deutsche Rechtsprechung sich auf den vernünftigen Verbraucher zubewegt, zumindest auf einen Verbraucher, dem ein gewisses Grundwissen und ein gewisses Maß an Überlegungen nicht abgesprochen werden kann, der sich Gedanken über den Bedeutungsgehalt von Angaben macht, der europäisch denkt und dem ein berechtigtes Interesse an Aufklärung und Information nicht abgesprochen werden kann. Hat ein Unternehmen im Herkunftsland einen rechtlich unentziehbaren Besitzstand an einer bestimmten Art der Werbung erlangt, darf einem inländischen Vertriebsunterehmen desjenigen, der im Herkunftsland so werben darf, im Inland ein derartiges Verhalten nicht als sittenwidrig vorgeworfen werden. Einem Gewerbetreibenden kann es nicht als wettbewerbliche Unlauterkeit vorgeworfen werden, wenn sein Verhalten mit den Anforderungen des Gemeinschaftsrechts in Einklang

---

[715] vgl. F.III.1.c)

steht. Der „verständige Verbraucher" ist nicht unvereinbar mit dem dem deutschen Wettbewerbsrecht zugrunde liegenden Verbraucherschutzgedanken. Der Verbraucherschutzgedanke ist allen Rechtsordnungen der EG-Mitgliedsstaaten und dem EG-Vertrag immanent. Verbraucherschutz bedeutet nicht, daß ein Verbraucherleitbild zugrunde gelegt werden muß, das einen uninteressierten und der Täuschung leicht anheimfallenden Verbraucher als Basis hat.

G. Wettbewerbliches Anspruchs- und Verfahrensrecht

I. Der Unterlassungsanspruch

1. Die Aktivlegitimation

Das Recht gegen unlautere Wettbewerbshandlungen gibt nicht jedermann den Abwehranspruch, sondern bestimmt, wer anspruchsberechtigt und zur Wahrung der durch das UWG-Recht geschützten Interessen berufen ist. So hat der Kunde, der durch unlauteren Wettbewerb betroffen wird, keinen Anspruch.

Die Klagebefugnis des durch einen Wettbewerbsverstoß selbst in seinen wettbewerblichen Interessen verletzten Gewerbetreibenden, der in einem konkreten Wettbewerbsverhältnis zum Verletzer steht, ergibt sich unmittelbar aus der verletzten Norm (z.B. § 1 oder § 3 UWG). Die Prüfung, ob einem Wettbewerber aufgrund einer konkreten Wettbewerbsbeziehung bereits als unmittelbar Verletztem Ansprüche aus § 1 UWG zustehen, erübrigt sich, soweit § 13 Abs. 2 UWG eingreift. Nach § 13 Abs. 2 Nr. 1 UWG ist bei Verstößen gegen §§ 1, 3, 4, 6-6c, 7, 8 UWG jeder Gewerbetreibende aktivlegitimiert, der Waren oder gewerbliche Leistungen gleicher oder verwandter Art vertreibt; ferner sind nach § 13 Abs. 2 Nr. 2 UWG Verbände zur Förderung gewerblicher Interessen, nach § 13 Abs. 2 Nr. 3 UWG Verbraucherverbände, zu deren satzungsgemäßen Aufgaben es gehört, die Interessen der Verbraucher durch Aufklärung und Beratung wahrzunehmen, nach § 13 Abs. 2 Nr. 4 UWG Industrie- und Handelskammern sowie Handwerkskammern aktivlegitimiert.

Der unmittelbar verletzte Mitbewerber

a) Mitbewerber im Sinne des § 13 Abs. 2 Nr. 1 UWG

Der bloße Mitbewerber

Nach § 13 Abs. 1 Nr. 1 UWG in seiner Neufassung durch das UWG-Änderungsgesetz vom 25.07.1994[716] ist ein Gewerbetreibender, der Waren oder gewerbliche Leistungen gleicher oder verwandter Art vertreibt, nur dann klageberechtigt, wenn er die Waren oder gewerblichen Leistungen "auf demselben Markt" wie der Verletzer vertreibt und die wettbewerbswidrige Handlung geeignet ist, den Wettbewerb auf diesem Markt wesentlich zu beeinträchtigen.

Begriff des Gewerbetreibenden

Der Begriff des Gewerbetreibenden ist weit zu verstehen. Er umfaßt allerdings nur den tätigen Gewerbetreibenden. Mit der Aufgabe des Geschäftsbetriebs erlischt das Wettbewerbsverhältnis und damit die wettbewerbsrechtliche Klagebefugnis[717].

Waren oder gewerbliche Leistungen gleicher oder verwandter Art

Der Gewerbetreibende muß Waren oder gewerbliche Leistungen gleicher oder verwandter Art vertreiben. Der Begriff "Waren oder gewerbliche Leistungen gleicher oder verwandter Art" ist weit auszulegen. Die Waren oder gewerblichen Leistungen müssen nach der Verkehrsanschauung so viel Übereinstimmendes haben, daß sie einander im Absatz behindern können. Wesentlich ist, ob das, was die Gewerbetreibenden ihren Kunden anbieten, dem gleichen wirtschaftlichen Zweck dient und somit gleiche oder ähnliche Bedürfnisse des Verbrauchers befriedigt. Es reicht, daß nach dem Gegenstand des Geschäftsbetriebes jederzeit wettbewerbsrechtliche Beziehungen eintreten können. Die Parteien brauchen nicht derselben Wirtschaftsstufe anzugehören und denselben Abnehmerkreis zu haben; eine mittelbare Beeinträchtigung des Absatzes genügt[718].

Auf demselben Markt

Die Mitbewerber müssen die Waren oder gewerblichen Leistungen gleicher oder verwandter Art auf demselben Markt vertreiben. Dieser Begriff ist räumlich zu verstehen. Gemeint ist der örtliche Markt, d.h. die beiderseitigen Angebote müs-

---

[716] BGBl 1994 I, 1738, in Kraft getreten am 1.8.1994

[717] BGH v. 12.7.1995, WRP 1995, 815, GRUR 1995, 697 "Funny paper"

[718] vgl. Baumbach/Hefermehl, a.a.O., Rdnr. 14 zu § 13 UWG; Köhler/Piper, a.a.O., Rdnr. 13 zu § 13 UWG, jew. m.z.w.N.

sen sich im Markt begegnen, also um Kunden konkurrieren können[719].

Darüber hinaus verlangt § 13 Abs. 2 Nr. 1 UWG in seiner Neufassung für die Klagebefugnis des Mitbewerbers jetzt auch die Geeignetheit der Verletzungshandlung zur wesentlichen Beeinträchtigung des Wettbewerbs auf dem jeweiligen Markt. Unter Beeinträchtigung des Wettbewerbs sind die Wirkungen wettbewerbswidrigen Verhaltens auf das Marktgeschehen zu verstehen. Wesentlich in diesem Sinne sind Auswirkungen auf den Wettbewerb, die die Interessen der Allgemeinheit nachhaltig berühren. Geringfügige Verstöße scheiden daher aus. Zu berücksichtigen sind Art und Schwere des Verstoßes, der spürbar sein muß, Art und Bedeutung des verletzten Rechtsguts, das Gewicht eines vor Mitbewerbern erzielten Wettbewerbsvorsprungs, die Bedeutung der gefährdeten Interessen der Mitbewerber, der Schutz der Verbraucher vor Irreführung, der Grad der Nachahmungsgefahr.

Eignung zur wesent- lichen Beeinträchtigung des Wettbewerbs auf dem jeweiligen Markt

Die Eignung zur wesentlichen Beeinträchtigung des Wettbewerbs beurteilt sich nach den Umständen des Einzelfalls[720].

Maßgeblich sind die Umstände des Einzelfalls.

b) Verbände zur Förderung gewerblicher Interessen (§ 13 Abs. 2 Nr. 2 UWG)

Als Verbände in diesem Sinne kommen in Betracht: Zusammenschlüsse von Gewerbetreibenden, die satzungsgemäß unlauteren Wettbewerb bekämpfen, Spitzen- oder Dachverbände, die die gewerblichen Interessen der den Mitgliedsverbänden angehörenden Gewerbetreibenden wahrnehmen, Fachverbände zur Wahrnehmung der gewerblichen Interessen bestimmter Branchen und Berufe, ferner Körperschaften öffentlichen Rechts wie die Kammern freier Berufe, wenn sie nach Gesetz oder Satzung die beruflichen Interessen ihrer Mitglieder wahrnehmen[721].

Wer kommt als Verband in Betracht?

---

[719]Baumbach/Hefermehl, a.a.O., Rdnr. 16 zu § 13 UWG; Köhler/Piper, a.a.O., Rdnr. 13a zu § 13 UWG

[720]BGH v. 29.9.1994, WRP 1995, 104, GRUR 1995, 122 "Laienwerbung für Augenoptiker"; vgl. auch Baumbach/Hefermehl, a.a.O., Rdnr. 18b zu § 13 UWG m.z.w.N.; Köhler/Piper, a.a.O., Rdnr. 13b zu § 13 UWG m.z.wn.N.

[721]vgl. die Nachweise bei Piper, Aktuelle Rechtsprechung des Bundesgerichtshofs zum Wettbewerbsrecht, Rdnr. 588-590

Aktivlegitimiert ist ein derartiger Verband nur dann, wenn ihm eine erhebliche Zahl von Gewerbetreibenden angehört, die Waren oder gewerbliche Leistungen gleicher oder verwandter Art auf demselben Markt vertreiben, soweit sie insbesondere nach ihrer personellen, sachlichen und finanziellen Ausstattung imstande sind, ihre satzungsgemäßen Aufgaben der Verfolgung gewerblicher Interessen tatsächlich wahrzunehmen, und soweit der Anspruch eine Handlung betrifft, die geeignet ist, den Wettbewerb auf diesem Markt wesentlich zu beeinträchtigen.

Satzungszweck

Der Satzungszweck muß daher ausdrücklich oder konkludent auf die Förderung gewerblicher Interessen (die Bekämpfung unlauteren Wettbewerbs) gerichtet sein. Der Verband muß nach seiner personellen und sachlichen Ausstattung imstande sein, den Satzungszweck zu verfolgen. Eine entsprechende Ausstattung ist vorhanden, wenn sie ausreicht, das Wettbewerbsverhalten beobachten und bewerten zu können, so daß typische und durchschnittlich schwere Wettbewerbsverstöße vom Verband selbst erkannt und abgemahnt werden können[722].

Eignung, den Wettbewerb auf demselben Markt wesentlich zu beeinflussen

Neu ist, daß der Wettbewerbsverstoß geeignet sein muß, den Wettbewerb auf demselben Markt wesentlich zu beeinträchtigen. Diese Voraussetzung gilt in gleicher Weise für die Klagebefugnis der abstrakt betroffenen Gewerbetreibenden[723].

Erhebliche Zahl von Gewerbetreibenden

Neu ist außerdem, daß der Gesetzgeber die Prozeßführungsbefugnis des Verbandes davon abhängig gemacht hat, daß dem Verband eine erhebliche Zahl von Gewerbetreibenden angehört, die Waren/gewerbliche Leistungen gleicher/verwandter Art auf demselben Markt wie der Verletzer vertreiben. Der Begriff der Waren oder der gewerblichen Dienstleistungen gleicher oder verwandter Art im Sinne des § 13 Abs. 2 Nr. 2 UWG darf ebenso wie derselbe Begriff im Sinne von Nr. 1 UWG entsprechend seiner wettbewerbsrechtlichen Funktion, solche Werbemaßnahmen auf ihre rechtliche Zulässigkeit zu überprüfen, welche die Gefahr einer unmittelbaren oder mittelbaren Beeinträchtigung des Absatzes oder des Bezugs von Waren oder des Angebots von

---

[722] vgl. die Nachweise bei Piper, Fn. 721, Rdnr. 592-599; Baumbach/Hefermehl, a.a.O., Rdnr. 24 zu § 13 UWG

[723] vgl. oben G.I.1.a)

Dienstleistungen nach sich ziehen, nicht zu eng ausgelegt werden. Bei der Beurteilung der Klagebefugnis des Verbandes zur Förderung gewerblicher Interessen ist daher nicht allein auf solche Mitgliedsunternehmen abzustellen, welche mit dem angegriffenen Gewerbetreibenden auf der gleichen Wirtschaftsstufe stehen und identische Waren vertreiben. Es können vielmehr auch solche Unternehmen zu berücksichtigen sein, die einen unterschiedlichen Abnehmerkreis haben und deren Angebot sich mit dem des Wettbewerbers überschneidet oder dieses (auch künftig) ersetzen kann. Maßgeblich ist ein (abstraktes) Wettbewerbsverhältnis, dessen Beeinträchtigung durch die beanstandete Werbemaßnahme mit einer (wenn auch nur geringen) Wahrscheinlichkeit in Betracht kommen kann und welche für das betroffene Mitgliedsunternehmen nicht ohne Bedeutung ist[724].

Wann dem Verband eine "erhebliche Zahl" von Gewerbetreibenden im Sinne von § 13 Abs. 2 Nr. 2 UWG angehört, die Waren oder gewerbliche Leistungen gleicher oder verwandter Art auf demselben Markt wie der Verletzer vertreiben, läßt sich weder rein zahlenmäßig noch abstrakt feststellen, zumal manche Verbände nicht die gesamte von dem Wettbewerbsverstoß betroffene Branche erfassen oder manche Branchen nur eine geringe Zahl von Mitbewerbern haben. Maßgeblich sind weder der Anteil der branchenangehörigen Verbandsmitglieder im Verhältnis zu den sonstigen Mitgliedern dieses Verbandes noch ihr Anteil im Verhältnis zu anderen Branchenangehörigen.

Es kommt vielmehr darauf an, daß der Verband eine für die Verfolgung des Wettbewerbsgeschehens auf dem Markt repräsentative Anzahl von Mitgliedern der betroffenen Branche aufweist, die Waren oder gewerbliche Leistungen gleicher oder verwandter Art auf demselben Markt oder denselben Märkten wie der unlauter handelnde vertreiben. Es ist ausreichend, wenn der Verband auf dem einschlägigen Markt nicht unbedeutende Unternehmen als Mitglieder hat, die ihrer Anzahl und/oder Größe, Marktbedeutung oder wirtschaftlichem Gewinn nach als für den einschlägigen Markt repräsentativ angesehen werden können, so daß ein mißbräuchliches Vorgehen des Verbandes ausgeschlossen werden kann. Auf die Mitgliedschaft einer bestimmten Mindest-

> Es kommt darauf an, ob der Verband auf dem maßgeblichen Markt nicht unbedeutende Mitglieder hat, die ihrer Anzahl und/oder Größe, Marktbedeutung oder wirtschaftlichem Gewinn nach repräsentativ sind.

---

[724] vgl. BGH v. 11.7.1996, WRP 1996, 1034, 1036 m.z.w.N. "Preisrätselgewinnauslobung III"; BGH v. 14.11.1996, WRP 1997, 431, 432 "Münzangebot"

zahl oder gar der Mehrheit der Mitbewerber kommt es dabei nicht an[725].

Die Mitgliedschaft von Industrie- und Handelskammern oder Handwerkskammern genügt

Sinn der Neuregelung ist es (nach der Begründung des Gesetzentwurfes), die Berechtigung eines derartigen Verbandes zur Verfolgung von Wettbewerbsverstößen auf die kollektive Wahrnehmung von Mitgliederinteressen zu beschränken. Entsprechend diesem Gesetzeszweck genügt es aber, wenn dem Wettbewerbsverein Industrie- und Handelskammern oder Handwerkskammern angehören, die nach § 13 Abs. 2 Nr. 4 UWG selbst zur Verfolgung von Wettbewerbsverstößen der gegebenen Art prozeßbefugt wären[726].

Fehlt es daran, so ist zu ermitteln, ob die erhebliche Zahl von Gewerbetreibenden, die Mitglieder des Verbandes sind, auf demselben Markt tätig sind. Eine Mitgliederliste, nach der dem klagenden Verein 900 Mitglieder aus verschiedenen Branchen angehören und die nicht erkennen läßt, daß Gewerbetreibende aus dem einschlägigen Marktsegment in erheblicher Zahl zu seinen Mitgliedern zählen, ist zum Nachweis dieser Voraussetzung nicht geeignet[727].

Die Mitgliedschaft eines Verbandes, der selbst die entsprechende Anzahl von Mitgliedern im einschlägigen Bereich hat (mittelbare Mitgliedschaft) kann genügen

Genügen kann demgegenüber die mittelbare Mitgliedschaft, d.h. der Nachweis, daß ein Verband Mitglied ist, der selbst die entsprechende Anzahl von Mitgliedern im einschlägigen Bereich hat. Im allgemeinen wird die Offenlegung der Mitgliederliste erforderlich und ausreichend sein. Zur Beurteilung, ob es sich um ein bedeutendes Unternehmen auf dem maßgeblichen Markt handelt, kann es erforderlich sein, über den Namen hinaus auch Umsatzzahlen etc. anzugeben.

In aller Regel nicht ausreichend ist die Vorlage einer anonymisierten Mitgliederliste. Der verfassungsrechtliche Grundsatz des rechtlichen Gehörs erfordert, daß der Verband seine Mitglieder namentlich benennt, damit der Prozeßgeg-

---

[725] vgl. BGH v. 11.7.1996, WRP 1996, 1034, 1037 m.w.N. "Preisrätselgewinnauslobung III"; vgl. Baumbach/Hefermehl, Rdnr. 22b, 23a, b zu § 13 UWG m.w.N.; Köhler/Piper, a.a.O., Rdnr. 18 zu § 13 UWG

[726] vgl. BGH v. 29.9.1994, WRP 1995, 104, GRUR 1995, 122 "Laienwerbung für Augenoptiker"

[727] BGH v. 11.5.1995, WRP 1995, 695, GRUR 1995, 604 "Vergoldete Visitenkarten"

ner die Mitgliederangaben überprüfen kann[728]. Schützenswerte Geheimhaltungsinteressen des klagenden Verbandes stehen dem nicht entgegen. Insbesondere vermag die Befürchtung, mit wettbewerbsrechtlichen Gegenreaktionen des in Anspruch genommenen Mitbewerbers rechnen zu müssen, ein schützenswertes Interesse an der Geheimhaltung der Namen nicht zu begründen. Wer wettbewerbswidrig handelt, hat wettbewerbsrechtliche Auseinandersetzungen zu gewärtigen. Zudem muß die Offenbarung eine erhebliche Zahl von Gewerbetreibenden ergeben, so daß einer "Enttarnung" kein relevantes Gewicht beizumessen ist.

c) Verbraucherverbände im Sinne des § 13 Abs. 2 Nr. 3 UWG

Ebenso wie die Prozeßführungsbefugnis der Verbände nach § 13 Abs. 2 Nr. 2 UWG hängt auch die der Verbraucherverbände von der Erfüllung bestimmter Voraussetzungen ab (Rechtsfähigkeit, Satzungszweck, ausreichende personelle und sachliche Ausstattung, tatsächliche Verfolgung des Satzungszwecks). Der Satzungszweck muß hier auf Aufklärung und Beratung der Verbraucher gerichtet sein, also Tätigkeiten umfassen, die die Verbraucher über Marktlage, Qualität und Preiswürdigkeit der verschiedenen Waren- und Leistungsangebote unterrichten und ihnen die Auswahl erleichtern[729].

Aktivlegitimiert ist der Verband nur, wenn sein satzungsgemäßer Aufgaben- und Interessenbereich betroffen ist. Er klagt dann aus eigenem Recht. Im Falle des § 1 UWG können die Verbraucherverbände den Anspruch auf Unterlassung nur geltend machen, soweit der Anspruch eine Handlung betrifft, durch die wesentliche Belange der Verbraucher berührt werden.

---

[728] BGH v. 18.10.1995, WRP 1996, 197, GRUR 1996, 217 "Anonymisierte Mitgliederliste"

[729] BGH v. 14.5.1992, GRUR 1992, 622 „Verdeckte Laienwerbung"

d) Industrie- und Handelskammern, Handwerkskammern, § 13 Abs. 2 Nr. 4 UWG

Die besondere Erwähnung dieser Kammern bedeutet nicht, daß sonstige öffentlich-rechtlich verfaßte Berufskammern, wie Ärzte-, Anwalts-, Steuerberater-, Architektenkammern von der Klagebefugnis ausgeschlossen sind. Für diese gilt vielmehr § 13 Abs. 2 Nr. 2 UWG[730].

e) Das Problem der Altunterwerfung

Nicht lange nach Inkrafttreten der UWG-Novelle tauchte die Frage auf, was mit bereits bestehenden strafbewehrten Unterlassungserklärungen zu geschehen habe, deren Gläubiger durch die Novelle ihre Befugnis verloren haben, Wettbewerbsverstöße zu verfolgen. Sie könnten nach der Neufassung des § 13 Abs. 2 Nr. 2 UWG Unterlassungserklärungen nicht mehr erwirken. Es fragt sich, welche Konsequenzen sich aus der Änderung der Rechtslage ergeben.

Auflösende Bedingung — Hat der Schuldner sich unter einer auflösenden Bedingung nur solange zur Unterlassung verpflichtet, wie sein Verhalten wettbewerbswidrig war oder sein konnte, ist er ab dem Zeitpunkt der Änderung nicht mehr an seine Verpflichtung gebunden. Die auflösende Bedingung ist zulässig, da der Verletzte nicht die Unterlassung einer rechtlich zulässigen Handlung verlangen kann. Hat der Schuldner sich dagegen nicht auflösend bedingt verpflichtet, kommen verschiedene Lösungsmöglichkeiten in Betracht.

Wegfall der Geschäftsgrundlage — Denkbar ist, daß man das Rechtsinstitut des Wegfalls der Geschäftsgrundlage eingreifen läßt, da der Schuldner sich gewöhnlich und für den Verletzten erkennbar nur deshalb zur Unterlassung verpflichtet haben wird, weil er seine Handlung für wettbewerbswidrig hielt oder jedenfalls damit rechnete, daß sie als wettbewerbswidrig angesehen wird. Es ließe sich vertreten, daß das Risiko einer Änderung der Rechtslage durch Gesetz oder eine höchstrichterliche Rechtsprechung nicht vom Verletzer zu tragen ist. Ein Wegfall der Geschäftsgrundlage würde grundsätzlich zur Anpassung eines Vertrages für die Zukunft nach Lage des Einzelfalles führen. Eine schon vor der Änderung der Rechtslage verfal-

---

[730] vgl. die Nachweise bei Köhler/Piper, a.a.O., Rdnr. 27 zu § 13 UWG

lene und bezahlte Vertragsstrafe wäre jedenfalls nicht zurückzubezahlen[731].

Der Bundesgerichtshof löst die Fälle allerdings nicht nach den Grundsätzen des Wegfalls der Geschäftsgrundlage, sondern - da der vertragliche Unterlassungsanspruch ein Dauerschuldverhältnis begründet - über die Kündigung aus wichtigem Grund, die grundsätzlich auch bei einer nachträglichen Veränderung der Umstände in Betracht kommt. Eine derartige Kündigung aus wichtigem Grund setzt voraus, daß dem Schuldner die Einhaltung der Unterlassungspflicht nicht mehr zuzumuten ist. Sie verdient nach Auffassung des Bundesgerichtshofs im Interesse der Rechtssicherheit den Vorzug gegenüber der Anwendung der Regeln über den Wegfall der Geschäftsgrundlage. Zudem seien an das Vorliegen eines Kündigungsgrundes nicht notwendig die strengen Anforderungen zu stellen, die für einen Wegfall der Geschäftsgrundlage gelten. Die Anwendung der Regeln über den Wegfall der Geschäftsgrundlage kommen nur dann in Betracht, wenn dies zur Vermeidung untragbarer, mit Recht und Gerechtigkeit schlechthin unvereinbarer Folgen unabweislich erscheint[732]. Die Frist, innerhalb derer die Kündigung erfolgen müsse, sei unter Berücksichtigung der bei Fallgestaltungen dieser Art vorliegenden Besonderheiten grundsätzlich großzügig, d.h. in Monaten zu bemessen. Im Betrieb des Schuldners müsse zunächst ermittelt werden, in welchem Umfang in der Vergangenheit Unterwerfungserklärungen abgegeben worden seien, sodann sei eine sorgfältige rechtliche Prüfung erforderlich, ob der fragliche Unterlassungsvertrag mit Erfolg gekündigt werden könne[733]. Von da-

Kündigung aus wichtigem Grund

---

[731] vgl. Baumbach/Hefermehl, a.a.O., Einl. UWG, Rdnr. 294 f.; diese Auffassung entsprach auch der Lösung, die die Instanzgerichte gewählt haben, vgl. die Nachweise bei Koblitz, Alte Versprechen, neue Probleme: Vom hoffentlich vorletzten Wort des BGH zur "Altunterwerfung", WRP 1997, 382 ff

[732] BGH v. 26.9.1996, WRP 1997, 312, 317 "Altunterwerfung I"; BGH v. 26.9.1996, WRP 1997, 318, 321 "Altunterwerfung II"

[733] BGH v. 26.9.1996, WRP 1997, 318, 323 "Altunterwerfung II"; zur Kritik an der Rechtsprechung vgl. Koblitz, Fn. 731, WRP 1997, 382. Koblitz entwickelt als mögliche Wege den Wegfall der Geschäftsgrundlage, die Kondizierung der strafbewehrten Unterlassungserklärung und die unzulässige Rechtsausübung des Gläubigers.

2. Passivlegitimation

Störerbegriff

Richtiger Beklagter ist bei einem Unterlassungsanspruch der Störer. Die negatorische Haftung des Störers ist eine Haftung für eine bevorstehende rechtswidrige Verletzungshandlung, die es zu verhindern gilt, wenn Wiederholungs- oder Erstbegehungsgefahr besteht. Der wettbewerbsrechtliche Unterlassungsanspruch richtet sich gegen die Person, die einen Wettbewerbsverstoß durch Erfüllung der Tatbestandsmerkmale der Verbotsvorschrift zu begehen droht. Ferner kann gegen Personen, die den Wettbewerbsverstoß nicht selbst begehen, aber durch ihr Verhalten in irgendeiner Weise an ihm mitwirken, ein bürgerlich rechtlicher Abwehranspruch analog § 1004 BGB gegeben sein[734]. Störer, und damit passivlegitimiert (richtiger Beklagter), ist damit nach ständiger Rechtsprechung, wer in irgendeiner Weise willentlich und adäquat kausal an der Herbeiführung der rechtswidrigen Beeinträchtigung mitgewirkt hat, wobei als Mitwirkung auch die Unterstützung und Ausnutzung der Handlung eines eigenverantwortlich handelnden Dritten genügt, sofern der in Anspruch Genommene die rechtliche Möglichkeit zur Verhinderung dieser Handlung hatte[735]. Auf ein Verschulden kommt es insoweit nicht an.

Die rechtliche Möglichkeit zur Verhinderung einer wettbewerbswidrigen Handlung muß bestehen.

An der rechtlichen Möglichkeit zur Verhinderung einer wettbewerbswidrigen Handlung fehlte es in einem Sachverhalt, über den der BGH mit Urteil vom 01.12.1994 zu entscheiden hatte[736]. Die Beklagte dieses Verfahrens handelte mit Neu- und Gebrauchtwagen. Sie gab am 25.04.1991 bei einer Zeitung telefonisch eine Verkaufsanzeige für einen Gebrauchtwagen auf, in der die Motorleistung in KW und zusätzlich in Klammern in PS angegeben werden sollte. Entgegen dieser Anweisung enthielt das später abgedruckte Inserat nur die PS-Zahl. Beanstandet wurde ein Verstoß gegen das Gesetz über Einheiten im Meßwesen in Verbindung mit der Ausführungsverordnung zu diesem Gesetz und in Verbin-

---

[734] vgl. Baumbach/Hefermehl, Einl. UWG, Rdnr. 325

[735] vgl. die Nachweise bei BGH v. 10.10.1996, WRP 1997, 325, 326 "Architektenwettbewerb"

[736] BGH v. 1.12.1994, WRP 1995, 300, GRUR 1995, 167 "Kosten bei unbegründeter Abmahnung"

dung mit § 1 UWG. Der BGH hat die Störereigenschaft verneint. Zwar ging die beanstandete Anzeige auf einen Auftrag der Beklagten zurück. Diese hatte den Wettbewerbsverstoß aber nicht willentlich verursacht, da sie unstreitig die Anweisung erteilt hatte, die PS-Zahl lediglich zusätzlich und in Klammern gesetzt neben die KW-Angabe in den Anzeigentext aufzunehmen.

Die alltägliche Handlung der telefonischen Aufgabe eines Inserats begründet keine Verpflichtung zu besonderen Vorkehrungen gegen mögliche Fehler der Anzeigenredaktion bei der Abwicklung des Anzeigenauftrags. Auch eine Haftung nach § 13 Abs. 4 UWG für das Handeln des Zeitungsverlages kam nicht in Betracht, denn ein Zeitungsunternehmen, das - wie im konkreten Fall - lediglich einen Auftrag zur Veröffentlichung einer Werbeanzeige entgegennimmt und ausführt, ist nicht Beauftragter des Anzeigenkunden im Sinne dieser Vorschrift.

Die telefonische Aufgabe eines Inserats begründet keine Verpflichtung zu besonderen Vorkehrungen gegen mögliche Fehler der Anzeigenredaktion.

Demgegenüber kann das für das Anzeigengeschäft und den Vertrieb der Zeitung zuständige Unternehmen, welches mit dem Anzeigenauftrag einen vom Inserenten als redaktionellen Beitrag verfaßten Bericht über sein Unternehmen an die Redaktion des Zeitungsverlages weiterleitet, als Störer für die Veröffentlichung einer in dem redaktionellen Beitrag liegenden getarnten Werbung in Anspruch genommen werden[737].

Weitergabe eines vom Inserenten als redaktioneller Beitrag verfaßten Berichts über sein Unternehmen begründet Störereigenschaft.

In der Rechtsprechung des Bundesgerichtshofs ist anerkannt, daß Verleger bei der Entgegennahme von Anzeigenaufträgen grundsätzlich zur Prüfung verpflichtet sind, ob die Veröffentlichung der Anzeige gegen gesetzliche Vorschriften verstößt. Diese Prüfungspflicht beschränkt sich jedoch auf grobe und eindeutige Wettbewerbsverstöße[738].

Verleger sind zur Prüfung verpflichtet, ob die Veröffentlichung der Anzeige grob und eindeutig gegen das UWG verstößt

Wird in einer Zeitschrift ein Beitrag in Gestalt eines redaktionellen Beitrags veröffentlicht, der im wesentlichen wörtlich den Beipackzetteln eines arzneirechtlichen Präparats des von der "redaktionellen" Werbung begünstigten Unternehmers entspricht, und hat dieser für die Abfassung des beanstandeten Artikels keine (sonstigen) Informationen gegeben,

Ein allgemein zugänglicher Beipackzettel begründet keine Störerhaftung für „Schleichwerbung"

---

[737] BGH v. 3.2.1994, WRP 1994, 398, GRUR 1994, 441 "Kosmetikstudio"

[738] vgl. nur BGH v. 10.2.1994, WRP 1994, 529, 530, GRUR 1994, 454 "Schlankheitswerbung" m.w.N.

ist eine Störerhaftung zu verneinen. Der Beipackzettel, auf dem der Artikel in vollem Umfang aufbaut, ist jedermann zugänglich. Sein Inhalt kann bei Abfassung des gesundheitsbezogenen Sonderheftes ohne weiteres verwertet werden[739].

Eine Verantwortlichkeit des Unternehmens, dessen Erzeugnis in einem redaktionell aufgemachten Beitrag in wettbewerbswidriger Weise beworben worden ist, wird nicht schon dadurch begründet, daß der Pressebeitrag auf seinen Informationen beruht. Solange diese Informationen ihrerseits keine sachlichen Unrichtigkeiten enthalten, trifft das informierende Unternehmen selbst grundsätzlich keine wettbewerbsrechtliche Verantwortung, wenn ein Presseorgan bei seiner Berichterstattung die Grenzen des Zulässigen verläßt und das Produkt im Übermaß oder zu einseitig werbend herausstellt. Die inhaltliche Gestaltung der Beiträge liegt im eigenen Verantwortungsbereich des Presseunternehmens, bei dem der Informant nicht ohne weiteres haftbar gemacht werden kann.

Ein Prüfvorbehalt ist nur erforderlich, wenn aufgrund besonderer Umstände mit wettbewerbswidrigem Verhalten gerechnet werden muß

Eine Haftung des Informanten ergibt sich auch nicht daraus, daß die Beklagte die Informationen, die sie an die Presse gibt, nicht generell mit Sperrauflagen (Vorbehalte, Überprüfung etwaiger Berichte vor der Veröffentlichung etc.) versieht. Ein solcher Vorbehalt ist im Hinblick auf die grundsätzliche Eigenverantwortung der Presse nur dann geboten, wenn das informierende Unternehmen damit rechnen muß, daß seine zutreffende Information in einer wettbewerbsrechtlich unzulässigen Weise (etwa in Form einer getarnten Werbung) erscheinen wird[740]

Zusammenfassung

Aktivlegitimation: Die Klagebefugnis des durch einen Wettbewerbsverstoß selbst in seinen wettbewerblichen Interessen verletzten Gewerbetreibenden, der in einem konkreten Wettbewerbsverhältnis zum Verletzer steht, ergibt sich unmittelbar aus der verletzten Norm. Der nicht unmittelbar ver-

---

[739] vgl. BGH v. 10.3.1994, WRP 1994, 400, GRUR 1994, 445 "Beipackzettel"

[740] vgl. BGH v. 30.6.1994, WRP 1994, 728, GRUR 1994, 819 "Produktinformation II; vgl. dazu auch BGH v. 30.6.1994, WRP 1996, 194 "Aknemittel"; BGH v. 19.9.1996, WRP 1997, 24 "Orangenhaut"

letzte Wettbewerber ist nach näherer Maßgabe von § 13 Abs. 2 Nr. 1 UWG aktivlegitimiert, die Verbände zur Förderung gewerblicher Interessen nach § 13 Abs. 2 Nr. 2 UWG, die Verbraucherverbände nach Maßgabe von § 13 Abs. 2 Nr. 3 UWG, Industrie- und Handelskammern sowie Handwerkskammern nach § 13 Abs. 2 Nr. 4 UWG.

Der Gewerbetreibende nach § 13 Abs. 2 Nr. 1 UWG muß Waren oder gewerbliche Leistungen gleicher oder verwandter Art vertreiben. Dem Verband zur Förderung gewerblicher Interessen (§ 13 Abs. 2 Nr. 2 UWG) muß eine erhebliche Zahl von Gewerbetreibenden angehören, die Waren oder gewerbliche Leistungen gleicher oder verwandter Art auf demselben Markt vertreiben. „Waren oder gewerbliche Leistungen gleicher oder verwandter Art" und „auf demselben Markt" sind in beiden Alternativen gleich auszulegen. Der Begriff „Waren oder gewerbliche Leistungen gleicher oder verwandter Art" ist weit auszulegen. Es reicht, daß nach dem Gegenstand des Geschäftsbetriebes jederzeit wettbewerbsrechtliche Beziehungen eintreten können. Der Begriff desselben Marktes ist räumlich zu verstehen. Beide Alternativen verlangen darüber hinaus die Geeignetheit der Verletzungshandlung zur wesentlichen Beeinträchtigung des Wettbewerbs auf dem jeweiligen Markt. Unter Beeinträchtigung sind die Wirkungen wettbewerbswidrigen Verhaltens auf das Marktgeschehen zu verstehen. Die Auswirkungen müssen spürbar sein. Zu berücksichtigen sind Art und Schwere des Verstoßes, Art und Bedeutung des verletzten Rechtsgutes, das Gewicht eines vor Mitbewerbern erzielten Wettbewerbsvorsprungs, die Bedeutung der gefährdeten Interessen der Mitbewerber, der Schutz der Verbraucher vor Irreführung, der Grad der Nachahmungsgefahr. Maßgeblich sind die Umstände des Einzelfalles.

Beim Verband zur Förderung gewerblicher Interessen muß der Satzungszweck darüber hinaus ausdrücklich oder konkludent auf die Förderung gewerblicher Interessen gerichtet sein und der Verband muß nach seiner personellen und sachlichen Ausstattung imstande sein, den Satzungszweck zu verfolgen. Dem Verband muß eine erhebliche Anzahl von Gewerbetreibenden angehören, die Waren/gewerbliche Leistungen gleicher/verwandter Art auf demselben Markt wie der Verletzer vertreiben. Für die Frage, ob das Begriffsmerkmal „erhebliche Zahl" erfüllt ist, kommt es darauf an, ob der Verband auf dem maßgeblichen Markt nicht unbedeutende Mitglieder hat, die ihrer Anzahl und/oder Größe,

Marktbedeutung oder wirtschaftlichem Gewinn nach repräsentativ für diesen Markt sind. Die Mitgliedschaft von Industrie- und Handelskammern oder Handwerkskammern genügt. Ebenso kann genügen die Mitgliedschaft eines Verbandes, der selbst die entsprechende Zahl von Mitgliedern im einschlägigen Bereich hat (mittelbare Mitgliedschaft). Zum Nachweis ist nicht ausreichend die Vorlage einer anonymisierten Mitgliederliste.

Führt eine Änderung der Rechtslage durch Gesetz oder eine Änderung der Rechtsprechung dazu, daß die Aktivlegitimation in Zukunft nicht mehr besteht, ist das Problem der Altunterwerfung zu lösen. Hat der Schuldner sich unter einer auflösenden Bedingung nur solange zur Unterlassung verpflichtet, wie sein Verhalten wettbewerbswidrig war oder sein konnte, ist er ab dem Zeitpunkt der Änderung nicht mehr an seine Verpflichtung gebunden. In Betracht kommt auch die Lösung der Problemstellung über den Wegfall der Geschäftsgrundlage oder (so die höchstrichterliche Rechtsprechung) über die Kündigung aus wichtigem Grund.

Passivlegitimation: Störer und damit passivlegitimiert ist nach ständiger Rechtsprechung, wer in irgendeiner Weise willentlich und adäquat kausal an der Herbeiführung der rechtswidrigen Beeinträchtigung mitgewirkt hat, wobei als Mitwirkung auch die Unterstützung und Ausnutzung der Handlung eines eigenverantwortlich handelnden Dritten gehört, sofern der in Anspruch Genommene die rechtliche Möglichkeit zur Verhinderung dieser Handlung hatte. Die Prüfungspflicht des Verlegers, ob die Veröffentlichung einer Anzeige gegen gesetzliche Vorschriften verstößt, beschränkt sich auf grobe und eindeutige Wettbewerbsverstöße. Ein informierendes Unternehmen selbst trägt grundsätzlich keine wettbewerbsrechtliche Verantwortung, wenn es nur sachliche Informationen erteilt hat, das Presseorgan bei seiner Berichterstattung die Grenzen des Zulässigen jedoch verläßt und das Produkt im Übermaß oder zu einseitig werbend herausstellt. Ein Prüfvorbehalt ist nur erforderlich, wenn aufgrund besonderer Umstände mit wettbewerbswidrigem Verhalten gerechnet werden muß.

3. Zurechnung des Handelns nach § 13 Abs. 4 UWG

Nach § 13 Abs. 4 UWG ist der Unterlassunganspruch gegen den Inhaber des Betriebes auch dann begründet, wenn die Zuwiderhandlungen in einem geschäftlichen Betrieb von einem Angestellten oder Beauftragten begangen werden. Durch diese Haftungsregelung, die deutlich über die Regelung des § 831 BGB hinausgeht, soll verhindert werden, daß sich der Inhaber eines Betriebes bei wettbewerbswidrigen Handlungen, die ihm zugute kommen, hinter von ihm abhängigen Dritten versteckt. § 13 Abs. 4 UWG gilt jedoch nur für den Abwehranspruch und den zu seiner Vorbereitung dienenden Auskunftsanspruch, nicht für den Schadensersatz und Bereicherungsanspruch und die dazu gehörenden Hilfsansprüche. Ferner gilt die Vorschrift nicht für das sogenannte Bestrafungsverfahren nach 890 ZPO, das eigenes Verschulden des Vollstreckungsschuldners erfordert. § 13 Abs. 4 UWG begründet eine Erfolgshaftung des Betriebsinhabers für wettbewerbswidriges Verhalten Dritter, unter der Voraussetzung, daß sie seine Angestellten oder Beauftragten sind[741].

§ 13 Abs. 4 UWG begründet einer Erfolgshaftung des Betriebsinhabers für wettbewerbswidriges Verhalten seiner Angestellten oder Beauftragten.

Voraussetzung ist zunächst, daß der Wettbewerbsverstoß in einem geschäftlichen Betrieb vorgenommen wurde, d.h. daß die Handlung des Angestellten oder Beauftragten in den gewerblichen Tätigkeitsbereich des Betriebsinhabers fallen, also zu seinen Obliegenheiten gehören. Unter "Geschäftsbetrieb" wird der gesamte Betriebsorganismus verstanden, zu dem auch die Vertriebsorganisation gehört. Im geschäftlichen Betrieb des Unternehmers liegt die Handlung eines Angestellten oder Beauftragten, wenn sie im Rahmen der vom Unternehmen ausgeübten gewerblichen Tätigkeit liegt und diesem deshalb zugute kommt.

In einem geschäftlichen Betrieb

Der Wettbewerbsverstoß muß von einem Angestellten oder Beauftragten des Betriebsinhabers begangen sein. Beide Begriffe sind weit auszulegen.

Angestellter ist, wer aufgrund eines Vertrages in einem entgeltlichen oder unentgeltlichen Dienstverhältnis steht. Er muß vertraglich verpflichtet sein, in dem Geschäftsbetrieb eines anderen Dienste zu leisten, sei es aus Dienst- oder

Angestellter

---

[741] vgl. Baumbach/Hefermehl, a.a.O., Rdnr. 60 zu § 13 UWG; Köhler/Piper, a.a.O., Rdnr. 29 ff zu § 13 UWG

Werkvertrag oder auch aus Auftrag. Der Dienst braucht noch nicht angetreten zu sein[742].

Beauftragter

Beauftragter ist, wer - ohne Angestellter zu sein - ausdrücklich oder stillschweigend aufgrund eines Vertragsverhältnisses in dem Geschäftsbetrieb, wenn auch nur gelegentlich, tätig ist. Um ein Auftragsverhältnis i.S.d. § 662 BGB braucht es sich nicht zu handeln. Beauftragter i.S.v. § 13 Abs. 4 UWG ist jede Person, deren Arbeitsergebnis auch dem Betriebsorganismus zugute kommt. Beauftragte können demnach selbständige Unternehmen sein, soweit sie dem Willen eines anderen Unternehmens unterliegen, z.B. eine Werbefirma. Es kommt nur darauf an, ob die einzelnen Unternehmen als Glieder des Betriebsorganismus / der Vertriebsorganisation tätig werden und der Betriebsinhaber ihnen gegenüber seinen Willen und Einfluß durchsetzen kann. Dementsprechend kommen auch Franchise-Nehmer als „Beauftragte" des Franchise-Gebers in Betracht, wenn die (regelmäßig weitgehende) Einbindung in das vom Franchise-Geber beeinflußte System eine derartige Subsumtion rechtfertigt[743]. Es ist nicht erforderlich, daß der Beauftragte nur für den Geschäftsinhaber allein tätig ist. Es genügt, daß sein Wirken dem Betrieb irgendwie zugute kommt. Dementsprechend muß sich der Betriebsinhaber auch das Handeln von Angestellten oder Beauftragten seines Beauftragten zurechnen lassen[744]

Objektive Zurechnung ohne Entlastungsmöglichkeit

Wenn und soweit Angestellte oder Beauftragte des Betriebsinhabers gegen eine der in § 13 Abs. 2 und 3 UWG genannten Vorschriften verstoßen haben, haftet der Betriebsinhaber für alle Wettbewerbsverstöße, die diese Glieder seiner Betriebsorganisation im geschäftlichen Betrieb begehen. Diese Verstöße werden ihm objektiv zugerechnet, gleichsam als ob er sie selbst begangen hätte. Eine Entlastung ist nicht möglich, auch nicht der Nachweis sorgfältiger Auswahl und Überwachung, wie dies im Anwendungsbereich des § 831 BGB möglich ist.

Daneben kann eine Haftung des Betriebsinhabers selbst für einen eigenen Wettbewerbsverstoß bestehen, wenn er z.B. ein wettbewerbswidriges Verhalten seiner Angestellten oder

---

[742]vgl. Baumbach/Hefermehl, a.a.O., Rdnr. 65 zu § 13 UWG

[743]BGH v. 5.4.1995, GRUR 1995, 605 „Franchise-Nehmer"

[744]vgl. Baumbach/Hefermehl, a.a.O., Rdnr. 66 f. zu § 13 UWG

Beauftragten fördert und deren unwahre Angaben nicht richtigstellt. Auch die Angestellten oder Beauftragten können selbst als Störer auf Unterlassung in Anspruch genommen werden.

Zusammenfassung

Der Betriebsinhaber haftet für alle Wettbewerbsverstöße, die Angestellte oder Beauftragte begehen. Wettbewerbsverstöße der Glieder seiner Betriebsorganisation werden ihm objektiv zugerechnet. Eine Entlastung ist nicht möglich, auch nicht der Nachweis sorgfältiger Auswahl und Überwachung, wie dies im Anwendungsbereich des § 831 BGB möglich ist. Die Begriffe Angestellter oder Beauftragter sind weit auszulegen. Angestellter ist, wer aufgrund eines Vertrages in einem entgeltlichen oder unentgeltlichen Dienstverhältnis steht. Beauftragter ist jede Person, deren Arbeitsergebnis auch dem Betriebsorganismus zugute kommt und der gegenüber dem Betriebsinhaber seinen Willen und Einfluß durchsetzen kann.

4. Die Wiederholungsgefahr und ihre Beseitigung durch eine strafbewehrte Unterlassungsverpflichtungserklärung

Wiederholungsgefahr als materiell-rechtliche Voraussetzung eines Unterlassungsanspruchs besteht, wenn eine Wiederholung des wettbewerbswidrigen Verhaltens ernsthaft und greifbar zu besorgen ist, nicht schon, wenn sie nur denkbar und möglich ist. Bei einem bereits begangenen Wettbewerbsverstoß besteht nach ständiger Rechtsprechung eine tatsächliche Vermutung für das Vorliegen der Wiederholungsgefahr.

Die Wiederholung des wettbewerbswidrigen Verhaltens muß ernsthaft und greifbar sein

Ausgangspunkt dieser Vermutung ist die Lebenserfahrung, nach der insbesondere im geschäftlichen Verkehr ein erfolgversprechendes Verhalten fortgesetzt und wiederholt wird. Diese Vermutung kann bereits eine einmalige Handlung begründen; es ist nicht notwendig, daß bereits mehrere Verletzungshandlungen vorliegen. Allerdings sind nur solche Handlungen von Bedeutung, die in Zukunft auf dieser Grundlage überhaupt ein wettbewerbswidriges Verhalten oder die Gefahr weiterer gleichartiger Verstöße denkbar er-

Tatsächliche Vermutung für das Bestehen der Wettbewerbsgefahr

scheinen lassen[745]. Die Wettbewerbsabsicht läßt darauf schließen, daß der Verletzer sein Verhalten auch in Zukunft fortsetzen will. Die Vermutung beschränkt sich auf die konkrete Verletzungshandlung und ist widerleglich.

Zur Beseitigung der Wiederholungsgefahr genügen weder der bloße Wegfall der Störung noch die Zusage des Verletzers, von Wiederholungen künftig Abstand zu nehmen, insbesondere dann, wenn er seinen Standpunkt, sein Verhalten sei berechtigt gewesen, aufrecht erhält.

Beseitigung der Wiederholungsgefahr durch Aufgabe des Geschäftsbetriebes

Die Aufgabe jeder ähnlichen Geschäftsbetätigung kann die Wiederholungsgefahr beseitigen, allerdings nur dann, wenn gewährleistet ist, daß eine Wiederaufnahme des eigenen Geschäftsbetriebes unwahrscheinlich ist. Daher braucht die Wiederholungsgefahr nicht zu entfallen, wenn ein Kaufmann seinen Betrieb einstellt und die Firma löschen läßt oder seinen Betrieb veräußert, sofern noch mit der Möglichkeit einer Wiederaufnahme der früher betriebenen Geschäfts- und Werbetätigkeit zu rechnen ist. Die Art der Prozeßführung bietet in aller Regel ein wichtiges Indiz. So braucht die Liquidation eines Unternehmens die Wiederholungsgefahr nicht zu beseitigen, wenn der Liquidator den auf sachlichrechtliche Gründe gestützten Abweisungsantrag aufrecht erhält[746].

Widerlegung der Wiederholunsgsgefahr durch die uneingeschränkte, unwiderrufliche und mit Vertragsstrafe sanktionierte Unterlassungsverpflichtungserklärung

Die Vermutung der Wiederholungsgefahr ist in aller Regel nur dann widerlegt, wenn der Verletzer sich gegenüber dem Verletzten, der ihn entsprechend abgemahnt hat[747], uneingeschränkt und unwiderruflich und unter Übernahme einer angemessenen Vertragsstrafe für jeden Fall der Zuwiderhandlung verpflichtet, weitere Verletzungshandlungen zu unterlassen, vorausgesetzt, daß an der Ernsthaftigkeit der Unterlassungserklärung keine Zweifel bestehen. Durch eine derartige Erklärung wird ein drohender Prozeß vermieden, ein schwebender beseitigt. In der strafbewehrten Unterlassungserklärung liegt ein Anerkenntnis, das nach § 208 BGB die Verjährung unterbricht[748].

---

[745] vgl. Melullis, Handbuch des Wettbewerbsprozesses, 2. Aufl. 1995, Rdnr. 574 ff

[746] vgl. Baumbach/Hefermehl, a.a.O., Einl. UWG, Rdnr. 266

[747] vgl. dazu G.I.6.a)

[748] vgl. Baumbach/Hefermehl, a.a.O., Einl. UWG, Rdnr. 269

Die strafbewehrte Unterlassungsverpflichtungserklärung muß - soll sie geeignet sein, die Wiederholungsgefahr zu beseitigen - einen ernsthaften Unterlassungswillen zum Ausdruck bringen. Dies ist in der Regel dann der Fall, wenn die Verpflichtung zur Unterlassung eindeutig und grundsätzlich ohne Vorbehalt erklärt und hinreichend strafbewehrt ist. Der Zweck der Unterwerfungserklärung, den Gläubiger vor weiteren Verstößen zu sichern und zu dokumentieren, daß der Schuldner es zu weiteren Verstößen nicht kommen lassen will, bedarf der Sicherung durch ein Vertragsstrafeversprechen. Unschädlich ist, wenn der Verletzer eine Vertragsstrafe nur für den Fall eines schuldhaften Verstoßes verspricht. Hierin liegt nur eine die bestehende Rechtslage wiedergebende Klarstellung, da die Vertragsstrafe nur durch einen schuldhaften Verstoß verwirkt werden kann[749].

Ernsthaftigkeit des Unterlassungswillens

Die Wiederholungsvermutung - und damit der Unterlassungsanspruch - erfaßt nicht nur die konkrete Verletzungsform, sondern auch alle kerngleichen Handlungsformen. Grundsätzlich hat eine Unterwerfungserklärung daher auch diese Formen einzubeziehen, da sie andernfalls nicht den ganzen Anspruch zum Erlöschen bringen kann. Allerdings kann der Erstreckungswille auch - ausnahmsweise - konkludent zum Ausdruck kommen[750].

Einbeziehung kerngleicher Handlungsformen

Für die Frage, ob eine hinreichende Strafbewehrung vorliegt, gelten folgende Grundsätze: Die in der Unterwerfungserklärung zugesagte Vertragsstrafe muß, soll die Erklärung die anderweitig begründete Begehungsgefahr beseitigen, ihrer Höhe nach ausreichend sein, um aus der Sicht des Gläubigers Zuwiderhandlungen als so unwirtschaftlich erscheinen zu lassen, daß ihre Begehung nicht mehr ernstlich zu besorgen ist. Für die Bestimmung der Höhe kommt es primär auf diesen Präventionszweck an. In erster Linie kommt es unter Berücksichtigung von Schwere und Ausmaß der Zuwiderhandlung auf den Sanktionscharakter der Vertragsstrafe und deren Funktion an, weitere Zuwiderhandlungen zu verhüten, ferner auf die Gefährlichkeit der Zuwiderhandlung für den Gläubiger, auf das Verschulden des Verletzers und - ggf. -

Hinreichende Strafbewehrung

---

[749] vgl. Baumbach/Hefermehl, a.a.O., Einl. UWG, Rdnr. 274; Melullis, Fn. 745, Rdnr. 630

[750] vgl. BGH v. 9.11.1995, WRP 1996, 199 "Wegfall der Wiederholungsgefahr I"; BGH v. 16.11.1995, WRP 1996, 284 "Wegfall der Wiederholungsgefahr II"

auf die Funktion der Vertragsstrafe als pauschalierter Schadensersatz[751].

Strafversprechen zugunsten eines Dritten

Mit einem Strafversprechen zugunsten eines Dritten braucht sich der Verletzte grundsätzlich nicht zu begnügen. Das Versprechen, die Vertragsstrafe nicht an den Gläubiger, sondern an einen Dritten zu zahlen, läßt Zweifel an der Ernstlichkeit der Unterlassungserklärung aufkommen. Eine Vertragsstrafe soll ferner Druck auf den Verletzer ausüben und dem Verletzten bei einer Zuwiderhandlung den Schadensnachweis ersparen[752]. Eine Erklärung, aufgrund derer als Begünstigter ein Dritter eingesetzt wird, ist allerdings nicht schlechthin ungeeignet, die Wiederholungsgefahr auszuräumen. Kann nach den Umständen des Einzelfalles davon ausgegangen werden, daß von dem Dritten die Geltendmachung und Durchsetzung der Vertragsstrafe im Verletzungsfall zu erwarten ist, kann die Begünstigung eines Dritten ausreichend sein[753]. Die zugunsten eines Dritten versprochene Vertragsstrafe wird allerdings aus der maßgeblichen Sicht des Gläubigers häufig schon deshalb die Ernstlichkeit der Unterwerfung in Frage stellen, weil sie ihm nicht die gleiche Sicherheit bietet, wie jene Zahlung, die er selbst erhält.

Vertrag

Durch die Annahme des in der strafbewehrten Unterlassungserklärung liegenden Vertragsangebots kommt der Vertrag zustande, der den abgemahnten Verletzer zur Unterlassung und zur Zahlung der versprochenen Vertragsstrafe für den Fall einer schuldhaften Zuwiderhandlung verpflichtet.

Verzicht auf den Zugang der Annahmeerklärung

Die Annahme braucht nach § 151 BGB nicht dem Verletzer gegenüber erklärt werden, wenn eine solche Erklärung nach der Verkehrsauffassung nicht zu erwarten oder der Antragende auf sie verzichtet hat. Ein derartiger Verzicht auf den Zugang der Annahmeerklärung wird in der Regel vorliegen, wenn der abgemahnte Verletzer eine vom abmahnenden Verletzten vorbereitete strafbewehrte Unterlassungserklärung

---

[751] vgl. BGH v. 30.9.1993, GRUR 1994, 146 "Vertragsstrafebemessung"; „Segelanweisung" des BGH, vgl. Teplitzky, Die jüngste Rechtsprechung des Bundesgerichtshofes zum wettbewerblichen Anspruchs- und Verfahrensrecht VI, GRUR 1994, 765, 766

[752] vgl. Baumbach/Hefermehl, a.a.O., Einl. UWG, Rdnr. 276

[753] vgl. BGH v. 27.5.1987, GRUR 1987, 748, 750 "Getarnte Werbung II"; vgl. auch Melullis, Fn. 745, Rdnr. 34 f.

diesem unterschrieben zurücksendet, es sei denn, der Abgemahnte hat die vorformulierte Erklärung in einem wesentlichen Punkt abgewandelt. Schon in der Aufforderung, eine vorformulierte strafbewehrte Unterlassungserklärung abzugeben, liegt nach Lage der Umstände meist ein Vertragsangebot. Dann kommt der Unterlassungs- und Strafvertrag mit dem Zugang der unterschriebenen Erklärungen zustande[754].

Für den Nachweis des Zuganges eines Telefaxes genügt es nicht, daß die störungsfreie Absendung des Telefax bewiesen wird und keine technischen Anhaltspunkte für die Übermittlungsstörung ersichtlich sind. Vielmehr muß der Zugang selbst bewiesen sein[755]. Dies ist auch für die wettbewerbsrechtliche Unterwerfung bedeutsam, weil diese ihre anspruchsvernichtende Wirkung (durch Beseitigung der Wiederholungsgefahr) nur durch den Zugang beim Gläubiger entfalten kann, dessen Nachweis der Schuldner erbringen muß, wenn und soweit er sich auf diese Wirkung berufen will[756]. *Nachweis des Zugangs per Telefax*

Wenn der Unterlassungs- und Strafvertrag zustande gekommen ist, haftet der Schuldner für ein schuldhaftes Verhalten seines Erfüllungsgehilfen, das zu einer Verletzung der vertraglichen Unterlassungspflicht geführt hat, es sei denn, daß diese Haftung vertraglich ausgeschlossen worden ist. Nach ständiger Rechtsprechung erstreckt sich die Haftung des Schuldners nicht nur auf das Verhalten seines eigenen Erfüllungsgehilfen, sondern auch auf die Personen, deren sich der Erfüllungsgehilfe mit Billigung des Schuldners seinerseits zur Erfüllung der ihm obliegenden Pflichtet bedient[757]. *Haftung für Erfüllungsgehilfen*

---

[754] vgl. Baumbach/Hefermehl, a.a.O., Einl. UWG, Rdnr. 289

[755] vgl. BGH v. 7.12.1994, NJW 1995, 665 „OK"-Vermerk im Telefax-Sendeprotokoll"

[756] vgl. Teplitzky, Die jüngste Rechtsprechung des Bundesgerichtshofs zum wettbewerblichen Anspruchs- und Verfahrensrecht VII, GRUR 1995, 627, 628

[757] vgl. die Nachweise bei Baumbach/Hefermehl, a.a.O., Einl. UWG, Rdnr. 292

Ein kerngleicher Verstoß eröffnet neben der Möglichkeit, die verwirkte Vertragsstrafe geltend zu machen, die Möglichkeit, einen neuen Unterlassungsanspruch (gerichtlich) geltend zu machen	Begeht der Schuldner nach Abgabe einer strafbewehrten Unterlassungsverpflichtungserklärung, mit der die Wiederholungsgefahr beseitigt wurde, einen im Kern gleichartigen Wettbewerbsverstoß, so ist ein neuer Unterlassungsanspruch entstanden. Die Möglichkeit, die Vertragsstrafe geltend zu machen, schließt für diesen Anspruch weder das materiellrechtliche Erfordernis der Wiederholungsgefahr noch das allgemeine Rechtsschutzinteresse aus. Die gerichtliche Geltendmachung des Unterlassungsanspruchs schützt im Hinblick auf die Vollstreckung des Unterlassungstitels mit Ordnungsmitteln (§ 890 ZPO) stärker als der Vertragsstrafenanspruch; beide Maßnahmen sind daher nicht gleichwertig. Die nach Abgabe einer Unterlassungsverpflichtungserklärung durch einen erneuten Wettbewerbsverstoß begründete Wiederholungsgefahr kann grundsätzlich durch eine weitere Unterlassungerklärung mit einer gegenüber der ersten erheblich höheren Strafbewehrung ausgeräumt werden[758].
Schadensersatz wegen Nichterfüllung	Hat der Schuldner schuldhaft gehandelt, so steht dem Gläubiger außer der verwirkten Vertragsstrafe auch ein Schadensersatzanspruch wegen Nichterfüllung zu. Der Gläubiger kann dann zwischen beiden Ansprüchen wählen, aber auch nach § 340 Abs. 2 BGB die verwirkte Strafe ohne weiteren Nachweis als Mindestbetrag des Schadens verlangen, mit der Maßgabe, daß die verwirkte Vertragsstrafe auf den höheren Schadensbetrag angerechnet werden muß.
Die Vertragsstrafe hat Sanktions- und Schadensersatzfunktion	Die Vertragsstrafe besitzt somit nicht nur Sanktions-, sondern auch Schadensersatzfunktion und zwar als pauschalierter Mindestschadensersatz[759].
Übergang des Vertragsstrafeversprechens	Das Vertragsstrafeversprechen kann ferner auf den Übernehmer eines Handelsgeschäftes übergehen. Hat sich der frühere Inhaber eines Handelsgeschäfts zur Unterlassung und für den Fall der Zuwiderhandlung zur Zahlung einer Vertragsstrafe verpflichtet, so schuldet derjenige, der das Handelsgeschäft übernimmt und unter der bisherigen Firma fortführt (§ 25 HGB), nicht nur Unterlassung, sondern im

---

[758] vgl. Baumbach/Hefermehl, a.a.O., Einl. UWG, Rdnr. 293a, b m.w.N.

[759] vgl. BGH v. 30.9.1993, GRUR 1994, 146 "Vertragsstrafemessung"; zum Problem der Mehrfachabmahnung/Drittunterwerfung vgl. G.I.6.a)

Falle einer Zuwiderhandlung auch die versprochene Vertragsstrafe[760].

Zusammenfassung

Die Wiederholungsgefahr wird tatsächlich vermutet. Sie erfaßt alle kerngleichen Handlungsformen. Für die Frage, ob die in der Unterwerfungserklärung zugesagte Vertragsstrafe ihrer Höhe nach ausreichend ist, ist maßgeblich, ob sie aus der Sicht des Gläubigers Zuwiderhandlungen als so unwirtschaftlich erscheinen läßt, daß ihre Begehung nicht mehr ernstlich zu besorgen ist. Mit einem Strafversprechen zugunsten eines Dritten braucht sich der Verletzte grundsätzlich nicht zu begnügen. Im Einzelfall kann die Begünstigung eines Dritten ausreichend sein, wenn von ihm die Geltendmachung und Durchsetzung der Vertragsstrafe im Verletzungsfall zu erwarten ist. Durch die Annahme des in der strafbewehrten Unterlassungserklärung liegenden Vertragsangebots kommt der Unterlassungsvertrag zustande. Ein Verzicht auf den Zugang der Annahmeerklärung nach § 151 BGB wird in der Regel vorliegen, wenn der abgemahnte Verletzer eine vom abmahnenden Verletzten vorbereitete strafbewehrte Unterlassungserklärung diesem unterschrieben zurücksendet, es sei denn, der Abgemahnte hat die vorformulierte Erklärung in einem wesentlichen Punkt abgewandelt. Der Unterlassungs- und Strafvertrag begründet eine Haftung des Schuldners auch für ein schuldhaftes Verhalten seines Erfüllungsgehilfen. Ein kerngleicher Verstoß eröffnet neben der Möglichkeit, die verwirkte Vertragsstrafe geltend zu machen, die Möglichkeit, einen neuen Unterlassungsanspruch (gerichtlich) geltend zu machen. Die Vertragsstrafe hat Sanktions- und Schadensersatzfunktion (pauschalierter Mindestschaden). Der Gläubiger kann daher die verwirkte Strafe ohne weiteren Nachweis als Mindestbetrag des Schadens verlangen, oder Schadensersatz wegen Nichterfüllung geltend machen.

5. Erstbegehungsgefahr

Aus dem Wesen des Unterlassunganspruchs folgt, daß er schon dann gegeben ist, wenn ein rechtswidriger Eingriff erstmals unmittelbar drohend bevorsteht, da der Unterlas-

---

[760] BGH v. 25.4.1996, GRUR 1996, 995, "Übergang des Vertragsstrafeversprechens"

sungsanspruch seinem Wesen nach der Abwehr künftiger Beeinträchtigungen dient. Anspruchsvoraussetzung ist nicht die rechtswidrige Verletzung eines absoluten Rechts oder eines geschützten Rechtsguts oder Interesses; es genügt, daß eine solche Verletzung unmittelbar droht. Zur Unterbindung der Gefahr der erstmaligen Zuwiderhandlung dient der vorbeugende Unterlassungsanspruch.

Es müssen greifbare Anhaltspunkte dafür vorliegen, daß ein konkretes wettbewerbswidriges Verhalten in naher Zukunft bevorsteht	Während die Wiederholungsgefahr aufgrund einer begangenen Verletzung vermutet wird, muß der Kläger die tatsächlichen Umstände, die eine unmittelbar drohende Gefahr erstmaliger Begehung begründen, im einzelnen darlegen und gegebenenfalls beweisen. Es müssen greifbare Anhaltspunkte dafür vorliegen, daß ein wettbewerbswidriges Verhalten der bezeichneten Art in naher Zukunft bevorsteht.
Geringere Anforderungen an die Beseitigung der Erstbegehungsgefahr als an die Beseitigung der Wiederholungsgefahr	An den Wegfall der Erstbegehungsgefahr sind grundsätzlich weniger strenge Anforderungen zu stellen als an den Fortfall der durch eine Verletzungsgefahr begründeten (Wiederholungs-)Gefahr. Bei einem verwirklichten Wettbewerbsverstoß, der die tatsächliche Vermutung für seine Wiederholung begründet, kann die so begründete Begehungsgefahr ausschließlich durch die Abgabe einer uneingeschränkten, bedingungslosen und strafbewehrten Unterlassungsverpflichtung ausgeräumt werden. An die Beseitigung einer Erstbegehungsgefahr können nicht die gleich strengen Anforderungen gestellt werden[761]. Beruht die Erstbegehungsgefahr auf einer Werbung, so endet sie, wenn diese Werbung aufgegeben wird, weil damit ihre Grundlage entfällt[762]. In der Regel reicht die Aufgabe der Berühmung, die jedenfalls in der uneingeschränkten und eindeutigen Erklärung liegt, daß die beanstandete Handlung in Zukunft nicht vorgenommen werde, aus, um eine noch nicht in die Tat umgesetzte Gefährdung (Besorgnis eines demnächstigen Verstoßes) zu beseitigen[763].
Beispiele für das Vorliegen einer Erstbegehungsgefahr	Die Erstbegehungsgefahr kann sich aus vorbereitenden Maßnahmen des Verletzers für einen Wettbewerbsverstoß ergeben. So kann etwa die Planung einer Werbemaßnahme je nach den Umständen des Einzelfalles die ernste Besorgnis

---

[761] BGH v. 11.7.1991, GRUR 1992, 116, 117 "Topfguckerscheck"; BGH v. 19.3.1992, GRUR 1993, 53, 55 "Ausländischer Inserent"

[762] BGH v. 11.7.1991, GRUR 1992, 116, 117 "Topfguckerscheck"

[763] BGH v. 19.3.1992, GRUR 1993, 53, 55 "Ausländischer Inserent"

begründen, die darin enthaltenen Wettbewerbsverstöße würden auch umgesetzt. Das gleiche gilt dann, wenn der in Anspruch Genommene sich der Zulässigkeit eines bestimmten Verhaltens berühmt und daran trotz Belehrung festhält oder wenn er das Recht in Anspruch nimmt, wettbewerbswidrige Handlungen nach Wegfall eines rechtfertigenden Grundes fortzusetzen[764].

Von Bedeutung kann auch das prozessuale Verhalten des Beklagten sein. Die Beurteilung, ob die Rechtsberühmung im Verfahren die Gefahr der Erstbegehung begründen kann, ist deshalb von großer Bedeutung, weil der vorbeugende Unterlassungsanspruch zur Begründung des Unterlassungsantrags dann gern herangezogen wird, wenn der aus einer vorangegangenen Handlung abgeleitete Unterlassungsanspruch sich als unbegründet erweist, beispielsweise weil die behauptete Verletzungshandlung nicht festzustellen ist, es wegen besonderer Umstände des Falls an der Wiederholungsgefahr fehlt oder aber weil die vom Beklagten erhobene Einrede der Verjährung greift. Der Übergang von der Wiederholungsgefahr zur Erstbegehungsgefahr bietet dem Unterlassungsgläubiger und -kläger "Hilfe in der Not"[765]. Wer sich berühmt, zu einer bestimmten Handlung berechtigt zu sein, kann dadurch den Eindruck erwecken, auch entsprechend handeln zu wollen, so daß Erstbegehungsgefahr vorliegt.

Prozessuales Verhalten, Berührung im Rahmen der Rechtsverteidigung

Es entspricht der ständigen Rechtsprechung, daß eine Erstbegehungsgefahr begründet, wer sich des Rechts berühmt, bestimmte Handlungen vornehmen zu dürfen. Dies gilt grundsätzlich auch, wenn eine solche Berühmung im Rahmen einer Rechtsverteidigung eines Presseunternehmens hinsichtlich der Haftung von wettbewerbswidrigen Anzeigen geschieht. Besteht eine solche Absicht nicht, und soll die Verteidigung des früheren Verhaltens als rechtmäßig ausschließlich zum Zwecke des Obsiegens im laufenden Prozeß dienen, so ist es nach der auch insoweit gefestigten Rechtsprechung des Bundesgerichtshofs Sache des Verletzers, diese ausschließliche Zielsetzung zweifelsfrei deutlich zu machen. Muß ein Presseunternehmen bei sachgerechter, ihm zumutbarer Prüfung davon ausgehen, daß die im Klagean-

Klarstellung, daß die Verteidigung nur zum Zwecke des Obsiegens im laufenden Prozeß dient

---

[764] vgl. Melullis, Fn. 745, Rndr. 598; vgl. auch Borck, Die Erstbegehungsgefahr im Unterlassungsprozeß, WRP 1984, 583, 585 ff

[765] vgl. Ullmann, Erstbegehungsgefahr durch Vorbringen im Prozeß ?; WRP 1996, 1007, 1009

trag genannten Anzeigen wettbewerbswidrig sind, so kann es sich nicht (mehr) darauf berufen, daß sich seine Pflicht zur Überprüfung bei ihm geschalteter Anzeigen grundsätzlich nur auf grobe, leicht erkennbar Wettbewerbsverstöße beschränkt[766].

Zurückhaltende Betrachtungsweise ist geboten

Mit der Annahme, daß die bloße Verteidigung der angegriffenen Wettbewerbsmaßnahme Erstbegehungsgefahr begründet, ist jedoch Zurückhaltung geboten. Dem Beklagten muß die Möglichkeit verbleiben, sich im Prozeß sachlich zu verteidigen, ohne schon deshalb das Risiko zu laufen, daß hieraus auf seinen Willen zu entsprechenden Handlungen geschlossen wird. Ebenso wie bei Äußerungen im Rahmen von Vergleichsgesprächen sind daher auch hier an die Begründung der Erstbegehungsgefahr besondere Anforderungen zu stellen. Es genügt daher nicht, daß der geltend gemachte Anspruch sachlich bestritten wird[767]. Die Verteidigung der Rechtsposition im Verfahren reicht für sich allein nicht zur Begründung der Erstbegehungsgefahr. Es muß vielmehr vom Kläger verlangt werden, das Verhalten des Beklagten im Wirtschaftsleben mit dessen Rechtsverteidigung im Prozeß in einen Zusammenhang zu stellen und hieraus, für den Beklagten erkennbar, die Begründung für eine vorbeugende Unterlassungsklage herzuleiten. Erst in einem solchen Fall kann dem Beklagten zugemutet werden zu erklären, seine Rechtsverteidigung erfolge allein zu diesem Zweck. Erklärt er sich dazu nicht oder bestärkt er seinen Vortrag, kann auf die Gefahr künftigen entsprechenden Handelns im geschäftlichen Verkehr geschlossen werden[768].

Zusammenfassung

Die unmittelbar drohende Gefahr erstmaliger Begehung muß dargelegt und gegebenenfalls bewiesen werden. Es müssen greifbare Anhaltspunkte dafür vorliegen, daß ein konkretes wettbewerbswidriges Verhalten in naher Zukunft bevorsteht. An die Beseitigung der Erstbegehungsgefahr sind geringere Anforderungen als an die Beseitigung der Wiederholungsgefahr zu stellen. Mit der Annahme, daß die bloße Verteidigung der angegriffenen Wettbewerbsmaßnahme im Prozeß

---

[766] BGH v. 6.7.1995, WRP 1995, 682 „Kinderarbeit" m.w.N.

[767] Melullis, Fn. 745, Rdnr. 599; Baumbach/Hefermehl, a.a.O., Einl. UWG, Rdnr. 301

[768] vgl. Ullmann, Fn. 765, WRP 1996, 1007, 1011

(Berührung im Prozeß) Erstbegehungsgefahr begründe, ist Zurückhaltung geboten. Dem Beklagten muß die Möglichkeit verbleiben, sich im Prozeß sachlich zu verteidigen, ohne schon deshalb das Risiko einzugehen, daß hieraus auf seinen Willen zu entsprechenden Handlungen geschlossen wird. Allerdings muß er gegebenenfalls klarstellen, daß ausschließliche Zielsetzung seines Handelns die Rechtsverteidigung im Prozeß ist.

6. Maßnahmen vor Prozeßbeginn

a) Abmahnung

Bei der wettbewerbsrechtlichen Abmahnung handelt es sich um ein von der Rechtsprechung entwickeltes Rechtsinstitut. Jede Partei, die wettbewerbsrechtliche Unterlassungsansprüche gerichtlich geltend machen will, hat zuvor den Anspruchsgegner abzumahnen. In dem Abmahnschreiben sind die Tatsachen anzugeben, in denen eine wettbewerbswidrige Handlung gesehen wird, deren (erstmalige) Begehung oder Wiederholung befürchtet wird. Dem Anspruchsgegner wird zugleich Gelegenheit gegeben, eine strafbewehrte Unterlassungserklärung abzugeben, um eine gerichtliche Verfolgung zu vermeiden.

<small>Von der Rechtsprechung entwickeltes Rechtsinstitut</small>

Klage oder Verfügungsantrag sind zwar auch ohne Abmahnung zulässig. Für den Kläger besteht grundsätzlich keine Rechtspflicht, den Verletzer vor der gerichtlichen Geltendmachung von Unterlassungsansprüchen zu warnen oder zu mahnen. Die Partei, die ohne abzumahnen, Klage erhebt oder Antrag auf Erlaß einer einstweiligen Verfügung stellt, muß jedoch damit rechnen, daß ihr bei einem sofortigen Anerkenntnis des Anspruchsgegners gemäß § 93 ZPO die Verfahrenskosten auferlegt werden. Eine unterbliebene oder fehlerhafte Abmahnung kann danach für den Kläger oder Antragsteller kostenrechtliche Folgen haben. Erkennt der Verletzer den Unterlassungsanspruch sofort an oder gibt er sofort eine Unterwerfungserklärung ab, kann auf seiner Seite eine Veranlassung für den Prozeß fehlen, mit der Konsequenz, daß der Verletzte Gefahr läuft, die Verfahrenskosten tragen zu müssen. Kommt der Verletzer einem zu Recht erhobenen Unterlassungsverlangen nicht nach, hat er zu dem nachfolgenden Prozeß dagegen Anlaß gegeben.

<small>Klage oder Verfügungsantrag sind auch ohne Abmahnung zulässig, aber: Kostenrisiko</small>

Ausnahmen vom Erfordernis der Abmahnung	Wegen des Kostenrisikos darf der Verletzte von einer Abmahnung nur absehen, wenn er bei vernünftiger Abwägung aller Umstände Grund zu der Annahme hat, er werde ohne gerichtliche Hilfe nicht erreichen, daß der Verletzer sein wettbewerbswidriges Verhalten sofort einstellt und eine durch Vertragsstrafe gesicherte Unterlassungsverpflichtungserklärung abgibt. Liegt dagegen schuldhaft vorsätzliches Verhalten vor, muß der Verletzer das Risiko seines klar erkennbar wettbewerbswidrigen Verhaltens tragen, so daß es überflüssig ist, ihn vor einer gerichtlichen Verfolgung nochmals abzumahnen. Gleiches gilt, wenn der Verletzer eine beanstandete Werbung trotz Unterwerfung oder Verurteilung fortführt. Für den Verletzten kann es ferner nach Lage des Falles unzumutbar sein, den Verletzer vor Inanspruchnahme gerichtlicher Hilfe erst noch abzumahnen, wenn besondere Dringlichkeit besteht, d.h., wenn sich der Wettbewerbsverstoß ohne sofortige Erwirkung einer einstweiligen Verfügung nicht mehr verhindern läßt, die rasche Wiederholung einer unzulässigen Werbeaktion zu befürchten ist oder die Durchsetzung des Unterlassungsanspruchs bei vorheriger Warnung vereitelt wird, ferner bei schwerwiegenden Verstößen, die den Bedrohten in erheblichem Maße schädigen. Eine Abmahnung ist dem Verletzten auch dann nicht zuzumuten, wenn sie offensichtlich nutzlos ist, so z.B. wenn es sich um einen unnachgiebigen Verletzer handelt. Ist der Verletzer wegen gleicher Wettbewerbsverstöße bereits abgemahnt worden und hat er sich strafbewehrt zur Unterlassung verpflichtet, so ist eine nochmalige Abmahnung unnötig, wenn er diese Verpflichtung wenige Wochen danach erneut verletzt[769].
Als Folge der Verletzungshandlung und der entsprechenden Abmahnung kommt eine wettbewerbsrechtliche Sonderbeziehung eigener Art zustande, die durch Treu und Glauben und das Gebot gegenseitiger Rücksichtnahme geprägt ist	In der Rechtsprechung des BGH ist anerkannt, daß als Folge einer vom Abgemahnten tatsächlich begangenen oder von ihm als Störer (mit) zu vertretenden Verletzungshandlung und der darauf erklärten Abmahnung zwischen dem Verletzer und dem Unterlassungsgläubiger eine wettbewerbsrechtliche Sonderbeziehung eigener Art zustande kommt, die in besonderem Maße durch Treu und Glauben und das Gebot gegenseitiger Rücksichtnahme bestimmt wird. Der abgemahnte Verletzer ist aufgrund der durch einen Wettbewerbsverstoß entstandenen und durch die Abmahnung konkretisierten wettbewerbsrechtlichen Sonderbeziehung nach Treu und Glauben verpflichtet, auf die Abmahnung hin fristgemäß zu antworten, sei es durch Abgabe einer ausreichend straf-

---

[769] vgl. Baumbach/Hefermehl, a.a.O., Einl. UWG, Rdnr. 542-546

bewehrten Unterlassungserklärung oder Ablehnung einer solchen Erklärung. Der Inhalt der Aufklärungpflicht bestimmt sich nach Treu und Glauben (§ 242 BGB) unter Berücksichtigung des Zwecks der Abmahnung. Die Aufklärungspflicht bezieht sich grundsätzlich nur auf Umstände, von denen der Abmahnende nichts wissen kann, die aber einen Prozeß überflüssig machen. Auch besteht Aufklärungspflicht über Umstände, von denen sich der Abmahnende selbst die nötige Kenntnis nicht verschaffen kann[770].

Pflichten zur Aufklärung können sich demnach auch ergeben, wenn dem anderen Teil als Folge des Verhaltens des Verletzers Kostenschäden drohen, die durch die Aufklärung unschwer zu vermeiden sind. Die Aufklärungspflicht hat ihren Grund darin, daß zwischen Unterlassungsgläubiger und Abgemahntem durch die Verletzungshandlung ein gesetzliches Schuldverhältnis entstanden ist, das durch die Abmahung lediglich konkretisiert und vertieft wird[771].

Die aus diesem gesetzlichen Schuldverhältnis hergeleiteten Aufklärungspflichten führen dazu, daß der Verletzer als verpflichtet angesehen wird, auf die Abmahnung alle für die weitere Rechtsverfolgung durch den Verletzten erheblichen Tatsachen, insbesondere die Drittunterwerfung, zu offenbaren. Wird ein bereits abgemahnter Verletzer erneut abgemahnt, so ist er daher nach Treu und Glauben verpflichtet, einen Zweitabmahner klar und umfassend darüber aufzuklären, daß er bereits wegen derselben Verletzungshandlung dem Erstabmahner eine strafbewehrte Unterlassungserklärung abgegeben hat. Um dem Zweitabmahner eine möglichst sichere Beurteilung zu ermöglichen, ist es dem Abgemahnten zuzumuten, ihm den Erstabmahner, den Inhalt der Unterlassungserklärung und die Höhe der Vertragsstrafe mitzuteilen[772]. Diese Aufklärungspflicht besteht nicht nur gegenüber Mitbewerbern, sondern auch gegenüber den aus eigenem Recht gemäß § 13 Abs. 2 Nr. 2 UWG Klagebefugten[773].

Aufklärung über Drittunterwerfung

---

[770]vgl. Baumbach/Hefermehl, a.a.O., Einl. UWG, 548 ff

[771]vgl. BGH v. 1.12.1994, WRP 1995, 300, GRUR 1995, 167 "Kosten bei unbegründeter Abmahnung"

[772]Baumbach/Hefermehl, a.a.O., Einl. UWG, Rdnr. 551 m.w.N.

[773]BGH v. 5.5.1988, WRP 1990, 89, GRUR 1988, 716 "Aufklärungspflicht gegenüber Verbänden"

Aufklärungspflicht besteht nicht, wenn es bereits an der Störereigenschaft fehlt	Eine derartige Aufklärungspflicht besteht allerdings dann nicht, wenn es bereits an der Störereigenschaft fehlt. Zwischen dem Abmahnenden und dem Abgemahnten fehlt es in einem solchen Fall an einer Sonderrechtsbeziehung, die Grundlage für eine Aufklärungspflicht sein könnte. Die einseitige Zusendung einer Abmahnung kann als solche kein Rechtsverhältnis schaffen, dem eine Aufklärungspflicht folgen könnte. Eine Aufklärungspflicht des zu Unrecht Abgemahnten kann auch nicht aus dem Rechtsinstitut des Verschuldens bei Vertragsverhandlungen hergeleitet werden. Die vorvertraglichen Pflichten von Verhandlungspartnern, aufgrund derer sie einander eine zumutbare Rücksichtnahme auf ihre berechtigten Belange schulden, sind gerechtfertigt durch das vertragsähnliche Vertrauensverhältnis, das durch den Eintritt in die Verhandlungen begründet wird. Bei einer ohne eine vorherige Kontaktaufnahme ausgesprochenen Abmahnung besteht kein entsprechendes Vertrauensverhältnis. Eine unbegründete Abmahnung kann auch weder auf die Erfüllung einer Pflicht des Abgemahnten i.S.d. § 679 BGB hinwirken, noch dem mutmaßlichen Willen des Abgemahnten entsprechen[774].
Abmahnungskosten	Abmahnungskosten sind nach dem Zweck der Abmahnung Vorbereitungskosten des Klage- und Verfügungsverfahrens. Sie gehören zu den Kosten des nachfolgenden Verfahrens und fallen nach § 91 ZPO grundsätzlich der unterliegenden Partei zur Last. Hat sich ein Unterlassunganspruch außergerichtlich erledigt, so kann dem Verletzten ein materiellrechtlicher Anspruch auf Erstattung der ihm aus berechtigter Abmahnung entstandenen Kosten aus dem Gesichtspunkt des Schadensersatzes zustehen, unter der Voraussetzung, daß der Abgemahnte schuldhaft gehandelt hat. Auch wenn den Abgemahnten kein Verschulden trifft, können nach §§ 683 Satz 1, 677, 670 BGB sowohl der verletzte Wettbewerber als auch ein klageberechtigter Mitbewerber oder Verband Ersatz der zur zweckentsprechenden Rechtsverfolgung erforderlichen Abmahnungskosten verlangen, ohne unmittelbar geschädigt zu sein. Die Abmahnung dient zur Beseitigung der rechtswidrigen Störung, zu der der Störer verpflichtet ist (§ 1004 BGB). Der Abmahnende führt insoweit ein objektiv fremdes Geschäft. Er verfolgt nicht nur eigene Interessen,

---

[774] vgl. BGH v. 1.12.1994, WRP 1995, 300, GRUR 1995, 167 "Kosten bei unbegründeteter Abmahnung" m.z.w.N.

sondern handelt auch mit dem Willen, für den Abgemahnten
tätig zu sein und zwar im Einklang mit dem Interesse und
dem wirklichen oder mutmaßlichen Willen des Abgemahnten, damit ein kostspieliger Prozeß vermieden wird.
Voraussetzung ist, daß die Abmahnung dem Geschäftsherrn
(dem Störer) objektiv nützlich war und dem wirklichen oder
mutmaßlichen Willen entsprach. Dem Willen des Störers
wird es grundsätzlich entsprechen, die Aufwendungen für
eine Abmahnung möglichst niedrig zu halten und daher einen Anwalt nur dann hinzuzuziehen, wenn dies zur zweckentsprechenden Rechtsverfolgung notwendig ist. Dem Abmahnenden sind nach § 670 BGB nur die Kosten zu ersetzen, die er nach den Umständen zur Vermeidung eines kostspieligen Prozesses für erforderlich halten darf. Davon hängt
es ab, ob die Kosten einer ersten anwaltlichen Abmahnung
zu ersetzen sind. In einfachen Sachen wird es in der Regel
unnötig sein, einen Anwalt zu beauftragen[775].

b) Schutzschrift

Ist der Abgemahnte der Auffassung, zu Unrecht abgemahnt
worden zu sein, ist ihm zu raten, bei dem Gericht, bei dem
mutmaßlich ein Antrag auf Erlaß einer einstweiligen Verfügung gestellt wird (gegebenenfalls bei mehreren Gerichten)
eine sogenannte Schutzschrift einzureichen. Die Schutzschrift soll verhindern, daß für den Fall, daß ein Verfügungsantrag gestellt wird, eine Entscheidung ohne mündliche Verhandlung ergeht. Auch hierbei handelt es sich um ein
von der Rechtspraxis entwickeltes Rechtsinstitut, das für den
gesamten Bereich des gewerblichen Rechtsschutzes inzwischen gewohnheitsrechtlich anerkannt ist. Dabei wird ein
Schriftsatz an das Gericht gerichtet, der als Schutzschrift bezeichnet wird, in dem der mutmaßliche Antrag des Antragstellers angegeben und gleichzeitig dargelegt wird, weshalb
ein Verfügungsanspruch oder ein Verfügungsgrund nicht
gegeben ist und daß daher beantragt wird, die einstweilige
Verfügung nicht, hilfsweise nicht ohne mündliche Verhandlung zu erlassen. Soll die Schutzschrift ihren Zweck
erfüllen, muß sie bei jedem Gericht eingereicht werden, das
wegen des geltend gemachten Anspruchs angerufen werden
könnte. Da die Schutzschrift nicht innerhalb eines gerichtlichen Verfahrens, sondern vor diesem bei Gericht eingereicht

---

[775] zum Ganzen vgl. Baumbach/Hefermehl, Einl. UWG, Rdnr. 552 ff

wird, besteht insoweit kein Anwaltszwang. Die Schutzschrift kann daher auch von der Partei selbst oder von einem bei dem angerufenen Gericht nicht zugelassenen Anwalt eingereicht werden. Nach nahezu einhelliger Meinung ist das Gericht rechtlich verpflichtet, das Vorbringen aus der Schutzschrift und die dort angekündigte Verteidigung zu berücksichtigen[776].

c) Anrufung der Einigungsstelle nach § 27a UWG

Vor Beginn einer gerichtlichen Auseinandersetzung können beide Parteien die Einigungsstelle nach § 27a UWG anrufen. Dazu einige Grundsätze[777]. Seiner Funktion nach ist das vor der Einigungsstelle geführte Verfahren der vor einer neutralen, unabhängigen und sachkundigen Stelle geführte Versuch einer außergerichtlichen gütlichen Einigung zur Vermeidung der gerichtlichen Auseinandersetzung. Es ist für das wettbewerbsrechtliche Verfahren nicht zwingend vorgeschrieben; es handelt sich vielmehr nur um ein Angebot an die Parteien, von dem sie nach Belieben Gebrauch machen können. Die Aufgabe der Einigungsstelle beschränkt sich auf die Durchführung und Leitung des Einigungsgesprächs sowie die Protokollierung eines gegebenenfalls abgeschlossenen Vergleichs. In der wettbewerbsrechtlichen Praxis besitzt das Einigungsverfahren vor der Einigungsstelle nur geringe Bedeutung. Zur Einrichtung der Einigungsstellen sind nach § 27a Abs. 1 UWG die Bundesländer verpflichtet, durch die sie auch betrieben werden. Entsprechend dem gesetzlichen Auftrag sind sie bei den Industrie- und Handelskammern eingerichtet worden. Als Vorsitzender kann nur berufen werden, wer die Berufung zum Richteramt besitzt. Der Vorsitzende soll auf dem Gebiet des Wettbewerbsrechts erfahren sein (§ 27a Abs. 2 UWG). Das Einigungsverfahren endet entweder mit dem Scheitern einer gütlichen Einigung oder mit einem Vergleich. Dieser ist in einem besonderen Schriftstück niederzulegen, das das Datum des Vergleichsabschlusses tragen muß. Es ist ferner von sämtlichen Mitgliedern der

---

[776] vgl. die Nachweise bei Melullis, Fn. 745, Rdnr. 46; Baumbach/Hefermehl, a.a.O., Rdnr. 26 zu § 25 UWG

[777] Eine ausführliche Darstellung würde den Rahmen dieses Buches sprengen. Es wird hierzu verwiesen auf die Kommentierungen, z.B. bei Baumbach/Hefermehl und bei Köhler/Piper zu § 27a UWG sowie auf Melullis, Fn. 745, Rdnr. 52-90

Einigungsstelle, die an der Verhandlung mitgewirkt haben und von den Parteien zu unterschreiben. Durch das Einigungsverfahren wird die Verjährung des geltend gemachten Anspruchs in gleicher Weise wie durch Klage unterbrochen. Die Unterbrechung der Verjährung dauert bis zum Abschluß des Verfahrens an. Aus diesem Grunde müssen der Zeitpunkt, soweit ein Vergleich nicht zustande kommt, durch die Einigungsstelle festgestellt und diese Feststellung den Parteien mitgeteilt werden. Die Unterbrechung gilt als nicht erfolgt, falls die Anrufung der Einigungsstelle zurückgenommen wird (§ 27a Abs. 9 UWG).

Zusammenfassung

Das Rechtsinstitut der wettbewerbsrechtlichen Abmahnung ist von der Rechtsprechung entwickelt worden. Klage oder Verfügungsantrag sind zwar auch ohne eine vorangegangene Abmahnung zulässig. Es besteht jedoch in diesen Fällen ein Kostenrisiko (§ 93 ZPO). Wegen des Kostenrisikos darf der Verletzte von einer Abmahnung nur absehen, wenn er bei vernünftiger Abwägung aller Umstände Grund zu der Annahme hat, er werde ohne gerichtliche Hilfe nicht erreichen, daß der Verletzer sein wettbewerbswidriges Verhalten sofort einstellt und eine durch Vertragsstrafe gesicherte Unterlassungsverpflichtungserklärung abgibt. Als Folge der Verletzungshandlung und der entsprechenden Abmahnung kommt eine wettbewerbsrechtliche Sonderbeziehung eigener Art zustande, die durch Treu und Glauben und das Gebot gegenseitiger Rücksichtnahme geprägt ist. Diese Sonderbeziehung verpflichtet auch zur Aufklärung über eine etwa erfolgte Drittunterwerfung. Die Aufklärungspflicht besteht allerdings nicht, wenn es bereits an der Störereigenschaft fehlt.
Die Schutzschrift soll verhindern, daß für den Fall, daß ein Verfügungsantrag gestellt wird, eine Entscheidung ohne mündliche Verhandlung ergeht. Auch hierbei handelt es sich um ein von der Rechtspraxis entwickeltes Rechtsinstitut.
Die Anrufung der Einigungsstelle nach § 27a UWG ist für das wettbewerbsrechtliche Verfahren nicht zwingend vorgeschrieben; es handelt sich nur um ein Angebot an die Parteien, von dem sie nach Belieben Gebrauch machen können.

7. Einstweiliges Verfügungsverfahren

Dem Verletzten steht es grundsätzlich frei, seinen Unterlassungsanspruch durch Klage oder einstweilige Verfügung zu verfolgen. § 25 UWG begünstigt einstweilige Verfügungen in Wettbewerbssachen. Den Antragsteller mahnt die Ersatzpflicht des § 945 ZPO bei Aufhebung der einstweiligen Verfügung zur Vorsicht. Aus § 545 Abs. 2 ZPO folgt, daß sich in einstweiligen Verfügungsverfahren über der Berufungsinstanz der sprichwörtliche "blaue Himmel" wölbt. Der Antragsteller hat es allerdings in der Hand, durch gleichzeitige oder zeitlich versetzte Erhebung der Hauptsacheklage eine Entscheidung des Bundesgerichtshofs herbeizuführen. Der Verfügungsgegner kann dies erreichen, indem er beantragt, dem Antragsteller gerichtlich Frist zur Erhebung der Hauptsacheklage setzen zu lassen. Leistet der Antragsteller dieser Anordnung nicht Folge, so ist auf Antrag die Aufhebung der einstweiligen Verfügung durch Endurteil auszusprechen (§§ 936, 926 ZPO).

Die Begünstigung des § 25 UWG	§ 25 UWG begünstigt die "Sicherung der in diesem Gesetz bezeichneten Ansprüche auf Unterlassung". § 25 UWG deckt sämtliche wettbewerbsrechtlichen Unterlassungsansprüche ab, also bei sinngemäßer Auslegung auch die Ansprüche aus der Zugabeverordnung und dem Rabattgesetz sowie aus dem Markenrecht und § 1004 BGB[778].
§ 25 UWG macht weder Verfügungsanspruch noch Verfügungsgrund entbehrlich, sondern befreit nur von der Darlegung und Glaubhaftmachung des Verfügungsgrundes	Wenn § 25 UWG erlaubt, von den Erfordernissen der §§ 935, 940 ZPO abzusehen, so wird damit nicht der Verfügungsanspruch, d.h. der materielle Anspruch des Antragstellers und dessen Glaubhaftmachung, für entbehrlich erklärt. Auch der Verfügungsgrund ist unentbehrlich. § 25 UWG befreit lediglich von der Darlegung und Glaubhaftmachung des Verfügungsgrundes. Durch § 25 UWG wird die Vermutung der Dringlichkeit aufgestellt[779]. Die Vermutung wird grundsätzlich dadurch widerlegt, daß der Antragsteller nach Kenntnis des Wettbewerbsverstoßes den Antragsgegner längere Zeit weder abgemahnt hat noch gegen ihn gerichtlich vorgegangen ist. Wer in Kenntnis der maßgeblichen Umstände und der ihm drohenden Nachteile längere Zeit untätig geblieben ist, hat damit zu erkennen gegeben, daß die Sache für ihn nicht so eilig ist. Dann läßt sich die Dringlichkeit nicht mehr vermuten. Die Kenntnis hat gegebenenfalls der Verletzer glaubhaft zu machen. Greift die Dringlichkeitsvermutung nicht ein, so muß der Antragsteller darlegen und glaubhaft machen, daß trotz des Zeitablaufes und der Kenntnis des Wettbewerbsverstoßes der Erlaß einer einst-

---

[778] vgl. Baumbach/Hefermehl, a.a.O., Rdnr. 5 zu § 25 UWG m.w.N.

[779] vgl. Baumbach/Hefermehl, a.a.O., Rdnr. 6, 11 zu § 25 UWG

weiligen Verfügung dringlich ist, z.B. aufgrund neuer Umstände. Der Antragsteller ist nicht untätig gewesen, wenn er sich noch nicht die zur Beantragung einer einstweiligen Verfügung erforderlichen Unterlagen beschaffen konnte, obwohl er sich um sie unverzüglich und eindringlich bemüht hat[780].

Über die Zeitspanne, die zwischen Erlangung der Kenntnis von dem Wettbewerbsverstoß und der Einreichung des Verfügungsantrags verstreichen darf, besteht eine unterschiedliche Praxis. Widerlegt wird die Dringlichkeitsvermutung grundsätzlich bei einem Untätigsein von sechs Monaten wegen der drohenden Verjährung (§ 21 UWG). Eine feste zeitliche Grenze läßt sich jedoch nicht ziehen, wobei in der Rechtsprechung innerhalb der einzelnen Oberlandesgerichtsbezirke ein deutliches Nord-Süd-Gefälle festzustellen ist: Können in Hamburg in Einzelfällen 6 Monate gerade noch ausreichend sein, kann im Bereich des Oberlandesgerichtsbezirks München nach Ablauf eines Monats kaum mehr die Hoffnung bestehen, mit der Darlegung der Dringlichkeit gehört zu werden[781].

Zusammenfassung

Wenn § 25 UWG erlaubt, von den Anforderungen der §§ 935, 940 ZPO abzusehen, so wird damit nicht der Verfügungsanspruch, d.h. der materielle Anspruch des Antragstellers und dessen Glaubhaftmachung, für entbehrlich erklärt. Auch der Verfügungsgrund muß vorliegen. § 25 UWG befreit lediglich von der Darlegung und Glaubhaftmachung des Verfügungsgrundes. Die Vermutung der Dringlichkeit, die § 25 UWG aufstellt, kann widerlegt werden, z.B. durch

---

[780] vgl. Baumbach/Hefermehl, a.a.O., Rdnr. 12-14 zu § 25 UWG

[781] vgl. auch die Nachweise bei Baumbach/Hefermehl, a.a.O., Rdnr. 15 zu § 25 UWG; Näheres zum einstweiligen Verfügungsverfahren vgl. Melullis, Fn. 745, Rdnr. 82 ff; Baumbach/Hefermehl, a.a.O., Rdnr. 20 ff zu § 25 UWG; Köhler/Piper, a.a.O., Rdnr. 21-36 zu § 25 UWG. Ohne den Rahmen dieses Buches sprengen zu wollen, sei an dieser Stelle nur darauf hinzuweisen, daß die einstweilige Verfügung die Verjährung nicht unterbricht, daß sie innerhalb eines Monats zu vollziehen ist (§§ 936, 929 Abs. 2 ZPO) und daß ihre Vollstreckung nach näherer Maßgabe von § 890 ZPO erfolgt. Den Antrag auf Erlaß einer einstweiligen Verfügung kann auch ein bei diesem Landgericht nicht zugelassener Anwalt stellen, §§ 936, 920 Abs. 3, 78 Abs. 3 ZPO.

längeres Untätigbleiben des Antragstellers. Über die Zeitspanne, die zwischen der Kenntniserlangung von dem Wettbewerbsverstoß und der Einreichung des Verfügungsantrages liegen kann, besteht eine unterschiedliche Praxis.

II. Schadensersatzanspruch

Materiell anspruchsberechtigt ist derjenige, der durch einen Wettbewerbsverstoß in seinen Rechten oder rechtlich geschützten Interessen verletzt wurde und dadurch eine Einbuße in seinem Vermögen erlitten hat. Ersatzansprüche stehen nur denjenigen zu, die tatsächlich einen solchen Nachteil durch den Verstoß erfahren haben. Aus diesem Grunde können Vereine i.S.d. § 13 Abs. 2 UWG allenfalls in extremen Ausnahmefällen Träger eines Ersatzanspruchs sein; in aller Regel fehlt es dagegen bei ihnen an einer Einbuße in den durch das Wettbewerbsrecht geschützten Rechten oder Interessen.

Hinsichtlich des Haftungsumfangs gilt: Für die Frage, wie eine aufgrund des § 1 UWG oder der §§ 823, 826 BGB bestehende Schadensersatzpflicht zu erfüllen ist, sind die allgemeinen Grundsätze der §§ 249 ff. BGB maßgeblich.

Die dreifache Schadensberechnungsart des gewerblichen Rechtsschutzes

Bei gewerblichen oder geistigen Schutzrechten ist von folgendem auszugehen: Wer wegen rechtswidriger und schuldhafter Verletzung eines Patent-, Gebrauchsmuster-, Geschmacksmuster- oder Urheberrechts, eines Kennzeichnungs- oder Persönlichkeitsrechts sowie einer dem Materialgüterrecht vergleichbaren Leistungsposition Schadensersatz verlangen kann, hat nach ständiger Praxis die Möglichkeit, seinen Schaden auf dreifache Art zu berechnen. Er kann den ihm entgangenen Schaden nicht nur konkret, sondern stattdessen abstrakt nach der entgangenen Lizenzgebühr oder nach dem Verletzergewinn berechnen[782]. Die Frage, ob ggf. ein Verletzergewinn entstanden ist, läßt sich dabei durch einen den Schadensersatzanspruch vorbereitenden Auskunftsanspruch näher substantiieren.

Im Bereich des unlauteren Wettbewerbs gilt: Der konkrete Schaden, der dem Verletzer durch eine gegen § 1 UWG verstoßende Wettbewerbshandlung zugefügt wird, kann in einer auf der Beeinträchtigung des Umsatzes beruhenden Gewin-

---

[782] vgl. die Nachweise bei Baumbach/Hefermehl, a.a.O., Einl. UWG, Rdnr. 381

neinbuße liegen. Dann ist zu prüfen, ob der Verletzte ohne den Wettbewerbsverstoß die gleiche Umsatzeinbuße erlitten hätte. Bei der Schadensberechnung ist auch die Marktverwirrung zu berücksichtigen, die sich nur durch erhöhte Werbeanstrengungen wieder beseitigen läßt, möglicherweise auch eine Minderung des geschäftlichen Ansehens. Doch sind nur solche Aufwendungen zu ersetzen, die ein vernünftiger Mensch nach Lage des Falles zur Verhütung oder Beseitigung des Schadens nicht nur als zweckmäßig, sondern auch als erforderlich gemacht hätte.

Anders als bei Eingriffen in fremde gewerbliche oder geistige Schutzrechte besteht jedoch bei Schäden, die einem Unternehmer durch unlauteren Wettbewerb zugefügt werden, grundsätzlich kein Anspruch auf Zahlung einer Lizenzgebühr oder auf Herausgabe des Verletzergewinns. Die dreifache Schadensberechnungsart kann im Wettbewerbsrecht nur dann Anwendung finden, wenn es um wettbewerbsrechtlichen Leistungsschutz geht[783]. *Die dreifache Schadensberechnungsart findet im Wettbewerbsrecht nur in den Fällen des ergänzenden wettbewerbsrechtlichen Leistungsschutzes statt*

Damit stellt sich die Problematik, daß die Durchsetzung von Schadensersatzansprüchen - abgesehen von Fällen des wettbewerbsrechtlichen Leistungsschutzes - im Wettbewerbsrecht häufig dadurch erschwert wird, daß sich der entstandene Schaden nicht exakt darlegen und nachweisen läßt.

Beweiserleichterungen gelten für den Kläger, soweit er Ausgleich eines entgangenen Gewinns verlangt. Schon nach materiellem Recht ist der Verletzte nicht gehalten, im einzelnen darzulegen, welche konkreten Geschäfte ihm aufgrund der Verletzungshandlung entgangen sind. Es genügt vielmehr, daß eine hinreichende Wahrscheinlichkeit dafür besteht, daß wegen des Verstoßes Geschäfte ausgefallen sind (§ 252 BGB). *Beweiserleichterungen bei entgangenem Gewinn*

Eine weitere Erleichterung schafft § 287 ZPO, der das Tatsachengericht zum Teil von den engen Regelungen der Beweiswürdigung befreit. Nach dieser Vorschrift kann das Gericht unter Würdigung aller Umstände nach freier Überzeugung darüber befinden, ob überhaupt ein Schaden entstanden und wie hoch dieser gegebenenfalls ist. Erfaßt wird von

---

[783] vgl. dazu C.IV.1.

§ 287 ZPO auch die Kausalität der schadensstiftenden Handlung für den eingetretenen Schaden[784].

Die Schätzung nach § 287 ZPO setzt die Darlegung (und den Beweis) einer hinreichenden Tatsachengrundlage voraus.

Das Zusammenspiel der §§ 252 BGB, 287 ZPO führt aber nicht dazu, daß der Kläger jeder Darlegung enthoben ist. Eine Schätzung nach § 287 ZPO setzt greifbare Tatsachen voraus, die die jeweilige Anspruchsnorm ausfüllen. Diese Tatsachen muß der Kläger darlegen und gegebenenfalls beweisen, im Bereich des entgangenen Gewinns also die hinreichende Wahrscheinlichkeit, daß wegen des Verstoßes Geschäfte ausgefallen sind, wobei allerdings auch in diesem Zusammenhang ergänzend auf die Lebenserfahrung zurückgegriffen werden kann. Im Grundsatz muß er jedoch darlegen, daß er sich auf dem durch den Wettbewerbsverstoß betroffenen Sektor betätigt hat und dabei durch die Verletzungshandlung gestört wurde. Erst dann kann die weitere Entwicklung nach Maßgabe des § 287 ZPO bewertet werden. Auch die Schätzung des Ersatzanspruchs nach § 287 ZPO ist erst dann möglich, wenn eine hinreichende Tatsachengrundlage vorliegt. Ohne diese kann eine Verpflichtung zum Ersatz nicht ausgesprochen werden. Etwa fehlende Kenntnisse muß sich der Gläubiger notfalls über ein Auskunftsverlangen gegenüber dem Verletzer schaffen[785]. Genügt der Sachvortrag des Klägers diesen Anforderungen, tritt das Gericht in eine Klärung der Fragen ein, die der eigentlichen Schätzung vorausgehen. Je nach der Art des geltend gemachten Ersatzanspruches muß es prüfen, welche Verhältnisse auf dem Markt herrschten und wie im einzelnen die Chancen der Parteien dort waren. Darüber hinaus muß das Gericht die weiteren Faktoren ermitteln, die für die Schätzung des Schadens erheblich und die jeweils durch den Einzelfall bestimmt werden. Bei der Schätzung kann vor allem auch darauf abgehoben werden, welche Entwicklungen und Umstände nach der Lebenserfahrung wahrscheinlich sind. Da die Möglichkeit, daß das Gericht den Schaden nach § 287 ZPO schätzt, den Gläubiger jedoch nicht davon befreit, umfassend zur Höhe und zum Eintritt des Schadens vorzutragen, wird er vielfach auch Geschäftsinterna offenlegen müssen, deren Preisgabe seinen berechtigten Belangen zuwiderlaufen kann. Um dieses

---

[784] vgl. Melullis, Fn. 745, Rdnr. 1066

[785] vgl. dazu Apel, Umfang und Grenzen von Auskunftsansprüchen unter Berücksichtigung der Spezialvorschriften infolge des Produktpirateriegesetzes, BRAK-Mitt. 6/1996, 253; vgl. auch Baumbach/Hefermehl, a.a.O., Einl. UWG Rndr. 398-411

Ergebnis zu vermeiden, wird die zutreffende Auffassung vertreten, daß dann, wenn der Kläger darlegt, daß durch die Offenlegung erhebliche, die berechtigten Belange des Beklagten übersteigende Interessen berührt werden, er die notwendigen Angaben gegenüber einem zur Verschwiegenheit verpflichteten Dritten machen kann, der dann die erforderlichen Prüfungen durchführt[786]. Gefestigte höchstrichterliche Rechtsprechung zu diesem zuletzt genannten Problembereich existiert allerdings - soweit ersichtlich - nicht[787].

Der Schadensersatzanspruch gibt demnach - soweit nicht der wettbewerbsrechtliche Leistungsschutz involviert ist - im Wettbewerbsrecht häufig "Steine statt Brot".

Zusammenfassung

Schadensersatzansprüche stehen nur denjenigen zu, die tatsächlich einen solchen Nachteil durch den Verstoß erfahren haben. Für den Haftungsumfang gelten die allgemeinen Grundsätze der §§ 249 ff BGB. Die dreifache Schadensberechnungsart des gewerblichen Rechtsschutzes findet im Wettbewerbsrecht nur in den Fällen des ergänzenden wettbewerbsrechtlichen Leistungsschutzes statt. Darlegungs- und Beweiserleichterungen schaffen die §§ 252 BGB, 287 ZPO.

III. Beseitigungs- und Widerrufsanspruch

1. Beseitigungsanspruch

Neben einem Schadensersatzanspruch und neben dem Unterlassungsanspruch kennt das Wettbewerbsrecht auch den Beseitigungsanspruch. Dem Beseitigungsanspruch kommt gerade deshalb, weil die Durchsetzung von Schadensersatzansprüchen häufig daran scheitert, daß der Verletzte weder die Entstehung eines Schadens noch deren Höhe hinreichend sicher belegen kann, große Bedeutung zu. In der Regel wird vergleichsweise einfach festgestellt werden können, ob und in welchem Umfang aufgrund des Verstoßes eine Störung eingetreten ist und andauert. Mit dem Beseitigungsanspruch wird dem Verletzten eine Möglichkeit eröffnet, diesen Zu-

---

[786] vgl. dazu Melullis, Fn. 745, Rdnr. 1171

[787] zum Ganzen vgl. auch Baumbach/Hefermehl, a.a.O., Einl. UWG, Rdnr. 385-392

stand zu ändern und mit der Beseitigung der andauernden Störung zumindest weitere Nachteile zu verhindern.

Gesetzliche Grundlage: § 1004 BGB sowie §§ 249 ff BGB (Naturalrestitution)

Seine gesetzliche Grundlage findet dieser Anspruch in erster Linie im Rechtsgedanken des § 1004 BGB; daneben kann er sich - soweit Schadensersatzansprüche bestehen - auch aus der Verpflichtung des Schädigers zur Naturalrestitution ergeben. Ein derartiger Beseitigungsanspruch, kann z.B. auf Löschung einer verwechslungsfähigen Marke oder Firma gehen oder auf Berichtigung einer unzulässigen Werbeangabe. Die Vernichtung wettbewerbswidrigen Werbematerials ist ebenfalls mittels des Beseitigungsanspruches zu erzielen, wenn nicht Milderes ausreicht. Hat der Verletzer lügenhafte Werbeschriften versandt, genügt meist die Entfernung aus dem Verkehr; Vernichtung ist geboten, wo weiterer Mißbrauch zu befürchten ist. Ferner kann ein Antrag auf Verbreitung eines Urteilstenors begründet sein, wenn sich auf diese Weise die Nachwirkungen einer irreführenden Werbung beseitigen lassen, sofern nicht die Abwägung der Interessen ergibt, daß die dem Verletzer daraus erwachsenden Nachteile in keinem Verhältnis zu den Vorteilen steht, die von dieser Maßnahme erwartet werden. Zur Folgenbeseitigung kann dem Verletzten, falls erforderlich, auch ein Anspruch auf Veröffentlichung einer strafbewehrten Unterlassungserklärung des Verletzers zuerkannt werden[788].

2. Widerrufsanspruch

Für den quasi negatorischen Widerrufsanspruch analog § 1004 BGB kommt es weder auf Verschulden noch auf Wiederholungsgefahr an

Die Frage, ob dem Verletzten gegenüber kränkenden und kreditschädigenden Tatsachenbehauptungen, die einen dauernden Störungszustand hervorrufen, ein Anspruch auf Widerruf oder Richtigstellung zusteht, hat für das Wettbewerbsrecht große Bedeutung. Für den quasi negatorischen Widerrufsanspruch analog § 1004 BGB kommt es weder auf Verschulden oder bösen Glauben des Verletzers noch auf Wiederholungsgefahr an. Es genügt, daß die aufgestellte Behauptung objektiv unrichtig ist und die dadurch für den Betroffenen eingetretene Beeinträchtigung des Rufs fortwirkt.

Voraussetzungen

Voraussetzungen sind: Ein fortdauernder Störungszustand, der durch eine unrichtige Tatsachenbehauptung hervorgerufen sein muß; der Widerruf muß nötig und dazu geeignet

---

[788] zum Ganzen vgl. Baumbach/Hefermehl, a.a.O., Einl. UWG, Rdnr. 307-313 m.z.w.N.

sein, den Störungszustand zu beseitigen; die behauptete Tatsache muß objektiv unwahr oder nicht erweislich wahr sein. Auf die Rechtswidrigkeit des Verhaltens des Störers kommt es für den Beseitigungsanspruch nicht an. Da der Beklagte eine unrichtige Behauptung aufgestellt hat, die "im geistigen Zustand Dritter" fortlebt, zieht sein vorangegangenes, die Gefahrenquelle bewirkendes Verhalten für ihn nach § 242 BGB die Rechtspflicht nach sich, die fortdauernde Störung zu beseitigen. Ansatzpunkt für die Beseitigungspflicht ist nicht die frühere rechtmäßige Handlung, sondern der jetzige Störungszustand, den der Kläger nicht hinzunehmen braucht[789].

Zusammenfassung

Der Beseitigungsanspruch findet seine gesetzliche Grundlage in erster Linie im Rechtsgedanken des § 1004 BGB sowie in der Verpflichtung des Schädigers zur Naturalrestitution. Für den Widerrufsanspruch analog § 1004 BGB kommt es weder auf Verschulden noch auf Wiederholungsgefahr an. Voraussetzungen für das Bestehen des Widerrufsanspruches sind: ein fortdauernder Störungszustand, der durch eine unrichtige Tatsachenbehauptung hervorgerufen sein muß; der Widerruf muß nötig und dazu geeignet sein, den Störungszustand zu beseitigen; die behauptete Tatsache muß objektiv unwahr oder nicht erweislich wahr sein.

IV. Verjährung, Verwirkung, Rechtsmißbrauch

1. Verjährung

Nach näherer Maßgabe von § 21 UWG verjähren wettbewerbsrechtliche Ansprüche auf Unterlassung oder Schadensersatz in 6 Monaten von dem Zeitpunkt an, in welchem der Anspruchsberechtigte von der Handlung und von der Person des Verpflichteten Kenntnis erlangt, ohne Rücksicht auf diese Kenntnis in drei Jahren von der Begehung der Handlung an. Für die Ansprüche auf Schadensersatz beginnt der Lauf der Verjährung nicht vor dem Zeitpunkt, in welchem ein Schaden entstanden ist.

---

[789] vgl. Baumbach/Hefermehl, a.a.O., Einl. UWG, Rdnr. 314-321

Der aus einer konkreten Verletzung hervorgehende Abwehranspruch unterliegt der Verjährung nach § 21 Abs. 1 UWG. Mit jeder neuen Zuwiderhandlung beginnt gemäß § 21 Abs. 1 UWG eine neue Verjährung.

Die dem Unterlassungsanspruch zugrunde liegende Handlung begründet nach Verjährung des Unterlassungsanspruchs für sich allein keine Erstbegehungsgefahr

Ist der Unterlassungsanspruch allerdings verjährt, begründet die diesem Anspruch zugrunde liegende Handlung für sich allein keine Erstbegehungsgefahr, weil sonst der Schutzzweck der Verjährungsvorschriften unterlaufen würde[790]. Die Dauerhandlung, d.h. eine Handlung, die ununterbrochen verletzt, solange der durch sie hervorgerufene Zustand andauert, endet erst mit dem Aufhören des ununterbrochen verletzenden Zustandes. Ein vorbeugender Unterlassungsanspruch gegenüber einer Handlung, die ununterbrochen verletzt, kann somit nicht verjähren, solange der Störungszustand fortbesteht.

Vollständige Kenntnis der maßgebenden Umstände

Die Verjährungsfrist nach § 21 Abs.1 UWG beginnt erst zu laufen, wenn die für den Verletzungstatbestand maßgebenden Umstände dem Berechtigten so vollständig und sicher bekannt sind, daß ein prozessuales Vorgehen zumutbar erscheint. Der Verletzte muß die Person des Verpflichteten, d.h. den Verletzer und die Tatsachen, die einen einigermaßen sicheren Klageerfolg versprechen, kennen.

Dasselbe gilt für den Ersatzanspruch. Nach dem Sinn der Vorschrift muß jedoch für den Beginn des Laufes der 6-monatigen Frist auch die Kenntnis des Schadens hinzukommen.

Der Anspruch auf die verwirkte Vertragsstrafe verjährt in 30 Jahren

Auch die Vertragsstrafe ist in ihrer Zweitfunktion (Mindest-)Schadensersatz. Damit stellt sich die Frage der Abgrenzung des in der kurzen Frist des § 21 UWG verjährenden Anspruchs auf „normalen" Schadensersatz wegen positiver Verletzung des Unterwerfungsvertrages von dem des nach wie vor der 30-jährigen Verjährungsfrist unterliegenden Anspruchs auf Vertragsstrafe. Der Bundesgerichtshof hat den die Unterscheidung rechtfertigenden Grund in der Hauptfunktion der Vertragsstrafe als Sanktionsmittel gesehen. Diese Funktion rechtfertige es, den Anspruch auf die

---

[790] BGH v. 9.10.1986, GRUR 1987, 125, WRP 1987, 169 „Berühmung"; BGH v. 14.7.1993, GRUR 1993, 57, WRP 1993, 749 „Geld-Zurück-Garantie"

verwirkte Vertragsstrafe nicht der kurzen Verjährungsfrist zu unterwerfen[791].

Demgegenüber verjähren Ansprüche, die sich aus der positiven Verletzung eines wettbewerblichen Unterlassungsvertrages ergeben, wenn der Schuldner die Verletzungshandlung, die zu unterlassen er sich verpflichtet hat, erneut begeht, in der kurzen Verjährungsfrist des § 21 UWG[792].

Ansprüche aus positiver Vertragsverletzung des Unterlassungsvertrages verjähren innerhalb der kurzen Frist des § 21 UWG.

2. Verwirkung

Die Verwirkung ist ein Unterfall der unzulässigen Rechtsausübung (§ 242 BGB) wegen widersprüchlichen Verhaltens und begründet eine rechtshemmende Einwendung, die im Prozeß (anders als die Einrede der Verjährung) von Amts wegen zu berücksichtigen ist. Die Verwirkung eines wettbewerbs- oder markenrechtlichen Unterlassungsanspruchs setzt nach ständiger Rechtsprechung voraus, daß der Berechtigte über einen längeren Zeitraum untätig geblieben ist, obwohl er den Verstoß kannte oder ihn bei der gebotenen Wahrung seiner Interessen erkennen mußte, so daß der Verpflichtete mit der Duldung seines Verhaltens durch etwaige Berechtigte rechnen durfte und sich daraufhin einen wertvollen Besitzstand schuf. Das Besitzstandserfordernis entfällt bei anderen (z.B. Schadensersatz-)Ansprüchen. Die Verwirkung ist daher für jeden geltend gemachten Anspruch gesondert zu prüfen. Eine Sonderregelung findet sich in § 21 MarkenG.

Die einzelnen Voraussetzungen stehen in enger Wechselwirkung zueinander, so daß eine Gesamtwürdigung vorzunehmen ist. An den Besitzstand sind umso geringere Anforderungen zu stellen, je schutzwürdiger das Vertrauen des Verletzers in seine Berechtigung ist. Voraussetzungen sind:

Gesamtwürdigung

- vermeidbares längeres Untätigbleiben des Verletzten;

---

[791] vgl. BGH v. 12.7.1995, GRUR 1995, 679 „Kurze Verjährungsfrist"

[792] BGH, vgl. Fn. 791 „Kurze Verjährungsfrist"; zur Konkurrenz bei mehreren Haftungsgründen im übrigen vgl. Baumbach/Hefermehl, a.a.O., Rdnr. 3-9 zu § 21 UWG

Dauer der vermeidbaren Untätigkeit	- die Dauer der vermeidbaren Untätigkeit bestimmt sich nach den Umständen des Einzelfalls. In der Regel sind mehrere Jahre erforderlich[793]. Erweckt der Verletzte durch sein konkretes Verhalten einen erkennbar relevanten Duldungsanschein, muß er grundsätzlich rasche und deutliche Maßnahmen zu seiner Zerstreuung ergreifen[794];
Der Verletzer muß bei objektiver Würdigung Anlaß zur Annahme haben, eine Verletzung liege nicht vor oder werde geduldet	- der Verletzer muß bei objektiver Würdigung der Sachlage Anlaß zur Annahme haben, eine Verletzung liege nicht vor oder werde jedenfalls geduldet. Auszugehen ist vom Standpunkt des Verletzers unter Zugrundelegung eines objektiven Maßstabes: es kommt darauf an, wie er die Lage bei verständiger Würdigung hätte ansehen müssen.
Aufbau eines wertvollen Besitzstandes	- Aufbau eines wertvollen Besitzstandes: das Besitzstandserfordernis gilt nach der Rechtsprechung nur für den zeichen- und wettbewerbsrechtlichen Unterlassungsanspruch, nicht aber für den Schadensersatzanspruch[795], für den Bereicherungsanspruch und für den zeichenrechtlichen Löschungsanspruch. Der Besitzstand muß im Vertrauen auf die Duldung der Verletzung aufgebaut worden sein und bis zum Zeitpunkt der letzten mündlichen Verhandlung fortbestanden haben. Der Besitzstand kann sich aus der Benutzung von Kennzeichen, Werbeaussagen und -bildern sowie aus Nachahmungen fremder Leistungen ergeben. Wertvoll ist ein Besitzstand, wenn er bezogen auf die Betriebsgröße des Verletzers, nicht des Verletzten, aber auch bereits für sich gesehen, einen beachtlichen wirtschaftlichen Wert darstellt, weil sich in den Abnehmerkreisen eine feste und dauerhafte Vorstellung vom Zeichen usw. gebildet hat. Die Darlegungs- und Beweislast für den wertvollen Besitzstand trägt der Verletzer[796].

---

[793] BGH v. 30.11.1989, WRP 1990, 613, 618 „AjS-Schriftenreihe"

[794] BGH v. 2.2.1989, GRUR 1989, 449, 452 „Maritim"

[795] BGH v. 26.5.1988, GRUR 1988, 776 „PPC"

[796] vgl. die Nachweise bei Köhler/Piper, a.a.O., Rdnr. 105 vor § 13 UWG

Der Verwirkungseinwand kann nicht eingreifen, wenn die Verletzung zugleich die Interessen der Allgemeinheit beeinträchtigt, insbesondere den Verkehr irreführt. In diesem Falle ist der Besitzstand des Verletzers nicht schutzwürdig, so daß das Individualinteresse hinter dem allgemeinen Interesse zurücktreten muß[797].

Der Besitzstand ist nicht schutzwürdig, wenn die Verletzung zugleich die Interessen der Allgemeinheit berührt.

3. Rechtsmißbrauch

Die Verwirkung stellt nur einen Unterfall des Rechtsmißbrauchs dar, neben die noch andere Fallgestaltungen treten können. Für sie gilt generell, daß der Einwand unbeachtlich ist, sofern der Wettbewerbsverstoß zugleich die Interessen Dritter und der Allgemeinheit berührt. Eine Spezialregelung des Rechtsmißbrauchs enthält § 13 Abs. 5 UWG.

Erhebt der Schuldner eines wettbewerbsrechtlichen Unterlassungsanspruchs gegen den Gläubiger Klage auf Feststellung, daß der in der Abmahnung geltend gemachte Anspruch nicht bestehe, so handelt der Gläubiger nicht rechtsmißbräuchlich, wenn er die zur Durchsetzung des Unterlassungsanspruches erforderliche und daher gegenüber der Feststellungsklage grundsätzlich vorrangige Leistungsklage nicht als Widerklage im Gerichtsstand der bereits anhängigen Feststellungsklage, sondern vor einem anderen, gemäß § 24 UWG zuständigen Gericht erhebt. Eine andere Auffassung würde zu einer hier nicht hinnehmbaren Verkürzung der Rechte des Gläubigers und einer gleichfalls nicht zu rechtfertigenden Besserstellung des deliktischen Verletzers führen. Als Folge der im Wettbewerbsrecht entwickelten weitgehenden Abmahnungslast des anspruchsberechtigten Gläubigers vor Einleitung eines gerichtlichen Verfahrens hätte es der Schuldner praktisch stets in der Hand, durch sofortige Erhebung der Feststellungsklage den ihm genehmen Gerichtsstand festzulegen. Dieser zusätzliche Nachteil für den Gläubiger ist diesem nach Sinn und Zweck der Abmahnung nicht zumutbar. Sie soll ihrem Ursprung nach und entsprechend ihrer rechtlichen Begründung durch die Rechtsprechung als Geschäftsführung ohne Auftrag für den Schuldner nur dem Interesse des Letzteren an der Vermeidung einer gerichtlichen Auseinandersetzung dienen und zieht für den Gläubiger, der dieses Inter-

Kein Fall des Mißbrauchs, wenn der Gläubiger statt einer Widerklage im Gerichtsstand der anhängigen Feststellungsklage Leistungsklage bei einem anderen Gericht erhebt

---

[797]ständige Rechtsprechung, vgl. die Nachweise bei Baumbach/Hefermehl, a.a.O., Einl. UWG, Rdnr. 441; zur Verwirkung vgl. Baumbach/Hefermehl, a.a.O., Rdnr. 428-447; Köhler/Piper, a.a.O., Rdnr. 97-116 jew.m.z.w.N.

esse vernachlässigt, bereits ausreichende Kostensanktionen nach sich. Darüber hinaus könnte die regelmäßig drohende Gerichtsstandswahl durch den Verletzer zu einer weitgehenden Entwertung des für die Rechtsordnung außerordentlich wichtigen Instituts der Abmahnung führen, weil die Gläubiger nicht selten versuchen würden, die Festlegung eines vom Verletzer ausgewählten Gerichtsstandes einfach dadurch zu vermeiden, daß sie auf die Abmahnung verzichten und etwaige Kostennachteile in einem sofortigen Gerichtsverfahren, die aus der Anwendung des § 93 ZPO resultieren können, in Kauf zu nehmen[798].

Einwand der „unclean hands"

Mit dem Einwand der „Unclean hands" macht der Beklagte gegenüber einer Wettbewerbsklage geltend, die Rechtsverfolgung sei mißbräuchlich, weil der Kläger selbst wettbewerbswidrig handele. Der zugrunde liegende Gedanke „he who wants equity must do equity" drückt sich in dem Schlagwort „equity must come with clean hands" aus[799]. Der Einwand besagt, daß der Gläubiger seinerseits in gleicher oder vergleichbarer Weise wettbewerbswidrig handele. Nicht erfaßt sind daher von vornherein die Fälle, in denen ungleichartige Wettbewerbsverstöße vorliegen oder der Gläubiger nur gegen einen von mehreren Verletzern vorgeht. Die Rechtsprechung läßt den Einwand von vornherein nicht zu, wenn durch den Verstoß zugleich die Interessen Dritter oder der Allgemeinheit berührt werden und im übrigen nur dann, wenn der Kläger sich bei wechselseitiger Abhängigkeit der beiderseitigen Wettbewerbsverstöße mit seinem eigenen Verhalten in Widerspruch setzen würde[800]. Zulässig ist der Einwand bei Unterlassungsansprüchen, die sich auf ein verletztes Individualrecht gründen, wie z.B. ein Kennzeichenrecht. Ein solches Recht muß gegenüber dem Beklagten bestehen. Aus § 12 BGB, § 15 MarkenG kann deshalb nicht auf Unterlassung des Gebrauchs einer Kennzeichnung klagen, wer durch den Gebrauch gegen §§ 1, 3 UWG verstößt[801].

---

[798] vgl. BGH v. 7.7.1994, GRUR 1994, 846 „Parallelverfahren II"

[799] vgl. Baumbach/Hefermehl, a.a.O., Einl. UWG, Rdnr. 448

[800] vgl. die Nachweise bei Köhler/Piper, a.a.O., Rdnr. 119 vor § 13 UWG

[801] vgl. Baumbach/Hefermehl, a.a.O., Einl. UWG, Rdnr. 450

Zusammenfassung

Die kurze Verjährungsfrist nach § 21 UWG beginnt erst zu laufen, wenn die für den Verletzungstatbestand maßgebenden Umstände dem Berechtigten so vollständig und sicher bekannt sind, daß ein prozessuales Vorgehen zumutbar erscheint. Für den Beginn des Laufes der Verjährungsfrist für den Ersatzanspruch muß auch die Kenntnis des Schadens hinzukommen. Der Anspruch auf die verwirkte Vertragsstrafe verjährt in 30 Jahren, da die Vertragsstrafe in ihrer Hauptfunktion Sanktionsmittel ist. Demgegenüber verjähren Ansprüche aus positiver Vertragsverletzung des Unterlassungsvertrages innerhalb der kurzen Frist des § 21 UWG.

Voraussetzung der Verwirkung als Unterfall der unzulässigen Rechtsausübung sind: vermeidbares längeres Untätigbleiben des Verletzten; der Verletzer muß bei objektiver Würdigung der Sachlage Anlaß zu der Annahme haben, eine Verletzung liege nicht vor oder werde geduldet; Aufbau eines wertvollen Besitzstandes. Der Besitzstand ist nicht schutzwürdig, wenn die Verletzung zugleich die Interessen der Allgemeinheit beeinträchtigt.

Der Einwand der „unclean hands" ist von vornherein nicht zulässig, wenn durch den Verstoß zugleich die Interessen Dritter oder der Allgemeinheit berührt werden. Zulässig ist er nur dann, wenn der Kläger sich bei wechselseitiger Abhängigkeit der beiderseitigen Wettbewerbsverstöße mit seinem eigenen Verhalten in Widerspruch setzen würde.

V. Örtliche Zuständigkeit (§ 24 UWG), internationale Zuständigkeit (EuGVÜ), Vorlage an den EuGH(Art. 177 EGV)

1. Örtliche Zuständigkeit nach § 24 UWG

§ 24 UWG enthält eine Sonderregelung für die örtliche Zuständigkeit. Der Kläger hat die Wahl zwischen den Gerichtsständen des § 24 Abs. 1 UWG (Ort der gewerblichen Niederlassung, bei dessen Fehlen des Wohnsitzes oder des inländischen Aufenthaltes) und des § 24 Abs. 2 UWG (Begehungsort, Tatort). Beide Gerichtsstände sind - wie sich aus dem Wortlaut des § 24 Abs. 2 UWG ("für Klagen aufgrund dieses Gesetzes ist außerdem nur das Gericht zustän-

_{Die ausschließlichen Gerichtsstände des § 24 UWG}

dig") ergibt - ausschließlich; ein anderes Gericht kann daher weder durch Vereinbarung noch durch rügeloses Verhandeln zur Hauptsache tätig werden (§ 40 Abs. 2 ZPO).

„Klagen aufgrund dieses Gesetzes" bedeutet auch bei rein wörtlicher Auslegung nicht, daß sich die Klage ausschließlich auf das UWG stützen muß. Vielmehr schadet es nicht, wenn der Klageantrag zugleich auf Vorschriften des BGB gestützt ist[802].

„Gewerbliche Niederlassung" im Sinne des § 24 Abs. 1 UWG ist eine solche Niederlassung, die „zum Betriebe einer Fabrik, einer Handlung oder eines anderen Gewerbes" dient und „von welcher aus unmittelbar Geschäfte geschlossen werden" (§ 21 ZPO). Das Erwerbsgeschäft muß an dem Ort seinen, wenn auch nur teilweisen, Mittelpunkt haben, eine gewisse Dauer haben, entsprechende äußere Einrichtungen aufweisen, eine wesentlich selbständige Vertretung mit dem Recht eigener Entschließung besitzen[803]. Hat der Beklagte keine inländische gewerbliche Niederlassung, ist sein inländischer Wohnsitz maßgeblich bzw. der des inländischen Aufenthaltsortes.

Der Gerichtsstand des Begehungsortes ist uneingeschränkt nur (noch) für den unmittelbar Verletzten zugänglich

Der Kläger kann nach § 24 Abs. 2 Satz 1 UWG wahlweise das Gericht anrufen, „in dessen Bezirk die Handlung begangen ist". Seit dem 01.08.1994 ist für die in § 13 Abs. 2 Nr. 1-4 UWG genannten Klageberechtigten der Gerichtsstand des Begehungsortes nur noch gegeben, wenn der Beklagte im Inland keinen Wohnsitz hat (§ 24 Abs. 2 Satz 2 UWG)[804]. Das Klagerecht des unmittelbar Verletzten wird, wie sich aus den Gesetzesmaterialien ergibt, von der Neuregelung jedoch nicht berührt. Der unmittelbar Verletzte kann wie bisher entweder nach § 24 Abs. 1 UWG beim Gericht der gewerblichen Niederlassung (hilfsweise des Wohnsitzes bzw. inländischen Aufenthaltsortes) des Beklagten oder wahlweise nach § 24 Abs. 2 Satz 1 UWG (Begehungsort) klagen. Für die Abgrenzung zwischen dem unmittelbar Verletzten und dem nur nach § 13 Abs. 2 Nr. 1 UWG klagebefugten Gewerbetreibenden ist wesentlich, ob zwischen den Parteien ein konkretes oder nur ein abstraktes Wettbewerbsverhältnis besteht.

---

[802] vgl. Baumbach/Hefermehl, a.a.O., Rdnr. 2 zu § 24 UWG; Köhler/Piper, Rdnr. 4 zu § 24 UWG

[803] vgl. Baumbach/Hefermehl, a.a.O., Rdnr. 3 zu § 24 UWG

[804] Art. 2 UWG Änderungsgesetz vom 25.7.1994

Unmittelbar Verletzter ist nur der Gewerbetreibende, der durch einen Wettbewerbsverstoß unmittelbar in seinen Rechten verletzt wird[805].

Als Gerichtsstand des Begehungsortes ist zuständig das Gericht, in dessen Bezirk die unerlaubte Handlung begangen worden ist, d.h. irgendein Tatbestandsmerkmal verwirklicht ist, demnach bei Wettbewerbshandlungen nicht nur der Ort der Tathandlung, sondern auch der Ort des Verletzungserfolges, an dem das tatbestandsmäßige Handeln abgeschlossen wird[806]. Begehungsort

Bei Wettbewerbsverstößen in Druckschriften ist Begehungsort nicht nur der Ort des Erscheinens, sondern grundsätzlich auch jeder Ort ihrer Verbreitung (sog. fliegender Gerichtsstand). Verbreitung setzt voraus, daß die Druckschrift dritten Personen bestimmungsgemäß und nicht bloß zufällig zur Kenntnis gebracht wird. Maßgeblich ist insoweit das regelmäßige Verbreitungsgebiet, also das Gebiet, das der Verleger bzw. der Herausgeber mit der Druckschrift erreichen will oder in dem er mit einer Verbreitung rechnen muß[807]. Umstritten ist hingegen, ob tatsächliches Verbreiten genügt oder ob die Druckschrift in wettbewerblich relevanter Weise verbreitet werden muß[808]. Der Auffassung, daß die Druckschrift in wettbewerblich relevanter Weise verbreitet werden muß, ist zuzustimmen, weil unlauterer Wettbewerb in der Regel nur dort begangen werden kann, wo wettbewerbliche Interessen von Mitbewerbern aufeinander stoßen. Die besseren Aufklärungsmöglichkeiten, die das Tatort- gegenüber dem Wohnsitzgericht besitzt, die Sachnähe des angerufenen Gerichtes, ist dort erforderlich, wo wettbewerbliche Interessen von Mitbewerbern aufeinander stoßen. Sog. fliegender Gerichtsstand

---

[805] Baumbach/Hefermehl, a.a.O., Rdnr. 1b zu § 24 UWG; Köhler/Piper, Rdnr. 18 zu § 24 UWG

[806] vgl. Baumbach/Hefermehl, a.a.O., Rdnr. 6 zu § 24 UWG

[807] Köhler/Piper, a.a.O., Rdnr. 15 zu § 24 UWG

[808] vgl. die Nachweise bei Köhler/Piper, a.a.O., Rdnr. 16 zu § 24 UWG

2. Internationale Zuständigkeit nach den Vorschriften des EuGVÜ

Die internationale Zuständigkeit der Gerichtsbarkeit eines Staates ist bestimmt durch das innere Recht dieses Staates sowie durch internationale Konventionen bi- oder multilateraler Art im Zusammenhang mit der gerichtlichen Zuständigkeit (wie dem EuGVÜ) sowie durch spezielle internationale Abkommen wie dem Abkommen über das europäische Patent etc. In der Praxis am bedeutungsvollsten ist das EuGVÜ vom 27.06.1968[809], das die Mehrzahl der Staaten der Europäischen Union bindet. Das EuGVÜ wurde durch das Übereinkommen von Lugano auf die Schweiz ausgedehnt. Aus dem EuGVÜ ergeben sich folgende Zuständigkeiten: Firmensitz des Klägers (Art. 2 EuGVÜ), Ort des Schadens (Art. 5 Ziff. 3 EuGVÜ), Sitz eines der Beklagten (Art. 6 EuGVÜ).

Forum Shopping

Insbesondere durch Art. 5 Ziff. 3 EuGVÜ (Ort des Schadensereignisses) wird das sog. Forum Shopping eröffnet: Der Kläger hat das Recht, einen Verletzer vor dem Gericht seines Firmensitzes oder vor dem Gericht des Landes, in dem das Schadensereignis stattgefunden hat, zu verklagen und kann sich somit das Land heraussuchen, das Rechtsschutz am schnellsten, am effektivsten und am unproblematischsten gewährt. Nach Art. 24 des EuGVÜ können Maßnahmen des einstweiligen Rechtsschutzes, die in einem Mitgliedsstaat möglich sind, vor den Gerichten dieses Staates auch dann beantragt werden, wenn die Gerichtsbarkeit eines anderen Mitgliedsstaates in der Hauptsache zuständig wäre.

Anerkennung von Entscheidungen

Die in einem Vertragsstaat ergangenen Entscheidungen werden in den anderen Vertragsstaaten anerkannt, ohne daß es hierfür eines besonderen Verfahrens bedarf (Art. 26 EuGVÜ). Entscheidung in diesem Sinne ist jede von einem Gericht eines Vertragsstaates erlassene Entscheidung, ohne Rücksicht auf ihre Bezeichnung wie Urteil, Beschluß oder Vollstreckungsbefehl, einschließlich des Kostenfestsetzungsbeschlusses eines Urkundsbeamten (Art. 25 EuGVÜ).

---

[809] Übereinkommen über die gerichtliche Zuständigkeit und die Vollstreckung gerichtlicher Entscheidungen in Zivil- und Handelssachen vom 27. September 1968, BGBl 1972 II, 774; das Übereinkommen ist für die Bundesrepublik und die fünf weiteren (ursprünglichen) EG-Staaten am 01.02.1973 in Kraft getreten.

Die in einem Vertragsstaat ergangenen Entscheidungen, die in diesem Staat vollstreckbar sind, werden in einem anderen Vertragsstaat vollstreckt, wenn sie dort auf Antrag eines Berechtigten für vollstreckbar erklärt worden sind (Art. 31 EuGVÜ). Die Art. 32 ff EuGVÜ enthalten Vorschriften über den Antrag und über Rechtsbehelfe, die Art. 46 ff EuGVÜ über vorzulegende Urkunden. Nach näherer Maßgabe von Art. 49 EuGVÜ bedürfen die in den Art. 46, 47 und 48 Abs. 2 EuGVÜ aufgeführten Urkunden weder der Legalisation noch einer anderen Förmlichkeit.

Vollstreckbarkeitserklärung

Nach Art. 21 EuGVÜ setzt im Falle mehrfacher Rechtshängigkeit das später angerufene Gericht von Amts wegen das Verfahren aus, bis die Zuständigkeit des zuerst angerufenen Gerichtes feststeht (entgegenstehende Rechtshängigkeit). Voraussetzung ist die Identität des Streitgegenstandes, wobei der Begriff autonom auszulegen ist[810]. Das Verfahren zur Hauptsache und der einstweilige Rechtsschutz betreffen nicht denselben Anspruch; es besteht somit keine Identität des Streitgegenstandes[811]. Insbesondere Art. 5 Ziff. 3 EuGVÜ kann somit ein Instrumentarium für die Erreichung schnellen, effektiven und problemlosen Rechtsschutzes darstellen. Nach dieser Vorschrift kann eine Person, die ihren Wohnsitz in dem Hoheitsgebiet eines Vertragsstaates hat, in einem anderen Vertragsstaat verklagt werden, wenn eine unerlaubte Handlung oder eine Handlung, die einer unerlaubten Handlung gleichsteht, oder wenn Ansprüche aus einer solchen Handlung den Gegenstand des Verfahrens bilden. Zuständig ist das Gericht des Ortes, an dem das schädigende Ereignis eingetreten ist. Unter den weiten Anwendungsbereich der Vorschrift fallen auch Abwehransprüche und Schadensersatzansprüche wegen unerlaubten Wettbewerbs[812].

Entgegenstehende Rechtshängigkeit

---

[810]Vgl. Schlosser, EuGVÜ, 1996, Rdnr. 2 zu Art. 21 EuGVÜ

[811]Schlosser, Fn. 810, Rdnr. 5 zu Art. 21 EuGVÜ

[812]BGH v. 11.2.1988, GRUR 1988, 483 „AGIAV"; vgl. auch Baumbach/Hefermehl, a.a.O., Einl. UWG, Rdnr. 194; auch Art. 41 des TRIPS-Abkommens (TRIPS = Agreement on Trade Related Aspects of Intellectual Property Rights, including trade in Counterfeit Goods vom 15.4.1994, BGBl II, 1730) verpflichtet die Mitglieder, Durchsetzungsverfahren vorzusehen, um ein wirksames Vorgehen gegen Verletzungstatbestände einschließlich Eilverfahren zur Verhinderung von Verletzungshandlungen und Rechtsbehelfe zur Abschreckung von weiteren Verletzungshandlungen zu ermöglichen.

Die internationale Zuständigkeit ist eine selbständige Prozeßvoraussetzung, die in jeder Lage des Verfahrens von Amts wegen zu prüfen ist[813].

3. Vorlage an den EuGH (Art. 177 EGV)

Nach Art. 177 EGV entscheidet der Gerichtshof im Wege der Vorabentscheidung u.a. über die Auslegung des EG-Vertrages. Wird eine derartige Frage einem Gericht eines Mitgliedsstaates gestellt und hält dieses Gericht eine Entscheidung darüber zum Erlaß seines Urteils für erforderlich, so kann es diese Frage dem Gerichtshof zur Entscheidung vorlegen. Wird eine derartige Frage in einem schwebenden Verfahren bei einem einzelstaatlichen Gericht gestellt, dessen Entscheidungen selbst nicht mehr mit Rechtsmitteln des innerstaatlichen Rechts angefochten werden können, so ist dieses Gericht zur Anrufung des Gerichtshofes verpflichtet. Die Instanzgerichte können somit den Europäischen Gerichtshof anrufen, das letztinstanzliche Gericht muß ihn anrufen. Der Europäische Gerichtshof entscheidet jedoch nicht über die Vereinbarkeit von Normen des staatlichen Rechts mit Bestimmungen des Gemeinschaftsrechts und trifft für die staatlichen Gerichte keine verbindlichen Entscheidungen über die Auslegung und Wirkung staatlichen Rechts. Der EuGH entscheidet im Wege der Vorabentscheidung auch über die Auslegung nationalen Rechts, wenn dieses auf das Gemeinschaftsrecht verweist[814]. Vorabentscheidungen des EuGH zur Auslegung einer Bestimmung des Gemeinschaftsrechts haben grundsätzlich ex tunc Wirkung[815].

Eine Vorlagepflicht besteht nicht, wenn das letztinstanzliche Gericht festgestellt hat, daß die gestellte Frage nicht entscheidungserheblich ist, die betreffende gemeinschaftliche Frage bereits Gegenstand einer Auslegung durch den Gerichtshof war oder die richtige Anwendung des Gemeinschaftsrechts derart offenkundig ist, daß für einen vernünftigen Zweifel keinerlei Raum bleibt[816].

---

[813] BGH v. 17.3.1994, GRUR 1994, 530 „Beta"

[814] vgl. Baumbach/Hefermehl, a.a.O., Einl. UWG, Rdnr. 638

[815] vgl. BGH v. 21.4.1994, GRUR 1994, 794 „Rolling Stones"

[816] vgl. Baumbach/Hefermehl, a.a.O., Einl. UWG, Rdnr. 641

Nach der Rechtsprechung des Bundesverfassungsgerichts ist der Europäische Gerichtshof gesetzlicher Richter im Sinne des Art. 101 Abs. 1 Satz 2 GG[817]. Vorabentscheidungen des EuGH, die aufgrund des Art. 177 EGV ergangen sind, binden grundsätzlich nur die im Ausgangsverfahren befaßten staatlichen Gerichte. Um eine einheitliche Auslegung des Gemeinschaftsrechts in allen Mitgliedsstaaten zu erreichen, sind die letztinstanzlichen Gerichte gemäß Art. 177 Abs. 3 EGV verpflichtet, entweder das Gemeinschaftsrecht in der vom EuGH gegebenen Auslegung anzuwenden oder aber die zu entscheidende gemeinschaftsrechtliche Frage dem EuGH erneut vorzulegen[818].

Der EuGH als gesetzlicher Richter

Zusammenfassung

§ 24 UWG enthält für "Klagen aufgrund dieses Gesetzes" ausschließliche Gerichtsstände. Der Gerichtsstand der "gewerblichen Niederlassung" bzw. des inländischen Wohnsitzes/Aufenthaltes steht allen nach näherer Maßgabe von § 13 UWG Aktivlegitimierten zu. Der Gerichtsstand des Begehungsortes ist uneingeschränkt nur (noch) für den unmittelbar Verletzten zugänglich. Der unmittelbar Verletzte kann wie bisher entweder nach § 24 Abs. 1 UWG beim Gericht der gewerblichen Niederlassung oder wahlweise nach § 24 Abs. 2 Satz 1 UWG (Begehungsort) klagen. Der sog. fliegende Gerichtsstand (Ort der Verbreitung bei Wettbewerbsverstößen in Druckschriften) setzt voraus, daß die Druckschrift dritten Personen bestimmungsgemäß und nicht bloß zufällig zur Kenntnis gebracht wird.

Das EuGVÜ, das die Mehrzahl der Staaten der Europäischen Union bindet, sieht vor, daß die in einem Vertragsstaat ergangenen Entscheidungen in den anderen Vertragsstaaten anerkannt werden, ohne daß es hierfür eines besonderen Verfahrens bedarf. Die Vollstreckbarkeitserklärung setzt im Hinblick auf die vorzulegenden Urkunden weder die Legalisation noch eine andere Förmlichkeit voraus. Dies macht die in Art. 5 Ziff. 3 EuGVÜ (Ort des Schadensereignisses) vorgesehene internationale Zuständigkeit attraktiv.

---

[817] Bundesverfassungsgericht v. 22.10.1986, NJW 1987, 577 „Solange II"

[818] BGH v. 21.4.1994, GRUR 1994, 794 „Rolling Stones"

Fragen, die die Auslegung des EG-Vertrages betreffen, entscheidet der Europäische Gerichtshof nach Art. 77 EGV im Wege des Vorabentscheides. Die Instanzgerichte können den Europäischen Gerichtshof anrufen, das letztinstanzliche Gericht muß ihn, wenn die Frage entscheidungserheblich ist, anrufen. Der Europäische Gerichtshof ist gesetzlicher Richter im Sinne des Art. 101 Abs. 1 Abs. 2 GG.

Stichwortverzeichnis

Abmahnung 151, 175, 393 ff, 411 ff, 422
Abmahnungskosten 396 f.
Ärztliches Werbeverbot 213
Aktivlegitimation 367, 378, 380
Akzessorietät 86, 108
Aleatorische Werbemittel 112, 116
Alleinstellungswerbung 272
Alterswerbung 276 f., 298
Angst 116, 118 f., 127, 137
Anlehnung 23 f., 172, 184 ff, 323
Anlocken 96 ff, 115 f., 257
Aufmerksamkeitswerbung 32, 34, 39, 100
Ausbeutung 6, 19, 48, 174, 189, 198, 238
- fremden Rufs 19
Auskunftsanspruch 381
Ausnutzung 9, 19ff, 38, 50, 60, 68 f., 112 ff, 124, 142, 152 ff, 178 ff, 194, 199, 226 ff, 233, 238, 376, 380
Ausspannen 198 ff

Beauftragter 94, 300 f., 305, 377, 382 f.
Bedarf 80, 90 ff., 96, 110, 115, 119, 125, 162, 243, 250, 253, 264
- täglicher 91
bekannte Marken 185, 197
Bennetton-Werbung 32
Berühmte Marken 197
Berühmung 277, 280, 390 ff
Beseitigungsanspruch 405 f.
Besitzstand 148 ff, 181, 197, 258 ff, 364, 409 ff
- wettbewerblicher 149, 181
Blickfangwerbung 266
Briefkastenwerbung 78, 81

Cassis de Dijon-Doktrin 341, 344, 348 ff

Dassonville-Formel 339 ff, 346 ff, 363
Dreifache Schadensberechnung 403, 405

Dringlichkeitsvermutung 400
Drittwirkung 129 f.
- der Grundrechte 129 f.

EG-Recht 333, 354
EG-Richtlinie 161, 168, 184, 320, 323, 326 ff
- über irreführende Werbung 323, 326 ff
Eigenvertriebssystem 225
Einstweilige Verfügung 22, 397 ff
Entfernung 18, 143 ff, 151, 223 ff, 232, 406
- von Kontrollnummern 144 f., 151, 223
Erinnerungswerbung 32 f., 39, 206
Erstbegehungsgefahr 134, 376, 389 ff.

Gebrauchsnähe 108, 111
gefühlsbetonte Werbung 35, 125 ff, 133, 137
Geheimnisschutz 311 ff
Geheimnisverrat 310, 312, 316
Geldgeschenke 100 f.
Gesundheitswerbung 119 f., 127, 137, 254, 259, 261, 270
Gewinnspiele 112 ff
Gewinnsucht 112, 116
Grundrechte 129 ff., 137 f., 155, 358
Gutachten 51, 65, 206, 247, 328
- Verwendung von 51, 65
GWB 4, 6 ff, 42, 139 f., 144, 152, 156 ff, 217 ff, 234, 238

Hauptware 70, 82 ff, 97 f., 108 f., 192, 196
Haustürgeschäfte 76
Heilmittelwerbegesetz 32, 127, 206, 218
Herkunftstäuschung 174, 178, 181, 183, 189
- vermeidbare 174, 178, 181, 183
Imagewerbung 32, 34 f., 117, 132 f., 206
Individuelle Behinderung 139, 152, 233
Inländerdiskriminierung 351 ff292 ff
Interessenabwägung 9, 67, 130, 155, 257 ff, 270, 303
Internationale Zuständigkeit 413, 416 ff
Irreführungs-Richtlinie 347, 357
Irreführungsgefahr 242, 251 f., 254 ff, 323, 332

Jubiläum 101, 276, 298
Jubiläumsverkäufe 297
Jugendliche 132, 208

Kaufzwang 69 ff, 96 ff, 101, 104, 106, 110 ff, 127, 137
- moralischer 69

- psychologischer 70, 96 ff, 101, 104, 114 ff
- rechtlicher 96 ff
Kinofilm 57, 61
Kopplungsangebote 88, 107, 111
- offene 88, 108, 111
Kopplungsgeschäfte 87, 107,111
Kundenbeförderung 101
Kundenfang 48 f., 101, 110, 138

Leistungsschutz 20, 174 ff, 182 ff, 187, 403
- ergänzender wettbewerbsrechtlicher 176
letzter Verbraucher 92
Lieferbereitschaft 285 f.
Lückenlosigkeit 145, 151, 222 ff
- tatsächliche 226, 233

Marktbehinderung 139
Marktstörung 48, 109,153, 233 f.
Massenverteilung 234 f.
- von Originalware 234 f.
Meinungsfreiheit 33, 303
Meinungsumfragen 252 f., 329
Mengenrabatt 95
Mißbrauch 47, 69, 168, 314, 406
Modeschöpfungen 182 ff

Nachahmung 76, 102, 104, 106, 109, 174 f., 178, 180 ff, 410
Nachahmungsfreiheit 174
naturrein 207
Nebenleistung 82, 85 f., 103, 110
Nebenware 82 ff, 108
Neutralität 5, 57 f., 131, 170
- wirtschaftspolitische 5, 131

Öffentliche Hand 10 ff, 30, 45 f., 68 f.

Passivlegitimation 376, 380
Persönlich vergleichende Werbung 169
Planmäßigkeit 226
Preisangaben 211
Preisausschreiben 112 ff
Preisbindung 220 ff, 232
Preiskampfmethoden 236 ff
Preisrätsel 54 ff, 65 f., 112
Preissenkung 153
Preisspaltung 94

Preisunterbietung 9, 139, 152 ff, 179, 234 ff
Preisvergleiche 170
Presse 27 f., 36, 56, 62 f., 66, 235, 237, 378
Presseäußerungen 27 f., 33, 38
Pressefreiheit 27, 29, 130, 135

Rabatt 89 ff, 94 f., 110, 157
Räumungsverkauf 298 ff
Rechtsbruch 48, 58, 61, 153, 209, 210, 334
- Vorsprung durch 61, 210
Rechtsmißbrauch 150, 407, 411
redaktionelle Hinweise 52
redaktionelle Werbung 52, 54
Rufausbeutung 178 f., 181 ff, 196

Schaden 24, 164, 224, 238, 243, 282, 325, 327, 388 f., 402 ff
Schadensberechnung 403 ff
Schadensersatzanspruch 201, 307, 388, 402, 405, 410
Scheinentgelt 83, 86 ff, 109
Scherzartikel 20 ff
Schleichwerbung 2, 50, 57 f., 68, 377
Schutzrechtsanmaßung 280
Schutzschrift 397 ff
Schweigen 244 f.
Selektive Vertriebsbindungssysteme 222, 230
Sondernachlaß 94 ff.
Sonderpreise 92 ff
Sonderveranstaltung 109, 276 f., 296 ff
Sponsoring 2, 58, 60 f., 66, 122, 218
Standesordnungen 212
Standortvorteile 68
Störer 376 ff, 383, 394 ff, 407
Strafbewehrte Unterlassungserklärung 386 ff, 393, 395
systematisches Nachahmen 174, 183

Telefaxwerbung 77
Telefonwerbung 73 ff, 80 f.
Telexwerbung 77
Testergebnis 171

Übertriebenes Anlocken 97, 99 ff, 109, 115
Überwachung 145, 227 f., 317 f., 382 f.
Umweltbezogene Werbung 121 f., 261
unclean hands 412 f.

425

Verbände zur Förderung gewerblicher Interessen 242, 367, 369, 379
Verbraucherleitbild 246, 330, 357, 365
Verbrauchersschutz 211, 270, 294, 317 f., 323 f., 327, 329 ff, 341 ff, 348 ff, 357, 362 ff
Verfügungsanspruch 397, 400 f.
Verfügungsgrund 397, 400 f.
vergleichende Werbung 161 ff, 336
Verjährung 283, 391, 399, 401, 407 ff, 413
Verkaufsfahrt 104
Verkaufsveranstaltung 104 f., 296 f.
Verschenken 92, 101, 110, 235
- von Waren 101, 110
Vertragsbruch 183, 199 ff, 223 ff, 233
- Verleiten zum 199, 228
Vertragsstrafe 222, 375, 384 ff, 395, 399, 408 f., 413
Vertreterbesuch 72 ff, 80
Vertriebsbindung 144 f., 220 ff, 232
- Schutz von 221, 232
- Bindungssystem 145, 221 ff
Verwässerungsgefahr 197
Vorsprung durch Rechtsbruch 61, 210

Wechselbeziehung 17, 37
Werbung mit Warentests 169, 173
Wertbezogene Normen 204, 219
Wertneutrale Vorschriften 210
Wertreklame 82, 90, 96 f., 103, 105, 109 ff
Werturteile 160, 166, 172 f., 183, 188, 242, 302
Wettbewerbsbestand 43, 45, 234 ff
Wiederholungsgefahr 304, 383 ff, 406 f.

Zeichenerwerb 144, 147, 151
Zuständigkeit 345, 413 ff
- internationale 416 ff

MIX
Papier aus verantwortungsvollen Quellen
Paper from responsible sources
FSC® C105338

If you have any concerns about our products,
you can contact us on
ProductSafety@springernature.com

In case Publisher is established outside the EU,
the EU authorized representative is:
**Springer Nature Customer Service Center GmbH
Europaplatz 3, 69115 Heidelberg, Germany**

Printed by Libri Plureos GmbH
in Hamburg, Germany